D1574560

Böhlau

Karl Sablik · Michael Kunze · Peter Wehle · Helmut Egger (Hg.)

Das große Buch vom Lebensstil

Mit Karikaturen von Manfred Deix und Ironimus

Böhlau Verlag Wien · Köln · Weimar

Gedruckt mit Unterstützung der Abteilung Kultur und Wissenschaft des
Amtes der NÖ Landesregierung

und der UNIQA Landesdirektion Niederösterreich

UNIQA

sowie der NÖ Landesakademie

LANDES AKADEMIE
Zukunftsakademie für Niederösterreich

Bibliografische Information Der Deutschen Bibliothek:
Die Deutsche Bibliothek verzeichnet diese Publikation in der Deutschen Nationalbibliografie;
detaillierte bibliografische Daten sind im Internet über http://dnb.ddb.de abrufbar.

ISBN 3-205-77417-5

Das Werk ist urheberrechtlich geschützt. Die dadurch begründeten Rechte, insbesondere die der Übersetzung, des Nachdruckes, der Entnahme von Abbildungen, der Funksendung, der Wiedergabe auf fotomechanischem oder ähnlichem Wege, der Wiedergabe im Internet und der Speicherung in Datenverarbeitungsanlagen, bleiben, auch bei nur auszugsweiser Verwertung, vorbehalten.

© 2006 by Böhlau Verlag Ges.m.b.H. und Co.KG, Wien · Köln · Weimar
http://www.boehlau.at
http://www.boehlau.de

Umschlagabbildungen: © M. Deix

Gedruckt auf umweltfreundlichem, chlor- und säurefreiem Papier

Druck: dimograf

Dank

Die Herausgeber dieses Buches möchten sich bei den folgenden Personen recht herzlich für die Mitarbeit und Unterstützung bedanken:

Andrea Weichselbaum · Roswitha Rameder · Karin Mayrhuber · Eva Egger · Melanie Stehlik · Thomas Lechner · Astrid Riemerth · Robert Szinovatz, Hornstein, für die Zurverfügungstellung seiner Zeichnungen

Recht herzlichen Dank auch an die UNIQA Landesdirektion NÖ, die den Lesern viel Spaß und gute Unterhaltung wünscht, denn Lachen ist gesund!

Inhalt

Vorwort

Der Begriff „Lebensstil" umfasst viele Bereiche – von der Gesundheit über Nachhaltigkeit bis zu gesellschaftlichen Facetten. Dazu kommt, dass jede und jeder seine eigene Vorstellung von Lebensstil hat. Aber was immer man individuell unter Lebensstil versteht, gemeint ist wohl immer das, worauf es im Leben ankommt. Ein Leben mit Sinn, Zukunft und Qualität.

Lebensqualität heißt, gesund und glücklich zu leben – und zwar in Wohlbefinden und mit Genuss und nicht unter Zwang und auf Kosten künftiger Generationen. Das ist gerade in der heutigen Zeit, die von Schnelllebigkeit, Egoismus und Materialismus geprägt ist und wo Belastung, Druck und Strapazen immer mehr zunehmen, kein leichtes Unterfangen. Nicht zuletzt deshalb sind immer mehr Menschen auf der Suche nach dem richtigen Lebensstil und verspüren die Sehnsucht nach einem Leben in Glück, Gesundheit und Geborgenheit.

Das vorliegende Buch der NÖ Landesakademie ist eine kleine, aber wichtige und wertvolle Hilfestellung bei der Suche nach dem richtigen Lebensstil – abseits von kurzfristigen Trends, vordergründigen Modernismen und oberflächlichen Lifestyle-Tipps. Ich danke den Autoren für ihre Beiträge und wünsche den Leserinnen und Lesern viel Vergnügen. Vor allem aber wünsche ich ihnen jene Ruhe und Muße, um jenen individuellen Weg zu finden, der nicht nur Körper und Geist gut tut, sondern der es auch erlaubt, nachhaltig, solidarisch und vor allem in Generationen zu denken.

© Robert Szinovatz

Karl Sablik

Lebensstil: Leben mit Stil? Warum so ein Buch?

Die Beschäftigung mit Lebensstil und Lebensqualität ist eines der Hauptthemen unserer Zeit. Da die Lebenserwartung in vielen Teilen der Welt kontinuierlich steigt, wird aber die Frage der Lebensqualität wichtiger als je zuvor. Lebensqualität hängt vom Lebensstil ab! Neben der Erforschung der humanwissenschaftlichen Grundlagen des Lebensstils sollen die von den Fachleuten gewonnenen Erkenntnisse in praktisch anwendbare „Rezepte“ zur positiven Veränderung des Lebensstils der einzelnen Menschen umgesetzt werden können. Ziel ist es, den Menschen Werkzeuge zur Steigerung ihrer Lebensqualität an die Hand zu geben. Eine als bereichernd erlebte höhere Lebenserwartung und ganz allgemein das Erreichen eines „allgemeinen Glückszustandes“ in einer gesunden Umwelt und einer sich ihrer sozialen Verantwortung bewussten Gesellschaft stehen in der Zukunft vor uns.

In diesem Buch haben wir die Interview-Form gewählt, um die Themen und Artikel für die Leser an-sprechender zu machen, eine vielleicht trocken erscheinende Materie kann lockerer dargeboten werden. Interviews wirken persönlicher und intimer, die eigene Meinung des Interviewten kann durch ihre subjektive Prägnanz vielfach zum Denken anregen. Die Fragen stellte die NÖ Landesakademie (NÖLAK).

Abgesehen von einer ganzheitlichen Verknüpfung vieler Faktoren gerade angesichts des Lebensstils, kann eine inhaltliche Einteilung in Gesundheit, Kultur, Familie, Umwelt und Arbeit gefunden werden. Der Begriff „Lebensstilmedizin“ beinhaltet nicht nur die konventionellen Strategien eines medizinischen (Heilungs-)Systems, sondern auch neue Aspekte einer psychosozialen Orientierung zur Prävention und Krankheitskontrolle; Problemkreise wie Ernährung, Übergewicht, Stress, Sport und Drogen (einschließlich Nikotin und Alkohol) können durch die Änderung des Lebensstils beeinflusst werden.

Man könnte bei oberflächlicher Betrachtung den Eindruck gewinnen, dass die Lebensstilmedizin fast zwei Drittel der gesamten Lebensstilforschung einnimmt, wichtig ist aber, dass auch die anderen Themenbereiche wie Sexualität, Schönheit, Wohnen, Mobilität, Ethik, Motivation und Sinnfrage in dem vorliegenden Buch ihren Platz haben. Die Untersuchung der Wertigkeit von Kultur im Lebensstil wird ebenso bedeutend sein wie die Entwicklung der Glücksforschung und der Einfluss der Religionen. Übrigens: der Lebensstil beginnt mit dem Stillen der Babys …

© Robert Szinovatz

O.Univ.-Prof. Dr. Michael Kunze

Lebensstil, Lebensstilmedizin, Sozialmedizin

Eine der besonders interessanten Entwicklungen im Verständnis von der Entstehung und Behandlung von Gesundheitsstörungen ist die Bedeutung des Lebensstils. Man spricht in der modernen wissenschaftlichen Literatur auch von der so genannten Lebensstilmedizin.

Der Lebensstil ergibt sich aus der Summe vieler Einflussfaktoren, etwa Alter, Geschlecht, Bildung, soziale Herkunft, Sozialisation und berufliche Tätigkeit.

Der Lebensstil wird in ganz besonderem Maße von dem Phänomen Bildung bzw. Bildungsgrad beeinflusst. Bildung wird in diesem Zusammenhang nicht nur als gesundheitsorientierte Bildung verstanden, sondern der gebildete Mensch vermag auch Informationen, die ihm dargeboten werden, leichter zu verarbeiten, zu bewerten und in den eigenen Lebensstil zu integrieren.

Die Zukunft wird zeigen, dass eine allgemeine Förderung der Bildung, unabhängig von gesundheitsbezogenen Themen, gesundheitsfördernde Aspekte hat.

Ganz abgesehen davon sind ja wirtschaftliche Kompetenz und Bildung eng verknüpft, sowohl auf individueller als auch auf gesellschaftlicher Ebene.

Man kann also mit gutem Recht behaupten, „Bildung fördert Gesundheit".

Die Prävention infektiöser Erkrankungen ist ungleich einfacher als die der durch den Lebensstil bedingten. Erfolgreiche Maßnahmen wie eine Schutzimpfung stehen bei den chronischen lebensstilassoziierten Gesundheitsstörungen nicht oder noch nicht zur Verfügung.

Die epidemiologische Forschung hat riskante Lebensstilfaktoren erarbeitet, typische Beispiele sind: Tabakrauchen, Bewegungsmangel, bestimmte Formen des Ernährungsverhaltens, bestimmte Sportarten.

Die Grundlagen der Lebensstiländerung ergeben sich aus den Erkenntnissen der Verhaltenstheorie und Verhaltensmodifikation.

Auf dieser Basis hat sich die so genannte Lebensstilmedizin entwickelt, die für die Kontrolle „moderner" Erkrankungen wie Hypertonie, Diabetes oder chronische Bronchitis von entscheidender Bedeutung ist.

Die Lebensstilmedizin stellt eine besondere Herausforderung an das Versorgungssystem dar, sowohl in fachlicher als auch in organisatorischer Hinsicht. Vielfach stehen die bestehenden Strukturen und vor allem die Verrechnungssysteme einer breiten Anwendung der Erkenntnisse der Lebensstilmedizin noch im Weg.

Die Lebensstilmodifikation ist in der Regel gemeinsam mit einer medikamentösen Intervention durchzuführen, grundsätzlich besteht kein Gegensatz zwischen den beiden therapeutischen Strategien. Die Lebensstiländerung bedeutet aber immer auch eine Mitarbeit der PatientInnen und damit auch eine spezielle Information der ÄrztInnen über die Verfahren und Resultate der Möglichkeiten einer Lebensstiländerung.

© Robert Szinovatz

MMag. Dr. Peter Wehle

Abenteuer Lebensstil

Was ist das?
Jede(r) hat ihn.
Die meisten wollen ihn anders.
Manche gönnen ihn niemandem.
Einige zeigen ihren jedem unaufgefordert unentwegt.
Wenige wissen im Grunde über ihn Bescheid.
Das ist – natürlich – der Lebensstil!

Jenes Bündel aus einzelnen Faktoren, dem die Wissenschaften erst seit relativ kurzer Zeit besondere Aufmerksamkeit schenken.

Jenes Konstrukt, das bei näherer Betrachtung beinahe so kompliziert wie das Zusammenspiel eines Biotops – sei es der Gartenteich oder ein afrikanischer Nationalpark – funktioniert.

Jenes Knäuel aus „Lebens-Fäden", das scheinbar noch chaotischer wird, wenn man an einem der Enden zu ziehen beginnt, in der Absicht, Ordnung hineinbringen zu wollen.

Der Lebensstil ist ein Abenteuer!
Und wie bei jedem Abenteuer gibt es Verwegene-Mutige und Vorsichtige-Zurückhaltende.

Den Verwegenen und Mutigen unter Ihnen, sehr geehrte Leserinnen und Leser, kann dieses Buch so manche Anleitung zum Einstieg in die „Lebensstil-Etappen" namens „Erkennen" und „Ändern" bieten.

Den Vorsichtigen und Zurückhaltenden mag dieses Werk als „Lustmacher" zu diesen Abenteuern dienen.

Und alle anderen – die weder verwegen-mutig noch vorsichtig-zurückhaltend sind – müssten die folgenden Seiten auch betreffen, denn – wie schon oben erwähnt:

Jede(r) hat ihn!

Einen eigenen Lebensstil!

© Robert Szinovatz

Mag. Helmut Egger

Ist's im Leben fad und still – so ist es der falsche Lebensstil!

Dieses Buch soll ein Ratgeber und Wegweiser für die Gestaltung und Verbesserung unseres Lebensstils sein.

Der Bogen dieses Buches spannt sich von den ernsten bis hin zu den unvergesslichsten und humoristischsten Seiten unseres Lebens.

Es soll anregen und nicht vorschreiben, denn sonst würde es sich selbst ad absurdum führen.

Das Buch soll auch zum Nachdenken in den verschiedensten Bereichen anregen, da sich z. B. unser Gesundheitswesen in einem beschleunigten Strukturwandel befindet, der stetig an Geschwindigkeit gewinnt und unsere bisher gekannten Versorgungsstrukturen in den nächsten Jahren auf den Kopf stellen wird.

Die Eigenvorsorge und auch die Absicherung für den Lebensabend als auch für unvorhersehbare Bedrohungen der gewohnten Lebenssituation werden verstärkt in den Vordergrund treten.

Auch auf die Problematiken, die uns in den nächsten Jahren massiv beschäftigen werden, wie Kindererziehen und Arbeiten oder das neue Phänomen des Mobbings, wird ausführlich eingegangen.

Probleme, mit denen wir schon heute konfrontiert sind, wie das Leitmotiv unseres 21. Jahrhunderts – das Altern –, werden von Fachleuten erläutert und sollen zu einem besseren Verständnis der Generationen beitragen.

Ich hoffe, dass für Sie auch ein Kapitel dabei ist, welches Ihnen hilft Ihren richtigen Lebensstil in der passenden Lebenslage zu finden und wünsche Ihnen viel Vergnügen beim „Großen Buch vom Lebensstil", welches keine Nebenwirkungen hat und ohne Rezept erhältlich ist.

„Kinder hatten noch nie einen so hohen Stellenwert wie heute. Sie stellen häufig den Mittelpunkt im Leben Ihrer Eltern dar."

Ursula Kunze

Ursula Kunze ist Professorin am Institut für Sozialmedizin der Medizinischen Universität Wien

NÖLAK: *Wie sehen Sie die Stellung von Kindern in der Familie?*

KUNZE: Vor noch gar nicht allzu langer Zeit waren Kinder vor allem als Arbeitskräfte und zur sozialen Absicherung im Alter von großer Bedeutung. Meist gab es sehr viele Kinder in einer Familie, man hatte ja auch nicht die Möglichkeiten von heute, den Kindersegen zu beschränken! Zudem war die Kindersterblichkeit sehr hoch und der Tod eines Kindes ein häufiges Ereignis. Dies ist heutzutage unvorstellbar.

NÖLAK: *Inwiefern hat sich das Verhalten Kindern gegenüber geändert?*

KUNZE: Kinder hatten noch nie einen so hohen Stellenwert wie heute. Sie stellen häufig den Mittelpunkt im Leben ihrer Eltern dar. Ihrem Wohl wird größte Aufmerksamkeit geschenkt, zumal es immer mehr Einzelkinder gibt, die zum Zentrum des Interesses und der Liebe gemacht werden. Die klassischen Großfamilien gibt es kaum noch. Außerdem ist das Bewusstsein gewachsen, dass Kinder keine kleinen Erwachsenen sind, sondern ihre ganz eigenen Bedürfnisse haben.

Kinder werden geliebt, gefördert – dabei allzu oft aber auch überfordert – und häufig gelobt. Diese natürlich erfreuliche Entwicklung führt manchmal auch dazu, dass Kinder zu sehr in den Mittelpunkt gerückt werden, was ihrer Entwicklung genauso wenig gut tut wie eine desinteressierte Umgebung.

NÖLAK: *Gibt es einen optimalen Zeitpunkt, Kinder zu bekommen?*

KUNZE: Rein biologisch gesehen liegt der optimale Zeitrahmen für eine Schwangerschaft zwischen etwa 19 und 25 Jahren. Der Körper ist in Bestform, die Fertilität am höchsten.

Die gesellschaftliche Entwicklung sieht allerdings ganz anders aus. Das Durchschnittsalter der Frau beim ersten Kind liegt in Österreich bei 28 Jahren, viele denken überhaupt erst Mitte 30 an Nachwuchs. Vor allem bei Frauen hat sich in den letzten Jahren vieles geändert, sie wollen beruflich weiterkommen und planen dann erst ein Kind. Natürlich hat die Planbarkeit des Kinderkriegens hier stark dazu beigetragen. Der Trend zur Kinderlosigkeit hält ungebrochen an, vor allem bei gebildeten Frauen.

NÖLAK: *Sind Mütter anders als kinderlose Frauen?*

KUNZE: Der Unterschied zwischen Frauen mit Kind bzw. Kindern und Frauen ohne Kinder könnte kaum größer sein!

Die Veränderung einer Frau, wenn sie Mutter wird, ist sicher die größte und einschneidendste Erfahrung im ganzen Leben. Abgesehen davon, dass das „alte" Leben komplett umgekrempelt wird und man sich nur mehr nach den Bedürfnissen des neuen Menschleins richten muss, wird das Gefühlsleben der Frau komplett umgestellt. Das Denken und Fühlen wird auf das Wohl des Kindes ausgerichtet; dabei ist es nicht immer einfach, die eigenen Bedürfnisse zurückzustellen! Ab der Geburt ist man nicht mehr nur mehr für sich selbst verantwortlich, es wird nie mehr so sein wie früher. Dieser Prozess der Anpassung an das neue Leben ist nicht einfach und kann längere Zeit dauern.

NÖLAK: *Und was ist mit den Vätern?*

KUNZE: Die sind natürlich auch von der Lebensumstellung stark betroffen, aber niemals in diesem Ausmaß wie die Frau. Auch wenn die „neuen" Väter sich zunehmend mehr einbringen als früher, können sie die gewaltigen hormonellen und emotionalen Veränderungen nicht fühlen und daher nicht oder nur sehr schwer nachvollziehen! Das führt nicht selten zu ernsthaften Konflikten zwischen den Partnern. Es ist erwiesen, dass das erste Jahr mit einem Baby eine der schwersten Belastungen für eine Beziehung darstellt!

NÖLAK: *Was bedeutet ein Leben mit Kindern für Sie?*

KUNZE: Großes Glück und Freude! Dieses Gefühl der tiefsten Liebe für die eigenen Kinder ist nicht mit Worten zu erklären. Ich frage mich oft, welchen Sinn hat das Leben ohne Kinder?

Das Leben mit Kindern bedeutet auch eine Menge Verantwortung, Arbeit und manchmal auch große Ratlosigkeit und Verzweiflung. Wenn man den neugeborenen kleinen Menschen im Arm hält, kann man sich nicht vorstellen, dass einmal große Herausforderungen anstehen werden, und diese werden mit zunehmendem Alter der Kinder immer größer!

NÖLAK: *Gibt es Grundsätze oder Ratschläge aus Ihrer Erfahrung, die Sie für unsere Leser haben?*

KUNZE: Für mein Empfinden gibt es wichtige Eckpfeiler, mit deren Hilfe Kinder groß werden sollten, als Beispiele möchte ich nennen: 1. die BEDINGUNGSLOSE Liebe, 2. Konsequenz und Regeln und 3. Rituale.

Ad 1. Man muss sein Kind annehmen, wie es ist. Liebe darf niemals an Bedingungen geknüpft werden! Man kann es führen, anleiten, ihm die Welt erklären, Werte vorleben(!) u.a. Die Grundstruktur der Persönlichkeit und des Charakters ist nicht zu ändern. Man darf nicht versuchen, eigene Vorstellungen und Wünsche auf das Kind zu übertragen. Das klingt logisch und einfach, ist es aber nicht. Manchmal kann es sehr schwer sein, das ureigene Wesen seines Kindes zu akzeptieren!

Ad 2. Regeln und Konsequenzen sind enorm wichtig für Kinder. Regeln geben Kindern Halt. Sie brauchen es, dass Ihnen ein Erwachsener sagt, wie weit sie gehen dürfen und wo Schluss ist. Wenn sie die Grenzen kennen, in denen sie sich bewegen dürfen, wachsen Kinder unbeschwerter auf. Das klingt zunächst paradox, ist es aber nicht. Kinder, die „alles" dürfen, das meiste selbst bestimmen können, fühlen sich schnell verloren. Alle Kinder testen ihre Grenzen aus, das ist oftmals mit kleineren oder größeren Machtkämpfen verbunden, aber notwendig. Wenn hier nun immer wieder nachgegeben wird, in dem Wunsch, Konfrontationen zu entgehen, tut man dem Kind nichts Gutes. Kinder müssen wissen, Mama und Papa haben das Kommando. Dabei ist es immer wieder auch notwendig, Kindern zu erklären, warum man etwas von ihnen möchte oder etwas nicht erlaubt, vor allem wenn sie älter sind und mehr verstehen; allerdings müssen Eltern nicht immer alles besprechen oder ewig lange diskutieren. Kinder müssen auch Anweisungen oder Regeln akzeptieren, ohne lange Erklärungen.

Ad 3. Rituale sind für Kinder ebenso wichtig. Sie geben ihnen eine Art roten Faden durch den Tag, teilen ihren Alltag in klar definierte Abschnitte ein. Dazu gehört für unsere Familie zum Beispiel das frühmorgendliche Kuscheln, die fast immer gleiche Abholzeit vom Kindergarten oder ein ganz bestimmter Ablauf vor dem Schlafengehen. Eine Geschichte, von Mama oder Papa vorgelesen, ist ein fixer Bestandteil bei uns zu Hause.

Nicht zu vergessen so wichtige Rituale innerhalb eines Jahres wie Ostern, Geburtstage oder das Weihnachtsfest. Feste, die jede Familie auf ihre eigene Art und Weise feiert. Und das ist ja nicht nur für die Kleinen wichtig und vor allem schön!

NÖLAK: *Wie gehen Sie mit dem Thema Ernährung und Kinder um?*

KUNZE: Das ist sicherlich ein wichtiger Punkt in vielen Familien. Das Bewusstsein für gesunde Ernährung ist stark angestiegen und wird an die Kinder weitergegeben. Aber es sollte in keine Richtung übertrieben werden.

Für Kinder und natürlich für Erwachsene ist eine ausgewogene Mischkost ideal, einfach gesagt, viel von der Pflanze, weniger vom Tier. Fastfood oder Süßigkeiten sollten nicht zum Tabu erklärt werden! In Maßen konsumiert, schadet das keinem Kind. Und: Kinder, die sich viel bewegen, haben keine Figurprobleme!

Junge Mütter machen sich häufig Sorgen, ob ihr Kind genug zu essen bekommt. Oft kommt es zu regelrechten Machtkämpfen um jeden Bissen. Das ist einfach nicht notwendig. Ein gesundes Kind weiß, wie viel es essen mag, und die Mutter tut sich selbst einen Gefallen, wenn sie das akzeptiert. So schnell verhungert ein Kind nicht! Je unkomplizierter man mit dem Thema Essen umgeht, desto eher werden Kinder zu unkomplizierten Essern.

NÖLAK: *Wie viel Medienkonsum ist für Kinder empfehlenswert?*

KUNZE: Thema Fernsehen und Co.: Fernsehen und andere Medien sind ein Teil unserer modernen Welt. Es wird für unsere Kinder sicher nicht einfach sein, mit dieser Vielfalt richtig umzugehen. Ganz verbieten ist weltfremd und verschließt Kindern zudem ungeahnte Möglichkeiten. Kinder müssen den Umgang damit erst lernen und es ist die Aufgabe der Eltern, sie dabei anzuleiten. Eltern bestimmen, wie viel ein Kind darf, z. B. eine halbe Stunde Fernsehen oder Computer spielen täglich. Und natürlich müssen sie bei der Auswahl der Sendung oder des Spiels wachsam und kritisch sein.

NÖLAK: *Wie kann man sich sinnvoll mit Kindern beschäftigen?*

KUNZE: Diese Frage hängt stark vom Alter der Kinder ab. Ein Kleinkind braucht eine andere Art der Beschäftigung als ein 10-Jähriger. Bewegung an der frischen Luft ist ein tägliches Muss für Kinder! Aber auch ruhige Stunden daheim, im eigenen Zimmer lesen oder basteln, sind für Kinder sehr wichtig. Ein überfüllter Stundenplan mit diversen Kursen wird für die meisten Kinder zu viel. Ich achte darauf, dass nicht mehr als zwei Nachmittage in der Woche mit Aktivitäten/Kursen belegt sind, die restliche Zeit soll frei sein für Spiele und Erholung.

Für Kinder ist es wichtig, dass Eltern sich bewusst Zeit für sie nehmen, und dann wirklich nur für sie da sind und nicht nebenbei die Zeitung lesen.

Auch wenn man nicht jeden Tag viel Zeit für die Kinder hat, ist es wichtig, sich zumindest einmal am Tag mit dem Kinde intensiv auseinander gesetzt zu haben, wenn auch nur für ein paar Minuten mit einem kurzen Gespräch vor dem Schlafengehen.

NÖLAK: *Immer wieder hört man von der Sorgfaltspflicht der Eltern. Was bedeutet das konkret?*

KUNZE: Eltern sind verpflichtet, für das körperliche und seelische Wohlbefinden ihrer Kinder zu sorgen. Dazu gehört neben der selbstverständlichen Versorgung mit Kleidung, Essen oder altersgerechten Spielsachen auch das Anschnallen des Kindes bei jeder Autofahrt oder die Durchführung wichtiger Schutzimpfungen.

Jedes Kind hat ein Recht darauf und ist letztlich darauf angewiesen, von den Eltern jeden Schutz zu bekommen, der für sein Leben wichtig ist. Mir persönlich fehlt hier jedes Verständnis, wenn Eltern in diesen Dingen nachlässig sind!

„Das Eingehen auf das Kind, das ist der Punkt, der beim Stillen vermittelt wird – das Gestatten zu kuscheln und die Nächte mit dem Baby gemeinsam verbringen."

Ilse Bichler · Anne-Marie Kern

Ilse Bichler und Anne-Marie Kern sind Stillberaterinnen und leiten das Netzwerk Stillen in Niederösterreich.

NÖLAK: *Ist das Stillen der Beginn einer Formung des Lebensstils, der wirkliche Beginn des Lebensstils – Nahrungsaufnahme, Regelmäßigkeit usw.?*

BICHLER: Stillen ist die von der Natur vorgesehene, natürliche Ernährung für das Kind und bietet aus diesem Grund für Mütter und Kinder gesundheitliche und soziale Vorteile, die durch den Ersatz nicht in diesem Maß gegeben sind.

NÖLAK: *Welche Vorteile vor allem?*

BICHLER: Die Vorteile gesundheitlicher Art für das Kind. Es ist nach Studien eindeutig festgestellt, dass gestillte Kinder gesündere Kinder sind, dass sie weniger Erkrankungen der Atemwege, des Magen-Darm-Traktes und auch weniger schwere Erkrankungen, wie z. B. Leukämie, Allergien usw., haben.

KERN: Weniger Allergien haben, das ist auch noch ein Hauptpunkt. Dass sie im späteren Leben auch weniger übergewichtig sind, ist in Studien nachgewiesen, was ja für das weitere Leben eine ganz entscheidende Grundlage ist. Weil Übergewichtigkeit eben starke Auswirkungen auf das weitere Leben hat. Gestillte Kinder sind statistisch gesehen um ein paar Prozentpunkte intelligenter, auch das ist in Studien nachgewiesen, und vor allem wird auf unnachahmliche Weise der Selbstregulationsmechanismus, also die Selbstregulation des Kindes angeregt. Dadurch, dass Muttermilch sehr leicht verdaulich und jederzeit verfügbar ist, bekommt das Kind immer dann, wenn es ein Signal sendet, die Nahrung und die Zuwendung und das, denke ich mir, ist schon das Besondere am Stillen, dass mit Nahrungsaufnahme auch immer Zuwendung verbunden ist. Von den Kindern her ist noch zu sagen, dass beim Stillen jedes Mal alle fünf Sinne angeregt werden, es riecht die Mutter, hört sie, schmeckt sie, sieht sie und spürt sie. Das passiert in den ersten Monaten viele, viele Male jeden Tag und das ist die optimale Anregung für die Sinnesentwicklung eines Kindes. Diese allgemeine Vorstellung, dass es egal sei, ob ein Baby gestillt oder nicht gestillt wird, entspricht einfach nicht den Tatsachen. Selbstverständlich kann man ein Baby in unserem Teil der Welt auch gut und sicher mit künstlicher Nahrung aufziehen und doch ist es von der Qualität der Zuwendung her etwas grundlegend Verschiedenes, wenn ein Kind die Erfahrung des Stillens machen kann. Man muss auch sagen, dass es nicht so ist, dass automatisch jede Frau stillen kann, dass es aber mit richtiger Information, Anleitung und Unterstützung möglichst vielen Frauen ermöglicht werden kann.

NÖLAK: *Welche Vorteile hat das Stillen für die Frau?*

BICHLER: Für eine Frau ist Stillen die Möglichkeit, auf eine sehr ursprüngliche praktische Art und Weise in das Muttersein hineinzufinden. Die Hormone des Stillens, das Oxytocin und das Prolactin, bringen sie in eine bessere Ausgangsposition, die Arbeit als Mutter auszuhalten. Man weiß aus Versuchen, dass, wenn Oxytocin und Prolactin verabreicht werden, z. B. Hähne kleine Küken zu bemuttern anfangen. Der Mutter helfen die Stillhormone auch, diese anspruchsvolle Arbeit besser zu tun. Für sie selbst liegt der Vorteil noch darin, dass sie nach der Geburt leichter an Gewicht verliert, weil die Depots der Schwangerschaft nicht zuletzt für das Stillen angelegt worden sind.

NÖLAK: *Und dadurch abgebaut werden?*

BICHLER: Und dadurch abgebaut werden! Und weiters ist die Rückbildung durch das Hormon Oxytocin begünstigt und sie selbst hat gesundheitliche Vorteile durch ein 40 % niedrigeres Brustkrebsrisiko. Für sie und das Kind gemeinsam, natürlich ist das immer auf Gegenseitigkeit aufgebaut. Stillen hilft ihr, das Kind zu verstehen, auf es einzugehen. Nach Bedarf zu stillen bedeutet auch, auf die besonderen Bedürfnisse dieses besonderen Kindes individuell einzugehen. Früher gab es ja diese 4-Stunden-Regelung, von der man heute weiß, dass das ungünstig ist wegen des Erlernens von Sättigungs- und Hungergefühl und durch dieses Eingehen, das beim Stillen so unmittelbar zustande kommt, ist das ein Vorteil für die Mutter und für das Kind.

NÖLAK: *Was sagt man einer Mutter, die nicht stillen kann – aus medizinischen oder sonstigen Gründen –, damit sie sich nicht minderwertig fühlt bzw. Depressionen bekommt?*

KERN: Die Anzahl der Frauen, die, physiologisch gesehen, nicht stillen können, ist sehr gering. Wir wissen, dass mit genügend Anleitung, Informationen, Unterstützung die allermeisten Frauen stillen können. Wobei es nicht heißt, dass alle stillen können. Das möchte ich nicht sagen. Aber der Anteil jener, wo es nicht gut geht, ist sehr gering, wenn die richtige Unterstützung da ist.

NÖLAK: *Prozentsatz?*

KERN: In Österreich wollen ungefähr von 100 Frauen 95 mit dem Stillen beginnen und tun das dann auch. In den ersten Wochen fallen dann viele aus, vor allem jene, denen es nicht so ein Herzensanliegen war.

NÖLAK: *Aber nicht, weil sie nicht können?*

KERN: Nicht, weil sie nicht können. – Biologisch gesehen.

BICHLER: Aber für die es aus verschiedenen Gründen schwierig ist, die nicht stillen können, das ist die Gruppe, die halt Rat braucht.

NÖLAK: *Kann man denen Trost spenden?*

KERN: Ja, absolut. Man kann sagen, so wichtig das Stillen für ein Kind ist, so ist Muttersein noch um einiges wichtiger. Das Stillen ist ein Teil vom Muttersein, aber Muttersein als Ganzes ist noch einmal mehr, mehr als ein Kind zu stillen. Ich denke, das ist so die adäquate Antwort darauf – Was macht eine Frau, wenn sie nicht stillen kann? – dass Muttersein als Ganzes viel mehr ist, als ein Kind zu stillen.

BICHLER: Eine Mutter, die aus welchen Gründen auch immer nicht stillen kann, wird das genauso erlernen, nämlich dieses Eingehen auf das Kind, das ist der Punkt, der beim Stillen gleichzeitig vermittelt wird: vermehrt auf Körperkontakt mit dem Kind achten, dem Kind gestatten, getragen zu werden, so wie das Prof. Czermak schon vor vielen Jahren propagiert hat, kuscheln und die Nächte mit dem Baby gemeinsam verbringen.

KERN: Ein Vorteil für die Frauen ist auch, dass eine Mutter, wenn es gut geht, eine Ahnung von dem Gefühl hat, was es heißt, Leben zu schenken und das auch zu nähren. Diese Verbindung mit dem Ganzen ist etwas, was manche Frauen so im tiefsten Inneren als ungemein befriedigend erleben können.

NÖLAK: *Eine Art kreative Handlung?*

KERN: Ja, Verbindung zu spüren zu dem Teil des Universums, wo das Leben herkommt – wenn sie ein Baby in der Hand hält, das drei Monate alt und voll gestillt ist, dieses Gefühl zu haben, das ist alles von mir. Und dieses Gefühl kann gleichzeitig aber auch von manchen Frauen als Belastung empfunden werden – ich bin dafür verantwortlich, für dieses Gedeihen dieses Kindes, mit meinem ganzen Körper bin ich dafür zuständig. Das kann von manchen Frauen auch als Belastung empfunden werden.

NÖLAK: *Stichwort Stillpsychose?*

KERN: Stillpsychose, da „wehen bei mir die roten Fahnen“, weil dieses Wort gibt es nur im deutschen Sprachraum. Es heißt richtig „postpartale Psychose“, weil diese Erkrankung mit dem Stillen nichts zu tun hat. Wir wissen, dass Frauen, die stillen, ein geringeres Risiko haben, an postpartalen Depressionen und Psychosen zu erkranken.

NÖLAK: *Ich weiß nicht, ob das biologisch überhaupt stimmt, aber verliert eine Frau nicht einen Zahn, wenn sie stillt und solche Sachen? Haben Sie das auch gehört?*

KERN: Das ist ein medizinisches Ammenmärchen! Eine gute Ernährung ist selbstverständlich wichtig, nur wir leben hier in einem Teil der Welt, wo wir so viel an Nahrung zur Verfügung haben, dass es zu keinen Mangelerscheinungen bei stillenden Frauen kommt.

NÖLAK: *Im Gegenteil, Überfluss ist das Problem!*

KERN: Frauen haben in der Schwangerschaft einen erhöhten Kalziumbedarf, auch in der Stillzeit. Durch die Schwangerschafts- und Stillhormone ist es aber so, dass das Kalzium, das über die Nahrung aufgenommen werden kann, viel besser umgesetzt wird. Der Stoffwechsel in der Stillzeit ist sehr effizient.

BICHLER: Man weiß sogar, dass Frauen, die gestillt haben, ein geringeres Risiko haben, an Osteoporose zu erkranken.

NÖLAK: *Halbiert sich das Risiko noch einmal, wenn ich zwei Kinder gestillt habe?*

KERN: Bei Brustkrebs sicher.

BICHLER: Und bei Osteoporose deuten Erfahrungen auch darauf hin.

KERN: Je mehr Kinder eine Frau hat und je länger die Stillzeit war, das wirkt wirklich wie eine Dosis.

NÖLAK: *Es ist also nicht ein „Alles oder Nichts"-Mechanismus, sondern es ist ein Trainingsmechanismus.*

KERN: Ja.

NÖLAK: *Eine Mutter hat mir erzählt, sie hat ihr Kind bis zum vierten Lebensjahr gestillt. Das Kind ist gekommen und hat gesagt, „Mama, bitte, ich möchte", und das hat funktioniert. Gibt es das wirklich?*

BICHLER: Ja, das gibt es.

NÖLAK: *Gibt es eine ideale Stilldauer? Ist es normal, dass das Kind schon herumläuft und sagt, ich möchte?*

KERN: Das ist absolut nicht unüblich.

BICHLER: Unkulturell, aber nicht unbiologisch.

KERN: Es kommt sehr selten vor, aber wir arbeiten als Stillberaterinnen und wir sehen es nicht so selten.

NÖLAK: *Tatsächlich?*

BICHLER: Und zwar mit dem Hintergrund, dass das Saugbedürfnis nach einem Jahr nicht verschwindet. Kleinkinder können ohne künstlichen Saugersatz, also Schnuller oder Flaschensauger, nicht auskommen. Das menschliche, das biologische Saugbedürfnis des Menschen scheint bei drei bis vier Jahren zu liegen. Nur in unserer Kultur ist es unüblich, so lange zu stillen, und darum erscheinen uns diese Frauen als Unikum. Hingegen historisch gesehen, in der Bibel, im Koran, gibt es Textstellen, die auf ungefähr drei Jahre Stillzeit hindeuten.

NÖLAK: *Die Idealstillzeit ist ca. ein Jahr, habe ich gehört.*

KERN: Ein halbes Jahr ausschließlich stillen ist das, was empfohlen ist, und dann weiterstillen bis zum ersten Geburtstag und wenn Mutter und Kind es wünschen auch darüber hinaus. Die WHO und UNICEF empfehlen Stillen bis weit ins zweite Lebensjahr und wenn möglich darüber hinaus. Aber ich denke mir, wenn wir das in Österreich so transportieren könnten, dass man im ersten Jahr, wie Sie gesagt haben, dass man da ein halbes Jahr voll stillt und weiterstillt bis zum ersten Geburtstag, das wäre schon einmal wirklich fein.

BICHLER: Grundsätzlich kann man sagen, solange es Mutter und Kind Spaß macht, ist es wieder eine Art und Weise, sich dem Ideal zu nähern, denn es ist eine Zweierbeziehung.

NÖLAK: *Das Kind mit vier Jahren hat gesagt, es sei kein Problem.*

KERN: Das Stillen eines älteren Kindes spielt sich auf einer ganz anderen Ebene ab. In der Praxis ist es oft so, dass die Mutter am Abend, wenn sie das Kind schlafen legt, ihm eine Geschichte vorliest, dann trinkt es ein bisschen und fertig. Wenn die Mutter einmal nicht da ist, kann das Kind auch ohne Brust einschlafen. Das geht so lange, bis das Bedürfnis des Kindes im wahrsten Sinne des Wortes „gestillt" worden ist, dann beenden alle Kinder das Stillen.

BICHLER: Das hat mit der Ernährung nichts zu tun, und das wird oft verwechselt und auch gesagt, die könnten schon was anderes essen; oder es wird in Zusammenhang mit Armut gesetzt.

NÖLAK: *Nach dem Motto: Können die sich kein Essen kaufen? Stillen ist ja immer mehr zu einem soziologischen Phänomen in unserer Gesellschaft geworden – ich habe einmal in einer Zeitung den schönen Ausdruck des „Kampfstillens" gelesen. Das sind jene Frauen, die demonstrativ in der Öffentlichkeit stillen. Da wurden natürlich die verschiedensten Argumente für und gegen das Stillen in der Öffentlichkeit angeführt. Wie stehen Sie dazu?*

KERN: Dazu möchte ich Folgendes gerne anmerken, weil ich mit der Christine Heindl, die das damals betroffen hat, selber auch gesprochen habe: Sie hat gesagt, das war damals, als die Grünen das erste Mal ins Parlament eingezogen sind. Sie wollte auf ihr Mandat nicht verzichten, obwohl sie dieses drei Monate alte Baby gehabt hat. Und so entstand die Idee, gerade weil sie es zu diesem Zeitpunkt gestillt hat, dass sie es mit zur Angelobung nimmt. Dann war diese feierliche Stimmung im Plenarsaal und es war ganz ruhig und der Kleine hat sich gemeldet. Sie hat ihn intuitiv angelegt, weil sie nicht wollte, dass er zu schreien beginnt und war sich dessen, was sie damit auslöst, überhaupt nicht bewusst.

NÖLAK: *Also es war kein Protestakt?*

KERN: Es war überhaupt nicht als Protestakt gemeint. Also, dass sie gesagt hat, das Baby gehört zu mir, das nehme ich mit, das war schon der Fall. Aber es war von ihr nie als Protest angelegt.

BICHLER: Das würden viele Frauen tun, ihr drei Monate altes Kind, besonders wenn es gestillt ist, nicht alleine zurücklassen, weil Stillen das Zusammensein von Mutter und Kind bedingt. Und da das jetzt schon einige Jahre zurückliegt, hat es auch mehr Entrüstung hervorgerufen, als es das heute tun würde.

NÖLAK: *Bedingt ein vernünftiges Stillen nicht wirklich eine gewisse Zurückgezogenheit, Ruhesituation?*

KERN: Ein gestilltes Baby braucht sicher nicht mehr Ruhe als eines, das ein Flascherl kriegt. Ich denke, es ist nicht gut, dass kleine Babys jeden Zirkus mitmachen, ob sie jetzt ein Flascherl kriegen oder gestillt werden, das Ruhebedürfnis ist das Gleiche. Leider ist Stillen in der Öffentlichkeit aber nicht überall gerne gesehen.

NÖLAK: *Gibt es das Ammenwesen noch in der traditionellen Form des 19. Jahrhunderts?*

BICHLER: Nein, das gibt es absolut nicht mehr.

KERN: Gelegentlich höre ich von einer Mutter, die für ein anderes Kind abpumpt, also für eine Freundin. Aber das ist etwas, was wir nicht empfehlen.

BICHLER: Und zwar deshalb nicht empfehlen, weil es gesundheitlich als nicht sicher gilt, das Kind von jemandem anderen zu stillen oder die Milch einer anderen Mutter dem Kind zu geben, wenn die Milch unbehandelt ist.

NÖLAK: *Bezieht sich das nur mehr auf unsere Kultur, gibt es das noch in Afrika, Asien?*

KERN: In traditionellen afrikanischen Kulturen ist das ganz selbstverständlich.

NÖLAK: *Das Ammenwesen?*

Kern: Ja, das Ammenwesen; so kommt es auch vor, dass Großmütter ihre Enkelkinder mitstillen. Das kommt in jenen Teilen der Welt vor, wo die weibliche Brust als Nahrungsquelle für Babys und Kleinkinder gesehen wird.

NÖLAK: *Das, was Sie vorher gesagt haben zum Flascherl – gleicher Ruhebedarf wie beim Stillen. Argumentieren Sie da nicht auf einer politisch höchst sensiblen Ebene, indem Sie ja implizieren, dass eine junge Frau, die Mutter geworden ist, sich schlicht und einfach eben aus dem Berufsleben zurückzuziehen hat, weil ein Baby bis zu einem Jahr a) Ruhe b) einen sehr fixen Rhythmus und c) selbst wenn es schläft, eine 100%ige dauernde Verfügbarkeit einer Betreuungsperson zu haben hat. Argumentieren Sie jetzt nicht voll gegen diese Ansichten für die Integration eines Babys in den – auch beruflichen – Alltag?*

KERN: Da bin ich sehr froh, dass wir in einem Land wie Österreich leben, wo es sehr gute gesetzliche Regelungen gibt, die stillende Mütter schützen. Es geht vor allem darum, dass die Frau auch wirklich die Freiheit hat, welchen Betreuungsmodus sie für ihr Kind wählt. In Österreich haben wir eine gesetzliche Regelung, dass stillende Mütter, wenn sie in den Arbeitsprozess wieder zurückgehen, bis zu 1 ½ Stunden pro Tag Stillzeit gutgeschrieben bekommen. Diese Regelung ist leider sehr wenig bekannt und wird dadurch auch sehr selten von den Frauen angenommen.

NÖLAK: *Wissen Sie, in welchem Gesetz das steht?*

KERN: Ja. Im Mutterschutzgesetz ist das ganz genau definiert. Wenn sie halbtags arbeitet, hat sie 45 Minuten Anspruch und wenn sie ganztätig arbeitet 90 Minuten. Es darf eben nicht auf die Arbeitszeit angerechnet werden, nicht auf die Pausen, und sie muss in dieser Zeit auch nicht direkt stillen, sondern sie kann es zum Abpumpen ihrer Milch verwenden.

NÖLAK: *Sie haben jetzt vom Stillen gesprochen, aber Sie vertreten selbstverständlich die Ansicht, dass Muttersein im Allgemeinen kein Hindernis darstellt, im Rahmen der gesetzlichen Fristen in den Arbeitsprozess zurückzukehren. Da vertreten Sie eigentlich damit die Linie, dass das möglichst bald der Fall sein sollte. Noch zynischer formuliert, ein Kind ist keine Behinderung, Stillen ist keine Behinderung?*

KERN: Ein Kind zu haben, ändert das Leben einer Frau grundlegend. Stillen ist sicher keine Behinderung!

NÖLAK: *Bei der ganzen Familie?*

KERN: Ich wünsche mir, dass Muttersein und für ein Kind zu sorgen einen anderen gesellschaftlichen Stellenwert bekommt, dass Muttersein nicht so etwas ist, das möglichst unbemerkt von der Gesellschaft stattzufinden hat.

BICHLER: Wie früh eine Frau zu ihrer Berufstätigkeit zurückkehrt, ergibt sich aus ihrer individuellen Familiensituation. Übrigens war das in früheren Zeiten ja auch so, als die meisten Frauen als Bäuerinnen tätig waren, die haben ja auch relativ rasch ihre Tätigkeit wieder aufgenommen.

NÖLAK: *Aber die hat kein Mensch gefragt. Die mussten.*

KERN: Was mir noch ein Anliegen wäre, ist dieser gesamtgesellschaftliche Vorteil, den die Gesellschaft vom Stillen hat. Ich denke mir, da kommt erstens zu tragen, dass gestillte Kinder gesünder sind, sie verursachen viel weniger Kosten im Gesundheitswesen, es wird durch das Stillen viel weniger Abfall produziert, es ist keine Energie notwendig, etwas herzustellen, zu transportieren, zu verpacken, was dann wieder als Abfall beseitigt werden muss. Man kann sagen, dass Stillen und Stillförderung die kostengünstigsten und effizientesten Präventivmaßnahmen im gesamten Gesundheits- und Sozialbereich sind. Stillen bietet Nahrung, Gesundheit und Betreuung für ein Kind. Gerade bei Kindern, die nicht so erwünscht sind oder die in eine Familie hineingeboren sind, der es nicht so gut geht, kann das Stillen ein Stück Geborgenheit sein, das das Kind mitbekommt für sich und sein Leben.

NÖLAK: *Aber auch für die Mutter.*

KERN: Auch für die Mutter. Auch vom Kind her.

BICHLER: Volkswirtschaftlich gesehen ist Stillen ebenso von Bedeutung, ich denke da an Norwegen, die haben die Menge an Muttermilch, die im Land aufgrund der Stillrate produziert wird und die sie gemessen haben, als Teil ihrer volkswirtschaftlichen Kapazität aufgelistet. Im Übrigen ist das skandinavische Modell für uns in Bezug auf Frausein, Muttersein und Berufstätigsein unser Vorbild. In den skandinavischen Ländern gibt es nicht nur die höchsten Stillraten, sondern auch die höchsten Beschäftigungsquoten von Frauen außer Haus.

KERN: Und auch hohe Geburtenraten. Weil ja die Betreuung der Kinder gesichert ist.

NÖLAK: *Das kennen wir aus der Diskussion um die Kindergartenbetreuungsplätze.*

KERN: Weil das immer als Argument gegen die Stillförderung kommt. Wenn wir das Stillen fördern, brächten wir die Frauen zurück an den Herd – das Gegenteil ist durch die skandinavischen Länder ganz eindeutig bewiesen. In Österreich sind wir aber auch in einer guten Situation. Wir haben eine sehr hohe Wertigkeit des Stillens in der Gesellschaft, die allermeisten Frauen möchten es gerne tun. Im Allgemeinen wird das Stillen vom Gesundheitswesen sehr empfohlen, woran es fehlt, ist die adäquate Unterstützung der Frauen zum Stillen. Die Grundvoraussetzungen sind gut, aber beim Wissen des Gesundheitspersonals fehlt noch einiges, damit Frauen wirklich gut unterstützt werden.

NÖLAK: *Gibt es ein „Rezept". Wie, was, wann, wo …?*

BICHLER: Frauen können sich an die „La-Leche"-Liga wenden. Die „La-Leche"-Liga ist eine Selbsthilfeorganisation von stillenden Müttern, die weltweit organisiert ist und nach dem Motto handelt, dass andere Mütter, die ebenso in dieser Lebensphase sind, oft die beste Unterstützung sind, sobald die Frau aus der Betreuung seitens des medizinischen Personals herausfällt.

Im VSLÖ, dem Verband der Still- und Laktationsberaterinnen Österreichs, sind Stillberaterinnen mit einer speziellen Qualifikation, IBCLC – International Board Certified Lactation Consultant –, organisiert. Das sind Personen aus dem Gesundheitswesen, Hebammen, ÄrztInnen und Pflegende, die über eine spezielle Ausbildung in der Stillberatung verfügen.

KERN: Einer der wichtigsten Ansätze ist der Ausbau der „stillfreundlichen Krankenhäuser". Nachgewiesenermaßen hat die Betreuung im Krankenhaus, wenn Frauen gute Anleitung zum Stillen bekommen, langfristige Auswirkungen darauf, wie lange sie stillen und wie sie die Stillzeit erleben. Auch der Ausbau von Stillambulanzen ist wichtig. Ideal wäre, wenn eine Stillambulanz eine selbstverständliche Einrichtung in einem Krankenhaus ist, weil das für die Frauen auch signalisiert, das es legitim ist, mit dem Stillen Probleme zu haben. Mit dem EU-Aktionsplan zur Förderung des Stillens (2004) werden den Mitgliedsstaaten umfangreiche Maßnahmen zur Stillförderung empfohlen.

BICHLER: Dem liegt der Gedanke zugrunde, dass Stillen kein Instinkt ist. Viele Leute denken, dass Stillen instinktgebunden ist. Man weiß jedoch, dass Stillen weitgehend sozial gelernt ist, also von einer Generation zur anderen abgeschaut, weitervermittelt wird. Und in Ländern, wo diese Tradition hoch gehalten wird, ist es leichter, Stillförderung zu betreiben, weil die Gesellschaft insgesamt mehr über Stillen weiß und dem Stillen gegenüber positiver, unterstützender eingestellt ist. Hingegen, wenn die Stillrate schon mal recht niedrig war, dann ist es dementsprechend schwierig oder komplex, sie wieder zu erhöhen. Prof. Czermak hat sehr viel dazu beigetragen, dass das bei uns in Österreich hoch gehalten worden ist. Dies ist zugleich eine Erklärung für die enorm verschiedenen Stillraten innerhalb der Länder.

NÖLAK: *Selbst innerhalb von Europa?*

KERN: Selbst innerhalb von Europa.

NÖLAK: *Kann man noch einmal wiederholen oder zusammenfassen, was hat das Kind für das Leben im Sinne der Prägung eines Lebensstils von einer positiven Stillerfahrung?*

BICHLER: Stillen ist die natürliche Art, ein Kind mit seinen Bedürfnissen zu verstehen. Wenn es auf die Welt kommt, kann man annehmen, dass es sich so etwas erträumt hat, dass es, biologisch gesehen, mit diesen Erwartungen kommt. Natürlich haben wir die Möglichkeit, das auszuwählen.

NÖLAK: *Wie wirkt sich das im weiteren Leben aus?*

KERN: Das Kind erlebt sich als Symbiose mit der Mutter, wenn es geboren wird. Stillen ist dann die ideale Art und Weise, dieses Symbiose noch eine Weile weiterzuleben. Kinder möchten von sich aus selbstständig werden und sich aus dieser Symbiose heraus entwickeln. Da bietet das Stillen auf eine einzigartige Weise die Möglichkeit, dass sie immer wieder in diese Symbiose zurückkehren, um dann wieder wegzugehen, bis ihr Bedürfnis nach Nähe und Zuwendung im wahrsten Sinne des Wortes gestillt ist. Dann brauchen sie es nicht mehr.

NÖLAK: *„Es kann mir nichts geschehen."*

KERN: Ja! Das, was uns zu Menschen macht, ist, dass wir, wenn wir etwas brauchen, zu jemand anderem gehen.

NÖLAK: *Also der Begriff des Urvertrauens?*

KERN: Ja.

Siehe Bildtafel 1

„Ich habe nach der Matura gute 15 Jahre Albträume von meiner Schulzeit gehabt, obwohl ich nicht unbedingt ein schlechter Schüler war."

Kurt Scholz

Kurt Scholz war amtsführender Präsident des Wiener Stadtschulrates

NÖLAK: *Wie hängen Schule und Lebensstil, jetzt im weitesten Sinn des Wortes, zusammen, um sozusagen ein ganz bestimmtes Leben führen zu können?*

SCHOLZ: Erstens einmal beeinflusst die Schule den Lebensstil der Familie ganz massiv. Ein Kind in der Schule zu haben verändert das Leben von Familien zum Positiven, aber auch in Richtung einer Belastung. Ich bin immer dagegen gewesen, den Eltern Blanko-Vorwürfe zu machen, dass sie zu wenig für die Schule leisten. Im Allgemeinen leisten die Eltern für die Schule sehr, sehr viel und sie bemühen sich auch, soweit sie können, die Schulkarrieren von Kindern irgendwie zu fördern. Was Schule für das Leben bedeutet, kann ich auch autobiografisch ganz leicht sagen. Es ist nach wie vor eine Chance, auf der sozialen Stufenleiter nach oben zu kommen. Wobei diese Chance von den Starken stärker genützt wird und von den Schwachen nur schwach genützt werden kann, aber der Aufstieg durch Bildung ist nach wie vor eine Chance, die Lebensumstände, in die man geboren worden ist, zu verändern und zu verbessern. Ich bin dafür ein Beispiel, aber man bezahlt natürlich, was die Anstrengung betrifft, einen hohen Preis dafür.

NÖLAK: *Welche Art von Anstrengung, eher für die Eltern oder für das Kind?*

SCHOLZ: Sowohl als auch. Wenn man als Nichtmaturantenkind Matura machen und studieren will, dann bedeutet das zuerst einmal das Einleben in eine Welt, die man eigentlich bis zum zehnten Lebensjahr nicht kennen gelernt hat. Ich bin auf dem Land aufgewachsen, es gab in meinem Bekanntenkreis keinen einzigen Maturanten und in dem Ort gab es einen Akademiker, das war der Gemeindearzt, und der war so weit weg, dass man da überhaupt keinen Anknüpfungspunkt gefunden hat. Das heißt, man steigt einmal ein in eine Welt, für die man familiär, was das Wissen betrifft, überhaupt nicht ausgestattet ist, und es bleibt einem eigentlich nichts über als Anpassung und Lernen. Das hieß zu meiner Zeit auswendig lernen, weniger verstehen. Das ist mit beträchtlichen Anstrengungen verbunden, auch psychologisch ein bisschen mit Entwertungsgefühlen, dass das, was man in der eigenen Familie erlebt hat, die sozialen Erfahrungen, dass die eigentlich nichts wert sind gegenüber dem, was die wahre Bildung ist. Die wahre Bildung ist die der Schule, ich sage absichtlich „die wahre Bildung", das ist die der Schule. Also es ist ein bisschen auch die Gefahr der sozialen Entwurzelung, wenn man gezwungen ist, den Aufstieg über Bildung zu machen. Aber es ist eine Aufstiegsmöglichkeit, eine schmale, eine Minderheitenchance, aber als solche muss man es auch sehen, begrüßen und daran glauben. Was man sonst im Schulwesen lernt für das Leben und den Lebensstil, wird einem mit jahrzehntelanger Verspätung bewusst. Was ich in meiner Schulzeit gelernt habe, war erstens einmal das Hintanstellen von persönlichen Ansprüchen, das Verzichten, das Arbeiten und die Hoffnung, dass es jedes Jahr vielleicht ein bisschen besser wird. Das war ein ganz großer Lernprozess, der auch typisch für eine Nachkriegskindheit ist. Damals hat man eben gesagt, wenn man verzichtet, wenn man lernt, wenn man tut, dann wird das für einen selbst halt von Jahr zu Jahr ein bisschen besser. In der Hoffnung bin ich als Nachkriegskind groß geworden. Das war die große Entsagung, sparen, verzichten, tun in der Hoffnung, nicht auf den Glückstreffer in der Millionenshow, sondern auf ein bisschen mehr Qualität im Leben. Und die kleinen Sachen, die fallen mir erst jetzt auf, z. B. ich habe einen Deutschlehrer gehabt, der eine bestimmte Hefteinteilung, bestimmte Schriftform verlangt hat, die ich bis heute gleich gehalten habe. Bestimmte Formen dessen, was man tut oder was man nicht tut, die haben sich eigentlich in meiner Schulzeit verfestigt. Allerdings sage ich auch das Negative. Ich habe nach der Matura gute 15 Jahre Albträume von meiner Schulzeit gehabt, obwohl ich nicht unbedingt ein schlechter Schüler war.

NÖLAK: *Hat Sigmund Freud schon beschrieben.*

SCHOLZ: Aber weit über mein 35. Lebensjahr hinaus bin ich aufgewacht und habe wirklich in der Nacht panische Angstträume gehabt, dass ich bei der Mathematikschularbeit von den vier Beispielen zwar eines zusammengebracht habe, von einem zweiten wusste ich, dass ich es nicht konnte, und ein drittes auch nicht und beim entscheidenden Beispiel rechne ich und rechne ich, und da kommt immer nur eine Bruchzahl raus und nicht eine ganze Zahl, und das ist ein Indikator, dass ich irgendwo vorher einen Rechenfehler gemacht habe und ich weiß nicht, ob ich dieses angefangene Beispiel fertig machen soll, immer wieder nach- und nachrechnen soll oder ob ich das dritte beginnen soll.

NÖLAK: *Was machen die, die nicht sehr erfolgreich in der Schule sind, die nicht dieses kleine bisschen Mehr an Hoffnung haben. Was sollen die mit ihrem Leben anfangen?*

SCHOLZ: Ich fürchte, da gibt es kein Patentrezept. Wahrscheinlich gerade nicht durch mich, weil ich eben immer darauf fixiert und auch darauf angewiesen war, mein Leben durch Schule neu zu definieren.

NÖLAK: *Haben Sie das auch in Ihrem Beruf als Präsident umgesetzt oder wie haben Sie das verwendet?*

SCHOLZ: Erstens einmal glaube ich, dass ich mir in meiner Schulzeit eine solche interessante Fülle an Traumatisierungen erworben habe, dass das eine wirklich solide Grundlage für meine spätere Berufstätigkeit als Lehrer und als Schulmann geworden ist. Umgesetzt habe ich es insofern, dass ich immer gefunden habe, dass sich die Qualität der Schule schon auch durch Angst-Freiheit entscheidet, frei sein von Angst. Bestimmt! Die Schule ist auch angstfreier geworden. Allerdings ist es auch eine Illusion, leider muss ich sagen eine sozialdemokratische Illusion, zu glauben, wenn die Kinder keine Angst mehr haben, dass sie deshalb automatisch gescheiter werden. Das ist auch falsch. Aber Angst macht im Allgemeinen dumm. Und daher ist eine angstfreiere Schule gescheiter als eine Schule, die von panischer Angst bestimmt ist. Das habe ich, glaube ich, schon umzusetzen versucht und auch ein bisschen den Grad der Fremdbestimmung im Schulwesen, nämlich die uneinsichtige Fremdbestimmung zu reduzieren.

NÖLAK: *Es heißt ja immer, dass eigentlich seit Maria Theresia bis 1968 dieselbe Pädagogik herrschte und dass sie in den letzten 30 Jahren explodiert sei. Stimmt das?*

SCHOLZ: Ja! Also ich unterstreiche es und formuliere es ein bisschen anders. Maria Theresia hat das moderne Schulwesen vor etwas mehr als 250 Jahren gegründet – und zwar gegründet nicht so sehr für die Menschen, sondern für die Notwendigkeit des Staates. Der moderne Verwaltungsstaat benötigt eine minimale Massenbildung. Also die Leute sollen ein bisschen lesen, schreiben und die Grundrechnungsarten können und das eine oder andere Kirchenlied. Sie hat das Schulwesen gegründet nach den damals modernsten Grundsätzen einer Massenverwaltung. Das konnte nicht mehr die Prinzenerziehung sein, das konnte nicht mehr die Klostererziehung sein, sondern das musste eine Massenverwaltung sein. Und was war damals das modernste Muster einer Massenverwaltung? Die des Militärs. Und daher trägt das Schulwesen bis in die 60er, 70er Jahre, ja sogar bis heute „paramilitärische Züge". Und wenn ich das sage, meine ich das nicht denunzierend, sondern ich meine es deskriptiv, beschreibend. Was sind jetzt die paramilitärischen Züge? Zum Beispiel das Prinzip, dass nach Jahrgängen unterrichtet wird, das ist ein militärisches Einberufungs- und Rekrutierungsprinzip. Das ist kein lernpsychologisches Prinzip. Denn sehr zur Enttäuschung von Erwachsenen lernen die Kinder ja nicht am liebsten von Erwachsenen, sie lernen auch nicht am besten von Gleichaltrigen, sondern sie lernen am liebsten von Kindern, die drei, vier Jahre älter sind. Anna Freud hat das die „kontrollierte Regression" genannt, die älteren Kinder lehnen sich zurück und geben ihr Wissen gerne an Jüngere weiter. Diese Lernprozesse werden durch das Jahrgangsprinzip eher verhindert als gefördert. Das ist ein verwaltungstechnisch wahrscheinlich unumgängliches Prinzip. Das Prinzip der Portionierung der Übungen, 50 Minuten lernen, 5 Minuten Pause, ist das Prinzip des militärischen Exerzierens. Diesen Rucksack tragen wir bis heute mit. Am entscheidendsten ist in unserer Tradition, dass sich im Schulwesen die Karrieren, z. B. der Lehrer, nicht dadurch entscheiden, wie sie mit Schülern und Eltern umgehen, sondern im Arrangement mit der Obrigkeit.

Diese 250 Jahre Gründungsgeschichte sind natürlich 1968 zum Teil zerbrochen, aber die Bruchstücke haben wir im Rucksack bis heute, ohne dass sie auch wirklich reflektiert und diskutiert werden.

NÖLAK: *Und die Struktur hat sich mit einem Schlag geändert? Wie hat es sich gezeigt?*

SCHOLZ: Es hat sich erstens einmal gezeigt in der Mitbestimmungsdiskussion, dass man das Schulwesen nicht mehr als etwas von Gott und dem Obrigkeitsstab Dekretiertes empfindet, dass es unveränderbar ist, sondern dass hier doch Normen geschaffen werden in Absprache mit den beteiligten Menschen. Es hat dann durchaus auch einen Modernisierungsschub gegeben, z.B. in der Zeitgeschichte, es hat natürlich eine Ausweitung des Bildungsangebotes gegeben, zu Schichten, die bisher Jahrzehnte bildungsfern gehalten wurden. Das verbindet sich bei mir mit dem Namen des wahrscheinlich bedeutendsten Bildungspolitikers nach 1945, Fred Sinowatz, dessen zehn Jahre im Unterrichtsministerium völlig unterbewertet sind, und der hier doch mit, fast würde ich sagen, josephinischer Klugheit Reformschritte gesetzt hat – und ob wir derzeit wieder in einer Gegenreform sind, weiß ich nicht. Aber es gibt Zeichen dafür. Es ist auch dann doch eine neue Lehrergeneration gekommen, die heutige Schule ist doch um einiges zeitgemäßer und angstfreier und weniger von lächerlichen sozialen Vorurteilen getragen als die Schule, die ich noch durchlaufen musste. Wobei mir an der modernen, an der progressiven Pädagogik auch manches missfällt. Das sage ich auch ganz klar dazu.

NÖLAK: *Die Entwicklung geht ja in die Richtung, dass immer mehr Wissen existiert und die Kinder mehr Stoff lernen müssen. Gegengesteuert wird bekanntlich, indem man die Lehrpläne „ausmistet". Nachweislich müssten wir eigentlich pro Woche mindestens zehn Stunden EDV haben, damit man sich halbwegs zurechtfindet. Lassen wir Latein, Musik, Zeichnen irgendwann völlig weg oder haben die Kinder dann 80 Wochenstunden? Wohin entwickelt es sich?*

SCHOLZ: Also erstens, ich finde den Computer eine großartige Informationschance. Ich „google" selbst mit Begeisterung. Ich halte das für eine großartige Informationsmöglichkeit. Nur stellt sich die Frage, was tut der Dumme mit dem Internet? Gar nichts. Wenn der Dumme Goethe eingibt, hat er wahrscheinlich bei Google innerhalb von 0,7 Sekunden, innerhalb eines Lidschlages, 23.000 Hinweise, mit denen er absolut nichts anfängt. Das heißt, die großartigen Such- und Recherchemöglichkeiten im Internet entbinden überhaupt nicht vom Schaffen einer Bildungsbasis. Sie können aber entlasten, auch den Lehrer deutlich entlasten, was das Detail, das Wissen im Detail betrifft. Aber wenn er nicht weiß, wer Goethe und was Sesenheim ist, wird er diese Gedichte nie finden. Das zweite ist, dass wir immer wieder von Allgemeinbildung reden, die wir brauchen, z. B. für den Computer, und in Wirklichkeit keinen allgemein verbindlichen Begriff von Bildung und Allgemeinbildung mehr haben. Wir führen diesen Begriff im Munde und jeder versteht etwas anderes. Es war doch die Kombination, über die Herleitung der europäischen Geschichte, von der antiken Geschichte Griechenlands, Roms, über die mittelalterliche Geschichte über das Verhältnis von Staat zu Kirche, kann man alles kritisch betrachten, über den Humanismus, Renaissance, die großen Revolutionen, die Umwälzungen des 19. Jahrhunderts, Darwin, Marx, Freud. Heute gibt es diesen Begriff von Allgemeinbildung nicht mehr. Der ist in der Schulpraxis leider Gottes durch ein Sammelsurium von Einzelinformationen ersetzt worden, so dass Allgemeinbildung heute sehr oft bedeutet, dass in der ersten Stunde die Wirtschaft Südamerikas, in der zweiten Stunde Felgeaufschwung, in der dritten Stunde der Realitätsbegriff bei den Gedichten von Kafka, in der vierten Stunde „Der kleine Prinz“ und in der fünften Stunde, ich weiß nicht, das tetragonale Kristallsystem gelehrt und unterrichtet werden – und die Kombination von all dem soll Allgemeinbildung sein? Es wuchern die Fächer für sich fort, aber so etwas wie einen verbindlichen Begriff, den hat man nicht mehr.

NÖLAK: *Haben wir verlernt, uns selber die Antworten zu suchen auf Fragen wie „Woher komme ich?“, „Wozu bin ich?“, „Wohin gehe ich?“ Dabei wäre die Ableitung der Geschichte doch ein Instrument, um mich zu definieren, um mich halbwegs zurechtzufinden.*

SCHOLZ: Ja, aber da werde ich jetzt wirklich ein bisschen zum Zivilisationskritiker. In meiner Zeit war das noch klar, wenn man lernt, wenn man sich bildet und wenn man liest und, dreimal unterstrichen, das Gelesene versteht und das Gelesene auch zu reproduzieren vermag, dann verändert man sein Leben. Wenn wir heute die Modelle anschauen, die es gibt, dann ist es entweder ausgewählt zu werden für diesen Container, Big Brother, dann wird man ein Star, oder in der Millionenshow die acht oder neun Fragen richtig zu beantworten, oder bei Starmania irgendwie geschickt zu sein, oder einen Musterprozess, weil man sich bei McDonald mit dem Kaffee verbrannt hat, so zu gewinnen, dass man für sein Leben lang ausgesorgt hat. Also dieses Überhandnehmen der Quizformen zeigt ja ganz charakteristische Veränderungsformen im Denken des Menschen. Zu meiner Zeit war Quiz noch das Quiz 21, das waren harte klassische Bildungsfragen, da hat man gewusst, wer das weiß, ist gescheit. Der Armin Assinger versucht das heute ja gar nicht mehr, sondern wer die Fragen beantworten kann, ist halt geschickt und hat, ich weiß nicht, den Kurier und die Kronen-Zeitung aufmerksam gelesen und hat die Popcharts intus. Ich würde bei den ersten drei Fragen rausfliegen wie nichts. Also das sind ja schon gesellschaftliche Veränderungen gegenüber diesem graduellen Aufstieg, letztlich auch Bildungs- und Informationsaufstieg.

NÖLAK: *Wohin soll es gehen und wohin wird es gehen?*

SCHOLZ: Das, was ich glaube, was die Aufgabe ist, die im Schulwesen immer wichtiger wird, ist die, Gemeinschaften zu bilden. Das ist weniger die Aufgabe, bis ins Detail eine Information zu geben, sondern Gemeinschaftserlebnisse zu vermitteln, die Fähigkeit, in Gemeinschaften zu leben, entweder sich zu reiben an einer Gemeinschaft oder auch einmal das Gefühl zu haben, in einer Gemeinschaft aufgehoben zu sein. Die Förderung dieses Gemeinschaftserlebens ist meines Erachtens wichtiger, als den hochinformierten, autistischen Neurotiker zu erziehen. Diese Aufgabe wahrzunehmen wäre eine dramatische Veränderung des Lehrberufes. Weg von der Information hin zu gemeinschaftsstiftenden Erlebnissen. Die Schule ist auch die einzige Einrichtung, die diese Erlebnisse noch vermitteln kann. Die politischen Parteien können es meines Erachtens nicht mehr wirklich, die Sportveranstaltungen punktuell an einem Sonntagnachmittag im Horr-Stadion, die Popveranstaltungen ja, die kirchlichen oder die religiösen Vereinigungen, vielleicht die Pfadfinder noch. Bei dieser Aufgabe entscheidet sich die Zukunft unserer Gesellschaft wahrscheinlich mehr als im geschickten Umgang mit dem Internet. Aber wenn ich sage Gemeinschaftserlebnisse, meine ich nicht die konformistische Gemeinschaft, in der Haider anschafft und alle gehorchen, sondern die bewusste Auseinandersetzung des Individuums mit einer Gemeinschaft. Denn, ich kann das jetzt nur von meinem Sohn sagen, das, was der an EU-Projekten macht – er war in Süditalien, ist einmal in Deutschland, ist einmal in England usw., wo er immer wieder in neuen Situationen in anderen Ländern mit anderen Jugendlichen zusammentreffen muss – das finde ich großartig. Also so etwas zu gefährden, wäre sehr, sehr schade.

NÖLAK: *Das heißt, die Menge des Wissens kann noch so hoch werden, das ist nicht das Problem, was mehr denn je vermittelt werden muss, ist die Fähigkeit, sich das Wissen zu organisieren und in Gruppen zu teilen.*

SCHOLZ: Absolut. Und ich bin daher immer wieder gegen diese Phrase von der Halbwertszeit des Wissens. Das Wissen hat keine Halbwertszeit. Ich habe die Gedichte des jungen Hofmannsthal vor mehr als 40 Jahren gelesen, diese Schönheit hat keine Halbwertszeit. Die Erschütterung, ich weiß nicht, bei der Elektra oder bei der Salome, die hat keine Halbwertszeit.

NÖLAK: *Gut, Kunst ist nicht Wissen. „Wissen" ist ja jetzt wirklich nur bezogen auf z. B. Chemie – ein chemisches Element zerfällt in so viele Bruchteile von Zehntelsekunden und der nächste Forscher sagt, Blödsinn, es ist nur die Hälfte. Ist nicht eher das damit gemeint?*

SCHOLZ: Das bringt mich natürlich von Hofmannsthal weg zu einem anderen Offenbarungseid. Ich habe zwölf Jahre Mathematik in meinem Schulwesen erlebt, positiv erlebt, aber auch erlitten, zwölf Jahre, Minimum drei bis vier Stunden, Maximum fünf Stunden pro Woche. Von diesen zwölf Jahren brauche ich in meinem Alltagsleben die Fähigkeit zu addieren, zu subtrahieren, zu multiplizieren, gelegentlich zu dividieren und ein bisschen in Prozenten zu denken. Das ist der Bruchteil eines Bruchteils, was ich benötige und leider habe ich in meiner Schulzeit, sehr zum Unterschied zu meinem Sohn, ein mathematisches Denken nie gelernt. Wir haben die Rechenfertigkeit, nicht aber die Rechenfähigkeit, die entsprechende Denkfähigkeit. Heute finde ich z. B. den Ansatz der Mathematik, das, was in der Welt geschieht, in Formeln zu fassen und nachprüfbar zu machen, faszinierend. Generell vertrete ich immer auch einen Bildungsbegriff, wo ich mir denke, man soll sich nicht quälen damit, ob das, was ich jetzt mache, das unbedingt Richtige ist und das, was in den nächsten 50 Jahren Bestand haben wird. Man soll auswählen, aber das, was man macht, mit Herz und mit Begeisterung machen und in die Tiefe gehen und mit Intensität machen, auch wenn es völlig überflüssig ist, auch wenn man das im Wirtschaftsleben nicht sofort praktisch anwenden kann. Schule gewinnt dann an Qualität, wenn sie sich der Diktatur der Anwendung auch gelegentlich entziehen kann und eine philosophierende, reflektierende Distanz schafft, die nichts mit den viel beschworenen Praxisfähigkeiten zu tun hat, sondern mit der Fähigkeit, über eine Praxis nachzudenken, was etwas viel Anspruchsvolleres ist. Und das kann man anhand unendlich vieler Beispiele zeigen, die dann einer auswählen muss, von denen er aber dann auch etwas verstehen und mit einem leidenschaftlichen intellektuellen Feuer vertreten können muss, und da ist es völlig egal, ob er das Nibelungenlied dazu heranzieht oder ob er die „Farm der Tiere“ von Orwell liest. Er kann jedes dieser Beispiele hernehmen und zu einem geistigen Modell machen, ohne sich diesem zerstörerischen Anspruch der Vollständigkeit auszusetzen. Vor dem man ja nur kapitulieren kann.

NÖLAK: *Vollständigkeit versus Nützlichkeit. Da rennt man immer hinten nach?*

Scholz: Um das geht es. Denn beide Ansprüche kann man nicht erfüllen.

Also ich kämpfe dafür, dass Lehrer auf die enzyklopädische Vollständigkeit verzichten und das machen, wovon sie was verstehen, was sie wirklich in allen Facetten beleuchten können. Warum soll man nicht zwei Monate lang über den Architekten Loos reden, da hat man den Kokoschka und wahrscheinlich Musik und Architektur dabei usw.

NÖLAK: *Die armen Eltern stehen vor einer Vielzahl an Schulformen, wie sollen sie da die richtige finden?*

SCHOLZ: Das ist halt immer die Frage. Ich habe zwei Sachen immer gefordert. Erstens einmal, dass sich die Väter stärker um die Schulwahl kümmern. Denn im Allgemeinen ist das so, dass das als Frauensache definiert wird, um die Schule kümmert sich die Mutter, mit der Volksschule ist das möglich, weil das meistens auch Lehrerinnen sind, da ist das nahe liegend. Ab einem gewissen Punkt müssen sich die Väter hier stärker einmischen, einbringen – und von den Vätern habe ich ein Zweites verlangt, nämlich, dass sie sich für die Schulwahl des Kindes ungefähr so interessieren, wie für die Wahl der richtigen Automarke. Da liest einer Zeitschriften, da macht man Probefahrten, das kann man alles bei Schulen auch machen. Da redet man mit Bekannten und da verwendet man ein bisschen Fachliteratur, da vergleicht man, also so viel Zeit wie für einen Autoankauf sollte für die Schulwahl des Kindes da sein. Dass Zurücktreten der Väter in der Erziehung, auch in Schulfragen, ist die größte Tragödie der letzen 30–40 Jahre.

NÖLAK: *Warum?*

SCHOLZ: Ein Großteil der Schwierigkeiten, die Lehrerinnen und Lehrer mit jungen Burschen beklagen, resultiert daraus, dass die Männer aus dem Erziehungsprozess verschwunden sind, in der Familie, im Kindergarten, in der Volksschule, in der Unterstufe der Mittelschule, und daher die Buben den Eindruck haben müssen, dass Schule eine Veranstaltung von Frauen für Mädchen ist, die Buben keine Rollenvorbilder mehr haben, außer den Terminator und Videogames. Der einzige Mann, den sie über Jahre in der Erziehung kennen, ist oft der Schulwart, der aber vergöttert wird. Dieses Fehlen positiver männlicher Rollenbilder halte ich für eine der großen Tragödien der letzten 20 oder 30 Jahre. Das Furchtbare ist, dass man das nicht einmal ansprechen kann, ohne nicht in

Konflikt mit sehr, sehr positiven feministischen Theorien zu geraten. Ich bin absolut der Meinung, dass die feministische Theorie für die Förderung der Mädchen richtig war, aber sie darf nicht blind dafür machen, dass das Problem, das wir heute haben, die Buben sind, und man kann das nicht ansprechen, sagen wir mal mit intellektueller Leidenschaft, ohne eine politische Diffamierung zu ernten. Es wäre übrigens auch aus psychologischer Sicht sehr ergiebig.

NÖLAK: *Es muss doch eigentlich, jetzt etwas primitiv formuliert, den Feministinnen nur Recht sein, wenn endlich einer zugibt, dass die Knaben hinten nach sind. Das müsste doch eigentlich fast zu einem Triumphgeheule führen.*

SCHOLZ: Es gibt in Wien einen Mädchentag oder einen Töchtertag. Ich bin sehr dafür, nur die statistische Tatsache ist, dass die Mädchen mittlerweile überproportional, also in einem höheren Maß maturieren als das ihrer Geschlechterproportion entspricht; in Wien haben wir derzeit 54, 55, 56 % Maturantinnen, das ist mehr als die 51, 52 %, die sie Geschlechteranteil haben. Weiters ist auffällig, dass die Buben die signifikant negativeren Noten haben, die signifikant häufigeren Drop-out-Quoten haben, dass die Buben bis zu drei Viertel aller Schüler in den Schulen für verhaltensauffällige Kinder stellen und überproportional von Frauen unterrichtet werden. Stellen sie sich das alles einmal umgekehrt vor.

NÖLAK: *Dann kommt das Geheule?*

SCHOLZ: Ja, ich meine es aber nicht negativ, man muss derzeit mehr für die Buben tun, nicht im Sinne einer Bevorzugung den Mädchen gegenüber, das ist lächerlich, das ist die Unterstellung, die man immer dann bekommt, sondern im Sinne, dass die Buben wieder positive männliche Identifikations- und Rollenbilder erleben. Sie erleben derzeit den Vater im Beruf und der Rest der Erziehung ist Frauensache. Und dementsprechend brechen sie ja aus, durchaus auch unqualifiziert, mit Aggressivität und werden dann pathologisiert. Kinder suchen das Abenteuer und Buben wahrscheinlich immer noch mehr als die Mädchen. Das zu unterbinden, halte ich für völlig falsch. Ein Bub hat das Abenteuer in einer gesicherten Form und auch die Gefahr in einer kontrollierten Form erkennen zu lernen. Wenn man das nicht ermöglicht, dann suchen sie die Gefahr in Drogen, in Aggression oder in männerbündischen Exkursionen und Waffennarren-Übungen etc. Da sind wir dann bei einem Lieblingsthema von mir: Diese Form der Spielplätze, die wir haben, wo jedes Spielgerät vorfabriziert und alles TÜV-geprüft ist, sodass nichts passieren kann. Wir würden natürliche Spielplätze brauchen, erstens ohne Spielgeräte, zweitens mit dem, was uns als Kinder die größte Freude gemacht hat, die Mischung von Erde und Wasser, nämlich Gatsch. Und von Holz, aus dem man Zelte oder Burgen macht. Es ist verständlich, dass das Sicherheitsbedürfnis, auch der Eltern, dagegen spricht. Man enthält aber den Jugendlichen etwas vor.

NÖLAK: *Wie kann jemand, der nicht gelernt hat, nicht gewöhnt ist, an etwas systematisch heranzugehen, wie kann er an diese Schul-Mitentscheidung herangeführt werden?*

Scholz: Die erste Generation z. B. der Gastarbeiter, die hergekommen ist, der ist es ungefähr so gegangen wie der ersten Generation von jüdischen Emigranten in Amerika. Da haben manche sogar Karriere gemacht, aber die meisten haben halt irgendwo, oft nicht ihrer Qualifikation entsprechend, ihr Überleben retten müssen. In der zweiten Generation verändert sich das schon. Und sehr viele Gastarbeiterkinder haben einen Bildungsehrgeiz, sagenhaft, da könnte man sich eine Scheibe davon abschneiden. Das könnte ich in einem Dutzend Erlebnissen jetzt beschreiben, eine meiner ersten Diskussionen als Stadtschulratspräsident war damals noch im Messepalast – 300 Kinder, und mit denen sollte ich diskutieren. Und da hat man mir die Frage gestellt, wie ich mich zur Abschaffung der Noten stelle, und ich habe gesagt: „Ja, Abschaffen der Noten ist aus Schulverwaltungssicht das Angenehmste überhaupt. Wir gehen rein, wir machen ‚Hopsa Heißa Tralala', wir schreiben irgendwelche Anwesenheitslisten, wir ersparen uns Unmengen an Arbeit, nur mache ich euch darauf aufmerksam, dass dann jeder Betrieb eine Einstufungsprüfung machen wird, die mit Sicherheit grausamer oder unfairer als manche Note ist, weil es sich in ein oder zwei Stunden entscheidet." Buhrufe und alles. Und dann habe ich gefragt, wer für die Abschaffung von Noten sei, und die meisten haben aufgezeigt, und wer dagegen sei, und da haben auch einige aufgezeigt, und das waren die Gastarbeiterkinder. Und dann habe ich gesagt, na, warum seid ihr gegen die Abschaffung von Noten. Die Antwort war von allen gleich lautend: „Wenn ich lauter Einser habe und ich gehe wohin, dann werde ich einen besseren Job bekommen." Ich hoffe nur, es stimmt.

Nölak: *Im Großen und Ganzen ja.*

Scholz: Ein Kindermädchen von uns ist eine iranische Studentin gewesen. Die hat mich eingeladen zu ihrer Promotion an der Technik, da wurden 120 oder 130 promoviert, davon sechs Frauen und von den sechs Frauen waren fünf Ausländer, drei oder vier aus dem Iran und sie.

Nölak: *Auch auf der Pädagogik gibt es Gott sei Dank inzwischen einen hohen Anteil an Kroatinnen, Serbinnen, Bosnierinnen, die alle Wissen weitergeben wollen und die werden alle fertig. Also da braucht man sich nicht zu sorgen, die werden gut.*

Scholz: Und daher finde ich es auch tragisch, dass die österreichische Bildungspolitik diese Potenziale nie wirklich in den Mittelpunkt gestellt hat. Ich erzähle ein kleines Beispiel: Ich habe einige Wiener Schulen für Gastschüler aus Bratislava geöffnet und mich gewundert – die sind fünf Jahre nach Wien gefahren, im Wesentlichen an die HTL und an die Handelsakademien, die sind täglich bis zu einer Stunde gestanden, um über die Grenze zu kommen, die sind aufgewachsen, ich habe das bis zur Matura verfolgt, die konnten natürlich Slowakisch oder Tschechisch, die Schulsprachen waren Deutsch, Englisch, Französisch, jetzt sind sie schon bei vier Sprachen, viele von ihnen konnten noch ein bisschen Russisch, das heißt, da hat man fünfsprachige Menschen gehabt und man konnte nur stolz sein. Was war die Reaktion? Die FPÖ hat meinen Rücktritt gefordert, weil Ausländer österreichischen Kindern Schulplätze wegnehmen, was statistisch gesehen stimmt. Das ist gar keine Frage. Nur – welche Chancen da drinnen liegen! Dass wir zum ersten Mal wahrscheinlich seit der Orientakademie der Maria Theresia wieder die Chance hatten, ich weiß nicht, Kroaten, Slowenen, Türken etc. bei uns zu haben; diese Chance ist von der Bildungspolitik nie wirklich in den Mittelpunkt gestellt worden.

NÖLAK: *Unser Schul- und Bildungssystem, wird es besser werden oder steuern wir auf ein neues Chaos zu?*

SCHOLZ: Die Einsparungen im Bildungswesen betrüben mich, aber noch mehr betrübt mich die Absenz einer inhaltsbezogenen Diskussion. Wir haben es nicht geschafft, eine Bildungspolitik jenseits der Standespolitik der Lehrerinnen und Lehrer zu formulieren. Unsere Bildungspolitik ist in Wirklichkeit eine Fortsetzung von Personalvertretungs- und Gewerkschaftsdiskussionen, wir haben es nicht geschafft, in der Bildungspolitik über Inhalte zu reden. Wir reden viel über Organisationsformen, das stimmt mich ein bisschen nachdenklich, wie schwierig es für uns ist, über Begriffe wie Elite, Begabung, Begabungsförderung zu reden.

NÖLAK: *Das ist eigentlich eine Kritik an der sozialdemokratischen Bildungspolitik, oder?*

SCHOLZ: Auch, aber nicht nur. Wobei klar ist, „Elite“ ist für mich nicht die familiengeschichtliche Abstammung. Würde ich nach diesem Elitebegriff gehen, müsste der gescheiteste Brite Kronprinz Charles sein. Wir müssten uns zum leistungselitären Prinzip bekennen. Die Spitzenförderung funktioniert im kapitalistischen Amerika leider besser als im vom sozialen Denken geprägten Europa. Wenn wir das nicht machen, dann werden wir die liebenswürdigen Fremdenführer des alten Europas werden, und die einzige Ressource, die man hat, nämlich die Intelligenz der Menschen, nicht voll nutzen. Ich bin kein Kulturpessimist, aber es gibt Aufgaben, die vor uns liegen. Da genügt es nicht zu sagen, unsere Basisbildung ist immer noch besser als die in Amerika.

Siehe Bildtafel 2

„Geändert hat sich, dass es doch sukzessive gelungen ist – sehr mühsam, sehr zäh, gegen große Widerstände in sehr unterschiedlichen Zeiträumen – klar zu machen, dass Frauen Menschen sind und nicht die Dienerinnen aller Herren."

Johanna Dohnal

Johann Dohnal war die erste Bundesministerin für Frauenangelegenheiten

NÖLAK: *Frau Bundesministerin, als Einstiegsfrage: die Meilensteine der letzten Jahrzehnte österreichischer Frauenpolitik. Was war die Ausgangssituation, was hat sich einstweilen zum Guten geändert?*

DOHNAL: Lebensstil und Geschlechter. Dieser Aspekt gehört eigentlich wie eine Glocke über alle Themen gelegt – oder wie eine Folie. Es ist angenehm, dass Sie das Thema gleich ins Konkrete, Pragmatische bringen, auf Österreich bezogen und auf einen bestimmten Zeitraum, weil ansonsten ist das Thema natürlich unerschöpflich, da muss man zuerst einmal zumindest die zwei Standardbände von Gerda Lerner lesen, „Die Entstehung des Patriarchats" und „Die Entstehung des Feminismus", bevor man überhaupt zum Reden anfangen kann, und dann natürlich noch regional unterschiedlich diskutieren.

Meine Wahrnehmung beginnt so in den 1950er Jahren, das ist auch quasi die Zeit meiner Menschwerdung – meiner politischen Menschwerdung natürlich. Geändert hat sich, dass es doch sukzessive gelungen ist – sehr mühsam, sehr zäh, gegen große Widerstände in sehr unterschiedlichen Zeiträumen – klar zu machen, dass Frauen Menschen sind und nicht die Dienerinnen aller Herren. Diese Möglichkeit begann 1970, als die Sozialdemokratische Partei das erste Mal die Regierung stellen konnte. Erst zu diesem Zeitpunkt sind Reformen über gesellschaftspolitisch relevante Bereiche, die Frauen betreffen, möglich geworden. Fragen, die schon in der Ersten Republik eine Rolle gespielt haben: Die Verfügbarkeit der Frau über ihren eigenen Körper, das Thema Schwangerschaftsabbruch und dessen Entkriminalisierung.

Die Reform des Familienrechtes, das ja aus dem Jahr 1811 stammte. Diese Reformen haben die Basis dafür geschaffen, dass alles, was man dann – und da mache ich jetzt einen weiten Bogen – unter „Halbe-Halbe" als Aktion kennen lernte, erst möglich wurde. Deswegen wurde Helga Konrad als Ministerin entfernt, weil den Regierenden die Teilung der Haushaltspflichten zu viel war. Ich habe das immer „Hoden- und Eierstockthemen" genannt. Die gehen direkt in die Geschlechtlichkeit. Da wird es gefährlich. Die müssen gehen – die gefährlich werden, das ist so.

NÖLAK: *Und die Frau Minister Konrad ist „gefährlich" geworden?*

DOHNAL: Ja, weil sie versucht hat, kontinuierlich zielgerichtet fortzusetzen, was ich begonnen habe, und das war nicht erwünscht.

NÖLAK: *„Konrad sprach die Frau Mama" … aber das ist was anderes.*

DOHNAL: Also es ist in dieser Zeit, ab den 1970er Jahren gelungen, die Basis zu schaffen, dass wir mit jenen Ländern, wie etwa den skandinavischen, in denen immer ein anderer Geist herrschte, die Chance hatten, einen neuen Weg zu beschreiten. Mehr als die Weichen zu stellen war ja nicht möglich. Aber es hat natürlich ganz massive gesetzliche Veränderungen gegeben, die bewusstseinsmäßig sehr viel bewirkt haben. Ich erinnere nochmals an die Familienrechtsform unter Broda – da stellte sich die Frage, was braucht man zuerst, die Henne oder das Ei. Braucht man das Gesetz, um das Bewusstsein zu verändern, oder muss man zuerst das Bewusstsein verändern, um das Gesetz ändern zu können. Das sind alles müßige Fragen, weil es gehört einfach gemacht! Es ist gelungen, Rahmenbedingungen auf gesetzlicher, struktureller, bewusstseinsmäßiger Ebene zu schaffen, die ein gleichberechtigtes Leben für Männer und Frauen und Kinder möglich machen. Die Widerstände dagegen, die viel Mühsal bedeuteten, erwähne ich nicht.

NÖLAK: *War die Gleichstellung ehelicher und unehelicher Kinder nicht einer der Durchbrüche?*

DOHNAL: Natürlich. Da habe ich auch eine ganz persönliche Erfahrung, was die Durchsetzung betrifft, denn ich war ein so genanntes „lediges" Kind. Nebenbei bemerkt, das Kind war ja nicht ledig, aber man war ein „lediges" Kind. Und ich habe das noch miterlebt, die Zeit, in der das betroffene Kind empfunden hat, anders zu sein.

Ein Fürsorgekind, weil nicht die Mutter der Vormund des Kindes war, sondern das Jugendamt. Erst sehr spät habe ich eine Änderung durchsetzen können. Im alten Familienrecht war der Vater auch nach der Scheidung der Vormund und bei der unehelichen Mutter war es das Jugendamt. Und zwar automatisch! Ich habe dann durchgesetzt, dass es selbstverständlich war, sowohl in der Ehe als auch nach der Scheidung, dass die Frau Vormund ihres Kindes ist. Das ist ein ganz wichtiger Aspekt. Ebenso die Gleichstellung im Erbrecht, das war ja später und auch nicht 100%ig, das sind nur Ansätze.

NÖLAK: *Was muss geschehen, was soll geschehen in den nächsten – überblickbaren – 20 Jahren?*

DOHNAL: Dazu brauchen wir eine neue, soziale Regierung. Das ist das erste! Und als Nächstes brauchen wir dann eine Frauenbewegung, die den Sozialdemokraten wirklich „das Feuer anzündet".

NÖLAK: *Das impliziert, dass die Sozialdemokratie eigentlich feuerlos, also lahm ist?*

DOHNAL: Die Sozialdemokratie war eine patriarchale Partei, hat aber eine positive Entwicklung durchgemacht, ausgelöst durch Frauen. Eine Änderung geht nur, wenn Frauen sich zusammenfinden.

Was sich Frauen nicht selbst erkämpfen, werden sie nicht kriegen. Zu den Rahmenbedingungen: Was muss passieren? Eine völlig andere Wirtschaftspolitik, eine gerechte Steuerpolitik, eine gerechte Sozialpolitik und Sozialversicherungspolitik, die nicht davon ausgeht, dass die Frau durch den Ehemann abgesichert ist.

In der Zwischenzeit wird ja akzeptiert, dass gewisse Frauen Karriere machen dürfen, aber immer nur ganz wenige, das sind dann die so genannten „Powerfrauen".

Aber die Masse der Frauen, die will man derzeit in den schlecht bezahlten Jobs haben, mit denen sie sich ihre eigenständige Existenz nicht sichern können und damit abhängig bleiben müssen. Und damit habe ich eigentlich schon alles beschrieben. Jetzt könnten wir über alle Bereiche im Detail reden.

NÖLAK: *Können Sie hinsichtlich der Steuerpolitik Maßnahmen, ich meine speziell legistische Maßnahmen, als Beispiele nennen, wie man Ihrer Meinung nach vorgehen müsste?*

DOHNAL: Da komme ich dann wieder ins Generelle. Ich neige mehr und mehr dazu, den Begriff „Feminismus" zu verwenden – ich meine natürlich nicht den bürgerlichen Feminismus, den wir aus Amerika kennen. So sehr auch ich gegen die exklusiv „großen Söhne" in der österreichischen Bundeshymne bin und so sehr ich auch gekämpft habe, dass Frauen zu den Philharmonikern kommen sollen, darf man das alles niemals diskutieren, ohne die soziale Frage zu stellen. Es geht um die Umverteilung der Macht! Und da ist die Steuerpolitik ein ganz wesentlicher Punkt.

Als wir in den 1970er Jahren mit den Reformen beginnen konnten, war der erste Schritt, dass wir das Steuersystem umgestellt haben, und zwar auf die Individualbesteuerung. Bis dorthin gab es die Steuergruppe A, die Ledigen, dann gab es die Gruppe B, die Verheirateten, mit B1, B2, B3, B4, also nach der Kinderanzahl, unabhängig vom Einkommen. Die Frau ist in dem Begriff B verschwunden und ihre Berufstätigkeit hat sich nicht ausgezahlt.

NÖLAK: *Weil sie nicht vorhanden war, de facto zahlenmäßig nicht vorhanden war?*

DOHNAL: Ja, und das Einkommen des Mannes hat sich verringert, wenn die Frau ein bisschen was dazu verdient hat. Also hat sie es bleiben lassen. Das damalige Steuersystem begünstigte generell jene, die viel verdienten. Wir haben Transferleistungen eingeführt. Das alles war verknüpft mit der Bildungspolitik.

Die Transferleistung, freies Studium, freier Zugang zu Gymnasien. Aus den unteren Einkommensklassen konnte niemand auf das Gymnasium gehen, es musste Schulgeld/Studiengebühr bezahlt werden, die Lehrmittel mussten gekauft werden. Das hat die Mädchen sehr stark getroffen. Wenn in unteren Einkommensklassen unter Mühen ein Kind studieren konnte, war es in der Regel nicht das Mädchen.

Damals machten wir die Verknüpfung vom Steuersystem mit der Umstellung auf direkte

Leistungen, das hat die Bildungsreform ermöglicht. Ich glaube, das ist schon ein ganz wichtiges Beispiel, aber ich gehe noch weiter.

Die Sozialversicherung: Die ganze Diskussion, auch die wir jetzt erleben, war und ist nur abgestimmt auf die Arbeitnehmenden, und zwar im Speziellen auf die ASVG-Versicherten. Experten, die mit 100 % ihres Letztgehalts in Pension gehen, also mit sehr hohen Pensionen, befinden, wie lange die Leute arbeiten sollen, wie stark ihre Pensionen gekürzt werden und was z. B. mit den Eisenbahnern geschehen soll, die man weg haben will. Auch hier muss es aber um Umverteilung gehen, zwischen Frauen und Männern, zwischen Arm und Reich.

NÖLAK: *Auch durch das Allgemeine Sozialversicherungsgesetz, ASVG?*

DOHNAL: Ja, durch entsprechende Rahmenbedingungen.

Oder nehmen wir den Gesundheitsbereich mit dem Versicherungsprinzip und die Pflege der alten Menschen.

Seit der Einführung des Pflegegeldes marschieren wir pfeilgerade hinein in eine Gesellschaft, in der die Frauen selbstverständlich nach der Pflege und Betreuung der Kinder, und das möglichst bis diese 30 sind, nahtlos hineinrutschen in die nicht bezahlte Pflege der Alten.

Und zwar der eigenen Eltern, der Eltern des Mannes und sonstiger Verwandter. So ist es. Und dagegen muss man aufstehen, dagegen haben wir aufzustehen.

NÖLAK: *Darf ich bei dem Beispiel bleiben. Wäre die Aufgabe, das im Prinzip zu ändern, oder wäre es die Aufgabe, das selbstverständlich adäquat zu honorieren – „honorieren" jetzt wieder versicherungstechnisch, pensionstechnisch gemeint? Also ist das an sich zu ändern oder ist nur das, was daraus folgt, zu ändern?*

DOHNAL: Das ist deswegen so schwer zu beantworten, weil man sich gleichzeitig anschauen muss, welche Bereiche für Frauen offen sind, und ihnen die Möglichkeit geben muss, sich selbstständig ihre Existenz zu sichern. Da sind wir in der Arbeitswelt. Solange dort der Zugang nicht gleichermaßen auch für Frauen selbstverständlich ist, wird die Pflegearbeit fast automatisch von den Frauen verlangt. Das ist für den Staat billiger.

NÖLAK: *Bitte um eine Unterscheidung der Begriffe „Emanzipation" und „Feminismus", auch wenn ich jetzt ganz was Dummes frage.*

DOHNAL: Überhaupt nicht. Ich kann das auch nur sehr einfach erklären. Wir haben gute Wissenschaftlerinnen, die können das viel besser und tun es in vielen Büchern. Es ist meine persönliche Erklärung: Emanzipation heißt die Befreiung von Abhängigkeit. Abhängigkeit ist die Wurzel der Frage, wenn wir über das Thema Gewalt gegen Frauen reden. Die Wurzel von Gewalt ist immer die Abhängigkeit, in allen ihren Facetten.

Feminismus ist für mich mehr. Feminismus bedeutet Stellung beziehen für die Menschwerdung der Frau, für die Befreiung aus allen Abhängigkeiten, und zwar auch in der Strategie, in den Instrumentarien. Stellung beziehen für jene, die sich aus diesem Morast ganz einfach nur durch Zusammenschluss befreien können.

NÖLAK: *Das heißt, eine oder einer, die/der sich als emanzipiert betrachtet, ist prinzipiell „dafür", tut aber nichts, außer unter Umständen für sich selbst, einer/eine, der/die sich mit Feminismus identifiziert, der/die tut auch was dafür. Kann man das so ganz vereinfacht formulieren?*

DOHNAL: Na ja, eine, die erkennt, zuerst einmal analysiert, wo die Ursachen liegen, dass Frauen so leben, wie sie leben.

NÖLAK: *Und dann auch für andere eintreten. Generell eintreten?*

DOHNAL: Das ist mein Verständnis von Politik, sonst braucht man überhaupt nicht Politikerin zu werden, wenn man nicht den Anspruch hat, die Rahmenbedingungen so zu verändern, dass die Menschen in Würde leben können.

NÖLAK: *Was würden Sie derjenigen sagen, die den Begriff der Emanzipation als etwas Negatives sieht?*

DOHNAL: Die würde ich fragen, was sie verdient. Die würde ich fragen, wie sie lebt. Und der würde ich ein paar Fragen stellen und an den Antworten anknüpfend würde ich dann mit ihr sprechen. Das kann ich abstrakt nicht machen, das geht nur im Gespräch mit der betreffenden Person in ihrer Lebenssituation.

NÖLAK: *Sie haben vorhin davon gesprochen: „Was Frauen sich nicht selbst erstreiten, bekommen sie nicht!"*

DOHNAL: Erkämpfen! Streit ist zu wenig.

NÖLAK: *Erkämpfen. Wie kann man Ablehnende wieder einbinden? Glauben Sie, ein Gespräch genügt, um diese wieder einzubinden?*

DOHNAL: Nein, sicher nicht. Ich meine, das ist – man kann überhaupt niemanden einbinden, man muss überzeugen.

NÖLAK: *Na, Werbung machen muss man doch?*

DOHNAL: Ja, natürlich! Aber das geht nur durch Glaubwürdigkeit. Und meine Partei hat über einen Zeitraum hinweg, das hat ein paar Jahre gedauert, diese Glaubwürdigkeit verloren, das hat dazu geführt, dass viele Frauen sie nicht mehr gewählt haben. So primitiv geht es in der Politik zu.

NÖLAK: *Wodurch an Glaubwürdigkeit verloren?*

DOHNAL: In den Fragen, die Frauen betreffen und wo wir schon auf einem guten Weg waren. Ein Beispiel ist das Karenzgeld.

Es hat angefangen mit dem erhöhten Karenzgeld für Alleinerziehende, das eine flankierende Maßnahme zur Fristenregelung war. Genauso nämlich, wie wir wollten, dass nur die Frau entscheidet, ob sie ein Kind will oder nicht, wollten wir auch, dass keine Frau aus finanziellen Überlegungen gezwungen ist, ein Kind nicht zu bekommen.

Daher hat es flankierende Maßnahmen gegeben. Eine war das erhöhte Karenzgeld für Alleinerziehende. Das wurde aber jahrelang nicht erhöht, sodass es praktisch die Existenz nicht mehr gesichert hat.

Das Gleiche war beim normalen Karenzgeld, wo ja der konservative Teil der Gesellschaft ebenfalls nicht bereit war, eine tatsächliche Existenzsicherung daraus zu machen.

Die ÖVP wollte unter dem Namen Erziehungsgeld ein Müttergeld. Also pro Kind kriegt Frau genauso wenig Geld, dass sie davon nicht leben kann, aber gerade so viel, dass sie zu Hause bleibt.

Und das Ergebnis ist da. Die SPÖ hat damals, 1995–1999, diesem Ansinnen keine klare Abfuhr erteilt.

Es begann schon als ich in der Regierung war, da habe ich noch dagegen gekämpft, aber alleine war es nicht zu schaffen. Und da hat die Sozialdemokratie in Österreich, aber man kann es jetzt auch in anderen Ländern sehen, ganz einfach versagt. Das ist ein Beispiel.

NÖLAK: *Gibt es ein Traumland bezüglich der Geschlechtererfolge, der politischen Erfolge?*

DOHNAL: Das kann man nicht sagen.

NÖLAK: *Ein skandinavisches, würde ich als Laie jetzt sagen?*

DOHNAL: Im europäischen Raum, westeuropäischen Raum, schaue ich natürlich sehr gerne nach Skandinavien. Das hängt mit der Entwicklung dieser Länder zusammen. Aber ein Traumland gibt es nicht.

NÖLAK: *Also ein „gelobtes Land" gibt es nicht?*

DOHNAL: Eine sehr bekannte Feministin und Schriftstellerin hat einmal gemeint, die Frauen sollen sich ihr eigenes Land schaffen, weil als Frau habe ich kein Land, also schaffen wir uns ein eigenes. Das war nie meine Linie. Ich habe immer gesagt, das hätten sie gerne, die Brüder, dass die Feministinnen alle gehen.

NÖLAK: *Kann man das Denken der Männer verändern?*

DOHNAL: Durch Konsequenz und Stetigkeit.

NÖLAK: *In der Argumentation?*

DOHNAL: In der Argumentation, durch die Aktion – Beispiel Quotenregelung.

Die Quotenregelung war auf meine Partei beschränkt, aber wenn ich die Gelegenheit gehabt hätte, wäre ich weiter gegangen, auf die gesetzliche Quotenregelung, auf die gesetzliche Ebene. Was beim Öffentlichen Dienst durch das Frauenförderungsgesetz bereits gelungen ist. Das war der erste Schritt und auf diesem Weg wäre ich weiter gegangen zu den gesetzgebenden Körperschaften auf allen Ebenen.

Es geht nur mit der Stetigkeit, mit der Konsequenz, mit der Aktion. Man muss den Liebesverlust aushalten, man muss sich stellen. Und manche haben wahrscheinlich zu wenig gemacht, aber ich habe nie irgendjemandem einen Vorwurf gemacht, weil das muss jede Person auf ihrer Ebene alleine erst durchstehen. Das kann man niemandem verordnen. Ich kann keiner Frau sagen, mach es so oder so, weil schaffen muss sie es selber.

NÖLAK: *Gibt es trotzdem zwar nicht Regeln, aber zumindest Ratschläge? Wie baut man das in den Lebensstil einer Frau ein?*

DOHNAL: Ich habe ja eine Enkeltochter, die 17 wird und eine Tochter, die mich miterlebt hat um diese Zeit, eben mit den Chancen, die wir hatten, weil mit Bruno Kreisky ein Ermöglicher da war.

Er war kein Feminist, aber er war ein Ermöglicher. Und das wird weitergegeben. Für meine Enkeltochter sind die Dinge selbstverständlich, dass sie sich wehren muss, sie hat schon ihre eigenen Erfahrungen gemacht, auch mit dem anderen Geschlecht, und hat ein Bild von der Frage. Im Gegensatz zu mir, ich hatte mit 17 noch keine Ahnung. Wenn ich versuche, mich mit 17 vorzustellen und mit der Johanna, meine Enkelin heißt auch Johanna, vergleiche, das bringe ich überhaupt nicht zusammen. Oh ja, man kann schon darüber reden, aber ich würde das nicht als Ratschlag bezeichnen, weil jeder Mensch kann nur das aushalten, was er erträgt. Aber die Grundregel ist, Frauen dürfen sich nichts gefallen lassen. Sie müssen darauf bestehen, dass sie ihre eigene Existenz sichern können und es auch tun. Und zunehmend mehr Frauen bekommen eben keine Kinder mehr. Und zunehmend mehr Frauen werden nicht mehr heiraten. Und ich könnte sie darin nur bestärken, solange alle, die so happig darauf sind, dass Frauen heiraten und viele Kinder kriegen, nicht einsehen, dass es unter den jetzigen Bedingungen menschenunwürdig ist für Frauen.

NÖLAK: *Also wird die Einrichtung der Ehe wieder zu dem zurückgeführt werden, was eigentlich ihr Ideal ist, nämlich aus reiner Liebe zusammen zu sein und nicht als Zweckgemeinschaft oder Erwerbsgemeinschaft?*

DOHNAL: Es kann ruhig eine Erwerbsgemeinschaft sein, es kann sogar eine Zweckgemeinschaft sein, sie muss nur gleichberechtigt sein. Sie darf nicht darauf beruhen, dass der eine nur existieren kann, wenn der andere sein Leben aufgibt. Ich drücke das jetzt drastisch aus, aber es ist ja auch so.

Wenn ich mir die Frauen anschaue in den Städten und Dörfern, wenn sie an mir vorbeigehen, denke ich mir oft, es würde mich interessieren, wie leben sie.

Also wenn ich mir vorstelle, dass von den Mädchen, die jetzt in den Schulen sitzen, wieder ein Großteil nicht die Chance haben wird, an der Universität zu studieren.

Dazu muss gesagt werden, es ist uns auch nicht gelungen, um wieder ein Beispiel zu bringen, tatsächlich schichtspezifisch den Studienzugang wesentlich zu verbessern. Das war auch ein Fehler der Sozialdemokratie, weil wer außer uns hätte dafür kämpfen sollen? Aber wenn ich mir das vorstelle, dass die Perspektiven für diese Mädchen „Mac-Jobs" sind. Es heißt ja jetzt auch „Jobs", es sagt ja niemand mehr „Arbeitsplatz", die Sprache zeigt ja schon, wohin der Hase läuft. Und sie muss zwei, drei „Mac-Jobs" haben, um eigenständig leben zu können.

Ich habe gekämpft wie eine Blödsinnige beim Gleichbehandlungspaket 1992, im Zusammenhang mit dem Frauenpensionsalter, dass auch die geringfügigen Beschäftigungen ab der ersten Arbeitsstunde versicherungspflichtig sein sollen. Ich konnte es nicht durchsetzen. Damals haben wir einen sozialdemokratischen Sozialminister gehabt und einen sozialdemokratischen Bundeskanzler. Oder für die fehlenden Kinderbetreuungseinrichtungen. Zwölf Mal habe ich ein Bundesgesetz im Ministerrat eingebracht, das die Gemeinden verpflichtet hätte, ganztägige Kinderbetreuungseinrichtungen zu schaffen und ihnen über den Finanzausgleich die notwendigen Mittel zugeführt hätte. Zwölf Mal hat die ÖVP abgelehnt. Dass fehlende Kinderbetreuungseinrichtungen natürlich ein probates Mittel sind, dass die Frauen nicht arbeiten gehen können, das ist ja in der Zwischenzeit deutlich geworden. Ich hatte in dieser Frage noch in einer Zeit zu kämpfen, da hat die ÖVP den Standpunkt gehabt, es ist schlecht, wenn die Kinder nicht ausschließlich von der Mutter betreut werden. Das sagen sie heute nicht mehr so deutlich, aber sie meinen dasselbe. Ich organisierte hunderte Veranstaltungen, z.B. mit den Bürgermeistern, das war eine flächendeckende Kampagne in Österreich. Mit allen Landeshauptleuten hatte ich Verhandlungen, Gespräche. Es wäre gegangen, wenn die SPÖ wirklich geschlossen auf allen Ebenen, also auch auf Gemeindeebene, dahinter gestanden wäre. Die SPÖ hätte es zur Koalitionsfrage machen müssen. Hat sie aber nicht.

NÖLAK: *Wie wird die überschaubare Zukunft aussehen, eher positiv, eher negativ, optimistisch, pessimistisch?*

DOHNAL: Pessimistisch, wenn – und da komme ich jetzt natürlich in die konkrete Alltagspolitik – wir nicht sehr bald die Chance haben werden, dass es zu einer Veränderung in der Regierungspolitik kommt.

Siehe Bildtafel 3

„Früher hat man gesagt, ich wünsche mir ein langes Leben und einen schönen Tod, jetzt habe ich ein kurzes Leben und einen langen Tod."

Norbert Bachl

Norbert Bachl ist Professor am Institut für Sportwissenschaften der Universität Wien

NÖLAK: *Früher hat man sich plagen, bewegen und schwer körperlich arbeiten müssen, Sport als Gesundheitsmittel oder als Vergnügung konnten sich nur die obersten Schichten leisten. Ab wann ist Sport ein Gesundheitsphänomen geworden?*

BACHL: Meiner Meinung nach muss man da zwischen Sport und Bewegung unterscheiden. Schon Hippokrates hat gesagt, dass regelmäßige körperliche Aktivität zusammen mit anderen Lebensstilfaktoren für die Gesundheit verantwortlich und unabdingbar notwendig ist. Betrachtet man die Menschheitsgeschichte, ist es wichtig zu erwähnen, dass das menschliche Genom seit etwa 30.000, 40.000 Jahren weitgehend unverändert geblieben ist. Zieht man den Lebensstil der damaligen Menschen in Betracht, die Bewegung, nicht Sport, machen mussten um zu überleben, dann zeigt sich, welche Rolle die körperliche Aktivität gespielt hat und auch heute spielt. Die moderne Genforschung bzw. Molekularbiologie beweist, dass für unser menschliches Genom tägliche Bewegung – egal ob körperliche Aktivität in einem bestimmten Alltagsszenario oder Sport – mit bestimmter Intensität notwendig ist, damit das Genom richtig funktioniert. Zahlreiche Beispiele, etwa im Zuckerstoffwechsel oder im Bereich der Hypertonie, belegen dies. Es ist zu erwarten, dass in Zukunft neue wesentliche Aspekte über das Zusammenspiel auf der molekularen Ebene, also zwischen der körperlichen Aktivität des Menschen und dem normalen Funktionieren der Gene, zu Tage kommen – es geht auch um den Zusammenhang zwischen Form und Funktion. Die neuen molekular-biologischen Forschungen zeigen eindeutig einen Trend in diese Richtung.

NÖLAK: *Da wir aber in unserer Kultur bewegungsärmer werden, müssen wir immer mehr zwangsbeglückt, zwangsverpflichtet werden … oder wie geht der Weg, dass man die Menschen zum Sport motiviert?*

BACHL: Den Terminus „zwangsbeglückt" weise ich a priori zurück. Ich möchte mehrere Gründe dafür nennen. Das Zeitalter der Bewegungsarmut ist erst ein sehr kurzes. Es beginnt für unsere Länder etwa ab den 1950er, 1960er Jahren. Derzeit befinden wir uns in einer Phase, in der wir ein großes Experiment durchführen: Wie lang hält unser Biosystem mit diesen Erbanlagen

Bewegungsarmut aus und welche Veränderungen resultieren längerfristig daraus? Aus diesem Szenario ist theoretisch eine Horrorvision zu erwarten, die hoffentlich nie eintreten wird. Wir müssen aber davon ausgehen, dass, wenn es so weitergeht, die Wahrscheinlichkeit negativer Folgen relativ hoch ist. Der amerikanische Autor Booth hat 2002 in diesem Zusammenhang den sehr provokativen, aber, wie ich glaube, durchaus passenden Begriff des „Sedentary Death Syndrome" in die Literatur eingeführt. Dieses Syndrom bedeutet frühzeitigen – eigentlich unnötigen – Tod. Booth zählt etwa 24 verschiedene Erkrankungen bzw. Risikofaktoren auf, die alle durch Bewegungsmangel negativ beeinflusst werden: Hypertonie, Herz-Kreislauferkrankungen, Stoffwechsel, Diabetes, Fettstoffwechsel sowie Übergewicht, Gallenblasenerkrankungen, diverse Karzinome, der Bereich Knochen, Muskulatur, zum Teil auch Bindegewebe bis hin zu Depressionen und im weitesten Sinn Gebrechlichkeit der über 70–75-jährigen. Dieses Szenario kann ohne entsprechende Interventionsmaßnahmen zu gravierenden Folgen führen. Wie uns die Demographie bestätigt, kommt es zu einer weitgehenden Abflachung der Alterspyramide. Statistiken zeigen, dass aufgrund der verlängerten Lebenserwartung die Zahl der Über-85-Jährigen in 30 Jahren weltweit auf etwa 6–7 % ansteigen wird und die Zahl der 60–70-jährigen etwa 30 % erreicht. Berücksichtigt man außerdem die Definition der chronischen Erkrankungen, das heißt langsames Auftreten und langer Verlauf, und die ständige Zunahme der genannten Zivilisationserkrankungen schon in jungen Jahren bedeutet dies, dass durch lange Krankheitsdauer die Krankheitskosten weiter steigen werden. Für die Betroffenen bedeutet das überdies, dass die Lebensqualität frühzeitig abnimmt. Um es provokant zu sagen: Man hat sich früher ein langes Leben und einen schönen Tod gewünscht; dieser Slogan ändert sich heute gravierend: Man erwartet ein kurzes Leben und einen langen Tod.

Zum Zweiten ist die Zwangsbeglückung insofern abzulehnen als sie eine Außenintervention darstellt. Alles präventiv Wirksame muss sich im Kopf abspielen. Das heißt, es ist eine gewisse Modifikation des Lebensstils der Betroffenen notwendig, es muss gewollt und umgesetzt werden. Erfolgt diese Lebensstiländerung nicht, wird der Betroffene auch keine von außen aufgezwungenen Maßnahmen akzeptieren.

Umfragen in Österreich nach dem Sportverhalten in der Freizeit ergeben, dass 72 % der Menschen in ihrer Freizeit Sport betreiben. Präzisiert man allerdings diese Fragestellung und fragt nach Regelmäßigkeit, reduziert sich der Prozentsatz auf 40. Wird zusätzlich der motorische Verbrauch in Form von Kilokalorien miteinbezogen, dann betreiben bei einem Verbrauch von 400 Wochenkalorien 28% regelmäßig Sport. Zu bedenken ist allerdings, dass 400 Wochenkalorien nicht viel sind, ein Optimum wären ungefähr 1.500 Kilokalorien pro Woche. Betrachtet man die Gruppe mit über 800 Wochenkalorien, sind es nur noch 22%. Testet man diese Gruppe auf ihre körperliche Leistungsfähigkeit hinsichtlich der präventiven Wirkung, bleiben noch 18,7 %. Das zeigt die Realität. Und noch etwas ist interessant. Betrachtet man die Länder mit den meisten, seit längeren Jahren andauernden Interventionsmaßnahmen, z. B. die USA, ist zu erkennen, dass trotz aller Projekte und Interventionsmaßnahmen die Zahl derer, die sich regelmäßig präventiv bewegen, nur auf knapp über 30 % steigerbar ist. Das ist ein Faktum, das bis heute noch von niemandem interpretiert wurde.

NÖLAK: *Ein Drittel bewegt sich?*

BACHL: Ein Drittel bewegt sich! Auch in Österreich ergeben verschiedene Umfragen immer wieder dieses Drittel. Da diese Umfragen üblicherweise nicht „scharf" sind, bin ich davon überzeugt, dass die Zahl derer, die sich wirklich regelmäßig präventiv bewegen, eher zwischen 18 und 24 % liegt.

NÖLAK: Was bedeuten 1. 500 Kilokalorien pro Woche eigentlich?

BACHL: Ich gebe Ihnen mehrere Beispiele. Geht man mit 4,5 Stundenkilometern spazieren – das entspricht einem Gehtempo, bei dem man sich angenehm unterhalten kann – verbraucht man pro Kilo Körpergewicht und Stunde etwa 2,8 Kilokalorien. Bei 70 Kilogramm Körpergewicht wäre das ein Verbrauch von 200 Kilokalorien. Läuft man in einer Stunde 12 Kilometer, also einen „Zwölferschnitt", verbraucht man pro Kilo Körpergewicht und Stunde 10 Kalorien. Bei einem Körpergewicht von 70 Kilogramm entspricht das etwa 700 Kalorien. Eine Stunde Tennis spielen verbraucht zwischen 200 und 400 Kilokalorien pro Stunde, abhängig von der Intensität. Eine gewisse Konsequenz ist also schon Voraussetzung. Früher galt die Maxime, dreimal pro Woche Sport betreiben. Aus der Sicht der Molekularbiologie, insbesonders der Effekte von Bewegung auf bestimmte Rezeptoren, Enzymsysteme etc., ist man heute zu der Ansicht gelangt, dass tägliche körperliche Aktivität sehr wichtig ist. Das heißt nicht unbedingt, täglich Sport zu betreiben, aber man soll sich täglich bewegen. Insbesondere im urbanen Bereich kann das auch Gehen – Walking oder Nordic Walking – sein, da man in der Stadt kaum andere Möglichkeiten findet.

NÖLAK: *Stiegensteigen statt Aufzugfahren.*

BACHL: Natürlich, Stiegensteigen spielt eine gewisse Rolle, allerdings nicht die, die man dieser Aktivität langläufig zumisst. Die lokale Kraftausdauer der Muskulatur wird beim „raschen" Stiegensteigen, aber erst bei 2–3 Stockwerken, sicherlich etwas beansprucht. Neueste Erkenntnisse zeigen jedoch, dass zu kurze Bewegungseinheiten unter 10 bis 15 Minuten nicht viele Effekte nach sich ziehen. Das heißt, eine Bewegungseinheit sollte nicht kürzer als 15 Minuten sein. Man kann jetzt natürlich verschiedene Bewegungseinheiten „zusammenstoppeln" – Stiegensteigen, Garten- und Hausarbeit machen – aber nur unter zwei Bedingungen. Erstens muss der bereits erwähnte Zeitraum kontinuierlich eingehalten werden. Zum Zweiten soll die Bewegung eine gewisse Reizwirksamkeit haben. Wenn die Intensität zu gering ist, ist die Bewegung nicht sehr wirkungsvoll. Aus dem Gesagten ergibt sich die so genannte „Bachl-Schwarz'sche Bewegungs-Trias", die ich immer wieder fordere. Erstens, jeder von uns soll sich Bewegungschancen im Alltag suchen – die es zweifellos gibt. Zweitens, jeder von uns soll aktiv versuchen, die Bewegungschancen im Alltag zu vermehren und umzusetzen. Drittens, der Mensch soll in seiner Freizeit Sport betreiben. Werden diese drei Forderungen umgesetzt, gibt es keine Ausrede, für keine Berufsgruppe, diese 1.500 Kalorien pro Woche nicht erreichen zu können.

NÖLAK: *Eine Stunde Krafttraining?*

BACHL: Eine Stunde Krafttraining hängt sehr davon ab, wie man Kraft trainiert. Eine Stunde Krafttraining bedeutet etwa 15 bis 20 Minuten Belastung. Trainiert man Maximalkraft oder Kraftausdauer, bewegt sich der Kalorienverbrauch im Bereich von 250 bis 400 Kalorien, im leistungssportlichen Bereich kann es auch höher sein. Wenn sie an einer „High-Impact-Aerobic"-Stunde teilnehmen, ist der Verbrauch höher.

NÖLAK: *Schwimmen ist auch ideal?*

BACHL: Prinzipiell ist zur präventiven Bewegung Folgendes zu sagen. Das Beste ist natürlich ein Bewegungsmix, der die drei Teilbereiche Ausdauer, Kraft und Koordination-Kognition-Beweglichkeit beinhalten soll. Punkt 1, Ausdauer: Ausdauer – dazu gehören Nordic Walken, Nordic Running und Laufen genauso wie Schilanglaufen, Rad fahren oder Schwimmen – beeinflusst positiv folgende Komponenten: Herz-Kreislauf-System, Lunge-Atmung, Stoffwechsel, Fett- als auch Kohlenhydratstoffwechsel, vegetatives Nervensystem, hormonelles Nervensystem, Immunsystem und die Muskulatur im Sinne einer Ausdauerprägung. Punkt zwei, Kraft: Viele Menschen lehnen das Wort Krafttraining auf Grund der negativen Assoziation mit Bodybuilding ab. Man könnte diesen Begriff daher auch mit muskulärer Funktionsgymnastik umschreiben. In jedem Fall hat die Muskulatur eine sehr wichtige Aufgabe. Sie schützt und stützt die Gelenke bei diversen Bewegungen, das ist im Sport sowie in „Notfallsituationen" besonders wichtig, und sie ist für unsere „gute" Haltung ganz entscheidend. Das heißt, auch die muskuläre Komponente muss mittels Krafttraining regelmäßig beeinflusst werden. Den dritten Bereich siedle ich im Bereich Koordination, Kognition und Beweglichkeit an. Und da sind „Sport-Spiele" das Ideale. Denn durch Tennis, Tischtennis, Fußball etc. werden nicht nur Koordination und Beweglichkeit gefördert, die Sport-Spiele beeinflussen auch den kognitiven Bereich positiv, z. B. das Sehen, Sehfeld, Hören, Fühlen, das Gefühl im Raum. Diese Komponenten sind besonders für den älter werdenden Menschen wesentlich. Ich möchte das anhand des Beispiels der Schenkelhalsfraktur erklären. Bei der Schenkelhalsfraktur als Sturzfolge ist nur zum Teil die Osteoporose, also eine geringe Knochendichte, das Problem. Genauso problematisch sind die atrophierte Muskulatur, Balance- und Koordinationsschwierigkeiten beim Gehen und das nicht bzw. nicht rechtzeitige Erkennen-Können von kleinen Hindernissen. Prinzipiell kann man daher den Menschen nicht isoliert sehen. Nicht ein bestimmtes Merkmal ist von höchster Priorität, man muss die Gesamtheit betrachten. Die 1960er–1980er Jahre waren das Zeitalter der Ausdauer. Ausdauer war die Basis aller anderen Trainingsformen. Dieser Ansatz hat natürlich zu einem gewissen Prozentsatz auch seine Richtigkeit und Berechtigung, denn Ausdauer bedeutet Sauerstoffumsatz. Sauerstoff wird von der Lunge aufgenommen, über das Herz-Kreislauf-System transportiert und schließlich von der Muskulatur verwertet. Für diesen Vorgang bedarf es aller Steuermechanismen. Der gesamte Organismus wird dadurch mehr oder weniger präventiv geprägt. Daher ist Ausdauertraining der beste Schutz gegen degenerative Herz-Kreislauf-Erkrankungen, gegen Stoffwechselerkrankungen, gegen Übergewicht, etc. Ausdauertraining erzielt die höchsten Kalorienumsätze über längere Zeit, führt zu einer Stärkung des Immunsystems als Karzinomschutz, insbesondere gegen das Dickdarm- und Mammakarzinom, und wirkt auch zu einem gewissen Grad als Stressausgleich, da es das Vegetativum günstig beeinflusst. Ausdauer prägt die meisten Organsysteme! Allerdings stellt aber auch Kraft eine wichtige Komponente da. In den 1990ern hat der Stellenwert von Kraft und Krafttraining zur Prävention – zu Recht – sehr stark zugenommen. Derzeit erleben wir wieder die Renaissance der Koordination aus den genannten Aspekten. Es ist wahrscheinlich Sophismus zu fragen, welche Komponente die größte Bedeutung hat. Wie bereits erwähnt, hat jeder Aspekt einen sehr hohen Stellenwert für die Gesamtheit. Darum bin ich überzeugt, dass ein Mix wichtig und notwendig ist. Nun werden Sie wahrscheinlich fragen: Wie kann ein Berufstätiger diesen Mix in den Tages- bzw. Wochenplan integrieren? Das ist natürlich eine berechtigte Frage. Prinzipiell ist der Ausdaueranteil relativ einfach zu realisieren. Denn, wie bereits erwähnt, Walken kann man überall, auch im urbanen Bereich. Zum Thema Walken gibt es eine Studie aus Finnland, die den positiven Effekt von Bewegung deutlich aufzeigt. Bei der Studie wurden 60-jährige Männer nach ihrem Pensionseintritt und zwölf Jahre später bezüglich der Gesamtmortalität in Abhängigkeit der täglichen Gehleistung, Walking, untersucht. Es gab drei Gruppen: Eine Gruppe mit mehr oder weniger Null Gehleistung, eine zweite Gruppe mit im Schnitt ein bis zwei Meilen Gehleistung pro Tag, und die dritte mit im Schnitt fünf bis sechs Gehmeilen pro Tag. Schon in der zweiten Gruppe hatte sich eine Reduktion der gesamten Mortalität um etwa knapp 40 % ergeben, in der dritten sogar um 50 %. Darüber hinaus können Krafttrainingseinheiten, z. B. im Fitnesscenter, bzw. Sportspiele an zwei bis drei Tagen auch in der Freizeit am Wochenende erfolgen.

NÖLAK: *Aber interessanterweise gibt es zwischen der „Bewegung, aber nicht zu viel" und der „deutlich mehr Bewegungs-Gruppe" eigentlich keinen so großen Unterschied, das heißt, der Organismus springt auf weniger Bewegung auch schon positiv an?*

BACHL: Ja, das ist ein wesentlicher Aspekt. Mit einer relativ „geringen Dosis" als Trainingsaufwand kann man einen relativ großen Effekt erzielen, der dann zwar weiter steigerbar ist, aber schließlich wie eine Art Sättigungskurve abflacht. Ausdauertraining ist leicht durchführbar. Es gibt auch im höheren Alter kein Argument gegen schnelles Gehen, Walking, Nordic Walking. Und gerade mit 50, 60, 70 Jahren und darüber ist Walken trainingswirksam. Ein 20-jähriger begeisterter Radfahrer, der im Jahr 3000–4000 Kilometer mit dem Rad absolviert, kann mit Walking keinen trainingswirksamen Reiz setzen. Das heißt, die Intensität muss dem Alter entsprechend richtig gewählt werden. Aber für einen 50–60-Jährigen, noch dazu untrainiert, sind 6,5–7 Stundenkilometer schnelles Gehen ein absolut trainingswirksamer Reiz. Nordic Walking ist noch besser geeignet, weil dabei die oberen Extremitäten aktiv beteiligt sind. Dadurch erhöht sich auch der Kalorienoutput. Wesentlich wichtiger als der gesteigerte Kalorienumsatz ist allerdings die Wirkung auf allfällige Verspannungen im Schulter-, Nacken- und Oberarmbereich. Da viele Menschen durch berufsbedingte einseitige Telefon-, Schreib- und Sitzhaltungen unter Verspannungen leiden, stellt das dynamische Bewegen über längere Zeit eine wirksame Gegenmaßnahme dar. Auch Krafttraining/Funktionsgymnastik ist einfach durchzuführen. Krafttraining kann sowohl zu Hause unter Nutzung des eigenen Körpergewichtes, aber auch in jedem guten Fitnesscenter durchgeführt werden. Dafür bedarf es natürlich einer gewissen Konsequenz. Für ein präventives Krafttraining in einem Fitnessstudio reichen ein bis zwei Einheiten pro Woche, wobei man versuchen sollte, seine Schwachstellen zu finden und diese unter besonderer Berücksichtigung zu trainieren. Wenn man beispielsweise jeden Tag eine halbe Stunde am Ergometer Rad fährt oder zwei- bis dreimal pro Woche je 40–60 Minuten läuft, schafft man neben der allgemeinen Ausdauer gute muskuläre Voraussetzungen in den unteren Extremitäten. Bauch, Rükken, obere Extremitäten und Schulter sollten dann gesondert betont trainiert werden. Man muss also in Abhängigkeit seiner Schwachstellen versuchen, das Training individuell zu gestalten. Das ist überhaupt das Geheimnis einer Trainingsberatung oder, wie man heute sagt, des Coachings. Zunächst muss im Rahmen einer sportmedizinischen Untersuchung mittels der Leistungsdiagnostik ein Ist-Soll-Vergleich durchgeführt werden: wo steht der Betroffene? – dann ist sein Ziel zu präzisieren. Das müssen natürlich realisierbare Ziele sein. Zur Umsetzung muss das Training individuell, situationsbezogen und variabel sein und soll Spaß machen. Ist das nicht der Fall, lässt es sich nicht leicht in den Alltag integrieren und wird nicht angenommen. Sportspiele wie Tennis, Fußball oder Golf sind daher aufgrund ihres „Fun-Faktors" neben Ausdauerbelastungen sehr gut für ein regelmäßiges Training geeignet. Allerdings ist, wie bereits erwähnt, eine gewisse Konsequenz Voraussetzung. Ich möchte in diesem Zusammenhang noch ein Zitat verwenden: „Nur wer sich anstrengt, wird belohnt!" Das hat mit Egomanie, also Leistungswahn, nichts zu tun, sondern das ist das Lebensprinzip, das für uns alle und alle Lebensbereiche gilt. Wenn wir uns nicht anstrengen, erreichen wir beruflich nicht unsere Ziele. Wenn wir uns nicht „anstrengen", uns regelmäßig zu bewegen, werden wir auch nicht die präventiven Vorteile lukrieren.

NÖLAK: *Wenn ich sage, ich habe 5 Minuten Staub gesaugt, 5 Minuten gebügelt, 5 Minuten bin ich einkaufen gegangen, da mag ich zwar auf meine halbe Stunde kommen, aber da jede Etappe unter 15 Minuten war, ist es dann nicht zu wenig?*

BACHL: Das hängt von der Intensität ab. Geht man einkaufen und nützt diese 5–6 Minuten zum schnellen Gehen, ist das besser als nichts. Aber laut zahlreicher großer Studien wird ein sinnvoller Effekt erst ab einer gewissen Zeitdauer etwa ab 10–15 Minuten Minimum erreicht.

NÖLAK: *Wie ist denn das mit der Motivation? Wenn ich mir die Trainingstermine in den Kalender eintrage, halte ich mich eher daran. Aber ist es klüger, auswärts zu trainieren oder eher möglichst viel zu Hause zu machen? Gibt es da Untersuchungen, wo man sich leichter tut?*

BACHL: Da gibt es keine Regel. Jeder soll das tun, was ihm am besten zu seiner jeweiligen Lebenssituation konveniert, was am meisten Spaß macht. Dann wird es auch umgesetzt. Gruppendruck – Gruppendynamik ist allerdings manchmal sehr hilfreich.

NÖLAK: *Was gibt es an Motiven, was kann man an Motiven aufzählen oder die Summe der Motive oder gibt es ein Hauptmotiv um Sport zu betreiben?*

Bachl: Ich denke, dass man da differenzieren muss. Es gibt Menschen, denen Sport Spaß macht. Ich denke besonders an jene, die zwei- bis fünfmal pro Woche Tennis spielen oder zweimal pro Woche Fußball spielen. Spaß, Gruppendynamik, Perfektionierung, aber auch der Vergleich im Wettkampf, Kampfgeist, das Siegen-wollen stehen im Vordergrund ... ein durchaus menschliches Prinzip! Allerdings Vorsicht: Bürostress soll nicht dem „Tennisstress" gleichgestellt werden. Eine zweite Gruppe von Sporttreibenden ist die, welche Genuss bei der Ausdauerbelastung empfindet. Diese Menschen genießen es, in eine fremde Stadt zu kommen, ihre Joggingschuhe auszupacken und die Stadt laufend zu erkunden. Der Gesundheitsnutzen ist sehr gut mit diesem „Erleben" kombiniert. Viele Menschen empfinden beispielsweise Rad fahren bzw. Mountainbiken oder Waldlaufen vorteilhaft, weil sie dadurch ein Naturerlebnis gewinnen. Viele Menschen vermissen die Lebensqualität, wenn sie nicht mit ihrem Mountainbike im Wald den Jahresablauf erleben, also die Veilchen oder den Goldregen blühen sehen, das frische Frühlingsgrün der Blätter oder Herbstfarben genießen können.

NÖLAK: *Das nimmt man wahr, wenn man mit dem Rad mit hoher Geschwindigkeit den Berg hinunterfährt?*

BACHL: Absolut. Zum Genießen der Natur gehört allerdings auch die richtige Wahl der Intensität. Wenn man sich bei jedem Training bis zum Erbrechen überbelastet, ist das falsch. Vermutlich sieht man dann auch nichts von der Natur. Kommt man allerdings nach einem 8–12 stündigen Arbeitstag nach Hause und geht für eine halbe Stunde oder Stunde gemütlich und langsam Mountainbiken oder Waldlaufen, ist das nicht nur eine sowohl physische wie auch psychische Regeneration, sondern man erlebt die Umgebung ganz besonders bewusst. Nicht zu Unrecht wird in guten Managementkursen und -schulen gelehrt, dass man Bewegung auch zur Kreativität einsetzen kann. Dazu gibt es im Übrigen neue Ergebnisse aus der Hirnforschung.

NÖLAK: *Die drei „Kreativitäts-B", wie die Amerikaner immer predigen. Bed, bike and bath – Bett, Radfahren und Badewanne?*

BACHL: Richtig. Es gibt neue Befunde aus der Hirnforschung, dass hier Transfereffekte zwischen der Durchblutung der motorischen Zentren und anderer Zentren stattfinden. In der freien Natur zu laufen, Rad zu fahren oder zu schwimmen und anschließend eine Regenerationsphase einzuhalten, ist eine ganz phantastische Möglichkeit, Stress abzubauen und kreativ zu werden.

NÖLAK: *Also das Naturerlebnis kann ich beim Schifahren nachempfinden.*

BACHL: Selbstverständlich auch beim Schilauf bzw. Schilanglauf als „Wintererlebnis".

NÖLAK: *Und in der Stadt eben ein Kulturerlebnis.*

BACHL: Zweifellos gibt es auch eine Gruppe von Menschen, die Bewegung wirklich nur aus dem reinen Gesundheitsaspekt planen. Da gibt es einerseits Bodystyler, die sich schinden, um eine gewisse muskuläre Profilierung zu erreichen. Andererseits gibt es auch Menschen, die verschiedene Ausdauerbelastungen um der Gesundheit willen machen. Ich kenne in meinem Freundeskreis viele, die neben Gymnastik und Tennis jede Woche einmal 1.200 Höhenmeter gehen oder mit dem Bike 1.000 Höhenmeter fahren. Manchmal geben sie allerdings zu, dass diese „Schinderei“ nicht leicht fällt! Sie brauchen diese Schinderei aber, um ihr Gewicht halten zu können. Viele Menschen sehen also ihre Motivation im Sport darin, dass sie a) gesundheitlich dadurch viel lukrieren und b) überdies oft auch Spaß daran haben. Zwar nicht immer, da sie sich manchmal auch „überwinden“ müssen! Noch ein eigenes Beispiel: Ich fahre im Jahr ungefähr 3.000–3.500 Kilometer mit dem Rad. Da ich im Winter kältebedingt nicht gern fahre, bin ich auf das Ergometer umgestiegen. Ich lasse mir in der Früh eine Zeitung ins Haus liefern und fahre jeden Tag eine halbe Stunde auf dem Rad und lese dabei Zeitung. Das hat einen Doppelnutzen. Grundlagenausdauertraining und Information. Wenn „dieser Ablauf“ einmal in das Leben integriert wurde, gibt es keine Ausrede und keinen Termin, der das verhindert. Ich stehe üblicherweise um 6.30 Uhr auf und fahre eine halbe Stunde auf dem Ergometer. Anschließend folgt der gemütliche Teil: die Dusche und das Frühstück. Zunächst sich anstrengen, schwitzen und anschließend gemütlich frühstücken – der Tag beginnt phantastisch! Man „hat etwas getan“, fühlt sich wohl, aktiv und kreativ, bereit für die nächsten Aufgaben. Manche Menschen bevorzugen Fernsehen beim Trainieren, manche trainieren in der Früh, andere am Abend nach der Arbeit. Es gibt kein Patentmittel, keine Patentlösung. Es gibt nur maßgeschneiderte Lösungen. Und es gibt „ein“ Wort und dieses Wort heißt – „ich will“. Wenn das Wort „ich will“ nicht existiert, wenn der Betreffende nicht akzeptiert, dass eine gewisse Regelmäßigkeit und Anstrengungen notwendig sind, um Bewegung in den Alltag zu integrieren, dann nützt alles nicht.

NÖLAK: *Gibt es irgendeinen oder sogar mehrere Tricks, diese schwere Anfangsphase des In-den-Alltag-Integrierens“ zu überwinden?*

BACHL: Es gibt schon Möglichkeiten bzw. Tricks. Ich fange bewusst in der Rehabilitation an. In Österreich gibt es viel zu wenig extramurale Herzkreislauf- oder Diabetiker-Rehabilitation. Nach dem Krankenhausaufenthalt folgen üblicherweise drei Wochen im Reha-Zentrum, dann ist es vorbei. Eine Möglichkeit wäre die eines degressiven Modells. Die Krankenkasse bezahlt das Rehabilitations-Programm 6 Monate voll, anschließend nur noch zwei Drittel, ab dem zweiten Jahr muss man selber zahlen. Durch dieses Modell hat man zumindest die Möglichkeit, dem Patienten zu zeigen bzw. spüren zu lassen, was er durch Bewegungstherapie und Training lukriert. Dann ist er vielleicht auch bereit, alleine weiter zu machen. Die zweite Möglichkeit liegt in der Motivation durch Gruppendruck, z. B. das klassische Weight-Watchers-Programm. Die Gruppe trifft regelmäßig zusammen. Wer nichts abgenommen hat, geniert sich vor den anderen. Da man für das Genieren auch noch Geld bezahlt, funktioniert dieses Programm recht gut. Dies führt natürlich jetzt zu der Frage, ob ein Bonus-Malus-System Sinn machen würde? Ein Malus-System kann ich nicht befürworten, das wäre kontraproduktiv. Wir leben schließlich immer noch in einer gewissen Solidargesellschaft, das ist auch gut und richtig. Bonus-Systeme allerdings wären aus präventiver Sicht überlegenswert!

NÖLAK: *Was macht der, der für ein Risiko nichts kann, sprich z. B. mit einer Erkrankung auf die Welt gekommen ist?*

BACHL: Dies ist zu berücksichtigen. Genauso, wenn gewisse genetische Prädispositionen bestehen. Allerdings sind unsere Gene flexibler als wir denken! Lebensstilveränderungen können erstaunliche Veränderungen nach sich ziehen. Interessant ist die Frage nach den Effekten solcher Anreizsysteme. Es gibt z. B. in Deutschland Kassen, die dem Patienten eine benötigte Prothetik oder andere spezielle zahnärztliche Leistungen zahlen, wenn er den jährlichen Zahnarztbesuch nachweisen kann. Die Frage ist, inwieweit man solche und andere Anreizsysteme andenken soll. Ich verwende bewusst den Ausdruck „andenken", da die keine leichten Projekte sind. Solcher Anreizsysteme bedienen sich zum Teil auch Privatversicherungen. Sie bieten ihren Kunden entweder einen Coach oder in gewissen Abständen ein Fitnesswochenende an. Ob das wirklich ein Anreizsystem oder ein „Dankeschön" der Privatversicherung ist, will ich nicht beurteilen. Die Zahlen weisen darauf hin, dass viele Versicherte das Wellnesshotel buchen und sich dort passiv „bewellnessen" lassen. Sie wissen, Wellness ist die faule Tochter der Fitness und genau so wird sie zunehmend auch in Anspruch genommen, also eher passiv als aktiv.

NÖLAK: *Ja, Frühstück auf das Zimmer.*

BACHL: Ja und Whirlpool im Zimmer. Dies gehört allerdings neben Sport und Bewegung auch zu einem Wellness-Wochenende. Es ist allerdings nicht möglich, allgemein gültige Rezepte zu finden. Man müsste vielleicht unterschiedliche Rezepte für bestimmte Berufsgruppen überlegen. Ein Bauarbeiter etc., der 8 Stunden körperlich schwere Arbeit leisten muss, ist sicher nicht vergleichbar mit einem Büroangestellten, der 8 Stunden am Schreibtisch sitzt. Schwere körperliche Aktivität gehört anders ausgeglichen als reines Sitzen ohne Bewegung oder einseitige Arbeitsbelastungen. Ich denke, man müsste wesentlich mehr diversifizieren, sowohl in der Beratung wie auch in den Anreizsystemen.

NÖLAK: *Das heißt, man muss in Subsysteme hineingehen und dort für eine relativ klar definierte Gruppe Lösungen anbieten.*

BACHL: Ich denke, das wäre ein sinnvoller Weg.

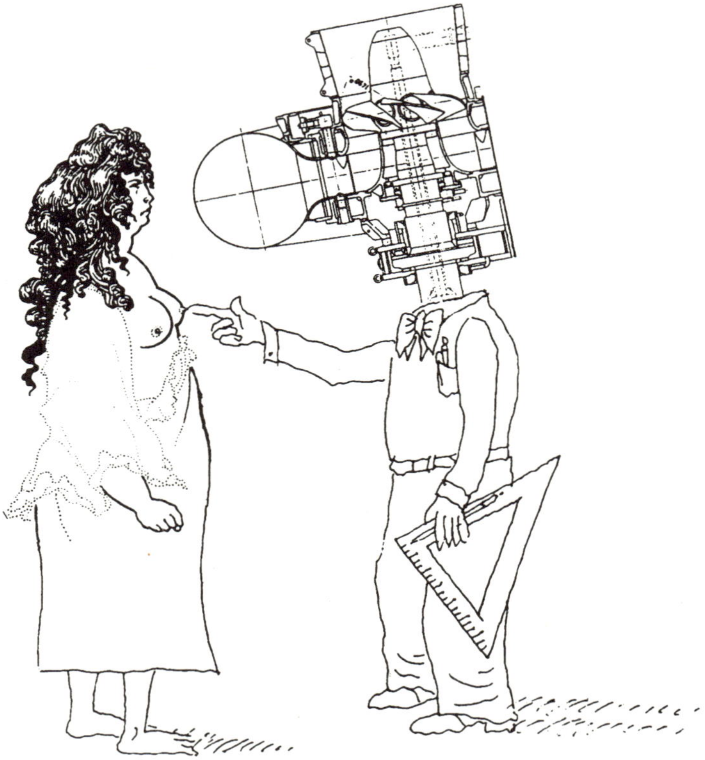

Messalina und der geile Techniker – (nach Beardsley)

„Es ist ein Handy dann gut, wenn man merkt, dass alle Leute, die es nicht selber zahlen müssen, sofort kaufen."

Josef Broukal

Josef Broukal ist Wissenschaftssprecher der Sozialdemokratischen Partei im österreichischen Nationalrat

NÖLAK: *Die Kommunikation ist in den letzten Jahren immer mehr zur Ware geworden und es wird einem vermittelt, dass, wenn man nicht das Handy xyz hat, man nur ein „halber Mensch" ist. Einerseits kann man argumentieren, dass dadurch die Kommunikation verbessert und die Marktwirtschaft angekurbelt wird. Man kann aber auch argumentieren, die Kommunikation verliere an Qualität. Wie sehen Sie das?*

BROUKAL: Also ich könnte nicht ohne Handy leben in meinem Beruf, weil ich mit Menschen zu tun habe, mit denen ich selten an einem Ort beisammen bin. Ich verbringe Stunden am Tag am Handy und finde, dass die Qualität der Kommunikation dann nicht leidet, wenn man die Leute dazwischen auch immer wieder persönlich trifft. Ich habe immer so das Gefühl, einmal ein persönliches Gespräch, da ist mein innerer Akku gespeichert, der aus dem Handy-Gespräch diese Person „dazuzaubert" und damit ist das sehr gut für beide. Was ich immer bewundere, sind die Leute, die im Autobus sagen, ich komme jetzt gleich. Das gefällt mir. Das ist aber an und für sich schön, dass wir jetzt schon so viel Geld haben, dass diese Menschen sich den Schwachsinn leisten können. Oder?

NÖLAK: *Es steigt ja die Quantität der Kommunikation, überproportional auch die Qualität?*

BROUKAL: Nein. Wir Menschen sind an und für sich Tratschwesen und jeder von uns tut das. Und das Handy hat halt die Möglichkeit gegeben, Tratsch, der normalerweise unter vier oder sechs Augen still abläuft, öffentlich zu kommunizieren. Der im Autobus schwätzt mit irgendjemandem belanglos dahin, und das ist der Unterschied. Aber dieses Schwätzen ... man sagt eigentlich, dass die Menschen darauf angewiesen sind, Gruppenbeziehungen ständig aufrechtzuerhalten, und dem dient dann das Schwätzen. Es ist nicht wirklich Informationsvermittlung, sondern es ist einfach „Ich bin da, du bist da und wir haben was miteinander zu tun". Also, wenn man so will, die Verstärkung der Gruppe findet statt und nicht wirklich wertvoller Informationsaustausch.

NÖLAK: *Kann man sagen, dass diese Art von Handygespräch das Lausen bei den Affen ersetzt hat?*

BROUKAL: Nein, sondern es ist einfach eine Erweiterung der seit Jahrtausenden üblichen, ständigen Gespräche der Menschen miteinander.

NÖLAK: *Sie haben vom Finanziellen gesprochen, dass die Leute anscheinend genug Geld für solche Belanglosigkeiten haben; ich nehme an, das war mit leiser Ironie gesprochen?*

BROUKAL: Na ja, wir lernen ja immer, dass übermäßiger Handygebrauch eine der häufigsten Ursachen für den Privatkonkurs ist. Wenn man Halbwüchsige in der Verwandtschaft hat, kennt man den ewigen Streit um die neu aufgeladene Wertkarte.

NÖLAK: *Kann man gerade die jüngere Generation, die ja von dieser Handy-Falle, Schuldenfalle betroffen ist, zu mündigen Usern erziehen?*

BROUKAL: Die Leute nehmen ihr Angebot, das sie haben, und das sind einfach Lebenserfahrungen, die man gemacht hat und damit macht. Man benützt so was ganz naiv, es ist ein Wunderding, und das ist es ja auch eigentlich für jeden von uns, und dann merkt man, wozu ist es gut – wozu ist es nicht gut. Und ich glaube, dass sich auch der Gebrauch mit dem Alter ändert und das, was man kommuniziert, mehr damit zu tun hat, in welchen Lebensumständen und in welchem Alter man lebt als damit, ob es das Handy gibt oder nicht.

NÖLAK: *Ist das ein Plädoyer, dass die Eltern schlucken sollen, dass ihre Lieblinge in der Pubertät so viele SMS versenden?*

BROUKAL: Ja. In Europa war das ja nicht so, aber im amerikanischen Film der 1950er und 1960er Jahre ist die endlos telefonierende Tochter eine stehende Figur gewesen. Es kommt nur auf den Preis bzw. die Kosten an. Schwätzen tun wir alle gern, leisten muss man es sich können, und die Jugend von heute kann es sich leisten. Das unterscheidet sie von uns, also unsereiner hat immer versucht, kurz zu sprechen, weil der Schilling Telefongebühr in der Minute halt wirklich Geld war. Aber das Telefonieren war eine wertvolle Sache, denken Sie an das Ferngespräch, wo man gesagt hat, wenn man fünf Minuten redet, sind 50 Schilling weg. Das ist heute alles vorbei. Wenn Sie heute fünf Minuten reden, sind 2 Schilling oder 3 Schilling weg. Und daher nützt man es auch.

NÖLAK: *Es gibt schon so viele Privatkonkurse eben auch durch überbordende Handy-Kosten. Soll man da als z.B. Vorgesetzter oder Elternteil eingreifen?*

BROUKAL: Es passieren immer Sachen. Ich habe da z. B. dieses schöne, tolle Handy, das eine Software eingebaut hätte, die mir sagt, wie viel Geld ich verbraucht habe. Vom Handyfunkbetreiber ist diese Funktion aber nicht aktiviert. Ich könnte aber auch mitstoppen und mir mit dem elektronischen Kalender ausrechnen, wie viel Minuten wie viel kosten, und es wäre kein Problem, mir das aufs Handy zu spielen, 1,20, 1,40, 1,60, 1,80 also in Cent natürlich weniger, damit das eine Art Selbstkontrolle hätte. Das ist aber nicht vorgesehen. So wie es, nebenbei gesagt, längst die Technologie gibt, die die Handys in Kirchen, auf Begräbnissen oder in Konzerten, in Kinos garantiert mundtot macht, indem sie ihnen vorspielt, ich bin dein Sender. Und alle Handys dürfen dort einloggen, aber da kommt nie eine Nachricht an, bei dem Sender. Diese Technologie, die das könnte, ist verboten. Da setzen sich die Handybetreiberfirmen einfach durch. Das ist relativ einfach.

NÖLAK: *Weiß das der Musikverein?*

BROUKAL: Ja, aber das Argument ist immer der Herzchirurg, der aus dem Konzert geholt werden muss.

NÖLAK: *Wir sind mitten in der Informationsgesellschaft und sie schreitet rasend voran, dennoch gibt es selbst in einem reichen Land wie Österreich Leute, die sich das schlicht und einfach nicht leisten können. Wird es einmal eine Verpflichtung des Staates sein, so wie früher bei Telefon und Radio, ein kostenfreies Internet zur Verfügung zu stellen?*

BROUKAL: Also ich glaube, dass das so sein muss. Natürlich ist es ohne Beispiel. Aber ich denke mir, eine Sache sollte man unbedingt machen: Wir haben in so vielen Schulen Internet-Terminals herumstehen, warum öffnen wir die nicht am Nachmittag und am Abend für Leute, die zu Hause kein Internet haben. Der Staat gibt jetzt Geld, wenn man Breitband einleiten lässt. Eine sehr begrüßenswerte Initiative. Aber wir müssen am Ende ein Resümee ziehen, wenn das wirklich nicht nur eine Alibihandlung sein sollte. Als ein Pilotprojekt müsste man die Schulen aufmachen, da gibt es dann 30, 40 Computer und da sind alle herzlich eingeladen, die kein Internet zuhause haben, um damit zu arbeiten. Man muss sich nur mit den Schulwarten einig werden, wie man das abgilt, dass diese aufpassen. Das Nächste ist, wenn dann in ein paar Jahren hochauflösendes Fernsehen kommt, es dann wirklich möglich sein wird, den Fernseher als Terminal zu verwenden. Teure Fernseher sind heute schon Computer, und in ein paar Jahren werden sogar billige Fernseher auch schon Computer sein. Das heißt, die Frage nach dem Fernseher-Kauf wird sich nicht mehr stellen, sondern der Fernseher wird auch ein vom Bild her brillantes und mit einer Festplatte versehenes „Computerkastl“ sein, über das man Internetsurfen kann. Und dann löst sich das vielleicht in Wohlgefallen auf.

NÖLAK: *Selbst wenn die Geräte sehr billig sein werden, wird es dann noch einen Generationensprung, -konflikt oder Ähnliches geben?*

BROUKAL: Nein. Das wird verloren gehen. Ich bin ja von Anfang an dabei, was Statistiken und die Verbreitung betrifft, und man hat da über die Jahre gesehen, dass der Anteil der Älteren, die am Internet beteiligt sind, immer größer wird, aus dem einfachen Grund, weil die Altersvorgänge im Zeitraster weiter ziehen und heute haben wir schon, glaube ich, bei den Jungen über 95 %, aber bei den 30-jährigen auch schon 80 %. Das eigentliche Problem ist, solange das Internet ein optisches Medium ist, eine Zeitung am Bildschirm, ein Buch am Bildschirm, unterbrochen von ein paar Bildern, wird einfach die Lust und die Fähigkeit am Lesen das Entscheidende sein. Wenn das Internet einmal ein multimediales Medium wird, da verbreitert sich die Zielgruppe noch einmal. Das ist aber nicht wahnsinnig rasend. Die Telekom Austria bietet für UMTS-Handys z.B. von Pornographie bis „Zeit im Bild" alles Mögliche an, aber es ist kein Heuler, wenn ich das richtig sehe.

NÖLAK: *Nicht einmal die Pornographie – erfreulicherweise?*

BROUKAL: Zu kleine Bilder, nehme ich an. Ich glaube, wir müssen doch demütig sein. Wenn Menschen Computer im Beruf brauchen, haben sie es ohnedies, weil sie daran nicht vorbeikommen, und wenn jemand glaubt, in seiner Freizeit muss er vorm Computer sitzen und irgendetwas lesen, das müssen wir den Leuten auch selbst vorbehalten. Ich sehe das Problem aus umgekehrter Perspektive, ich sage, man soll niemanden zu seinem Glück zwingen, aber jene, die sich das Glück aus eigener Kraft nicht leisten können, die muss man unterstützen.

NÖLAK: *Stichwort Urheberrecht – jeder kann jedes Buch scannen, aus Musikdatenbanken Musik herunterladen, wird sich da unser Verständnis bezüglich eines Werkes ändern, d. h. wird keiner mehr ein Buch schreiben, weil er sich fürchtet, es kauft keiner mehr auf normalem, legalem Wege ?*

BROUKAL: Das Problem ist, dass die meisten Leute, die diese Sachen stehlen, nie in die Gelegenheit kämen, selbst darum zittern zu müssen, ob ein Werk von ihnen Tantiemen abwirft. Ich glaube, dass man da ganz brutal und beinhart sein muss. Man muss sagen, wir zahlen jetzt schon für alles Urheberrecht, wir zahlen für den CD-Brenner, für die Festplatte zahlen wir, glaube ich, noch nicht, aber in Deutschland sind sie auch schon fast so weit, für die Festplatte, für den CD-Brenner, für jeden CD-Rohling, für jede VHS-Kassette, für jeden Kopierer, für jeden Drucker, also für alle Geräte, für die ganze Hardware, mit der man reproduzieren könnte, für all das wird schon gezahlt. Jetzt könnte man meinen: „Also bitte, gebt einen Frieden!" Das Problem ist nur, wenn wer eine Abgabe für österreichische Urheberrechtsfirmen macht, dann hat ein amerikanischer Filmemacher oder Liedersänger nichts davon. Ich glaube ja, dass das Internet aus diesem großen Traum der anonymen Freiheit in eine gewisse Verbindlichkeit geholt werden muss. Wenn ich meine Mails aufschlage, sind von hundert Mails rund achtzig Spam-Mails, ich will das eigentlich nicht haben. Ich will, dass ich wieder wo bin, wo mir niemand von gefälschten Absenderadressen aus Blödheiten schicken kann. Jetzt wird es nämlich ja überhaupt völlig absurd. Die Antispam-Software ist bereits so gut, dass sie eher immer schauen muss, dass sie nicht zu viel wegnimmt. Also es liest eh keiner mehr. Es ist nur noch eine Belästigung.

NÖLAK: *Sie meinen die Vernunft?*

BROUKAL: Nein, meine ich nicht. Ich habe mit Freude gelesen, dass in den USA Spam-Mailing verboten wird, und es kommt ja viel von dort und wenn die Amerikaner einmal damit anfangen, jemandem dafür auf die Zehen zu steigen, dann wird es hoffentlich wieder enden. Ich denke aber darüber hinaus, das sage ich auch als Politiker, ich finde eigentlich, ich möchte schon gerne wissen, wer mir einen blöden Brief schreibt oder einen gescheiten. Man muss schon jemandem auf Augenhöhe gegenübertreten.

NÖLAK: *Wird die Technik einmal so weit sein, dass sie nicht nur alle Spams aussondert, sondern sogar die anonymen Mailadressen „entanonymisiert"?*

BROUKAL: Ja, ich glaube das. Also, wenn es ein neues Internet gäbe, in dem sich jeder quasi digital ausweisen muss, wäre ich dort sofort und würde das andere vergessen, da das ungerecht ist.

NÖLAK: *Wird es das geben?*

BROUKAL: Man weiß nicht. Was spricht eigentlich dagegen? Bei Compuserv vor zehn Jahren war das gang und gäbe, da hat es nur angemeldete Benützer gegeben.

NÖLAK: *Dagegen spricht, dass gerade in Ländern, wo sehr viel kontrolliert wird, die Anonymität auch für demokratische Aktivitäten genützt wird.*

BROUKAL: Ja, stimmt auch. Also, wir werden damit leben müssen.

NÖLAK: *Auch nächstes Jahr vor Weihnachten wird das neueste Handy ein Statussymbol sein – sollte es nicht nur ein reines Werkzeug sein?*

BROUKAL: Man kann das immer beobachten. Also vor einem Jahr haben alle Leute, von denen ich zynisch sage, dass sie sich ihre Handys nicht selber haben kaufen müssen, das Sony Ericsson P800 gehabt. Vor einem Monat dann, und ich sehe das immer im Sitzungssaal, da darf man nicht telefonieren, aber wenn das Handy läutet, rennen dann die Leute raus damit, und nachdem ich hinten sitze, sehe ich sie immer hinauslaufen, jetzt ist das Sony Ericsson P4610 top. Die wirklichen Chefs haben natürlich das P900. Also es ist ein Statussymbol. Es ist halt immer ein Gerät dann gut, wenn man merkt, dass alle Leute, die es nicht selber zahlen, sofort kaufen. Das war vor Jahren so mit dem Compaq, die ersten, die dem Palm wirklich Konkurrenz gemacht haben, wonach alle Leute auf einmal den Compaq gehabt haben. Und so ist es jetzt, das ist ein Statussymbol.

NÖLAK: *Und für den viel zitierten kleinen Mann von der Straße?*

BROUKAL: Da gibt es billigere Handys.

NÖLAK: *Wenn einer das nicht als Statussymbol, sondern wirklich nur als User sieht, wann kauft der sich ein neues Handy?*

BROUKAL: Wenn es wirklich technologische Revolutionen gibt. Ich kann mich erinnern, mein erstes wirkliches Handy, ein Ericsson G337, habe ich vier Jahre gehabt. Das ist unvorstellbar für einen Menschen von heute. Ich hatte vier Jahre dasselbe Handy! Ich habe mir einen dickeren Akku gekauft, mit dem konnte ich eine Viertelstunde oder 20 Minuten reden, aber das habe ich vier Jahre gehabt. Aber dann hat es angefangen. Nokia 6150 hatte man auch noch zwei Jahre. Aber seither ist, alle paar Monate, was Neues dran. Man kann damit telefonieren. Wirkliche Erfindungen sind rar. Also, so weit gehe ich nicht, dass ich sage, ich brauche jeden Monat ein neues Handy, nein, sicher nicht. Neu kaufen bei technischen Fortschritten, sonst nicht.

„Ehe ist ein bürgerlich-rechtlicher Vertrag auf gegenseitigen Beistand, Liebe ist nicht unbedingt vorgesehen."

Rotraud A. Perner

Rotraud A. Perner ist Psychoanalytikerin und Juristin und Leiterin des Instituts für Stressprophylaxe & Salutogenese (ISS)

NÖLAK: *Die Sexualität ist doch etwas sehr Zeitabhängiges. Wir haben nach der sexuellen Revolution, die in den 1960er Jahren begonnen hat, heute eine andere extreme Zeit – seit ein paar Jahren haben wir aus Amerika immer mehr herüberschwappend den „Virginismus", also die moderne „Ode an die Jungfräulichkeit". Sind diese beiden Extreme nur Pendelausschläge und es wird sich in naher Zukunft die Haltung zur Sexualität in der Mitte einpendeln?*

R. A. PERNER: Sexualität hat tatsächlich sehr viel mit Zeit zu tun. Erstens verändert sich unsere individuelle Sexualität nach Lebensalter. Es gibt ja die Illusion, Kinder hätten keine Sexualität – sie haben aber nur eine andere. Genauso wie alte Menschen. Es hängt von den Sexualhormonausschüttungen ab. Es hängt aber natürlich auch mit den medialen Vorbildern zusammen, die ja heute die Eltern als Vorbild ersetzt haben. Ich betrachte die so genannte sexuelle Revolution der 1960er Jahre nicht nur als Reaktion auf die Prüderie des Dritten Reiches mit einer Totalregelung des Lebensstils der Menschen, sondern vor allem als eine Folge der medialen Vorbilder. Wir können davon ausgehen, dass so mit Beginn des Verismo in Italien auf einmal Beziehungsdramen dargestellt werden, wo die Zuschauerschaft sagt: „Das kenne ich doch von mir selber!" In den Komödien der britischen oder US-Filmindustrie war das vorher eher nicht der Fall! Da war alles sehr heiter – alle fahren aufs Wochenende in die Berge, kuscheln sich an den Kamin, in wollige Decken und aneinander – und es passiert nichts Ungehöriges ... Und dann kann man beobachten, wie zunehmend von Jahr zu Jahr die Zensurhüllen in den Filmen fallen. Wie also erst einmal ein kleiner Busenansatz auftaucht und dann später einmal ein nackter Busen. Also, ich kann mich noch an die nackte Hildegard Knef in „Die Sünderin" erinnern, strengstes Jugendverbot, oder an einen Film mit Françoise Arnoul, wo man eine nackte Brust gesehen hat, auf die ausgehängten Fotos mit schwarzem Balken drüber – das waren echte Skandale!

NÖLAK: *Wann war das in etwa?*

R. A. PERNER: Das war so Ende der 1950er Jahre. In den frühen 1960er Jahren kam dann „Das Schweigen" von Ingmar Bergman, wo das erste Mal ein Geschlechtsverkehr auf der Kinoleinwand sichtbar war, und zwar nicht in einem Pornofilm. Die hat es natürlich schon vorher gegeben. Und dann ist immer mehr gezeigt worden und es sind immer mehr Zensurschranken gefallen. Die sexuelle Revolution hat aus meiner Sicht nicht stattgefunden, sondern die Kommerzialisierung. Eine Bewerbung einer Fülle von Produkten einer Sexindustrie: Da sind die Filme und die Bücher mit dabei, genauso wie die Toys, das „Spielzeug". Ich sehe nicht das Rüberschwappen einer neuen Prüderie aus Amerika – Amerika war immer prüde, wir brauchen ja nur an Vorkommnisse zu denken wie einen 10-Jährigen mit Handschellen abzuführen, weil er seiner kleinen Schwester beim Pinkeln hilft.

NÖLAK: *Gut, das war auch erst vor relativ kurzer Zeit.*

R. A. PERNER: Ja, aber wir haben in den verschiedenen US-Staaten die unterschiedlichsten Strafgesetze, wo außer der Missionarsstellung ohnedies in vielen alles verboten ist. Also, Amerika hat einen anderen Lebensstil, indem was es vorschreibt – was dann praktiziert wird, ist vielleicht eine andere Frage, aber das entzieht sich meiner Kenntnis.

NÖLAK: *Hängt das in Amerika noch immer mit den Pilgervätern, mit den ursprünglichsten Wurzeln, den doch sicherlich extrem konservativen Religionen, die Amerika gegründet haben, zusammen? Sind das die Enkel der Pilger?*

R. A. PERNER: Nein, das denke ich nicht. Ich denke, dass es eher mit der Macht der Frauenverbände zusammenhängt und mit der Macht der Prediger, die vieles, was in christlicher Religion, aber auch in der weiblichen Sicht auf Sexualität sehr positiv eingebracht werden könnte, in Tyrannei verzerren. Man kann sozusagen vom Extrem des Lüsternen sprechen, der alles ausprobieren will, egal wie weh er wem anderen damit tut, der in das Extrem der strengen, oberlehrerhaften, verbietenden, kontrollierenden Personen wechselt, wie wir es z. B. im Dritten Reich auch gehabt haben.

NÖLAK: *Oder noch davor im Ständestaat.*

R. A. PERNER: Ja. Es ist immer zu überlegen, dass das natürlich damit zusammenhängt, wer die Macht hat, wer die Kontrolle hat. Mit der Sexualität kann man Menschen unheimlich unterdrücken. Mit der Angst, nicht normal zu sein.

NÖLAK: *Wieso sind die Frauenverbände so unvernünftig, dass sie so eine Prüderie kultivieren? Bei den Predigern kann ich das sofort nachvollziehen.*

R. A. PERNER: Ich sehe das nicht als unvernünftig. Ich sehe es als einen Versuch, Kontrolle auszuüben. Und den Versuch, Kontrolle auszuüben, den hat es immer gegeben, jede Kultur hat ihre Schönen, Reichen und Mächtigen, die sich alles leisten können und die ihre eigene Moral haben, und die Menschen, die zu wenig wissen und zu wenig Macht haben, sich dagegen zu wehren. Im

Endeffekt ist es eine Lebensaufgabe, selbst herauszufinden, „Was ist meine individuelle Sexualität? Wie erlebe ich mich als Mann oder Frau?“, egal ob homo- oder heterosexuell oder bi- oder transsexuell, „Was bin ich?“, und eine Form zu finden, sich der ersehnten Person so anzunähern, dass die Freude hat und man selbst auch und es nicht zu Vergewaltigungen, Verletzungen und Folter kommt. Und dazu braucht man ein gutes Ich-Gefühl und das hat man normalerweise nicht in der Jugend, sondern erst im fortgeschrittenen Alter, wenn einen das Leben schon ordentlich durchgebeutelt hat. Daher ist es ganz normal, dass in jungen Jahren gesucht, experimentiert wird und man oft das Gefühl hat, „Das stimmt nicht, das ist es nicht“. Und da gibt es eben diese hormonelle Unterschiedlichkeit zwischen Männern und Frauen, wenn man jetzt den Klischeemann und die Klischeefrau nimmt, wo der Mann Sex will und die Frau Liebe, was sich damit erklären lässt, dass wir zum Teil andere soziale Erziehungsprozesse durchmachen, aber nicht nur; es hängt auch von den Hormonen ab und je bewusster ein Mensch sich selbst wahrnimmt, desto besser kann er oder sie entscheiden, „Wie will ich sein? Was entspricht meiner persönlichen Ethik? Was finde ich für mich und auch für andere richtig?“, und er oder sie lernt, dass andere nach der eigenen Fasson glücklich werden sollen. Und da haben wir genau diese Machtspiele, die z. B. in Amerika die Frauenverbände ausüben, dass sie verbietend, kontrollierend einerseits von Männern irre Leistungen im Beruf erwarten, die sie ja oft so erschöpfen, dass für das Privatleben relativ wenig Kraft übrig bleibt, und sie sich daher Konflikte ersparen, andererseits aber auch durch hohe soziale Kontrolle verhindern, dass sich der gestresste Mann vielleicht ein bisschen Glück in den Armen einer Frau, die nichts von ihm verlangt, außer vielleicht zwei Stunden Anwesenheit, holt. Das heißt, diese hohe Kontrolle hat ja vor allem auch den Sinn, Außenbeziehungen hintanzuhalten und damit wird natürlich die Aufnahme einer Liebesbeziehung verhindert. Ehe ist ein bürgerlich-rechtlicher Vertrag auf gegenseitigen Beistand, Liebe ist nicht unbedingt vorgesehen. Wenn sie einen dann packt, dann gehört auch wieder eine große Reife dazu, dieses Gefühl leben zu können, ohne schon wieder Forderungen zu stellen. Also ich denke, im Endeffekt kommen wir immer zu dem Punkt: Es gibt Interessensgruppierungen, die vorschreiben wollen, wie etwas zu sein hat. Und die gibt es auf der extremen Verbotsseite genauso wie auf der extremen Verführungsseite … „Probiere alles aus, ein bisschen pervers schadet ja nicht“.

NÖLAK: *Wieweit beeinflussen denn äußerliche, extreme Faktoren, negative wie positive – z. B. einerseits die Erfindung der Pille, andererseits Aids als zwei Eckpunkte – Menschen in ihrer Sexualität, die wollen würden, sich nicht trauen, nicht können, nicht dürfen etc.?*

R. A. PERNER: Also, die Pille hat zwar auf der einen Seite für viele Frauen die Befreiung von Schwangerschaftsängsten gebracht, aber auf der anderen Seite die Angst vor der Überforderung durch den Partner, der kein Argument der Ablehnung gelten lässt, so nach dem Motto: „Frau kann doch immer!“ Der einfach nicht zur Kenntnis nimmt, dass auch Frauen nicht immer können und dass die Frau genauso „anschwellen“ muss, wie der Mann, um empfangsbereit zu sein. Das, was jeder Hunde- und Katzenbesitzer eigentlich wissen sollte, wird auf das Menschenweibchen nicht als Wissen angewendet. Das heißt, für viele Frauen hat mit der Pille ein Druck zur ständigen Verfügbarkeit stattgefunden, den sie als belastend, als stressend erlebt haben, was zur Folge hatte, dass viele Frauen dann auf die Pille verzichtet haben und zum Teil argumentativ und zum Teil durch Entwicklung von psychosomatischen Symptomen ihre Selbstbestimmung wieder zu erlangen versucht haben. Bei Aids ist die Problematik eine wesentlich weitergehende. Wir haben heute ein gutes Wissen um die Infektionsgefahr und gute Praktiken von Safer Sex in der primären Zielgruppe der Schwulengemeinschaft, hingegen die meisten Neuinfektionen bei heterosexuellen Frauen, weil eben viele Männer unbedacht Gelegenheiten zu Geschlechtsverkehr außerhalb der Dauerbeziehung nutzen und nicht merken, welchen Gefahren sie sich und damit auch die Familie aussetzen. Ich habe selber in meiner Praxis Fälle, wo sogar Ärzte, die in Schulen Aufklärungsvorträge über Aids halten, dann selbst ihre „Umfaller" bauen und ganz entsetzt draufkommen, dass sie nicht daran gedacht haben, sich zu schützen. D. h., ich sehe die Lösung hier nur darin, dass wir von klein auf den Mythos, man müsste wirklich alles 100%ig oder 120%ig spüren, dass wir diesen Mythos beseitigen, und so wie Brillenträger sich den kalten Wind an den Augäpfeln ersparen, uns vielleicht auch daran gewöhnen, eine bestimmte Form der Sensibilität, die nicht 100%ig ist, als normal zu empfinden. Also, es nimmt ja auch nicht jeder die härteste Zahnbürste und sagt, das ist so toll, weil jetzt spüre ich jede Borste ganz genau auf meinem Zahnfleisch.

Was mir auch ganz wichtig ist, wir haben die Menschen, die immer kindlich abhängig bleiben von Elternfiguren. Und da ist es ziemlich egal, ob das jetzt der Religionslehrer ist, der Großvater, die Moderatorin im Fernsehen. Diese Menschen fragen sich nicht selbst, ob ihnen etwas gut tut, sondern sie fragen, „Was werden die anderen sagen?" und „Falle ich aus der Norm?" Aber: DIE Norm gibt es nicht in der Sexualität.

NÖLAK: *Wieweit spielen hier gewisse körperliche Parameter hinein?*

R. A. PERNER: Jede Zeit hat ihre Leitbilder und es ist wieder eine Frage der Selbstsicherheit, ob ich mich mag, so wie ich bin, oder ob ich immer scheelen Auges auf Bruder oder Schwester schaue und sage, „Warum bin ich nicht wie jener?" Na, bin ich eben nicht! Selbstliebe ist eine Voraussetzung, um wirklich auch einem anderen Menschen liebevoll gegenübertreten zu können, und dann gibt es halt Leute, da geht das blitzartig, und bei anderen reicht ein Leben nicht aus, um sich liebevoll anzunähern. Soviel Zeit würde das brauchen.

NÖLAK: *Also der Satz, den eigentlich schon jemand vor 2000 Jahren gesagt hat – liebe deinen Nächsten, wie dich selbst – ist eigentlich der Schlüsselsatz?*

R. A. PERNER: Es geht wirklich darum, dass Selbstliebe etwas ist, das erarbeitet werden muss, wenn man nicht im kindlichen Narzissmus hängen bleiben soll. Also wirklich zu wissen, wer man ist. Da finde ich z. B. die so genannte neue Prüderie eher hilfreich, weil sie zeigt, dass ich auch zu meiner Schüchternheit, zu meiner Scheu stehen kann, ich muss nicht jede Frau anmachen oder jedem Mann das Hosentürl aufknöpfeln, ich darf auch unbeteiligt bleiben. Die Problematik ist ja, dass viele Menschen z. B. in Beratung, Therapie kommen, weil sie sagen, „Wieso finde ich nicht den Traumprinzen?" oder auch die Traumprinzessin. Ich habe im Augenblick einen Mann in Therapie, der suizidal ist, weil er keine passende Frau findet, dabei ist er relativ jung, hat halt ein paar enttäuschende Beziehungen erlebt, wie wir alle, nur ihn trifft es besonders hart und er hat nicht die Geduld, einfach zu warten, was passiert ... wenn man ins Restaurant geht und auf die Speisekarte schaut, braucht es auch Mut, nichts zu bestellen, wenn man auf nichts Appetit hat, sondern nur was zu trinken und wieder zu gehen. Das ist z. B. etwas, was psychologisch überhaupt nicht erforscht ist: Wieso können manche Leute gut allein sein und andere so gar nicht, ohne dass sie Borderline-Persönlichkeitsstörungen haben. (Anm.: Das sind Leute, wo es zur Symptomatik ihrer Psychopathologie dazugehört, dass sie nicht alleine sein können; es gibt viele Leute, die sind nicht krank im klinischen Sinn von Beziehungsunfähigkeit, sondern sie können nicht alleine sein, so wie es andere gibt, die im klinischen Sinn nicht mit anderen zusammen sein können.) Früher war es eben so, dass man vor allem aus ökonomischen Gründen geheiratet hat, und wenn eine Form von Liebe entstanden ist, wunderbar, und wenn nicht, war es auch kein Problem. Und heute, durch diese viele mediale Propaganda ... der italienische Soziologieprofessor und Zeitungskolumnist Francesco Alberoni bezeichnet ja die Erika-Romane als Softpornos für Frauen.

NÖLAK: *Also die Autorin Pilcher ist ...*

R. A. PERNER: Ja, Anleitung zur Beziehungssucht. Und Beziehungssucht ist ein klinisches Phänomen.

NÖLAK: *Sie haben gesagt, die Kommerzialisierung hat offensichtlich viele Leute überfordert, darum ist die Prüderie etwas Positives.*

R. A. PERNER: Ja, es ist ein Gruppendruck entstanden, so nach dem Motto: „Wer zweimal mit derselben pennt, gehört schon zum Establishment“. Das heißt daher: Möglichst viele „abzupennen“, weil ja das Bedürfnis nach Sexualverkehr bleibt, aber wenn man nicht zweimal mit derselben schlafen darf, dann braucht man eben viele und das ist sicher auch etwas, was zu diesem schrecklichen Begriff des Lebensabschnittpartners geführt hat. Ein Begriff, eine Wortschöpfung, die ich nicht mag, weil Partnerschaft etwas ist, was jeden Tag neu gestaltet werden muss ...

NÖLAK: *... und sich verändert und daher braucht man nicht zu sagen, 10 Jahre dies, 10 Jahre das ...*

R. A. PERNER: Eben. Jeder Tag ist ein neuer Abschnitt in meinem Leben. Also daher denke ich, es geht wirklich darum, wie tief man sich einlässt auf einen anderen Menschen, wie weit man sich aufmacht, wie intim man miteinander ist, nämlich seelisch intim, und wenn so eine Verbindung da ist, dann tut Distanz natürlich weh.

NÖLAK: *Da sind wir eigentlich gleich bei der Frage, wieweit ist Nachgeben in einer Beziehung out? Wir tun uns ja heute prinzipiell schwer damit?*

R. A. Perner: Das ist eine ethische Frage. Die Frage des Nachgebens ist eine ethische Frage, weil ich das Dilemma habe, zu wem ich halten soll, zu dir oder zu mir. Und es ist ein Unterschied, ob man sich – frei nach Parzival, „Aus Mitleid wissend der reine Tor" – jemandem deshalb zuneigt, weil man merkt, die Person braucht es oder ob man sich unterwirft, weil man einfach zu wenig Kraft zu haben meint, Widerstand zu leisten.

Nölak: *Sich unterzuordnen kann ja extrem viel Kraft erfordern oder ein Zeichen von keiner Kraft sein. Beides ist möglich?*

R. A. Perner: So ist es. Ich denke, das ist wirklich die Frage, wie viel Gewalt in einer Beziehung drinnen ist. Wenn wir sexuell miteinander kommunizieren, dann werden riesige Energiepotenziale freigesetzt. Das heißt also als Frau gesprochen: Wenn ich die volle sexuelle Energie eines Mannes spüre, dann stehe ich quasi „unter Strom!", das muss frau erst einmal aushalten. Sexuell Traumatisierte haben da Schwierigkeiten mit der Abwehr! Und viele Frauen brauchen sehr lange, um auf dasselbe Energieniveau zu kommen, weil sie hier Hemmungen haben. Im Idealfall entflammt man schnell aneinander und ist auf derselben Wellenlänge, auf demselben Niveau. Da stellt sich eben jetzt diese Frage. Für viele Frauen gibt es nur die Unterwerfung, weil sie keine andere Form des Umgangs wissen, weil sie diese Energie nicht halten können, aber umgekehrt haben wir ja heute auch dasselbe Phänomen, dass energiegeladene Frauen einen sehr starken Mann brauchen, damit der das aushält. Ein schwacher Mann fürchtet sich meist und regrediert auf die Stufe der Kindheit und erlebt die Mutter der frühen Jahre, die überstarke, die zornentbrannte. Unterwerfung unter eine tyrannische Person ist sozusagen der falsche Weg – aber oft überlebenssichernd. Die Hingabe an einen Menschen, der sich in einer besonderen Situation befindet und der einen seelisch rührt, wo man sozusagen in „sweet charity" liebevoll auch den Körper einsetzt, das was vielleicht früher in der Tempelprostitution üblich war, ist an und für sich was eher Edles. Das sollte nicht verachtet werden.

Nölak: *Prinzipielle Frage: Wenn ich glaube, eine perverse Neigung zu haben – und jetzt fasse ich absichtlich alles unter diesen Begriff, selbst das, was eigentlich schon längst nicht mehr unter diesen Begriff fällt, von Homosexualität angefangen bis zu Neigungen, die berechtigt im Strafgesetzbuch stehen. Wie soll ich mich da verhalten?*

R. A. Perner: Also ich würde einmal so sagen: Üblicherweise braucht es ja erst den Konflikt mit anderen, dass man draufkommt, dass offensichtlich etwas nicht stimmt. Ich bin da sehr vorsichtig, weil so, wie Sie es gerade angesprochen haben, ist es noch nicht so lange her, dass Homosexualität als pervers gesehen wurde und heute wissen wir, dass es eine sexuelle Orientierung ist, die gleichberechtigt neben Heterosexualität steht und gerade in den Zeiten der Überbevölkerung vielleicht sogar gottgewollt ist. Die klinische Definition von Perversion ist, jemand anderem etwas Böses, was Feindseliges anzutun, um selbst triumphieren zu können. Und da muss ich aus meiner mehr als 35-jährigen Berufserfahrung als Paartherapeutin wie auch als Juristin sagen, dass in vielen, scheinbar gut funktionierenden Ehen einer pervers ist und sich insofern stabilisiert, indem er den anderen demütigt, attackiert, beschimpft, kontrolliert, unter Druck setzt, also viele Formen feindseliger Akte übt. Aber die Leute sehen das nicht und bewundern die anscheinend gut funktionierende Ehe! Wir sollten vorsichtig sein mit solchen Begriffen. Wenn also jetzt jemand merkt, dass auf ihn eine bestimmte Diagnose passt, dann sollte die Person genau das tun, was man bei einer rein organmedizinischen Diagnose auch macht, nämlich zur entsprechenden Fachperson zu gehen und einmal zu schauen, „Wie will ich sein – und will ich was ändern ...“ Und wenn jemand sich nicht ändern will, dann wird die Gesellschaft mit ihren zur Verfügung stehenden Mitteln versuchen, die Person innerhalb dieser Grenzen zurückzubringen. Das funktioniert derzeit aber überhaupt nicht, was also bedeutet, dass wir darüber nachdenken müssen, wie es doch funktionieren könnte. Weder Moralappelle noch Strafgesetzdrohungen haben bis jetzt Pädosexuelle abgehalten, Kindern ihre persönliche Form von Sexualität aufzuzwingen, allerdings muss man sagen, eine repressive Sexualerziehung tut dasselbe von der anderen Seite.

NÖLAK: *Wie könnte eine Lösung aussehen?*

R. A. PERNER: Kinder von vornherein zur Selbstbehauptung und zur Selbstwahl anzuleiten, was also heißt, dass wir uns als Eltern in Frage stellen und einfach sagen, „Du, ich sage dir, warum mir wichtig ist, dass du das tust und ich dich darum bitte, aber wenn du nicht willst, dann respektiere ich das auch, du musst nur damit rechnen, wenn es Gefahr für dein Leib und Leben gibt, dann schreite ich ein, weil ich gehe nicht wegen dir in den Häf'n“. Wir haben als Eltern Obsorgepflichten. Aber nachdem bei uns noch immer verlangt wird, dass wir unsere Kinder disziplinieren, d. h. quasi paramilitärisch drillen, wird es also noch lange Zeit brauchen, diese Aufgabe zu erfüllen. Das ist ein Dilemma, wo man, glaube ich, nur ein gutes Vorbild geben kann. Deswegen ist es auch wichtig, dass Kinder einen Vater und eine Mutter haben, damit sie – hoffentlich friedfertige – Konfliktlösungen zwischen den Geschlechtern von klein auf beobachten können, auch den Umgang mit Abwehr z. B. von sexueller Anmache. Es ist eben ein Unterschied, ob eine Mutter vor ihrem Sohn den Vater als Lüstling abstempelt oder ob sie ihm sachlich erklärt, dass sie im Augenblick nicht ansprechbar ist für sein Gebalze. Und dann möchte ich noch auf die vorherige Passage zurückgehen, auf Unterwerfung und Hingabe. In der „bösen“, der „pillenlosen“ Zeit, wo Frauen viel Angst hatten, unverheiratet schwanger zu werden, war es die Kunst des Mannes, so gut zu balzen, dass die Frau ihre Schwangerschaftsängste vergaß. Da gab es dann wirklich die „Kinder der Liebe“, wo man schnell eine Mussheirat machen musste. Das gibt es heute eher selten.

NÖLAK: *Sie haben jetzt, nahe liegender Weise, Pädophilie angesprochen. Heute ist das fast unentwegt medial präsent, ich kann mir aber nicht vorstellen, dass plötzlich der diesbezügliche Prozentsatz so hoch geworden sein soll, der war vermutlich immer gleich oder?*

R. A. PERNER: Wahrscheinlich. Große Klassen- und Machtgegensätze fördern die sexuelle Ausbeutung von Unterlegenen. Ich bin der Meinung, dass der Prozentsatz wahrscheinlich minimal geringer war, vielleicht auch, weil weniger mediale Vorbilder da waren.

NÖLAK: *... und Möglichkeiten, Stichwort Internet.*

R. A. PERNER: Ja. Früher war auf jeden Fall die Verfügbarkeit von Kindern und Jugendlichen über die Dienstboten gegeben und das wurde von der Gesellschaft auch so hingenommen. Man muss immer davon ausgehen, dass Kampf gegen Machtmissbrauch ja voraussetzt, dass man erstens den Machtmissbrauch definiert, dass man überhaupt weiß, dass es das gibt, und dass es zweitens auch die Möglichkeit gibt, sich zu wehren. Wir haben Jahrhunderte hinter uns, wo sich Arbeiterschaft, Knechte und Mägde nicht gegen die „Herrschaft", die Besitzenden, wehren konnten, nicht einmal gegen den Hausherrn, siehe „Mutzenbacher". Es liegt das erste Mal eine Situation vor, dass Menschen gesetzlich gleichberechtigt sind – in unserem Kulturkreis – und dennoch haben wir den Machtmissbrauch nicht nur von Erwachsenen und Kindern, sondern auch im Menschenhandel, in der Zwangsprostitution. Es ist noch sehr viel zu tun an Aufklärung und die wird nicht greifen, wenn man nicht gleichzeitig Rahmenbedingungen schafft, die allen Menschen ein menschenwürdiges Leben ermöglichen.

NÖLAK: *Entwickeln wir eine Utopie: Ich bringe die Erziehung so weit, dass ich in 100 Jahren keine oder kaum mehr Pädophilie habe, was mache ich jetzt die 100 Jahre bis dorthin mit den nachweislich schuldig Gewordenen? Wie gehe ich mit dem Problem in einer Gesellschaft um?*

R. A. PERNER: Also ich würde einmal so sagen: Startversuch – weil wir sind jetzt im Therapiebereich. Und therapieren kann ich nur jemanden, der sich verändern will. Als Gesellschaft können wir nur aufhören, weg zu schauen und dieses Verhalten zu ignorieren – nur weil die verdächtige Personen sehr gescheit sind, viele Titel haben, tolle Arbeitskräfte sind etc. Wir müssen wirklich das Verhalten, das wir nicht wollen, ächten. Was also heißt, dass man z. B. darauf verzichtet, einen Kinderschänder in eine Fernsehsendung einzuladen, etwa zum Thema Pädophilie, damit man einen „Betroffenen" drinnen hat, und alle anderen Teilnehmer der Talkrunde dann so tun, als wäre er ein Ehrenmann, man gibt ihm die Hand, man sagt Grüß Gott, man redet, weil man ist ja im Fernsehen und man hat doch soziale Spielregeln ... Man könnte aber in so einem Fall auch sagen: „Ich möchte mit Ihnen nichts zu tun haben!" Nicht anonym ausstoßen und verbannen, sondern „in Beziehung" wird der Person, dem Pädophilen gesagt, „Ich möchte keinen Kontakt!", „Ich finde das nicht richtig, was Sie tun" und „Ich möchte nicht den Eindruck erwecken, dass mir das nichts ausmacht". Wir sind gefordert, Ethik zu leben. Das ist genauso, wie ich es z. B. nicht richtig finde, wenn Leute zu den „Außenbeziehungen" Verheirateter charmante gesellschaftliche Kontakte pflegen, wenn die zu zweit auftreten; man kann auch sagen, „Bitte ersparen Sie mir die Peinlichkeit!" –, weil entweder respektieren wir das Eheband, dann heißt das, wenn man in einer Krisensituation ist, sich nicht zwischen mehreren Menschen entscheiden kann und die Lösung noch nicht gefunden hat, das dauert ja oft Jahre, dass ich dann zumindest so sozial treu bin, dass ich meinen Ehepartner, meine Ehepartnerin nicht in eine peinliche Situation bringe. Oder man deklariert sich und sagt, „So ist meine Situation, bitte haltet mich aus, ich habe die Lösung noch nicht". Aber das traut sich kaum wer. Wir haben noch keine Modelle, wie wir wirklich „wahrhaftig" sein können. Ich denke, das geht leichter, wenn man zwischen den Gefühlen Liebe, Begehren, Abenteuerlust trennt. Lieben kann ich auch, ohne dass ich Sex praktiziere. Es liegt an den Nächsten zu akzeptieren, dass sich manche Menschen halt besonders gut und „nah“ verstehen, auch wenn sie kein Paar sind. Das ist dann auch eine Frage des Vertrauens der Ehepartner, dass sie eine sehr intensive Freundschaft zu einem anderen akzeptieren und nicht gleich grübeln, was die denn da wohl tun, und sexuelle Phantasien entwickeln. Etwas, was ich zunehmend erlebe, ist, dass Männer, wenn ihre Ehefrauen intensive Frauenfreundschaften haben, sofort glauben, das wären lesbische Beziehungen, was es aber nicht ist, sondern eine Art weibliches Kumpeltum darstellt. Wichtig in so einer Situation ist es, sich bei der Nase zu nehmen und einzugestehen: „Achtung! Ich habe jetzt sexuelle Phantasien!“ Wenn man aber in einer sexuellen Beziehung ist, dann soll das „von Mann zu Frau“ sein mit all der Dramatik, die dazugehört, und nicht, dass einer die „Mama“ spielt und das „Bubi“ oder den „Papa“ kontrolliert, und umgekehrt oder dass „Brüderlein und Schwesterlein“ nebeneinander herwackeln und keine echte, lebendige Beziehung haben mit Höhen und Tiefen, nur weil es doch „so schön harmonisch“ funktioniert. Das ist ja alles keine Sexualität, sondern nur ein Arrangement. Wenige haben eine klare Position gegenüber der Frage, was Ehe, was sexuelle Beziehung, was Liebesbeziehung heißt. Die meisten Leute schauen sich einmal Pornofilme an und dann denken die Männer, „Ui, muss das geil sein, das möchte ich auch erleben!“ Und dann suchen sie irgendjemanden, mit dem sie das üben können, und wenn es nicht die Ehefrau ist, dann suchen sie die Tochter oder die Freundin der Tochter oder den Freund des Sohnes, somit haben wir dann diese generationenüberschreitenden Zugriffe auf Personen, die zu klein, zu schwach, zu unwissend, geldbedürftig oder was auch immer sind und die ausgebeutet werden. Aber dieser „Miss-Brauch“ wird dann verleugnet. Ich sehe das wesentliche Heilmittel dagegen darin, Ethik wieder modern zu machen.

NÖLAK: *Kann ich daraus den Sukkus ziehen, dass wenn ich glaube, eine perverse Neigung zu haben, der erste Schritt sein muss, bereit zu sein, mich zu ändern, um Hilfe zu suchen, um mir helfen zu lassen?*

R. A. PERNER: So dramatisch würde ich es gar nicht formulieren. Ich würde sagen, der erste Schritt muss sein, dass ich mich für mich selber interessiere und mir eine Auskunftsperson suche, die mir hilft herauszufinden, warum bin ich so wie ich bin, nämlich anders, als es erwünscht ist.

NÖLAK: *Und dann kann ich noch immer sagen, eigentlich gefällt mir das, ich will mich nicht ändern, dann wird die Gesellschaft mich in meine Schranken weisen?*

R. A. PERNER: Üblicherweise kann man auch Begehrlichkeiten zerreden, und da braucht man eben einen Gesprächspartner, eine Person, die das aushält, die die richtigen Antworten gibt und nicht nörgelt und straft und moralisiert, wie die Eltern oder der Herr Pfarrer.

NÖLAK: *Wo, d. h. in welchem Verzeichnis, in welchem Telefonbuch, finde ich so eine Fachperson?*

R. A. PERNER: Also umfassende sexualwissenschaftliche Kenntnisse werden ja derzeit noch immer in keinem Hochschulstudium vermittelt – weder in der Medizin noch in der Psychologie, Pädagogik oder Theologie ...

NÖLAK: *In Österreich oder in anderen Ländern schon oder sind wir da eine „Insel der Nachseligen"?*

R. A. PERNER: Nein, auch in anderen Ländern nicht in dem Sinne, wie es notwendig wäre. Ich führe ja selber eine europaweit einzigartige Ausbildung in Sexualberatung, wo also wirklich alle Felder der Sexualität bearbeitet werden. Es ist auch schwierig, weil sich die Leute meistens nur für irgendein Detailgebiet interessieren. Ansätze gibt es natürlich genug. Aber jede Person kann hilfreich wirken, wenn sie zuhören kann und wirklich verstehen, um was es der redenden Person geht.

NÖLAK: *Also Phantasie hat?*

R. A. PERNER: Nein, Phantasie ist was anderes. Das hat mit dem, was die Person, die um ihren Ausdruck ringt, bedrückt, nichts zu tun.

NÖLAK: *Also sich hineinversetzen können?*

R. A. PERNER: Das ja. Mitgefühl, Empathie. Also wirklich zu spüren, wie es der Person geht. Auch wenn jemand sagt, „War das toll!", zu spüren, dass dahinter etwa Angst liegt und die klugen Fragen zu stellen, damit der sprechenden Person vielleicht das Eine oder Andere an Tiefendimension stärker bewusst wird. Das muss nicht unbedingt eine Fachperson sein. Es gibt in vielen Berufen Naturbegabungen. Ebenso gibt es auch unter den Fachpersonen solche, die zwar legitimiert, aber nicht qualifiziert sind, in sexuellen Problemen Hilfestellung zu leisten. Und wieder andere, die es sehr sind. Die findet man unter Psychotherapeuten, unter Psychologen, auch unter Ärzten, unter Lehrkräften, auch unter Priestern. Die Sexualität ist der Kern unserer Persönlichkeit, da sind wir am verletzlichsten, weil da unsere Wünsche nach Geliebt-und-angenommen-werden verkörpert werden. Im Endeffekt ist es immer eine Frage der Bewusstheit und damit der Bildung. Leider ist, seitdem es „konservative" – nicht parteipolitisch gemeint! – Unterrichtsminister und -innen gibt, die Arbeit am Unterrichtsprinzip Sexualaufklärung ins Stocken geraten. Dabei läge hier eine große Chance, schon im Unterricht zu lernen, die kulturspezifischen Formen von Machtbestrebungen zu erkennen. Dann täten wir uns alle leichter, all das, was nicht unser Eigenes ist, sondern Suggeriertes, Beworbenes, wieder aus unserem Denken und Fühlen herauszubringen, damit wir zu uns selbst finden können.

Siehe Bildtafel 4

„Es gibt natürlich auch Leute, die vom Eros der Forschung ergriffen sind und die sich auch nicht vorstellen können, dass sie etwas anderes tun, als an der Universität zu bleiben um weiter meist selbstbestimmt Erkenntnisse zu erzeugen."

Sigurd Höllinger

Sigurd Höllinger ist Professor und Sektionschef im Bundesministerium für Bildung, Wissenschaft und Kultur

NÖLAK: *Herr Sektionschef, Stichwort Bildung und Lebensstil?*

HÖLLINGER: Wenn Sie die Frage nach der Bedeutung von Bildung für den Lebensstil an einen Menschen richten, der sein Berufsleben der höheren Bildung verschrieben hat – und zwar freiwillig –, läge es natürlich nahe, dass ein großes Jubellied für die Bedeutung höherer Bildung und der Weiterbildung angestimmt wird. Aber nein! Der Grund? Weil von mir so ein „Jubellied" unglaubwürdig klingen würde, weil ich mit der Beschäftigung mit Bildung mein Leben finanziere und ich hoffe auch den Ruhestand. Ernsthaft: Was ich registriert habe, ist, dass nicht alles durch Studien abgedeckt wird. Es ist so, dass die Schule leider mit fortschreitender Dauer bei vielen jungen Menschen das Lernen-wollen zudeckt, verschüttet. Ich habe das an meinen eigenen Kindern gemerkt, das betrifft nicht nur die künstlerische Ausdrucksweise, sondern das betrifft auch die Bereitschaft, sich mit neuen Dingen auseinander zu setzen. Es betrifft die Neugierde, etwas kennen zu lernen. Aber davon sind nicht alle betroffen und es hängt sicherlich stark von den Persönlichkeitseigenschaften der jungen Menschen und von den Eltern ab, die da dahinter sind. Im Großen und Ganzen ist der Vorwurf schon richtig, dass unsere Schulen mehr Hindernisse in den Köpfen aufbauen, als dass sie dieses „Unbedingt-mehr-wissen-wollen", das ein Kind hat, der Drang weiterzulernen, neugierig zu bleiben, fördern oder zumindest bewahren. Das ist eine traurige Angelegenheit. Ich kenne auch das Phänomen, dass viele junge Leute, die ein Studium abgeschlossen haben, heilfroh sind, dass es endlich vorbei ist. Mit der Einsicht, nie mehr etwas mit der verfluchten Universität zu tun haben zu müssen. Es gibt natürlich auch Leute, die vom Eros der Forschung ergriffen sind und die sich auch nicht vorstellen können, dass sie etwas anderes tun, als an der Universität zu bleiben oder in ein Forschungszentrum oder ein Wirtschaftsunternehmen zu gehen, aber vor allem an der Uni zu bleiben, um Erkenntnisse zu erzeugen. Das sind die Persönlichkeiten, die oft Universitätslehrer werden. Dann gibt es sicher eine Mehrheit, die bisher die gesicherte, geschlossene Universitäts-Traumkarriere und die nicht ungünstigen Arbeitsbedingungen sehen. Aber es gibt auch die, die forschen wollen, die

Themen sehen und dabei sich selbst ausbeuten, voller Begeisterung, die dazulernen und die zu Kongressen fahren. Das ist die Menge der jungen Leute, die dann weiterforschen, sich immer weiterbilden. Ob die vom österreichischen Förderungssystem alle erwischt werden, ist die Frage – ich befürchte nein. Das neue Universitätsgesetz hat einige wichtige Neuerungen, die leider bis dato zu wenig beachtet werden, nämlich den Rechtsanspruch der Bediensteten der Universität, unabhängig vom Alter und vom Status, geförderte Forschung betreiben zu können. Ich hoffe, dass das eine Situation schafft, wie an den guten amerikanischen Universitäten. Es gibt Gegner dieser Bestimmung, das sind diejenigen, die sich nicht vorstellen können, dass der Institutsvorstand nicht alles zu bestimmen hat. Also, trotz der – vorhin erwähnten – nicht nur positiven Wirkung unseres Schulsystems gibt es schon eine beachtliche Menge von jungen Leuten, die von ihrer Wissenschaft begeistert sind und die was Neues machen.

NÖLAK: *Was sind die Probleme?*

Höllinger: Mir kommt die Schule zu sehr bürokratisiert vor – zu wenig selbstständig. Die Kommunikation zwischen den Schulen und den Eltern und den Kindern gibt es zwar, aber die ist zu wenig wirksam. Die Schulen müssten viel selbstständiger sein, viel stärker am Lernerfolg und an der Persönlichkeitsentwicklung der Kinder orientiert und weniger an der Erfüllung von Vorschriften interessiert sein. Ich gebe Ihnen ein Beispiel aus dem Jahr 2003: Die Kürzung der zwei Stunden. Es ist zweifellos eine Budgetkürzungsmaßnahme. Es ist wohl evident, aber das muss zum Anstoß genommen werden, viele Dinge neu zu machen. Die Herren der Schulen sind dagegen. Mit scheinheiligen Begründungen. Natürlich wird niemandem gekündigt, das ist schon klar, aber diese Situation könnte doch als Anstoß genommen werden, die Schule neu zu durchdenken und hinsichtlich der Leistungsfähigkeit zu hinterfragen, sich mit den Argumenten bürokratisch auseinander zu setzen, ob die vorgegebenen Zahlen stimmen oder nicht stimmen. Ich persönlich meine zu wissen, dass sie nicht stimmen. Aber das ist das Faszinierende, dass es andere Länder gibt, die erheblich bessere Daten haben. Das sind Länder, die die 10-Jährigen nicht so „auseinander klauben“ in die, die in höhere Schulen gehen und die, die in die Hauptschule mit Berufsausbildung mit 15 Jahren geschickt werden. Da gibt es bei uns ja die herrliche Weiterführungsmöglichkeit der berufsbildenden höheren Schulen. Die Pflege der Entwicklungsmöglichkeiten aller Kinder bis 14, 15 Jahren, das wäre das Entscheidende. Ich verstehe auch nicht, dass man für die Lehrerausbildung der Pflichtschul-Lehrer noch immer keine Hochschule hat. Das ist zwar in einem Gesetz anvisiert für 2007, aber …

NÖLAK: *Darf ich ergänzen, was ist mit den Kindergärtnerinnen? Wir sind immer wieder überrascht, welches Niveau hier herrscht.*

HÖLLINGER: Natürlich, die Akademisierung allein muss man nicht immer durchdrücken. Die kann durchaus teuflisch daneben gehen. Weil das sind dann Leute, die nichts mehr zu tun haben mit den Kindern, weil sie in ihren Fächern wohnen und nicht bei den Kindern. Aber es ist trotzdem nicht einzusehen, warum man für die Kleineren, und das sind nämlich alle Kinder, den geringsten Aufwand treibt. Wir haben viel zu wenige Ganztagsschulen für Kinder, die nicht nur aufbewahrt werden, sondern in ihren Entwicklungsmöglichkeiten umsorgt werden, man braucht nur nach Schweden zu schauen, wie gut es dort funktioniert. Es gibt gelegentlich auch in Schweden eine konservative Regierung, wie wir wissen, und in Finnland gibts Koalitionen, da haben die linken Parteien auch keine Mehrheit. Trotzdem, der Umgang mit den jungen Leuten ist viel, viel stärker erfolgsorientiert und man setzt nicht zu früh auf diese bürokratische Trennung, auf die bürokratisch definierten Aufgabenerfüllungen. Bei uns spielt die Erfolgsorientierung viel zu wenig eine Rolle im Vergleich zu dem Einhalten von Vorschriften, von Regeln. Das ist das Hemmnis, dass die Schulen nicht so an den jungen Menschen arbeiten, dass sie eben mit Freude weiter neugierig sind und weiterlernen wollen und ihre Kreativität entfalten. Es ist eine gesellschaftspolitische Position, aber die ist eigentlich im Ziel gleichlautend mit einer wirtschaftspolitischen. Auf jeden Fall bin ich mir sicher, dass es bei uns höchste Eisenbahn ist, was zu ändern. Das Ziel sollte sein, die Neugierde zu erhalten, damit die Leute von sich aus interessiert sind, was dazuzulernen, nicht erst unter Zwang, weil der Job weg ist und man was Anderes lernen muss. Dass die Weiterbildungsmaßnahmen des Arbeitsmarktservices organisiert sind, ist eine gute Sache, aber das sind eher erzwungene Maßnahmen, nicht aber die freiwillige Entwicklung in ein neues Feld, in dem man etwas anderes tut.

NÖLAK: *Was würden Sie dem typischen 18-Jährigen raten, der nach der Matura nicht weiß, was er tun will. Soll er auf die Uni gehen? Ja oder nein?*

HÖLLINGER: Also unbedingt weiterstudieren, nicht nur in Österreich, sondern mindestens in zwei anderen Ländern! Sprachen lernen durch das Leben im fremden Land, nicht nur im Seminar, sondern das Leben im Land ist das Essenzielle. Ein künftiger Europäer muss neben seiner Muttersprache eine Zweitsprache beherrschen, umgangssprachlich und nicht nur das Allernotwendigste für die Fachdiskussionen. Da gibt es auch Länder, die uns weit voraus sind. Da ist aber auch eine Veränderung im Gange. Von den Absolventen des vergangenen Studienjahres an den Unis, also erstes Abschnittsdiplom, waren 30 % als Teil ihres Studiums an einer nichtösterreichischen Universität. Wenigstens vier Monate lang. 30 %! Das ist europäische Spitzenklasse. Und nicht in Deutschland, wie man meinen würde, sondern in Großbritannien, in Frankreich, in Italien, in den USA. Das ist der sechste Platz in der Häufigkeit. Und da gibt es eben die europäischen Programme. Aber! Von diesen 30 % ist mehr als die Hälfte nicht über EU-Austauschprogramme weg gewesen, sondern durch Partnerschaften der Universitäten und auch auf eigene Faust. Auch das gibt es. Also, 18 Jahre, studieren, und dann weg in mindestens zwei Länder.

NÖLAK: *Sie vertreten eigentlich die Ansicht vieler international tätiger Wirtschaftskonzerne, die sagen, dass es ihnen völlig egal ist, was wer studiert hat, sondern es nur wichtig ist, dass er studiert hat und dass er sehr gut studiert hat?*

HÖLLINGER: Ja. Lernfähig muss er sein, Entscheidungen muss er treffen können, zielorientiert muss man sein.

NÖLAK: *Selbst der Musikwissenschafter hat eine Chance?*

HÖLLINGER: Na selbstverständlich. Aber da gibt es schon Ausnahmen. Also, wenn man ein Arzt werden will, dann muss man schon Medizin studieren. Wenn man Brücken bauen will, dann muss man Ingenieur werden oder Hochbau studieren. Wenn man sich mit den Geheimnissen der Zellen befassen will, dann muss man Biologie oder Biochemie studiert haben. Ganz generell geht das nicht. Aber wenn jemand Biochemie studiert hat und den interessiert plötzlich mehr die journalistische Tätigkeit, dann wird er halt ein kenntnisreicher Redakteur sein, der den Leuten die neuesten Errungenschaften der Biochemie im Radio beibringt. Das geht in alle Richtungen. Aber nicht alles gilt für alles. Da gibt es schon Einschränkungen. Aber wenn ein junger Mensch nicht weiß, was er machen soll, soll er irgendetwas studieren, was ihn am ehesten interessiert. Auch da gibt es ein Problem. Die jungen Leute bei uns erkennen die Ernsthaftigkeit dieser Entscheidung für ein Studium und den damit verbundenen Berufsfeldern nicht. Sie haben die Haltung, fangen wir einmal an und dann werden wir schon sehen, wie es wird. Dabei ist das eine ganz wichtige Entscheidung, die von vielen als zu wenig wichtig begriffen wird. Da wird eine Zeit lang herumstudiert, man fängt einmal an, ein Jahr, das ist ja auf jeden Fall drinnen. Das muss nicht sein, das ist Lebenszeit. Ich war bei vielen Veranstaltungen und da haben vor allem die Funktionäre der Studierenden immer die Ansicht vertreten, man müsse das Recht haben, an eine Uni zu gehen und einmal alles Mögliche ausprobieren zu können. Das Recht soll man schon haben, das soll ja möglich sein, aber nicht für so viele, weil sie orientierungslos sind. Die staatliche Reaktion, die Beratung zu verbessern, ist die falsche. Man muss mit den Einstellungen der Leute arbeiten. Also man kann nicht hinter jeden jungen Menschen einen Berater stellen, der den Weg, das „richtige" Studium vorzeigt. Das geht nicht.

NÖLAK: *Sie sehen Orientierungslosigkeit eigentlich nicht als Tugend, sondern als Manko?*

HÖLLINGER: Das ist ein Manko! Diese Art der Entscheidungslosigkeit entsteht aus Verantwortungslosigkeit und nicht aus einer echten Orientierungslosigkeit. Das gibt es zwar auch, aber selten ... z.B. wenn man verschiedene Interessen hat. Aber das ist etwas Anderes. Das hängt wieder mit der Schule zusammen.

NÖLAK: *Müsste dieses Denken, die Entwicklung der Fähigkeit zur Selbsterkenntnis, was man aufgrund seiner Interessen und Begabungen werden könnte, eigentlich nicht in die Oberstufen der Schulen verlagert werden?*

HÖLLINGER: Die Hilfe dazu, dass man sich mit sich selbst beschäftigt, gibt die Schule überhaupt nicht. Das hat auch mit dem Problem der mangelnden Orientierung zu tun. Es hat aber generell mit der Förderung der Individuen zu tun. Die dauernde Hilfe zur Beschäftigung mit sich selbst ist eine Aufgabe der Schule. In den Familien wird das wahrscheinlich auch zu wenig geschehen.

NÖLAK: *Was soll in unserem heutigen System ein 18-Jähriger machen, wenn er einen Studienplatz sucht? Soll er mit seinen Eltern, den Lehrern diskutieren, ist das überhaupt möglich?*

HÖLLINGER: Das ist wahrscheinlich zu wenig möglich. Es ist leider viel zu wenig möglich. Zu wenig oft möglich. Die jungen Leute brauchen Hilfe, da bin ich ganz sicher. Hilfe, aber nicht in der Form organisierter Beratung, sondern durch den dauernden Betrieb. In der Schule wird nicht nur Wissen vermittelt, sondern Schule hat auch mit sozialer Kompetenz zu tun. Da tun die Schulen zu wenig und vielleicht ist es den Eltern auch nicht so wichtig, wie es sein sollte. Aber man muss über alles reden können, das ist eine sehr wichtige Angelegenheit. Leute, die das Lernen als wichtig und als beglückend erlebt haben, die wollen auch später weiterlernen.

NÖLAK: *Und wenn ein junger Mensch etwas studieren will, weil er überzeugt ist, das ist „Seines", das aber ein Fach ist, bei dem klar ist, dass er eigentlich keinerlei Berufschancen hat, würden Sie ihm trotzdem sagen, ja, wenn du dich dafür interessierst, dann mache es!*

HÖLLINGER: Ich würde das auf jeden Fall unterstützen! Nur die Wahrscheinlichkeit, dass ein Einzelner oder eine Einzelne zu einem bestimmten Zeitpunkt eine bestimmte Stelle kriegt, ist unter Umständen sehr gering. Aber die Chance ist nicht null. Das ist das eine. Und zweitens kann man ja auch was Anderes tun. Es ist auch sehr wichtig, dass wir auf das neue System konsequenter umsteigen. 6 Semester Bachelor und dann hinaus ins Berufsleben mit einer natürlich geringeren Ausbildung, aber doch irgendwie geeignet, in Berufe einzutreten. Da muss man auf jeden Fall weiterlernen! Und diejenigen, die an der Universität bleiben wollen, weil sie eben das Forschen interessiert, sollen weitertun. Das ist für das Schulsystem, das Universitätssystem nicht billiger, weil man es organisieren muss. Man muss in höherem Maß anwesend sein, was für die Studierenden irgendwie neu ist und für den Universitätslehrer auch. Das wird nicht vorgeschlagen, weil es billiger wäre, es ist nicht billiger, es ist sogar etwas teurer.

NÖLAK: *Aber da kommt ja zweierlei Kritik, die eine ist: Verkraftet das überhaupt unser Arbeitsmarkt, dass die Leute früher in den Arbeitsmarkt eintreten. Und die zweite Kritik ist, wenn wir diese drei Jahre verschulen, entfernen wir uns doch eher von der „Universitas".*

HÖLLINGER: Aus meiner Sicht sind das klassische Vorurteile. Es ist sicher ein höherer Organisationsgrad erforderlich. „Verschulung" ist ein polemischer Begriff! Es muss differenzierter sein. Also nicht Schule, aber ein höherer Anteil von Lehrveranstaltungen, die Präsenz verlangen. Das geht natürlich schon Richtung Verschulung. Das ist das eine. Die „Universitas" ist damit nicht abgedeckt. Im Diplomstudium, im Magisterstudium kann all das an Freiheiten weiterbestehen, wie wir das kennen. Da sind wir auch im System der deutschen Universitäten viel schlampiger als an den angelsächsischen Universitäten, da sind die Studien auch höher organisiert. Wir hatten bis vor kurzem auch Doktoratsstudien, die überhaupt nicht organisiert waren. Die Spitzenuniversitäten haben sehr wohl organisierte Doktoratsstudien, aber auch die Möglichkeiten, den Leuten Freiheiten zu lassen. Das brauchen sie für ihre Arbeit. Also, die Universität ist somit nicht abgeschafft, sondern es wird das Leistungsangebot nur differenzierter gestaltet.

NÖLAK: *Was macht aber jemand, der sich mühsam von der Hauptschule zur Abendmatura, zum*

Beruf durchgearbeitet hat und mit 30 sagt: „So, jetzt will ich studieren!“, aber er braucht daneben natürlich seinen Beruf. Wird das in Zukunft unmöglich sein?

HÖLLINGER: Nein, im Gegenteil, das soll viel häufiger der Fall sein, als es bisher der Fall ist. Das Studiensystem gibt sich offen, ist es aber de facto nicht, deshalb nicht, weil wir nicht unterscheiden zwischen einem „Professional student“, also jemandem, der voll studiert und nur studiert, und jemandem, der Teilzeit studiert, weil er einfach länger studieren will, weil er den Lebensstandard höher haben will oder muss, weil er älter ist, Familie hat. Da sind Möglichkeiten zu eröffnen. Der entscheidende Schritt ist die Unterscheidung zwischen Vollzeitstudenten und Teilzeitstudenten. Das ist bisher nicht gelungen.

NÖLAK: *Kommt das?*

HÖLLINGER: Da gibt es große Widerstände, da mit dieser Unterscheidung viele Finanzierungsprobleme aufgeworfen werden. Und natürlich muss man sich vom deutschen System verabschieden, dass der Student ein Typ ist, der alles darf. Ich persönlich glaube, dass diese Studenten-Typus-Unterscheidung kommen muss. Wir waren schon manchmal nahe daran, sind dann aber aus Gründen der Finanzierungsprobleme immer wieder zurückgeworfen worden.

NÖLAK: *Diese Präsenzpflicht bei den Vorlesungen kann beispielsweise ein Berufstätiger nicht leisten, nicht erfüllen.*

HÖLLINGER: Jedenfalls nicht tagsüber, während der Woche.

NÖLAK: *Vielleicht ab 18 Uhr, aber nicht um 8 oder 9 Uhr in der Früh.*

HÖLLINGER: Die Fachhochschulen haben schon vorgemacht, dass es geht. Also dort gibt es eine beträchtliche Menge an Studienangeboten, die für Berufstätige konzipiert sind und so durchgeführt werden. Die Fachhochschulen kommen mit dem Finanzierungsvolumen zurecht, das es für die regulären Studien auch gibt. Wir müssen uns von dieser etwas idealisierten Figur des Studierenden lösen, damit auch Ältere oder untypische Studierende studieren können – wobei es auch junge Leute gibt, die ihren Unterhalt finanzieren müssen, weil es niemand anderer macht, die können zwar in die Studienförderung kommen, aber nicht alle. Und wenn sie erwerbstätig sind, ist es schon viel schwieriger mit der Studienförderung, da muss man nämlich zu arbeiten aufhören usw. Man kann mittlerweile auch einiges dazu verdienen, aber da ist immer das Grundmuster, er studiert und arbeitet daneben. Nicht: er hat einen Broterwerb und studiert daneben. Das ist eine andere Sichtweise. Das ist noch ausständig aus meiner Sicht. Ich bin sicher, dass mittlerweile mit dem Internet vieles erleichtert werden kann.

NÖLAK: *Ist das die nächste Bildungsrevolution?*

HÖLLINGER: Ich bin mir nicht sehr sicher bezüglich dieser technischen Revolutionen, die seit 30 Jahren formuliert werden, es ist aber nie etwas Ordentliches gewesen.

NÖLAK: *Aber man könnte heute mühelos ein Fernstudium absolvieren, wenn man einen guten Internetzugang hat und zweimal pro Semester zur Prüfung in die Botschaft geht.*

HÖLLINGER: Töchter von guten deutschen und amerikanischen Universitäten machen das. Das ist ein Mordsgeschäft. Da sind die österreichischen Universitäten immer sehr zurückhaltend. Da gibt es schon auch einen ernsthaften Grund für die Zurückhaltung, nämlich: Die Auffassung der europäischen Universität ist eine, die forscht und lehrt und nicht eine, die nur lehrt. Die nur lehrt, ist keine Universität. Das ist alles Mögliche, aber es ist keine Universität. Daher müssen die Lehrer solche sein, die mit einem Bein in der Forschung stehen und was sie dann lehren, muss nicht unbedingt mit dem Spezialfach zu tun haben, das vorgetragen wird. Aber sie müssen forschen. Und sie müssen auch auf der Höhe der Zeit sein, durch die Literatur. Und die Studierenden auch, sie müssen auch ein wenig eintauchen in das, was Forschung heißt, und das wird da weniger leicht möglich sein. Ich glaube, es sind solche, überwiegend internetgestaltete Angebote für die Weiterbildung ganz gut geeignet, auch für das Bachelor-Studium, aber nicht für die klassische universitäre Schiene.

NÖLAK: *Sind Sie eher Pessimist für die Zukunft im Bildungswesen oder eher Optimist?*

HÖLLINGER: Optimist.

NÖLAK: *Warum Optimist?*

HÖLLINGER: Weil mir die gesellschaftliche Zukunft gestaltbar erscheint und es doch einige ganz gute Beispiele gibt, wie es gehen könnte. Aufgeschlossene Leute gibt es. Die Medien sind auch eher bildungsfördernd. Es gibt mehr positive Elemente. Ich halte es für verantwortungslos, nur schwarz zu malen. Das kann sich natürlich schon lohnen, wenn man ein freier Autor ist, dann kann man natürlich sein Leben mit Schimpfen finanzieren.

NÖLAK: *Wenn sich jemand zwischen Fachhochschule oder Universität entscheiden soll, was ist da Ihre Empfehlung?*

HÖLLINGER: Wenn jemand an einem konkreten Beruf interessiert ist und wenn er eine stark schulische Ausbildung dafür haben will, dann bietet sich natürlich eine Fachhochschule an.

NÖLAK: *Sind dann die Fachhochschulen eigentlich eine unmittelbare Konkurrenz zum kommenden Bachelor? Diese Ausbildung wird ja ähnlich laufen.*

HÖLLINGER: Nein. Der Bachelor an der Universität ist immer noch den Ansprüchen der Universität verpflichtet, nämlich der Bildung durch Wissenschaft für weniger stark vorbestimmte Berufe. Der Bachelor ist ein kürzeres Diplomstudium, aber nach dem Prinzip eines Diplomstudiums.

NÖLAK: *Kann man das so sagen: Die Fachhochschulen bringen akademische Handwerker hervor? Ich betone, „Handwerker“ ist für mich etwas sehr Positives.*

HÖLLINGER: Das würde ich nicht so sehen, sondern die Fachhochschulen sind berufsnäher und die Leute sind früher einsetzbar im Betrieb, es sind die Nachqualifizierungskosten für die Unternehmen geringer als bei Universitätsabsolventen und es dauert kürzer. Etwa die Hälfte der Maturanten zieht ein gut organisiertes Studium einem selbst zu gestaltenden vor, und die andere Hälfte will eher das „Durchwursteln“ und selber Organisieren. Was ja auch persönlichkeitsbildend ist. Das alles hat auch damit zu tun, dass die Entwicklung des Fachhochschulsektors in Österreich sehr spät in Angriff genommen wurde. 1993 wurde das Gesetz beschlossen, während sonst in Europa, Italien ausgenommen, die Entwicklung in den 70er Jahren begonnen hat. Natürlich schauen die alteingesessenen Universitäten sowieso auf alle anderen herab, die Neugründungen aus den 70er-Jahren schauen auf die neueren noch einmal herab, aber manche von denen haben sich einen guten Namen erworben. Da gibt es solche mit großen angeschlossenen Industrieparks, die sich durchaus bewährt haben.

NÖLAK: *Lebenslanges Lernen, postgraduale Weiterbildung? Wenn man vom Lebensstil spricht, wird das in Zukunft dazugehören.*

HÖLLINGER: Die Universitäten, die eingesessenen Universitäten, haben von ihren Weiterbildungsaufgaben, von den damit verbundenen Möglichkeiten und Pflichten viel zu wenig Gebrauch gemacht. Es gibt einstweilen nur ein paar sehr tüchtige, viel zu wenige, das werden aber mehr werden. Weil das nämlich ein ertragreicher Geschäftszweig ist. Das heißt, das Monopol der Donau-Universität Krems wird keinen Bestand haben und vor allem ist die Vielfalt, was die Fächer anlangt, in einer einzigen Einrichtung nicht zu bewerkstelligen. Das geht nur in einer geregelten Kooperation mit den forschenden Universitäten.

NÖLAK: *Es ist ja sicher auch der Vorteil, dass jemand, der heute an einer Universität studiert hat, eher wieder dorthin zurückkehrt, er kennt sich dort aus …*

HÖLLINGER: Natürlich ist das dann ein besonders gutes Angebot, und zwar aus mehreren Gründen. Eine Universität ist eine Einrichtung, die für Bildung wie für Weiterbildung geschaffen wurde.

Siehe Bildtafel 5

„Der wesentliche Unterschied zum Alkohol ist auch, dass der Raucher sozial kaum auffällig ist. Die tabakverarbeitende Industrie hat ihrerseits immer beteuert, dass Raucher leistungsfähige Mitglieder der Gesellschaft wären."

Ernest Gromann

Ernest Gromann ist Professor und Leiter des Nikotininstitutes für Wien und Niederösterreich

NÖLAK: Wie wichtig ist Nikotin in unserem Leben, welche Bedeutung hat es?

GROMAN: Nikotin ist eine sehr interessante Substanz und wirkt je nach der psychischen Ausgangslage. Das heißt, wenn man aufgeregt ist, kann man sich, obwohl die eigentlich induzierten physischen Reaktionen im Körper dagegen sprechen, beruhigen. Das kennt der Raucher. Auf der anderen Seite kann man sich, wenn man müde ist, anregen. Man hat sozusagen eine Substanz, die die Stimmung moduliert und zumindest solange man körperlich gesund ist, die Leistungsfähigkeit positiv beeinflusst. Natürlich kann man sich auch mit Alkohol in eine angenehmere Stimmungslage versetzen. Wenn man zwei Viertel Wein trinkt, wird es einem vermutlich subjektiv besser gehen, zugleich wird aber auch die Leistungsfähigkeit abfallen und jeder wird es merken.

Der wesentliche Unterschied zum Alkohol ist auch, dass der Raucher sozial kaum auffällig ist. Die tabakverarbeitende Industrie hat ihrerseits immer beteuert, dass Raucher leistungsfähige Mitglieder der Gesellschaft wären. Wir haben immer hinzugefügt, „solange sie nicht krank werden", denn dann kann es natürlich für das soziale Umfeld ein Problem werden. Hat man beispielsweise einen herzkranken Partner oder auch Arbeitskollegen, so kann dies unter Umständen für beide Seiten eine große Belastung darstellen. Dieser Mensch braucht natürlich Betreuung und Zuwendung und wird seine Krankheit regelmäßig reflektieren. Der resultierende Aufwand bzw. die familiäre Leistung können ökonomisch gar nicht in Zahlen gefasst werden.

NÖLAK: *Wo hat Nikotin seinen Ursprung gehabt? Stimmt es, dass am Anfang die Blätter eingeweicht und dann getrunken worden sind?*

GROMAN: Wie wir von den amerikanischen Ureinwohnern wissen, gibt es unterschiedlichste Arten Tabak zu konsumieren. Das interessante ist aber, dass Tabak oft nur zu speziellen Anlässen konsumiert wurde und dabei auch häufig gewissen sozialen Gruppen vorbehalten war. Es handelte sich um kein alltägliches Produkt. Das war es übrigens auch in unserem Kulturkreis lange Zeit nicht.

Wenn man sich die Geschichte des Zigarettenrauchens bei uns anschaut, war es zuerst ein etabliertes Verhaltensmuster der so genannten gehobenen Schichten: Die Zigarette war relativ teuer und es haben die Leute geraucht, die es sich leisten konnten. Die Verfügbarkeit war nicht so groß. Geändert hat sich das durch die industrielle Revolution. Maschinen haben eine Massenproduktion ermöglicht, der Preis ist gefallen und gleichzeitig sind die Einkommen der so genannten sozial nicht so begünstigten Schichten gestiegen. Der Tabakkonsum wurde für eine breite Masse leistbar. Wir beobachten jetzt folgenden Trend, dass man die wirklich schweren Raucher heute eher in den einkommensschwachen Schichten findet.

NÖLAK: *Also es hat sich nicht geändert: Die sozial schwächeren haben ein Substitut zum Essen – das Rauchen?*

GROMAN: Die wirklich schweren Raucher, die 60–80 Zigaretten am Tag rauchen, finden wir heute in den eher einkommensschwächeren Schichten. Das bringt auch eine gewisse finanzielle Problematik mit sich. Diese Menschen verrauchen doch einen nicht unbeträchtlichen Anteil ihres Monatsbudgets, vor allem in Familien, wo beide Partner und vielleicht auch schon die Kinder rauchen. Da kommt ganz schön etwas zusammen.

60 bis 80 Zigaretten am Tag bei zwei Leuten, das sind rund 30 € pro Tag bzw. etwa 900 € im Monat. Diese Menschen verzichten auf vieles, um ihre „legale Droge" konsumieren zu können. Bei 900 € im Monat, wenn beide rauchen, ist dieser Verzicht – auch für Großverdiener – schon beachtlich.

NÖLAK: *Gibt es bei Rauchern auch eine Beschaffungskriminalität?*

GROMAN: Was wir sehen, ist der Versuch, die Zigaretten irgendwo billiger zu beschaffen, etwa zu schmuggeln, was ja auch illegal ist. Vom gesundheitlichen Aspekt werden hier häufig Zigaretten erworben, die den etablierten inländischen Herstellungsstandards nicht entsprechen und somit auch keine Rückschlüsse auf ihre gesundheitsspezifische Wirkung zulassen.

NÖLAK: *Welche Hilfe können sie vom Nikotininstitut anbieten für Leute, die rauchen.*

GROMAN: Wir bieten unterschiedliche Programme an. Unser größtes Programm führen wir mit der NÖ Gebietskrankenkasse durch. Es handelt sich um ein ambulantes 5-Wochen-Programm. Ein ambulantes Programm deswegen, weil viele unserer Teilnehmer berufstätig sind. Die Betreuungsgespräche finden in den Abendstunden statt, um möglichst vielen eine Teilnahme zu ermöglichen.

Die Idee ist es, den Teilnehmern eine Hilfestellung zu geben. Das Umfeld suggeriert häufig, aufzuhören ist ganz leicht, denn man braucht das Packerl nur weglegen und nicht mehr zu rauchen. Gerade Nichtraucher haben manchmal wenig Verständnis für die Schwierigkeiten der aufhörwilligen Raucher.

Am Anfang ist auch wichtig, dass man die Leute kennen lernt, mit ihnen bespricht, warum sie da sind und was sie eigentlich wollen. Das Wichtigste ist, nicht was wir uns wünschen, sondern was der Raucher vorhat oder zu unternehmen plant, weil er es für sich selbst umsetzten muss.

Weiters erheben wir entsprechende medizinische Basisdaten. Von essentieller Bedeutung ist die Bestimmung der Kohlenmonoxidwerte (CO-Werte), die direkte Rückschlüsse auf das Rauchverhalten zulassen. Wir wollen den Leuten damit nichts nachweisen, die Messung soll eine Information für den Betroffenen darstellen. Zusätzlich führen wir immer einen kurzen Abhängigkeitstest durch. Die wichtigste Frage dieses Tests ist, wann am Morgen die erste Zigarette geraucht wird. Wenn eine starke Abhängigkeit besteht, geschieht das oft schon innerhalb der ersten 5 Minuten nach dem Aufstehen. Manche Raucher haben ihre Zigaretten am Nachtkästchen liegen und rauchen noch bevor sie aufstehen. Es kommt vor, dass stark abhängige Menschen sogar mehrmals in der Nacht wach werden, um zu rauchen.

Da Nikotin eine sehr kurze Haltungszeit von 2 bis 3 Stunden hat, kann man davon ausgehen, wenn man um 10 Uhr am Abend schlafen geht, dass um 2 Uhr in der Früh im Körper nur mehr wenig Nikotin vorhanden ist. Wenn eine richtige Abhängigkeit besteht, kann es durchaus dazu führen, dass man aufwacht, um die Zigarette zu rauchen.

NÖLAK: *Stimmt es, dass, wenn man zu rauchen aufhört, man an Gewicht zunimmt? Konnten Sie das bei Ihren Klienten beobachten?*

GROMAN: Nikotin beschleunigt den Stoffwechsel, das heißt, der Grundumsatz ist bei Rauchern leicht erhöht. Unsere Teilnehmer nehmen im Durchschnitt über das Jahr 1,5 Kilo zu. Selbstverständlich gibt es vereinzelt Abstinente, die mehr zunehmen. Bei Damen kann es vorkommen, dass Rauchen zur Linderung des Hungergefühls eingesetzt wird. Mitunter handelt es sich dabei um äußerst niedriggewichtige Frauen. Die Damen sind natürlich nicht zufrieden, wenn man ihnen sagt: „Ihnen schadet es nicht, wenn sie 2 bis 3 kg mehr haben." Andererseits sehen wir stärkere Gewichtszunahmen manchmal bei über 65-jährigen Herren, die ein besonderes Verlangen nach Kohlenhydraten vorweisen und aus gesundheitlichen Gründen nicht mehr rauchen dürfen. Hier besteht ein geringer Grundumsatz, der häufig mit geringer körperlicher Aktivität sowie gesteigerter Kohlenhydrataufnahme kombiniert ist und logischerweise zu einer Zunahme des Körpergewichts führen muss.

Manche unserer Teilnehmer haben bevor sie zu uns kommen im Sinne einer allgemeinen Lebensumstellung eine „Radikal-Diät" gemacht, haben kaum gegessen und so innerhalb einer viel zu kurzen Zeit massiv abgenommen. Wenn man dann das Rauchen einstellt und die normale „Nahrungszufuhr" wieder aufnimmt, ist eine Gewichtszunahme nachvollziehbar.

Andererseits ist die Gewichtszunahme natürlich die beste Ausrede nicht mit dem Rauchen aufzuhören. Unsere Raucher verzichten auf etwas, das sie sehr lange sehr gerne gemacht haben. Entweder weil man einfach gesünder leben möchte oder vielleicht schon eine Erkrankung besteht, will man diese „liebe Gewohnheit" durchbrechen. Dies führt zu Ambivalenz und der „Intellekt" sucht natürlich nach Gründen, um das Rauchen doch fortzusetzen und auch zu rechtfertigen.

Was vielleicht ganz interessant ist, je gebildeter jemand ist, desto kreativer wird er auch entsprechende Gründe und Argumente vorbringen.

NÖLAK: *Wie sieht es mit den Rückfällen aus?*

GROMAN: Wir sagen unseren Leuten immer, Rückfälle sind nichts Außergewöhnliches, sondern etwas ganz Normales und können vorkommen. Man muss es eben wieder versuchen. Es ist eine lange, kontinuierliche Arbeit. Es ist nicht so, dass man mit einem Fingerschnippen allein zum Nichtraucher wird.

NÖLAK: *Der Mensch ist ein Gewohnheitstier – gibt es da irgendeinen Trick oder Tipp, um die Gedanken zu löschen, die das Verlangen zu rauchen hervorrufen?*

GROMAN: Nein, wenn man weiß wie eine Zigarette schmeckt, dann kann man das nicht löschen. Allerdings rauchen viele unserer Raucher unbewusst und denken eigentlich gar nicht darüber nach. Wir sehen, wenn man sich die automatisch ablaufende Handlung ins Bewusstsein ruft, etwa durch eine Protokollführung, ist eine Reduktion von 20–30% ohne große Anstrengungen möglich.

NÖLAK: *Das heißt, man überlegt sich bei jeder Zigarette, ob sie wirklich gewollt und sinnvoll ist oder ob es Langeweile ist.*

GROMAN: Man soll sich, wenn man die Zigaretten angreift, fragen „Will ich sie oder will ich sie nicht?“ Wenn man es will, dann soll man rauchen. Wenn man sich denkt, „Eigentlich weiß ich nicht, warum ich die jetzt brauche“, dann sollte man schauen, ob man die Zigrarette weglassen kann. Wichtig ist die Selbstbeobachtung und Selbstkontrolle. Es gibt natürlich diese klassischen Situationen, am Morgen zum Kaffee, mit Freunden, in der Gesellschaft, vor allem mit Konsum von Alkohol. Sie finden, nebenbei bemerkt, bei den Männern die meisten Rückfälle, wenn sie ein bisschen mehr trinken und mit rauchenden Freunden zusammen sind.

Man kann natürlich auch rauchen, um den Stress zu lindern. Entsprechende Studien zeigen, dass sich die Menschen in vielen Fällen in ihrer Arbeit am Wohlsten fühlen, wenn sie Gewohntes tun. Ein Feiertag kann durchaus ein besonderes Stressereignis darstellen. Manchmal ist die ganze Familie anwesend, da braucht man vielleicht eine Zigarette, damit man das durchsteht. So ein Feiertag kann also ein sehr stressiges Event sein.

Es gibt auch immer wieder Menschen, die im Urlaub aufhören wollen. Wir empfehlen, dass man es unter Alltagsbedingungen tut. Außer natürlich der Raucher hat den unbedingten Vorsatz es im Urlaub zu versuchen, dann soll man auch nicht dagegen sein.

Bei den ersten Terminen unseres Programms gibt es Tipps, von denen man sich dann selber aussuchen kann, was zu einem passt.

Das Wichtigste ist, dass der Raucher feststellt, dass wir ihm nichts verbieten, sondern nur helfen wollen. Weiters empfehlen wir medikamentöse Substitution des Nikotins für unsere Raucher. Sofern entsprechende Ärztemuster vorhanden sind, kann der Raucher diese bei uns vor Ort ausprobieren oder zuhause schauen, ob er mit diesem Nikotinersatzprodukt einzelne Zigaretten substituieren kann. Die Erfahrungen werden beim nächsten Termin besprochen, um die optimale Therapie zu finden. Wesentlich ist auch, dass man sich einen Termin überlegt, ab dem man ohne Zigaretten auskommen möchte. Man soll einen Tag festlegt, diesen genau planen und einfach den Versuch wagen. Es hat sich als günstig erwiesen dies auch mit der Familie zu besprechen. Beim zweiten Termin sehen wir erst, ob der Raucher das Programm bzw. unsere Hilfe annimmt und ob er entsprechende Handlungen gesetzt hat.

30 bis 35 % unserer Raucher versuchen es ohne Medikamente. Empfehlen würden wir eine Ersatztherapie trotzdem, weil wir wissen, dass mit Hilfsmitteln bessere Erfolgsraten erzielbar sind. Weiters erheben wir, was sich verändert hat. Wir führen wieder Kohlenmonoxidmessungen durch. Manche Patienten stellen da schon eine Reduktion des Wertes fest, was eine starke Motivation darstellt. Wir kontrollieren wieder das Gewicht, ob sich was verändert hat, wir schauen, wie sind die Leute mit der Medikation zurechtgekommen, haben sie es versucht, waren sie zufrieden oder unzufrieden damit. Wir wissen, dass gerade mit den Nikotinersatzprodukten viele Fehler geschehen. Eine Zigarette wirkt in 7 Sekunden, während die Präparate rund 20 Minuten brauchen bis sie eine entsprechende Wirkung zeigen. Mitunter ist das eine sehr lange Zeit, wenn der Patient eine sofortige Wirkung erwartet und gewohnt ist.

Weiters wird besprochen, ob das Empfohlene auch funktioniert hat und wir erörtern gemeinsam das genaue Stoppdatum. Es gibt unterschiedliche Systeme, manche versuchen es vorzuschreiben, aber wir sind der Meinung, wenn es von den Rauchern selbst kommt, hat es eine viel größere Wirkung. Die weiteren Termine dienen der Erfolgskontrolle und der Rückfallprophylaxe.

NÖLAK: *Das heißt, es hat keine Sanktionen?*

GROMAN: Nein, denn das kann man in einem ambulanten Programm, wo die Teilnahme freiwillig ist, sowieso nicht machen.

NÖLAK: *Und finanziert wird es von den Krankenkassen, oder?*

GROMAN: Die Finanzierung bei unseren Programmen erfolgt durch die NÖGKK. Die Betreuung ist kostenfrei. Wenn der Teilnehmer Medikamente dazu verwenden will, dann muss er sie selbst bezahlen.

NÖLAK: *Was aber billiger ist als der Tabakkonsum im Monat?*

GROMAN: Meistens kommt eine Nikotinersatztherapie billiger. Wir haben auch das Problem, dass unsere Teilnehmer ihre Medikamente häufig unterdosieren um Geld zu sparen. Wenn sie vollwertig substituieren würden, kostet die Substitution etwa soviel wie das Rauchen. De facto nehmen die meisten nur 50 % der empfohlenen Dosis und ersparen sich dadurch Geld. Dies ist dadurch begründet, dass dem Raucher nach seinem Empfinden etwas weggenommen wird und dann soll er auch noch für Substitution bezahlen. Dies bereitet natürlich gewisse Schwierigkeiten. Ist man schließlich erfolgreicher Nichtraucher, dann erspart man sich natürlich sehr viel Geld.

NÖLAK: *Man hat einen 14-tägigen Urlaub für zwei Personen im Jahr, wenn man sich das durchrechnet.*

GROMAN: Ja, stimmt, obwohl Raucher das emotional anders empfinden. Das Geld war in der vielleicht 30-jährigen Raucherkarriere nicht vorhanden und geht demnach auch nicht ab. Für unsere Raucher, die im Durchschnitt 48 Jahre alt sind, ist das ersparte Geld meist kein Argument. Es sind eher gesundheitliche Gründe.

NÖLAK: *Die größte Angst des Menschen ist die vor dem Zahnarzt bzw. vor dem Aufhören zu rauchen?*

GROMAN: Angst ist vielleicht nicht ganz der richtige Ausdruck. Die Umgebung vermittelt einem den Eindruck, man brauche die Zigaretten nur wegzulegen, dann würde man nicht mehr rauchen. Gleichzeitig hält der „Suchtmechanismus“ das Rauchen aufrecht. Dies kann zu einer gewissen Angespanntheit und Unzufriedenheit führen.

NÖLAK: *Es gibt jetzt neue EU-Gesetze, dass gewisse Nikotingrenzen bei Zigaretten nicht überschritten werden dürfen. Ist dies sinnvoll, widersprüchlich oder nur Augenauswischerei?*

GROMAN: Die erforderliche Regulation und Standardisierung des Produktes Tabak ist in den letzten Jahren ein wesentliches Thema geworden. Was die Nikotingrenze betrifft, so ist Ihre Frage nicht so einfach zu beantworten: Je mehr Nikotin die Zigarette enthält, desto schneller kann Abhängigkeit entstehen. Andererseits kann die so genannte Lightzigarette den Jugendlichen einen Einstieg erleichtern, da sie in der Regel besser „vertragen“ wird. Grundsätzlich ist die Frage zu stellen, ob es nicht mehr Sinn machen würde, das Zulieferungssystem zu modifizieren, dass den hoch abhängigen Raucher mit einer möglichst geringen Schadstoffkonzentration ein möglichst hoher Nikotinspiegel zur Verfügung gestellt wird. Experten haben festgestellt, dass Lightzigaretten-Raucher dazu tendieren, die niedrigere Nikotinmenge zu kompensieren. Beschrieben wurde auch eine Zunahme der Stückzahl oder eine gesteigerte Inhalationstiefe. Man hat auch eine Zunahme der peripheren Lungenkarzinome festgestellt, was von einigen Experten auf die stärkere Inhalationstiefe zurückgeführt wird.

NÖLAK: *Ligthzigaretten sind schädlicher als die stärkeren Zigaretten?*

GROMAN: Wenn jemand 20 Lightzigaretten zum Beispiel von der Marke Marlboro raucht, würde ich ihm nicht empfehlen auf normale Marlboro umzusteigen. Allerdings beruhigt der

Begriff „light“ viele Raucher, da er suggeriert: „Sie rauchen zwar, aber ohnehin nur noch leichte Zigaretten!“ Begriffe wie „mild“ oder „leicht“ wurden deshalb kürzlich untersagt, obwohl es sich hierbei aus Sicht einiger Hersteller nur um Geschmacksdefinitionen und nicht um gesundheitsrelevante Aussagen handeln soll.

Siehe Bildtafel 6

Des Rauchers Lust

„Alkohol ist ein Genussmittel, ist ein Konsummittel und kein Medikament!"

Rudolf Mader

Rudolf Mader war Primarius und Leiter des Anton-Proksch-Institutes in Kalksburg

NÖLAK: *Stichwort „Sucht in unserer Gesellschaft". Wir waren bei einem hohen Herrn der Religion und der hat den schönen Satz gesagt: „Jede Gesellschaft hat die Sucht, die sie verdient!" Der Alkohol ist bei uns eindeutig das Suchtmittel Nr. 1. Ist das nur klimatisch bedingt oder hat das noch andere Gründe, dass sich gerade der Alkohol als wichtigste Droge bei uns durchgesetzt hat?*

MADER: Also, ich glaube nicht, dass es mit dem Klima zusammenhängt.

NÖLAK: *Weil wir keine Kokablätter, kein Opium usw. haben?*

MADER: Es hängt sicher auch vom Angebot ab. Das ist keine Frage. Aber Süchte gibt es, wie gesagt, überall. Es gibt keine Religion und keine Menschheit, die nicht irgendein Suchtmittel verwendet und bei uns ist eben Alkohol seit Jahrhunderten das gängige Suchtmittel. Was sich aber unterscheidet, und da sieht man, dass das Angebot eine Rolle spielt, sind unterschiedliche Epidemiologien. Ich meine, sogar in einem kleinen Land wie Österreich gibt es eine unterschiedliche Epidemiologie. Wir haben in Ostösterreich entsprechend den Weinbaugebieten andere Trinksitten und Trinkgewohnheiten als im Westen Österreichs. Die Kriminalität in Zusammenhang mit Alkohol ist im Osten wesentlich geringer als im Westen, weil im Westen haben sie ja vorwiegend diesen Rauschtrinker, das heißt, das sind Leute, die oft gar nichts oder wenig trinken, aber wenn sie dann trinken, die Kontrolle verlieren. In Ostösterreich haben wir in den entsprechenden Weinbaugebieten eher den Spiegeltrinker, der am Tag verteilt gleichmäßig regelmäßig trinkt, der auf Unmengen an Alkohol kommt, ohne dass man es merkt.

NÖLAK: *Ist es vom Charakter der „österreichischen Seele" her verständlich, warum wir uns gerade den Alkohol ausgesucht haben? Haben Suchtgifte „emotionelle Qualitäten"?*

MADER: Na ja, das glaube ich jetzt nicht, weil man braucht nur nach Italien oder nach Frankreich oder nach Spanien oder nach Griechenland oder nach Ungarn oder nach Tschechien zu schauen, da spielt sich überall dasselbe ab. Also ich glaube nicht, dass Alkohol eine spezifisch österreichische Angelegenheit ist. Also das sicher nicht.

NÖLAK: *Sind Zahlen bezüglich Alkoholkranker in anderen Ländern ca. gleich? Prozentuell?*

MADER: Da gibt es sehr interessante Untersuchungen, das hat sich sehr verschoben. Gehen wir in der Zeit zurück: Schon Sigmund Freud hat 1885 im Zusammenhang mit seinen Kokastudien auch über Alkoholismus geschrieben. Es hat 1901 – bitte! – in Wien ein Kongress zum Thema „Alkoholismus" stattgefunden, und der kaiserliche Gesundheitssprecher hat damals schon hervorgekehrt, dass der Alkoholismus in Österreich ein Riesen-Problem ist und dass etwa 2 bis 3 % der Österreicher Alkoholiker sind. Das war noch vor über 100 Jahren!

NÖLAK: *Wobei Österreich damals Großösterreich war.*

MADER: Ja. Ich erzähle auch gerne, dass es 1885 in Deutschland eine Enquete gegeben hat, wortwörtlich zum Thema „Alkohol am Arbeitsplatz". Das ist ein Thema, das in den letzten 15 Jahren bei uns in Österreich unglaublich aktiviert wurde, in erster Linie durch unser Institut. Wir haben 1990 das erste Seminar dazu veranstaltet. Wir haben damals über eine PR-Firma 400 Betriebe angeschrieben, 100 sind dann zu uns gekommen. Dann haben wir schon zwei Seminare gemacht. Das hat sich inzwischen völlig professionell entwickelt. Ich habe zwei Teams, die in die Betriebe gehen, die Betriebe kommen zu uns ... wir sind auf länger gebucht. Die Betriebe wissen, dass das ein Thema ist. Und bei dem Kongress 1885 in Deutschland waren damals Themen aktuell, die noch heute auf der Tagesordnung stehen ... z. B. der Alkoholkonsum vor der Arbeit. Ich war einmal bei Semperit zu einem Vortrag, da haben die mir erzählt, dass das größte Problem ist, dass zwei Heurige unmittelbar vor dem Haupteingang von Semperit aufmachen. Ich habe mir das angeschaut, da waren 400 ¼-Liter mit Wein angefüllte Gläser, und die Leute sind vorbeigegangen und haben dort ihre 10 Schilling bezahlt für das Viertel oder mehrere und sind dann in die Fabrik hineingegangen. Das hat es aber eben schon vor über 100 Jahren gegeben und man hat auch vor über 100 Jahren schon entsprechende Einrichtungen zur Behandlung dieser Leute gefordert. Also, so lange ist das schon her.

NÖLAK: *Gab es damals bereits Zahlen, wie viel an Produktivität durch Alkohol am Arbeitsplatz verloren geht?*

MADER: Nein. Das ist mir nicht bekannt, gibt es auch sicher nicht. Was ich noch sagen wollte, es war dann so um 1890, da hat es bereits einmal einen relativen Höhepunkt im Pro-Kopf-Jahresverbrauch an reinem Alkohol gegeben. Auch damals hat man das schon berechnet, wie viel Bier die Leute konsumieren, wie viel Schnaps, wie viel Wein, pro Kopf pro Jahr, das geht so bis 1880 zurück. Und das war damals schon gar nicht so wenig und das war offensichtlich auch der Grund, warum so um 1895 die ersten Abstinenzbewegungen aufgetreten sind.

NÖLAK: *Die ja sicher auch politisch massiv mit dem Aufkommen der Sozialdemokratie verbunden waren.*

MADER: Richtig. Leider gibt es dann eine Zeit lang keine wirklichen Aufzeichnungen. Da gibt es eine Zäsur im Ersten Weltkrieg – natürlich, da hat es erstens keine Aufzeichnungen gegeben, zweitens ist in den beiden Weltkriegen auch der Alkoholkonsum ganz deutlich runter gegangen ... ich möchte noch vorausschicken, dass der Pro-Kopf-Jahresverbrauch an reinem Alkohol immer ein Maßstab ist. Je größer der Pro-Kopf-Jahresverbrauch an reinem Alkohol ist, umso größer ist die Problematik im jeweiligen Land. Je mehr getrunken wird, umso mehr Probleme tauchen auf. Und es ist auch ein international vergleichbares Maß. Nach dem Zweiten Weltkrieg ist der Alkoholkonsum rapid angestiegen, von Anfang der 1950er Jahre bis – eklatant – Anfang der 1970er Jahre, und dann seit den 1970er Jahren ist das eher auf einem Niveau stehen geblieben.

NÖLAK: *Aber leider auf dem der 1970er Jahre.*

MADER: Ja, eine leicht wellenförmige Kurve. Aber ab 1990 ist es zu einem Rückgang des Alkoholkonsums gekommen, und das ist nicht nur in Österreich so, wir sind da ungefähr im Mittelfeld. EUweit ist in diesen 10 Jahren der Alkoholkonsum um 12 % zurückgegangen. In Italien zum Beispiel um fast 30 %, in Frankreich um 24 %, in Österreich etwa um 8,9 %. Also wir sind da knapp unter dem Schnitt. Es gibt nur noch zwei Länder in der EU, wo der Alkoholkonsum zunehmend ist, das ist in Finnland und in Luxemburg.

NÖLAK: *Luxemburg erstaunt mich etwas.*

MADER: Warum auch immer, die waren immer schon an der Spitze. Also, ich würde so sagen, vor 20, 30 Jahren waren wir eher im obersten Bereich, es war Luxemburg vor uns, es war Frankreich vor uns, es war Italien vor uns, Spanien ... Jetzt halten wir eher im unteren Bereich des oberen Drittels. Deutschland, Tschechien, aber auch die Schweiz zum Beispiel, die haben uns leicht überflügelt.

NÖLAK: *Dieser Alkohol-Wert, der bezieht sich natürlich wirklich auf den reinen Alkohol und nicht auf Bier, Wein oder Schnaps?*

MADER: Richtig.

NÖLAK: *Wenn wir alle 8 Millionen Österreicherinnen und Österreicher nehmen, wie viel trinkt jeder – vom Neugeborenen bis zum Greis – im Schnitt?*

MADER: Ungefähr 10 Liter reinen Alkohol pro Jahr pro Österreicher bzw. Österreicherin.

NÖLAK: *Wie viel ist das in Wein ausgedrückt? Also, wie viele Liter Wein sind 10 Liter Alkohol?*

MADER: Österreich liegt in etwa bei 34 Liter Wein Pro-Kopf-Durchschnitt, 105 Liter Bier dazu. Schnaps spielt bei uns eine relativ geringe Rolle.

NÖLAK: *Das ist die reale Zahl, wenn man vom Säugling bis zum Greis alle 8 Millionen Österreicherinnen und Österreicher nimmt?*

MADER: Da möchte ich ein bisschen vorsichtig sein. Es gibt sehr viele verschiedene Untersuchungen, vom 16. bis zum 80. Lebensjahr, von der Gesamtbevölkerung. Die WHO gibt eine andere Statistik heraus als das Österreichische Statistische Zentralamt und und und ...

NÖLAK: *Wir in Ostösterreich sind eher Spiegeltrinker, während Westösterreicher eher Rauschtrinker sind?*

MADER: Ja, man kann es nicht so krass sagen, es gibt natürlich sehr viele Typologien, aber das sind die zwei markantesten, der Spiegeltrinker und der Rauschtrinker. Der Spiegeltrinker, der ist lange Zeit sehr unauffällig. Ich kenne schwere Alkoholiker, die eine Trinkmenge von drei bis vier Liter Wein am Tag konsumieren, von denen die Frau sagt, na ja, ein bisschen trinkt er, aber eigentlich nicht wirklich. So ungefähr. Es gibt Leute, die die Kontrolle verlieren, beim Fenster runterhupfen, alles demolieren, aggressiv sind und, dabei trinkt er eigentlich in der Relation ganz wenig. Die Ersteren, die Spiegeltrinker, haben nur relativ frühzeitig organische Schäden, weil sich ja die Organe vom Alkohol nie erholen können, und die anderen haben mehr soziale Schwierigkeiten – berufliche, familiäre Schwierigkeiten.

NÖLAK: *Gibt es da eine Definition? Ab wann ist man gefährdet, ab wann ist man ein Alkoholiker?*

MADER: Das ist die schwierigste Frage, die Sie mir stellen können. Aber man kann einiges dazu sagen. Zunächst einmal würde ich primär sagen, das, was sie am Anfang gesagt haben, stimmt völlig: Alkohol ist ein Genussmittel, ist ein Konsummittel und kein Medikament! Das ist einmal eine ganz wichtige Voraussetzung! Jede missbräuchliche oder jede Anwendung, die über den Genuss oder Konsum hinausgeht, um einen bestimmten Effekt zu erzielen, ist ein Missbrauch. Denn wenn Sie also Alkohol trinken, um besser einschlafen zu können oder wenn Sie Alkohol trinken, um Angst- oder Verstimmungszustände, Depressionen oder was auch immer zu beseitigen, so ist das ein Missbrauch und ein sehr gefährliches Unterfangen. Denn Alkohol ist ein Suchtmittel, das alle Kriterien zur Entwicklung einer Sucht in sich hat, das heißt, es macht einen angenehmen Zustand für den Betroffenen, es nebelt den Betroffenen ein, aber es bringt den Effekt der Gewöhnung. Das aber heißt wiederum, um denselben Effekt zu erzielen, muss man mit der Zeit die Dosis steigern. Und dann kommt aber noch ein Effekt, den der Alkohol hat, dazu, das ist, wenn man sich daran gewöhnt und abrupt absetzt, kommt es zu Abstinenzerscheinungen. Und das bewirkt, dass der Betroffene natürlich wieder zum Alkohol greift.

NÖLAK: *Weil sich im Hirn gewisse Strukturen ausgebildet haben, die befriedigt werden wollen?*

MADER: Richtig. Das ist sicher biochemisch bedingt, da weiß man heutzutage schon sehr viel, aber noch nicht alles. Also ich würde sagen, jede Anwendung außer Genuss und Konsum ist ein Missbrauch.

NÖLAK: *Na gut, aber Konsum ist ja schon ein typisches Wort. Konsum ist, wenn ich pro Tag so und so viel trinke – dann „konsumiere" ich auch.*

MADER: Ja, da gibt es natürlich gewisse auch von der WHO festgelegte Richtlinien, das sind beim Mann ca. 20 Trinkeinheiten pro Woche, eine Trinkeinheit ist etwa ⅛ Liter Wein. Das wären also etwa 2 ½ Liter Wein in der Woche.

NÖLAK: *„In Bier" ausgedrückt?*

MADER: Das Doppelte. Also ich unterschreibe das nicht. Auch die WHO hat das eigentlich anders gewollt und die Werte eher niedriger angesetzt, diese 20 Einheiten gelten für den Mann, für die Frau eigentlich 14 Einheiten. Nebenbei fordert die WHO noch zwei alkoholfreie Tage pro Woche. Das heißt also, es bleibt pro Tag ein halber Liter Wein. Nur das muss man mir einmal vormachen, jeden Tag einen halben Liter Wein …

NÖLAK: *Ich läge flach!*

MADER: Das ist überhaupt keine Frage, ich auch. Das ist lächerlich. Nur, das hat ein bisschen einen politischen Background, als nämlich die WHO ihre ersten Richtlinien, die wesentlich niedriger waren, ausgegeben hat, da haben natürlich die Franzosen, die Italiener, die Spanier und die Griechen aufgeschrien und gesagt, so was geht nicht. Nun, Sie sehen schon, da fängt das schon an mit der Gefährdung. Allgemein gültige Richtlinien gibt es nicht. Also ich würde sagen, als ein Grundprinzip könnte ein moderater Konsum gelten. Ich war bei ich weiß nicht wie vielen Symposien, bei denen die Prävention an der Tagesordnung war, und ich bin jetzt genau seit 30 Jahren hier in Kalksburg Leiter des Institutes, es hat mir bis jetzt niemand effektive präventive Maßnahmen sagen können. Außer diese, dass man die Leute zum vernünftigen Trinken erziehen soll.

NÖLAK: *Also der halbe Liter Wein pro Tag ist natürlich ein Wahnsinn?*

MADER: Ja, es ist ein Unsinn! Das, was vor 20 Jahren der Prokop einmal gesagt hat, das geistert ja heute noch rum, der hat gesagt, eine Bouteille Wein pro Tag ist gesund. Das ist ein Schwachsinn! Das muss man ganz offen sagen!

NÖLAK: *Das hat sich dann auf den Rotwein verlagert, dem eine vorbeugende Wirkung gegen den Herzinfarkt nachgesagt wird?*

MADER: Das ist wieder ein neuer Trend, der auch so seit 10 Jahren immer wieder herum geistert ... je nachdem, welche Lobby dahintersteckt.

NÖLAK: *Man kann sich des Eindrucks nicht erwehren, dass die französischen oder die italienischen Rotweinbauern dahinterstecken?*

MADER: Das hat damit angefangen, dass Empfehlungen abgegeben wurden, wie viel Bordeaux zu trinken sei, um keinen Herzinfarkt zu bekommen, dafür kriegt man früher einen Schlaganfall, also da gibt es natürlich auch Untersuchungen.

NÖLAK: *Die Leberzirrhose lässt grüßen.*

MADER: Ja. Die neuesten Untersuchungen sehen diese protektive Wirkung auf das Herz, aber nur bei etwa ⅛ Liter Rotwein jeden zweiten Tag, das ist in etwa, wo man sagen kann, das vermindert etwas das Risiko.

NÖLAK: *Also 1/16 Liter pro Tag.*

MADER: Ja. Aber auch da gibt es vernünftigere Sachen, um den Herzinfarkt hintanzuhalten: Indem man weniger raucht, mehr Bewegung macht, auf das Cholesterin aufpasst, auf den Blutdruck aufpasst usw. Also man muss es nicht mit dem Alkohol regulieren! Ich kann nur immer wieder betonen, dass der Alkohol ein Konsum- und Genussmittel und kein Medikament ist. Warum man das nicht genau beantworten kann, also jetzt von der Gefährdung des Einzelnen, ich weiß es nicht. Es ist auch individuell verschieden. Es gibt Leute, die entwickeln relativ rasch eine Abhängigkeit, es gibt Leute, die trinken unglaubliche Mengen und entwickeln keine Abhängigkeit.

NÖLAK: *Keine Abhängigkeit heißt, dass der oder die dann wieder wochenlang gar nichts trinkt und das auch durchhält?*

MADER: Na ja, das hängt von der Typologie ab. Wissen Sie, das ist auch nicht entscheidend. Das Gefährliche, und das ist ein ganz wesentlicher Punkt, ist immer, dass die Entwicklung zur Abhängigkeit ein unglaublich langsamer, schleichender Prozess ist ... bei unseren Patienten im Schnitt von rund 20 Jahren. Und daher, der Übergang vom „normalen Trinken" zum krankhaften Trinken ist wirklich so fließend und so langsam, dass man es ganz einfach nicht merkt, weder der Betroffene noch die Umgebung.

NÖLAK: *Kann man ein krankhaftes Trinken definieren?*

MADER: Ja, da gibt es schon einiges an Alarmsignalen, so z. B. das gierige Trinken, der Kontrollverlust, Erinnerungslücken; wenn solche Sachen auftreten, da ist man dann eigentlich schon drinnen in der Sucht. Wenn man die erste Erinnerungslücke hat, das heißt auch bei einer relativ geringen Menge an Alkohol, kommt es zum Verlust des Erinnerungsvermögens. Ich kann Ihnen da von einem sehr bekannten Mann als Beispiel berichten, der im Mittelpunkt der Öffentlichkeit gestanden ist. Der ist zu mir gekommen und hat gesagt: „Jetzt muss was geschehen! Ich habe den Vorsitz gehabt bei einer Sitzung, einer ganz wichtigen, habe vor dieser Sitzung zwei Cognacs getrunken, deswegen fällt man eigentlich auch nicht um …" Er ist auch nicht umgefallen. Er hat dieser Sitzung beigewohnt als Vorsitzender, hat aber nachher weder gewusst, um was es gegangen ist, was er gesagt hat und was geschehen ist.

Da hat er dann erkannt, dass sein Gehirn sein höchstes Gut ist. So eine Erinnerungslücke ist ja der totale Zusammenbruch höchster zerebraler Funktionen. Das kriegt man nicht beim ersten Mal. Und alle diese Merkmale ergeben sich im Laufe der Zeit.

NÖLAK: *Von Jahrzehnten.*

MADER: Ja, von Jahrzehnten. Und natürlich, wenn man fragt, ab wann man alkoholkrank ist, also mit Sicherheit dann, wenn es zu organischen Schäden gekommen ist.

NÖLAK: *Die eben auch auf neuronaler Ebene sein können?*

MADER: Also, es gibt fast nichts, was der Alkohol nicht schädigen kann – man hört immer von der Leber, aber das Gehirn, die Bauchspeicheldrüse, das periphere Nervensystem, der gesamte Stoffwechsel. Das alles wird geschädigt. Diabetes ist bei uns zum Beispiel das tägliche Brot.

NÖLAK: *Haben Alkoholiker im EEG Auffälligkeiten?*

MADER: Nein. Das ist eine ganz klare Antwort.

NÖLAK: *Also, da kann man es nicht feststellen?*

MADER: Nein. Da kann jemand auch noch so viel trinken, es zeigt im EEG nichts.

NÖLAK: *Ist der Konsum nicht schon ein zweischneidiges Schwert? Also konsumieren nicht auch schon Süchtige?*

MADER: Für die Entwicklung einer Sucht sind mehrere Faktoren erforderlich. Das sind Persönlichkeitsfaktoren, also Persönlichkeitsstörungen.

NÖLAK: *Da wird ja seit Jahren heftig gestritten, wie weit der genetische Anteil Einfluss hat.*

MADER: Da komme ich schon noch dazu. Um es vorwegzunehmen, es müssen immer alle Faktoren zusammenspielen. Also nur als Beispiel: Ein Drittel unserer Patienten hat laut Anamnese depressive Phasen und der Patient lernt, wenn er depressiv ist und zwei Vierteln trinkt, geht es ihm besser. Wenn er das eben oft genug und lang genug macht, bleibt er dabei hängen. Das hängt auch mit den Rezeptoren zusammen, offenbar haben einzelne Abbauprodukte des Alkohols eine gewisse Wirkung auf die Rezeptoren im menschlichen Gehirn, die der Ausgangspunkt für die Stimmungslage sind. Der Gefährdete ist depressiv, nimmt Alkohol, fühlt sich wohler, auf längere Sicht hin aber schlechter. Die Amerikaner haben vor langer Zeit sehr gute Untersuchungen gemacht – man kann jeden sich in normaler Stimmungslage Befindlichen, wenn man ihm nur lange genug und genügend Alkohol zuführt, depressiv machen.

NÖLAK: *Also der Faktor?*

MADER: Der Persönlichkeitsfaktor. Dann sicher der Umweltfaktor. Ein Drittel unserer Patienten hat zumindest einen trinkenden Elternteil zum Beispiel. Auch da liegt die Gefahr – ist es wieder die Genetik oder ist es die Identifikation mit dem trinkenden Elternteil usw.? Dann der Arbeitsplatz, die sekundäre Umgebung spielt eine große Rolle, ob am Arbeitsplatz getrunken werden darf oder ob das verboten ist.

NÖLAK: *Oder „in" ist.*

MADER: Dann die Trinksitten generell. Bei uns ist es doch so: Wenn Sie sich Heroin spritzen, werden alle zusammenlaufen und sagen, das ist ein Wahnsinniger, der spritzt sich da plötzlich Heroin. Wenn Sie aber drei Vierteln trinken, wird kein Mensch irgendwas sagen. Und dann gibt es natürlich die Disposition, also der genetische Faktor, der spielt da eine erhebliche Rolle, eine immer größere Rolle, würde ich sagen.

NÖLAK: *Die Gründe, die zu einer Alkoholabhängigkeit führen können, liegen also zu einem Drittel in der Umgebung, einem Drittel in den eigenen Persönlichkeitsfaktoren sowie einem Drittel im genetischen Faktor?*

MADER: So in etwa. Aber meistens fällt alles zusammen.

Ich kenne nur ganz wenige Patienten, die mir den konkreten Zeitpunkt, ab wann sie zu trinken begonnen haben bzw. die Gründe ihres Trinkens nennen konnten. Ja, natürlich gibt es fürchterliche Schicksale. Aber selbst dann trinkt deshalb nicht jeder, dessen Familie …

NÖLAK: *… beim Autounfall stirbt. Zu den Persönlichkeitsmerkmalen: Die Depression haben Sie bereits erwähnt, gibt es noch zwei, drei – bösartig formuliert – „Hits" bei den Persönlichkeitsmerkmalen, die jemanden eher in Richtung eines Suchtpatienten führen?*

MADER: Na ja, schon. Das sind die Persönlichkeitsentwicklungsstörungen. Also eines ist sicher, die Unterbegabung spielt mit eine Rolle, aber das ist schon heikel, denn der Alkoholismus macht nicht vor der Intelligenz halt. Na ja, sicher, das, was man früher als Psychopathie oder jetzt als

Soziopathie bezeichnet … solche Menschen sind schon mehr gefährdet, aber es gibt mit Sicherheit keine Suchtpersönlichkeit. Das hat man auf der ganzen Welt versucht, es immer wieder zu erforschen, aber das gibt es nicht. Da spielen so viele Faktoren zusammen. Mein Vorgänger hat diesbezüglich ein spezielles Beispiel gehabt, wo der eine Erzbischof war und sein Bruder sitzt in Stein.

NÖLAK: *Sie haben vorher den schönen Satz gesagt: Die Leute zum bewussten Genusstrinken erziehen …*

MADER: … zum vernünftigen …

NÖLAK: *Was kann man Herrn und Frau Österreicher raten? Wie soll er, sie umgehen, wo soll er sagen: Hoppala, jetzt wird es kritisch! Gibt es da so eine Art 08/15-Gefahr?*

MADER: Na ja, ich meine, für die Entwicklung sind ja nicht nur diese genannten Faktoren entscheidend, sondern es gehört auch der Alkohol dazu. Aber das ist eben sehr schwer, weil ich sehr viele Beispiele kenne, wo sich aus einer relativ geringen Alkoholmenge eine Abhängigkeit in relativ kurzer Zeit entwickelt hat und dann wieder gar nicht.

NÖLAK: *Das Umgekehrte kann aber auf keinen Fall gelten, dass es Leute gibt, die sehr viel trinken und trotzdem nicht abhängig sind. Oder?*

MADER: Ich werde immer wieder mit Beispielen konfrontiert, in denen darauf hingewiesen wird: „Ich kenne jemanden, der trinkt schon seit fünf Jahren jeden Tag so und so viel!" Für mich stellt sich dann immer die Frage: Ja, aber wie lange wird er es noch machen? Also letztlich bleiben die Schäden nicht aus. Nur beim Einen kommen sie früher, beim Anderen kommen sie später.

Die Kernfrage lautet, wie lange es braucht. Es wird von Leuten, die ein Alkoholproblem haben, immer wieder behauptet: Ich kann ja ein, zwei Tage ohne weiteres ohne Alkohol sein, ich kann ja einen Tag nichts trinken oder auch zwei. Kritisch wird es dann am dritten, vierten Tag, da setzt dann meist das Abstinenzsyndrom ein.

NÖLAK: *Also eine Woche ohne jeglichen Alkohol ist der minimale Zeitraum, um sich zu beweisen, dass man kein Problem hat.*

MADER: Das gilt eher noch als unterer Zeitrahmen. Also zwei Tage bereits als Abstinenzzeitraum zu sehen …

NÖLAK: … *ist lächerlich?*

MADER: Ja! Das ist eine sehr häufige Meinung der Leute, ich kann ja in ein, zwei Tagen abstinent werden.

NÖLAK: *Ist also diese eine Woche ohne Alkohol so eine Art Nagelprobe, ob eine Gefährdung besteht?*

MADER: Ja. Was natürlich auch wieder problematisch ist, weil es gilt nur für die Spiegeltrinker, also für eine bestimmte Typologie.

NÖLAK: *Für den Rauschtrinker nicht?*

MADER: Nein, weil der Rauschtrinker unter Umständen wochenlang abstinent ist.

NÖLAK: *Das ist der, den man gemeinhin als „Quartalsäufer" bezeichnet.*

MADER: Quartalsäufer ist eine noch fortgeschrittenere, eine andere Typologie. Aber es gibt Leute, die trinken oft wirklich wochenlang nichts, aber dann zum Wochenende doch, und dann eben volles Rohr.

NÖLAK: *Und wenn jemand ein Alkohol-Problem hat und das auch wirklich erkennt, was raten Sie ihm, was soll er tun?*

MADER: Das ist eine sehr gute und wichtige Frage! Nicht glauben, dass man es selber bewältigen kann! Ich kann wirklich bezeugen, seit 30 Jahren kenne ich keine drei Leute, die das von selbst zu Stande gebracht haben, von einer Abhängigkeit von selbst ohne entsprechende Führung bzw. ohne Hilfe wegzukommen.

NÖLAK: *Wirklich fremde Hilfe ist vonnöten, die eigene Familie kann einem zum Beispiel nicht helfen?*

MADER: Die ist chancenlos. Die Angehörigenbetreuung hier im Haus ist ein ganz wichtiger Punkt, weil die Angehörigen selbst haben meistens keinen Einfluss.

NÖLAK: *Also, das mit der einen Woche ohne Alkohol, wenn man nicht durchhält – das ist ein sehr schöner Punkt, anhand dessen man selbst erkennen kann: Habe ich Probleme, habe ich keine Probleme? Gibt es sonst noch irgendein Kriterium?*

MADER: Man kann längere Phasen der Abstinenz einschalten, die WHO spricht von zwei alkoholfreien Tagen in der Woche.

NÖLAK: *Gut, das ist dann aber ein Schwachsinn, wenn erst am dritten Tag die Abstinenz anfängt.*

MADER: Ja, wenn man das aber wöchentlich macht, das hält man als Alkoholiker auch nicht durch. Ein Spiegeltrinker hält das auf Dauer nicht durch. Letztendlich muss man sagen, es trinken in Österreich 80 % der Leute, 20 % ungefähr leben abstinent, aus welchen Gründen auch immer. Und von diesen 80 % haben, vorsichtig geschätzt, ca. 5 % ein wirkliches Problem Man sagt immer, 5 % sind alkoholkrank und 13 % sind gefährdet. Also gefährdet sind die, die auf eine tägliche Trinkmenge kommen, die über diesen 60 g reinen Alkohol pro Tag liegt. Das ist ein ¾ Liter Wein oder 1 ½ Liter Bier. Wenn man das regelmäßig konsumiert, muss man damit rechnen, eine Leberschädigung davonzutragen. Aber! Das ist auch etwas, was ich immer wieder miterlebt habe – sagen wir, wir nehmen fünf Leute bei gleichen Trinkmengen, jeder trinkt einen Liter Wein am Tag, der Erste hat eine Leberschädigung, aber sonst nichts, der Zweite hat relativ wenig Leberschaden, aber hat doch deutlich merkbare Hirnschäden, der Dritte hat keines von beiden, er hat aber eine Entzündung der Bauchspeicheldrüse, der Vierte hat eine Polyneuropathie, der Fünfte hat wieder alles zusammen. Es gibt eben eine gewisse Organspezifität, man kennt das von einer gewissen Organminderwertigkeit her oder die Kardiomyopathie, die Herzmuskelschädigung durch Alkohol. Wir haben hier Leute, die mit dem Verdacht eines Herzinfarktes auf eine Kardiologie kommen, dann stellt man alsbald fest, dass es kein Infarkt ist, und dann kriegen wir die Leute, nur das ist reversibel.

NÖLAK: *Was macht eine Umgebung, die erkennt, dass ein Arbeitskollege, Ehepartner, Vater, Mutter, Kind, Alkohol-Probleme hat? Wie soll man sich da verhalten?*

MADER: Erstens einmal das Thema mit den Betroffenen besprechen, d. h. in darauf ansprechen.

NÖLAK: *Grob, nicht grob – was bewährt sich eher?*

MADER: So in die Richtung: „Mir fällt das schon längere Zeit auf, dass …" und einmal eine Gelegenheit nützen, wenn der Betroffene nüchtern ist, also immer im nüchternen Zustand, niemals wenn er alkoholisiert ist, denn das ist sinnlos, aber ihn dann doch deutlich aufmerksam machen, dass man schon seit längerer Zeit seine Trinkerei bemerkt und es doch vielleicht angebracht wäre, Hilfe zu suchen. Sehr viele Leute merken das unbewusst selbst oder beschäftigen sich schon damit, aber haben nicht den Mumm und die Energie, Hilfe zu suchen.

NÖLAK: *Im Gegenteil, sie sammeln Abwehrargumente …*

MADER: Ja. Schauen Sie, in diesem gesamten Ablauf von sagen wir rund 15, 20 Jahren gibt es ja auch verschiedene Stadien. Und da würde ich sagen, gerade in den Anfangsstadien, das ist ein wichtiger Punkt, sind die Leute an und für sich Argumenten zugänglich. Wenn man sagt: „Du, mir fällt auf, du trinkst eigentlich in der letzten Zeit viel mehr als früher und das hast du früher nicht gemacht und fällt dir das nicht auch auf?" Dann wird er das zumeist zugeben und einsichtig sein. Ist er Argumenten zugänglich, dann ist er auch einer fremden Hilfe zugänglich. Dann kommt eine Phase, in der der Betroffene aber schon ziemlich weit drinnen ist in der Sucht. Im mittleren Abschnitt, so nach acht, zehn Jahren oder so, reagiert er unglaublich sensibel, das steht fast als diagnostisches Kriterium fest …

NÖLAK: *… dass er aggressiv reagiert?*

MADER: Ja! Wenn man Ihnen sagt, Sie haben gestern zu viel getrunken, werden Sie sagen: Ja, mir tut der Kopf jetzt noch weh, das ist ja zu blöd, dass einem so etwas passieren kann. Wenn Sie das einem sagen, der ein Alkoholproblem hat, wird er entrüstet sein. Er wird also sagen: Das ist überhaupt nicht wahr! Du hast getrunken und nicht ich … und alle anderen haben das Alkoholproblem …

NÖLAK: *Er wird projizieren, die ganzen Abwehrmechanismen anwenden.*

MADER: Genau, er wird also aggressiv und reizbar reagieren. Das ist fast als diagnostisches Kriterium zu verwenden. Dann im wirklich fortgeschrittenen Stadium, wenn der Leidensdruck immer größer wird, dann ist er vielleicht auch wieder einer Therapie, einer Hilfe zugänglich, allerdings ist er dann schon relativ weit fortgeschritten.

NÖLAK: *Sie haben gesagt, im nüchternen Zustand ansprechen, nie im alkoholisierten, was ist bei einem Spiegeltrinker, der ist ja nie mehr nüchtern.*

MADER: Na ja, ich meine, nicht im akut alkoholisierten, er wird sich nicht trauen, so im „Öl“ zu sein.

NÖLAK: *Nein, das nicht aber …*

MADER: Das ist eine alte Erfahrung, mit einem wirklich Betrunkenen zu reden, ist sinnlos.

NÖLAK: *Im letzten Stadium, in dem der Patient wirklich schon eine deutliche Abhängigkeit hat, ist der gesellschaftliche Leidensdruck trotzdem nicht groß genug, weil er hat sich sein Leben so eingerichtet, dass er, gerade in Österreich, ganz gut mit seinem Alkoholismus leben kann, sozialen Druck gibt es bei uns fast keinen …*

MADER: Da muss man sich im Klaren sein: Es gibt Leute, denen man nicht helfen kann.

NÖLAK: *Wieso kommen die dann in ihre Ordination?*

MADER: Na ja, der Druck, den schleppt die Frau herein … oder, vor kurzem war bei mir eine Dame, die war unter Druck von sämtlichen Kindern, Mann … bis zu Mutter und Schwester zu mir gekommen. Jedes Mal hat sie eine Fahne gehabt, dass ich dann nachher habe lüften müssen, weil es so gestunken hat im Zimmer. Sie hat mir geschworen bei allen Leben ihrer Kinder, dass sie seit Wochen keinen Tropfen Alkohol trinkt –, das war die eleganteste und vornehmste Dame, die man sich vorstellen kann – aber gekommen ist sie mit zerrissenen Strümpfen, weil sie drei Meter vorm Haus hingefallen ist. Jetzt ist sie tot! Sie ist an einer Gehirnblutung gestorben. Die wichtigste Voraussetzung, dass man jemandem helfen kann, ist, dass der oder die Betroffene einsichtig ist. Wenn das nicht da ist, wenn die Einsicht fehlt, können Sie machen, was Sie wollen. Wir haben einen unglaublichen Aufwand bei manchen unserer Patienten.

NÖLAK: *Schicken Sie die nicht weg, wenn sie rückfällig geworden sind?*

MADER: Na ja, schauen Sie, ich bin da immer vorsichtig und habe auch schon sehr positive Wunder erlebt. Es kann sein, selbst wenn jemand auch von Anfang an nicht sehr einsichtig ist, dass er mit der Zeit, wenn er abstinent ist, an Einsicht gewinnt. Also unter diesem Aspekt kann man einige Zeit durchhalten, aber, wenn jemand natürlich bei jedem Ausgang rückfällig wird und nichts mitmacht, na dann …

NÖLAK: *Ich nehme an, vor 30, 40 Jahren war Alkoholismus noch ein fast rein männliches Problem in Österreich?*

MADER: Zumindest hat man keine Zahlen gehabt über die Frauen.

NÖLAK: *Holen die Frauen auf?*

MADER: Ja. Das ist so, seit 30 Jahren geht man immer von einem Verhältnis trinkender Männer zu trinkenden Frauen von 4:1 aus, und das hat sich in den letzten zehn Jahren eindeutig auf 3:1 letztlich zu Ungunsten der Frau verschoben. Das ist auch ein bisschen mit Vorsicht zu präsentieren, weil insgesamt ja der Konsum etwas rückläufig ist, es kann natürlich auch sein, dass Männer weniger trinken, aber insgesamt werden mehr Frauen in den letzten zehn Jahren mit der Diagnose Alkoholismus aus den Spitälern entlassen. Also, es ist sicher ein Trend der Zunahme. Wir können das auch bestätigen, nur bei uns verwischt sich das mit der wesentlich besser werdenden Behandlungsbereitschaft auch bei der Frau. Es ist nicht mehr eine Schande, sich in Kalksburg behandeln zu lassen, weil durch das bessere Image von Kalksburg …, und: man lebt heute allgemein gesundheitsbewusster.

Siehe Bildtafel 7

Januskopf Prater (H.C. Artmann)

„Das Problem besteht darin, dass die Menschen nicht mehr erkennen oder erkennen wollen, dass etwas tun einfach ein Bestandteil des Lebens ist."

Brigitte John-Reiter

Brigitte John-Reiter ist Geschäftsführerin der Österreichischen Akademie für Arbeitsmedizin

NÖLAK: *In Österreich steigen die Arbeitslosenzahlen in bestimmten Altersgruppen wieder dramatisch an, obwohl die Arbeitsqualität in den letzten hundert Jahren unnachahmlich zugenommen hat. Trotzdem haben wir ein immer schlechteres Verhältnis und immer weniger Einsicht zur Arbeit. Geht da die Schere auseinander oder ist das nur eine kurze Entwicklung? Wie ist Ihre Einschätzung?*

JOHN-REITER: Dazu möchte ich einen wohlverdienten und geehrten Gewerkschafter zitieren: „Der schlechteste Arbeitsplatz ist kein Arbeitsplatz". Das Problem besteht darin, dass die Menschen nicht mehr erkennen oder erkennen wollen, dass etwas tun einfach ein Bestandteil des Lebens ist. Zugegebener Maßen gilt, je enger das Korsett ist, in dem man selbst entscheiden kann, umso schwieriger kann diese Akzeptanz werden. Aber Faktum ist, ein gewisser Stress gehört für den Menschen überhaupt dazu, dass er am Leben bleibt. Das gilt für mich auch für die Arbeit. Ich glaube, dass hier künstlich Feindbilder erzeugt wurden, die man jahrelang, um nicht zu sagen jahrzehntelang, noch kultiviert hat. Dieses Feindbild – hier die böse Arbeit, hier die armen Menschen, die sie tun müssen, und die einzige Erfüllung liegt in der Freizeit. Natürlich kommt es aus der Zeit des arbeitsteiligen Verfahrens, wo man Menschen einfach dazu verwendet hat, um Maschinen zu bedienen, ohne dass sie Zeit zum Nachdenken gehabt hätten. Nur, die Zeiten sind vorbei, aber das schlechte Image der Arbeit ist geblieben. Ich glaube, es ist dringend notwendig, das einmal wieder den Menschen klarer zu machen, es würde nämlich die Arbeitszufriedenheit und damit nachweislich auch die Gesundheit fördern.

NÖLAK: *Andere Länder haben diese Imageprobleme nicht so stark wie wir, die Arbeit ist dort positiv besetzt, z.B. im skandinavischen Raum. Was ist der Grund bzw. wie war da die zeitliche Entwicklung? Gab es das bereits vor 20, 30, 40 Jahren oder liegen die Wurzeln deutlich länger zurück?*

JOHN-REITER: Eine kühne Vermutung von mir ist, dass das negative Image der Arbeit auch ein bisschen mit der Nachkriegszeit zusammenhängt, und zwar deshalb, weil ich glaube, dass die wohl wirklich zu lobende Nachkriegsgeneration oder die Kriegsgeneration, die ja nach dem Krieg die Generation war, die eigentlich Österreich wieder aufgebaut hat, vielleicht gewisse andere Werte im Leben etwas vernachlässigt hat. Vor allem die Kinder waren da die Leidtragenden. Die sind vielfach zu dem Schluss gekommen, dass sie das nie so wie ihre Eltern machen wollen, dass Arbeit eben nicht alles im Leben sei. Ich glaube, dass das dann etwas übergeschwappt ist, und dann gab es ja noch genügend Glorifizierungen von Aussteigern. Aussteiger hat es schon immer gegeben, aber es gab Zeiten, da wurde das hochgejubelt, da war derjenige, der nicht mindestens einmal als Aussteiger gehandelt wurde, kein akzeptabler Mensch. Und das waren die Fehler. Sind wir doch froh, dass die Menschen, die schon den Krieg miterlebt und dann Österreich wieder aufgebaut haben, so viel gearbeitet haben, sonst hätte es uns Generationen danach in diesem Wohlstand möglicherweise nicht gegeben. Historisch gesehen, hängt das negative Image der Arbeit, wenn es eines gibt, sicher auch mit dem arbeitsteiligen Produktionsverfahren zusammen.

Man muss sehr aufpassen, denn dieses arbeitsteilige Verfahren hat negative Auswirkungen gehabt, unbestritten. Aber es hat auch sehr viele positive Auswirkungen gehabt. Denn wie kam denn überhaupt der Taylorismus zustande? Die Arbeitsverfahren wurden deshalb so zerlegt, weil man es nur mit ungelernten Arbeitskräften zu tun hatte. Die wären sonst verhungert, hätte der Herr Taylor den Taylorismus nicht eingeführt. Ich kann mich selbst noch erinnern, da hat es viele junge Leute meiner Generation gegeben, die gesagt haben: „Was, lernen soll ich was, da stelle ich mich auf's Bandl, da verdiene ich das Doppelte." Und das war de facto auch der Fall. Natürlich ist ihnen das fad geworden nach einiger Zeit. Keine Frage. Aber ein Handwerk zu lernen war in den 1960er Jahren nicht sehr modern, weil man da eine Ausbildungszeit in Kauf hätte nehmen müssen und trotzdem eigentlich nicht mehr als im Akkord verdient hat.

NÖLAK: *Der Satz „Handwerk hat goldenen Boden" hat natürlich einen sehr konservativen Mief gehabt und daher war Handwerk und das Ganze vermutlich negativ besetzt und sicher mit der Generation, die so viel aufgebaut und gearbeitet hat, verbunden. Hing das aber nicht auch mit der ersten Industrialisierungswelle, mit der Proletarisierung eines Großteils der Landbevölkerung zusammen?*

JOHN-REITER: Was ist die Proletarisierung, frage ich jetzt einmal. Wenn ich heute sage, die Landbevölkerung, sprich die Bauern, waren keine Proletarier und wenn sie dann in die Stadt gegangen sind und gearbeitet haben in Fabriken, waren sie Proletarier. Was macht jetzt das Proletariat aus?

NÖLAK: *Der Entzug der Fähigkeit zur Kontrolle, wann sie was tun.*

JOHN-REITER: Genau das ist es. Nur das ist ideologisch nicht die Definition von Proletariat.

NÖLAK: *... die psychologische?*

JOHN-REITER: Ich bin kein Psychologe, aber ich unterschreibe das. Das ist nämlich der Unterschied. Auf der anderen Seite muss man wieder sehen, dass der Bauer und sein Überleben sehr stark von Umwelteinflüssen abhängig war. Das Risiko, nicht genügend zum Überleben zu haben, war größer, weil sonst wären sie ja nicht abgewandert. In der Fabrik waren das meistens relativ sichere Einkommen, aber sie waren halt reine Befehlsempfänger. Sie waren ausschließlich fremdbestimmt. Was ist jetzt die Proletarisierung?

NÖLAK: *Sie ist sicher auch dadurch entstanden, dass die vorhandene Industrie nicht mehr alle aufnehmen konnte. Dadurch konnten die Arbeitgeber die Anforderungen immer mehr in die Höhe schrauben und die Arbeiter erpressen, was dann natürlich eine Radikalisierung hervorrief.*

JOHN-REITER: Dazu kommt noch, dass durch die Industrialisierung und die totale Fremdbestimmung die Lebenszufriedenheit abnahm. Der Arbeiter hat fünf Handgriffe gemacht und eigentlich gar nicht gewusst, welches Produkt denn da hinten rauskommt. Dass aufgrund dieser Sinnentleerung der Arbeit Kompensationsmöglichkeiten gesucht wurden, ist verständlich. Und ich glaube, dass diese Kompensations-, jetzt sage ich aus tiefster Überzeugung bewusst sogar -Notwendigkeiten, zumindest bei einem größeren Teil der arbeitenden Menschen zu Verhaltensweisen, sprich: zu Zusammenschlüssen, geführt haben, die dann eigentlich politisch zum sogenannten Proletariat geführt haben.

NÖLAK: *Wenn ein Tischler einen Kasten gemacht hat, hat er noch das Bewusstsein gehabt: „Das habe ich geschaffen, und eigentlich will ich ihn gar nicht hergeben, aber ich muss ihn verkaufen, weil ich leben muss."*

JOHN-REITER: So ist es. In den 1970er Jahren hat man bei Volvo zum Beispiel die so genannte Werkstattfertigung versucht. Man macht etwas komplett, zwar in einer Gruppe, aber trotzdem. Das Problem und die Lösung war der Teambildungsprozess und Volvo hat das angeblich mit großem Erfolg gemacht. Ja warum? Von den Leuten, die dort gearbeitet haben, waren 80 % Akademiker, die natürlich aufgrund ihrer Vorkenntnisse und ihrer intellektuellen Fähigkeiten in der Lage waren, auch wenn einer ausgefallen ist, verschiedenste Tätigkeiten zu machen. Aber das war kein echtes Modell. Das wurde zwar hochgejubelt, und die Idee ist an sich gut, aber das ist letztlich nichts für die Praxis, darum ist es ja nicht weiter umgesetzt worden. Das Problem ist heute, die Schere geht auf der Seite der nichtqualifizierten Arbeitnehmer auf. Und jetzt bin ich wieder bei dem Spruch „Der schlechteste Arbeitsplatz ist aber immer noch kein Arbeitsplatz". Und dass dann Leute natürlich auch Arbeiten gemacht haben oder machen mussten, die wirklich nicht gerade sehr attraktiv waren, das ist auch keine Frage. Nur, wenn Sie heute schauen, gerade im europäischen Raum nimmt der Anteil dieser Leute, die diese sinnentleerte Arbeit machen müssen, ja immer mehr ab. Der Anteil wird in ein paar Jahren auf 10 % der gesamt arbeitenden Menschen zurückfallen.

NÖLAK: *Wobei diese 10 % noch immer genug sind.*

JOHN-REITER: Ja, das sind 10 %. Aber für einen weiteren Prozentsatz ist die Arbeit vielleicht auch deshalb sinnentleert, weil sie sich nicht damit identifizieren. Das fängt schon damit an, dass man sich eigentlich bereits bei der Berufswahl im Rahmen der Ausbildung überlegen müsste, was man denn eigentlich will. Nicht, was ist gerade modern, sondern, was will ich und wofür eigne ich mich. Das ist Nummer eins! Nummer zwei: Auch dann, wenn man eine Ausbildung hat, sollte man flexibel bleiben und bereit sein, etwas dazuzulernen, weil jedem wird fad, wenn er ein Leben lang ein und dieselbe Arbeit macht. Es ist auch gewünscht, sich weiterzuentwickeln. Und dann halt auch bei der Positionswahl, das zu wählen, was man kann. Das fängt dann an, ein Problem zu werden, wenn Leute, die Verantwortungen übernehmen müssen, sei es jetzt Entscheidungs- oder Führungsverantwortung, und Probleme haben, damit fertigzuwerden. Die haben dann meistens als erste gesundheitliche Probleme.

NÖLAK: *Worüber soll jemand nachdenken, wenn er oder sie eine Berufswahl oder einen Berufswechsel überlegt?*

JOHN-REITER: Da soll er sich vor allem fragen, was mache ich wirklich gerne und versuchen, einen Beruf zu finden, wo er das, was er wirklich mit Freude macht, praktisch integriert findet. Er soll nicht sagen, was hat bei meinen Freunden das beste Image. Das ist tödlich. Natürlich ist auch der monetäre Aspekt nicht zu vernachlässigen, weil von irgendwas muss man bekanntlich leben. Aber man muss sich insgesamt für sein Leben bilden. Was will ich denn überhaupt von meinem Leben? Wenn ich mich entscheide, ich will möglichst viel Geld haben, weil ich mir alles leisten können will, gut, dann muss ich mir einen Job suchen, egal was, wo ich eine Chance habe, viel Geld zu verdienen, auch wenn er keine Freude bereitet – was man vielleicht zu spät bemerkt.

NÖLAK: *Eine gute Verdienstmöglichkeit ist ja auf einer Ölbohrplattform.*

JOHN-REITER: Ölbohrplattform oder irgendwas, Verbrecher, Betrüger, oder ich bin zufällig so genial und werde ein Warren Buffet, na wunderbar. Dann darf ich mich aber nicht beschweren, wenn ich Tag und Nacht arbeite. Weil das ist meistens Voraussetzung. Ich muss das abschätzen und abwägen, ob die Kerninteressen bereits in meinem Beruf liegen oder ob ich nebenbei auch noch andere Interessen habe. Also „Work Life Balance" ist sicher ein Thema. Aber das muss man sich gut überlegen. Das Problem ist, dass die meisten nie entsprechend erzogen worden sind, überhaupt selbstständig sich was zu überlegen und Entscheidungen zu treffen.

NÖLAK: *Formulieren Sie das bitte als Aufforderung. Was soll man tun?*

JOHN-REITER: Selbst überlegen! Das heißt, sich nicht fremdbestimmen zu lassen, also z. B. in den Fernseher hineinzuschauen und nur weil der Fernsehheld Pakete ausführt, sich davon inspirieren zu lassen und ebenfalls sein Leben lang Pakete ausführen wollen. Das ist wahrscheinlich wirklich nicht sehr abwechslungsreich.

NÖLAK: *Wenn man sich das jetzt Richtung Arbeit überlegt, da können ja nicht alle Theater spielen und nicht alle Friseurin werden, was macht man mit den Berufen, die keiner will, Müllabfuhr, Kanalräumer etc.? Die kriegen zwar unter Umständen sehr viel bezahlt, aber reicht das?*

JOHN-REITER: Ja, es reicht für die Menschen, die sagen, ich bin bereit, jede Arbeit zu machen, weil mir geht es primär darum, mit möglichst viel Geld meine Bedürfnisse zu befriedigen, sei es das Auto, sei das ein Haus, was immer das ist. Das schlimmste Erlebnis, das ich einmal hatte, das heißt, der größte Faux pas, der mir passiert ist, das war bei einer Betriebsbesichtigung bei der – damals noch – Voest-Krems. Da hat es einen Arbeitsplatz gegeben, der war furchtbar. Also ich meine, ich kenne viele Betriebe, aber dieser Arbeitsplatz hat alles geschlagen, da hat es alles gegeben, was verboten war. Und ich als etwas naives Wesen bin also zu dem Arbeiter gegangen und habe mit ihm ein bisschen geplaudert, was ihn an sich gefreut hat. Ich habe ihn dann bedauert für das, was er da tun muss. Er aber hat gesagt, dass er das gerne macht. Und dann habe ich das natürlich zu hinterfragen versucht und wollte wissen, ob der Geldaspekt dahintersteckt. Aber nein, er war stolz darauf, dass er diese Arbeit, die wir für unzumutbar halten, aushält. Er sei ja schließlich ein Mann, hat er mir gesagt. Die Lehre, die ich daraus gezogen habe, ist die, dass es darauf ankommt, was man selbst will. Wenn ich heute nur grüne Wiesen will und gute Luft, werde ich bei der Müllabfuhr vielleicht nicht gut aufgehoben sein. Es ist nicht wahr, dass man es sich gar nicht aussuchen kann.

NÖLAK: *Wenn jemand psychisch ungeeignet ist, z. B. eine Position mit Verantwortungs-, Führungs-, Entscheidungsverantwortung zu übernehmen, dann aber unerwartet trotzdem in eine solche Position rutscht, sollte derjenige dann den Mut und die Stärke haben, diesen Posten abzulehnen, auch auf die Gefahr hin, dass er sich seine Laufbahn in dem betreffenden Unternehmen ein für alle Mal verbaut?*

JOHN-REITER: Das sicher nicht, weil die Existenzgefährdung kann ja nicht im Vordergrund stehen. Aber ich würde z. B. sagen, man tut es zuerst einmal, aber man versucht dann vielleicht im Laufe der Zeit, einen anderen Job zu finden, der wieder adäquat ist, sodass man zwar einerseits in der Existenz nicht gefährdet ist, aber andererseits natürlich auch wieder den Job hat, der einem eigentlich liegt. Das Problem ist nicht nur das Jobfinden, ich sehe das Problem darin, dass die Leute diese Dinge gar nicht überlegen, weil es ihnen, apropos freie Erziehung, ja niemand vorgelebt hat. Die freie Erziehung war wunderbar. Die freie und antiautoritäre Erziehung ist deshalb so gut, weil sie die Eltern davon befreit, ein Vorbild zu sein. Das hat sich aufgehört mit meiner Generation, weil die haben nur gesagt, wie mies die Eltern waren, dass die nie eine Zeit gehabt hätten. So wurde der Trugschluss gezogen, dass die Eltern nur deshalb nicht da sind und keine Zeit haben, weil sie arbeiten müssen, und daher ist die Arbeit schlecht. Also ich habe auch darunter gelitten. Ich hätte es auch gerne gehabt, dass meine Eltern mehr Zeit für mich gehabt hätten. Nur der Unterschied ist der, dass mir vermittelt wurde, was notwendig ist, damit wir halbwegs gut leben können und das geht halt nur über und mit Arbeit.

NÖLAK: *Die Zukunft der Arbeit liegt im Dienstleistungsbereich?*

JOHN-REITER: Natürlich, das wissen wir alle. Das Problem wird nur sein, dass Dienstleistung von „dienen“ kommt. Und da könnte es sein, dass das einige schon verlernt haben. Dienen heißt ja nicht, von jemandem malträtiert zu werden. Dienen heißt für mich nichts anderes, als die berechtigten und bezahlten Wünsche des Kunden zu erfüllen.

NÖLAK: *Die Arbeit hat sich sicherlich in den letzten Jahrhunderten enorm zum Positiven entwickelt. Gibt es da eine Sackgasse? Könnte die Arbeit für die Arbeitnehmer noch besser werden oder sind wir schon am Limit angelangt? Wird es neue Gefahren geben, denen es zu begegnen gilt? Wie ist da die Entwicklung?*

JOHN-REITER: Es gibt diese Gefahren schon. Wir reden immer noch primär von körperlichen Belastungen und körperlichen Gefährdungen. Ich bin kein Psychologe und kein Psychiater, aber unsere mentalen Belastungen sind nachweislich da und werden in Zukunft immer größer werden. Ich behaupte allerdings auch, dass es, so wie bei der körperlichen Verfassung und Kondition auch eine geistige Kondition gibt, und ich behaupte aus eigener Erfahrung, es gibt auch für die intellektuelle Leistungsfähigkeit ein Training. Das Problem ist nur, dass in diesem Bereich alles nicht so leicht messbar und erfassbar und beschreibbar ist. Man lässt sich auch viel lieber von einem praktischen Arzt untersuchen, wenn man z. B. Kreuzschmerzen hat, als von einem Psychologen oder Psychiater, wenn man intellektuell, psychisch Probleme hat. Faktum ist, dass es diese Belastungen gibt. Wer ist in der Lage, eine Verantwortung zu übernehmen? Verantwortung ist eine mentale Belastung. Das ist natürlich nicht mehr so einfach zu messen, nicht mehr so einfach festzustellen. Es ist aber natürlich nicht gleich sichtbar, ob jemand belastbar ist oder nicht. Es werden da wissenschaftliche Probleme auf uns zukommen, weil trotzdem versucht werden wird, solche Methoden zu finden. Es ist auch verständlich, wenn jemand einen Job übernimmt, dem er dann nicht gewachsen ist, ja nicht nur ihm, sondern auch dem Unternehmen ein Schaden erwächst. Wir sind momentan noch nicht bereit, das genauso zu akzeptieren, wie man körperliche Tests akzeptiert, aber diese Tests und Methoden werden kommen. Ich gehöre zu den Menschen, die Überprüfungen nicht als negativ empfinden, aber es besteht natürlich die Gefahr, dass das zu einem Ausleseverfahren wird. Man kann immer alles Positive auch negativ anwenden. Im Bereich der intellektuellen Leistung wird noch mehr herauskommen, dass nämlich nicht jeder jede Arbeit machen kann und dass das nicht nur von der Ausbildung abhängen wird.

NÖLAK: *Wird das nicht sogar in Zukunft fast mehr entscheidend sein, wo jemand – und er kann vielleicht dumm und ungebildet sein – seine Frustrations-Toleranzgrenze hat? Wird vielleicht das nicht fast noch mehr Kriterium sein als das Hirn?*

JOHN-REITER: Das wird darauf ankommen, was der tut. Es ist genau das Gleiche, was ich schon gesagt habe: Wir können heutzutage nur mehr im Team arbeiten. Und es gibt halt Leute, die nicht teamfähig sind, genauso wie es den sensiblen Intellektuellen gibt, der seine Frustrations-Toleranzgrenze im Keller unten hat. Es wird die Frage sein, was ist in welchem Fall wichtiger. Ich gebe aber zu, es macht keinen Sinn, einen sensiblen Menschen in eine Beschwerdeabteilung zu setzen. Dort wird er wahrscheinlich nicht gut aufgehoben sein. Das Problem liegt darin, dass in Zukunft die Anforderungen, die ein Arbeitsplatz, die ein Unternehmen, die eine Aufgabenstellung mit sich bringt, viel präziser definiert werden müssen im Bereich der intellektuellen Arbeit, als es derzeit geschieht.

NÖLAK: *Also, das Anforderungsprofil muss viel schärfer, wird viel schärfer sein müssen?*

JOHN-REITER: Die Wechselwirkung zwischen den Kriterien, die muss neu definiert werden.

NÖLAK: *Das heißt, die Arbeitspsychologie und verwandte Felder werden sich sicherlich neuen Herausforderungen stellen?*

JOHN-REITER: Aber 100%ig.

NÖLAK: *Werden Einrichtungen wie die „Akademie für Arbeitsmedizin" oder das Arbeitsinspektorat aufgrund gravierender Umwälzungen in der Arbeitswelt immer mehr zu einer Art Kontrollinstanz, die das Gröbste verhindern soll, oder wie ist diese Funktion?*

JOHN-REITER: Wir haben schon gesprochen, dass Menschen, die keine Entscheidungsfreiheit haben und straff kontrolliert sind, negativ reagieren, aber Kontrolle muss man den Unternehmen zugestehen. Aber auch diese müssen kontrolliert werden und daher ein Ja zur Arbeitsinspektion. Es braucht einen politischen Beschluss darüber, wo es Belastungen, wo es Einflüsse gibt, von denen wir sagen, sie führen zu Auswirkungen bei den einzelnen arbeitenden Menschen, von denen wir als Gesellschaft sagen, das darf nicht sein. Alles, was tatsächlich nachweislich gesundheitsgefährdend ist, muss gesetzlich geregelt sein. Das können wir im mentalen Bereich noch nicht, das heißt, es hat keinen Sinn, irgendein Gesetz zu schaffen, denn wir müssen uns einmal einigen, was jetzt vom Gesetz her zu schützen und schützenswert ist. Dann braucht es natürlich eine Kontrolle, weil, 100 auf der Autobahn einzuführen, ohne es zu kontrollieren ist genauso sinnlos wie Arbeitsschutzmaßnahmen einzuführen und dann keine Kontrolle zu haben. Welcher Unternehmer bei der derzeitigen wirtschaftlichen Lage zahlt schon für was, was nicht unbedingt seinem Profit dient? Die Wahrheit ist, die Unternehmen wissen, dass sie ein Problem haben, aber wissen nicht, wie man mit diesen neuen Belastungen umgeht. Die Unternehmer wissen auch nicht, wie man Menschen führen muss, die intellektuelle Arbeit leisten, und sie wissen auch nicht, wie man Qualitätskriterien definieren muss. Bei objektiv angreifbaren, messbaren Dingen ist es anders, da kann ich dem Fließbandarbeiter sagen: „Qualität hast du dann geleistet, wenn du 50 Stück am Tag produziert hast und ich eine Ausschussquote von 0,1 % habe" – das sind einfache Vorgaben. Wie definiere ich Qualität von einem Kellner? Über die Kundenzufriedenheit? Das ist ein Indiz, keine Frage, es ist das Wesentlichste. Nur, wenn ich Pech habe bei der Befragung, erwische ich genau jene fünf Kunden, die mit dem Kellner nicht zufrieden waren. Natürlich ist die Kundenzufriedenheit eins. Aber es ist nicht alles. Das heißt, wir haben da im Bereich der Qualitätsdefinition schon Schwierigkeiten, und daher haben die Firmen und die Führungskräfte Führungsproblematiken, da die Definition von Qualitätsstandards eine der Hauptführungsaufgaben darstellt. Und ich glaube, dass insofern ein Wandel stattfindet, weil diese kurzfristigen Erfolgsmessinstrumente, nämlich Umsatz, Gewinn, nicht mehr lange so aufrecht erhalten werden können. Das Thema Nachhaltigkeit wird immer mehr in den Vordergrund rücken. Die mangelnde Nachhaltigkeit hat sich in Amerika ja als Problem herausgestellt, wobei „Problem" untertrieben ist. Es ist ein Bilanzfälschungsskandal. Aus dieser Grundproblematik heraus haben beispielsweise abertausende von Amerikanern ihre Altersvorsorge verloren, weil Unternehmen praktisch nur mehr von einer Bilanz bis zur anderen geführt werden, und das ist zu wenig. Das wird auch in Zukunft in Europa nicht gehen, weil eben die zusätzlichen Versorgungssysteme im Aufbau befindlich sind. Beim Thema Nachhaltigkeit rückt der Mensch in den Mittelpunkt, weil die Dienstleistung in den Mittelpunkt gerückt ist und weil natürlich damit das einzige Kapital, das viele Unternehmen haben, der Mensch ist. Daher glaube ich schlicht und einfach, dass es notwendig sein wird, diesen Wert darzustellen. Bis jetzt wurden alle geköpft, bei denen die Bilanzen und die Gewinnzahlen nicht gepasst haben und in Zukunft werden dann halt alle Manager geköpft werden, bei denen die Vermögensdarstellungen in Bezug auf die Mitarbeiter nicht stimmen werden. Noch einmal, für gesetzliche Vorschriften braucht es eine Kontrolle, und zwar eine strenge. Darüber hinaus wird als Kontrolle die Vermögensbilanz, was die Mitarbeiter angeht, greifen.

NÖLAK: *Aber dem Unternehmen klopft ja dann niemand auf die Finger, wenn es da versagt oder doch?*

JOHN-REITER: Doch: Z. B. die Aktienkurse, wenn das Unternehmen groß genug ist, die kreditgebende Bank, irgendwann einmal auch die Steuer, die Gewerkschaft. Die Gewerkschaften spielen in dem Fall eine große Rolle. Da muss ich leider sagen, die müssen sich jetzt auch darauf umstellen, dass der klassische Grabenkampf vorbei ist und dass es nicht nur um eine Untergrenze beim Verdienst geht, sondern dass es wichtig ist, wie mit diesem Wert „Humankapital" umgegangen wird. Und das erfordert von den Gewerkschaften sicher noch ein Umdenken.

NÖLAK: *Wie soll die Gesellschaft und/oder der Einzelne mit Arbeitslosigkeit umgehen? Kann man dem einzelnen Arbeitslosen einen Ratschlag geben?*

JOHN-REITER: Ich möchte die effektiven Sozialfälle, die also krank sind, ausklammern – über die reden wir hier nicht, dazu haben wir ja Gott sei Dank ein hoffentlich perfektes Auffangnetz. Die gehören aufgefangen! Das ist eine Verpflichtung, die wir als Gesellschaft haben. Ich muss leider Gottes ein bisschen unsozialer sein. Es gibt also meiner Meinung nach schon noch eine Zweiteilung innerhalb der tatsächlich Arbeitslosen. Es gibt also die, die wirklich unfreiwillig arbeitslos sind, und die, die nicht ganz unfreiwillig arbeitslos sind. Es wäre einmal interessant, bei diesen nicht ganz unfreiwillig Arbeitslosen nachzuschauen, aus welchen Bereichen die tatsächlich kommen. Manche kommen wahrscheinlich aus Bereichen, wo man sehr leicht Nebentätigkeiten, in Österreich schlicht Pfusch genannt, ausüben kann. Sonst würde es nicht so viel Schattenwirtschaft geben, weil die ja nicht alle nur am Abend und zum Wochenende arbeiten. Das ist auch ein Problem, das wir alle kennen und das sollte man sich schon einmal wirklich kritisch anschauen.

NÖLAK: *Ganz ohne Pfusch geht es aber auch nicht, sonst hätte vieles nicht aufgebaut werden können?*

JOHN-REITER: Gut, das ist ja das, was die Wirtschaft wieder verlangt. Es ist doch logisch, wenn ich heute als Maler im Pfusch € 17,00 in der Stunde verdiene, dass ich dieses Geld 1 : 1 einstecke. Da kann ein regulär geführtes Unternehmen nicht mit. Nur Faktum ist, dass der Staat natürlich von den verbleibenden Unternehmen abzucashen versucht, wo es nur geht. Und damit dreht sich die Spirale. Also lassen wir die freiwillig Arbeitslosen, Pfuscher, einmal weg und bleiben wir bei den unfreiwillig Arbeitslosen. Ich glaube, arbeitslos zu sein ist eine der schlimmsten „Krankheiten", die man kriegen kann. Das ist keine Frage. Und da sollte man was tun. Ich glaube nur trotzdem, dass es vielleicht auch mit unserer Wertvorstellung zusammenhängt. Wenn Sie sich allein diese Zumutbarkeitsklauseln anschauen. Das ist auch so ein Thema. Wenn ich heute arbeitslos werde, dann bin ich natürlich nicht glücklich. Wenn einem dann aber ein Job angeboten wird, der um die Hälfte weniger Gehalt bringt, dann wird er abgelehnt mit dem Hinweis, das sei nicht zumutbar. Das Problem ist, dass wir alle so erzogen sind.

NÖLAK: *Das berühmte Beispiel, der Koch im Burgenland kriegt einen Job als Maurer in Vorarlberg.*

JOHN-REITER: Gut, das ist vielleicht extrem, aber ich glaube, dass diese Standortveränderung vielleicht wirklich ein Problem ist. Es gibt aber auf der anderen Seite Leute, denen ist der Weg vom 2. Bezirk nach Klosterneuburg bereits zu weit. Ist so. Ich meinerseits fahre bereits seit 20 Jahren täglich nach Klosterneuburg und nehme dafür auch alle Unannehmlichkeiten, wie Parkplatzsuche, Fahrtdauer etc., in Kauf. Aber trotzdem! Solche Haltungen hängen meiner Meinung nach schon mit der Überzeugung „Ich mache Arbeit gerne" zusammen.

Siehe Bildtafel 8

Röhrenarchitektur

„Der Steinmetz, der nur gelernt hat, für Kathedralen tolle Steinarbeiten zu machen, und plötzlich haben die Städte kein Geld mehr für Kathedralen muss, möchte er wieder als Handwerker arbeiten, einen neuen Beruf erlernen."

Karl Fakler

Karl Fakler ist stellvertretender Landesgeschäftsführer beim Arbeitsmarktservice Niederösterreich

NÖLAK: *Wie hat sich der Arbeitsplatz im Laufe der Jahrhunderte entwickelt?*

FAKLER: Wenn ich nicht klischeehaft mutmaße, ob die Männer jagten und fischten und die Frauen die Höhlen hüteten, wofür es keine realen Befunde gibt, es aber noch immer in dieser Form falsch kolportiert wird, ist die Sache ziemlich einfach und eindeutig. Die Entwicklung ging vom sich selbst versorgenden Gesamtgeneralisten sehr rasch in eine immer differenziertere Arbeitsteilung. Das ist historisch belegbar, die „breite Hauswirtschaft", in der sich eine Gruppe von Menschen, ein kleiner Stamm selbst versorgt hat, wird relativ bald von immer arbeitsteiligeren Formen der Produktion, die dadurch auch zur Kooperation wird, abgelöst. Warum sich Arbeitsteilung durchgesetzt hat? Weil die Arbeiten, um die es ging, zum großen Teil Tätigkeiten waren, wo man/frau durch Wiederholung schneller und besser wird. Zum Teil auch deswegen, weil die Menschen unterschiedliche Begabungen haben und sie, wenn sie die Arbeiten tun, für die sie begabt sind, höhere und bessere Arbeitsergebnisse erzielen – jemand, der in der Lage ist, einen Stollen zu schlagen, soll Erz abbauen und nicht als erfolgloser Jäger dilettieren. Also einerseits Übung, andererseits das Nützen von Begabungspotenzialen. Diese Perfektionierung und Vertiefung der Arbeitsteiligkeit zieht sich im Prinzip bis in die Antike hinein. Zeitgleich und in dem Umfang, in dem die Menschen sesshaft geworden sind, zum Beispiel im Zwischenstromland, haben sich bäuerliche Kulturen mit Städten herausgebildet und entstanden auch unsere heute noch bekannten Handwerkerzünfte. Es gibt Tonscherben aus dieser Zeit, auf denen die Vorläufer unserer Ausbildungsvorschriften zu finden sind, bis hin zu einer Art von Lehrabschlussprüfung. Es gab „verbriefte" Standards, die quasi garantiert werden – wenn sich jemand kaiserlicher oder von Gottes Gnaden „Tischler von irgendwas" nennt, dann ist damit gesagt, dann soll zumindest damit gesagt sein, dass er bestimmte Dinge kann.

Sobald die Schrift entwickelt und breiter verfügbar wird, wird es leichter, Wissen weiterzugeben – Konstruktionszeichnungen, Pläne und dergleichen mehr. Das fördert – neben der Arbeitsteilung – die Herausbildung und Entwicklung von Berufen. Man sagt zwar, der erste Beruf war die Priesterkaste – unbestritten ist, dass sie die Schrift als Erste beherrscht haben, weil sie sie höchstwahrscheinlich auch entwickelt haben und es ist daher auch nicht überraschend, dass sie die meisten und frühesten „Spuren“ hinterlassen haben – und ich bin kein Experte, aber da wäre ich mir nicht so sicher, ob „PriesterIn“ wirklich der erste Beruf war. Ich vermute die „ersten Berufe“ eher im Handwerksbereich. Auf jeden Fall tauchen „in der Geschichte“ überall die Handwerker auf, tauchen die Vermögen besitzenden Bürger auf, deren Felder außerhalb der Stadt bewirtschaftet werden. Mit dem Ende der Antike geht von dieser beruflichen Differenziertheit relativ viel verloren und sie beginnt dann so ab dem 5. und 6. Jahrhundert wieder anzulaufen, teils unter kirchlicher Aufsicht. In den Städten entwickeln sich wieder Handwerker, wie wir sie heute kennen, also Leute, die Transportmittel bauen, Leute, die Stoffe herstellen, Leute, die Stoffe zu Kleidung verarbeiten, Leute, die Essen vor- und zubereiten usw. Das entwickelt sich relativ lang nur linear und vom Tempo her moderat weiter – im Prinzip, mehr vom Gleichem. Also ein bisschen verfeinert, dort, wo man Tuch herstellt, wird der Leinenweber von dem unterschieden, der den Flachs bricht, das heißt, die Fertigungstiefe nimmt ab, die Handwerker spezialisieren sich zunehmend. Aber es passiert relativ lange nichts wesentlich Neues. Es ist eine kontinuierliche Entwicklung, die maximal kleine Sprünge macht. Interessant wird es wieder, als die Manufakturen „hereinbrechen“. Ob man das im 15. Jahrhundert, im 14. oder im 16. Jahrhundert ansetzt, ist dabei nicht wichtig und das ist natürlich auch nach den Ländern unterschiedlich. In Holland und England früher als in Deutschland oder Polen, aber so gegen Ende des Mittelalters, vor der Renaissance oder in der Renaissance, beginnt also die Manufaktur. Zum ersten Mal bewusst gesteuerte Arbeitsteiligkeit unter einer Leitung eines Fabriksherrn. Komplexe Arbeiten zerlegt in einfachere Teilarbeiten, Arbeitsschritte, für die man leichter Arbeitskräfte bekommt als für die komplexen Arbeiten und bei denen man die Vorteile von Vereinfachung und Wiederholung – durch Wiederholung Leistungssteigerung, durch Vereinfachung Leistungssteigerung – wirklich nützen kann, um Produktionskosten zu senken und natürlich auch, um die Produktivität zu erhöhen – mehr und billiger.

Von dieser Entwicklungsstufe an geht es dann „wirklich weiter“ und auch die Entwicklungslinien spalten sich auf. Die hohe Fertigungstiefe im Handwerk bleibt im Prinzip noch einige Zeit erhalten und die immer abnehmendere Fertigungstiefe des einzelnen Arbeitsplatzes – nicht unbedingt des gesamten Prozesses – findet sich in der Manufaktur. Jedenfalls wird es in der Arbeitswelt immer spezialisierter, um die Vorteile der Spezialisierung, Kostenreduktion und Produktivitätssteigerung nutzen zu können.

Was für den nächsten großen Schritt noch fehlt, ist ein „großer Antrieb“, eine starke künstliche Kraftquelle. Menschen und Tiere wurden schon sehr früh in der Geschichte eingesetzt, aber jetzt geht es um „viel Kraft“. Eine erste Antwort bietet das Wasser (Windkraft spielt eine untergeordnete Rolle) – man baut am Wasser. Dann kommt die neue Kraftquelle, die von den Flussläufen (und Kanälen) unabhängig macht – die Dampfmaschine. Diese künstlichen Kraftquellen erlauben noch mehr Tätigkeiten von der Hand weg zur Maschine zu bringen und Mensch-Maschinen-Kombinationen werden immer interessanter. Die hat es zwar auch schon früher gegeben – die Spindel ist eine Mensch-Maschinen-Kombination, detto das Spinnrad und viele andere –, aber erst die Verwendung künstlicher Kraftquellen eröffnet besonders produktive und kostensenkende Möglichkeiten. Diese Mensch-Maschinen-Kombinationen führen dazu, dass einfache

Arbeiten bzw. Arbeitsgänge in relevantem Ausmaß an Maschinen übertragen werden. Bis dahin waren die ArbeiterInnen entweder klassische Facharbeiter oder zumindest Facharbeiterhelfer. Damit, dass simple Arbeitsgänge, für die man nicht viel wissen und können muss wie Bohren oder Schleifen, von Maschinen übernommen werden, gewinnt die Trennung zwischen hochqualifizierter Facharbeit und kraftorientierter Handarbeit an Dynamik. Die kraftorientierte Handarbeit geht immer stärker in die Richtung: „Das macht die Maschine". Die Ertragsvorteile derer, die in Manufakturen produziert haben, waren eindeutig: Weniger Produkte, weniger Produktionswissen vorrätig halten müssen, höhere Genauigkeit bei den wenigen Produkten – weniger Produkte heißt auch weniger Werkzeuge, weniger Konstruktionspläne, weniger Lager, weniger Vielfältigkeit etc. und das alles heißt wieder weniger Kosten –, die man herstellt, man kann sich „Handwerk(er)wissen" ersparen, ich kann also Leute beschäftigen, deren Anlernzeit und „Ergänzungskosten" geringer sind. Das heißt, geringere Produktionskosten bei mehr Ausstoß und bei konstanter und zum Teil gestiegener Produktqualität.

In der Meister-Lehrling-Gesellen-Situation der klassischen Handwerksbetriebe der frühen Neuzeit dauert es viele Jahre bis ein Geselle, den ich mir „großziehen" muss und der dann mein oder einen Teil meines Wissens „verkörpert" und in sich trägt, die „vollen Früchte trägt". Und bis der „neue Junge" das alles wieder erlernt hat, vergehen wieder Jahre. Die Manufaktur führt dazu, dass Arbeitskräfte leicht austauschbar werden.

Ein weiterer Schritt in der Entwicklung ist die Kombination von Manufaktur und Dampfkraft – damit haben wir die Fabrik. Von den Grundprinzipien her betrachtet, ist die Fabrik in ihren Anfängen nur eine Fortsetzung der Manufaktur mit anderen technischen Mitteln. Ich erzeuge ein, zwei oder fünf Produkte in einem vom Betriebsherrn geplanten mehrstufigen Fertigungsablauf. Einzelne Produktionsschritte, die an sich zu unterschiedlichen Handwerken gehören, werden in einem Produktionsablauf zusammengelegt. Die einen drehen das Garn, die anderen färben es, die dritten verweben oder verspinnen es, die vierten schneiden dann Kleiderteile daraus und die fünften nähen sie dann zu Kleidern zusammen. Das ist eine typische Kleidermanufaktur und ebenso eine typische Kleiderfabrik. In der Fabrik beginnt dann aber noch einmal eine Abstufung der Fertigungstiefe, getragen von Kostenrechnungsüberlegungen.

Für den klassischen Handwerker gab es eine Zunftordnung, die vorgeschrieben hat, was er alles tun muss, sie hat aber auch, was er tun durfte, klar eingeschränkt. Für die Fabriken, in deren Hallen viele „Gewerbe" zusammengefasst waren, war das zu eng. Die Antwort war das Fabrikprivileg, das den Fabriken erlaubte, ohne „Gewerbeschein" zu produzieren und ohne sich daher an die „Zunftordnungen" und deren Beschränkungen bezüglich dessen, was man produzieren durfte, halten zu müssen. Fabriken konnten Tätigkeiten und Produkte kombinieren, für die in der „zünftig-gewerblichen Sphäre" sehr viele unterschiedliche Gewerbescheine notwendig gewesen wären und konnten all die komplizierten Auflagen des Zunftwesens vermeiden. Dieses Fabrikprivileg taucht übrigens noch einige Zeit in Firmennamen auf z. B. als „k. u. k. privilegierte Fabrik".

NÖLAK: *Also sinngemäß „der Kaffee, den der Friseur serviert", ist weg?*

Fakler: Im Fabrikprivileg wird definiert, dass ich Dinge zusammenfassen darf, die sonst eben mehrere Gewerbescheine gebraucht hätten. Was zunimmt, ist das Handhaben von Werkzeugen – was früher nur die Hände und vielleicht ein Stichel oder ein Griffel waren – die Werkzeuge werden immer komplexer. Damit kommt auch gleich ein neuer Beruf hinzu, der Werkzeugmacher, egal, ob Schreibzeug, Bohrwerkzeug. Arbeitsgeräte für die fabriksmäßige und zunehmend auch für die gewerbliche Produktion herzustellen, wird ein eigener Beruf. Das beginnt zwar in Ansätzen bereits in der Frühzeit der Menschheit und findet sich im Mittelalter schon etwas ausgeprägter, aber noch immer machen sich die „Handwerker" viele ihrer Werkzeuge selbst. Mit Beginn der fabriksmäßigen, fast schon industriellen Produktion werden Werkzeuge immer wichtiger. Ebenfalls immer wichtiger, bzw. treten diese überhaupt erst ab diesem Zeitpunkt auf, werden Fertigungsprogramme und damit auch die ArbeitsvorbereiterInnen. Das ist ein Prozess, der sich erst in den letzten hundert Jahren so richtig intensiv entwickelt hat. Aufgrund dieser immer stärkeren Ausdifferenzierung und Arbeitsteiligkeit bedarf es systematischer Pläne zur Koordination und Steuerung der einzelnen Schritte und Abläufe. Auch die Wiederholbarkeit der Arbeit wird immer wichtiger, weil „gleichförmige" Massenprodukte hergestellt werden, deren wichtigstes Qualitätsmerkmal die „gleichförmige" Beschaffenheit ist. Damit kommen neue Arbeitstugenden wie „nach Vorgaben arbeiten", Konstanz der Performance, die so genannte „industrielle Disziplin" etc. hinzu.

Auch die Arbeitszeit bekommt eine andere Qualität. Der Handwerker des Mittelalters hat viele Feiertage gekannt. Harte Arbeit, ein großes Maß an Ausbeutung, aber als Gegengewicht eine Reihe kirchlicher Feiertage. Die Stundenarbeitszeit pro Tag war ungleich höher, die Jahresarbeitszeit war aber nicht sehr viel höher als heute. Der frühe Handwerker hat Zunftregeln für Arbeitsbeginn und -ende gehabt, Tagesanbruch bis Sonnenuntergang, die Färber durften schon früher anfangen, weil sie heizen mussten, vor allem, um die Färbebecken aufzuwärmen. Im Prinzip konnte der Handwerker versäumte Arbeitszeit nachholen. Er hat an seinem Produkt gewerkt, er hat halt – als Tischler zum Beispiel – für seinen Tisch länger gebraucht. Wenn Arbeitskräfte in der Manufaktur und insbesondere in der Fabrik quasi im Netzplan arbeiten, ist das Versäumte nicht so einfach nachzuholen. Wenn dort einer ausfällt, kommt ein Tisch mit drei statt mit vier Füssen am Ende der Produktionslinie an. Da muss nachgearbeitet werden.

Eine weitere Änderung ist die „industrielle Disziplin". Es kommen landwirtschaftliche ArbeiterInnen in Massen in die Manufakturen und Fabriken, die diese Disziplin nicht gewohnt waren. Das Landleben war streng, aber es war – salopp ausgedrückt – auch ziemlich schlampig. Faule Mägde, faule Knechte sind ein Märchenthema, das die Grimms zwar entdeckt, aber nicht erfunden haben. Da gibt es einen Kern Wahrheit dahinter. Die Fabriksirene als Wecksignal, Taktgeber und Pausengestalter bei der Arbeit ist ein Kulturschock für die Menschen aus der Landwirtschaft – zuerst für die Mägde und Knechte und später für die „weichenden" Bauernsöhne. Diese neue „industrielle" Disziplin, die hat es früher nicht gegeben. Um nur die Uhr zu nehmen. Die Uhr hat in der Stadt als Informationsquelle dafür gedient, wie spät es ist. Am Land ist Pause gemacht worden, wenn die Leute „fertig" waren, ungefähr zu Mittag, weil das physiologisch zusammengepasst hat mit dem „ersten Hunger" nach dem Frühstück und dem Umstand, dass niemand ununterbrochen arbeiten kann, das haben auch die strengsten Fronherren erkannt. In der Industrie bekommt die Uhr eine ganz andere Bedeutung. Da geht es nicht mehr um den physiologischen Zustand, sondern einfach um die Einteilung, das ist die Vormittagsschicht, die Nachmittagsschicht, die Nachtschicht. Die Sirene sagt auch, jetzt wird Schwemmwasser abgelassen, jetzt müssen alle zurücktreten, sonst verätzen sie sich die Füße. Das ist jetzt ein anderer Drill. Sie finden Ähnliches beim Militär, und zwar mit Beginn der „Massenheere". Die Söldnerarmeen, die haben exerziert, bis die Soldaten es konnten und um in Übung zu bleiben. Da war der Drill (sieht man von den zeitbedingten Unmenschlichkeiten ab) ein gar nicht so strenger, weil die meisten bald verstanden hatten, wie es ging. Der Drill in seiner wirklich „bösen" Erscheinungsform beginnt beim Massenheer – so wie bei uns nach 1814, nachdem der Erzherzog Karl erkannt hat, dass der napoleonischen Armee, die das erste Massenheer in Divisionsgliederung war, erfolgreich nur mit einem Massenheer begegnet werden kann – und so grauslich, unmenschlich und in weiten Strecken „dumm" er in den konkreten Ausprägungen war, teilweise war er funktionell notwendig. Man beachte, dass Drill nicht automatisch Unmenschlichkeit heißt. Die Massenheere rekrutieren keine Profisoldaten, sondern Leute, die die militärische Logik und Funktionalitäten nicht verstanden und nicht gewohnt waren. Auch ihre Hygienegewohnheiten waren dem Zusammenleben hunderter Menschen auf engstem Raum vielfach nicht angepasst. Die Antwort darauf waren starre, heute unverständliche Regeln über Haar- und Körperpflege, Formaldisziplin, einfache Eselsbrücken und stupide Normierungen, aber man bedenke, dass bis Ende des 19.Jahrhunderts in der k.u.k-Armee Analphabeten nicht unhäufig waren, um es höflich auszudrücken. Die neue Regel war, es machen alle das Gleiche. Wenn man mit der Sense mäht, geht jede/r sein/ihr Tempo. Das ist auch produktiver. Wenn aber 300 Leute in einer Linie marschieren sollen, damals gab es noch die Lineartaktik, die hat sich erst später aufgelöst, und jeder geht sein eigenes Tempo, auch wenn das individuell die beste Marschleistung brächte, dann kann man keine Linie bilden, die man aber nach den damaligen Gefechtsregeln brauchte. Daher mussten die „Bauern" – die Hauptrekrutierungsbasis des Militärs – im Kontrast zu dem, was in ihrem bisherigen Leben praktisch und erfolgreich war, z. B. im gleichen Schritt gehen lernen.

Zurück zur Industrie: Jetzt kommen in der Masse – Stichwort: Industrielle Revolution – unausgebildete und nur angelernte Kräfte in die Fabriken, weil die brauchen sich „eh nur" 4 oder 5 Handgriffe zu merken. Die brauchen keine Werkstoffkenntnis mehr, die der handwerkliche Facharbeiter für seine Arbeit brauchte, weil es wird dafür gesorgt, dass der Werkstoff gleich ist und dass die Maschine es „tut". Entweder bohrt eine Bohrspitze alle vorkommenden Materialien oder es gibt einfache Vorschriften für das Wechseln der Bohrspitzen – der Arbeiter braucht nicht mehr viel zu entscheiden und daher braucht er auch nicht viel zu wissen. Dieser Trend findet im Taylorismus, manche nennen es auch „Fordismus", im ersten Viertel des 20. Jahrhunderts seinen Höhepunkt. Danach setzt – nach Branchen und wirtschaftlichen Entwicklungsstufen zu unterschiedlichen Zeitpunkten und mit unterschiedlicher Intensität – eine ebenfalls an Produktivitäts- und Kostenvorteilen orientierte Tendenz in Richtung Erhöhung des produktionsnotwendigen Arbeitsplatzwissens, der Komplexität des einzelnen Arbeitsplatzes und auch der notwendigen, zeitlichen und fachlichen Flexibilität ein.

NÖLAK: *War eine Manufaktur nicht besonders anfällig im Hinblick darauf, dass das Produkt, das dort produziert wird, plötzlich nicht mehr gebraucht wird. Stichwort: Sättigung, Konkurrenz?*

FAKLER: Nein, nicht unbedingt. Zum einen war die Blüte der Manufakturen zu einer Zeit (hier mischen sich Ursache und Wirkung), in der die Bevölkerung und damit die Zahl der KäuferInnen, stark zugenommen hat, in der die Geldvermögen stark zunahmen, in der der Staat die Manufakturen im Sinne heutiger Exportförderung stark unterstützt hat. Das heißt, die Manufakturen entstanden in einer, heute würde man sagen, Boom-Zeit und da sind Änderungen immer relativ leicht verkraftbar. Wenn man die Manufakturen mit dem Gewerbe vergleicht, erscheinen mir die Manufakturen sogar leichter umstellbar und umrüstbar. Man kann, wenn genug Kapital für neue Anlagen vorhanden ist, schneller und leichter umrüsten als umlernen. Das heißt, die Manufaktur mit ihren zerteilten, zerlegten einfachen Arbeiten, die keiner langen und intellektuell aufwändigen Einschulung bedürfen, hat gegenüber dem Handwerk, das lange und inhaltlich anspruchsvolle Ausbildungen erfordert, einen klaren Vorteil bei notwendigen Umstellungen. Der Steinmetz, der nur gelernt hat, für Kathedralen tolle Steinarbeiten zu machen und plötzlich haben die Städte kein Geld mehr für Kathedralen, oder der Ehrgeiz, die schönste Kirche zu haben, nimmt ab, weil das Leben profaner wird und die Bankkonten interessanter als das Seelenheil werden, der kann sein ganzes „Steinmetzwissen" in dieser Stadt vergessen und muss, möchte er wieder als Handwerker arbeiten, einen neuen Beruf erlernen bzw. einen anderen Betrieb anfangen. Für den/die HilfsarbeiterIn in der Manufaktur, gleich ob er/sie Steine oder Metall bohrt, ist die Umstellung leichter, weil er/sie bei Weitem nicht so viel Neues lernen muss, um wieder ein/e produktive/r MitarbeiterIn sein zu können. Für den Fabriksherrn heißt das, er bekommt auch schnell und relativ leicht wieder Leute, die die neuen, einfachen Arbeitsschritte beherrschen, die er für die Herstellung seiner neuen Produkte braucht. Im Prinzip hätten viele Manufakturen Werkzeuge für die Herstellung sehr vieler unterschiedlicher Produkte verwenden können und waren auch technisch relativ leicht und relativ billig umrüstbar, jedenfalls meist leichter und billiger als im Gewerbebereich. Bei der Fabrik wird so eine Umstellung zwar wegen des höheren „Mechanisierungsgrades", das heißt Maschinenintensität, ein wenig teurer, aber auch in den Fabriken sind die Umschulungskosten und -zeiten für die durchschnittlich weniger qualifizierten ArbeiterInnen deutlich geringer als bei qualifizierten Arbeitskräften.

NÖLAK: *Steuern wir auf die arbeitsfreie Zukunft zu?*

FAKLER: Welt ohne Arbeit, das hängt davon ab, welchen Begriff von Arbeit man hat. Nehmen wir einmal Lohnarbeit, also Arbeit, für die man/frau von einem Arbeitgeber Geld erhält, die als Anstrengung zu einem bestimmten Ergebnis führt, die man sich nicht selbst ausgesucht hat. In den nächsten 10, 15, 30 Jahren gibt es sicherlich kein Produktionsverfahren, das uns als LohnarbeiterInnen unnötig macht. Und die Erfahrung, die wir jetzt mit Automatisation haben, hat gezeigt, dass die Automatisation neue Produkte möglich macht, die wieder der menschlichen Arbeit bedürfen. Auch wenn ich jetzt unterstelle, dass es irgendwann einmal technisch möglich sein sollte, sich selbst entwickelnde und produzierende Automaten zu erzeugen, die dann wieder

Güter des täglichen Bedarfs erzeugen, kann man es sich trotzdem gesellschaftlich nicht leisten, die Menschen ohne Arbeit zu lassen. Das ist absolut nicht wünschenswert. Also ich erwarte mir für meine restliche Lebenszeit keine Gesellschaft ohne Arbeit und ich erwarte mir auch weiterhin eine hohe Arbeitsbeteiligung aller – denn allein die Sicherung des Pensionssystems verlangt viele Beitragszahler.

NÖLAK: *Dienstleistungsbetriebe?*

FAKLER: Es hat sich gezeigt, dass trotz all dieser bombensicheren Prognosen – Roboter machen alles – noch immer neue Produkte entstanden sind. Selbst die innovativsten EntwicklerInnen vor 30 Jahren haben nicht die heutigen Laptops vorhergesehen. Keine/r hat vorhergesehen, dass das Schreiben, das Warten von Programmen ein Geschäft wird und natürlich persönliche Dienstleistungen, Wellness, Altenbetreuung und dergleichen mehr. Das geht natürlich nur in dem Sinn, indem im Produktionssektor Produktivität vorhanden ist. Denn keiner kann sich Wellness leisten, wenn er gerade am Existenzminimum verdient. Da kann er es noch so dringend brauchen, wenn er es sich nicht leisten kann, kann er die Dienstleistung auch nicht in Anspruch nehmen. Das ist auch der Grund, warum es zum Beispiel nicht gut gehen kann, wenn man auf die Konkurrenz in Südostasien mit Lohnsenkungen reagiert. Denn wer soll dann das kaufen, was wir herstellen? Das hat Henry Ford erkannt. Er hat gesagt – ich gebe es sinngemäß wieder: „Wir müssen billige Autos bauen, die sich meine Arbeiter leisten können, denn sonst kann ich sie nicht verkaufen." Und die „Tin Lizzy" (Anm. d. Red.: „Blechliesl") war ja so ein Auto, bekanntermaßen das erste Fließbandauto, das sich seine Arbeiter leisten konnten. Heute diskutieren manche UnternehmerInnen, oder wer sich dafür hält, Lohnsenkungen in Europa um 10, 15, 20 % als Reaktion auf die Globalisierung, um konkurrenzfähig zu bleiben. Da kann ich nur sagen, o. k., dann versucht das mal, aber wundert euch nicht, wenn euer Absatz in Europa – und die meisten europäischen Firmen verkaufen weiterhin das meiste in Europa – auch um diese Größenordnungen zurück geht. Denn natürlich geht der Konsum der Haushalte zurück, wenn ihre Einkommen zurückgehen und Nachfrage ist nun einmal eine wesentliche Eingangsgröße für den Absatz bzw. Umsatz.

NÖLAK: *Das heißt, in absehbarer Zeit wird die Arbeit abhanden kommen, es wird einige Kopfarbeiter geben und der Rest geht spazieren?*

FAKLER: Nein, das heißt es gar nicht. Es ist zwar theoretisch denkbar, nur hat die Praxis der letzten 50 Jahre, die ja diesen Trend bereits kannte und auch diskutiert hat, dieses Szenario nicht eingelöst.

NÖLAK: *Dann ist also das Gegenteil der Fall: Gehobene Branchen werden immer personalintensiver. Was macht man aber mit dem ehemaligen Fabrikarbeiter, der wirklich nicht anpassungsfähig ist?*

FAKLER: Das wird wirklich schwierig. Relativ lange Zeit, bis in die 1950er Jahre, gab es Arbeitsplätze für einfachere Gemüter, ich meine damit nicht den klassischen Fabrikarbeiter, sondern schlicht und einfach Menschen mit eingeschränkten Begabungen, in größerer Zahl. Das ist derjenige, den man am Bau geschickt hat, die Jause zu holen, der Aktenträger, der bei allem Fleiß und gutem Wollen, wenn er Post aus drei Büros in einer anderen Reihenfolge als sonst holen musste, vor einem für ihn fast unlösbaren Problem stand und so weiter. Faktum ist, die einfachen Jobs werden immer weniger und selbst die verbleibenden einfachen Jobs werden immer anspruchsvoller. Das heißt, Fachfertigkeiten braucht man zwar für diese Job weiterhin keine besonderen, aber es wird schneller, komplexer, man muss mehr Stufen unterscheiden, es ist also immer weniger schwarz oder weiß, es gibt immer mehr Grautöne. Es gibt ein Beispiel aus einer amerikanischen Fernsehserie: Eine Anwaltskanzlei hat einen geistig Behinderten eingestellt und dem haben sie beigebracht zu fotokopieren. Dann haben sie sich einen neuen, leistungsfähigeren Fotokopierer gekauft, aber ihm – weil es für sie „eh" klar war, dass der Kopierer ein anderer, neuer ist, der auch anders als bisher zu bedienen ist – nichts davon erzählt und er kopiert nach dem alten, nun falschen Modus weiter und merkt es nicht. Auf den Kopien ist nichts drauf, denn beim neuen Gerät ist die zu kopierende Seite mit Text nach unten einzulegen, beim alten war es umgekehrt. Er hat die neue Maschine so benutzt wie die Vorgängermaschine, weil er das „Neue" daran nicht erkannt hat. Das Beispiel soll zeigen, dass es in einer immer technisierteren, schnelleren, komplexeren Welt für Menschen, die langsam, d. h. nur durch vielfache Wiederholung und Einübung lernen, immer schwieriger wird, mit den Anforderungen der Arbeitswelt mitzukommen, weil es gerade für diese Menschen, die ein hohes Maß an Anschaulichkeit brauchen, in der Arbeitswelt immer weniger Anschaulichkeit gibt. Und dennoch brauchen wir auch für solche Menschen Arbeitsplätze, auf denen sie – in ihrem Rahmen – sinnvolle Arbeit leisten können.

„Das Geld, es hat immer eine Rolle gespielt, ob es in der Form der Kauri-Muschel war, wo man Naturaltausch gehabt hat, oder heute das Bargeld.“

René Alfons Haiden

Renè Alfons Haiden war Generaldirektor der Bank Austria und ist Vizepräsident der Wirtschaftskammer Österreichs

NÖLAK: *Hat sich die materielle Entwicklung, die die Jahrhunderte hindurch relativ stagniert hat, in Bezug auf Arbeit und Verdienst in den letzten Jahrzehnten gedreht? Ist das Kapital wahnsinnig geworden? Wohin geht diese Entwicklung noch?*

HAIDEN: Ich glaube, wir können schon sagen, dass wir eher in einer materialistischen Welt leben. In einer Welt, in der sozusagen das Ziel berechtigterweise jedes Menschen ist, einen möglichst hohen und guten Lebensstandard zu haben und dazu braucht man Geld. Und daher ist auch das Streben nach einem Einkommen dementsprechend. Dazu trägt sicher auch die Globalisierung bei, obwohl ich glaube, dass wir in Österreich, wenn man sich den Inbegriff des mit dem „Geld machen“ höchsten verbundenen Risikos, sprich die Aktienbörse, anschaut, da eher ein Entwicklungsland sind. Nach den aktuellen Zahlen waren 8 % der Österreicher vor ein paar Jahren auch Aktionäre und das ist jetzt wieder abgesunken. Kein Wunder, weil seit April 2000 haben wir eigentlich eine Phase des Abschwungs an Aktien und das ist auch insofern interessant, als aufgrund einer 125 Jahre umfassenden Statistik aus den USA 1875–2000 die durchschnittliche Dauer der Abschwungphase 18 Monate war und wir sind jetzt bei 37. Also mehr als doppelt. Und die Intensität des Abschwunges lag bei der vorhin erwähnten Statistik bei 32 %, wir liegen jetzt bereits über 50 %. Man hat natürlich versucht, den Menschen die Aktie als den Begriff des Geldvermehrens, näher zu bringen. Man sagt ja, die erste Basis ist das Sparbuch, dann gibt es irgendeine festverzinsliche Anleihe, Zertifikate und je nach der Mischung bis hinauf zur einzelnen Aktie, die ist dann sozusagen am Top dieser Anlagenpyramide. Natürlich sind viele über Nacht reich, aber noch mehr über Nacht arm geworden. Und die Entwicklung, wie Sie gesagt haben, geht in diese Richtung. Aber ich würde sagen, ob der Lebensstandard damit zusammenhängt, ist schwer zu sagen. Wir haben aktuell 6 % Aktionäre, die Deutschen haben auch nicht viel mehr, 8–9 %, die Engländer über 20 %, die Schweden über 30–35 % und in Amerika sagt man, sind es noch mehr. Daher ist es in Amerika zum Beispiel schon ein wesentlicher Punkt, dass dort der durchschnittliche Bürger neben seinem Einkommen aus seiner Tätigkeit natürlich auch die Kurssteigerungen und die Dividenden aus der Aktie wesentlich für seine Lebensgestaltung benötigt und wenn dort, wie es in den letzten zehn Jahren war, der Markt hinaufgeht, na dann jubelt der Amerikaner, und wenn er hinunterfällt, dann ist Katastrophenstimmung angesagt. Das Streben nach Geld, nach Verdienst und nach höherem Wohlstand – es wird ja jedem auch anempfohlen, dass er das tun soll. Das Geld, es hat immer eine Rolle gespielt, ob es in der Form der Kauri-Muschel war, wo man Naturaltausch gehabt hat oder heute das Bargeld. Heute hat man eher kein Bargeld, sondern normalerweise das Privatgirokonto, das ein ganz wichtiges Instrument geworden ist.

Ich glaube, heute hat wirklich jeder Pensionist, jeder Bundesbedienstete, jeder private Angestellte, jede und jeder ein Girokonto. Wir haben in Österreich sicher etliche Millionen privater Girokonten, auf denen die Pensionen, Gehälter und Löhne hin- und von dort durch Daueraufträge, Lastschriften, Rechnungseinzug, sonstige Aufträge usw. wegdisponiert werden. Das Bargeld ist stark im Rückgang begriffen.

NÖLAK: *Wird die Tendenz weitergehen oder gibt es da sogar technische Weiterentwicklungen? „Payper-Handy" und all diese Geschichten?*

HAIDEN: Ja, sicher. Sie können dann in Hinkunft z. B. die Parkgebühr mit dem Handy bezahlen. Das heißt, es gibt immer mehr technologische Entwicklungen, die das Bargeld im klassischen Sinne eigentlich unnötig machen. Wenn Sie sich heute vorstellen, Sie gehen einkaufen, so wird man mehr oder weniger überall die Kreditkarte akzeptieren. Dann gibt es viele große Firmen, die haben die Kundenkarte, und dann haben Sie auch noch die Bankomatkarte. Also, die Technik hat hier sicher einen wesentlichen Einfluss und ich glaube, es wird weitere technologische Entwicklungen geben. Das Handy etc., wie Sie richtig sagen, das sind alles Instrumente, die die Verwendung des Geldes unheimlich erleichtern. Und daher ist es umso wichtiger, dass der Einzelne wirklich klar haushält, dass er nicht viel mehr ausgibt, als er hat.

NÖLAK: *Stichwort Schuldenfalle – ist die Schuldenfalle „vorprogrammiert"? Ist es eine Gefahr, dass man so leicht Beträge verschieben kann?*

HAIDEN: Ich würde sagen, erstens ist das Warenangebot ganz anders in der Quantität und Qualität. Das heißt, das Angebot ist so, dass es optisch ins Auge sticht. Die Zahlungsmodalitäten sind natürlich aufgrund der Karten viel leichter geworden und es ist damit auch leichter, Schulden zu machen. Letzten Endes weiß ich nicht, ob nicht die betragsmäßige Umstellung von Schilling auf Euro auch einen gewissen Einfluss hatte, abgesehen davon, dass viele noch immer nicht die richtige Wertigkeit erfasst haben. Viele denken, dass € 5,80 eh nichts sind, dabei sind das 80 Schilling.

NÖLAK: *Ich denke mir das oft im Kaffeehaus.*

HAIDEN: Ein ganz typischer Fall ist das Trinkgeld. Wo die Leute entweder …

NÖLAK: *… 5 Cent geben oder …*

HAIDEN: Schauen Sie, ein typischer Fall ist die bisher beliebteste Banknote der Österreicher, der Zwanziger. Wenn Sie da irgendwo Trinkgeld gegeben haben, waren es 20 Schilling. Es gibt heute keine vergleichbare Note. Weil € 5 sind 70 Schilling. Jetzt können Sie sagen, wenn ich es exakt umrechne, müsste ich € 1,50 nehmen, das schaut ja blöd aus. Ich mache es genauso, ich gebe € 2. Dann komme ich darauf, das ist eine 35%ige Steigerung. Und dann sage ich Ihnen ehrlich, wenn ich die € 2 gebe, habe ich immer ein ungutes Gefühl, weil ich mir denke, das ist ja so eine kleine Münze.

NÖLAK: *Geht die Entwicklung in diese Richtung, dass ein besser bezahlter Job ein verdienstvollerer Job ist? Also ist Geld immer mehr das Maß für Leistung – der kriegt mehr bezahlt, der muss besser sein, wobei das ja früher nicht unbedingt korrespondiert hat?*

HAIDEN: Ja, ich würde sagen, es gibt zwei grobe Entlohnungssysteme. Das eine ist, wo Sie in irgendein Schema eintreten und egal was Sie machen, weil Sie ihre Jahre abgesessen haben, z. B. bei der öffentlichen Hand, dann haben Sie eben jährliche oder Biennalsprünge, kommen von einer Stufe in die andere, oder von einer Gruppe in die andere. Das ist grob gesagt nicht leistungsfreundlich! Das kann aber dann leistungsfreundlich sein, wenn Sie innerhalb dieses Entlohnungssystems sagen, dem Mitarbeiter geben wir eine außerordentliche Gratifikation.

NÖLAK: *Sind wir noch immer ein kommunistischeres Land als z. B. die Schweiz? Sie erleben in allen Kreisen bei uns sehr leicht Neid. „Was der verdient, pfui …!" Politikerpension ist natürlich das Paradebeispiel.*

HAIDEN: Ich sage immer, die Neidgenossenschaft ist die größte Organisation weltweit, zumindest in Österreich, größer als die UNO und alles andere.

NÖLAK: *Das ist zumindest in Österreich so, Sie haben es ja zuerst schon gesagt, oder?*

HAIDEN: Es gibt da zwischen Europa und Übersee einen großen Unterschied. Wenn in Amerika einer sagt, ich habe drei Häuser, Bankkonten, ein Wertpapierdepot von 2 Millionen Dollar und drei Autos, dann sagt man, das muss ein tüchtiger Mensch sein. Das kriegt man ja nicht geschenkt. Bei uns, wie Sie sagen, da ist die Neidgenossenschaft.

NÖLAK: *Wie behandelt man als Zeitgenosse Leute, die wirklich Milliarden verdienen, so wie z. B. Bill Gates?*

HAIDEN: Es gibt wirklich Bereiche, die total herausfallen. Also, ich würde sagen, das ist der Sport, das ist die Kultur. Warum ein Opernsänger bei einem Auftritt in der Wiener Staatsoper, ich weiß nicht, € 5.000 oder € 10.000 gekriegt hat oder noch kriegt, das weiß ich nicht, und das Gleiche gilt für den Sport. Aber das wird man nicht in den Griff kriegen können. Allerdings kann man sie wegen ihrer geringer Anzahl vernachlässigen.

NÖLAK: *Aber genau das sind die Idole unserer Jugend.*

HAIDEN: Idole der Jugend – ich meine, es wird keiner dem Schuhmacher neidig sein. Darum sage ich ja, im Sport und im Kulturbereich wird es solche Ausreißer, nennen wir sie so, geben. Aber das ist nicht die Norm.

NÖLAK: *Das Interessante ist ja, dass solchen Leuten niemand neidig ist. Dagegen steht, dass ein zweifelsohne exzellent verdienender Politiker, Banker, Wissenschaftler etc., wahnsinnig vorsichtig mit seinem Vermögen und mit dem Herzeigen seines teuren Autos sein muss, weil er sofort angegriffen wird.*

HAIDEN: Ich möchte dazu zwei Punkte anführen. Erstens, dass wir vom Wohlstand noch nicht so lange reden können. Denn wenn man das letzte Jahrhundert anschaut, so war da der Erste Weltkrieg, nachher waren die „Goldenen Zwanzigerjahre", dann war die Weltwirtschaftskrise, dann war der Schilling, der Alpendollar, nur 600.000 Arbeitslose haben wir gehabt in den 1930er Jahren, dann kommt das „Tausendjährige Reich" und, sagen wir bis 1955 – zumindest im Osten Österreichs – war auch nichts da. Also gehen wir davon aus, dass sich erst ab den 1960er, eher 1970er Jahren in breiteren Schichten der Bevölkerung ein Wohlstand entwickelt hat. Wohlstand heißt ja nicht, dass man viel verdient, sondern dass man Substanz hat. Also, Versorgung mit Wohnraum zum Beispiel, ob jetzt Einfamilienhaus oder ordentliche Eigentumswohnung oder ob einer einen Schrebergarten hat, welches Auto er fährt, welche Kleidung er hat und auch die gesamte Infrastruktur. Das heißt, der Wohlstand der Gesamtheit widerspiegelt den des Einzelnen und umgekehrt. Also bei uns ist es so, dass sicher breite Schichten der Bevölkerung einen Wohlstand haben, aber wenn sie wissen, dass z. B. aktuell bei der Sozialversicherung der Gewerblichen Wirtschaft, bei der alle Unternehmer versichert sind, 12 % aller Pensionisten Ausgleichszulagenrentner sind, dann wird man nicht sehr viel von einem Wohlstand reden können. Und da ist es so, dass die meisten meinen, der Unternehmer wäre ein Steuerhinterzieher, Kapitalist und so weiter. Kein Österreicher weiß, dass 85 % aller 300.000 Kammermitglieder weniger als 10 Beschäftigte haben. Na, den kann ich nicht als Kapitalisten bezeichnen. Ich würde sagen, wir leben in einer Erbengesellschaft. Denn heute können wir nach fast 60 Jahren Frieden sagen, die Leute haben Geld angesammelt.

Man sieht ja, was auf den Sparbüchern liegt, und die Geldvermögensbildung, also vom Sparbuch über Wertpapiere, Zertifikate, Aktien, also dieses Vermögen, nicht in Grundstücken und auch nicht in Gold, wird heute auf ungefähr € 300 Milliarden geschätzt. Also öS 4000 Milliarden, das ist unser BIP. Das heißt, wir sind ein durchaus sparsames Volk, haben in den vielen Jahren im Schnitt 7 bis 8 % Sparquote gehabt, die etwas zurückgegangen ist, aber jetzt sicher durch die seit Wochen andauernde und noch zu erwartende Diskussion um die Pensionsreform wieder ansteigen wird und das bedeutet beispielsweise auch, was ich aus vielen Betriebsbesuchen weiß, dass der Handel sagt, es besteht eine rückläufige Konsumneigung. Die Konsumenten sind wählerischer denn je, schauen viel mehr auf den Preis, machen Preisvergleiche und wenn sie sich dann entschieden haben, dann feilschen sie um den Preis, was kriege ich an Rabatt, und was kriege ich an Disagio.

NÖLAK: *Was würden Sie einem jungen Menschen in punkto Wahl des Arbeitsplatzes empfehlen? Soll das also ein Posten sein, der besonders viel Verdienst bringt oder soll das ein Posten sein, der besonders glücklich macht, ein Posten der besonders viel Freizeit lässt? Was würden Sie meinen, sind die Prioritäten der nächsten 20 Jahre?*

HAIDEN: Der erste Ausgangspunkt für mich ist, was hat der Einzelne für eine Ausbildung. Denn die Ausbildung ist sehr wesentlich.

NÖLAK: *Sagen wir ein 08/15-Maturant.*

HAIDEN: Es gibt genaue Untersuchungen, dass mittelfristig die meisten Arbeitsplätze im Bereich der Sozialdienste geschaffen werden, das heißt, Krankenpflege, Service, dass man in den Haushalt kommt, ältere Leute mit Essen versorgt, also Sozialdienst im weitesten Sinne des Wortes. An zweiter Stelle kommen dann Wirtschafts- und Rechts- und Steuerberatung. An dritter Stelle kommt alles, was heute Kommunikation und Informationstechnologie ist. Ein weiterer Punkt ist dann EDV, betriebliche Organisation. Das, was sich herausstellt, ist, dass man vielleicht in den letzten Jahren viel zu sehr auf die akademische Ausbildung Wert gelegt hat. Also, wenn heute einer Soziologie oder Zeitungswissenschaften studiert, weiß ich schon jetzt, dass er in ein paar Jahren möglicherweise zu den Arbeitslosen gehört.

Und man hat massiv, viel zu wenig die Bedeutung der Lehrlingsausbildung betont. Österreich hat ein duales System, Schule – Betrieb, wie kaum ein anderes Land. Wir wissen, 93 % aller Facharbeiter waren einmal ein Lehrling, aber was die meisten nicht wissen, auch 52 % aller Unternehmer waren einmal Lehrling. Der hat als Lehrbub angefangen, hat seine Lehrabschlussprüfung gemacht, ist Geselle geworden, hat seine Meisterprüfung abgelegt und sich selbstständig gemacht. Und heute werden Sie wahrscheinlich viel mehr Schwierigkeiten haben, einen Elektriker, einen Fliesenleger oder Installateur zu finden als einen Juristen oder Steuerberater. Bedenken Sie, dass sogar der Präsident der Industriellenvereinigung darauf hinweist, dass 20.000 Facharbeiter fehlen und alles daran gesetzt werden muss, um diese auszubilden, damit wir weiter expandieren können. Aus den aktuellen Daten des Arbeitsmarktservice geht hervor, dass wir im Schnitt – nach der österreichischen Berechnung – eine 7%ige Arbeitslosenrate haben. Der, der nur den Pflichtschulabschluss hat – und das ist eine teilweise Antwort auf Ihre Frage – der hat fast die doppelt so hohe Arbeitslosenrate, der Lehrling liegt unter 7 %, derjenige, der die HAK, Mittelschule, AHS, BHS absolviert hat, liegt um 3 % und der Fachhochschüler und der Akademiker pendelt zwischen 2 und 3 % Arbeitslosenrate. Also, ich glaube, das ist eine Antwort darauf, das heißt, das Ziel muss es sein, Bildung, Bildung, Bildung. Und zwar Ausbildung und Weiterbildung. Nicht sagen, ich habe das jetzt gelernt und danach kommt nichts mehr. Ich sehe das bei mir selbst, ich bin seit 8 Jahren formal in Pension und wenn man da nicht auf Zack ist, nicht weiß, was rundherum vor sich geht, ist man innerhalb kurzer Zeit weg. Und daher auch dieses Schwergewicht der Arbeitslosigkeit bei den „nur Pflichtschülern".

NÖLAK: *An erster Stelle kommt der Sozialbereich, an zweiter Stelle der Bereich der Wirtschafts-, Recht- und Steuerberatung, jetzt haben Sie aber gesagt, dass handwerkliche Fachkräfte heute viel bessere Chancen haben als z. B. ein Wirtschaftstreuhänder oder Steuerberater.*

HAIDEN: Das würde ich fast gleich anschauen. Aber im Sozialdienst, wenn sie heute fachlich qualifiziertes Personal für Seniorenheime suchen, finden sie dieses Personal in Österreich nicht.

NÖLAK: *Ja, aber die Jobs sind doch wahnsinnig schlecht bezahlt. Ist da nicht der Hebel, wo man ansetzen müsste?*

HAIDEN: Da gebe ich Ihnen Recht. Ich muss sagen, da muss ich passen, ich weiß ja nicht, wie die Bezahlung ist. Man muss eigentlich in die Zukunft schauen, in welcher Weise wird sich die Wirtschaft und vor allem die Technik und die Technologie entwickeln? Welche Chancen ergeben sich daraus und welche Berufe werden wir nicht brauchen? Denken Sie z. B. an einen Hufschmied, da hat man auch gesagt, den braucht man nicht, jetzt brauchen sie ihn wieder, weil beinahe jeder zweite Haushalt ein Pferd hat, egal jetzt ob es ihm gehört oder nur ausgeborgt ist. Den Meerschaumdrechsler werden wir nicht brauchen. So viele Pfeifenraucher gibt es nicht. Das heißt, man muss diese Entwicklung möglichst genau vorherzusagen versuchen, und daher sage ich auch, der Schlüssel für die Wirtschaft ist Berufsberatung und Berufsinformation. Das Mädchen möchte meistens Friseurin werden, eine Bürokauffrau oder Handelskauffrau. Der Bub möchte Automechaniker werden, auch Bürokaufmann usw. Wie schaut die Wirtschaft in der Praxis aus? Bleiben wir beim Burschen. Ich habe im Zuge meiner Tätigkeit viele KFZ-Werkstätten besucht, die brauchen ja den Automechaniker eigentlich überhaupt nicht mehr. Wir wissen, als das Auto gekommen ist, haben Sie alle 2.500 Kilometer zum Ölwechsel gehen müssen. Die neuesten Modelle haben mindestens 30.000 Kilometer-Intervalle. Na, was fährt der durchschnittliche Österreicher? 15.000 Kilometer im Jahr. Der kann 2, 3 Jahre bis zum Ölwechsel warten. Also, das heißt, die Berufsinformation, die Berufsberatung muss mit der technologischen Entwicklung mitgehen und da ist vieles versäumt worden und daher lernen viele Leute den falschen Beruf und dann sind sie arbeitslos. Und daher haben wir dort einen Mangel, wo wir sie brauchen, und woanders haben wir einen Überschuss.

Was mir in Österreich fehlt – das gefällt mir in Amerika – da geht der Universitätsprofessor in die Wirtschaft und arbeitet ein Jahr in einer Bank oder Industrie, damit er weiß, wie die das machen. Und der Generaldirektor der Bank geht einmal ein Jahr auf die Universität, um das Lernen zu lernen. Dass sind nicht irgendwelche „Spintisierer“, sondern das ist für die Geistes- und Naturwissenschaften ein Fortschritt und immens wichtig. Angewandte Forschung, deren Forcierung und Fokussierung auf die Erfordernisse der Wirtschaft abzielt – das wäre zu betonen. Da können das Institut, dieser Universitätsprofessor, diese Studenten viel lernen, also kurz gesagt, eine engere Verbindung zwischen Praxis und Theorie, sagen wir zwischen praktischen Arbeiten und wissenschaftlicher Forschung und daher sind wir ja auch in der Forschung mit 1,9 % ein Entwicklungsland. Kein europäisches Land, das auf sich was hält, ist unter 2,5 bis 3 %. 1 % sind € 2,2 Milliarden vom BIP.

NÖLAK: *Was würden Sie sagen: Wo rangieren bei einem Arbeitsplatz die Tugenden wie z. B. Freizeit etc.? Verdienst ist klar, Berufchance ist klar, Weiterbildung ist klar. Werden in der Zukunft solche Parameter wichtiger werden?*

HAIDEN: Ich würde meinen, dass natürlich der Beruf primär dazu da ist, dass man das Leben gestalten kann, nämlich möglichst gut, wie wir eingangs gesagt haben. Schön ist, wenn jemand auch sagt, das ist eine Berufung. Ich erinnere mich an meine Frau, die zu mir gesagt hat, du tust so, als ob die „Z" dir gehören würde. Die gehört nicht mir, habe ich gesagt, das weiß ich, aber wir haben uns alle damit, also mit der Arbeit identifizieren können. Das hat wirklich Spaß gemacht, hat einen befriedigt zu sehen, wie sich die Bank entwickelt hat, wie sie heute da ist. Das heißt, die Basis ist Einkommen zu haben, Verdienst, Geld, um sich ein gutes Leben leisten zu können.

NÖLAK: *Die Arbeit für das Leben und nicht das Leben für die Arbeit?*

HAIDEN: Genau. Und das Zweite ist sicher, wie Sie richtigerweise sagen, dass natürlich die Freizeit eine zunehmende Rolle spielen wird, weil die Leute heute viel Sport betreiben, weil sie kulturell interessiert sind, weil sie viel Urlaub haben. Das sind wahrscheinlich die drei Parameter – und natürlich auch ein entsprechendes Ansehen, aber da kommt man wieder zu dem, dass man in Österreich, wenn man wirklich viel verdient, also mehr hat als der Durchschnitt, scheel angesehen wird. Und wer will das schon?

NÖLAK: *Darf ich nur ergänzen, dass die Freizeit des einen natürlich der Beruf des anderen ist. Das kommt dann auch zusammen.*

HAIDEN: Genau. Wenn jemand mehr verdient, hat er auch die Möglichkeit, mehr auszugeben. Ob das jetzt für sportive, für kulturelle oder gastronomische Sachen ist, es hängt alles zusammen.

NÖLAK: *Wir haben davon gesprochen, dass viele, vor allem jüngere Menschen, stark verschuldet sind, weil sie einfach manchen Käufen nicht widerstehen können und relativ leicht einen Kredit bekommen. Kann man da irgendwelche Faustregeln für diese Menschen oder auch für die Firmen aufstellen, sollen beispielsweise die Firmen weniger werben bzw. die Kunden nicht immer danach streben, das schönste, neueste Auto haben zu wollen?*

HAIDEN: Wenn Sie heute die Werbung im Fernsehen oder Rundfunk oder auch in den Zeitungen anschauen, ist Werbung ja immer ein positives Erlebnis. Es wird Dir niemand sagen, spare. Weil das wäre negativ. Auf der anderen Seite ist das auch eine Konsequenz der Erziehung vom Elternhaus her, zweitens der inneren Stabilität oder des Rückgrates, wenn Sie wollen, auf der anderen Seite gebe ich Ihnen Recht, dass heute die Reize so groß sind, dass man da oft schwer widerstehen kann. Aber in den Städten gibt es deshalb Schuldnerberatungen und da geht es auch schon in die Milliarden Euro, die diese privaten Haushalte an Schulden haben und wo sie dann ganz einfach über kurz oder lang an die Grenzen ihrer Rückzahlungsfähigkeit stoßen.

NÖLAK: *Könnte man für solcherart gefährdete Menschen quasi „Benimmregeln" aufstellen, die sie schützen sollen? Gibt es so eine Art Rezeptsammlung, sehr vereinfacht formuliert?*

HAIDEN: Gibt es nicht. Ich meine, die Banken haben natürlich ihre Regeln – ist das ein Alleinverdiener, verdient die Frau, gibt es Kinder, wie schaut der Haushalt aus. Ich meine, es müsste auch der private Haushalt eine vereinfachte Einnahmen- und Ausgabenrechnung installieren, ein Haushaltsbuch führen.

NÖLAK: *Ich habe für mein Auto einen Kredit aufgenommen und da musste ich meine „Energiekosten für das Haus" angeben. Also, warum kann dann trotzdem noch etwas passieren?*

HAIDEN: Es kann deshalb etwas passieren, weil Sie z. B. entgegen Ihren Erwartungen Ihren Job verlieren. Oder die Frau fällt aus, weil sie ein Kind bekommt oder irgendwas.

NÖLAK: *Scheidungen?*

HAIDEN: Die Scheidungsrate liegt bereits über 40 %. Auch der Private soll ein Haushaltsbuch führen, was hat er wie ausgegeben. Dazu eignet sich ja heute das Privatgirokonto. Da sieht er, was er kriegt, was er für fixe Ausgaben hat, was bleibt ihm über. Und mit dem muss er haushalten. Und das Zweite ist, dass die Leute auch mittelfristig planen und denken lernen müssen. Und da wäre es vielleicht ganz gut, wenn auch die Banken, wie Sie es andeuten, brauchbare Pläne entwickeln würden.

NÖLAK: *Könnte man da eine Art Erziehung einführen? Ich meine, das ist jetzt ein komisches Wort, aber wie wäre eine „Geldmoralerziehung"?*

HAIDEN: In den Schulen lernen die Leute höchstens den höchsten Berg von Ungarn, wie viele Sinfonien der Beethoven geschrieben hat und wann die Schlacht bei Hastings war, aber viel zu wenig über die Wirtschaft und Technik. Es wird schon sicherlich viele Bücher dazu geben, aber das ist meiner Meinung nach aus der Sicht der Wirtschaft viel zu wenig entwickelt. Ich werde nie vergessen, da haben wir in der Bank neue Mitarbeiter aufgenommen, die wir gefragt haben, wer das Geld macht. Da hat keiner die Nationalbank erwähnt oder das Münzamt, einer hat gesagt, „die Regierung", „der Bundespräsident" und alles Mögliche. Damals, in den 80ern, 90ern haben wir sie gefragt: „Was stellen Sie sich vor, wie groß ist die Bilanzsumme der Bank Austria, wie funktioniert das?" Keiner hatte eine Ahnung – da fehlt ein entsprechender Unterricht.

„Das Problem des öffentlichen Verkehrs ist es, dass relativ große Einheiten (Züge, Busse) in verkehrsarmen Zeiten absolut unwirtschaftlich sind.“

Friedrich Zibuschka

Friedrich Zibuschka ist Leiter der Gruppe Raumordnung, Umwelt und Verkehr im Amt der Nö. Landesregierung

NÖLAK: *Heute hört man, dass der LKW in Relation zum PKW eigentlich nicht so sehr ins Gewicht fällt – gehen wir am PKW-Verkehr irgendwann einmal zugrunde? In Österreich gilt noch immer dieser „Wahn des Eigentumshäuschens“, dass also die anderen Formen wie verdichtetes Bauen, verdichtetes Wohnen bei uns noch nicht aktuell sind. Wir bauen viel zu große Häuser, noch dazu sind sie meist erst dann fertig, wenn die nächste Generation schon wieder auszieht, die „Alten“ zurückbleiben und das Haus zu groß wird, aber, parallel dazu, das Opfer, das man bringt, ist der tagtägliche Südosttangente-, Westeinfahrt- wie auch immer Stau. Wie wird sich das, wie könnte es sich entwickeln?*

ZIBUSCHKA: Da haben Sie ja gleich das ganze Verkehrsspektrum angesprochen. Zur ersten Frage: Der Aufteilung zwischen PKW und LKW-Verkehr. In Österreich werden 90 % des Verkehrsaufkommens vom PKW und 10 % vom LKW erzeugt. Auf manchen Hauptrouten, wie zum Beispiel auf der Westautobahn, beträgt der LKW-Anteil allerdings 15–20 %. Dafür liegt er auf dem untergeordneten Straßennetz oft nur bei 4–6 %.

Wie wird sich das Verkehrsaufkommen weiterentwickeln?

Alle seriösen Untersuchungen zeigen, dass wir in Zukunft mit einem weiter anwachsenden Verkehrsaufkommen in einer Größenordnung von rund 15–20 % rechnen müssen. Auf den Hauptachsen bedeutet dies einen Zuwachs von 25–30 %. In den Grenzregionen zu unseren Nachbarn im Norden und Osten wird das Verkehrsaufkommen sich etwa verdoppeln bis verdreifachen. Dort ist auch ein großer Nachholbedarf, da sowohl die Motorisierung und Mobilität unserer Nachbarn rasant zunehmen wird, ebenso wie die Wirtschaftsentwicklung, da sie ja von einem niedrigeren Ausgangsniveau starten.

Die Hauptursache des weiteren Anwachsens des Verkehrsaufkommens in Österreich ist die nach wie vor zunehmende Motorisierung. Derzeit liegen wir in Niederösterreich bei etwa 600 PKW pro 1.000 Einwohner. In den USA beträgt dieser Wert 800 PKW pro 1.000 Einwohner. Dies dürfte auch bei uns eine Grenze darstellen, denn dann würden alle Personen zwischen 18 und 80 Jahren über ein Auto verfügen.

Anders ist die Situation beim LKW-Verkehr. Sie hängt wesentlich davon ab, wie sich der Wirtschaftsstandort unseres Landes, vor allem der gesamten österreichischen Ostregion (Wien, Niederösterreich und Burgenland) verändert. Gerade im Norden und Osten unseres Bundeslandes besteht ein großer Nachholbedarf. Durch den Fall des Eisernen Vorhangs und des Beitrittes unserer Nachbarn zur EU wird es in diesen Regionen zu beachtlichen Entwicklungsschüben kommen. Mit der Errichtung der hochrangigen Verkehrsinfrastruktur auf Straße und Schiene (Ring um Wien, Nordautobahn, Ausbau der Schiene Richtung Bratislava) werden die Vorraussetzungen für attraktive Wohn- und Betriebsstandorte gegeben.

Stichwort Transitverkehr: Der Anteil des Transitverkehrs in Niederösterreich beträgt rund 10 %. Davon 5 % auf der Straße und 5 % auf der Schiene. Gerade im Transitverkehr bündelt sich das Verkehrsaufkommen allerdings auf einige wenige hochrangige Verkehrsrouten wie zum Beispiel der Westautobahn, daher wird derzeit auch die Westautobahn mit einer durchgehenden dritten Fahrspur pro Richtung versehen. Ebenso wird die Westbahn 4-gleisig ausgebaut, um neben einem attraktiven Personenverkehr zusätzlich Kapazität für den Lastverkehr aufnehmen zu können.

NÖLAK: *Sieht die Situation für den Transitverkehr in Tirol anders aus?*

ZIBUSCHKA: Der Anteil des Transitverkehrs am gesamten Verkehrsaufkommen auf Brenner- und Inntalautobahn ist deutlich höher als in Niederösterreich. Entscheidend ist meines Erachtens allerdings die Zahl der Fahrzeuge, die auf diesen Routen fahren. So beträgt das Gesamtverkehrsaufkommen an der Grenze zu Italien auf der Brennerautobahn etwa 4.000 LKW/Tag, demgegenüber fahren auf der Westautobahn im Raum St. Pölten derzeit 12.000 LKW/Tag, auf der Südosttangente 18.000 LKW/Tag. Betrachtet man diese Zahlen, dann relativiert sich die aus meiner Sicht überhitzt geführte Transitdiskussion in Tirol.

NÖLAK: *Blick auf den kleinen, armen Arbeitnehmer, der sich jeden Tag in der Früh grün und blau ärgert, weil er auf der Südosttangente oder am Gürtel steht. Jetzt gibt es natürlich die beiden Extremstandpunkte: „Die Trotteln da oben bauen keine gescheiten Straßen“, das ist der Standpunkt des im Stau Stehenden. Der Standpunkt dessen, der die Schadstoffe der im Stau stehenden Autos einatmen muss: „Was muss der Trottel auch Autofahren, er weiß doch, dass er eh wieder steht.“ Wer hat Recht?*

ZIBUSCHKA: Es ist unbestritten, dass gerade die österreichische Ostregion einen massiven Nachholbedarf an hochrangigen Straßen hat. Beinahe jede Großstadt in Europa verfügt über einen Umfahrungsring. In Wien steht derzeit lediglich ein Viertel dieses Ringes unter Verkehr, an einem weiteren Viertel (Verbindung Vösendorf – Schwechat) wird derzeit gebaut. Die Verkehrsfreigabe erfolgt im Mai nächsten Jahres.

Die Ursache für das Fehlen der hochrangigen Verkehrsinfrastruktur muss im Zusammenhang mit dem 40 Jahre lang vorhandenen Eisernen Vorhang gesehen werden. Es hätte damals wenig Sinn gemacht, hochrangige Straßen in den Norden und Osten unseres Landes zu bauen, betrug doch das Verkehrsaufkommen an den Grenzübergängen einige wenige hundert Fahrzeuge/Tag.

Da also kein nennenswerter Verkehr aus dem internationalen Verkehr aus dem Norden und Osten die Bundeshauptstadt Wien erreicht hat, wurde ein derartiger Umfahrungsring von Wien auch nicht angestrebt.

Zwischenzeitlich hat sich die Situation allerdings deutlich verändert. Heute erkennen alle maßgeblichen Politiker bei Bund, Stadt Wien und den Ländern Burgenland und Niederösterreich die Notwendigkeit, die Lücken im internationalen Straßennetz so rasch wie möglich zu schließen.

Deshalb wird auch an der Verbindung der Ostautobahn im Raum Bruck/Leitha Richtung Bratislava bereits gebaut. Mit der Fertigstellung ist 2007 zu rechnen. Vor Baubeginn stehen die Umfahrungen im Nordwesten und im Nordosten von Wien inklusive der Nordautobahn Richtung Brünn. Dieses Straßensystem soll etwa 2008 unter Verkehr gehen. Der letzte Teilabschnitt (Lobauquerung) im Osten der Bundeshauptstadt befindet sich derzeit in Planung, ebenso wie eine sechste Donauquerung im Raum Schwechat. Die endgültige Klärung der Trasse soll spätestens im Sommer des Jahres 2005 erfolgen. Eine Fertigstellung ist für 2012 vorgesehen.

Das bedeutet, dass wir in etwa 6 Jahren das hochrangige Straßennetz rund um Wien sowie die durchgängigen Magistralen Richtung Norden, Osten, Süden und Westen auf einen sinnvollen Standard gebracht haben.

Nicht zu vergessen sind die hohen Investitionen in die Schieneninfrastruktur. Der durchgängige 4-gleisige Ausbau der Westbahn in Niederösterreich wird 2012 ebenfalls abgeschlossen sein. Das bedeutet auch eine massive Attraktivierung des Regionalverkehrs. Mit dem neuen Bahnhof im Tullnerfeld wird man in 15 Minuten den Westbahnhof und in 22 Minuten den neuen Zentralbahnhof (Süd- und Ostbahnhof) erreichen. Im Tullnerfeld wird auch die Franz-Josefs-Bahn an die neue Westbahn angebunden, so dass Züge aus dem oberen Waldviertel direkt Richtung Westbahnhof geführt werden können. Das bedeutet, dass auch das Tullnerfeld eine zusätzliche Attraktivität als Wohnstandort erfahren wird. Auch im Süden von Wien wurde in den letzten Jahren intensiv in den Ausbau des öffentlichen Verkehrs investiert. Auf der Südbahn gibt es zwischen Mödling und Wien einen regelmäßigen Viertelstundentakt, der in den Spitzenzeiten, morgens und abends, auf ein Intervall von sechs Minuten verdichtet wird. Zusätzlich verkehren attraktive neue Doppelstockwaggons, die mehr Kapazität und höheren Fahrkomfort bieten. In den letzten Jahren wurde auch die Badner Bahn attraktiviert. Sie verkehrt in Spitzenzeiten im 7 ½ Minuten Takt. Auch in den Norden von Niederösterreich wird die Schieneninfrastruktur für den Personennahverkehr verbessert. So wird derzeit der 2-gleisige Ausbau zwischen Wien und Wolkersdorf durchgeführt, der in Kürze einen regelmäßigen Viertelstundentakt in der Relation Wolkersdorf – Wien ermöglichen wird.

NÖLAK. Wäre es nicht vernünftig, was immer wieder gefordert wird, an den Stadtrand riesige Park-and-Rides „hinzuknallen" und dort die Leute abzufangen, bevor es überhaupt zum Stau kommt, und dann steigen sie in einen 5-Minuten-Takt ein. Auf der anderen Seite jetzt, Gegenstandpunkt, dieses Park-and-Ride in Erdberg, steht ja ¾ leer, d. h. es wurde nicht angenommen. Muss man die Leute so lange hauen, bis sie begreifen, dass sie eben nicht ins Auto einsteigen können, wie steht da der Fachmann dazu?

ZIBUSCHKA: Zunächst etwas Grundsätzliches zum Park-and-Ride-System. Das Land Niederösterreich war Pionier bei der Errichtung von Park-and-Ride-Anlagen in Österreich. Derzeit haben wir insgesamt 28.000 Stellplätze für PKW und 18.000 Stellplätze für Zweiräder, das sind mehr als alle anderen Bundesländer zusammen verfügen. Diese Park-and-Ride-Anlagen verteilen sich auf über 300 Standorte entlang der Richtung Wien einstrahlenden Schienenverbindungen. Alle Park-and-Ride-Parkplätze in Niederösterreich sind kostenfrei zu benützen und damit besonders attraktiv. Ein Grund dafür, dass Wiener-Park-and-Ride Anlagen, die kostenpflichtig sind, nicht so angenommen werden wie jene in Niederösterreich. Dieses Park-and-Ride-System ist besonders erfolgreich, wenn man davon ausgeht, dass mit diesen PKW- und Zweiradstellplätzen rund 50.000 Leute auf die Schiene gebracht werden und weitere rund 30.000 Pendler in der Nähe der Bahnhöfe wohnen und zu Fuß den Zug erreichen können. Das bedeutet, dass rund die Hälfte aller niederösterreichischen Pendler Richtung Wien mit dem öffentlichen Verkehr unterwegs sind.

Ähnliches haben wir auch hinsichtlich unserer neuen Landeshauptstadt in St. Pölten erreicht. Mit der Einrichtung des Wiesel-Bus-Systems in Ergänzung mit der bestehenden Westbahn fahren rund die Hälfte aller Bediensteten des Nö. Landhauses mit dem öffentlichen Verkehr.

NÖLAK: *Was würden Sie einer jungen Familie, die auf Wohnungssuche ist, raten? Die Entfernung zum Berufsort, zum Kindergarten, zur Infrastruktur, würden Sie heute das als einen wesentlichen Faktor bei solchen Entscheidungen nennen?*

ZIBUSCHKA: Wenn man die Möglichkeit hat, die Wohnungssuche frei zu entscheiden, dann sind mehrere Faktoren von besonderer Bedeutung. Der wesentlichste Faktor ist sicher die Erreichbarkeit, sowohl der Wohnung als auch des künftigen Arbeitsplatzes, hinzu kommt die Ausstattung der Gemeinde oder der Region hinsichtlich Sozialeinrichtungen (Ärzte, Apotheken, Krankenhäuser), Bildungseinrichtungen (Volksschulen, AHS und BHS, Fachhochschulen und Universitäten) sowie ein intaktes Wohnumfeld als Erholungsraum.

Im Zusammenhang mit der Erarbeitung einer Strategie für das ganze Land arbeiten wir derzeit an einem Geo-Informationssystem, wo man für jede einzelne Region in Niederösterreich die oben genannten Infrastrukturdaten ablesen kann, um sich somit ein Bild über die künftige Situation jeder einzelnen Region in Niederösterreich machen zu können. Damit hat jede Bürgerin und jeder Bürger in Niederösterreich die Möglichkeit, das für ihn beste Szenario herauszusuchen.

NÖLAK: *Wenn jemand am Abend gerne ins Theater, Konzert, Kino geht, da ist die Großstadt Wien unschlagbar, das wird es nie in einer der anderen Städte oder gar am Land geben. Wie wird da die Zukunft sein? Wird es weiter möglich sein, dass ich nach dem Theater noch essen gehen kann und selbst um Mitternacht noch irgendwie öffentlich heimkommen kann?*

ZIBUSCHKA: Das Problem des öffentlichen Verkehrs ist es, dass relativ große Einheiten (Züge, Busse) in verkehrsarmen Zeiten absolut unwirtschaftlich sind. Derartige Spätverbindungen sind daher nur dann sinnvoll, wenn dem Aufwand ein halbwegs vernünftiges Verkehrsaufkommen entgegensteht. Dies wird zweckmäßigerweise nur in den an Wien angrenzenden Regionen möglich sein, Stichwort Theaterzug im Westen von Wien. Ich bin auch der Meinung, dass es dem Steuerzahler (denn den öffentlichen Verkehr zahlen alle) nicht zumutbar ist, derartige Verbindungen hoch zu subventionieren.

Um bei geringer Anzahl an Fahrgästen eine Bedienung im öffentlichen Verkehr zu ermöglichen, arbeiten wir in den letzten Jahren intensiv an der Einrichtung von Anruf-Sammel-Taxis. Das heißt, es ist zum Beispiel jede Stunde die Möglichkeit gegeben, in einer Zentrale ein Taxi zu bestellen. Die eingegangenen Anrufe werden dann für eine Linie koordiniert und die Fahrgäste direkt zu Hause abgesetzt. Dieses System gewährleistet, dass nur dann gefahren wird, wenn sich Fahrgäste anmelden und kann daher deutlich preisgünstiger angeboten werden als der herkömmliche öffentliche Verkehr. Derartige Systeme haben sich rund um Wien, wie zum Beispiel in Purkersdorf, Klosterneuburg, Raum Mödling, Schwechat etc., bestens bewährt und werden zunehmend in ganz Niederösterreich verstärkt eingesetzt.

NÖLAK: *Der Umkehrschluss ist, eine Familie, die weiß, mir ist Kultur sehr wichtig, soll, salopp formuliert, eben nicht rausziehen, sondern in Wien bleiben?*

ZIBUSCHKA: Sollte man tatsächlich regelmäßig kulturelle Einrichtungen in Wien frequentieren, dann sollte man dies bei seiner Standortwahl berücksichtigen. Andererseits gibt es viele Menschen, die sehr froh darüber sind außerhalb der Stadt zu wohnen und damit ein äußerst attraktives Wohnumfeld vorzufinden.

NÖLAK: *Aber das Rezept ist eigentlich Hirne einschalten, bevor man sich entscheidet, sich beobachten, Prioritäten aufstellen, Prioritäten setzen, mit der Familie abwägen, auch versuchen die Entwicklung der eigenen Familie zu antizipieren, zumindest für die nächsten zehn Jahre, Stichwort Kinder, weil sonst ist die Mutter nur der Chauffeur usw. Und dem, der dann jeden Tag im gleichen Stau steht, auch wenn er nur 20 Minuten dauert, aber halt das Blut zur Wallung bringt, dem nahe legen, sich über alle Möglichkeiten zu informieren, öffentlicher Verkehr, etc.*

ZIBUSCHKA: Nach wie vor gilt, dass der überwiegende Teil der Niederösterreicher als Traumziel die Errichtung eines Eigenheimes, und zwar tunlichst als allein stehendes Haus wünscht. Trotzdem halte ich es für wichtig, dass wir in vielen Gemeinden auch den verdichteten Flachbau anbieten, der weniger flächenintensiv und auch verkehrssparend ist. Andererseits müssen wir zur Kenntnis nehmen, dass viele Menschen erst durch die Erfüllung ihres „Wohntraumes" glücklich sind. Man sollte daher diesen Wunsch auch ermöglichen, allerdings auf die Probleme vor allem durch die Verkehrserschließung hinweisen und mit entsprechenden Angeboten reagieren. Daher investieren wir nach wie vor in den Ausbau und die Verbesserung des Verkehrssystems auf Straße und Schiene und versuchen die Bedienbarkeit im öffentlichen Verkehr durch flexible Formen (Stichwort Anruf-Sammel-Taxis, Rufbusse etc.) zu gewährleisten.

IBA – Architektur (Selbstkarikatur), 1981

„Wenn man ein etwas komplexeres Problem mit seinem Rechner hat, ruft man auf irgendeiner Service-Hotline an. Üblicherweise landet man einmal bei einer oder einem, die oder der nur weiß, welcher Kollege dafür zuständig sein könnte."

Peter Kopacek

Peter Kopacek ist Professor am Institut für Handhabungsgeräte und Robotertechnik an der Technischen Universität Wien

NÖLAK: *Lebensstil und Technik – wird uns die Technik mehr oder minder übernehmen? Wenn man Bill Gates glauben darf, dann wird das eigene Kleidungsstück demnächst dem Arzt funken, wenn man eine Herzspitze hat und plötzlich hält neben einem, nur weil man sich geärgert hat, die Rettung, weil die einen über GPS geortet hat; der Kühlschrank daheim bestellt von selber … Wird sich das durchsetzen? Die Mehrheit der Bevölkerung hat noch nicht einmal einen Computer am Schreibtisch stehen, geschweige denn zuhause – wie viel an Technik wird sich durchsetzen bei oder trotz der „unzureichenden menschlichen Hardware", also den vielen Technik-Muffeln?*

KOPACEK: Es wird zukünftig zwei Kategorien von Menschen geben. Die Angehörigen der einen Kategorie können nicht genug bekommen von Computern, Robotern und überall High Tech, beispielsweise auch im Haushalt. Jene der anderen Kategorie machen gerade ihre ersten, schüchternen High Tech-Gehversuche. Es gibt immer mehr Pensionisten, die mich fragen, „Hast du nicht einen gebrauchten, billigen Rechner für mich". Plötzlich schreiben sie ihre Einkaufszettel am Rechner, verwenden E-Mail und surfen im Internet. Sie sind ganz stolz, dass sie das zusammenbringen. Lehrmeister sind üblicherweise die Söhne, Töchter oder Enkel, die schon mit dem Computer aufgewachsen sind und die ältere Generation mit Handys beglücken. Wie viele derzeit der einen oder der anderen Gruppe angehören, weiß ich nicht. Sicher ist aber, dass zukünftig immer mehr von der zweiten zur ersten Kategorie umschwenken werden. Wir hatten in den 1970er Jahren eine Zeit, wo Leute auf den Bauernhof zogen, selbst Brot herstellten, Schafe züchteten und ohne Laptop und Handy auskamen. Man besann sich wieder der Natur, was einer inversen Entwicklung entsprechen würde.

Ich, als sogenanntes High-Tech-Universitätsmonument, gehöre teilweise auch noch zu denen, die sich manches lieber von Jüngeren – Söhnen, Mitarbeitern – erklären lassen anstatt endlose Betriebsanleitungen zu studieren. Ich versuche „am Ball zu bleiben" und kritisch zu selektieren, was an High Tech für mich brauchbar und vernünftig ist.

Ich habe beispielsweise noch immer ein „Hardwaregedächtnis" – auch Terminkalender genannt. Meine Verhandlungspartner bevorzugen ein „Softwaregedächtnis" – auch Lap- oder

Palmtop genannt. Wenn ich mir mit Ihnen einen Termin ausmache, braucht es einige Zeit, bis Sie Ihren Computer hochgefahren, den Kalender gestartet und den richtigen Tag und die richtige Stunde gefunden haben. Darüberhinaus ist mein Terminkalender kein begehrtes Diebstahlobjekt – ein Lap- oder Palmtop schon, gibt es keine Sicherungskopie sind so genannte Topmanager plötzlich vollkommen „gehirnlos". Mein Lebensstil besteht unter anderem darin, einen vernünftigen Mittelweg zu gehen. Ich meine, es ist das Schlimmste, seinen Lebensstil dadurch einzuschränken, dass man sich bedenken- und kritiklos „High Tech" hingibt.

NÖLAK: *Und werden die, die auf den Bauernhof ziehen und ihr Brot backen, nicht irgendwann schlicht und einfach entweder aus der Gesellschaft rausfallen oder wahnsinnig aggressiv werden?*

KOPACEK: Nein. Würde ich auf einen Bauernhof ziehen und mein eigenes Brot backen, meine selbst gezüchteten Kartoffeln ernten, dann hätte ich sicher meinen Laptop mit Internetzugang bei mir – als Ausgleich und Mittelweg. Vielleicht gibt es im Internet ein neues Brotrezept oder eine Zuchtanleitung für biologische „High Tech"-Kartoffeln.

NÖLAK: *Aber die, die das nicht machen?*

KOPACEK: Die werden wieder Gleichgesinnte finden, die sich dann gegenseitig am Bauernhof besuchen.

NÖLAK: *Kritisch wird es ab dem Moment, wenn sich der „Techniklose" verletzt und die Rettung zuallererst seinen Fingerabdruck zur Erkennung haben will und er dann dazu nicht bereit ist.*

KOPACEK: Die endlose Diskussion über elektronische Datenaufnahme und -verwaltung! Derzeit sind die Hacker, üblicherweise 9- bis 14-Jährige, die den ganzen Tag nichts anderes tun, den Antihacker- oder Antivirusprogrammen immer einen Schritt voraus. Dies wird sich auch in Zukunft nicht ändern. Ich, so wie 99 % meiner Mitbürger sind für diese völlig uninteressant. Aber ich würde nicht nur diese so ganz negativen Szenarien sehen!

NÖLAK: *Aber es steht immer wieder die Frage im Raum, wer ist schneller, der Gute oder der Böse?*

KOPACEK: Also für mich gibt es keine Guten oder Bösen. Die Hacker sind liebe Leute, eine andere, teilweise hochintelligente, aber meistens einseitige Menschenkategorie.

NÖLAK: *In welchen Bereichen wird sich die Technik noch weiterhin breit machen?*

KOPACEK: Für „Otto-Normalverbraucher" wohl auf dem Gebiet der Informationstechnik. Ich habe ein bisschen ein ungutes Gefühl in der Magengrube, dass die Informationstechnik heute alles überwuchert. Bisher habe ich daheim noch nicht einmal einen Internetanschluss, weil mir das einerseits derzeit noch zu kompliziert ist und andererseits meine Lebensqualität dramatisch beeinträchtigen würde.

Am Institut habe ich natürlich immer den schnellsten Computer, den leichtesten Laptop, die erste Funkmaus und das erste Funk-Keyboard, überwiegend als Statussymbol. Ich nutze die Möglichkeiten nur zu maximal 5 %. Mir fehlt die Zeit, um mich mit Officepaketen oder Netzwerksoftware bis ins letzte Detail zu beschäftigen.

NÖLAK: *Für mich war Technik der Diener eines Menschen, ob das jetzt vom Haushalt bis zur Information geht. Ich habe aber auf der anderen Seite gemerkt, dass der Mensch immer mehr Diener der Technik wird. Man nehme Jugendliche, die regelrecht süchtig werden – und zwar mit allen Kennzeichen der Sucht. Wie sehen Sie die Bandbreite zwischen Hilfe durch Technik bis hin zur Sucht eines jungen Menschen, der vom Computer nicht mehr weggeht?*

KOPACEK: Die Technik wird immer komplexer, sodass es für den Einzelnen immer schwerer wird, sich in Details zu vertiefen und dabei auch noch den Überblick zu behalten. Ist es der Spieltrieb oder eine Sucht? Es ist eine Herausforderung, man probiert aus, wie könnte man das noch machen und wenn man es kapiert hat, wie könnte man das noch einfacher machen. Das sind die Nutzer.

Wenn man ein etwas komplexeres Problem mit seinem Rechner hat, ruft man auf irgendeiner Service-Hotline an. Üblicherweise landet man einmal bei einer oder einem, die oder der nur weiß, welcher Kollege dafür zuständig sein könnte. Dann wird man zu einem Spezialisten weiter verbunden, der entweder das Problem lösen kann, meistens wird man aber wiederum nur weitergeleitet, bis man möglicherweise bei dem Programmierer landet, der diesen Programmteil geschrieben hat. Der hat aber von den Softwarepaketen, die sein Zimmernachbar geschrieben hat, meistens keine Ahnung. Es gibt nur mehr einige wenige, die noch den Überblick haben.

Auf Grund der steigenden Komplexität der Technologie gehen wir einer Gesellschaft von Schmalspurspezialisten entgegen. Vor 100 Jahren war die Technik einfacher und für den Einzelnen noch durchschaubar. So war beispielsweise eine Dampfmaschine, zu dieser Zeit ein technisches Wunderwerk, für den Einzelnen begreifbar. Aber angeblich verdoppelt sich das menschliche Wissen alle drei Jahre.

NÖLAK: *Ob das drei Jahre sind?*

KOPACEK: Also, ich habe das Problem, dass sich die Technologie in sehr vielen Fachgebieten rasant weiterentwickelt und es für mich als Einzelnen unheimlich schwer ist, überhaupt noch einen groben Überblick zu behalten. Ich versuche, wenigstens die wichtigsten Schlagworte zu kennen und zu wissen. Nur in einzelne technologische Neuerungen, welche für mich unmittelbar von Interesse sind, arbeite ich mich tiefer ein.

Dadurch könnten manche Zeitgenossen das Gefühl bekommen, von der Technologie überrollt zu werden.

NÖLAK: *Muss man da nicht in Gruppen unterscheiden? Die eine ist die der Verweigerer und die andere Gruppe sind die, die sich der Technik nicht entziehen. Und dann gibt es natürlich wieder enorme Schattierungen. Ich meine, jeder, jede muss oder wird heute einen Videorecorder programmieren wollen.*

KOPACEK: Nein, ich nicht. Unlängst wurde ich in einem Geschäft wie ein Wesen aus einer anderen Welt angesehen. Ich suchte einen Videorecorder, da mein alter irreparabel war. Ich brauchte einen preiswerten Videorecorder, der nur Aufnehmen und Abspielen können sollte, da es mir zu mühsam ist und ich nie die Zeit habe, eine endlose Betriebsanleitung durchzulesen.

NÖLAK: *Das geht ja bis zu Geräten, die man wirklich für den Alltag braucht. Ich meine, keinen Videorecorder zu haben ist das eine, aber z. B. nicht kochen zu können ist das andere. Werden nicht immer mehr Leute sich immer aggressiver der Technik gegenüber verhalten, weil sie eben schon am Videorecorder scheitern, und wird nicht da diese Schlucht zwischen denen, die sich gerne mit ihrem „Gerätepark" beschäftigen, und den „Verweigerern" und „Überforderten" immer größer werden?*

KOPACEK: Meiner Meinung nach ist das eine Generationsfrage. In Korea beispielsweise hat die Regierung jedem, der noch keinen PC hatte, gratis einen PC mit Internetanschluss in die Wohnung gestellt, auch Älteren; allerdings unter der Bedingung, dass sie, ebenfalls gratis, drei Monate lang jeden Tag vier Stunden einen Computerkurs besuchen. Das war die Auflage.

Ich habe das „live" bei den Eltern – 73 und 69 Jahre – einer meiner Mitarbeiter mitbekommen.

NÖLAK: *Derart verpflichtend?*

KOPACEK: Ja, drei Monate lang, fünf Tage die Woche vier Stunden Computerschulung und zusätzlich 15 Kilometer mit dem Auto fahren. Ich glaube, für die junge Generation ist diese Frage nicht relevant, vielmehr ist dies ein Problem der Älteren.

Eines meiner Probleme ist, dass natürlich eine gewisse Computergläubigkeit entsteht. Die ältere Generation kann noch ein bisschen Kopfrechnen und Schätzen. Ein Beispiel: Der Computer einer meiner Mitarbeiter berechnet für eine Pelton-Turbine einen Laufraddurchmesser von 33 Meter. Ich frage: „Kann das stimmen?" – „Ja, das hat der Computer berechnet." Meine Frage: „Wie hoch ist dieses Haus?" – Antwort: „17 Meter". Darauf ich: „Stelle Dir eine Turbine vor, die zweimal so groß wie dieses Haus ist." Des Rätsels Lösung: Ein Dezimalpunktfehler – es waren 3,3 Meter.

Das ist dann schon etwas bedenklich. Dann ist Hightech eigentlich nicht mehr ganz das, was ich mir darunter vorstelle.

NÖLAK: *Wenn ein modernes Auto heute auf der Autobahn liegen bleibt, braucht man eigentlich eher einen Elektroniker als einen Mechaniker.*

KOPACEK: Das ist klar und fällt unter Komplexität von High Tech. Wir haben das Schlagwort „Mechatronik“ als Kombination von Maschinenbau, Elektronik und Informationstechnik. Für viele technische Geräte braucht man heute einen solchen Spezialisten.

Möglicherweise geht die Elektronik in die gleiche Richtung, die bereits vor Jahren beispielsweise bei den Fernsehern begann. Es gibt nur mehr vier Hauptmodule. Öffnet man die Rückwand, braucht man nur jenes suchen, bei dem ein rotes Lämpchen leuchtet und dieses austauschen. Das widerspricht nicht nur dem Umweltgedanken, sondern auch meiner Bastlermentalität. Aber meistens geht es nicht mehr anders.

Ein Erlebnis: Ein Schalter des Schaltpultes meiner Tiefkühltruhe war defekt. Ein neues Schaltpult kostete € 100. Das ganze Schaltpult wegzuwerfen widersprach beiden vorgenannten Maximen. Daher zerlegte ich das Schaltpult, baute den defekten Schalter aus, ging strahlend zu einer Niederlassung des Herstellers, wo ich auf großes Erstaunen stieß: Wie haben Sie das überhaupt zerlegt? Den Schalter gab es dort nicht, sondern nur das ganze Schaltpult. Beim Elektrobastler um die Ecke habe ich mir um € 0,50 einen Schalter gekauft, welcher heute noch funktioniert.

NÖLAK: *Gestatten Sie mir, boshaft anzumerken, dass dies natürlich auf Kosten der Dienstzeit geht?*

KOPACEK: Ja, aber die Befriedigung, etwas für die Umwelt und meinen Bastlertrieb getan zu haben, nenne ich auch Lebensqualität.

NÖLAK: *Ist für uns das, was wir heute erleben, vergleichbar mit dem Aufkommen der Dampfmaschine?*

KOPACEK: Also mit der industriellen Revolution?

NÖLAK: *Ja!*

KOPACEK: Zum Unterschied zu diesen beiden Entwicklungen findet die dritte, die informationstechnologische Revolution nicht so abrupt, sondern schleichender statt. Die Informationstechnik unterwandert uns eher sukzessive. Als ich meine so genannte Karriere in der Automatisierungstechnik begonnen habe, spielte die Informationstechnik in der Automatisierungstechnik nur eine untergeordnete Rolle. Heute besteht die Automatisierungstechnik zum überwiegenden Teil aus IT. Denkt man nur an Geräte wie Waschmaschinen, Kühlschränke, Autos usw.: Sie sind alle durch IT mehr oder weniger „intelligent“. Ob das die Lebensqualität erhöht? Sie ändert jedenfalls den Lebensstil.

NÖLAK: *Das heißt, die Technik setzt sich automatisch durch, wenn das Bedürfnis da ist und geweckt wird. In dem Moment, in dem ich einen Nutzen für meinen Alltag ziehen kann?*

KOPACEK: Ob das Bedürfnis oder Bequemlichkeit ist, bleibt dahingestellt.

NÖLAK: *Wie soll sich jemand, der einen vernünftigen Zugang zur Technik will, verhalten? Gibt es „Rezepte"?*

KOPACEK: Ich glaube, dass die Leute unbewusst immer mehr die Informationstechnik nutzen, ohne dass es ihnen überhaupt bewusst ist. Ein Beispiel: Ich versuchte unlängst einen 15 Jahre alten Fernseher in Betrieb zu nehmen, was mit einer Menge von Einstellungsarbeiten verbunden war. Einen modernen Fernseher stellt man auf, und er geht oder er geht nicht. Er hat aber ungleich mehr Möglichkeiten, auch „Features" genannt, und ist möglicherweise so benutzerfreundlich, dass ich das in zehn Jahren auch noch kann. Man nimmt heute zur Kenntnis, dass die Konsumelektronikhersteller ihre Produkte immer benutzerfreundlicher gestalten. Sie diktieren allerdings damit die Möglichkeiten des Gerätes. Für einen Technologiefreak unbefriedigend. Deshalb haben beispielsweise vollautomatische Kameras bereits wieder einen manuellen Modus, wo man, wie in guten alten Zeiten, Blende, Belichtungszeit händisch einstellen kann. Da aber die meisten Leute nicht zu dieser Kategorie gehören, sind sie mit diesem Diktat der Technologiehersteller zufrieden, wenn nicht sogar begeistert.

NÖLAK: *Wird es weiterhin oder vielleicht gerade deshalb, weil die Technik so kompliziert wird, Jobs geben, die fürchterlich eintönig sind und keiner Ausbildung bedürfen? Oder wird die Technik eigentlich nur mehr „Mitteljobs für Akademiker und aufwärts" erlauben?*

KOPACEK: Früher wurden beispielsweise Autokarosserien händisch geschweißt. Schweißer waren „richtige" Männer und durch ihr Können angesehen. Jetzt ist aus dem Schweißer ein Anlagenoperator geworden, der im weißen Mantel mit einem Bedienpult seine Roboter programmiert. Die Informations- und Automatisierungstechnik bedingt höherwertige Arbeitsplätze, die außerdem teilweise nicht so gesundheitsschädlich sind.

NÖLAK: *Aber man hat doch zehn Schweißer für 3.000 Autos gebraucht, und heute braucht man zwei Leute an zwei Pulten.*

KOPACEK: Das ist wieder die andere Gretchenfrage. Es gibt darüber Statistiken – im Übrigen liebe ich Statistiken, mit ihnen kann man alles untermauern, beispielsweise die Aussagen, dass durch Automatisierung die Anzahl der Arbeitsplätze ansteigt.

Ich erinnere mich an einen Besuch bei einem großen Automobilhersteller vor Jahren. Dort war gerade automatisiert worden – bei gleicher Beschäftigtenzahl. Des Rätsels Lösung war: Die Produktion war um ca. 30% gestiegen und konnte auch abgesetzt werden. Wenn man vernünftig automatisiert, ist die Horrorvorstellung von Heeren von Arbeitslosen und der menschenleeren Fabrik eigentlich Geschichte. IT bedingt eine Erhöhung der Qualifikation, und das „Long-life-learning" ist hier nicht nur ein Schlagwort. Kommt man in eine moderne Produktionshalle, findet man nur mehr wenige Arbeiter, aber IT muss entwickelt, bedient und instandgehalten werden. Es findet eine Verlagerung zu höherwertigen Arbeitsplätzen statt, wobei Berufe verschwinden, aber neue, höherwertige entstehen.

NÖLAK: *Auf der einen Seite hält uns die Technik immer mehr Unangenehmes vom Leib, aber auf der anderen Seite, wenn man z. B. seinen Laptop ohne Backups verliert, ist alles beim Teufel, dann haben wir die Kontrolle über sehr viel verloren. Gibt es da ein Gegenmittel, wird sich da was entwickeln?*

KOPACEK: Das hängt natürlich davon ab, wie man diese Informationstechniken nutzt. Wie bereits erwähnt, versuche ich diese immer nur so weit zu nutzen, so weit das für mich vernünftig und überschaubar ist. Wie lange das noch geht, weiß ich nicht. Also das ist für mich ein großes Fragezeichen. Ich werde immer wieder gefragt: „Wann werden die Maschinen, insbesonders die Roboter, intelligenter sein als wir?"

NÖLAK: *Wie geht es weiter, wann kommt die „Artifical Intelligence"?*

KOPACEK: Hier bin ich etwas altmodisch. Mit den derzeitigen Mitteln werden Maschinen nie intelligenter sein als der Mensch. Dazu ein Beispiel: Ein heißes Forschungsthema ist derzeit die Sprachprogrammierung. Man braucht nicht mehr mühsam eine Programmiersprache erlernen, sondern erklärt seinem intelligenten Computer: Pass auf, ich brauche jetzt ein Datenbankprogramm für meine Tiefkühltruhe, das nicht nur selbsttätig über Internet bestellt, sondern mir auch sagt: „Die drei Bananen in der Lade xy sind am Ablaufdatum – heute würde ich Bananensplit empfehlen".

Künstliche Intelligenz (KI) ist Software; Software braucht Hardware. Die Rechner-Hardware wird immer billiger, leistungsfähiger und schneller, was die Anwendung von KI begünstigt. Künstliche Intelligenz ist derzeit eigentlich nur ein Interpolieren zwischen einer Standardausgangssituation mit bekannten Ergebnissen und Lösungswegen. Mehr machen diese Softwarepakete noch nicht. Sie liefern meist nicht nur eine, sondern mehrere Lösungen. Der Mensch als letzte Instanz trifft die Auswahl und adaptiert möglicherweise vorgeschlagene Lösungen.

Stanislaw Lem schrieb vor etlichen Jahren die Geschichte „Trurls Maschine", die von einem monströsen Roboter handelt, dem eine Sicherung durchbrennt, worauf er seine beiden Erbauer zu attackieren und als diese flüchten zu verfolgen beginnt, wobei er alles niedertrampelt, was ihm im Wege steht. Im letzten Augenblick flüchten sich beide in eine Höhle, rollen einen großen Stein davor und als der Roboter versucht den Stein zu entfernen, brennt ihm die zweite Sicherung durch und er zerfällt in seine Einzelteile.

Das könnte heute nur passieren, wenn in der intelligenten Software ein Fehler – auch Buck genannt – ist. Vielleicht eine Illustration meiner altmodischen Meinung – Maschinen werden nie intelligenter sein als wir.

NÖLAK: *Es fehlt der letzte kreative Schliff?*

KOPACEK: Kreativität wird wohl noch länger dem Menschen vorbehalten bleiben.

NÖLAK: *Das heißt, um bei dem vorigen Beispiel zu bleiben, es kann die Kühltruhe ein immer komplexeres Bananensplit-Rezept empfehlen, nur muss es vorher von jemandem eingegeben werden, dass Bananensplit auch gut schmeckt. Es wird nie so weit sein, dass die Kühltruhe von sich aus neue Rezepte kreiert?*

KOPACEK: Richtig. Ich finde, derzeit sind Expertensysteme als Anwendung der Künstlichen Intelligenz eine tolle Unterstützung für einen menschlichen Experten und nicht mehr.

NÖLAK: *Das heißt, in dem Moment, wo die Natur ein neues SARS-Virus kreiert hat, ist das bisherige Diagnose-System erledigt?*

KOPACEK: Derzeit schon.

Zusammenfassend: Mein Lebensstil besteht unter anderem darin, einen vernünftigen Mittelweg zu gehen. Ich meine, es ist das Schlimmste, seinen Lebensstil dadurch einzuschränken, dass man sich bedenken- und kritiklos „High Tech“ hingibt.

„In Phasen wie jetzt – angespannte Arbeitsplatzsituation, steigende Arbeitslosenraten – erwartet man auch von Arbeit suchenden Menschen höhere Mobilität, sie müssen bereit sein, für Jobs weiter zu fahren."

Elisabeth Pechmann

Elisabeth Pechmann war Kommunikationschefin und Chefredakteurin der Clubzeitung auto touring des ÖAMTC

NÖLAK: *Die Technik ist heute so weit, dass wir uns immer weniger Mobilität erlauben könnten. Große Unternehmen lagern ihre Arbeitsplätze bereits zu den Angestellten aus, Stichwort: Telearbeit, Desk sharing. Trotzdem: Es steigen die Autozahlen, die Staukilometer, die Zores mit dem Parkplatz etc. Wie kommt diese Diskrepanz zustande?*

Pechmann: Das hängt mit dem Wert zusammen, den Mobilität in unserer Gesellschaft hat. Mobilität ist mehr als die Fähigkeit, von A nach B zu kommen, Mobilität ist quasi eine gesellschaftliche Grundhaltung und Sie decken wirklich ein großartiges Dilemma unserer heutigen Zeit auf. Die Tele-Worker gibt es bereits und sie werden auch schon vielfach eingesetzt. Trotzdem fordert man gerade den Arbeitnehmerinnen und Arbeitnehmern eine immer höher werdende Mobilität ab – und letztlich eigentlich dem Individuum insgesamt. Nehmen wir ein Beispiel: Gemeinden fördern die Ansiedelung von Gewerbe- und Handelsunternehmen am Stadtrand, auf der grünen Wiese. Was ist die Folge davon? Verkehr! Ein weiteres Beispiel: In Phasen wie jetzt – angespannte Arbeitsplatzsituation, steigende Arbeitslosenraten – erwartet man auch von Arbeit suchenden Menschen höhere Mobilität, sie müssen bereit sein, für Jobs weiter zu fahren. Für Lehrlinge ist das noch viel schlimmer: Lehrplätze sind rar wie die Nadeln im Heuhaufen, da wird Mobilität gefordert. Die gesamte Gesellschaft ist darauf ausgerichtet, dass der Mensch mobil ist – vom Kindergartenplatz bis zur Freizeitgestaltung. Mobilität ist einer der zentralen Werte unserer aktuellen westlichen Gesellschaft, und damit erklärt sich Ihre Frage.

NÖLAK: *Darf ich das anhand von amerikanischen Beispielen, die ja eigentlich ein Paradoxon darstellen, relativieren: Dort wird einerseits Mobilität in gigantischen Ausmaßen verlangt, d. h. der Arbeitgeber hat seinen Arbeitsplatz über Bundesstaaten hinweg zu wechseln, andererseits ist die Distanzüberwindung am Arbeitsort selbst dann oft wieder auffallend gering; wird diese Entwicklung auch in Österreich kommen ?*

PECHMANN: Diese Frage würde ich gerne an Arbeitstrendforscher oder -forscherinnen weiter reichen. Tatsache ist, dass der Grundgedanke von „es muss sich etwas in meinem Umkreis befinden" durch viele Entwicklungen obsolet geworden ist. Wir müssen diese Grenzen des engen Umfeldes sowohl physisch als auch psychisch überwinden.

NÖLAK: *Das vielfach durch die gesellschaftlichen Bedingungen aufgedrängte Muss an Mobilität würde doch eher für eine zusätzliche Vermeidung von Mobilität im Freizeit- und Privatbereich sprechen, trotzdem wollen die Leute unterwegs sein und suchen nach neuen Wegen der Mobilität?*

PECHMANN: „Wollen" und „suchen" halte ich in diesem Zusammenhang für falsche Wörter. Die wenigsten Menschen fahren gerne lange mit dem Auto und stehen gerne im Stau. Der Großteil von ihnen fühlt sich ohne Alternative. Und ich betone, „fühlt sich". Denn Alternativen sind nur zum Teil tatsächlich nicht vorhanden. Zum anderen Teil werden sie nicht wahrgenommen. Ich greife ein Beispiel heraus, nämlich die Alternative „öffentlicher Verkehr". Manchmal sind Verbindungen tatsächlich nicht vorhanden. Oft sind – oder scheinen – sie allerdings nur nicht attraktiv genug. An der Attraktivität könnte man ad hoc arbeiten, am Problem des „Nicht-vorhanden-seins" zumindest mittel- bis langfristig. Rein auf den Straßenverkehr bezogen, fehlen uns aber schon im Moment wichtige Voraussetzungen, um den akuten und aktuellen Bedarf zu befriedigen, Beispiel EU-Osterweiterung. Das Problem der fehlenden Verbindungen z.B. in die Slowakei ist ja allgemein bekannt, hier führt am notwendigen Straßenausbau kein Weg vorbei. Natürlich müssen auch Mobilitäts-Alternativen, etwa tragfähige Bahn-Anbindungen, geschaffen werden. Wichtig ist jedenfalls, dass man mit diesem Problem sachlich umgeht, nicht polemisch. Es gilt, an den Menschen und an ihren Bedürfnissen dran zu bleiben. Und diese Menschen, auf unserer Seite und auf der anderen Seite der bald nicht mehr sehr starren Grenzen, haben ein Bedürfnis nach Mobilität, das aus dem gesellschaftlich-wirtschaftlichen Allgemeinzustand resultiert. Man kann ihr Mobilitätsbedürfnis nicht ex cathedra wegargumentieren, man muss ihm sinnvoll entgegenkommen.

NÖLAK: *Bringt der Druck den „Mobilitätskessel" in unseren Nachbarländern zum Explodieren und sie weichen auf unsere Straßen aus?*

PECHMANN: Zwei Aspekte dazu: Erstens bewirkte nicht erst die EU-Osterweiterung ein Mehr an Verkehr, diese „Erweiterung" war zu einem großen Teil bereits vollzogen, das Strecken-Manko längst evident.

Aspekt Nummer zwei: Man kann den Menschen in den neuen EU-Ländern nicht einfach das Auto fahren verbieten und Zug fahren verordnen. Ich erinnere mich da an ein Gespräch mit Dr. Piëch, seinerzeit VW-Chef, über China. Natürlich, meinte er, wäre es wünschenswert für die Klima-Situation der gesamten Welt, wenn man China nicht die volle Mobilisierung nach westlichen Mustern gestatten würde. Aber man kann nicht ganz China aufs Fahrrad zwingen. Ähnlich sehe ich unsere Lage: Man kann nicht die EU-Staaten Zentral- und Osteuropas auf so genannte alternative Verkehrsmittel reduzieren, die wir selbst nicht oder nicht gern nützen. Das kann so nicht funktionieren.

NÖLAK: *Welches Auto soll ich mir kaufen? Ich meine natürlich nicht, welche Marke, sondern soll ich mir in Zeiten, in denen es Car-Sharing usw. gibt, überhaupt eines kaufen?*

PECHMANN: Sie stellen mir die fast richtige Frage. Ich schlage Ihnen eine andere Formulierung vor: Welches Mobilitätsbedürfnis habe ich?

Denn es gibt nicht nur höchst unterschiedliche Autos, man kann auch noch eine Stufe drüber gehen und sagen: Es gibt verschiedene Verkehrsmittel. Und die Möglichkeit, sie situativ richtig einzusetzen.

Das mag heute das Fahrrad sein – und morgen der Ferrari. Also stellen Sie die Frage voran, welche Mobilitätsbedürfnisse zu erfüllen sind.

Wenn man in einem Familien- oder anderen Gruppenverbund lebt, könnte man die Bedürfnisse auch noch zusammenlegen und schauen, ob nicht eine gemeinsame Lösung – zum Beispiel nur ein Auto zur wechselnden Benutzung – herauskommt. Erst, wenn am Ende einer vernünftigen Überlegung tatsächlich steht, dass die Mobilitätsbedürfnisse die Benutzung eines Autos erfordern, folgt die Modell-Auswahl. Und an die kann man mit dem Rechenschieber und/oder mit dem Bauch herangehen. Den Bauch würde ich mir gerne für den Schluss aufheben, bleiben wir beim Rechenschieber. Die Kilometer-Kosten eines Fahrzeuges sind, wenn man alles – also auch die Wartungskosten und den Wertverlust – ehrlich einkalkuliert, empfindlich hoch. Beim Berechnen kann man sich übrigens helfen lassen, die Autofahrerklubs zum Beispiel haben entsprechende Listen. Tatsache ist: Selbst beim sparsamen Kleinstwagen kommen Kosten zusammen, um die man schon ganz schön viel Taxi fahren kann.

Entscheidet man sich trotzdem gegen die Version mit Car-Sharing plus Mietauto plus Taxi plus Fahrrad plus Öffi-Tickets also wirklich für ein eigenes Auto, ist wieder kühles Ausloten der Bedürfnisse angesagt.

Nicht „welches Auto will ich?", sondern „welche Bedürfnisse habe ich?".

Fährt man höchstens zu zweit, aber meist weit? Dann zählt nicht der Platz, aber der Langstrecken-Komfort. Wer an 350 von 365 Tagen lediglich solo in der Stadt unterwegs ist und nur einmal im Jahr mit mehreren Passagieren auf Reisen geht, sollte nicht den Großraum-Wagen kaufen, sondern den City-Hüpfer – und den Van für die entsprechende Zeit mieten. Permanent mit drei Kindern unterwegs? Dann werden neben dem reinen Raumangebot noch die Zugänglichkeit – Stichwort „im Kindersitz anschnallen" – und die Sicherheit – Stichworte Airbags, Isofix-Halterungen – wichtig. Nächste Runde: Das Antriebs-Konzept.

Selbst der schönste deutsche Luxus-Schlitten wird zum Nervtöter, wenn man oft auf Schnee fahren muss – und da mit dem Hinterradantrieb nicht weiter kommt. Ich könnte die Liste der zu prüfenden Parameter noch fortsetzen, empfehle aber auch hier lieber fachkundige Unterstützung: Autozeitschriften und ihre Testkapitel geben einen guten Überblick, worauf man schauen sollte, außerdem haben manche Internet-Seiten Fragebögen parat, die einem beim Reihen der eigenen Prioritäten und der daraus folgenden Modellauswahl helfen.

NÖLAK: *Sie haben nun sehr viel über Vernunft-Entscheidungen gesagt. Was ist mit dem Bauch?*

PECHMANN: Selbstverständlich spielt gerade bei der Auto-Auswahl der Bauch ganz entscheidend mit. Dazu mag ich auch keine Empfehlung abgeben, nur eine Erklärung: Das Auto ist ein ideales Statussymbol. Kein anderes Produkt ist so groß, dass niemand den damit ausgedrückten Status übersieht, andererseits aber so beweglich, dass man es immer bei sich haben kann. Ein tolles Haus zum Beispiel macht auch Eindruck, aber nur dort, wo es steht. Eine teure Armbanduhr wiederum kann man immer dabei haben, wenn jemand damit beeindruckt werden soll, muss er aber schon ganz genau hinschauen. Somit hat der Pkw seinen absoluten Spitzen-Stellenwert in Sachen Image-Politur. Und jeder möge sich selbst hinterfragen, wie er oder sie seinen persönlichen Umgang mit Statussymbolen pflegen möchte.

NÖLAK: *Das Gegenmittel für „teure Bauchkäufe" ist schlicht und einfach, sich einmal die Kosten auszurechnen für die Emotionen, und dann zu fragen, ob die das wert wären.*

PECHMANN: Ich weiß nicht, ob Sie schon in der Situation waren, eine emotionale Kosten-Nutzen-Rechnung anstellen zu müssen. Das funktioniert selten.

NÖLAK: *Ja, aber man kann es trainieren.*

PECHMANN: Wie gesagt, hier gebe ich keine Empfehlung. Die Funktion, die das Automobil auf der emotionalen Ebene erfüllt, ist verständlich, und ich rege lediglich dazu an, dass sich jeder nach persönlichen Fähigkeiten und Vorlieben in diesem Punkt hinterfragt.

NÖLAK: *Zwei Fragen dazu, eine realistische und eine klischeehafte. Ich bin etwas verblüfft: Ist das Auto wirklich noch ein Statussymbol, obwohl man immer wieder in der Umgebung Leute findet, die das protzigste Ding fahren, und intern weiß man, der kriecht finanziell am Zahnfleisch, dann wird mich das ja nicht sehr beeindrucken. Also ist nicht das Auto als Statussymbol in den letzten Jahren eher, ähnlich wie Urlaube, immer mehr entwertet worden? Frage zwei, die ist jetzt etwas bösartig: Gibt es noch immer einen Unterschied zwischen den beiden Geschlechtern bezüglich der Bauchbeurteilung des Autos?*

PECHMANN: Zum Thema Statussymbole: Generell nimmt das Auto in diversen Rankings, Umfragen und Studien zum Thema „Was ist den Österreicherinnen und Österreichern wichtig?" einen immer noch sehr hohen Rang ein, gleich hinter Familie oder Urlaub, manchmal noch vor Meinungsfreiheit und Religion. Es ist also mehr als ein Statussymbol. Das Auto oder besser, die Mobilität, die es bietet, wird als persönlicher Wert nach wie vor hoch geschätzt. In der Statusfrage zeigt sich allerdings ein neuer Trend: Nicht mehr nur Produkte bzw. physisch greifbare Dinge drücken Status aus, sondern auch ideelle Werte, zum Beispiel Lebensformen oder Einstellungen. Das heißt, dass die alte Schwarz-Weiß-Sicht – teures Auto ist gleich toller Hecht, altes oder kleines Auto ist gleich Versager – langsam in den Hintergrund tritt und durch differenzierte Selbstpositionierungen ersetzt wird. Beispiele dafür wären der „Smart Buy", bei dem sich jemand gezielt für eine weniger prominente, aber bei der Geld-Gegenwert-Relation überragende Marke entscheidet. Oder das Understatement-Modell, dessen Preis und PS-Stärke von außen nicht erkennbar sind. Oder der Smart-Kleinstwagen mit Chauffeur – kein Witz, hab ich selbst schon gesehen!

NÖLAK: *Das heißt, ein scheinbar biederes Modell in der Luxusausstattung ist heute mehr gefragt als vor ein paar Jahren, weil es ist Statussymbol – wenn auch nur für mich. Kann man das so in die Richtung formulieren?*

PECHMANN: Ja, ein gewisses Versteckspiel rund um dem Status ist sicher in den Kanon der sozialen Symbole dazugekommen.

NÖLAK: *Zum Vorurteil Frau – Mann?*

PECHMANN: Untersuchungen zeigen, dass Frauen bei Autos – abseits vom Überdeckungsbereich mit Kriterien, die beiden Geschlechtern wichtig sind – auf ein paar andere Dinge Wert legen als Männer. Vor allem aber pflegen Frauen einen etwas Vernunft betonteren Umgang mit dem Verkehrsmittel Auto. Analysen von „Wie viele Wege legt welcher österreichische Mensch mit welchem Verkehrsmittel zurück?“ ergeben, dass Frauen häufiger öffentliche Verkehrsmittel benützen, weitaus mehr zu Fuß gehen und generell weitaus weniger Berührungsängste zu Bewegungsformen abseits des Automobils zeigen. Simpel gesagt: Den entrüsteten Satz „Ich setz' mich doch nicht in eine U-Bahn!“ werden Sie meistens von Männern hören. Es kann allerdings sein, dass Frauen so agieren, weil sie müssen. Denn aufgrund der Einkommenssituation ist die Möglichkeit, ein Auto zu haben, für Frauen derzeit einfach noch nicht im gleichen Ausmaß gegeben wie für Männer.

NÖLAK: *Also meine Frau fasziniert das immer. Wir haben kaum Streitigkeiten miteinander, aber wenn es ums Auto geht, da sagt meine Frau immer den einfachen Satz, das Auto muss anspringen und fahren, alles andere ist mir egal, mir nicht!*

PECHMANN: Ich kenne auch Einzelfälle von Frauen, die sagen, ich möchte einen Porsche, weil mir dieser Boxermotor so taugt. Oder einen Maserati wegen dem Transaxle-Getriebe. Es gibt solche und solche. Ich will hier kein Klischee perpetuieren.

NÖLAK: *Wohin geht unsere Mobilitäts-Situation? Wird es verschiedene Verlangsamungen oder Verschnellungen geben? Werden wir uns auf amerikanische Verhältnisse einstellen müssen, d. h. je zwei Stunden Hinfahrt und Rückfahrt zum und vom Arbeitsplatz, oder aber das eigene Haus, das man sich am Tieflader zur nächsten Arbeitsstelle mitnimmt? Oder werden wir plötzlich ein Volk der Vernünftigen, parallel dazu werden uns die „vernünftigen Strukturen“ – öffentlicher Verkehr, Bahn etc. – plötzlich in ungeahntem Maße zur Verfügung stehen? Wie werden wir die Mobilität in den nächsten 30 Jahren erleben?*

PECHMANN: Ich fürchte, ich kann Ihren Ball jetzt nicht so Volley übernehmen, denn der Vergleich mit Amerika ist mir zu weit her geholt.

Da sind nicht nur die Kulturen, sondern allein schon die geographischen Gegebenheiten viel zu unterschiedlich. Bleiben wir in Europa, mit Fokus auf Österreich – und dabei, wie es den Menschen hier morgen und übermorgen mit der Mobilität gehen wird. Ich kann Ihnen einmal sagen, wohin sich die Fahrzeuge selbst entwickeln werden. Sie werden ihre Fahrerinnen und Fahrer mit immer mehr vorwiegend elektronisch gesteuerten Assistenz-Systemen unterstützen, die sich in drei Gruppen teilen: Hilfe nach einem Unfall, Schaden begrenzende Vorbeugung knapp vor einem unvermeidlichen Unfall und Assistenz während der Fahrt, also wenn noch nichts passiert. Bereich zwei der kommenden Entwicklung umfasst die Telematik, also die individuellen Leitsysteme im Fahrzeug mit GPS-Navigation & Co. und dann die Vernetzung mit anderen Fahrzeugen bzw. den Steuerungs-Systemen auf der Straße. Das ist grundsätzlich eine ausgesprochen hübsche Idee. Als praktisch Denkende frage ich mich allerdings, wo die Fahrzeuge telematisch umgeleitet werden sollen, wenn es – wie zum Beispiel an der Wiener Südeinfahrt oder im Tiroler Inntal – keine Ausweichstrecke gibt. Der nächste Trend heißt Intermodalität, also die Kombination verschiedener Verkehrsmittel.

Park-and-Ride-Anlagen an den richtigen Orten zu vernünftigen Kosten würden etwa viele Verkehrsprobleme in der Stadt lösen helfen. In ländlichen Gebieten wiederum könnten Bedarfs-Busse und Sammel-Taxis die fehlende Verbindung zur Bahn oder zum Linien-Bus herstellen. Und schließlich wird unser Mobilitätsverhalten in Hinblick auf seine Umwelt-Auswirkungen zunehmend kritischer gesehen werden. Das führt hoffentlich zu immer besserer Abgasreinigung in den Fahrzeugen, siehe etwa den Diesel-Partikelfilter, und es führt zu neuen Antriebskonzepten wie Hybrid, Erdgas oder – in weit fernerer Zukunft – Wasserstoff. Es führt aber wahrscheinlich auch zu Mobilitäts-Beschränkungen wie sektoralen und saisonalen Fahrverboten oder City-Mauten.

NÖLAK: *Würden Sie sagen, dass die Mobilität vielleicht die stärkste Triebkraft für Fortentwicklungen im Moment ist und das Militär als Technologieträger abgelöst hat?*

PECHMANN: Betrachtet man Mobilität ganzheitlich, dann sehe ich die Triebkraft. Mobilität ist ja auch die Fähigkeit, übers Internet binnen Sekunden mit jemandem am anderen Ende der Welt zu kommunizieren oder in Null-Komma-Nichts große Informations-Mengen über alle Grenzen auszutauschen. Diese Form von Mobilität wird unsere Welt noch drastisch verändern. Das Auto selbst hingegen, denke ich, hat seine besten Jahre als Gesellschafts-Modernisierer zumindest in unseren Breiten schon hinter sich.

NÖLAK: *Wann waren die?*

PECHMANN: In der Zeit der Massenmobilisierung. Also in Österreich nach dem Zweiten Weltkrieg bzw. nach der Besatzungszeit, Stichwort Wirtschaftswunder-Jahre. Wir haben ja heute auch bei der Kennzahl „Autos pro Kopf" im gesamten westlichen Europa kaum mehr nennenswerte Steigerungsraten. Hier ist die Sättigung erreicht.

NÖLAK: *Es gibt rund 8 Mio. Österreicher, davon kann man 2 Mio., die unter 18 sind, sowie rund 1 Mio., die alt, krank oder sonst wie eingeschränkt sind, wegrechnen, bleiben also 5 Mio. über, die Auto fahren könnten. In meinem Haushalt gibt es beispielsweise vier Autos, ich könnte natürlich ein fünftes dazukaufen, aber das würde dann unbenützt in der Garage stehen bleiben. Positiv formuliert, mehr als 5 Mio. Autos wird es in Österreich nicht geben, aber negativ formuliert, sind diese 5 Mio. natürlich trotzdem eine gigantische Zahl!*

PECHMANN: Rein theoretisch gibt es hier keine Grenze, denn natürlich kann ein einzelner Mensch auch mehrere Autos besitzen.

NÖLAK: *Aber man kann sie ja nicht gleichzeitig fahren. Es werden sich sicherlich andere soziale Formen, Fahrgemeinschaften usw. Strukturen bilden, weil der Leidensdruck, z. B. beim täglichen Stau-Stehen, grob gesagt natürlich der beste Regulator ist.*

PECHMANN: Ich finde das so unfair den Fahrzeugbenützern gegenüber. Ich sage es noch einmal: Die wenigsten Menschen stauen sich freiwillig durch die Gegend. Die machen das zum Beispiel deshalb, weil die Nahversorger Stück für Stück eingehen und weil einem mehr und mehr das Gefühl vermittelt wird, dass man das, was man braucht, nur mehr in Shopping-Zentren am Stadtrand bekommt. Ähnliche Zwänge wirken, wie vorher schon besprochen, auf dem Arbeitsmarkt. Unsere heutige Autoverkehrssituation ist nicht aus Jux und Tollerei entstanden.

NÖLAK: *Darf ich da trotzdem provokant das Wort Urlaub erwähnen, also wenn von München bis Bozen eine einzige Schlange nach Italien fährt, ist das verschuldet?*

PECHMANN: Das ist zumindest mitverschuldet von einer Tourismus-Branche, die es sehr schwer macht, anders als von Samstag bis Samstag zu reisen.

Von Ferienplanern, die es nicht schaffen, auch nur in zwei europäischen Ländern die Ferientermine so zu koordinieren, dass nicht alle gleichzeitig unterwegs sind. Von Bahn-Betreibern, deren Autoreisezug-Angebote preislich wie zeitlich unzumutbar sind. Ich komme immer wieder darauf zurück: Kaum jemand steht im Stau, weil das so lustig ist.

NÖLAK: *Gibt es so von Ihnen formuliert Ratschläge oder Empfehlungen, Rezepte für die Mobilität der Menschen?*

PECHMANN: Sagen Sie mir Problemfälle, und ich versuche, Tipps zu geben.

NÖLAK: *Ich überlege mir einen neuen Wohnsitz. Siedle ich mich jetzt lieber an der Wiener Stadtgrenze an, im Wissen, dass ich jeden Tag eine dreiviertel Stunde im Stau stehe, oder versuche ich, die kleinere Innenstadtwohnung zu kriegen, wo natürlich der Baum für ein Kind schon ein Erlebnis sein wird, weil es ihn nicht kennt. Gibt es da, ähnlich wie beim Autokauf, wo Sie diese Entscheidungsbäume zitiert haben, eine Art Denkweg?*

PECHMANN: Es gibt da eine ganz wichtige Empfehlung, nämlich die Auswirkung auf die Mobilitätsbedürfnisse unbedingt mitzubedenken.

Viele vergessen darauf. Fragen Sie sich nicht nur, wo Sie ein großes Grün-Grundstück um möglichst wenig Geld und eine nette Schule für Ihre Kinder finden, fragen Sie sich auch, was das für die täglichen Wege bedeutet. Es ist schon kurios, dass immer mehr Menschen gern eine grünere Welt hätten, dann aber zum Beispiel von der Großstadt ins südliche Weinviertel ziehen und täglich zum Dauer-Stau nach und ab Wien beitragen.

Neben der gesellschaftskritischen Anmerkung habe ich aber doch noch einen praktischen Tipp: Nützen Sie moderne Kommunikationstechnologien.

Schauen Sie im Internet auf die Verkehrskameras und fahren Sie, wenn irgend möglich, eine halbe Stunde später los, falls Sie den Mega-Stau auf der Stadtautobahn sehen. Mittlerweile sind viele Informationsanbieter auch so weit, dass man aktuelle Verkehrsinformation mobil abrufen kann – zum Beispiel über Handys und PDAs, die man verkehrssicher im Auto montiert. Diese Systeme sagen einem nicht nur, wo Stau droht, sondern beispielsweise auch, wo die nächsten Parkgaragen sind, zum Teil sogar, in welchen Garagen man freie Plätze findet und was die kosten. Kombiniert mit einem gut eingestellten Navigationssystem, das nicht nur eine Route hat, sondern auch Ausweichstrecken anbietet bzw. vernetzt mit dynamischer Verkehrsinformation, lässt sich da schon relativ viel machen.

NÖLAK: *Wird es nicht dadurch einen „Krieg der Generationen" geben? Denn der heute 60-Jährige wird sich nicht mehr überreden lassen, sich diese ganze Technikschleife anzutun – der heute 20-Jährige wächst damit auf. Liegen da nicht die Befürchtungen nahe, dass es ähnlich wie beim Internet einen Krieg der Generationen und Arm gegen Reich geben wird?*

PECHMANN: Der Automobilbereich zeigt schon ganz gut, wohin hier die Reise geht. Bisher galt bei der Elektronik im Fahrzeug: Mehr, mehr, mehr. Prompt gab es genau das Problem, von dem Sie sprechen. Menschen älterer Generationen bzw. Menschen mit kleineren Brieftaschen können oder wollen sich damit nicht konfrontieren. Zum Glück – so absurd das jetzt klingen mag – gab es auch noch ein anderes Problem: Zunehmende Defektanfälligkeit der Elektronik-Systeme. Daher gehen die Autohersteller schon daran, die Komplexität zurückzunehmen, damit ihnen nicht die User die kalte Schulter zeigen. Und Ähnliches, denke ich, wird im gesamten Elektronik- und Informationsmanagement-Bereich passieren. Die Verspieltheit und die Technik-Verliebtheit der Entwickler sowie der versierten „Early Adopter" unter den Usern wird sich dem Regulativ der allgemeinen und breiteren Bedürfnisse unterworfen sehen.

Das ist ein Prozess auf beiden Seiten. So, wie das Angebot breitentauglicher wird, wird auch die Fähigkeit, damit umzugehen, auf einer breiteren Basis stehen. Man darf auch nicht pauschal jedes Mitglied der älteren Generation als technisch unfähig abstempeln.

Schauen Sie sich an, was heute in Internetkursen los ist, da werden Sie Menschen begegnen, die unsere Großeltern sein könnten.

„Je größer und je abgeschiedener das Haus, je größer der Garten, je größer die Garage, wenn dann zwei Autos Platz haben, desto größer ist der Status."

Sabine Pollak

Sabine Pollak ist Professorin am Institut für Wohnbau und Entwerfen der Technischen Universität Wien

NÖLAK: *Frau Professor, wie wohnen wir – speziell in Niederösterreich?*

POLLAK: Niederösterreich ist ein Land von Einfamilienhäusern, und irgendwie ist es in Niederösterreich besonders krass. Wenn man durch Niederösterreich durchfährt – es ist so viel Raum, so viel Platz da und man sieht einfach kaum einen Ort mehr, der an den Ortsrändern nicht vollkommen zerfließt. Das heißt, die Problematik ist da – es gibt diesen Wunsch, im eigenen Haus zu wohnen, eigentlich seit jeher. Das ist ein unglaublich „langer Wunsch".

NÖLAK: *Kann man den zurückverfolgen? Geht das auf das Zelt der Urgeschichte zurück?*

POLLAK: Jedes Haus geht auf das Zelt oder auf die Urhütte der Urgeschichte zurück. Die Urhütte aus vier Bäumen mit einem geflochtenen Dach, das ist sicher auch das ureigenste Haus. Also, das gibt es eigentlich sehr lange. Das Erstaunliche ist, dass sich dieser Wunsch überhaupt nicht verändert hat. Das ist ein gleichbleibender Wunsch, der sich durch Jahrhunderte hindurch zieht. Ich meine, das mittelalterliche Haus hat sich sehr unterschieden vom Haus z. B. im 18., 19. Jahrhundert und vom heutigen Haus. Mittelalterliche Häuser waren sehr öffentliche Häuser, da sehr viele verschiedene Leute, also auch alle möglichen Verwandten, vorübergehend, länger oder kürzer darin gewohnt haben, und wo es meistens irgendeine Produktion drinnen gab oder eine Art Verkaufs- oder Tauschstelle. Es war also in dem Sinn eine andere Art von Haus, aber ab dem 15., 16. Jahrhundert gibt es eigentlich einen zunehmenden Wunsch nach mehr Privatheit, nach mehr Abgeschlossenheit und nach der eigenen Wohnung, dem eigenen Haus. Und seitdem ist dieser Wunsch gleichbleibend. Die Villen und Häuser haben nur ein bisschen anders ausgeschaut, waren ein bisschen ausgeschmückter, aber an sich ist das eine unglaublich durchgängige, lang andauernde Sehnsucht. Im Prinzip hat sich da nichts verändert.

NÖLAK: *Das ist ja auch durchaus bei den heutigen Menschen festzustellen.*

POLLAK: Ja, natürlich. Ich weiß die Prozentzahlen nie auswendig, aber es sind immer mehr als 50 %, ich glaube, es waren nahezu 70 % Österreicher und Österreicherinnen, die am liebsten in einem freistehenden Einfamilienhaus wohnen wollen.

NÖLAK: *Es geht also auch um die berühmte Bauordnung, 3 Meter Abstand bei 6 Meter Höhe usw.*

POLLAK: Ja, und je größer dieser Abstand ist, desto besser. 3 Meter ist ja schon sehr wenig, da wird's schon brenzlig, aber je größer der ist, desto besser. Aber da kommen wir Architekten, Ökologen, Landschaftsplaner, Raumplaner und –planerinnen usw. und denken uns andere Modelle aus, dichtere Modelle, die raumsparender sind, die die Ökologie mehr überlegen, die vielleicht sozialere Konzepte haben wie Reihenhausanlagen usw. Aber es ist manchmal wirklich schwierig, das quasi an die Leute zu bringen, weil man sie erst einmal irgendwie von diesem Urwunsch abbringen muss.

NÖLAK: *Kann man diesen Urwunsch ein bisschen konkretisieren. Was ist es? Die Nähe zur eigenen Familie, die Ferne zu den anderen, oder?*

POLLAK: Ich glaube, das hat viele Ursachen. Ich meine, es gibt so ein ursprüngliches Bedürfnis nach Rückzug und nach Absonderung von anderen. Aber warum Leute unbedingt in einem Einfamilienhaus wohnen wollen, ist eine sehr vielschichtige Angelegenheit. Das hat mit Status zu tun, ein Haus ist ein Statussymbol. Je größer und je abgeschiedener das Haus, je größer der Garten, je größer die Garage, wenn dann zwei Autos Platz haben, desto größer ist der Status. Wir als Architekten sind eher froh, wenn wir ein Haus mit 80 m^2 bauen, wenn man aus einem ganz kleinen Raum irgendwie besonders viel machen kann. Aber, wie gesagt, Status ist eine der Ursachen. Geld, sicher, das ist auch ganz wichtig, aber ein Haus kann man sich zur Not selbst bauen, Nachbarschaftshilfe gibt es zumindest immer noch ein bisschen, ein Haus kann man im Pfusch bauen, das darf man nicht vergessen. Nur braucht es nicht unbedingt das ganze Geld auf einmal, man kann ein Haus irgendwie nach und nach bauen, man kann schon einziehen, auch wenn es noch nicht verputzt ist. Die Häuser werden oft vererbt, das heißt, die Kinder kriegen ein Haus quasi geschenkt. Oder sie kriegen ein Grundstück vererbt und können darauf eigentlich nur ein Haus bauen. Sie sind oft nicht unbedingt glücklich, würden vielleicht ganz gerne woanders wohnen, aber das ist dann ganz klar, dass man dort auch wohnt, wo das Grundstück liegt. Es hat viel mit Familienbande zu tun – Status ist am Land besonders heikel. Ich komme aus der Steiermark, und wir haben in der Oststeiermark so ein umgebautes Bauernhaus als Ferienhaus, und dort haben Mietwohnungen einfach einen schlechten Stand. Da redet man dann von „Mietskaserne“. Die, die da in diesen Häusern wohnen, die haben einen anderen Status als die, die im Einfamilienhaus wohnen. Das sind oft so diffizile Geschichten, die aber am Land unglaublich wichtig sind.

NÖLAK: *Mehr als etwa in einer Stadt?*

Pollak: Ja, natürlich. Am Land sind solche Regeln, ungeschriebene Regeln, wichtiger. Aber es gibt auch banalere Gründe für ein großes Haus. Da gibt es z.B. ganz massiv den Wunsch nach einem eigenen Garten, wo man sich ungestört aufhalten kann, der solcherart in den wenigsten verdichteten Form wirklich angeboten werden kann. Es gibt nichts Schlimmeres als Reihenhäuser, wo Garten an Garten ist … schmal, schmalste Grundstücke.

Nölak: *Ist das eine Sonderart von Egoismus oder ist das einfach nur ein Ruhebedürfnis?*

Pollak: Das hat schon mit Egoismus zu tun … auch mit der Einstellung. Es gibt ja beispielsweise in den Niederlanden eine ganz andere Einstellung. In den Niederlanden wohnt man viel offener und präsentiert sich den anderen gegenüber viel offener.

Nölak: *Mit denen kann man mitleben. Dort gibt es keine Vorhänge, nichts.*

Pollak: Ja. Die haben ganz andere Schranken.

Nölak: *Das ist sicher historisch-religiös bedingt. Im Calvinismus steht ja, dass man keine Vorhänge haben darf …*

Pollak: Ja, es gab eine Vorhangsteuer. Das ist auch wichtig, dass man das auch historisch betrachtet, aber für heutige Verhältnisse … wenn man sich neue Architektur in Holland anschaut, dann ist sie dadurch einfach viel offener und viel kommunikativer. Es ist auch steuerlich bedingt. Weil die Grundstücke wahnsinnig schmal und lang sind, muss man so bauen, damit durch die Fensteröffnungen auch in die Mitte der Grundstücke noch genügend Licht hineinkommt. Es ist ganz interessant zu beobachten, dass und wie das Rückzugsbedürfnis in anderen Kulturen, die ja nicht einmal so weit weg sind von uns, ganz anders aussieht.

Nölak: *Sie haben gesagt, im 16. Jahrhundert war dieser Umschwung zur Privatheit. Kann man einen Grund sagen, warum gerade damals?*

Pollak: Ich bin da nicht so die Expertin, ich glaube, es haben viele Sachen mitgespielt. Man hat damals begonnen, Tagebücher zu führen, Briefe zu schreiben, das waren eher so private Praktiken. Man hat begonnen, sich auf das Eigene zu besinnen – die Mode des Sammelns von Souvenirs und solche Sachen, die brauchen dann auch Raum. Zuerst waren das eher private kleine Dinge und die sind langsam zu Räumen geworden. Es hat ja irrsinnig lange kein eigenes Schlafzimmer gegeben.

Nölak: *Das kommt auch von der Renaissance her.*

Pollak: Da gibt es das schöne Buch von Phillip Aries über die Geschichte des privaten Wohnens. Da schreibt er, dass die Privatheit nicht mit dem Raum anfängt, sondern mit Dingen wie Briefe schreiben, Tagebuch schreiben, sich Nischen in Gärten suchen, wo man sich treffen kann.

NÖLAK: *Das hält durchaus an?*

POLLAK: Das hält an. Es gibt zwar immer wieder Epochen, in denen versucht wurde, in eine andere Richtung zu lenken – das „Rote Wien" der 1930er Jahre ist ein gutes Beispiel, wo man versucht hat, sehr viel gleichwertigen Wohnbau zu schaffen – mit sehr vielen Gemeinschaftseinrichtungen ... Kinderbetreuung, tolle Sachen eigentlich. Da gibt es ja auch heute noch ganz extreme Beispiele wie den „Heimhof". Das ist ein Einküchenhaus in Wien im 15. Bezirk – das war wirklich ein Beispiel, wo man versucht hat, die Küchen vollkommen aus den privaten Wohnungen auszugliedern, nur gemeinsam zu kochen, eigentlich so eine Art Gasthaus zu machen! Das war in den 1920er Jahren, das waren fortschrittliche Gedanken, die eigentlich eher in die heutige Zeit passen würden, die teilweise radikal sind, wo man ja versucht hat, Kinderbetreuung aus der Familie auszugliedern. In Russland ist das auch praktiziert worden. Eine sanfte Variante davon wäre heute vielleicht die Sachfabrik, das Wohnheim, in dem es wieder extrem viele Gemeinschaftseinrichtungen gibt, z.B. kulturelle Einrichtungen, die auch von außen mitbenutzt werden, wo also wieder eine ganz neue Art von Zusammenleben entsteht.

NÖLAK: *Das Problem ist die Zersiedelung?*

POLLAK: Ich weiß das nur aus Diskussionen mit Politikern, dass man fast unter Druck gesetzt wird, wenn die Leute Parzellierungen wollen oder wenn sie ein Grundstück wollen, um sich dort ein Einfamilienhaus zu bauen, da gibt es eigentlich kein Instrument dagegen. Oder?

NÖLAK: *Doch. Es gibt den Flächenwidmungsplan der Gemeinde, Raumplanung, die vom Land aus geht. Aber im Prinzip ist das schon richtig.*

POLLAK: Was vielleicht auch noch bemerkenswert ist – das Haus hat sich selber im Inneren kaum verändert. Bis heute gibt es eine unglaublich gleichbleibende Einteilung von frei stehenden Einfamilienhäusern. Die sind nur ein bisschen kleiner geworden, aber es gibt das Vorzimmer, das hat sich überhaupt nicht verändert, es gibt die Schwelle, den Vorraum, das Vordach und die eher repräsentativeren Räume, wo die Besucher auch hineindürfen, und dann eben das familiäre Wohnzimmer und dann, das wird halt dann immer privater, immer intimer, im oberen Stock die Schlafzimmer. Also, das ist eins zu eins von früher übernommen. Vielleicht ist das Zimmer der Dame, das Zimmer des Herrn weggefallen, solche Sachen, aber sonst ist alles gleich geblieben.

NÖLAK: *Wie ist das eigentlich mit der Privatheit, kann man das aus den Bauplänen der letzten Jahre auch ein bisschen herauslesen?*

POLLAK: Das kann ich jetzt nicht beurteilen. Was ich sicher weiß, es hat auch mit den neuen Kommunikationsformen zu tun. Ganz klar. Wenn man sich via Internet überall hin verbinden kann, dann muss man sich nicht mehr analog verbinden, muss man nicht mehr wirklich in Kommunikation mit anderen treten. Und das hat sicher noch einmal so einen Schub gebracht in Richtung nach mehr Rückzug.

NÖLAK: *Aber ein typischer Computerplatz eines typischen Singles braucht doch nicht mehr viel Raum. Das wäre doch die Chance, die Räume, die so riesig dimensioniert sind, wieder zu verkleinern?*

POLLAK: Ja, nur Computerfreaks gehen selten aufs Land. Also, da gibt es Untersuchungen, dass sie das urbane Umfeld brauchen. Das ist das Seltsame daran, weil man immer sagt, dass Computerleute unabhängig vom Ort seien, aber das stimmt nicht ganz. Sie brauchen das urbane Umfeld. Sonst könnte man sagen, überall in Niederösterreich könnten so Siedlungen entstehen, wo Homeworking und Teleworking angesiedelt wären …

NÖLAK: *Teleworking hat sich noch nicht so richtig durchgesetzt. Gibt es dafür eine Begründung von Ihrer Seite?*

POLLAK: Ich nehme an, das liegt am Angebot der Firmen. Ich denke, es gibt es schon, aber bei uns dauert es immer ein bisschen länger. Aber ich möchte noch etwas zu dieser von Ihnen erwähnten Abzäunung erwähnen: Ich habe es in den USA immer erstaunlich gefunden, dass es dort ja viel weniger physische Grenzen gibt, es gibt zum Beispiel keine Zäune, und die Leute stehen auf der grünen Wiese und man meint, man könnte bis zum Haus gehen. Trotzdem gibt es aber ein viel größeres Abschottungsbedürfnis – wehe, man betritt diesen Rasen tatsächlich, da steht dann vermutlich schon einer mit der Pumpgun hinten und kommt sofort raus. Es ist viel geregelter und viel strikter, obwohl es überhaut nicht perlustriert wird.

NÖLAK: *Also bei uns möchte jeder seinen Zaun.*

POLLAK: Thujenhecke, dick und dicht. Weil Zaun ist auch durchsichtig.

NÖLAK: *Am liebsten hätte er eine 3 Meter hohe Mauer!*

POLLAK: Manchmal fällt wirklich ein nennenswerter Teil des Grundstückes durch solche Thujenhecken weg. Das ist unglaublich.

Noch dazu sind Thujen das Schlimmste für die Tierwelt. Die sind nicht heimisch. Sie sind giftig für ganz bestimmte Vogelarten, man darf z. B. rund um den Neusiedlersee keine Thujen pflanzen, sonst würden die ganzen Vögel dort eingehen.

Nölak: *Im ländlichen Raum, in Niederösterreich, haben wir noch Platz, aber was ist mit den anderen Millionen, die in Wien wohnen müssen? Gibt's da eine Antwort? Warum wohnt man dort gerne?*

Pollak: Ja, z. B. in Alterlaa herrscht eine der größten Wohnzufriedenheiten.

Fast alle, die dort wohnen, sind einfach zufrieden. Obwohl, ich kenne viele Leute, die sagen „Horror", sie würden nie dort wohnen wollen, in einem riesigen Haus, aber das Angebot, das Zusatzangebot von Schwimmbad und allen diesen Dingen, die sich zwischen diesen Wohntürmen befinden, ist, glaube ich, wirklich gut. Da ist man nicht isoliert, es schaut zwar so isolierend aus, aber es ist es nicht. Und ich meine – es wird ja immer noch Massenwohnbau gebaut, es werden immer noch sehr große Wohnbauten gebaut – das Angebot hat sich schon unglaublich erweitert. Also z. B. so ein Komplex wie die Großfeldsiedlung, kann nicht mehr so leicht entstehen. Gerade, wo es kein wirkliches Umfeld gibt – ich glaube, da überlegt man sich jetzt schon ein bisschen mehr. Da gibt es doch einige Projekte, die Wohnen mit Arbeiten verbinden, die auch sehr viel Büroraum anbieten. Ich glaube, es kann nur mehr verkauft werden, wenn es auch so und so viele Wohnungen für Singles und für alte Leute gibt und Freiräume! Ich glaube, Wohnbau wird viel mehr in Richtung Qualität als in Quantität gehen müssen. Der unmittelbare Bedarf ist ja irgendwie abgedeckt. Es gibt nicht mehr so eine Wohnungsnot. Aber die Qualität ist nicht gedeckt. Da gibt es immer noch zu wenig spezifische Angebote für spezifische Wünsche.

Nölak: *Was gibt es da für Wunschkategorien?*

Pollak: Na ja, „Themenwohnen" ist das Thema der Zukunft. Man will nach einem bestimmten Thema wohnen.

Nölak: *Was sind das für Themen, kann man das inhaltlich definieren?*

Pollak: Das kann alles Mögliche sein. Das kann Sport sein, Sport ist da sicher ein Thema, Ökologie ist ein Thema, Freizeit, alles was mit Freizeitverhalten zu tun hat. Beruf, Arbeit … eine autofreie Siedlung ist eine typische Themensiedlung. Man zieht nicht dort hin, weil die Lage so gut ist oder die Häuser so schön sind, sondern hauptsächlich deswegen, weil dort keine Autos sind. Und das wollen die Leute mehr und mehr. Da weiß man irgendwie auch, das ist eine bestimmte Gruppe von Leuten, man weiß ungefähr, wer die Leute sind, man weiß, dort ziehen jetzt nur Leute hinein, die auch in einer solchen autofreien Siedlung wohnen wollen. Das heißt, man weiß von vornherein, dass es weniger Reibungspunkte gibt, man kann vielleicht ein bisschen mehr abschätzen, dass man sich besser versteht. Die Anonymität und der Streit, der entstehen kann, das Nichtkennen der Nachbarn in einer größeren Wohnanlage, dieses Problem ist bei Themensiedlungen geringer. Wohnen rund um Teiche, rund um Schotterteiche oder Wohnen mit einem Fitnesscenter, das wird in naher Zukunft sicher viel interessanter werden. Das hat damit zu tun, dass die Leute mehr und mehr ein vorgefertigtes Lebensmodell in Anspruch nehmen wollen.

NÖLAK: *Kein eigenes, sondern ein vorgegebenes?*

POLLAK: Ja. Man will eigentlich, dass das Wohnen schon vordefiniert ist. So wie ein Flugurlaub, so ein All-inclusive-Urlaub. Und so soll das Wohnen auch ausschauen. Man kann dort Gymnastik machen, man kann dort essen, die Kinder haben eine Kindergruppe, man kann am Abend in irgendein Lokal gehen oder was noch inkludiert ist, und man bleibt irgendwie in diesem Wohnding drinnen und ist glücklich, weil man sich um nichts mehr kümmern muss. So auf die Art.

NÖLAK: *Welche Ratschläge würden Sie als Architektin jemandem, der sich niederlassen möchte, geben bzw. welche spezifischen Fragen würden Sie so jemandem stellen?*

POLLAK: Ich meine, die Frage ist nicht nur „wo", sondern die Frage ist wirklich, was man sich von seiner zukünftigen Niederlassung erwartet, wie die Lebensplanung ausschaut. Wenn man sich so ein Haus hinstellt und man hat vielleicht gar nicht vor, in einer Partnerschaft zu wohnen und Kinder in die Welt zu setzen, dann macht es irgendwie auch wenig Sinn. Dann macht es mehr Sinn, flexibler zu sein und eine Wohnung an einem Ort zu haben, vielleicht eine kleine Wohnung, mit dem Haus ist man einfach gebunden. Also ich habe die These, dass die Wohnform „Einfamilienhäuser" ... also, ich will nicht sagen, dass sie Schuld sind daran, dass Ehen zu Bruch gehen, aber es ist wirklich schwer, wenn man wo festgenagelt ist, kein Umfeld hat und dem eigentlich nicht auskommt. Das ist immer noch sehr stark der Fall. Das ist für Frauen isolierend, isolierender als für Männer ... im Normalfall zumindest. Jemandem zu raten, wo er sich niederlassen soll, ich glaube, das ist heute schwieriger denn je, weil es auch einfach nicht mehr die Sicherheit vom Arbeitsplatz gibt. Früher hat man immer gesagt, man soll sich niederlassen in der Nähe des Arbeitsplatzes und bei den Firmen, da gab es Betriebssiedlungen, eben die ganze Geschichte der niederösterreichischen Betriebssiedlungen ... tolle Sachen, aber heutzutage ist sowas undenkbar. Keine Firma würde mehr ihre eigenen Wohnungen bauen.

NÖLAK: *Aber das andere Extrem, dass jemand sein kleines Häuschen auf den Tieflader legt und von New York City nach Kalifornien übersiedelt, das sehen Sie für Österreich nicht?*

POLLAK: Nein. Dazu ist das Land auch nicht groß genug. Und auch nicht unterschiedlich genug. Da fehlt die Weite von Amerika und auch die Lockerheit von Amerika.

Ja, aber das Weiterziehen gibt es immer noch. Go west, das gibt es irgendwie immer noch. Ich glaube, dass man in einem guten urbanen Wohnprojekt gut beraten ist, sich wirklich, bevor man sich ein Haus kauft oder baut, nach Alternativen umzuschauen und einmal schauen sollte, was wird wirklich am Wohnungsmarkt angeboten. Wichtig ist also, sich umzuschauen, welche Qualitäten eine Wohnung hat, ob sie einen Freiraum, d. h. genügend Freiraum hat, ob man nicht besser beraten ist, da einmal zu bleiben und zu schauen, wie sich das Ganze entwickelt.

NÖLAK: *In anderen Ländern, wenn man eingeladen ist, merkt man, die haben dieses „Savoir-vivre". Auch beim Wohnen. Wie lernt man Wohnen?*

POLLAK: Ich glaube, man wohnt so, wie man aufgewachsen ist. Und „wohnen lernen" tut man gar nicht mehr, leider oder Gott sei Dank. Ich weiß nicht, in den 1920er Jahren ist ein neues Wohnen unterrichtet worden in den Schulen und das kann in eine ganz andere Richtung gehen. Es ist zumindest gefordert worden von den Architekten, dass „Wohnen" in der Volksschule unterrichtet werden soll. Also damals war man zu Recht der Auffassung, dass man sich nicht einfach eine neue Einrichtung kaufen kann und dass man das neue Wohnen quasi erlernen muss. Aber das geht halt sehr schnell in eine Ideologie und Doktrin hinein, und ich würde sagen, Wohnen zu lernen, das ist gefährlich. Ich denke, das hat schon viel mit Selbstverwirklichung zu tun, aber einfach moderne, gute Architektur zu schätzen und ein Gefühl für einen gut entwickelten Raum zu bekommen, das kann man schon lernen, natürlich.

NÖLAK: *Wo und wie?*

POLLAK: In den Schulen. Da gibt es Fächer, wo das inkludiert ist. Ich würde nicht sagen, dass man das Wohnen separat lernen kann.

NÖLAK: *Frau Professor, gäbe es noch etwas zu Lebensstil hinsichtlich des Wohnens, Hausbauens etc., zu sagen?*

POLLAK: Ich weiß aus eigener Erfahrung, dass viele Projekte bei uns mit einem Einfamilienhaus beginnen und dann schrecklich enden. Und oft gibt es schon während der Projektphase Streit, da ist man dann als Architekt eigentlich schon mehr Therapeut. Aber es ist für die Ehepartner schrecklich. Ich denke mir dann oft, ist das wirklich gut, dass die ein Haus bauen?

NÖLAK: *Darf ich das als Frage in den Raum stellen – in der Art, dass man diese auffordert, sich das Ganze nochmals zu überlegen?*

POLLAK: Warum nicht. Ich bin einfach eine Verfechterin einer etwas größeren Wohndichte, weil ich glaube, dass Sozialkontakte in Zukunft viel wichtiger sein werden, dass es einfach ein Wahnsinn ist, wenn sich jeder in seinem Haus abschottet. Ich merke es an meiner Tochter, die nur mehr im Chatroom sitzt und stundenlang und mit irgendjemandem chattet. Ich glaube, dass die Vereinsamung ungleich groß ist und immer größer wird. Wenn man dann nur mehr Häuser baut, wo es darum geht, die Tür zuzumachen und einen Zaun rundherum und eine Hecke rundherum zu errichten, das ist nicht gut auf Dauer. Eine gut gemachte Siedlung ist eine, die Privathäuser ermöglicht und auch noch eine Kommunikation zulässt, wo die Gärten eben nicht so wie Hühnerställe nebeneinander sind, sondern irgendwie verschachtelt. Wir sind momentan zum Beispiel auf der Suche nach Leuten, die gerne am Land wohnen wollen, aber nur mit ganz bestimmten Leuten zusammen, und die bestimmte Dinge gerne gemeinsam erledigen würden, die gerne einen Spielplatz hätten und eine Gemeinschaftsküche, wo man auch ab und zu gemeinschaftlich im großen Kreis kochen kann, genauso aber auch die Vorzüge eines Landhauses, einer Landwohnung genießen wollen, und da sind wir im Moment wirklich auf der Suche nach geeigneten Grundstücken.

NÖLAK: *Ist es nicht gerade bei dem speziellen „Themenwohnen" so, dass da eine sehr klar definierte Sozialschicht „zusammenkommt" und allein schon deshalb weniger Konflikte entstehen, wogegen natürlich bei anderen Wohnprojekten die Einwohner halt sehr bunt zusammengewürfelt sind?*

POLLAK: Ich würde nicht unbedingt davon ausgehen, dass eine soziale Durchmischung das einzige Konfliktpotenzial ist. Wenn sie sich so alte Wiener Wohnhäuser anschauen, wo nur ältere Leute drinnen wohnen, was die zusammenstreiten, das ist unglaublich. Ich bin überzeugt davon, dass auch eine Durchmischung, wenn sie das entsprechende räumliche Angebot anbietet, sehr gut funktionieren kann. Es gibt eine Siedlung in Wien wo vor allem Migrantinnen und Einheimische zusammenwohnen und das funktioniert anscheinend sehr gut. Da gab es vor Kurzem einen Bericht in der Zeitung, dass dort eigentlich alle sehr zufrieden sind, es gibt keine Probleme.

NÖLAK: *War die beste Zeit, „Wohn-Zeit" Wiens, die diesbezüglich berühmten 1920er Jahre?*

POLLAK: Das „Rote Wien"? Schon! Also, von der Einstellung her schon. So ein Experiment, das ist einzigartig. Nicht, dass ich jetzt dort wohnen will, die Wohnungen sind ja teilweise winzig. Aber da ist eine Sache vorweggenommen worden, die in der Zukunft sicher ein Thema sein wird: Sehr kleine, private Räume, weil man eher am Computer arbeitet, man braucht nicht viel, aber dafür großzügigen Freiraum, dafür Sauna und diese ganzen Freizeiteinrichtungen, also das wird dorthin verlagert werden.

Siehe Bildtafel 9

Architektur der Zukunft

„Jedes Erleben von Glück ist einmalig und nicht im Detail wiederholbar: Glück ist unsere innere Blüte."

Karl M. Mühlberghuber

Karl M. Mühlberghuber ist Psychotherapeut und Zukunftsforscher am Forschungszentrum für Erfüllung und Erfolg in Deutschland

Der historische Hintergrund des Themas Glück

Die Suche nach Glück geht einher mit der Suche nach dem Sinn des Lebens und ist wohl so alt wie die Menschheit. Weisheitslehren, Philosophien und Religionen sind aus der Suche nach dem Glück und der Überwindung des Leidens hervorgegangen.

Bereits die Bhagavadgita gibt Auskunft zur Erlangung des Glücks: *„Mit dem Selbst an keinem Kontakt mit der Außenwelt hängend, findet er in sich selbst das Glück. Wer mit dem Selbst um die Vereinigung mit dem Brahman bemüht ist, erlangt unvergängliches Glück ...“*[1]

Auch die großen Philosophen Platon, Plutarch, Seneca und Epiktet haben sich dieser Frage gewidmet und Aristoteles sah in der Glückseligkeit das Ziel allen menschlichen Strebens: *„Unsere Erörterung über die Tugenden, die Freundschaft und die Lust ist nun zu Ende, und so bleibt noch die Glückseligkeit im Umrisse zu behandeln, da wir sie als das Ziel allen menschlichen Tuns ansetzen. Was einem Wesen von Natur aus eigentümlich ist, ist auch für es das Beste und Genussreichste.“*[2]

Der christliche Mystiker Teilhard de Chardin behauptete: *„Freude ist das unfehlbare Zeichen für die Anwesenheit Gottes.“*

Schopenhauer ließ sich zu einer weniger positiven Definition verleiten, indem er meinte, *„Glück sei nur das Ende des Leidens“*, obwohl in der Tat Glück und Leid untrennbar miteinander verknüpft sind, ganz bestimmt so lange, als wir es allein auf die Außenwelt und andere Menschen projizieren.

„Willst du immer weiterschweifen? Sieh, das Gute liegt so nah. Lerne nur das Glück ergreifen. Denn das Glück ist immer da“, empfahl Goethe den Menschen bereits vor 200 Jahren. Das Glück ist immer da, denn es liegt in uns selbst verborgen, und so besteht ein wesentlicher Lernprozess unserer Zeit wohl darin, ebenfalls „da“ zu sein, d. h. mit unserem Geist und Bewusstsein *anwesend* zu sein bei allem, was wir tun.

In einer umfangreichen Studie machte Abraham Maslow 1954 den Zusammenhang von Glück und Selbstverwirklichung deutlich[3], in der abschließend festgestellt wurde: *„Ausgestattet mit all diesen Charakteristiken, sind selbstverwirklichte Menschen besonders dazu befähigt, zu lieben und geliebt zu werden. Typisch für den selbstverwirklichten Menschen sind Höhepunktserlebnisse („peak* *experiences") verschiedener Art. Dies sind ‚Momente höchsten Glücks und höchster Erfüllung'. Sie können mit unterschiedlicher Intensität und in den verschiedensten Erfahrungsbereichen des Lebens auftreten: in der Erotik, beim Erlebnis der Gesellschaft, bei schöpferischen Tätigkeiten, ästhetischen Wahrnehmungen, Naturerlebnissen und sogar bei intensiver sportlicher Betätigung."*

In der Gegenwart beginnt das Interesse für dieses Thema auf breiter Ebene zu erwachen. Im Herbst 2002 handelten drei der vier meistverkauften Sachbuchbestseller vom Glück. Ganz besonders der Dalai Lama[4] ebenso wie Vertreter der positiven Psychologie[5] tragen wesentlich zu dieser Entwicklung bei.

Was ist nun eigentlich dieses „Glück", das als Ziel allen Strebens gesehen wird? Ist es nicht ein Überbegriff für einen wunderbaren Zustand der Erfüllung, wo wir vollkommenes Einssein mit uns selbst und manchmal sogar mit allem erleben? Glück *ist* ... es ist ein Zustand des Seins und nicht auf Worte reduzierbar. Das Wort „Glück" hat noch lange nichts mit erlebtem Glück zu tun. Jedes Erleben von Glück ist einmalig und nicht im Detail wiederholbar, es ist die Einheit mit dem, was *ist*. Glück ist unsere innere Blüte.

Einmal mag es ein tief empfundenes Liebeserlebnis sein, das unsere Seele erfüllt, Ekstase, in der alle Grenzen verschwinden, ein andermal die Erfahrung der Leichtigkeit des Seins, von Lust und Lebensfreude, das Gefühl des Einsseins mit einem geliebten Menschen, das Leuchten von Kinderaugen oder das Wunder der Geburt, das jenen Zustand in uns auslöst. Es mag eine interessante Tätigkeit sein, die uns begeistert, ein Beruf der Berufung ist oder ein Wunsch, der in Erfüllung geht. Die Begegnung mit der Schönheit der Natur und des Lebens kann ebenfalls Glück auslösen und nicht umsonst meinte Dostojewski, „Schönheit sei die Rettung der Welt".

Gehen wir einen Schritt weiter in die größere Realität, in der wir leben, so begegnen uns die Aussagen der Astronauten, die zutiefst berührt und begeistert waren von der majestätischen Schönheit unseres blauen Planeten und dem Wunder des Lebens in der Grenzenlosigkeit des Alls. Das Glück hat also viele Namen und Erfahrungsmöglichkeiten.

„Ich habe noch nie so etwas Schönes wie die Erde vom Weltall aus gesehen", sagte der südafrikanische Weltraumtourist Mark Shuttleworth in einer Videoverbindung mit seinem Präsidenten Thabo Mbeki, *„ich erlebte Momente reiner Begeisterung"*.

Nun liegt es außerhalb des Möglichen, jedem Menschen dieses Erleben der größeren Wirklichkeit durch den Blick auf unsere Heimat aus dem Weltraum zu ermöglichen. Die Begegnung mit der Schönheit der Welt kann auch durch die Entwicklung der bewussten Aufmerksamkeit und des Bewusstseins bewirkt werden, so wie es dem Weltraumfotografen Kevin W. Kelley gelungen ist: *„Ich glaube, dieses Gefühl, welch großes Wunder unser Universum ist, und das Staunen darüber, dass wir in einem winzigen Teil davon leben, ist wichtig für unser Selbstgefühl und vielleicht sogar für unser Überleben. Ich hoffe, dass Sie die große Schönheit zu sehen beginnen, das unglaubliche Wunder und das unergründliche Geheimnis zu begreifen vermögen ..."*[6]

Im Glück erleben wir die Einheit mit dem eigenen Sein, das uns aus unserem Innersten heraus aufblühen lässt. Damit wird Glück zur Nahrung für unsere Seele. Freude, Liebe, Ekstase,

Freiheit, Schönheit, Begeisterung, Flow, Lebenslust, Zufriedenheit und Wohlfühlen beschreiben Zustände, in denen wir mit unserem Sein in Einklang sind.

Wie eng das Thema Glück mit der mystischen Dimension des Lebens in Verbindung steht, kommt im Wort „Enthusiasmus" sehr schön zum Ausdruck, das sich von „en-theos" (= in Gott, von Gott erfüllt) ableitet. Glück ist jene Art von Begeisterung, die uns reicher macht als alles Besitzbare, die uns den inneren Reichtum unseres „Mensch-Seins" erfahren lässt.

Die Suche danach ist die Suche des Menschen nach der Quelle seines eigenen Seins. Es ist die Suche nach dem *Selbst*.

In der Einheit mit dem Sein – und damit der eigenen Natur – liegt die Quelle des Glücks begründet, in der Abgetrenntheit davon erfahren wir Unzufriedenheit und Leiden. Jedem lebendigen Wesen wohnt das natürliche Bestreben inne, eins mit sich selbst zu sein und dies bedeutet, Glück zu erfahren und Leid möglichst zu vermeiden.

Direkt oder indirekt liegt in der Überwindung dieser Abgetrenntheit vom Sein das Ziel aller Philosophien, Religionen und Weisheitslehren – in individueller Ausprägung.

Wie die wissenschaftliche Psychologie heute weiß, kommen wir als relativ unbeschriebenes Blatt auf die Welt: Jedes zweijährige Kind ist eins mit sich selbst und recht glücklich. Auch wir haben in diesem Alter durchschnittlich 400 Mal am Tag gelacht, stellte ein englischer Glücksforscher fest. Als Erwachsene hingegen lachen wir nur mehr 15 Mal (!). Wie kommt dieser 96%ige(!) Verlust der Lebensfreude zustande? Wie kann es sein, dass die Leichtigkeit des Seins in einem derartigen Ausmaß der Schwere des Lebens weicht, die Natürlichkeit des Kindes der Kontrolliertheit des Erwachsenen? Was aber noch wichtiger ist: Warum sollte es nicht möglich sein, die natürliche Freude wieder zu finden? Nicht umsonst wird in den Weisheitslehren von der Neugeburt des Geistes gesprochen, der Geburt des einen Geistes, während wir bis dahin weitgehend im Geiste anderer leben und handeln.

Viele Erfahrungen haben gezeigt, dass dauerhaftes Glück nach der Harmonisierung des gesamten Lebens verlangt. Dazu müssen die Gesetzmäßigkeiten des Lebens verstanden und dessen Polaritäten integriert werden. Wir haben unser kindliches Glück verloren, weil uns die Fähigkeit fehlte, unser Leben selbstverantwortlich und mit Weisheit zu leben. Demnach verlangt Glück nach Selbstverantwortung, Selbst-Bestimmung und Weisheit, so wie Liebe gleichzeitig nach Selbst-Liebe verlangt, um nicht in ihre eigene Negation zu geraten.

Wir sind Teil der Evolution und diese ist noch nicht beendet. Während sie bisher überwiegend unbewusst stattfand, kommt mit dem Bedürfnis nach Glück die Entwicklung des Bewusstseins für uns selbst und unser Leben verstärkt ins Spiel.

Auf der Grundlage des erreichten materiellen Wohlstandes können wir Glück und die Erfüllung des Lebens als den folgerichtigen nächsten Schritt einer positiven und natürlichen menschlichen Evolution betrachten.

Zwei Arten von Glück können gefördert werden: Die Anzahl und Intensität von Glücksmomenten und die Realisierung einer dauerhaften Erfüllung im Leben.

Um dauerhafte Freude zu finden, führt kein Weg an Selbsterforschung und Selbst-Kenntnis vorbei. Ebenso wie Fachwissen als selbstverständliche Voraussetzung für beruflichen Erfolg gilt, braucht es Wissen über das Selbst und das eigene System aus Körper, Geist, Gefühl und Seele, um zur Erfüllung zu gelangen.

Jeder von uns hat eine Identität, die kein anderer hat, die so einzigartig ist wie der Fingerabdruck. Keiner kann das Leben eines anderen leben, auch wenn wir uns oft an anderen messen und vielleicht wünschen, so zu sein wie der andere. Es kommt darauf an, dass wir uns selbst finden, unsere eigene Identität und Individualität, unser eigenes Gesicht. Wie könnten wir im Sinne unserer Evolution leben, ohne unsere eigene Einzigartigkeit zu entfalten?

Alles Natürliche hat das Bestreben, seine individuellen Anlagen zu entwickeln. Eine Rose erfüllt den Sinn ihres Lebens, wenn sie zu jener Rose geworden ist, die sie entsprechend ihrer Anlage bereits ist. „Werde, der du bist!" lautet eine sinnvolle Einladung des Lebens. Wir können zu einem glücklichen Leben kommen, indem wir der Mensch werden, der wir sind, unser evolutionäres Potenzial erforschen und in gesunder Weise zum Ausdruck bringen lernen.

Die nachstehenden Aspekte haben sich für mich als wesentlich herausgestellt.

1. Identität und Identifikation: Können Sie sich mit Ihrem Leben, Ihrem Beruf, Ihrer Familie und Ihren Beziehungen identifizieren? Was muss geschehen, dass Sie sich mit Ihrem Leben identifizieren können?
2. Die richtige Sichtweise des Lebens finden: Wir können das Leben durchaus als Schule zur Erfüllung sehen. An unserer Gesundheit ebenso wie an Glück und Erfolg können wir direkt erkennen, wie sehr wir die Geheimnisse und Gesetzmäßigkeiten des Lebens verstanden und wo wir noch zu lernen haben. Diese drei zeigen uns unmissverständlich, wie sehr es uns gelingt, im Einklang mit unserem eigenen Wesen und der Gemeinschaft zu leben.
3. Sich auf das Wesentliche konzentrieren und eine Lebensvision erstellen: Glück und Freude hängt ganz wesentlich davon ab, welches Ziel wir vor Augen haben. Um zur Freude zu gelangen, müssen entsprechende Prioritäten gesetzt werden, Zeit und auch Geld für dessen Erforschung und Erleben bereitgestellt werden.

   Was ist Ihr höchstes Ziel, Ihr höchster Wert, den Sie anstreben? Was ist das Lebensgefühl, das Sie realisieren möchten? Was sind Ihre aufrichtigen Bedürfnisse, Wünsche und Sehnsüchte? Was ist die Vision Ihres Lebens?

   Wie wichtig Ihnen Ihr Glück tatsächlich ist, können sie daran erkennen, wie viel Sie bereit sind, dafür einzusetzen. Jeder Mensch ist frei, seine Konzentration darauf zu richten, was er für das Wichtigste hält.
4. Das eigene Wesen entdecken: Wer sind Sie wirklich? Wer würden Sie sein, wenn Sie Ihr wahres Wesen leben würden? Was ist Ihr wahres Gesicht? Ehrlich zu sich selbst zu sein ist der „Preis", für den man Glück „kaufen" kann. Das mag zwar nicht immer billig sein, ist aber meistens seinen Preis wert.

5. Auf die Körperintelligenz hören: Die natürliche Intelligenz des Körpers ist jene Ebene unseres Lebens, die wohl am besten ausgebildet ist, auch wenn sie unbewusst bleibt. Niemand braucht einer Herzzelle ihren Aufgabenbereich zu erklären oder einer Gehirnzelle, welche Nährstoffe sie braucht. Unsere Zellen wissen in der Regel, was für sie selbst gut ist und für den gesamten Organismus.

   Emotionale und mentale Intelligenz sind stark von den Erfahrungen des Lebens geprägt und in dieser Prägung allzu oft gegen das eigene Wesen und die Intelligenz des Körpers gerichtet. Gesundheit und Glück gehören zusammen, und wir tun gut daran, auf die Impulse und Bedürfnisse unseres Körpers hören zu lernen.
6. Körpergefühl und Körperbewusstsein entwickeln: Durch die Überentwicklung des Intellektes bei gleichzeitiger Unterentwicklung des Fühlens und der Gefühle hat sich ein Ungleichgewicht zwischen der linken und rechten Gehirnhälfte eingestellt. Wir sind in unserer gesamten Kultur vielfach von unserer Intuition, ebenso unserem Fühlen und Spüren, unserem Körperbewusstsein und Körpergefühl abgetrennt. Wie könnten wir uns richtig gut fühlen, wenn wir uns oft gar nicht fühlen und es gar nicht merken, weil wir es nicht anders kennen?

   Der Köper befindet sich immer im Hier und Jetzt, deshalb kann die Entwicklung des Körperbewusstseins gut helfen, den ruhelos umherwandernden Geist ebenfalls ins Hier und Jetzt zu bringen, wo allein reales Glück stattfinden kann. Sensitivität, Einfühlungsvermögen, Erlebnis- und Ekstasefähigkeit kann mit entsprechenden Übungen erlernt werden.
7. Verletzte Gefühle heilen: Durch emotionale Verletzungen sind seit Anbeginn unseres Lebens tiefe seelische Wunden und Störungen in unserer menschlichen Entwicklung entstanden, die unser Leben und Erleben viel mehr prägen, als uns vielleicht klar ist. Sinnvollerweise können und sollten diese bewusst gemacht und ausgeheilt werden.
8. Denken und Glauben von Prägungen befreien und neu ausrichten: Das, was wir in unserem Leben erreichen oder nicht erreichen, was wir in der Welt sehen oder nicht sehen, hängt beträchtlich von unserem Denken und Glauben ab. Oft sind wir in unbewussten und negativen Denk- und Glaubensmustern gefangen. Damit trennen wir uns häufig von unserem Glück mehr ab, als wir es fördern. Durch Bewusstwerdung könne diese entschärft und in eine unterstützende anstatt selbstbegrenzende Richtung verändert werden.

   Was denken Sie? Was denken Sie von sich selbst? Was glauben Sie von sich selbst? Was möchten Sie gerne denken? Was möchten Sie glauben (können)?

   Denken ist mehr als die Reproduktion der Informationen, die wir von anderen übernommen haben. Die Fähigkeit der kreativen Schöpferkraft findet sich darin und wartet auf ihre Entfaltung.
9. Probleme als Chancen und Aufforderung zur eigenen Entwicklung betrachten und lösen lernen. Probleme konfrontieren uns mit noch ungelebten Potenzialen und fordern uns auf, neue Fähigkeiten, Sichtweisen und Mut zu entwickeln ebenso wie neue Standpunkte zu erproben und einzunehmen. Meist gibt es an irgendeiner Stelle im eigenen Leben eine bestimmte Schwierigkeit, einen bestimmten Engpass, einen Knoten, der immer wieder auftritt und so lange wiederkehrt, bis man ihn löst. Wird einer Lösung ausgewichen, ersteht die Gefahr der Stagnation.

10. Liebe und Selbst-Liebe: Zu lieben und geliebt zu werden entspringt einem Urbedürfnis des Menschen. Damit wird die „Erforschung" der Liebe und ihrer Gesetzmäßigkeiten im eigenen Leben zu einer Grundlage des Glücks. Sich selbst lieben zu lernen kann als Voraussetzung gesehen werden, um andere Menschen lieben zu können. Wie sollten wir andere lieben können, solange wir uns selbst nicht lieben? Allzu oft suchen wir Liebe bei anderen, weil wir uns selbst ablehnen, ohne es zu merken.

    Darüber hinaus stoßen wir durch eine ehrliche Begegnung mit uns selbst und dem/den geliebten Menschen auf durchaus faszinierende Erkenntnisse: Das, was wir als Liebe bezeichnen, ist unser eigenes Sein – und wir empfinden „Liebe" für Menschen, die uns an dieses Sein erinnern. Eigentlich erleben wir uns damit immer selbst, unsere Liebe, Freude, Ekstase ebenso wie unsere Ängste, Trauer, Wut oder Langeweile. Solange wir uns dessen nicht bewusst sind, dass es unsere eigenen Gefühle sind, die von anderen Menschen ausgelöst werden, bleiben wir in der Welt der Gegensätze verstrickt. Wir machen andere für unsere Gefühle verantwortlich, was letztlich immer zu Leiden führt. Im schlimmsten Fall schlägt das, was wir einst für Liebe gehalten haben, in Ablehnung oder gar Hass um – und das aus dem Grund, weil uns die Gesetzmäßigkeiten der Liebe weniger bekannt gewesen sind als die Geschichte des Altertums. Die Kenntnis der Zusammenhänge führt zu erfüllenderen Beziehungen zu sich selbst und zu anderen.
11. Selbstwertschätzung entwickeln: Selbstwertgefühl und Selbstbild sind die Pole, um die sich das Leben dreht. Häufig suchen wir Beachtung und Anerkennung von anderen Menschen, weil wir uns selbst nicht beachten und anerkennen. Damit kann es geschehen, dass wir unser Selbst zu sehr auf andere projizieren; damit sind Ent-Täuschungen vorprogrammiert. Welches Bild haben Sie von sich selbst? Was sind Sie sich selbst wert? Was sind Ihnen Ihre Gefühle, Ideen und Träume des Lebens wert?
12. Das Wunderbare und Großartige zu erforschen, das im Leben und in der Welt sichtbar wird. Die Wissenschaft stellt zunehmend fest, dass der Mensch und das Leben auf unserem Planeten ein Wunder sind und die BBC-Serie „Wunderwerk Mensch" vermag zu beeindrucken. Jedem Menschen steht es offen, sein eigenes Wunder zu erforschen.

    Als Mensch und damit als höchstentwickeltes Wesen der bekannten Evolution und Schöpfung sind wir selbst der größte Reichtum, den sie hervorgebracht hat. Unter diesem Gesichtspunkt kommt der jahrtausendealten Aufforderung der Weisheitslehrer: „Mensch, erkenne Dich selbst!" eine verständliche Bedeutung zu.
13. Bewusste Aufmerksamkeit und Gewahrsein entwickeln: Gewahrsein besteht in der Fähigkeit, geistig, emotional und wesenshaft im Hier und Jetzt anwesend zu sein. Hier sei an das eingangs erwähnte Zitat von Goethe erinnert.
14. Glück und Freude ist sowohl eine zutiefst persönliche als auch zwischenmenschliche Angelegenheit. Jeder Mensch möchte sich wohlfühlen, möchte Gewinner des Lebens sein. Deshalb ist das Erlernen einer offenen, direkten und ehrlichen Kommunikation ebenso wie des Gewinner-Gewinner-Prinzips unumgänglich.
15. Die Integration der Gegensätze des Lebens: So perfekt wir in einem bestimmten Bereich des Lebens auch sein mögen – wenn der polare Aspekt nicht ebenso integriert wurde, wird uns

diese Schwachstelle immer wieder einholen und unser Glück und Wohlgefühl beeinträchtigen.

Das Beispiel Erfolg und Erfüllung mag dies verdeutlichen: Wir können sehr erfolgreich, handlungsfähig und in der beruflichen Welt bedeutsam sein – glücklich fühlen werden wir uns aber erst dann, wenn wir die polare Ebene dazu ebenfalls entwickelt haben, in diesem Fall unser Fühlen, unsere Sensitivität, Erlebnis- und Ekstasefähigkeit. Während Erfolg meist darin gesehen wird, alles zu erreichen, was wir wollen, findet sich Erfüllung darin, sich selbst zu erreichen und zu dem zu werden, was wir sind. Erfolg liegt im Tun und im Haben, Erfüllung aber im Sein und im Werden. In der harmonischen Integration von Haben und Sein liegt wohl die Kunst des Lebens.

Um das Leben insgesamt in Balance zu bringen, sind folgende Grundpolaritäten zu integrieren, die im Leben jedes Menschen auf die eine oder andere Art auftreten:

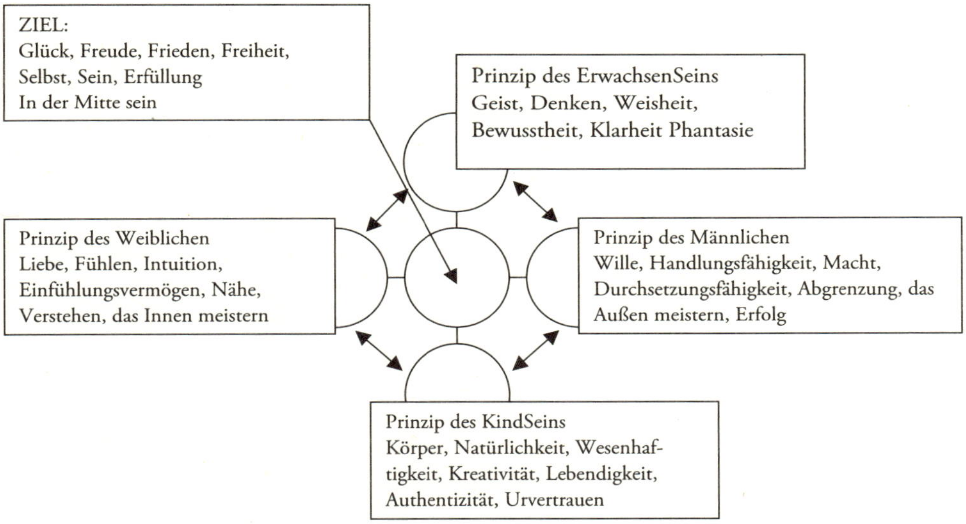

16. Angst und Widerstände auflösen: Auf dem Weg zum Glück muss naturgemäß damit gerechnet werden, auch allem zu begegnen, was uns davon abhält. Besonders Angst und Unbewusstheit sind hier zu nennen. Einer offenen Auseinandersetzung mit der Angst kann und darf nicht ausgewichen werden. Je mehr wir sie oder auch andere negative Gefühle verdrängen, desto mehr trennen wir uns auch von den positiven Gefühlen ab. Stellen Sie sich Ihrer Angst! Angst und Leiden sind das Gegenteil von Glück und Wohlfühlen. Wenn wir nicht glücklich sind, steht meist irgendeine Angst vor der inneren Wahrheit dahinter. Weder leicht noch angenehm muss allerdings die Notwendigkeit betont werden, zu erkennen, in welchem Ausmaß unser Leben oft tatsächlich auf Angst beruht: Vor Situationen des Alltags, vor anderen Menschen, vor der Zukunft, davor, im Einklang mit sich selbst, den eigenen Gefühlen und Vorstellungen zu sein, der, seine ehrliche Meinung zu vertreten. Die

Abwehrmechanismen des Ich[7], die bereits von Sigmund Freud eingehend dargestellt wurden, sind gleichermaßen Abwehrmechanismen der Angst und des Glücks[8].

Wir begegnen immer wieder dem Phänomen, dass wir mit genau dem, was wir am meisten ersehnen, auch am meisten Angst verbinden. Diese Polarität zu überwinden, scheint das unentrinnbare Schicksal unseres Lebens.

Vielleicht liegt auch hinter Ihrer Angst genau das, was Sie am meisten erstreben?

Eignen sich die Rezepte auch für „Herrn und Frau Österreicher"?

Glück ist ein Zustand der Einheit mit dem eigenen Sein; deshalb muss jeder Mensch sein individuelles Rezept herausfinden, welche „Zutaten" das Erleben seines Glücks hervorrufen. Natürlich kann jedermann dabei Hilfe von anderen in Anspruch nehmen.

Eine kurze Anleitung, um den Geheimnissen Ihres Glücks auf die Spur zu kommen:

Lehnen Sie sich zurück und entspannen Sie sich.

Erinnern Sie sich an Ihre drei schönsten Erlebnisse, Situationen Ihres Lebens, in denen Sie glücklich waren … Lassen Sie diese hintereinander vor Ihrem inneren Auge erscheinen und beantworten Sie für jede dieser Situationen die folgenden Fragen:

Was haben Sie da gefühlt? Was haben Sie getan? Was haben Sie gehört? Was haben Sie gesagt? Was haben Sie gedacht und geglaubt? Wer war dabei anwesend? Und das wichtigste: Was war der Schlüssel zu Ihrem Glückserleben?

Stellen Sie den „roten Faden", das zentrale Element aller drei Situationen fest: Dies ist der Schlüssel zu Ihrem Glück. Wenn sie Ihre interne „Glücks-Strategie" erkennen, können Sie diese in Zukunft bewusster leben.

Die angebotenen Rezepte eignen sich grundsätzlich für jeden Menschen. Der Einzelne wird sich je nach Zeitpunkt zu jenen Aspekten hingezogen fühlen, die in diesem Moment seinen Bedürfnissen entsprechen und ihn seinem augenblicklichen Glück näher bringen.

Wie und ganz besonders wann sollte man sich mit „Glück" beschäftigen?

Sich mit dem Thema Glück beschäftigen bedeutet, sich mit sich selbst und dem eigenen Leben zu befassen. Es bedeutet auch, nach Innen zu gehen. Es verlangt nach Selbsterforschung, Entwicklung des Bewusstseins und der Erlebnisfähigkeit.

Ein guter Einstieg ist die regelmäßige Selbstreflektion über das eigene Leben, z. B.: Sind Sie glücklich mit sich selbst?

Mit welchen Bereichen Ihres Lebens sind Sie so glücklich, wie Sie es sich wünschen?

In welchen Bereichen möchten Sie glücklicher sein, als Sie es sind?

Was wünschen Sie sich von ganzem Herzen?

Wohin fühlen sie sich hingezogen?

Jeder Mensch kann sich zu jeder Zeit seinem Glück widmen, sofern er das Bedürfnis dafür verspürt oder das vage Gefühl auftritt, es würde etwas Entscheidendes in seinem Leben fehlen. In der Regel wird – entsprechend der Bedürfnispyramide nach Maslow – die Suche nach „mehr" erst dann auftauchen, wenn die Grundbedürfnisse erfüllt wurden.

Aufgrund unserer kulturellen Prägung erwarten wir in Ermangelung besseren Wissens die Erfüllung des Lebens durch die Realisierung unserer Ziele in Beruf, Partnerschaft und Familie. Wir projizieren unsere Gefühle, unseren Wert und unser Glück auf die Außenwelt. Erst wenn wir im Beruf erfolgreich sind, die Partnerin haben, die wir uns wünschen, aber vielleicht das Glück noch immer fehlt, findet eine Öffnung für neue Ansätze statt. Oder ein „Burn-out" macht uns deutlich, dass wir im Zuge unseres Strebens uns selbst und unsere Gesundheit vergessen haben. Dann besinnen wir uns wieder auf das Wesentliche: Was wirklich wichtig ist im Leben und was wir von Herzen wollen.

Zum Abschluss gilt es, eine wichtige Gesetzmäßigkeit des Lebens zu begreifen. Nelson Mandela hat diese in seiner Antrittsrede als Staatspräsident von Südafrika in beeindruckender Weise deutlich gemacht: *„Unsere tiefgreifendste Angst ist nicht, dass wir ungenügend sind. Unsere tiefgreifendste Angst ist, über das Messbare hinaus glücklich, lebendig und kraftvoll zu sein. Es ist unser Licht, nicht unsere Dunkelheit, die zu legen uns Angst macht. Dich selbst klein zu halten, dient nicht der Welt. Wir sind alle bestimmt, zu leuchten, wie es die Kinder tun. Wir sind geboren, um den Glanz Gottes, der in uns ist, zu manifestieren. Er ist nicht nur in einigen von uns, er ist in jedem Einzelnen. Und wenn wir unser Licht erscheinen lassen, geben wir anderen Menschen die Erlaubnis, dasselbe zu tun. Wenn wir von unserer eigenen Angst befreit sind, befreit unsere Gegenwart automatisch andere."*

Nur wenn wir selbst glücklich sind, freuen wir uns mit Menschen, die ebenfalls glücklich sind. Was sollte dagegen sprechen, die wissenschaftlich bestätigte, grenzenlose Leistungsfähigkeit unseres menschlichen Gehirns dahingehend nützen zu lernen, mit uns selbst und der Welt glücklich zu sein? Ich glaube, Nelson Mandela hat hier eine großartige Perspektive für die Richtung des menschlichen Fortschritts vorgezeigt.

Anmerkungen

1 Die Bhagavadgita. Des Erhabenen Gesang. Aus dem Sanskrit übersetzt und herausgegeben von Klaus Mylius, dtv München 1997

2 Aristoteles. Die vollendete Glückseligkeit, in: Andrea Löhndorf (Hrsg.), Glück, ein Lesebuch zur Lebenskunst, dtv

3 P. G. Zimbardo, Psychologie, 4. Auflage 1983, Springer Verlag

4 Dalai Lama, Die Regel des Glücks, Lübbe

5 U.a. Martin Seligman, Der Glückfaktor – warum Optimisten länger leben, Ehrenwirth

6 Kevin W. Kelley (Hrsg.), Der Heimatplanet, Zweitausendeins-Verlag

7 P. B. Zimbardo, Psychologie, 4. Auflage 1983, Springer Verlag

8 Piero Ferrucci, Werde, was du bist, Selbstverwirklichung durch Psychosynthese, rororo

Das Ferienhaus des verwirrten Technikers

„Es sollte so sein, dass Gäste Einheimische auf Zeit werden und mit Einheimischen gemeinsam – auf welche Art auch immer, die Vorzüge des Freizeitangebotes der Region genießen."

Peter Zellmann

Peter Zellmann ist Leiter des Ludwig Boltzmann Instituts für Freizeit- und Tourismusforschung

NÖLAK: *Man liest immer in den Medien, wir seien eine Freizeitgesellschaft, uns ginge die Arbeit aus, teils freiwillig, teils unfreiwillig, auf der anderen Seite haben wir kaum mehr Zeit. Driftet da die Gesellschaft in sich auseinander?*

ZELLMANN: Sie driftet in der Tat und das in mehrfacher Hinsicht. Die Freizeitorientierung der Lebensstile, die sich ergeben hat durch: erstens Arbeitszeitverkürzung, zweitens Urlaubsverlängerung und in letzter Zeit besonders durch die – drittens – Verlängerung der Lebenserwartung; sie ist auch ein Grund dafür, dass wir scheinbar insgesamt mehr Freizeit haben. Damit ist einmal jener Teil an Lebenszeit gemeint, in dem wir nicht schlafen und nicht der Erwerbsarbeit als Existenzgrundlage nachgehen. Das gilt grundsätzlich für alle Menschen. Dass mit dieser Freizeit aber noch nicht freie Zeit für mich selbst verbunden ist, ist zwar oberflächlich betrachtete eine Selbstverständlichkeit, ist aber, wenn man sich selbst im Detail anschaut, eben doch sehr sehr kompliziert. In diesem Kampf um die Freizeit, dass diese zu freier Zeit für einen selbst wird, da liegen jetzt notwendige politische, wirtschaftliche, aber auch bildungspolitische, gesundheitspolitische Maßnahmen, um einen großen Anteil an Lebenszeit, den wir dann auch außerhalb der Arbeitszeit verwenden können, als Lebensqualität theoretisch zur Verfügung zu haben. Da ist noch viel zu tun. Die Menschen werden zwar immer älter, das wissen wir aus mehreren Zusammenhängen heraus, andererseits sind immer weniger Menschen notwendig, um das zu produzieren, was wir verbrauchen, also werden scheinbar immer mehr Menschen von der Arbeit, vom klassischen Produktionsbereich freigesetzt, und die so Freigesetzten erleben natürlich eine ganz andere als die harmonisch sich als Freizeit entwickelnde Lebenszeit. Man könnte durchaus provokant formulieren, dass nun auf diesem Weg die Reichen immer reicher und weniger und die Armen immer ärmer und mehr werden. Aber das betrifft jetzt nicht Österreich. Das ist ein Phänomen, das man weltweit so beschreiben könnte.

NÖLAK: *„Rich money poor time" oder „poor money rich time" – diese Schere?*

ZELLMANN: Diese Schere öffnet sich. In diesem Zusammenhang sprechen wir auch vom Wohlstandsparadoxon, dass sich also gleichermaßen Armut ausbreitet und Wohlstand vermehrt.

NÖLAK: *Kommen wir in Richtung einer Freizeitgesellschaft, die sich nur mehr das Spazierengehen leisten wird können? Irgendwann einmal barfuß, weil Schuhe nicht mehr bezahlbar sind? Ist ein Boom an möglichst kostensparenden, sogar kostenlosen Freizeitbeschäftigungen festzustellen? Wird das jetzt wieder mehr werden?*

ZELLMANN: So kann man das zusammenfassen. Also das steht schon zu erwarten, dass diese Massenfreizeit nicht Konsumzeit sein wird. Wir erleben es derzeit aktuell, Einsparungen insbesondere zum Beispiel beim Urlaub, ähnlich vehement wird nur beim Einkaufen, also beim klassischen Einkaufsbummel, und beim Restaurant oder Essensbesuch, Essengehen gespart, ansonsten verändern sich die Gewohnheiten wenig, weil das große Geldausgeben in Themen- und Erlebnisparks etwa oder in Oper und Kultureinrichtungen ohnedies in Österreich nie so ein Thema war, wie man das in mancher Berichterstattung glaubt. Die Freizeit ist ohnedies in erster Linie passiver Medienkonsum, dabei wird es bleiben, das wird sogar zunehmen; die Metapher mit dem „Barfuß Spazierengehen" passt aber gut ins Bild.

NÖLAK: *Man liest immer wieder, Freizeitpark x bzw. Shoppingtempel y schießt einer nach dem anderen aus dem Boden – gemäß Ihrer Aussage bedeutet dies aber, dass diese gar nicht so viel Geld und so viel Zeit aus der Freizeit abziehen, wie man das dem medialen Echo entnehmen könnte?*

ZELLMANN: Quantitativ haben sie viel weniger abgezogen, als man meint. Was aber interessant ist: 90 % der Umsätze der Freizeit- und Tourismuswirtschaft werden mit einem Drittel der Bevölkerung gemacht. Das heißt, wir haben eigentlich immer schon einen sehr geringen Teil der Bevölkerung mit diesen scheinbaren Freizeiterlebnissen, mit diesem kollektiven Freizeitpark erreicht, und das wird leicht abnehmen, ohne dass sich aber volkswirtschaftlich Dramatisches verändert. Und das ist das große Problem dabei, nämlich dass sich volkswirtschaftlich viel weniger ändert, und daher in der realen Alltagspolitik diese Veränderung in der Lebensqualität der Masse im kleinen Alltagsdetail gar nicht wahrgenommen wird. Das ist der politische Sprengstoff, der sich in den nächsten zehn Jahren noch verdichten und vergrößern wird.

NÖLAK: *Das heißt, grob gesagt, der Druck ist leider noch nicht so weit nach oben gekommen, weil immer nur das obere Drittel für das Fundament der Wirtschaftspolitik gesorgt hat und die zwei Drittel, die drunter waren, die sind auch bisher, um es „klassisch kämpferisch" auszudrücken, die arme Masse, die da herausgefallen ist. Da ändert sich vielleicht noch der Grad am „Herausfallen", aber die eigentliche Zahl nicht wesentlich?*

ZELLMANN: Und das noch Schlimmere dabei ist, dass die jetzt indirekt angesprochenen Opinionleader und Meinungsbildner diese Veränderungen nicht wahrnehmen. Sie haben die Freizeit der Lebensstile nicht wahrgenommen, weil sie selbst ja auch teilweise abgehoben z. B.

Workaholics etc. sind und darüber hinaus durchaus auch zu den Gewinnern dieser Entwicklung zählen. Und das ist ein doppeltes Problem, dass einerseits die Entwicklung noch gar nicht „oben" angekommen ist und dass zweitens der Druck, der dadurch erzeugt wird, auch und erst recht nicht angekommen ist. Die Schere öffnet sich weiter.

NÖLAK: *Das heißt pointiert formuliert, wir sind wieder ein bisschen beim Zitat der Königin Marie Antoinette, die, als das Volk um Brot bettelte, gefragt haben soll: „Warum essen sie nicht Kuchen?" Es geht also um das Gar-nicht-Begreifen der obersten Schicht, was sich eigentlich unten abspielt.*

ZELLMANN: Ja, und erweitert um das Hauptproblem in der gesellschaftspolitischen Entwicklung, dass die Meinungsbildner, insbesondere eben in der Politik, das Industriezeitalter noch nicht hinter sich gelassen haben. Und zwar nicht jetzt rational gedanklich, sondern emotional, weil sie mit ihrem machtphysischem Verständnis noch fest in diesem Industriezeitalter, durch das sie ja groß geworden sind, ich meine die Vorfeldorganisationen, Parteiapparate etc., wo sie also ihre Macht heute noch fundiert wissen, wo sie verankert sind, dass sie diese Struktur, diese Organigramme gar nicht wirklich wegdenken können. Das ist eigentlich der dritte Grund, dass sich in der Politik, die selbst in sich geschlossen ist und diesem Drittelsystem angehört, aber darüber hinaus nichts ändern kann, weil die Politiker, die Führungskräfte emotional keinen Zugang zum Ende des Industriezeitalters haben.

NÖLAK: *Was ist in Ihrer Fachsprache das Zeitalter nach dem Produktionszeitalter?*

ZELLMANN: Nach dem Industriezeitalter wird es allgemein als Dienstleistungs-, (Informations- oder Wissens-)Zeitalter in der Wissenschaft bezeichnet. Wobei uns die Historiker in hundert Jahren sagen werden, wie es tatsächlich geheißen haben wird. Aber es wird zweifelsohne in Richtung Dienstleistung, in Richtung Wissen oder in Richtung Informationszeitalter gehen. Das sind ja die prägenden Bestandteile der Entwicklung.

NÖLAK: *Jetzt könnte ich sagen, na, das ist doch eigentlich wunderbar, wenn die Leute kein Geld mehr haben, es werden weniger Leute in die Autos steigen, um in die diversen Shoppingcitys zu fahren. Endlich können wir uns wieder geistigen, spirituellen Fragen zuwenden. Was würden Sie einem „religiösen Semifanatiker" entgegenhalten, wenn er sagt: „Na wunderbar, jetzt können die Leute endlich wieder in sich gehen, in die Kirche gehen, die Zeit mit beten, wie es eigentlich immer hätte sein sollen, verbringen"?*

ZELLMANN: Also diese etwa 10 bis 15 % der Bevölkerung, die dafür grundsätzlich Interesse haben, die sind schon erfasst, aber die anderen 85–90 % werden diesen Schritt keineswegs aus innerer Einsicht und als Schritt zur Lebensqualität tun. Warum? Weil sie es auch nicht so sehen. Das heißt, wir werden wahrscheinlich sehr große Probleme bekommen, dass die nun einmal sich angeeignete Mobilität weiter ausufern wird, das heißt, wir werden mit geringeren finanziellen Ressourcen noch schneller, noch weiter kommen wollen und werden das nicht erreichen. Wir werden das dann im wahrsten Sinne des Wortes als Rückschritt empfinden und das wird dann später einmal besonders über den Freizeitbereich artikuliert werden. Da wird das gesellschaftspolitische Problempotenzial der Zukunft liegen, das heute noch gar nicht wahrgenommen wird.

NÖLAK: *Das heißt, der Slogan eines großen Autokonzerns, „Der Weg ist das Ziel", wird auch das Motto der Zukunft sein? Die Leute wollen zwar mobil bleiben, haben dann unter Umständen aber gar nicht einmal mehr ein Ziel, weil sie es sich teilweise nicht mehr leisten können, trotzdem werden sie weiterhin mobil sein wollen und gleichzeitig die Unzufriedenheit haben/spüren, wohin ich mich eigentlich bewege?*

ZELLMANN: Ja, nach dem Motto: Also ich weiß nicht, wohin es geht, aber Hauptsache, ich bin schneller dort. Das wäre aber jetzt ein Pessimismus, der in die Zukunft weist, den sehe ich eigentlich nicht grundsätzlich und von vornherein als notwendig an. Der entscheidende Ansatz ist wieder einmal die Bildung, ist wieder einmal die Schule und da wieder einmal die Grundschule. Es geht um die Volksschule, in welcher Kindern heute eine Lebenskompetenz im Sinne von Freizeitkompetenz vermittelt werden muss, die sich nicht in Wahlpflichtangeboten der ganztägigen Schulformen erschöpft, wie es derzeit diskutiert wird, sondern die ein vollkommen anderes Bildungskonzept präsentiert, wo die berufliche und die außerberufliche pädagogische Aufgabe gleichwertig, gleichberechtigt, nebeneinander steht, damit solche Fehlinterpretationen im weiteren Lebensverlauf gar nicht aufkommen, das heißt, das Ziel müsste sein, bewusst mit Zeit und Geld gleichermaßen umgehen zu können, also Zeitbudget ist gleich Geldbudget: Was ich weniger an Geld habe, kann ich unter Umständen an gewonnener Zeit zum Ausgleich meiner Lebensqualität verwenden. Dieser Grat ist natürlich schmal, die Schnittmenge zwischen Geld und Zeit ist gering, aber erstens sie zu erkennen und zweitens im täglichen Alltag immer weiter auszuweiten, das ist eine Bildungsaufgabe, die die Schule derzeit überhaupt nicht wahrnimmt.

NÖLAK: *Genau genommen müssten Sie somit ein Gegner aller jener Bildungswege sein, die sich eigentlich nur auf ein Berufsbild zentrieren. Habe ich das richtig verstanden?*

ZELLMANN: Ja! Klassisch industriezentral, das ist das Verständnis von Schule. Sie wird vielfach als berufsvorbereitende Anstalt gesehen, die mit allen übrigen Dingen überhaupt nichts zu tun hat. Argumentiert wird mit der verkürzenden, teilweise auch dümmlichen Interpretation: „Was soll denn die Schule noch alles übernehmen?" Natürlich ist das Elternhaus nicht zu ersetzen, aber „Nicht für die Schule, für das Leben lernen wir!" heißt, dass wir für ein Leben lernen müssen, das sich zunehmend außerhalb der klassischen Produktivität von Arbeit abspielen wird. Das ist die so genannte Freizeitgesellschaft, auf die es vorzubereiten gilt.

NÖLAK: *Heißt das, dass man selbst sein Leben managen kann und nicht dauernd gesagt bekommen muss, wie man sich zu vergnügen hat. Es ist ja eine Skurrilität, dass heutzutage Leute in der Freizeit gesagt bekommen müssen, wie sie sich verhalten müssen.*

ZELLMANN: Das war im Übrigen nie Aufgabe der Freizeitpädagogik, der erhobene pädagogische Zeigefinger, was in der Freizeit sinnvoll ist und was nicht, das kann nie Aufgabe einer fortschrittlichen Pädagogik sein. Was sinnvoll ist und was nicht, muss ich letztlich dem mündigen Individuum selbst überlassen. Ich kann nur Rahmenbedingungen schaffen und Prozesse moderieren, aber die Vorgabe ist immer falsch und der erhobene Zeigefinger ist immer kontraproduktiv.

NÖLAK: *Bedeutet dies, dass ich dem Individuum Instrumente mitgebe zu erkennen, was wichtig ist und worin es seine Zeit investieren wird, dass also der Animateur im herkömmlichen Sinn das Falsche tut?*

ZELLMANN: Wenn der Animateur nur vorgibt, ja. Wenn er aber anregt –, das Wort „Animation" leitet sich ja davon ab – dann ist es genau das, was eigentlich gemeint ist. „Hilf mir, es selbst zu tun." … Maria Montessori, das ist eigentlich ein jahrhundertealter Grundsatz der Pädagogik, der in einer „Freizeitgesellschaft" und damit einer Freizeitbildung einen vollkommen neuen Ansatz, ein vollkommen neues Gesicht erhalten kann und mit Konsum und inhaltlicher Vorgabe überhaupt nichts zu tun hat.

NÖLAK: *Mehr Freizeit bedeutet zuerst mehr Urlaub. Mehr Urlaub im Sinne von „wirklichem Urlaub" mit Wegfahren und Hotelaufenthalt. Ist das jetzt schon wieder etwas rückläufig, weil schlicht und einfach aus finanziellen Gründen die Möglichkeiten nicht mehr da sind? Jetzt könnte ich mich wieder auf den extremen Standpunkt zurückziehen und sagen: „Wunderbar, endlich, es wird nicht so viel Kerosin in die Luft verpulvert … Geht's in den Wienerwald spazieren!" Tatsächlich hat man den Eindruck, dass die Urlaubsziele, die räumlich nahe liegen fast schon mehr kosten als der Karibikurlaub. Ist da eine neue Gruppe von pervertierten, wortwörtlich umgedrehten Statussymbolen entstanden? Der nähere Urlaub ist der teurere?*

ZELLMANN: Also zunächst einmal ist zu sagen, das was für den „barfuß gehenden Spaziergänger" noch richtig war, ist für den zu Hause bleibenden Urlauber nicht mehr so richtig. Warum? Erstens einmal kann Urlaub zu Hause etwas Neues an Lebensqualität sein, das heißt, sein eigenes Lebensumfeld in der Großstadt, aber auch am Land einmal wirklich näher kennen zu lernen, also sich animieren zu lassen, den Freizeitbereich des eigenen Umfeldes zu nützen, das hat sehr viel Faszination, auch volkswirtschaftlich, in sich – es ist ja nur ein Umschichten der Mittel. Wenn die Leute zwar nichts für Hotels ausgeben, aber sonst im Urlaub im nahen Umfeld das Gleiche ausgeben, was sie sonst am Urlaubsort ausgegeben hätten, dann ist das ja nur ein Umschichten nach dem Motto: Des einen Freud, des anderen Leid! Das wäre eine Entwicklung, die auch bezüglich der Mobilität, bezüglich der dadurch verursachten Schadstoffe wahrscheinlich von den meisten, insbesondere auch vom großen Teil der Wirtschaft, als durchaus positiv empfunden würde. Ähnlich in den esoterischen Ansätzen, wie z. B. dieses „Genieße dein Leben um wenig Geld!", könnte man hier ein „Genieße deinen Urlaub im nahen Umfeld!" etablieren. Da sind sehr viel positive Aspekte drinnen und es wäre Aufgabe der Politik, insbesondere der Wirtschaftspolitik, genau diese positiven Aspekte herauszuholen und mit entsprechenden Marketing- und Werbekonzepten umzusetzen. Man muss sich endlich einmal freimachen von der Idee, dass nur das Alte richtig war und es nur darum geht, das wieder herzustellen. Einer meiner wichtigsten Ratschläge an die die Rahmenbedingungen schaffende Politik wäre, endlich Freizeit und Tourismus zu einer koordinierenden Freizeitpolitik zu verbinden – in jeder Hinsicht, bildungspolitisch, gesundheitspolitisch, sozialpolitisch, familienpolitisch und natürlich auch wirtschaftspolitisch, die funktionierende Freizeitinfrastruktur zu schaffen, denn das von der Bevölkerung angenommene Freizeitpaket der Region ist auch die beste Basis für ein touristisches Angebot, auf welcher Ebene auch immer. Die Trennung zwischen Freizeit und Tourismus ist grundsätzlich falsch auf dem Weg ins Dienstleistungs- und Informationszeitalter; es sollte so sein, dass Gäste Einheimische auf Zeit werden und mit Einheimischen gemeinsam – ich denke jetzt an die „barfuß gehenden Spaziergänger“ – auf welche Art auch immer die Vorzüge des Freizeitangebotes der Region genießen. Auch das wäre ein Quantensprung, den Tourismuspolitiker überhaupt noch nicht einmal wahrnehmen, geschweige denn, dem sich ehrlich nähern. Freizeit ist nämlich der Überbegriff! Tourismus ist ein wirtschaftlich und auch für den persönlichen Umgang mit Zeit besonders wichtiger Teil einer Freizeit und damit einer Freizeitpolitik. Selbstbewusst lese ich in allen Wirtschafts-, aber auch anderen Kammern – ich glaube die Arbeiterkammer hat das z. B. jetzt schon übernommen – fleißig von der „Tourismus- und Freizeitwirtschaft“. Wir haben schon vor Jahren darauf hingewiesen, warum kann man das, ohne jemandem wehzutun, ohne daraus eine Ideologie zu machen, nicht umdrehen und sagen, nennen wir es doch in der vernünftigen Reihe „Freizeit und Tourismus“ und meinen dasselbe, aber in einer politisch logischeren Abfolge, die damit auch von Anfang an und auf den ersten Blick einen anderen Zugang zu den politischen Aufgaben ermöglicht.

NÖLAK: *Sie reihen sozusagen chronologisch und inhaltlich die Freizeit vor dem Tourismus als ein Teil der Freizeit?*

ZELLMANN: Ja, als ein besonders wichtiger Teil, aber eben nur ein Teil, und das muss zum Ausdruck kommen. Rein quantitativ, in der Lebenszeit, in der Jahreszeit, aber auch im Alltag, Freizeit ist der Überbegriff, emotional wie rational.

NÖLAK: *„Mit den Einheimischen gemeinsam das Angebot genießen.“ Steht da nicht so das Schreckensbild der „jeweiligen Ureinwohner“, die ihren Tanz für die zahlenden Touristen abhalten? In die Richtung darf das dann aber nicht gehen!*

ZELLMANN: Ja, da darf man aber nicht vergessen, dass die Schuhplattlergruppen, oder was auch immer, sozusagen in allen Alpentälern auftreten. Diese Fehlentwicklungen wird es immer geben, wobei auch die Grenze so ähnlich wie beim Kitsch sehr fließend ist. Da gibt es unter Umständen auch wirklich gute und bemühte Veranstaltungen und da gibt es natürlich auch den Touristennepp und Touristenfang. Aber grundsätzlich geht es jetzt bei dieser Überlegung nicht darum. Es geht jetzt nicht um die Veranstaltungen, sondern dass sich auf dem Klettersteig

Einheimische und Gäste aus dem In- und Ausland treffen, dass sich im Wirtshaus am Nebentisch der Mittagszeit-Genießende, der aus dem Büro oder aus der Firma kommt, mit dem Gast besser mischt, dass sich am Abend im Kino oder bei der örtlichen Sportveranstaltung Gäste und Einheimische mischen. Also beide im echten Freizeitangebot, beide unter Umständen aber auch in beruflicher und Freizeit einander überschneidend (?). Das ist eine faszinierende neue Sicht von einer Freizeitgesellschaft, für die Österreich ja wie kein anderes Land der Welt prädestiniert wäre. Also als Tourismusweltmeister, das heißt im Pro-Kopf-Einkommen auf die Bevölkerung, wäre das „Freizeit- und damit Urlaubserlebnis Österreich" ja ein Marketingkonzept als solches, wenn ich die jetzt geschilderten Ideen und damit auch Konzepte in den Vordergrund stelle. Und dazu ist alles das, was vorher gesagt wurde, wichtig, zumindest einmal ernsthaft durchgedacht und diskutiert zu werden.

NÖLAK: *Was würden Sie dem heutigen Herrn und Frau Österreicher raten, wie er mit seiner Freizeit umgehen soll? Wir können ja leider nicht alle Menschen zwischen 0 und 90 aufs Neue in eine Schule stecken – was kann man sich selber beibringen, egal, wie alt man ist?*

ZELLMANN: Es geht wie alles im Leben über den Kopf, das ist unbestritten! Ganz wichtig ist, dass wir uns alle, auf jeder Altersstufe, vom Lebensstandard des Industriezeitalters freimachen und uns im Hinblick auf Lebensqualität in Richtung eines neuen Zeitalters, des Dienstleistungszeitalters, weiterentwickelnm, und zwar wir selbst. Als Betroffener muss mir klar sein, was zu meiner Lebensqualität gehört und was sich da vom Lebensstandard unterscheidet; das Zweitauto, der Drittfernseher, der Zweitvideorecorder des Industriezeitalters, das nach außen Protzen und Darstellen ist, glaube ich, Gott sei Dank vorbei. Niemand protzt mehr mit Kleidung oder Auto, und die, die es tun, sind ja jene, die es sich immer leisten wollen und werden. Aber die Durchschnittsmenschen, der Mittelstand sieht es nicht mehr so sehr als seine Aufgabe an, diesen Statussymbolen nachzueifern. Und jetzt muss ich den zweiten Schritt wagen und sagen, was kann ich statt nachzueifern und eigentlich sinnlose Dinge für mich zu sammeln tun. Weniger Geld muss ich produzieren und stattdessen in Lebensqualität und mehr Zeit für mich, mehr Zeit für Familie und Kinder, mehr Zeit für Partner aber auch manchmal mehr Zeit für eigene Aufgaben investieren. Die Zeitsouveränität wird das Wohlstandsmerkmal der Lebensqualität und des Dienstleistungszeitalters sein. Mit meiner Zeit selbstbewusst umgehen zu können – das ist etwas, was in beruflicher wie in freizeitmäßiger Hinsicht ein Wohlstandsmerkmal werden wird.

NÖLAK: *Der allererste und banalste Schritt wäre also, mich vorab zu fragen, ob ich ein bestimmtes materielles Gut unbedingt haben muss, bevor ich mich abquäle und abmühe, dieses zu erlangen?*

ZELLMANN: Genau, so simpel es klingt, so einfach ist es auch, dass man aus tiefster innerer Überzeugung sagt, das brauche ich eigentlich nicht, dass, im Gegenteil, Besitz belastet, sind wir doch ehrlich. Z. B. die ganzen Zweitwohnsitze … die Leute kommen wieder zurück in ihren Hauptwohnsitz, warum? Weil sie nach 30 Jahren draufgekommen sind, dass das alles viel mehr Zeit und psychophysischen Stress bedeutet, als es an Vorteilen bringt. Nach 10 Jahren im langläufigen Durchschnitt haben die Leute eh genug und wollen eigentlich viel lieber woanders hin, aber kommen von dort nicht mehr weg. Also dieser Zweitwohnsitz mag so als klassisches Beispiel dafür gelten, wie leicht man eigentlich gewisse Dinge ändern könnte.

NÖLAK: *Ich habe immer Freizeit und habe nie Freizeit, das heißt, ich bin bei Ihnen und höre einem wahnsinnig interessanten Gespräch zu. Ist das für mich Arbeit? Ist es Freizeit? Ist es Vergnügen? Ist es Vergnügen in der Arbeit? Freizeit ist es nicht, sonst wäre ich vielleicht irgendwo Fußball spielen. Oder habe ich gar keine Freizeit? Oder habe ich nur Freizeit?*

ZELLMANN: Damit sind Sie ja nichts anderes als bereits in diesem neuen Dienstleistungs- und Informationszeitalter angekommen, das ist ja ein Privileg, diese relative Zeitsouveränität, nämlich das Arbeit und Freizeit gleich wichtig, damit gleichwertig und letztlich daher nicht mehr unterscheidbar sind. Und in dem Moment, wo ich nicht mehr „nachdenken" muss, habe ich jetzt eigentlich Arbeit oder habe ich Freizeit, in dem Moment bin ich mit dieser neuen Lebensqualität ausgestattet, mit der eine Minderheit von etwa 5–10 % immer schon ausgestattet war – der Adel in Feudalzeiten von Anfang an, und das wurden immer mehr, und jetzt ergibt sich für noch mehr Menschen unserer Gesellschaft die Möglichkeit, diesen Zeitwohlstand, der letztlich in genau dem mündet, was Sie jetzt als persönlichen Lebensstil geschildert haben, zu haben, dass sich für diese, für mehr Menschen dieser „Fortschritt" eben ergibt. Das ist ein selbstverständlicher Weg in die Zukunft.

NÖLAK: *Wäre ich jetzt Maurer und müsste jetzt die Mauer hochstellen und da kommt der Chef und sagt: „So und das!", müsste ich eh ganz anders denken.*

ZELLMANN: Obwohl sich in Zukunft auch Handwerker, also ich spiele das schon bewusst weiter, auch so klassische Produktions- und Handwerksbetriebe etwa, ändern werden. Die Maurer werden in Zukunft mit ihren Dienstgebern in diesen klein- und mittelbetrieblichen Strukturen viel mehr gemeinsam planen, gemeinsam denken – wann machen wir die Baustelle, warum machen wir nicht die andere zuerst, was verlangen wir dort dafür – diese Eigenverantwortung wird etwas, kann etwas sehr Positives werden, wenn damit auch Rechte verbunden sein werden. Also solange sich die Eigenverantwortung auf die Pensionsvorsorge reduziert, um versicherungsmathematische Sollvorgaben zu erreichen, so lange ist die Eigenverantwortung ein Lippenbekenntnis. Wenn man aber sagt, du musst an deine Altersvorsorge denken, hast aber heute schon Rechte, die dieser „Nimm dein Leben selbst in die Hand"-Philosophie entsprechen, da kann sich sehr viel Positives für den breiten Mittelstand bis hinunter in untere soziale Schichten entwickeln. Noch einmal, was mir fehlt, sind die politischen Rahmenbedingungen, und das ist keine Frage der Ideologie, diese Wege zu ermöglichen. Es wird Flexibilisierung auf der einen Seite gefordert, die Menschen wollen sie auch, auf der anderen Seite wird aber nicht über die Grenzen, über die Rechte, die damit auf Arbeitnehmerseite verbunden sein müssen, gesprochen und diskutiert. Da ist ein „Viel-mehr-Miteinander" möglich sowie Arbeit und Freizeit aufeinander zukommen zu lassen und eine Symbiose miteinander einzugehen. So wie Dienstnehmer und Dienstgeber in einer Dienstleistungsgesellschaft in einem Boot sitzen, sollte das Boot des Klein- und Mittelbetriebes gemeinsam in die gewünschte Richtung gesteuert werden.

NÖLAK: *Bei mir kommt dann dazu, dass Urlaub keine „Erholung" ist. Es ist für mich eine geistige Anspannung da – so erhole ich mich – weil ich was anderes sehe, höre, erlebe, aber Erholung im körperlichen Sinn ist es nicht.*

ZELLMANN: Damit wird auch der Urlaub zur Bildungsarbeit. Sie bestätigen damit nichts anderes, als der Entwicklung eine Generation voraus zu sein. Nur, um es jetzt ehrlich zu relativieren, das geht, weil wir privilegiert sind, das ist uns als Gnade in den Schoss gefallen, schon heute so leben zu können, wie ich es gerne einem großen Teil der Bevölkerung wünschen würde. 50 % der Österreicher bleiben im Urlaub zu Hause, nur 25 % machen das, was wir glauben, das alle tun, nämlich einen 14-Tage-Urlaub und nur 10 % machen zum Beispiel einen Winterurlaub. Das heißt, wenn sie jetzt Menschen hernehmen, die wir alle kennen – der ist 14 Tage entweder in Österreich oder im Mittelmeerraum auf Urlaub, hat außerdem mit den Kindern eine Woche Schiurlaub in den Alpen – das ist ein Minderheitenprogramm von 10 %. Und das sollte uns schon bei all dieser Berichterstattung über die Freizeitgesellschaft zu denken geben. Wenn ich zu Zeiten der Semesterferien höre, ganz Österreich sei auf der Autobahn – das sind Minderheiten. Wenn im kleinen Österreich auf einer Autobahn 15.000 Autos sind, dann ist die halt voll. 15.000 Autos mal drei Menschen, 45.000 Leute – das ist gar nichts! Da ist ganz Wien zu Hause und nicht auf der Autobahn.

NÖLAK: *Wie lang ist ein Auto?*

ZELLMANN: 5 Meter. Es ist faszinierend, wenn man so einfache Rechenbeispiele anstellt. Zu Weihnachten fahren 2 % der Österreicherinnen und Österreicher in den Urlaub, 2 %! Aber wenn irgend so ein Charterflieger jetzt statt 30, 40 Flugsessel nach Dubai am 3. Jänner füllt, dann ist das „eine Steigerung in den arabischen Raum von 35 %"! Das sind alles so unreflektiert dargelegte Hurra-Berichterstattungen. Mir geht es um die Relativierung der Angaben, die zur Freizeitgesellschaft geführt haben.

NÖLAK: *Aber man darf das nicht als Positivum sehen, nach dem Motto: „Endlich sehen die Leute ein, Geld macht nicht glücklich!", sondern es ist durchaus eine sehr negative Komponente, viele können es sich nicht leisten und gerade die, die es sich leisten können, sind eigentlich bereits am Umdenken, also es ist ein bisschen eine Ungerechtigkeit …*

ZELLMANN: Noch sind die Falschen am Umdenken.

Siehe Bildtafel 10

Es grünt so grün

„Es schiene mir ein Verbrechen zu sein, viele der oft grausamen, aber köstlichen Witze in die Tat umsetzen zu wollen."

Albin Zuccato

Albin Zuccato war Landesgeschäftsführer des Niederösterreichischen Bildungs- und Heimatwerkes

NÖLAK: *Wie sollte man an das Thema Humor herangehen?*

ZUCCATO: Vor dem Hintergrund, der aus meiner Sicht weitgehenden Unterschätzung der Tragweite des Humors für das Seelenleben des Menschen, habe ich einen etwas ironischen Zugang gewählt, nämlich die Absicht, dem Brevier des nutzlosen Wissens ein weiteres bedeutendes Kapitel hinzuzufügen. Es ist ernst genommen und auch nicht. Diese kleine Narrenfreiheit eröffnet ein weites Feld und führt mich zunächst zum Neandertaler und seinen Kollegen, mit der Frage, worüber sie gelacht haben mögen, wobei mir nicht klar ist, inwieweit die Gesichtsmuskulatur schon damals so ausgeprägt war, um herzhaft lachen zu können. Möglicherweise haben unsere Vorfahren eher gegrinst, aber dann Anlässe vorgefunden und erkannt, die sie in diese ganz wichtige Distanz, wie ich meine, zum Leben gebracht haben. Das ist ja fast wie eine geniale Erfindung, ein schöpferischer Akt, die Relativität in den Dingen zu erkennen, und damit auch den Weg für Verhaltensänderung vorzubereiten.

NÖLAK: *Was könnte das gewesen sein?*

ZUCCATO: Dazu ist mir die Parallele zu Kleinkindern aufgefallen, die noch nicht sprechen können, im nonverbalen Alter, wie man es nennt, die schon den Mechanismus, der zur Erheiterung führt, voll entwickelt haben und recht herzlich lachen und auch selbst witzige Situationen herbeiführen. Es ist nicht nur ein Lachen, wo man sie entweder kitzelt oder sagt, sie lächeln wie ein satter Säugling, sondern sie nehmen humorvolle Gelegenheiten gezielt wahr, obwohl sie noch nicht sprechen können. Das ist etwas ganz Wichtiges, und ich sehe da eine Verbindung zwischen dem Urmenschen und den heutigen Kleinkindern. In der Folge, wo der Humor bzw. der Witz seine Sprache findet, handelt es sich um eine relativ späte Entwicklung. Aus rezenten Forschungen, die aus Amerika stammen, geht der Nachweis hervor, dass die Zentren, die im Gehirn mitwirken, wenn der Mensch lacht, sich im Stammhirn befinden und nicht in der Hirnrinde, wie z. B. die Zentren für das Sprechen. Das Lachen ist daher ungleich älter als die Sprache, was man nicht sofort vermutet hätte, es sei denn, dass man wieder vom Kinde ausgeht, wo es eindeutig ist und für jeden zum Greifen nahe, dass das Kind zuerst lacht, bevor es sprechen kann. Deswegen unternehme ich auch diesen Ausflug zum Urmenschen, um den Anfängen und Schlichen der Belustigung näher zu kommen.

NÖLAK: *Wenn ich schon lachen kann, obwohl ich das, worüber ich lache, noch nicht intellektuell durchdrungen habe, weil ich es noch nicht formulieren kann und meine Großhirnrinde nicht notwendig dafür ist, lache ich dann hauptsächlich über sehr emotionelle Anlässe? Oder ist das Lachen eine Vorform der Sprache?*

ZUCCATO: Das ist eine verzwickte Frage, denn wenn ich vom Mechanismus spreche, so meine ich schon, dass etwas Emotionales vorhanden sein muss bzw. ein Ablauf, der, wenn er erst einmal eingetreten ist, schwer zurückgenommen werden kann. Man könnte doch annehmen, dass, wenn zu viel Rationelles dabei ist, man ja auch den Lachvorgang stoppen und plötzlich anders aussehen könnte. Das geht beim Lachen allerdings nicht wirklich, wenn es einmal ausbricht, na, dann möchte es auch sein natürliches Ende finden. Das kann man an den Menschen beobachten, die versuchen, aus welchen Gründen auch immer, das Lachen krampfhaft zu unterbinden, es aber nicht schaffen, entweder dann herausplatzen oder zu kudern und zu kichern beginnen, wo sie gar nicht lachen möchten. Der Umstand, dass man ein besonderes Vergnügen daran findet, wenn man z. B. seine Großmutter schrecken kann, was ja einem Kleinkind durchaus liegt, lässt mich darauf schließen, dass die Vorgänge uralt sind oder quasi die Prägung eine sehr alte sein muss, wo z. B. der Schrecken eine Rolle spielt, der realiter gesehen unbegründet ist. Es ist also nicht der berechtigte Schrecken vor einem Löwen, der einem im Nachhinein auffrisst, sondern der vermeintliche Schrecken bei der Großmutter, der den kleinen Menschen amüsiert. Das ist ein ganz interessantes Phänomen und so stelle ich mir vor, dass auch der Urmensch bei ähnlichen Anlässen in Gelächter ausgebrochen ist, weil die Reaktion bei seinem Zeitgenossen etwas vorausgesetzt hat, was nicht tatsächlich eingetreten ist. Klingt ein bisschen kompliziert, ist aber noch immer ein einfacher Vorgang. Im Wesentlichen wird da eine Welt angesprochen, die nicht real ist, aber von jemandem real erlebt wird, nämlich von dem Geschreckten. Wieso das amüsiert, ist ja noch die Frage.

NÖLAK: *Könnte es nicht sein, dass, selbst wenn das Kind die Großmutter schreckt, natürlich klar ist, dass dieser Schreck nicht eine tragische Weite mit sich bringt, d. h. lachen wir nicht als eine Art Kompensation über etwas, was wir vorweg nehmen, was, wenn es dann wirklich in voller Wucht eintreffen würde, uns töten, schwerst verletzen etc. würde? Ist Lachen nicht ein Kompensationstraining für Schlimmeres?*

ZUCCATO: Das klingt recht plausibel oder könnte eigentlich eine solche Übung über Jahrtausende, Jahrmillionen gewesen sein, weil es für mich schon zutrifft, dass, so wie wir heute ja gelegentlich sagen, dir wird das Lachen schon vergehen, beim Erkennen der realen Gefahr, bzw. wenn etwas wirklich eintritt, wie z. B., wenn jemand stürzt, ja zunächst gelacht wird, dieses Lachen aber je oder jäh (im Sinn von „plötzlich“) verstummt, wenn man merkt, dass die gestürzte Person sich ernstlich verletzt hat. Insofern kann man schon davon sprechen, dass etwas geübt wird in der heiteren Bewältigung. Da müsste ich ein bisschen weiter ausholen, weil ich für dieses und ähnliche Phänomene und deren Deutung einen vorerst kryptischen Satz gefunden habe, und der lautet so: Das System der Normen, Werte und Verbote ist grundlegend für die Entwicklung des Humors beim Menschen. Mit dem System der Normen, Werte und Verbote und überhaupt mit allem, was irgendwie aus eigenem Verständnis nicht sein soll, kann man auch einen Sturz in Verbindung bringen, denn das normale Gehen ist in anderer Weise vorgesehen und impliziert den Sturz nicht. Der passiert dann. Das Malheur wird da in bestimmter Weise bewältigt und löst Lachen aus, es sei denn, dass der Sturz quasi letal endet. Das Lachen tritt an gegen alles, das irgendwie aus dem Lot ist, in bestimmter Weise nicht sein soll usw. und den Menschen mehr oder weniger peinigt und zwickt. Das geht von den Denkgesetzen über die Moral bis hin zu den einfachsten Handlungen, die leicht lächerlich werden, wenn sie nicht in gewünschter oder vorgesehener Manier erfolgen.

NÖLAK: *Wie ist dann dieses höhnische Lachen, dieses böse Lachen zu erklären? Da geschieht ja etwas, was im Sinne eines jeden „nicht bösen" Menschen etwas Negatives ist, aber was ja eigentlich im Sinne dessen ist, der darüber höhnisch bösartig lacht? Der lacht ja dann, obwohl es so ist, wie er es sich vorstellt. Ist das ein Widerspruch oder nicht?*

ZUCCATO: Es ist widersprüchlich, ja und nein. Eigentlich gäbe es da nichts zu lachen. Ich bin geneigt, als starken Tobak die unterirdische Verbindung aufzusuchen zwischen z. B. der Inquisition, der so genannten Heiligen, wobei ich ja schon bei der Heiligkeit große Schwierigkeiten habe, wenn ich mir vorstelle, welche Handlungen da gesetzt wurden, dem Dritten Reich und dem Stalinismus. Die unterirdische Verbindung besteht für mich darin, dass sie alle drei einerseits keinen Humor besessen haben, und diesen darüber hinaus auch noch verfolgen mussten in der Absolutsetzung ihrer Ansprüche. Zum anderen ist es schon vorstellbar, dass die Umsetzung eines Vernichtungswerkes und die tiefe Befriedigung dabei auch das Lachen im Gefolge hat. Es gibt so etwas wie ein diabolisches Gelächter und hier würde ich die Trennlinie ziehen zwischen dem, was man als Humor ansprechen kann und dem, was an Widerwärtigkeiten in der Realität passiert und ganz andere Kategorien braucht. Es schiene mir ein Verbrechen zu sein, viele der oft grausamen, aber köstlichen Witze in die Tat umsetzen zu wollen. Es funktioniert vielmehr umgekehrt, nämlich dass die ursprünglich unlustvoll erlebte Situation durch einen kreativen Akt – den Humor – in eine Quelle der Lust verwandelt werden kann. Damit wäre auch dem Leid seine Kraft genommen.

NÖLAK: *Also das gute Lachen kann erst dann sein, wenn zwar etwas schief geht, es aber die Basis einer „generellen Menschlichkeit" nicht verlässt?*

ZUCCATO: So könnte man das formulieren, denn dieser Nährboden ist unbedingt notwendig. Ich beobachte auch, das Lachen verpflanzt sich ja in so verschiedene Richtungen, dass der Vorteil des Lachens auch für Menschen besteht, die ganz schwierige Situationen erleben und dass er auch eingesetzt wird und nicht nur, weil diese Menschen einen Realitätsverlust erleiden und die Gefahr nicht erkennen. Das reicht vom Konzentrationslager bis zum Schicksal der Behinderung, an dem ein Mensch leiden kann. Die Bewältigung des Ungemachs erfolgt über den Humor oder, wie man auch sagen könnte, wenn man sich ein wenig bei Sigmund Freud anlehnt, der Humor erspart die Neurose. Das Lachen wäre eine sehr menschliche Form, um psychisches Leid zu mildern. Diese Form der Bewältigung halte ich von Kindesbeinen an für einen wesentlichen Kunstgriff des Menschen, um nicht, und das ist die andere Seite der Medaille, in Furcht vor vielen, im Grund genommen geringfügigen Bedrohungen im Leben stehen und fixiert bleiben zu müssen.

NÖLAK: *Also Humor ist, wenn man trotzdem lacht. Die berühmte Definition?*

ZUCCATO: Ja, mit der ich keine echte Freude habe. Aber irgendwie stimmt sie auch wieder, obwohl aus der persönlichen Betroffenheit kein echter Anlass erkennbar ist, dass sich der Mensch zu einem Lachen aufschwingen kann. Dieser Aufschwung ist wie ein Sieg, eben ein zutiefst menschlicher Zug, dass man sein Schicksal meistern kann, ohne es wesentlich zu ändern, wohl aber den Umgang damit durch die humorvolle Sicht der Dinge.

NÖLAK: *Lachen ist also die einfachst zugängliche Form der Psychotherapie?*

ZUCCATO: Ja, unbedingt.

NÖLAK: *Für sich selbst?*

ZUCCATO: Durchaus für sich selbst und das Erfreuliche daran ist, dass es jedem zugänglich ist. Aber wenn ich sage, „jedem" zugänglich, so stimmt das nur prinzipiell, weil meine Beobachtung war – und das ist auch einer der wesentlichen Ausgangspunkte für die quasi systematische Befassung mit dem Phänomen des Lachens – dass es Menschen gibt, die von außen her gesehen sich in sehr günstigen Lebensumständen befinden, aber kaum lachen können und gleichsam mit einem inneren Elend spazieren gehen. Mit dem Versuch der Deutung steht man quasi vor den Toren der Tiefenpsychologie. Dieses Elend stammt mit hoher Wahrscheinlichkeit aus einer ganz anderen Lebenssituation, eher aus der frühen Kindheit, und hat mit dem unmittelbaren Lebensabschnitt relativ wenig zu tun. Es gibt andere, die in den schwierigsten Situationen durchaus des Lachens fähig sind und damit auch ihre Ängste und Beklemmungen überwinden oder zumindest schmälern.

NÖLAK: *Um bei diesen unglücklichen Mitmenschen zu bleiben, die, wie man so schön sagt, in den Keller lachen gehen, könnte man denen eine Art Programm oder ein Humor-Training verschreiben?*

ZUCCATO: Das vermute ich und dies wäre auch mein Wunschdenken. So wie beim Sport Training dem Talent zum Durchbruch verhilft, so könnte es auch hier sein, dass man durch Übung und Einsicht – die Einsicht möge in doppelter Weise wirksam werden, einerseits bei allen Pädagogen und erziehenden Eltern, und zum anderen bei dem betreffenden Individuum –, ihm zur heiteren Sicht der Dinge zu verhelfen kann. Ich glaube, dass diese Betrachtungsweise für alle Menschen wichtig ist, um erstens die Bedeutung des Lachens zu erkennen und damit zweitens bereit zu sein, jene Spielregeln aufzuspüren, die vermeiden helfen, dass es zu vielen Mikrodramen kommt, mit denen eben mit der Zeit das Lachen verkümmern muss. Ich meine schon, dass man es trainieren kann, allerdings vermute ich eine ganz wichtige Voraussetzung dafür in der frühen Kindheit, nämlich, dass man sich in ausreichender Weise, was immer das bedeuten mag, geborgen fühlt. Die Geborgenheit wäre neben der Begabung eine Grundvoraussetzung für die begünstigte Entwicklung des Humors.

NÖLAK: *Kann man, wenn man als Erwachsener schon „verdorben" ist, sich selbst so ein Training verordnen? Kann ich für mich selbst noch etwas machen, wenn ich alt bin?*

ZUCCATO: Das glaube ich schon – nach dem alten Motto, es ist nie zu spät. Aber ich glaube auch, dass es zu den ganz großen Schwierigkeiten im Leben eines Menschen gehört, sein Verhalten zu ändern. Wenn man sich erst einmal dazu entschließt, ist es auch für einen ausgeformten Menschen durchaus möglich, Neuland zu entdecken und sich quasi ein wenig die Stirne zu reiben und zu sagen: Wie konnte ich so vernagelt sein? Man hat diese Chance theoretisch immer, es kommt nur auf die seelische und geistige Kraft an, um die Brille zu putzen oder eine andere aufzusetzen, und damit das Leben in einem neuen Licht zu sehen. Es kommt oft genug vor, dass die Dinge weniger schrecklich sind als die Vorstellungen, die die Menschen von diesen Dingen haben, und deswegen werden sie so dramatisch erlebt. Man könnte auf diese Weise vielleicht manchem ein wenig die Spitze nehmen, selbst bis hin zum Tode, der im Humor seinen bitteren Stachel verlieren kann.

NÖLAK: *Also die Angst vor der Angst ist die größte Angst.*

ZUCCATO: Das ist die größte Angst und steigert sich wie in einem Teufelskreis.

NÖLAK: *Und wenn ich die Angst vor der Angst wegnehme, dann kommt automatisch der Humor stärker ins Spiel?*

ZUCCATO: So könnte man das sagen bzw. die Chancen steigen, die vielen Falten, wo der Humor sich versteckt, zu entdecken und Lust daraus zu gewinnen. An diese Stelle passt eine zweite Beobachtung, die für mich zentral geworden ist und mit der anderen in Verbindung steht, wo es heißt: Das System der Normen, Werte und Verbote ist grundlegend für die Entwicklung des Humors beim Menschen! Die zweite Einsicht habe ich aus einem konkreten Beispiel, das mir einer meiner Söhne als Kleinkind geliefert hat, nämlich wie sich ein Verbot, eine ursprünglich unlustvoll erlebte Situation, gleichsam spielerisch, in eine Quelle der Lust verwandeln kann. Er sollte eine bestimmte Steckdose nicht berühren, hat es aber so angedeutet, als würde er sie berühren, hatte es, im Nachhinein erkennbar, sichtlich nicht vor. Der Vater hingegen war schreckhaft besorgt und wollte einschreiten, worauf der Sohn schallend zu lachen begonnen hat. Dann haben beide gelacht. Das Tabu ist deswegen nicht aufgehoben worden, das Spiel damit hat jedoch etwas zu verstehen gegeben und die Angst vor dem Verbot verflüchtigt. Die kleine Not mündete in ein großes Lachvergnügen. Das ist, glaube ich, ein Vorgang, der sich täglich anbietet, aber weitaus zu wenig genützt wird. Was dem Kinde in einem nonverbalen Alter möglich war, müsste mit dem Reichtum der Sprache seine ungeahnte Entfaltung finden. Vielleicht fehlt hier nur der Mut zu etwas mehr Esprit.

NÖLAK: *Das heißt, lachen ist nicht nur eine ideale Psychotherapie, sondern es ist auch eine ideale Art, etwas leichter zu lernen, d. h. der moderne Begriff des Infotainments ist eigentlich in dem Fall gar nicht so blöd. Wenn ich lache, kann ich leichter etwas Neues aufnehmen.*

ZUCCATO: Unbedingt! Noch etwas: Wenn man den Humor oder das Lachen anspricht, denkt man vielleicht zu oft an Erschütterungen des Leibes, so dass man sich den Bauch halten muss. Das ist aber gar nicht notwendig, es genügt, dass man irgendwie amüsiert ist. Das innere Lachen, die Heiterkeit, die aus einer Situation entsteht, ist das Wesentliche. Das Infotainment würde schon passen bzw. wäre eine Möglichkeit, um insgesamt auch leichter und besser zu lernen oder sich etwas einzuprägen. Ich würde meinen, dass man bei einer heiteren Grundstimmung Dinge geneigter und vernetzt aufnimmt. Wie dem auch sei, nur zu gerne hätte ich gewusst, auf welchen Wegen der Urmensch zum Lachen gefunden und damit die Lernfähigkeit beflügelt hat, wo wir doch auch psychologisch gesehen und nicht nur physisch auf seinen unsichtbaren Schultern wohnen.

„Was sich geändert hat in all diesen Jahren, ist einfach die Lebenserwartung. Wenn man bedenkt, ein Mozart ist 36 Jahre alt geworden – da kann ich leicht zuhören, ‚bis dass der Tod euch scheidet', weil diese fünf, sechs Jahre steht man leicht durch."

Josef Wegrostek

Josef Wegrostek ist Rechtsanwalt und Verteidiger in Strafsachen

NÖLAK: *Ist aus der Sicht eines Juristen das Konstrukt „Ehe", das sich über Jahrhunderte vor allem in unserer Kultur aus verschiedensten Gründen bewährt hat, noch zeitgemäß?*

WEGROSTEK: Was sich geändert hat in all diesen Jahren, insbesondere natürlich in den letzten zwei Jahrhunderten, ist einfach die Lebensdauer des Menschen, die Lebenserwartung. Wenn man bedankt, ein Mozart ist 36 Jahre alt geworden, Schubert 31 Jahre, da kann ich leicht zuhören, „bis dass der Tod euch scheidet", weil diese fünf, sechs Jahre steht man leicht durch. Es ist natürlich die Lebenserwartung viel höher und die Ehe dauert viel länger, der Mensch entwickelt sich einfach anders. Wenn man manchmal „junge Eheschließungen" ansieht, also Leute, die mit 20 heiraten, dann sind die mit 30 ein ganz ein anderer Mann und eine ganz andere Frau. Mag sein, dass die Frau z.B. geistige Interessen hat und sich weiterentwickelt, während der Mann nur Fußball schaut und Bier trinkt, und dann funktioniert diese Ehe mit 30 nicht mehr, mit 20 war ja noch das Spüren, das Körperliche dabei, und das ist heute meiner Meinung nach das Problem, dass sich die Leute heute oftmals sehr stark auseinander entwickeln und dann die Ehe einfach nicht mehr funktioniert. Dazu kommt, dass es heutzutage gesellschaftlich akzeptiert ist, geschieden zu sein. Das heißt, die Frau hat ja alle Rechte. Wenn sie geschieden ist, kriegt sie die Kinder und meistens die Wohnung, und es stehen 17 Männer herum, die mehr oder weniger um sie herumscharwenzeln. Eine Frau ist frei, herrlich, das ist ein gutes Betätigungsfeld – die Männer stürzen sich auf diese Frau. Während der Mann eher der einsame Looser ist, der herumläuft wie der allein gelassene Wolf, der findet interessanterweise weniger Anschluss als eine Frau, selbst auch dann, wenn sie mit Kindern sitzen gelassen wird und überbleibt. Deswegen ist die Lösbarkeit der Ehe ein Leichteres, auch für die Frau, und es wird deswegen auch öfters geschieden.

NÖLAK: *Man liest ja als Laie immer in den Zeitungen, die Frauen seien nach wie vor bei Scheidungen krass benachteiligt. Kann ich Ihrer Aussage entnehmen, dass das eigentlich nicht ganz so ist?*

WEGROSTEK: Das ist sicher nicht der Fall. Ich meine, benachteiligt gilt in diesem Sinne, als natürlich die Frau die Last der Kinder hat. Also wenn eine Ehe auseinander geht mit zwei, drei kleinen Kindern, so im unteren Volksschulalter, ist es eine wahnsinnige Belastung für eine Person alleine, die das dann schaffen muss. Aber finanziell gesehen liegt die Belastung eher beim Manne. Wenn man es so nimmt, müsste er für jedes Kind ca. 15 % Unterhalt zahlen, das sind also mit 3 Kindern 45 % seines Einkommens, dann für die Gattin vielleicht auch noch einmal 20 %, also bleiben ihm selbst „heiße" 35 % seines Einkommens; weiters bekommt dann die Wohnung meistens auch noch die Gattin. Das ist gerade bei diesen Scheidungen im unteren Milieu problematisch, was wir leider Gottes ja sehr oft haben, weil die Bevölkerung ist ja nicht besonders reich, es gibt eher eine breite Mittelschicht, die nicht sehr begütert ist, das kann man schwer auseinander dividieren. Also da bleibt zum Leben zu wenig und zum Sterben zu viel. Das Einzige, was benachteiligt, was aber auch ein Vorteil sein kann, ist, dass der Frau dann die Last der Erziehung von kleinen Kindern alleine obliegt. Das kann aber auch eine glückliche Belastung sein. Das ist richtig.

NÖLAK: *Was muss ich bei einer Eheschließung beachten? Es geistert immer der Terminus „Ehevertrag" durch die Medien wie auch durch die Freundeskreise. Gibt es da andere Mittel? Ist das ein gangbarer Weg?*

WEGROSTEK: Also ich rate erstens einmal allen von diesen Eheverträgen ab, obwohl das Aufsetzen solcher Eheverträge natürlich eine gute Verdienstquelle für die Juristen wäre. Aber es ist abzuraten, weil erstens einmal fängt man dann die Ehe bereits auf dem falschen Fuß an. Wenn man sich schon so absichern muss, dann soll man die Ehe gleich lassen. Dann funktioniert sie von Haus aus nicht, weil dann will man ja den anderen gar nicht, will mit ihm auch keine Gemeinsamkeit eingehen und will mit ihm kein gemeinsames Vermögen aufbauen; man vertraut ihm von Haus aus nicht. Da beginnt die Ehe bereits mit einem Vertrauensmissbrauch. Ein weiterer Aspekt eröffnet sich hierbei im unternehmerischen, handwerklichen Bereich: Wir haben nämlich nicht dieses deutsche Modell übernommen, wo bei einer Scheidung gleichzeitig auch die Unternehmen aufgesplittet werden. Das heißt aus österreichischer Sicht, der Besitzer eines kleinen Betriebes, z. B. einer Tischlerei oder einer kleinen Kfz-Werkstätte, der sich nach zwei Jahren scheiden lässt, braucht nicht die Angst zu haben, dass er seinen Betrieb auch noch verliert. Der Betrieb bleibt so wie er ist, unterliegt also nicht der Aufteilung. Es gibt diese zwei großen Begriffe „eheliche Ersparnisse" und „eheliches Gebrauchsvermögen". Eheliches Gebrauchsvermögen ist das, was die Ehegatten bei gemeinsamer Ehe gemeinsam benützen, sprich hauptsächlich die Ehewohnung, das Auto, das Wochenendhaus, das Segelboot. Diese Dinge unterliegen der Aufteilung in jedem Fall. Da kann im Ehevertrag drin stehen, was will, der Richter entscheidet – da kann drin stehen, „Dieses oder Jenes gehört 100 Mal dem Mann" und das ist mit Siegel und notariell beglaubigt, es nützt ihm nichts. Der Richter entscheidet, wer es bekommt, und da ist meistens sowieso die Frau mit minderjährigen Kindern im Vorteil. Also, man kann nicht alle seine Rechte von Haus aus im österreichischen Recht wegdividieren, weil z. B. die Frau gerade schwanger ist und jetzt geheiratet werden will. Nehmen Sie hierbei den

Extremfall, dass die Sekretärin vom Vorstandsdirektor, nur um von ihm geheiratet zu werden, ja alles unterschreibt, was er ihr vorlegt – das ist ja logisch. Aber die Frau hat ein Schutzbedürfnis. Es hat also der Staat diese Gesetze so gemacht, dass man das unverzichtbar hat stehen lassen. Die ehelichen Ersparnisse sind selbstverständlich auch zu teilen, auch wenn man beim Notar etwas anderes verfügt hat. Wie gesagt, es widerstrebt mir, das jemandem zu empfehlen, weil es von Haus aus in meinen Augen unmoralisch ist. Das könnte man, wie gesagt, mit Notariat bestimmen. Es kommt aber fast nicht vor, denn nach österreichischem Recht gibt es bei aufrechter Ehe die Gütertrennung. Das wissen die wenigsten Leute. Das heißt, wenn du aufrecht verheiratet bist, hat jeder sein eigenes Eigentum. Nur in dem Moment, in dem du dich scheiden lässt, unterliegt es ab dem Zeitpunkt der Scheidung der Aufteilung, gehört es allen gemeinsam. Diese Regelung klingt ganz lustig, aber es ist so. Das heißt, bei aufrechter Ehe kann eh jeder mit seinen Sachen machen, was er will. Wenn der Kasten der Frau gehört, dann kann sie den Kasten nehmen und wo anders hinstellen, zur Mutter oder sonst was, auch verkaufen, ohne Weiteres. Gütertrennung bei aufrechter Ehe! Ebenso beim Unterhalt – da kann man praktisch vertraglich auch nichts regeln, also man kann schon einen höheren Unterhalt regeln, aber man kann nicht unter die gesetzlichen Maßstäbe heruntergehen. Wenn einer Ehefrau gesetzlich ein Drittel zusteht, kann nicht vertraglich nur ein Zehntel Unterhalt vereinbart sein.

NÖLAK: *Wie beim Erben?*

WEGROSTEK: Genau. Man kann jemandem mehr zubilligen, aber niemals weniger. Bei uns, sozusagen, können diese Verträge mehr oder weniger nur zu Gunsten der Frau passieren, nicht zu Ungunsten. Deswegen sind Eheverträge meiner Meinung nach äußerst unnötig.

NÖLAK: *Gibt es andere Instrumente, die man als Laie nicht kennt?*

WEGROSTEK: Es gibt Instrumente, es tut mir direkt weh, das zu sagen, da das ein Rat ist, der, wenn er befolgt wird, wirklich schlimm ist und schlimm greift. Man kann alles, was man hat, sprich auch die Ehewohnung oder ein Haus, wenn einer Hausbesitzer ist, in eine Gesellschaft einbringen, z. B. in eine Kommanditgesellschaft mit seinem Bruder oder der Mutter, damit unterliegt es nicht mehr der Aufteilung, weil es sozusagen jetzt Firmenvermögen ist und die Firmen, wie ich gesagt habe, sind aus der Regelung der Güteraufteilung ausgenommen. Das ist mehr oder weniger der Trick, den man spielen kann, wenn man seine arme Frau mit allem überlassen will. Da gibt es keine Aufteilung.

NÖLAK: *Da muss man wohl sehr reich sein, damit sich das rentiert?*

WEGROSTEK: Alles, was man hat, könnte man einbringen, also hauptsächlich die Ehewohnung, bei der Mietwohnung ist es eh sinnlos, aber eine Eigentumswohnung könnte man so vor dem Zugriff der Ehegattin schützen. Eigentlich ist das schlimmer Raub, Schlangenraub. Aber das ist so.

NÖLAK: *Wenn ich das jetzt richtig interpretiere, nähert sich die Ehe der Form an, wie „immer das Motiv hätte sein sollen", nämlich wirklich einer idealistischen, emotionellen, auf Liebe gegründeten. Die ganzen Motive, die es über Jahrhunderte gegeben hat, die Übervorteilung eines Partners, um sich zu bereichern, vor allem die werden eigentlich immer irrelevanter, was aber auch dazu führt, dass die Eheschließungen damit immer weniger werden.*

WEGROSTEK: Also, ich weiß es nicht wirklich. Ich glaube, genau das Gegenteil ist der Fall. Das war doch Jahrhunderte so, dass die ganze Ehe religiös sehr belastet war, ob das jetzt der jüdische Kreis, der arabische Kreis oder vor allem der christliche Kreis war. Die Judikatur wurde ja auch sehr stark von der staatlichen Politik beeinflusst, da wir eine lange Zeit ÖVP- und Kirchen-dominiert waren, das wird ja mehr oder weniger wieder festgeschrieben, weil die Verfassung ist ja zum Lachen. Auf der einen Seite regen wir uns über den Fundamentalismus in den arabischen Ländern auf und andererseits gehen wir wieder zurück zum Mittelalter. Wenn man das Mittelalter so anschaut, da war das heilige Institut der Ehe einfach von der Kirche vorgesehen und so war die Judikatur und auch die Rechtssprechung. Das heißt, es hat ein Mann bis 1978 fast keine Möglichkeit gehabt, eine Scheidung gegen den Willen der Frau durchzusetzen. Da muss sie schon Mordversuche begangen haben und auch dann ist es nicht durchgegangen, dass die Ehe geschieden wurde. Heute hat sich die Judikatur total geändert. Insbesondere auch, da sehr viele Frauen als Richterinnen eingesetzt werden, die ganze Judikatur jetzt schon sehr verweltlicht ist. Früher sollte die Frau abgesichert sein. Heute, wenn einer nicht mehr will, kann der Richter das Zerrüttungsprinzip geltend machen, das ist heute in den Vordergrund gerückt. Das heißt, die Ehe ist dann zerrüttet, wenn der Richter zu dieser Feststellung kommt und dazu zählt, dass die Ehe auch dann nicht mehr zu heilen ist, wenn nur einer der beiden nicht mehr will, weil es müssten ja bei einer Ehe beiden wollen. Also die Ehe ist mehr oder weniger jetzt so eine Konsensehe nach dem alten römischen Prinzip geworden; die alten Römer mussten nur sagen, dass der Konsens nicht mehr vorhanden sei und damit war die Ehe geschieden, mit Ausnahme dieser priesterlich gesegneten Ehe. Diese wurde als etwas ganz Besonderes geschlossen und konnte nicht so leicht geschieden werden. Aber die normale Ehe war eine Konsensehe. Und unsere Ehe ist heute auch eine Konsensehe geworden, das heißt also, wenn der Richter meint, es passt nicht mehr, scheidet er. Und das nicht einmal mehr so wie früher, dass man gesagt hat, die Frau soll zumindest einen Unterhalt bekommen, denn den bekommt sie ja nur dann, wenn die Ehe aus dem alleinigen oder zumindest überwiegendem Verschulden des Mannes geschieden wird. Nicht einmal auf das wird mehr Rücksicht genommen, es wird heute hauptsächlich und überwiegend aus gleichteiligem Verschulden geschieden, wo also dann die Frau nur einen Billigkeitsunterhaltsanspruch hat. Das bedeutet, dass die Frau nur dann einen Unterhalt erhält, wenn der Mann wesentlich mehr verdient als sie und man Kinder hat etc., also wenn das soziale Gefälle entsprechend stark ist. Sonst kriegt sie gar nichts. Es ist heute die Scheidbarkeit der Ehe leichter geworden. Dadurch glaube ich aber auch, dass mehr Ehen eingegangen werden, weil man ja weiß, dass man dieses Joch auch schnell wieder los werden kann. Es wäre etwas anderes, wenn die Ehe wirklich bis in alle Ewigkeit bzw. bis „dass der Tod euch scheidet" dauern würde, da würde ich mir das sehr überlegen, ob ich eine Ehe eingehe. Aber so, wenn man sagt, na gut, schauen wir es uns an, tun wir uns mal sozusagen nach außen hin dokumentieren. Über kurz oder lang, wird kurz immer kürzer und lang wird immer länger.

NÖLAK: *Aus der Idee heraus, dass es immer leichter wird, einen Irrtum einzugestehen, nehmen Sie an, dass die Zahl der Eheschließungen wieder steigt?*

WEGROSTEK: Ich glaube schon.

NÖLAK: *Aber auch die der Scheidungen proportional steigt?*

WEGROSTEK: Selbstverständlich. Wir Anwälte haben nicht einmal etwas gegen die Schwulenehe, da es ja dann auch mehr Scheidungen gäbe. Aber das ist eine rein finanzielle Frage. Ansonsten will ich dem weltanschaulich nicht näher treten. Aber das Einzige, was man dazu sagen muss, ist natürlich, dass die Kinder auf der Strecke bleiben. Das ist ein Problem, das früher vielleicht nicht so war, weil die Ehen doch, zumindest nach außen hin, zusammenbleiben mussten. Jetzt hat man schon sehr viele Scheidungswaisen – das Traurige ist ja, dass dieses Besuchsrecht, um das so oft gekämpft wird, von den Vätern oft gar nicht gewünscht wird. Ich kenne Maler und Sänger, die entsprechend viele Kinder haben, und dann wollen die Mütter, dass der das Kind besucht, aber der interessiert sich überhaupt nicht, das war für ihn nur eine Eintagsfliege, das interessiert ihn nicht. Aber auch bei Ehen, die länger gedauert haben, sehe ich immer wieder, dass sich die Mütter und vor allem die Kinder wünschen, dass der Vater sich irgendwann einmal mit ihnen beschäftigt und sie besucht. Die Kinder bleiben da schon oft auf der Strecke bei geschwind, geschwind eingegangenen Ehen, die sich dann auch entsprechend wieder schnell auseinander leben.

NÖLAK: *Andererseits war doch früher eine kaputte Ehe, die aber zusammenbleiben musste, sicher eine enorme Belastung für das Kind?*

WEGROSTEK: Ja, deswegen hat ja der Minister Broda damals, 1978, dieses Gesetz geändert. Da gibt es ja Beispiele, wo einer mit der Freundin bereits fünf Kinder hatte, sich aber von seiner Ehefrau nicht scheiden lassen konnte. Er war der Schuldige, aber wenn die Frau die Scheidung abgelehnt hat, dann hat es auch keine Scheidung gegeben. Darum wurde dieser § 55 eingeführt, also die Scheidbarkeit der Ehe auch gegen den Willen des Partners. Das läuft dann so ab, dass die Frau, die gegen ihren Willen geschieden wird und somit auch kein Verschulden trifft – und das geschieht automatisch ab dem Scheidungsantrag des Mannes nach Ablauf von drei Jahren –, den Antrag stellen kann, dass das Verschulden an der Auflösung dieser Lebensgemeinschaft den Ehegatten trifft. Und wenn dieser Verschuldensanspruch in das Urteil aufgenommen wird, dann kriegt die Frau einen Unterhalt wie bei aufrechter Ehe, also auch dann, wenn der Mann diese zweite Frau, mit der er schon seit Jahren zusammen ist, ehelicht. Die erste, geschiedene Frau hat den vollen Unterhaltsanspruch und auch den vollen Pensionsanspruch. Also das ist das „Zuckerl" gegenüber den Frauen, das damals der Justizminister gegeben hat – wenn schon die

Ehe gegen den Willen der Frau geschieden werden kann, dann soll sie zumindest nicht schlechter gestellt werden oder sein wie bei aufrechter Ehe. Diese Form der Scheidbarkeit der Ehe ist ein bisschen komisch in unserem Rechtssystem; das ist ja für den Mann noch viel härter, als wenn er beispielsweise die Frau betrogen, geschlagen oder mit dem Umbringen bedroht hätte, denn dann wäre es nur eine Scheidung nach § 49. Gemäß diesem Paragraphen geschieden zu sein bedeutet, dass sich der Unterhaltsanspruch der ersten Frau bei einer Wiederverheiratung des Mannes entsprechend vermindert. Im ersten Fall – also Scheidung nach § 55 – wo praktisch kein Verschulden des Mannes vorliegt, außer dass die Ehe auf seinen Wunsch hin aufgelöst wird, muss er mehr zahlen und die Frau ist besser gestellt, als wenn gegen sie weiß Gott wie vehement vorgegangen worden wäre.

NÖLAK: *Sind wir ein Land der Rosenkriege?*

WEGROSTEK: Gott sei Dank selten. Also wenn Sie diese dicken Akten sehen, da sind zwei, drei dabei, die sieben, acht, zehn Jahre dauern, meistens betreffen diese Männer mit entsprechend hoher Stellung, und meistens solche, die man – vorsichtig formuliert – als Muttersöhnchen bezeichnen kann, die also schwer unter dem Einfluss der neuen Frau oder noch immer der Mutter stehen, die diese Scheidungen wahnsinnig lange hinauszögern und furchtbar auf die Nase fallen und dann also praktisch die Anwälte füttern, meistens letztendlich dann doch alles zahlen müssen, was sie hätten wesentlich billiger haben können. Aber das sind, wie gesagt, drei, vier Fälle, die ich habe, die sich über Jahre ziehen. Gott sei Dank ist es meist so, dass die meisten Ehescheidungen zwar immer ziemlich wild mit Säbelrasseln anfangen, so nach dem Motto: „Du wirst schon sehen, ich werde es dir schon zeigen", dann folgt die erste Verhandlung, die zweite Verhandlung, in der dritten Verhandlung geht die Trennung meistens einvernehmlich über die Bühne, weil die Leute ganz einfach prozessmüde werden und sehen, dass das nur kostet und eigentlich nichts bringt. Sie sehen ein, dass es besser ist, das allfällige Vermögen untereinander aufzuteilen bzw. den Kindern zu geben als den Anwälten.

NÖLAK: *Was hält der Jurist von Mediation? Gerade natürlich im Bereich der Scheidung?*

WEGROSTEK: Gar nichts. Null. Also meine Erfahrung ist, dass die Leute zu mir kommen, weil sie unglücklich mit ihrer jetzigen Situation sind. Meistens ist ja auch der Anwalt mehr oder weniger ein Mediator, da er sich zuerst einmal alles anhören muss. Es gibt ja bei jeder Scheidung eine seelische und damit psychologische Komponente. Ich muss wissen, wie ernst jemand etwas meint. Vielfach ist das nur ein Aufschrei, „Um Gottes Willen, der will mich verlassen oder der hat mich verlassen". Der zweite Aspekt in so einem Beratungsgespräch ist dann zumeist die Unterhaltsproblematik, dann die Aufteilung des ehelichen Gebrauchsvermögens oder der ehelichen Ersparnisse. Die psychologische Komponente schaut immer so aus, dass man merkt, dass der Mann oder die Frau eigentlich noch nicht bereit ist. Da rät man zwar, sich das Ganze noch einmal in Ruhe zu überlegen, aber erfahrungsgemäß sind die dann in einem halben Jahr wieder bei mir. Wenn die Frau oder der Mann zu mir kommt und sagt, es geht nicht mehr, der andere aber sagt, dass er sich das noch überlegen möchte, so sind diese beiden meiner Erfahrung nach zu 100 % in einem viertel, halben Jahr wieder bei mir und wir sind genau bei dem Punkt, wo wir schon waren. Erfahrungsgemäß gibt es interessanterweise im Sommer keine bzw. weniger Scheidungen; das ist möglicherweise dadurch erklärbar, dass die Leute noch einmal gemeinsam einen Urlaub wollen. Ähnlich verhält es sich im Dezember. Die Scheidungswelle setzt dann wieder voll ein Anfang Jänner und im September. Die Leute versuchen es vorerst noch einmal miteinander, aber es funktioniert nicht, weil sie oder er hat schon den neuen Partner im Kopf und der Urlaub ist natürlich ein Horror, weil dauernd an den neuen Liebhaber oder die neue Liebhaberin gedacht wird. Das wird einfach nichts, sodass die noch viel gequälter zurückkommen und genau wieder dort stehen, wo sie bei mir schon waren. Sie geben mir Recht und sagen, hätten wir uns schon damals scheiden lassen, hätten wir uns seelische und finanzielle Qualen erspart. Ich will die Mediation niemandem absprechen, aber wenn Sie sich oft irgendwelche Scheidungsakte ansehen und entnehmen, dass die Leute zwar bei Mediatoren waren und es dann trotzdem nichts gebracht hat, weil, sagen wir so, wenn eine Frau einen anderen hat, geht es nicht mehr. Die kann mit dem Mann, mit dem sie vorher zusammen war, nicht mehr geschlechtlich verkehren. Das ist einfach so, wenn die Frau mit einem anderen im Bett war, ist erfahrungsgemäß keine Frau mehr bereit, mit dem alten Ehemann noch einmal was anzufangen. Bei einem Mann ist es etwas anders. Ein Mann hat ein schlechtes Gewissen und ist vielleicht dann noch netter zur Frau und möchte es noch einmal versuchen. Bei einem Mann ist ein Seitensprung nicht so seelisch tiefgehend wie bei einer Frau, das heißt, der kann unter Umständen sogar die Ehe aufbessern. Der Fehler ist nur, wenn der andere Partner das erfährt. Gerade bei diesen Versöhnungen, wie ich sie vorhin gerade erwähnt habe, ist man am Anfang natürlich fröhlich, weil der Partner sich jetzt von dem anderen Fremden abgewendet hat und wieder zurückgekehrt ist. Man hat die Illusion, das mit gutem Willen anzugehen, nur nach dem ersten, zweiten Geschlechtsverkehr kommt einem der Seitensprung wieder in den Sinn und es fängt zu rumoren an, ob Weiblein oder Männlein, und man hält das immer wieder dem anderen Partner vor und das macht dann die Beziehung total kaputt. Dass dann immer gesagt wird, ja, aber du hast mich betrogen. Man kann sich das hundert Mal vornehmen, das nicht mehr zu sagen und vorzuhalten bzw. dass man das verziehen hat. Der Mensch bringt so etwas aus seinem Kopf nicht heraus, jedenfalls nicht so schnell und an dem gehen die Ehen zur Gänze zu Grunde.

NÖLAK: *Und was ist bei Ehen, die „roglert" geworden sind, aber nicht, weil einer der beiden Partner oder gar beide schon an neuen Ufern sind, sondern weil sie glauben, schlicht und einfach nicht mehr miteinander zu können. Bringt da Ihrer Meinung, Ihrer Erfahrung nach, ein Mediator, ein Psychologe, also das ganze „Drumherumservice" etwas?*

WEGROSTEK: Ich habe es noch nicht erlebt. Es kann sein. Schauen Sie, gerade wie Sie sagen, wenn also kein wirklicher Anlass besteht, sondern wenn die Leute sich einfach auseinander leben, weil also geistig die Frau mehr gefordert ist, oder umgekehrt, der Mann mehr gefordert ist, und die Frau ist nicht mehr so interessiert, man geistig sich nichts mehr zu sagen hat, dann wird das erfahrungsgemäß gerade von der Frau so lange geschleppt und auch vom Mann, bis ein anderer von außen kommt, der da den Anstoß macht, das heißt, es ist mehr oder weniger eine tote Zeit, die man das mitschleppt, bis von außen ein Anstoß kommt. Das ist nach dem alten Prinzip von Shakespeare, Hamlet: „... dass wir die Übel, die wir haben, lieber tragen als zu Unbekannten fliehen." Das heißt, man trägt diese Übel so lange, bis eben dann wer von außen kommt, der den Anstoß gibt, die alte Last loszuwerden. Die Versöhnung ist eher das Ungewöhnliche. Ich habe fast noch nie erlebt, dass die Ehe dann noch geklappt hätte, eine Zeit lang vielleicht, aber dann nicht mehr.

NÖLAK: *Aber vielleicht ein ruhigeres Ende, das man dann gewillter ist, in Frieden voneinander zu gehen, haben Sie diese Erfahrung gemacht?*

WEGROSTEK: Das hat damit überhaupt nichts zu tun, sondern ist die Mentalität der Menschen, wobei man das nicht einmal auf irgendeine Intelligenzstufe einschränken kann, weil oft bei Akademikern viel heftiger und sinnloser und härter gestritten wird als bei einfachen Menschen. Das ist eine reine Mentalität der Leute, wie weit sie also bereit sind, dem anderen noch irgendwas Gutes zu tun. Mein Rat an alle Leute, die sich scheiden lassen wollen, ist jener, es so schnell wie möglich zu machen. Je länger sich das hinauszieht, desto weniger ist man bereit, für den Partner zu denken, im Gegenteil, umso mehr wird nur mehr beinhart ums Geld gefochten und man hat keine Loyalität mehr dem anderen gegenüber, die man am Anfang noch hatte. Vor allem darf man nicht den psychologischen Fehler machen, dass der Partner merkt, da ist schon ein anderer, der darauf passt, sich ins gemachte Nest zu setzen. Dann ist die Hilfsbereitschaft und Gebebereitschaft weg. Dem scheidenden Partner etwas zu geben ist man ja bereit, nicht aber dem Außenstehenden, dem man die Schuld an dieser Scheidung gibt, obwohl er keine Schuld hat, denn der Konflikt muss ja schon länger geschwelt haben. Da ist man nun nicht mehr bereit, irgendwas mehr, als was gesetzlich notwendig ist, zu leisten, und dann wird es lang und dann wird es strittig und dann wird es unangenehm.

NÖLAK: *Soll man überhaupt noch heiraten und wenn ja, wann soll man heiraten, wann „zahlt es sich aus"?*

WEGROSTEK: Also, ich war selber schon zweimal verheiratet, einmal zu jung und einmal jetzt in relativ reiferem Alter; meine erste Ehe z. B. war sicher zu früh, keine Frage, da hat man sich noch nicht die Hörner abgestoßen. Ich finde, man soll dann heiraten, wenn man Vertrauen zum Partner hat.

NÖLAK: *Gibt es so ein einfaches Rezept nach dem Motto: „Hauptsache, man hat ein großes gemeinsames Interesse"?*

WEGROSTEK: Zunächst einmal muss der Sex stimmen. Wenn das Sexuelle nicht stimmt, passt es überhaupt nicht, dann läuft sich das sehr schnell tot. Es muss also die Chemie stimmen, anziehungsmäßig, geruchsmäßig, es muss alles passen. Dann natürlich muss man sich mit seinem Partner verständigen können, das heißt, wenn die geistigen Ebenen ganz verschiedene sind, dann wird es nicht sehr lange gut gehen, in keiner Weise, wobei unter Umständen sehr viele Männer diesen Professor-Higgins-Komplex haben und diese Ehen funktionieren.

NÖLAK: *Er belehrt sie immer?*

WEGROSTEK: Ja, oder „Pretty Woman", also ein Mädchen von unten und du hebst sie empor, das gefällt dem Mann, keine Frage.

NÖLAK: *Trotz aller negativen Erfahrungen, sind sie dennoch ein Verfechter des Heiratens.*

WEGROSTEK: Ja. Es gibt so diese lockere Art, „Es ist nicht cool, zu heiraten". Irgendwie ist dieses Eheschließen doch ein Nach-außen-hin-Demonstrieren, man steht zum Partner. Das ist ein Zeichen, das man setzt, das diese Verbindung sicher stärker erscheinen lässt und auch stärker macht, als wenn man eben nur mit jemandem locker zusammen ist. Ich habe sowohl die einen als auch die anderen Beziehungen gehabt und bereue eigentlich, dass ich eine Frau, mit der ich sehr lange zusammen war und auch ein Kind habe, nicht geheiratet habe. Im Nachhinein bereue ich das. Das war irgendwie kindisch und pubertär, dass ich da sozusagen diese Freiheit hochgehalten habe und ihr nicht das Gefühl gegeben habe, dass ich voll zu ihr stehe. Also das will ich schon sagen, wenn man einen Partner hat, mit dem man sich gut versteht, dann soll man auch heiraten.

NÖLAK: *Es ist noch immer ein Zeichen für die Umwelt?*

WEGROSTEK: Es ist noch immer ein Zeichen für die Umwelt und auch für dich selbst, dass du dich öffentlich hinstellst, denn nichts ist so schlimm und peinlich wie eine Eheschließung. Also das ist ja das Schlimmste, die Hochzeit. Ich würde allen empfehlen, nur in Las Vegas oder in Venedig oder sonst wo zu heiraten, wo man alleine, nur für sich ist, damit du diese Feier für dich hast, aber nicht da, wo die Mimi-Tante und der Pepi-Onkel eine Hetz haben und sich anessen und du kommst vor lauter Denken, ob der jetzt gut oder schlecht sitzt, ob das ganze Essen passt und genug Getränke da sind, nicht dazu, deine Hochzeit zu genießen. Du hast nichts von der Hochzeit, nur die anderen, die freuen sich. So wie es so schön im Griechenbeisl steht: „An der Hochzeit eines anderen habe ich nie etwas Widerwärtiges gefunden."

Siehe Bildtafel 11

Frauenheld

„Der Mensch ist offensichtlich nicht so konstruiert, dass er sich glücklich machen kann. Fragen wir den lieben Gott, warum er das so gemacht hat.“

Herbert Laszlo

Herbert Laszlo leitet das Institut für experimentelle Glücksforschung in Wien

NÖLAK: *Glücksforschung – davon habe ich noch nie gehört. War das früher einmal ein Thema und ist dann in Vergessenheit geraten? Woher kommt sie?*

LASZLO: Es war nicht nichts. Man ist in der Glücksforschung einen anderen Weg gegangen, und zwar den Weg der soziologischen Glücksforschung. Die Soziologen haben gesagt, wir sehen das wie Epidemiologie, „unglücklich sein“ ist eine Krankheit, wir erforschen die Lebensumstände, unter denen die Krankheit „unglücklich sein“ auftritt, und dann wird es uns gelingen, die Menschheit glücklich zu machen. An sich wunderschön, nur leider ein mehrfacher Denkfehler. Erstens einmal arbeiten die Soziologen mit Korrelationsmethoden, der Politiker aber, der ihnen den Auftrag gibt, fragt nach Kausalitäten. Der fragt nur: „Was muss ich tun, damit meine Wähler glücklich sind.“ Der Soziologe anwortet: „Na, dann schauen Sie, die Wähler in Linz sind um 3,5 % glücklicher als die Wähler in Wien, aber ich kann Ihnen nicht sagen, wenn Sie jetzt von Wien nach Linz übersiedeln, ob Sie jetzt um 3,5 % glücklicher sind oder ob Sie damit den Schnitt von Linz senken.“ Der berühmteste Fall der soziologischen Glücksforschung ist, dass sich Menschen, die in Paarbeziehungen leben, mit einem bestimmten Prozentsatz häufiger als glücklich bezeichnen, als Menschen, die nicht in Paarbeziehungen stehen. Das ist kein weltbewegender Prozentsatz, aber es ist ein signifikanter Prozentsatz. Aber Sie können nicht sagen, ob sich derjenige deswegen häufiger als glücklich bezeichnet, weil ihn die Beziehung glücklich macht oder weil ein Glücklicher ganz einfach leichter eine Beziehung findet. Das kann man nicht sagen, weil der „soziologische Glücksforscher“ mit den Methoden, mit denen er arbeitet, die Kausalitäten nicht untersuchen kann. Ich darf noch die böse Bemerkung hinzufügen, dass es überhaupt so sein könnte, dass sich jemand in vorauseilendem Gehorsam schon deswegen automatisch häufiger als glücklich oder leichter als „glücklich zu machend“ bezeichnet, gerade weil er in einer Beziehung lebt und weil er es als Unhöflichkeit gegenüber dem Partner empfinden würde, sich als unglücklich zu bezeichnen. Es stellt also quasi einen Akt der Höflichkeit dar, dass sich die in Paarbeziehungen Lebenden häufiger als glücklich bezeichnen als jemand, der ohne Beziehung lebt. Also das könnte auch noch sein. Ich muss nämlich Kausalitäten erforschen und eine Glücksforschung, die keine Kausalitäten erforscht, verdient den Namen nicht. Also wenn ich Kausalitäten erforsche, dann muss ich Experimente machen. Und das ist das „Was“.

NÖLAK: *Und diesen Weg haben die Soziologen nicht beschritten?*

LASZLO: Den Weg beschreiten sie nicht. Die Grundhypothese bei der experimentellen Glücksforschung ist, Glück entsteht, wenn jemand in einem Ausmaß belastet wird, das genau seiner Belastbarkeit entspricht. Dann entsteht das Gefühl, ich bin glücklich. Ich kann diese Aussage allerdings experimentell noch nicht beweisen.

NÖLAK: *In der ästhetischen Psychologie gibt es diese Beweise – ein Werk wird dann als schön empfunden, wenn es nicht zu viel, aber auch nicht zu wenig Information enthält.*

LASZLO: Richtig, damit erkläre ich natürlich auch das ganze Wesen der Kunst. Ich persönlich unterscheide zwischen „schmalbändiger" und „breitbändiger" Kunst. „Schmalbändig" bedeutet elitäre Kunst, Kitsch wiederum ist„breitbändig". Ist Dürers „Hase" oder Dürers „Betende Hände" nun „schmalbändig" oder „breitbändig"? Niemand kann sagen, das sei nicht höchste Kunst, aber trotzdem kann der Hase in Kunststoff gegossen irgendwo über dem Bett einer einfachen Frau hängen, genauso. Man kann aber dann nicht sagen, dass es Kitsch sei. Wobei ... die heutige Kunsttheorie lehnt das „Breitbändige" ja wieder ab und sagt, das, was „breitbändig" ist, ist Kitsch. Meiner Ansicht nach ist die „schmalbändige" Kunst abzulehnen, weil sie eigentlich nur mit Subvention überleben kann und an 99 % der Zielgruppe vorbei geht.

NÖLAK: *Am Markt, also an den Menschen vorbeigeht?*

LASZLO: Genau – am Markt vorbeigeht. Daher das Problem. Aber zurück zum Glück: Kann man Glück definieren? Was ist Glück? Eigentlich habe ich das Wort „Glück" lange ausgeklammert gehabt und spreche lieber von „Beharrungswünsche implizierenden Gefühlen", weil „Glück" ist ein sehr „verunreinigtes" Wort, aber das, was ich hier untersuche, sind Gefühle, die den Wunsch implizieren, man möge sich auch in Zukunft so fühlen. Das ist mein Forschungsgegenstand.

NÖLAK: *Von der hohen Ebene der Wissenschaft auf die „ganz tiefe" Ebene – haben Sie ein Rezept für Glück?*

LASZLO: Sagen wir es so, ich habe ein schlechte und eine gute Nachricht. Die schlechte Nachricht ist, ich habe in 40 Jahren Forschungsarbeit keinen verlässlichen Weg gefunden, wie man sich selbst glücklich machen kann. Die gute Nachricht: so ist es. Diese Worte muss ich sagen, um überhaupt von Glück sprechen zu können und daher ist auch diese Frage, wie kann ich mich glücklich machen, nicht zu beantworten.

NÖLAK: *Wie meinen Sie das jetzt?*

LASZLO: Der Mensch ist offensichtlich nicht so konstruiert, dass er sich selbst glücklich machen kann. Fragen wir den lieben Gott, warum er das so gemacht hat. Ich mache noch ein kleines Gedankenexperiment. Ich kann mir vorstellen, dass es einmal Wesen gegeben hat, die die Menschen gesteuert haben, die sich aber heute nicht mehr um die Menschen kümmern. Diese Wesen haben uns zurückgelassen. So, wie wir in einem amputierten Glied Phantomschmerzen spüren können, so können wir diesen amputierten Teil aus der Genesis spüren, wenn wir zu meditieren beginnen. Damit beginnt – und das ist meine Erklärung für das Phänomen – auch das Glücksgefühl in der Meditation. Nur, es geht ganz einfach nicht, dass wir uns nur hinsetzen, meditieren und so tun, als gäbe es noch die Götter, die uns steuern, denn in Wirklichkeit sind wir hier eigenverantwortlich. Die gute Nachricht ist, Menschen können andere Menschen glücklich machen. Andere Menschen glücklich zu machen ist heutzutage ein Bombengeschäft. Da kommt das Phänomen her, warum wir heute dem Apotheker von nebenan seinen Golf und seine Handelsspanne auf die Medikamente neiden, und dem Greißler da drüben neiden, dass er das Brot ein bisschen teurer verkauft als er es einkauft. Aber einem Showstar, der im Rolls Royce herumfährt, schmeißen wir das Geld nach, und zwar die armen, kleinen Leute, die zu Überpreisen irgendwelche Souvenirs kaufen.

NÖLAK: *Wenn Sie jetzt auf „Michael Jackson" anspielen, werde ich „böse".*

LASZLO: Aber das unterstreiche ich. Es ist auch der Michael Jackson, der Sie glücklich machen kann. Das heißt, andere Menschen glücklich zu machen, ist zwar – wie bereits erwähnt – ein Bombengeschäft, allerdings auch im kleinen Bereich möglich. Das heißt, wir sollten das Ganze so angehen, dass wir sagen, wir machen andere Menschen glücklich – wir machen einander glücklich, wir machen quasi ein Geschäft miteinander, heute ist dein Tag, heute mache ich dich glücklich, morgen machst du mich glücklich, das funktioniert wunderbar. Diese alte Arbeitsteilung funktioniert z. B. in glücklichen Ehen. Und dann gibt es ja dieses schöne Bild, das chinesische Bild von Himmel und Hölle mit den zu großen Stäbchen, mit den zwei Meter langen Stäbchen. Himmel und Hölle sind genau gleich. Eine große Schüssel mit bestem Reis, bestens gewürzt, und alle haben Hunger, aber die Essstäbchen sind drei Meter lang.

NÖLAK: *Die sind aber angewachsen.*

LASZLO: Ja.

NÖLAK: *Das erinnert mich an das Bild mit den Gabeln. Die Arme sind mit den Gabeln verwachsen und eineinhalb Meter lang. Es kann also nur funktionieren, wenn der eine den anderen füttert und vice versa, nur dann geht es beiden gut.*

Laszlo: Und die Hölle ist, jeder versucht mit irgendwelchen Tricks irgendwelchen Reis in seinen Mund zu bekommen. Der Himmel ist, die Leute füttern einander. Nur bitte, das Bild ist 3000 Jahre alt, aus dem alten China. Und wir sind so dumm, dass wir das bis heute nicht zur Kenntnis genommen haben, sondern versuchen, nach Macht zu streben, statt dass wir uns ausliefern. Die Leute vergessen dabei aber das Wesentliche, nämlich, dass derjenige, der steuert, auf seine Optimalbelastung verzichtet. Der Führende verzichtet auf seine Optimalbelastung und damit auf sein Glück. Er kriegt es eventuell als Echo in abgeleiteter Form zurück. Es gibt also Glücksgefühle und es gibt einen primären Grund für Glücksgefühle, primäre und sekundäre Gefühlsursachen. Da bin ich ein bisschen über Schachter (Anm. d. Red.: Stanley Schachter – amerik. Psychologe) hinausgegangen. Schachter sagt, Gefühl entsteht durch Erregung und Attribution. Ich sage, zuerst muss es überhaupt einmal eine primäre Gefühlursache gegeben haben. Und meine Hypothese ist, die primäre Gefühlsursache für Glück ist die Optimalbelastung. Dann gibt es eine ganze Reihe sekundärer Gefühlsursachen, die Attribution, die ganze Nostalgie und so. Das sind sekundäre Gefühlsursachen, die natürlich auch funktionieren, die aber nicht so gut funktionieren wie die primäre Gefühlsursache –, und da schlägt jetzt der Sportlehrer bei mir durch –, die optimale Belastung, die die primäre Gefühlsursache ist, ist gleichzeitig ein gutes Training. Das Glücksgefühl ist die Belohnung dafür, dass ich mich im richtigen Trainingszustand befinde. Wenn ich jetzt nur sekundäre Glücksursachen oder eben einfach das Ganze chemisch oder suggestiv zu kriegen versuche, dann bin ich zwar auch irgendwie glücklich, aber ich verliere dieses primäre Glücksgefühl. Wenn Sie jetzt zum Beispiel die tolle Chance bekämen, Tag und Nacht Michael Jackson zu hören, dann werden Sie sehen, Sie werden irgendwann einmal aus dem Training herausfallen, das heißt, die Musik wird Ihnen auf die Nerven gehen und er, Jackson wird Sie nicht mehr optimal belasten, ganz einfach deshalb, weil sich Ihr Trainingszustand geändert hat und Sie nicht mehr derselbe sind wie vorher. Das ist auch das Problem, dass sich ja der Trainingszustand, der Belastbarkeitszustand permanent ändern muss. Und meine Hypothese hier ist wiederum, wenn wir uns nicht nur um die Belastbarkeit kümmern, sondern versuchen, die Signale von Belastung und Belastbarkeit zu erkennen, dann können wir Menschen in der optimalen Belastung halten, weil wir dann bemerken, in welche Richtung es sich herausbildet.

NÖLAK: *Man muss in sich hineinhorchen?*

LASZLO: Hineinhorchen ja, wobei aber das alleinige Nur-in-sich-Hineinhorchen nicht genügt. Wenn ich in mich hineinhorche, ist das ja schon wieder eine Belastung, das heißt, ich verfälsche meine Identität. Sehen Sie, ich kann nicht hinter einer Hecke stehen und mich erschrecken, das muss ein anderer machen, ich kann mir nicht selbst einen Witz erzählen. Auch der Witz ist eine Optimalbelastung, um hier aus der Schule zu plaudern. Eine Theorie über Witz war der Anlass, anhand dessen ich die Hypothese der Optimalbelastung entdeckt habe. Und zwar war das die Geschichte vom Pferd auf der Bühne zur Zeit der Königin Viktoria. Die Königin Viktoria hat den Schauspielern das Extemporieren verboten. Und da kam also ein Schauspieler mit einem Pferd auf die Bühne und das Pferd lässt Rossäpfel fallen. Woraufhin er sich zu dem Pferd wendet und sagt: „Wusstest du nicht, dass Extemporieren verboten ist?“ Und es hat schallendes Gelächter gegeben. Die Theorie war, dass dies eine unerwartete Kombination sei, die den Witz ausmacht. Ich habe den Witz auch recht lustig gefunden, aber ich habe dabei nicht so schallend gelacht. Warum wirkte der Witz auf mich nicht so, wie auf die Leute dort? Und da war mir klar, es war eine verschlüsselte Botschaft: „Euer Majestät, Sie können keine Theatervorführung standardisieren, es passieren immer wieder Dinge, die eben anders sind." Das war die Botschaft und das haben alle verstanden. Es war aber nicht direkt ausgesprochen, sondern es war eine verschlüsselte Botschaft, zu deren Entschlüsselung für alle Leute die gleiche optimale Anstrengung notwendig war. Da war mir klar, auf die Anstrengung kommt es an, auf die optimale Anstrengung, diese Botschaft zu entschlüsseln. Und das war es. Und diese Geschichte ist 40 Jahre her, seither arbeite ich eigentlich an dieser Sache und bin froh, dass ich kein Soldat bin, sondern Wissenschafter. Als Soldat wäre ich wegen Feigheit vor dem Feind längst erschossen worden. Ich habe mich also bis zum Jahre 2000 nicht getraut, das zu veröffentlichen. Immer wieder aus dem Gedanken heraus, ich könnte mich ja doch geirrt haben, es könnte ja doch was falsch sein und ich blamiere mich dann. Wie gesagt, das war also die Hypothese der Optimalbelastung. Auf Englisch klingt das viel schöner – „Optimum Challenge" – aber das lässt sich wiederum auf Deutsch nicht so sagen.

NÖLAK: *Kann man das alles trainieren?*

LASZLO: Man kann es sicher trainieren! Man darf aber eines nicht vergessen: Das, was uns glücklich macht, passiert nicht in dem Moment, in dem wir glücklich sind, sondern passiert bis zu 20 Minuten vorher. Das ist auch der Grund, warum ein guter Redner seine Leute mitreißen kann. Der merkt das 20 Minuten vorher, worauf die reagieren und geht darauf ein. Aber das sind, glaube ich, zwei verschiedene Dinge.

NÖLAK: *Das Glück ist ein Vogerl?*

LASZLO: Ein Vogerl – die schlechte Nachricht, man kann sich selbst nicht glücklich machen, die gute Nachricht, man kann einander glücklich machen!

NÖLAK: *Gibt es so gar nichts, um sich selbst glücklich zu machen?*

LASZLO: In dem Moment, wo ich jemanden finde, der sich selbst Witze erzählen und darüber lachen kann – aber nicht, dass ihm überhaupt der Witz einfällt –, das ist schon wieder das Glück, das Zufall ist.

NÖLAK: *Es gibt aber doch für einen Autor nichts Besseres, wenn ihm der gute Schlussgag einfällt.*

LASZLO: Richtig. Aber das ist wieder Zufall.

NÖLAK: *Ich weiß, das ist was anderes, aber wenn man sich den Schlusswitz dann selber erzählt, gefällt er einem großartig, auch nach dem fünften Mal. Man lacht, aber man lacht eher über die Erwartung, wie das Publikum lacht.*

Laszlo: Erstens das und zweitens, man ist immer noch optimal belastet von der eigenen Idee. Nur, wenn man ihn sich zehnmal erzählt, dann ist es aus. Wir wüssten ja gar nicht, wie Glücksgefühle sind, wenn sie uns nicht zufällig begegnen würden. Da kommt es ja wieder zu dieser Assoziation, Glück als Zufall, Glück als Gefühl. Nur das, worüber ich schreiben kann, ist Gefühl, das den Wunsch impliziert, man möge sich auch in Zukunft so fühlen.

Nölak: *Ist das eigentlich eine unendliche Schleife?*

Laszlo: Richtig. Und da taucht die Frage auf, ob es gelingt, diesen Regelkreis der Belastung aufrechtzuerhalten, wobei das auch eine Frage des „Definitions-Kauderwelsches" ist, also Vorsicht! Darum spreche ich in diesem Buch nicht vom „Glück", sondern von „Beharrungswünsche implizierenden Gefühlen" und kürze das ab mit „BeWiG". Im wissenschaftlichen Teil spreche ich nur mehr von BeWiG und nicht mehr von Glück. Denn wenn ich vom Glück spreche, dann kommt immer wieder jemand und sagt, ja, aber Glück ist doch Glückseligkeit und so weiter.

Nölak: *Definitions-Kauderwelsch?*

Laszlo: Genau. Da habe ich aber eine Definition, das ist das, worauf ich stehe. Jeder sagt „Glück". Also, um überhaupt verstanden zu werden, komme ich um das Wort „Glück" nicht herum. Darum rede ich nur von Gefühlen, die den Wunsch implizieren, man möge sich auch in Zukunft so fühlen. Ich habe das dann sehr genau definiert. Da gibt es die drei großen Paradoxa, was mich heute glücklich gemacht hat, muss mich morgen nicht glücklich machen, was den einen glücklich macht, muss den anderen nicht glücklich machen und jemand, der heute das Gefühl hat, ihn kann eigentlich nichts erschüttern und nichts unglücklich machen, muss trotzdem damit rechnen, dass ihm irgendwann etwas begegnet, was ihn dann sehr wohl erschüttert. Also das sind die drei großen Paradoxa.

Nölak: *So in dem Sinne: „Es war für mich gut, dann muss es für dich auch gut sein"?*

Laszlo: Richtig. Das ist der große Denkfehler der Sozialpolitik. Der zweite große Denkfehler ist der der Hedonisten: „Was mich heute glücklich macht, muss mich morgen auch glücklich machen, ich muss nur dafür sorgen, dass es mir weiterhin so geht wie bisher!" Der dritte Denkfehler besteht darin, dass z. B. jemand immer brav Yoga und alles Mögliche betreibt und am Schluss doch einen Herzinfarkt kriegt, wenn Dinge passieren, die er mit dem Yoga nicht mehr abfedern kann. Also das sind die drei großen Irrtümer. Diesen Traum, wenn wir den erfüllen könnten – die Komponenten dafür hätten wir ja: Die Definition von Glück haben wir, die Hypothese, was Menschen glücklich macht, haben wir, jetzt bräuchten wir eigentlich nur mehr die elektrischen Ableitungen, den Regelkreis und einen kleinen Computer, der uns den Impuls gibt, in dem Zustand zu verharren, der der optimalen Belastung entspricht. Dann könnten wir die Menschen in dem Zustand halten, den wir Glück nennen können, und zwar dauerhaft, auf lange Zeit!

NÖLAK: *Aber ist eine dauerglückliche Gesellschaft nicht fürchterlich leicht manipulierbar?*

LASZLO: Aber natürlich ist sie leicht manipulierbar. Von der Freiheit müssen wir uns verabschieden. Vom Gedanken, wir müssen frei und gleichzeitig glücklich sein, müssen wir uns verabschieden. Sagen wir, wir haben eine Gruppe von sieben Erwachsenen, die sich in einer Art Großfamilie organisiert, wo jeden Tag ein anderer die Führung übernimmt und die anderen sich unterordnen. Wenn ich das aber jetzt demokratisiere, das heißt, die Wahlmöglichkeit gebe zu entscheiden, ob jemand die Führung übernehmen will oder nicht, dann kann es sehr leicht passieren, dass sich manche weigern zu führen. Gerade das sind dann die, die am ärgsten über die Führenden maulen und am vehementesten verlangen, man muss sie glücklich machen. Nur, wenn die Gesetzmäßigkeit einmal bekannt ist, dann wird man denen sagen können: „Pass auf, am Donnerstag bist du dran, und dann maulen wir, wenn du uns nicht glücklich machst." Und dann wird sich der hinsetzen und wird am Donnerstag todunglücklich sein, wenn er jetzt dafür sorgen muss, dass die anderen glücklich sind. Die andere Seite der Medaille ist allerdings die, dass er dafür sechs andere Tage mit den anderen leben und sagen kann, dass er sich freut, dass jetzt jemand anderer dafür Sorge tragen muss, ihn glücklich zu machen. Das sollte so funktionieren!

Das Vogelhochhaus

Harmonie in der Familie 1998.
Mit dem Stillen beginnt der Lebensstil – und mit der Hektik geht es heiter weiter.

© M. Deix

Das Reality-TV-Format „Big Brother" ist der Quotenknüller der Saison 2000. © M. Deix
Was sind die Quotenknüller der Erziehung? Von Big Brother bis Starmania? Oder?

Der neue Sozialminister hat in seinem Ministerium eine Abteilung für Männerberatung eingerichtet 2001. © M. Deix
Neue Art der „Gleichberechtigung“ für Männer; sind wir schon so weit?

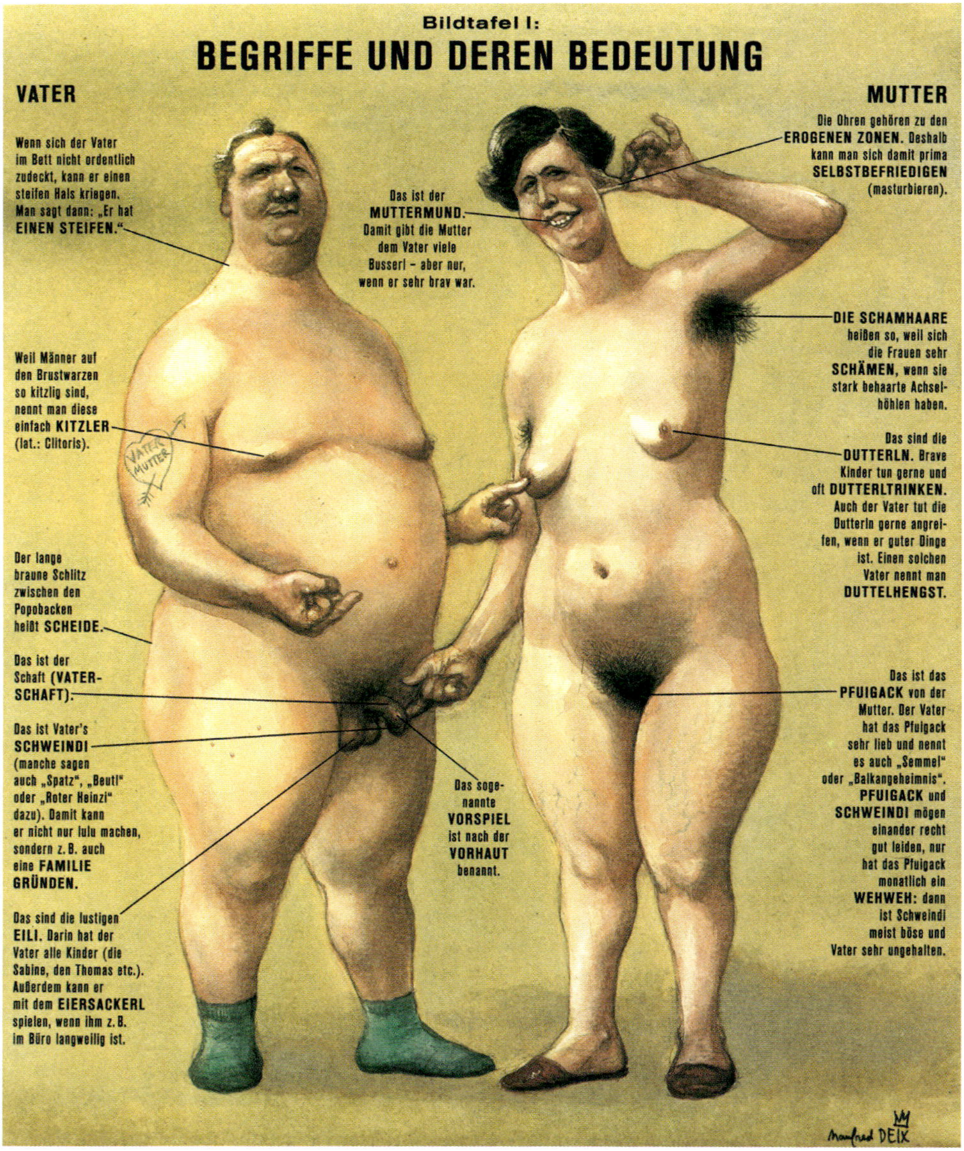

Aufklärungsunterricht 1985. © M. Deix
Sexualität hängt mit der rechtzeitigen Aufklärung zusammen; hier eine Hilfe dazu …

Die Eigenheiten der österreichischen Sprache drohen allmählich auszusterben. © M. Deix
Dieser Gefahr gilt es entgegenzuwirken 1994.
Steht unsere Aus- und Fortbildung auf eigenen Beinen oder bricht sie durch Überfremdung zusammen?

Schwarzarbeit.
Müssen auch die Raucher bald in den Untergrund?

© M. Deix

Weinmensch.
So wird mit der Alkoholsucht jongliert.

© M. Deix

Neue Berufe 1995. © M. Deix
Man braucht innovative Berufe um in der heutigen Welt bestehen zu können.

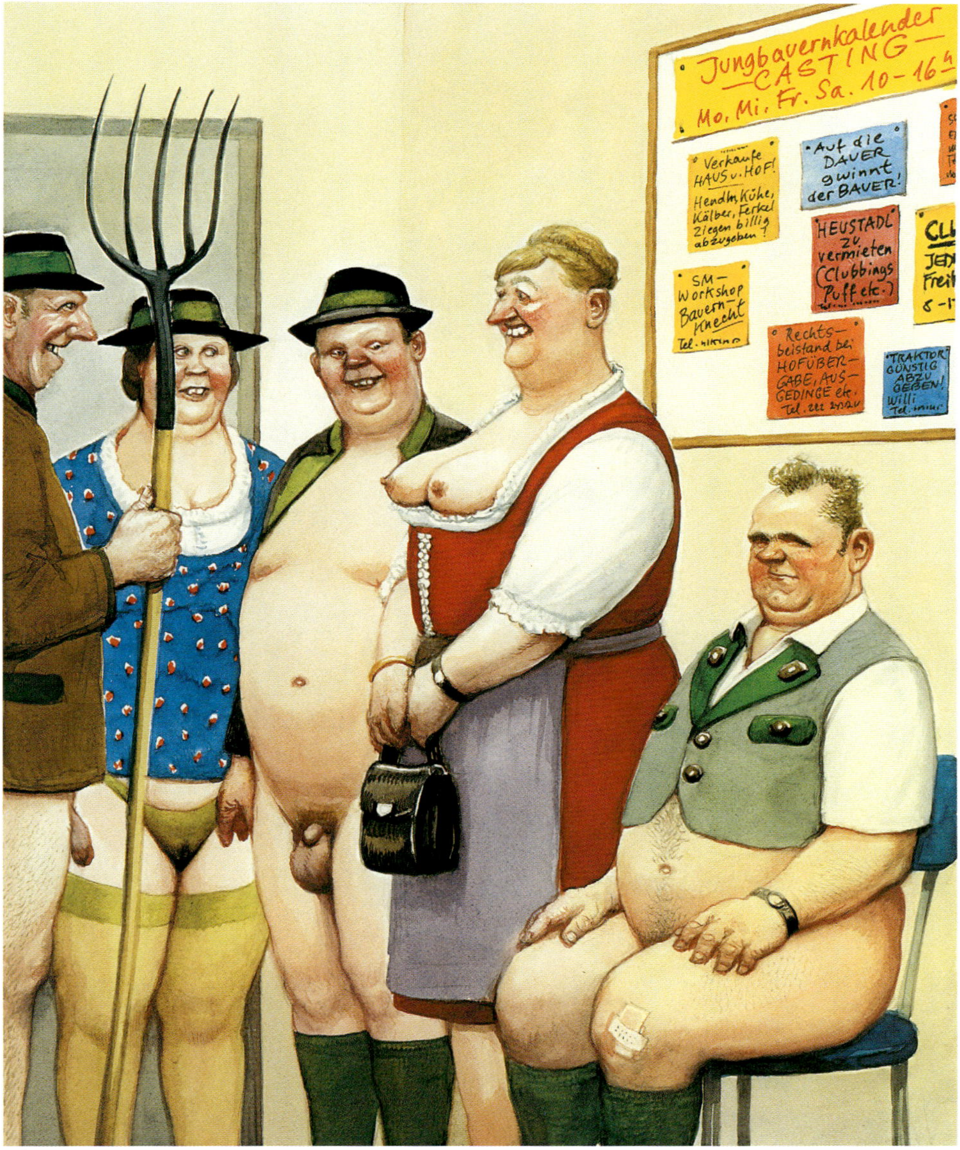

Österreichs junge Landwirte veröffentlichen einen erotischen „Jungbauernkalender", der sich blendend verkauft. Für den nächsten Kalender gibt es bereits jede Menge BewerberInnen 2001. © M. Deix
Viele Menschen möchten gerne auf dem Land leben: edle Motive bewegen sie …

Sommertrends 1995. © M. Deix
Vorschläge zur Gestaltung des Urlaubs. Vorsicht ist geboten!

Sex im Büro, undatiert. © M. Deix
Bei vielen Menschen beginnen die erotischen Erfolge, aber auch Probleme, im Büro.

KARIKATUR MUSEUM KREMS

Tricks, mit denen Kampfhundbesitzer ihre Lieblinge auch weiterhin behalten können 2000. © M. Deix
Tierliebe hat ihre Grenzen, hilft Verkleidung?

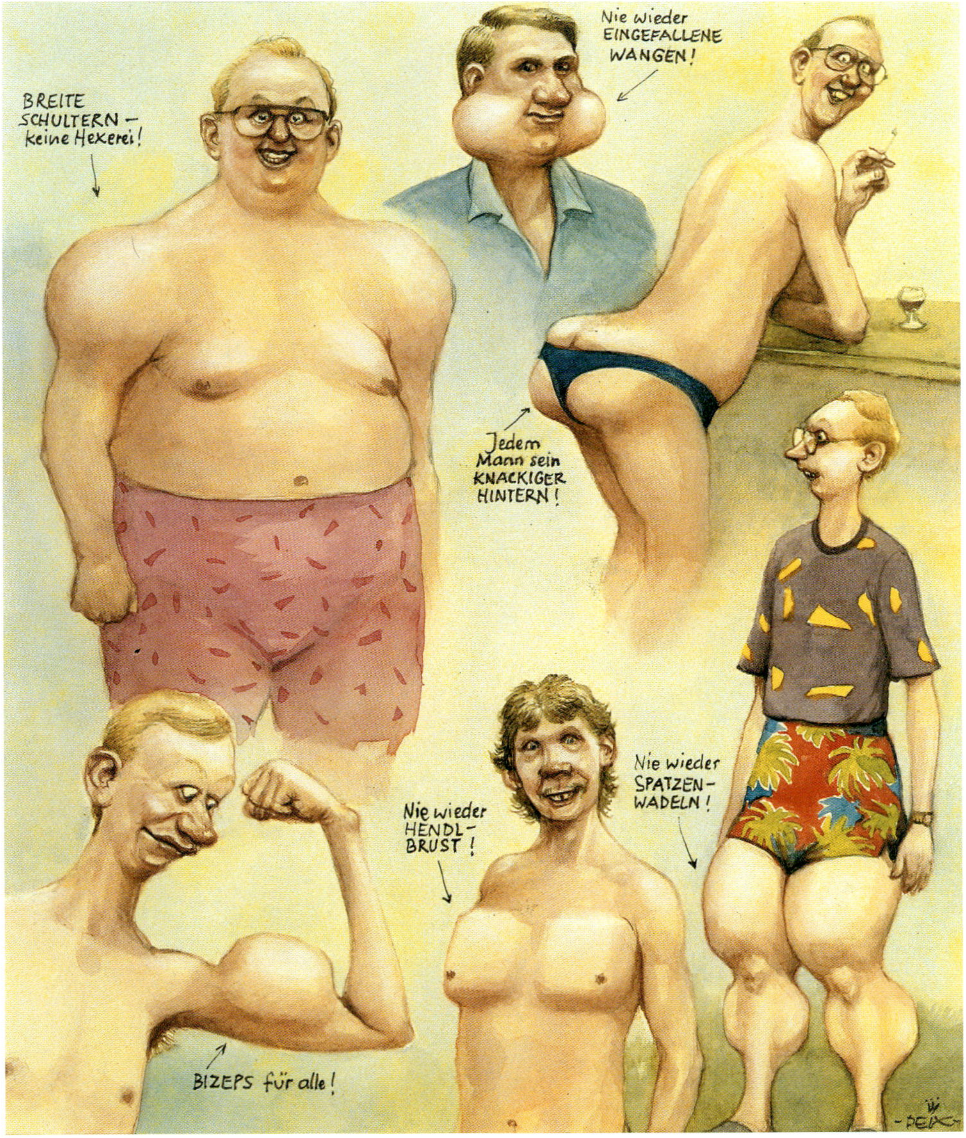

Silikonimplantate gibts jetzt auch für Männer 1994. © M. Deix

Das Verhältnis von Schönheitsoperationen bezüglich Mann und Frau steht bei 1 : 20; hat es für Männer Sinn, schöner zu werden?

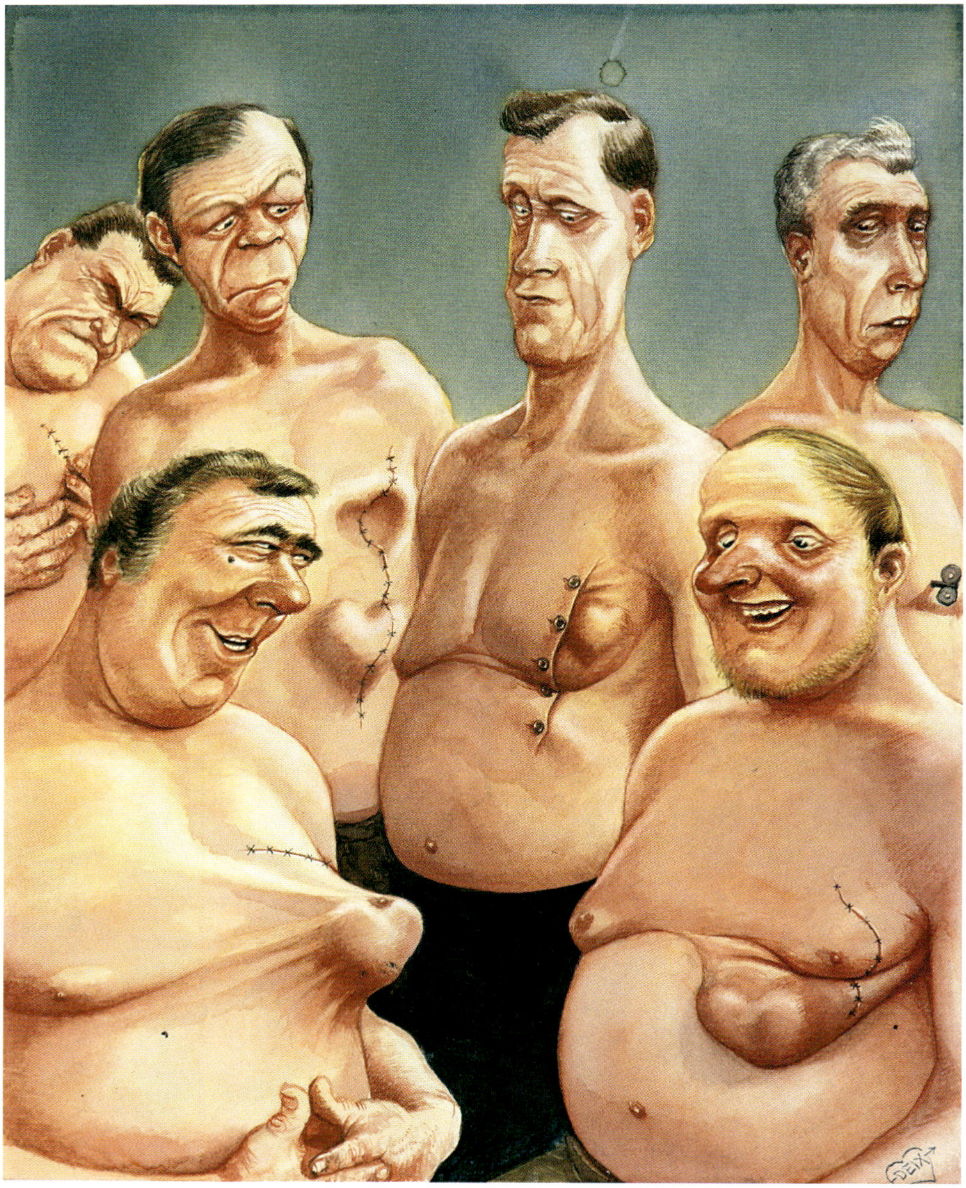

Herztransplantationen 1983. © M. Deix
Bei Männer sollten eher die „inneren" Werte verpflanzt werden.

Die Furcht vor Ausländern wächst und wächst 1994. © M. Deix
Lebensstil gegen Lebensstil? Hoffentlich nur eine Generationsfrage!

Österreichs Nationalteam verliert und verliert selbst gegen schwächste Gegner.
Wir sehen hier den Generationenkonflikt am Fußballfeld; sind die jüngeren die schwächeren?

© M. Deix

Sexbelästigung am Arbeitsplatz und die psychischen Folgen 1996. © M. Deix
Mobbing und Sex hängen zusammen: die Folgen sind furchtbar.

Weinskandal: Explosive Chemikalien im Wein 1985. © M. Deix
Drogen können verfälscht und gestreckt werden; das beginnt schon beim Wein …

Die Senioren entpuppen sich als kaufkräftige Zielgruppe für die Wirtschaft 1993. © M. Deix
Die Pensionisten zu motivieren kostet nicht nur weniger, sondern es bringt auch mehr.

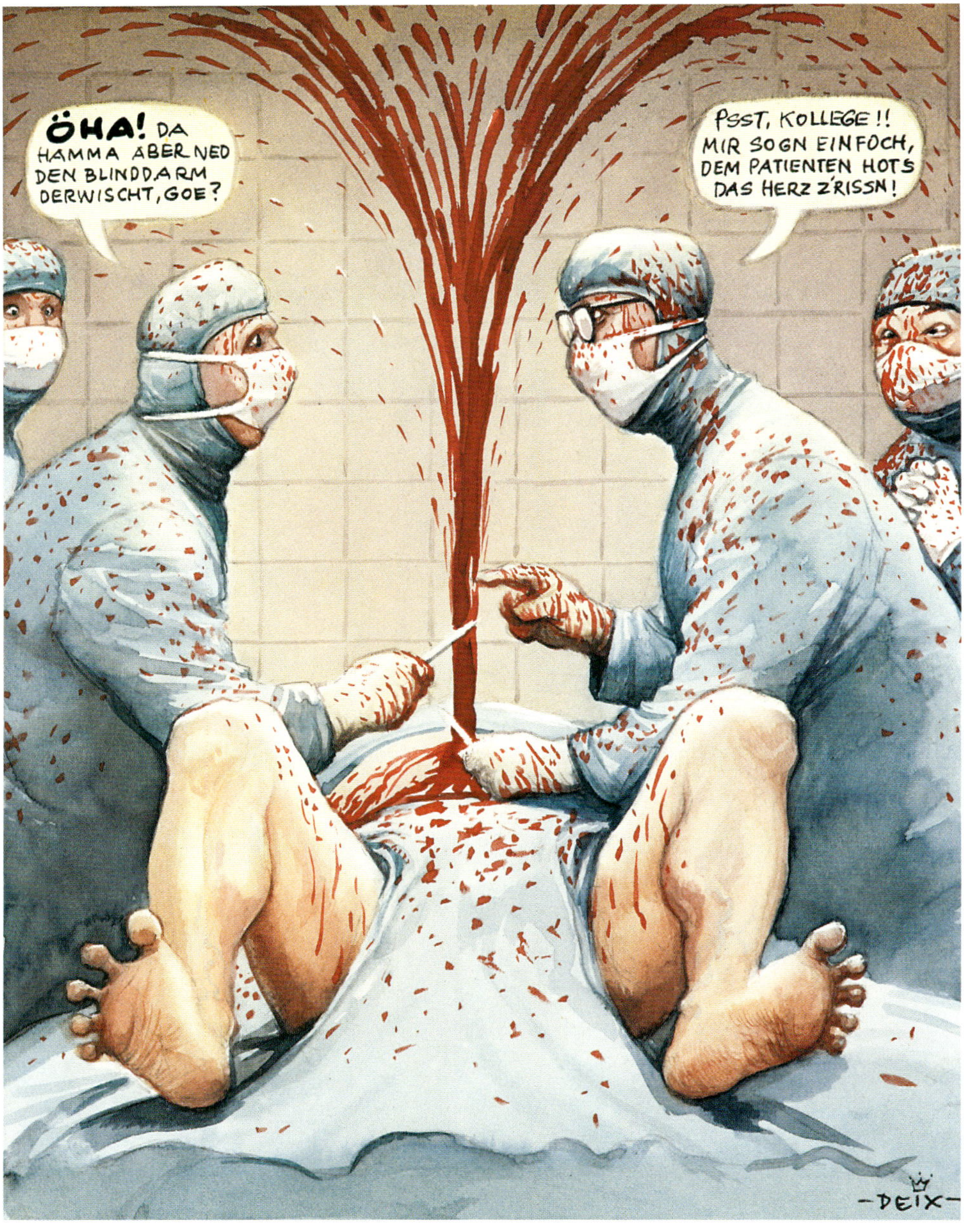

Panne im OP 1999. © M. Deix
Vielfach hilft ganzheitsmedizinisches alternatives Denken gegen Pannen im Operationssaal.

Kardinal Groer: Ein Idol für junge Menschen 1986. © M. Deix
Die katholische Kirche hierzulande ringt mit der Frage eines Vorbildes …

Eine Computerrekonstruktion des Kopfes Christi (links oben) lässt befürchten, dass Jesus ganz anders ausgesehen hat als bisher angenommen. © M. Deix

Viele Religionen fragen sich, wie ihr Gründer wohl ausgesehen haben mag: Buddha, Mohammed, Christus … Vorstellung und Realität mögen nicht deckungsgleich sein.

Die MÄNNER wünschen sich mehrheitlich eine erotische Bundesadlerin, ...
... die SENIOREN fordern „keinen Grünschnabel", sondern einen Adler reiferen Alters, ...
... VETERANEN- und KAMERADSCHAFTSVEREINE bestehen auf einem Kriegsheldenadler, ...
... die BODYBUILDER setzen sich für einen kerngesunden Kraftvogel ein, ...
... während Österreichs NUDISTEN für einen Adler ohne Federkleid eintreten.
DEIX

Laut FPÖ haben Hammer und Sichel im österreichischen Staatswappen nichts verloren. Prompt werden Wünsche nach einer Neugestaltung des Republikvogels laut 1989. © M. Deix

Staat und Verwaltung haben ein Symbol, in Österreich den Adler. Sollen Symbol und Verwaltung geändert werden?

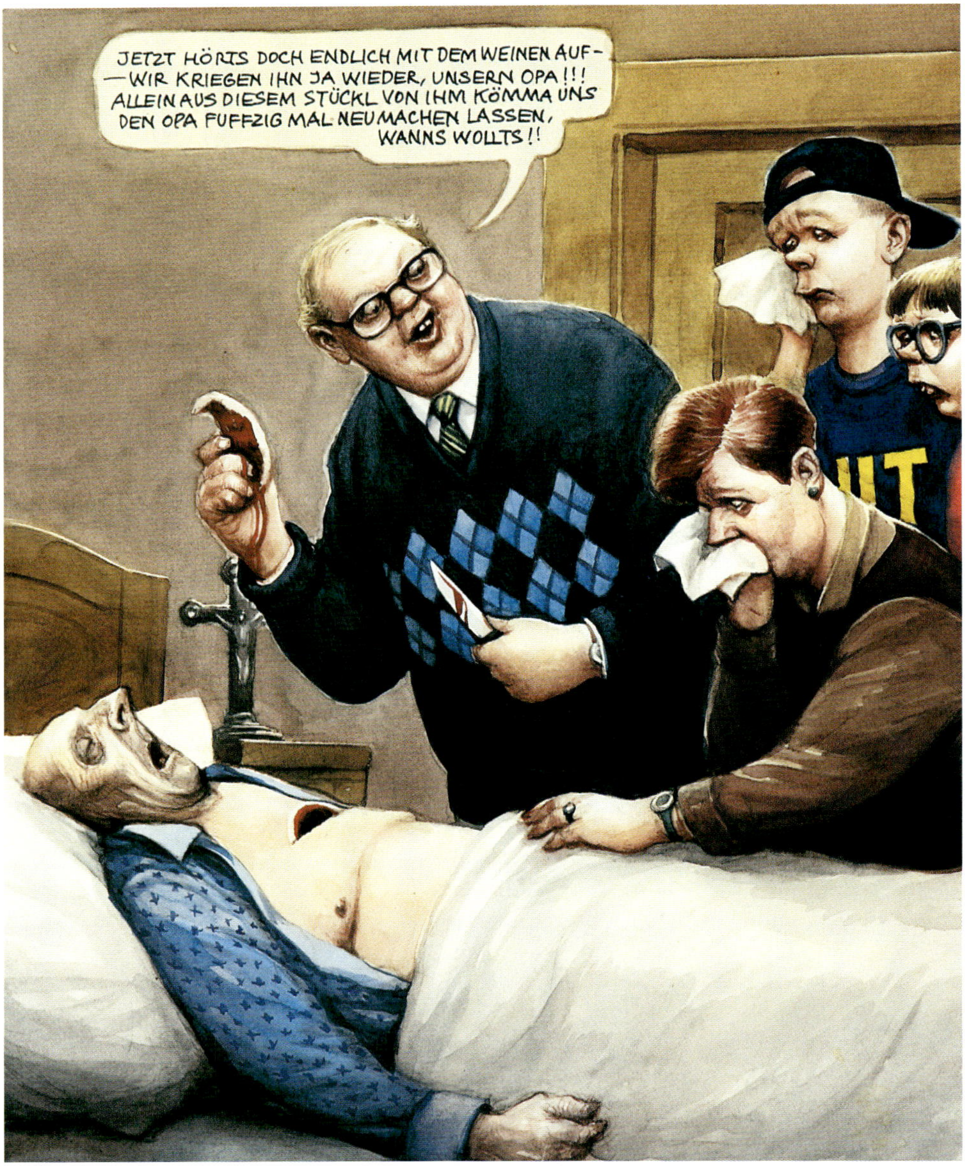

Das Klonen von Menschen erspart viel Leid 1998. © M. Deix

Das Klonen hilft zwar nicht zum subjektiven Überleben, aber der Gedanke an die mögliche Reduplizierung eines lieben Verwandten kann die Trauer lindern; geht dann die Erbschaft verloren?

„Wenn man z. B. an Rassehunde und Hundeschauen denkt, ist einfach nicht mehr das Tier das Wichtige, sondern die Pokale, die man damit macht."

Elisabeth Sablik

Elisabeth Sablik ist Tierschutzlehrerin und arbeitet beim Verein gegen Tierfabriken

NÖLAK: *Wir leben in einer Gesellschaft, in der die Diskrepanz bezüglich der Einstellung zum Tier so groß ist wie noch nie zuvor. Auf der einen Seite Massentierhaltung, auf der anderen Seite das 23. Flauschmäntelchen für den Hauspudel etc. Warum hat sich das aus einem doch relativ einheitlichen Tierbild noch vor nicht allzu langer Zeit so rasch so weit auseinander entwickelt? Wie ist das Tierbild heute?*

SABLIK: Das Tierbild ist leider sehr, sehr verschieden bei uns, weil, was die Fleischindustrie anbelangt, sehr viele Leute einfach nicht wissen, wie es zugeht, einfach nicht wissen, wie es ausschaut. Wenn Schlachthäuser aus Glas wären, wären viele Vegetarier.

NÖLAK: *Aber es gibt ja immer wieder Dokumentationen darüber. Die Nachhaltigkeit ist aber nicht sehr hoch und hält nicht sehr lang an. Sind die Leute so blöd?*

SABLIK: Ich glaube, dass es viele Leute wirklich nicht wissen, dass viele Leute einfach, sobald irgendwas „grauslich" ist, abschalten, wegschauen, es nicht wissen wollen. Und was dann halt noch das Traurige ist, ist, dass sie gerade beim Essen, was ja eigentlich für den Menschen sehr wichtig sein sollte, auf das Geld schauen. Ich ernähre mich vegan und es sagen mir alle Leute, vegane Produkte sind teuer, wenn ich aber z. B. auch beim Fleischkonsum darauf achten würde, was ich esse, ist kein großer Preisunterschied mehr gegeben. Wenn ich jetzt sage, dass man Biofleisch essen sollte, was für mich auch nicht in Ordnung wäre, wäre das aber trotzdem ein kleiner Schritt in die richtige Richtung.

NÖLAK: *Hätten wir in Österreich bereits die Struktur, dass man nicht kilometerweit zum nächsten Biofleischhauer fahren muss und sich daher niemand mehr ausreden könnte?*

SABLIK: Ja, die ist vorhanden. Also das ist mittlerweile wirklich eine faule Ausrede.

NÖLAK: *Wie steht es mit dem Wissen über Ernährungsprodukte und ihre Zubereitung, das beispielsweise vorhergehende Generationen noch hatten? Hätte ein Wiederansteigen dieses Wissens auch ein Qualitätsbewusstsein zu Gunsten der Tierhaltung zur Folge?*

SABLIK: Eventuell. Wobei ich mir das schwer vorstellen kann. Ich glaube, dass viele Leute einfach auch nicht bereit dazu sind, sich da irgendwelche Theorien anzueignen, weil einfach das Kochen schnell gehen und billig sein muss. Ich glaube nicht, dass da viele dazu bereit wären.

NÖLAK: *Es ist vermehrt der Trend zum differenzierten Essen bemerkbar, d. h. im Alltagsleben, wenn es schnell gehen muss, gibt es das Fast-Food, aber wenn groß aufgekocht wird, dann sind die Zutaten 1A und dann will man eben auch wissen, was man isst. Nach dem Motto: Sie können Ihr Schwein, das Sie dann essen, am Bauernhof besuchen und vorher kennen lernen.*

SABLIK: Was für viele Leute dann ein Problem wäre.

NÖLAK: *Wäre das nicht eine Methode zu einem effizienteren Umwelt- und Tierschutz?*

SABLIK: Es ist nicht einfach, mit solchen Bildern – Schlachthöfe etc. – in die Medien zu kommen. Wenn ich den ORF direkt ansprechen darf, ist es sehr schwer, da reinzukommen – sie wollen einfach diese Bilder nicht zeigen, nicht zeigen, wie es wirklich zugeht. Ich arbeite beim VGT, das ist ein Verein gegen Tierfabriken, und es ist immer wieder sehr schwer, durch die Medien an die Menschen heranzukommen. Und es ist auch schwer, in Zeitungen zu kommen – es wird besser, aber es ist einfach für die Leute noch immer kein Thema, absolut kein Thema.

NÖLAK: *Scharfer Schnitt zur „Gegenseite", den Schoßtieren unserer Gesellschaft. Ich glaube, Wien hat eine der höchsten Hundedichten der Großstädte der Welt – ich kenne keine Stadt, die so deutlich sichtbar so viele Hunde hat wie Wien, ist das eigentlich auch eine Degenerationsentwicklung oder ist das o. k.? Wie ist da der Stand?*

SABLIK: Es gibt da natürlich auch die verschiedensten Hundehalter. Bei vielen ist es o. k., bei vielen ist es oft übertriebene Tierliebe, die eher zum Leid der Tiere führt. Wenn man z. B. an Rassehunde oder Hundeschauen denkt, ist einfach nicht mehr das Tier das Wichtige, sondern dann vielleicht die Pokale, die man damit macht. Es wird einfach nur geschaut, dass das Tier wunderschön ist, aber ob sich das Tier dort wohl fühlt, wenn es jeden Tag irgendwo anders hinfährt, ist für die Leute meistens nebensächlich.

NÖLAK: *Wie ist das mit Katzen? Gibt es mehr Katzen- oder Hundehalter?*

SABLIK: Ich glaube, das kommt fast auf das Gleiche hinaus – wahrscheinlich wird es noch mehr Katzen geben. Weil Katzen kleiner sind, das heißt, ich kann sie eher in einer Wohnung halten, weil doch viele Leute überlegen, wenn sie jetzt eine Wohnung haben, ob sie dann überhaupt einen Hund nehmen können. Dann wird halt doch eher eine Katze genommen.

NÖLAK: *Und diese Überlegung ist berechtigt?*

SABLIK: Ja, natürlich. Also, man sollte sich auf jeden Fall, bevor man sich ein Tier nimmt, immer überlegen, welches man nimmt und ob man überhaupt Zeit dafür hat. Beim Hund ist es sicher noch komplizierter, weil mit dem muss man Gassi gehen, den muss man füttern, und der Hund hängt sicher noch mehr am Besitzer als eine Katze es tut, und man muss sich halt dann auch immer überlegen, was man macht, wenn man in den Urlaub fährt, wo man Leute hat, die auf das Tier aufpassen, was bei einem Hund auf jeden Fall schwieriger als bei einer Katze ist.

NÖLAK: *Ist das eine Art Plädoyer für mehr Katzen- als Hundetierhaltung?*

SABLIK: Die besten Tiere, die ich zu Hause halten kann, sind noch immer auf jeden Fall Hund und Katze. Was da wirklich besser ist? Man muss halt einmal schauen, wie viel Zeit und Geld man hat. Auch eine Katze benötigt Zeit und auch eine Katze hat es natürlich lieber, wenn sie am Land wohnt, wo sie raus kann und nicht in einer Wohnung auf ich weiß nicht wie vielen Quadratmetern eingesperrt ist.

NÖLAK: *Am besten zur Haltung geeignet sind Hunde und Katzen. Was ist mit Zierfischen?*

SABLIK: Ich bin gegen so eine Haltung. Ich bin gegen eine Haltung in Aquarien, in bin gegen eine Haltung in Käfigen.

NÖLAK: *Warum bei Aquarien? Folgende Überlegung: Es gibt ja gar nicht so wenige Fische, die auch in der freien Wildbahn lediglich ein Revier von ganz wenigen Quadratmetern oder -zentimetern brauchen. Tut man den Tieren trotzdem was an? Sie haben ja in den Aquarien quasi eine analoge Situation. Oder nicht?*

SABLIK: Ich glaube trotzdem, dass man das nicht vergleichen kann, weil ich meine, es ist einfach ein Unterschied, ob er in einem Aquarium ist, wo er von rundherum beschützt wird, sein Futter kriegt, oder ob er einfach in freier Natur lebt und sich um alles selber kümmern muss, das ist einfach sein Leben und nicht das, was wir ihm aufzwingen.

NÖLAK: *Es ist eine etwas übertriebene Frage, aber könnte ein Fisch reden, stellvertretend für andere Tiere, würde er nicht vielleicht dafür plädieren, dass man ihm die Feinde wegnimmt?*

SABLIK: Ja, vielleicht, weil es angenehm für ihn sein könnte, aber trotzdem glaube ich, er würde seine Freiheit vorziehen.

NÖLAK: *Warum nimmt jemand überhaupt ein Tier? Ob es jetzt Hunde, Katzen oder Pferde sind?*

SABLIK: Da gibt es die verschiedensten Gründe, z. B. oft ist es, glaube ich, purer Egoismus.

NÖLAK: *Kann man auch was Positives sagen? Einsamkeit, Alte, Witwen …*

SABLIK: Es ist natürlich angenehm, wenn man alleine ist und man kommt heim und es ist ein Tier da, das einen begrüßt, das man streicheln kann, das Streicheleinheiten auch annimmt. Also für mich ist es schon schön heimzukommen und meine Katzen da zu haben. Aber bei mir ist es auch so, dass meine Katzen frei entscheiden können. Sie können bei mir natürlich in den Garten und wenn sie nicht mehr zurückkommen wollen, weil es ihnen bei mir nicht gefällt, dann können sie weiterziehen. Also, sie haben die freie Entscheidung.

NÖLAK: *Und was sind die negativen Gründe, warum man sich ein Tier nimmt? Egoismus kann man ja auch unterteilen. Es gibt sicher das Statussymbol, bei Pferden, Rassetieren, Rassehunden.*

SABLIK: Nicht nur bei Pferden; aber ich kann auch ein Pferd vom Schlachter holen, was dann sicher kein Statussymbol ist.

NÖLAK: *Ich habe oft erlebt, dass Hundebesitzer irgendwelcher Rassehunde von Fremden auf offener Straße auf den Hund angesprochen werden. Bestärkt das das Selbstbewusstsein des Besitzers? Kann man das so sagen?*

SABLIK: Ja. Sicher.

NÖLAK: *Wie ist es mit den exotischen Tieren? Sie haben ja viel mit Affen zu tun gehabt. Soll man sich einen Affen halten? Oder ein Faultier?*

SABLIK: Das auf keinen Fall. Das sind Wildtiere, und Wildtiere gehören wirklich in die Wildnis und nicht irgendwo in einen Haushalt.

NÖLAK: *Und wie ist es mit diesen Extremen: Vogelspinnen, Schlangen, Chamäleons …*

SABLIK: Die gehören in die freie Natur und nicht in eine Wohnung oder ein Haus. Absolut nicht!

NÖLAK: *Gibt es irgendein Tier, das man sich halten darf aus der Sicht eines Tierschützers oder Tierschützerin?*

SABLIK: Wie gesagt, das Beste ist natürlich, man nimmt Tiere aus dem Tierheim.

NÖLAK: *Also das schränkt sich eh auf Katzen und Hunde ein.*

SABLIK: Es gibt natürlich auch irgendwelche Kleintiere.

NÖLAK: *Hamster, Meerschweinchen etc.*

SABLIK: Hamster, Meerschweinchen aus dem Tierheim. Und das ist aus der Sicht eines Tierrechtlers absolut in Ordnung.

NÖLAK: *Es wird jedes Jahr vor Weihnachten gebetsmühlenartig gepredigt, ja kein Tier zu schenken. Wir haben jedes Jahr dasselbe Theater am 25. Dezember. Die Tierheime quellen über. Gäbe es einen Vorschlag, wie man den Leuten diese Problematik mehr beibringen könnte? Wie müsste man das aus Ihrer Sicht angehen? Vielleicht über das Verantwortungsgefühl? Kann man das Verantwortungsgefühl den Kindern vermitteln?*

SABLIK: Es gibt ja Tierschutz im Unterricht – da gehen verschiedenste Tierschützer, Tierrechtler in die Schulen, unterrichten und dann wird natürlich auch das angesprochen. Was sicher gut ist, weil die Kinder da ja irgendwie auch sehr offen sind, weil die Kinder das oft wirklich besser verstehen als die erwachsenen Leute. Man kann Kinder eher darauf ansprechen und sie hinführen, dass sie sich in so eine arme, eingesperrte Kreatur hineinversetzen. Und das ist schon so, dass dann die Kinder, glaube ich, das ganz gut verstehen.

NÖLAK: *Ist das nicht eine Vermenschlichung des Tieres, denn wer kann wirklich sagen, wie sich das Tier fühlt und was es denkt? Vielleicht ist es lustig für den Hamster, im Rad zu rennen?*

SABLIK: Im Rad zu rennen ist eine reine Stereotypie! Es ist einfach so, dass wir wissen, dass Tiere leiden können, dass Tiere fühlen können und das auch bewusst mitkriegen … vielleicht nicht so ausgeprägt, wie wir das mitkriegen würden, wenn wir eingesperrt wären, aber ich glaube, Tiere wissen es ganz genau.

NÖLAK: *Kann man davon ausgehen, dass Tiere ein gleiches oder ähnliches Bewusstsein haben wie die Menschen?*

SABLIK: Ja.

NÖLAK: *Haben Tiere ein Selbstbewusstsein?*

SABLIK: Nicht alle. Also, dass sie sich wirklich selbst erkennen, das ist bei Affen so, bei Menschenaffen, die erkennen sich selbst. Bei meinen Katzen weiß ich, dass sie sich im Spiegel sehen, aber ich glaube nicht, dass sie wissen, dass sie das sind. Das ist, glaube ich, wirklich nur bei den Menschenaffen. Da hat es ja Versuche gegeben. Man hat das bei Schimpansen und bei Bonobos gemacht, dass man ihnen einfach einen roten Punkt auf die Stirn gemalt und ihnen dann einen Spiegel vorgehalten hat und man hat gesehen, dass sie das merken, was sie da haben, oder dass sie einen Lippenstift in die Hand kriegen und sie malen sich an. Bei Menschenaffen weiß ich es, dass sie dieses Bewusstsein haben, sonst gibt es das eher nicht, sage ich einmal.

NÖLAK: *Was wünscht sich eine Tierrechtlerin von der Zukunft? Realistisch gesehen?*

SABLIK: Realistisch ist sehr schwer. Natürlich würde ich mir als Tierrechtlerin wünschen, dass endlich diese Massenhaltung ein Ende hat, was leider sehr schwer wird. Mehr Kontrollen ... die würde ich mir auch wünschen, weil sehr oft sind z. B. zu viele Hühner in einem Legebatteriekäfig.

NÖLAK: *Also es werden nicht einmal die gesetzlichen Standards eingehalten?*

SABLIK: Ja. Es wird nicht einmal das eingehalten! Ich sage jetzt einmal so, fast alles, was im Schlachthof passiert, ist eine Art Schächtung, weil leider die meisten Tiere nicht gut genug betäubt werden. Bei den Schweinen z. B. ist es ja so, dass man das Tier mit Strom von einer Ohrwurzel zur anderen betäubt, es ist aber so, dass sie halt oft wegkippen und dadurch dann der Strom nicht wirklich gut durchgeht, sie nicht ganz das Bewusstsein verlieren und dann bei Bewusstsein, weil sie dann wieder zu sich kommen, ausbluten. Man kann das Schächten kritisieren, aber eigentlich muss man den Schlachthof, das ganze Schlachten kritisieren!

NÖLAK: *Gäbe es, ich übertreibe absichtlich provokant, ein humaneres Schlachten?*

SABLIK: Nein, es gibt kein humanes Schlachten. Ich tu mir, was das anbelangt, sehr, sehr schwer – ich lebe vegan und hasse einfach diesen ganzen Fleischkonsum. Ich kann damit nichts anfangen, ich will damit nichts anfangen, ich will damit nichts zu tun haben, außer dagegen anzukämpfen. Und es gibt einfach für mich kein humanes Töten und es gibt für mich kein humanes Schlachten. Das gibt es nicht, weil das Tier stirbt für einen „unmenschlichen“ Zweck, und das will ich nicht.

NÖLAK: *Faktum bleibt, dass Fleisch gegessen wird. Könnte man da nicht trotzdem mit relativ geringen, z. B. gesetzlichen, Maßnahmen relativ viel erreichen? Oder steht der ökonomische Druck – das Schnitzel muss billig sein und der Rest ist dem Konsumenten egal – als unüberbrückbares Hindernis da?*

SABLIK: Ich sage jetzt einmal, dass die wirtschaftliche Seite Macht bis zum Geht nicht mehr hat.

NÖLAK: *Könnte man da etwas im Bewusstsein ändern? So nach dem Motto: 10 Cent für mehr Lebensqualität der Tiere?*

SABLIK: Ja, könnte man sicher machen. Es ist viel, viel Arbeit, die wird gemacht, wird aber oft leider nicht angenommen. Aber das Problem, das es auch gibt, sind diese ganzen Kontrollstellen; meiner Meinung nach sitzen in den Kontrollstellen oft die falschen Leute; Leute, die im Interessenkonflikt dazu stehen oder Geld bekommen, dass sie weniger genau kontrollieren. Ich glaube, dass das auch ein Problem ist.

NÖLAK: *Wir sind ja irrsinnig konfrontiert, überschwemmt mit wirklich sensationellen Tier- und Naturdokumentationen, Stichwort „Universum". Wird diese Medialisierung zum Positiven beitragen oder gibt es da vielleicht schon erste Ergebnisse, die zeigen, dass die heutige Jugend schon ein anderes Bild hat und daher auch ein anderes Käuferverhalten zeigt, zeigen wird? Gehen wir diesbezüglich einer besseren Zukunft entgegen?*

SABLIK: Ich glaube schon, dass das weiter hilft, weil ja doch in den „Universum"-Folgen die Tiere in ihrer natürlichen Umgebung gezeigt werden. Vielleicht verstehen Kinder dann doch auch, dass halt das ihr Leben ist ... wenn ich jetzt kurz noch die Zoohaltung ansprechen darf.

NÖLAK: *Das wäre rein zufällig die nächste Frage gewesen.*

SABLIK: ... und halt dann den Unterschied sehen zwischen einem Elefanten, den sie in „Universum" irgendwo in Afrika sehen und einem Elefanten, der in einem Tierpark steht und dort sein Leben dahinlebt.

NÖLAK: *Sind Tierparks oder Zoos vielleicht nur dazu da, im Aussterben begriffene Rassen doch noch zu retten?*

SABLIK: Es gibt natürlich solche Programme, auf der anderen Seite, wenn man jetzt einmal sieht, wie viele verschiedene Tiere Schönbrunn hat, gibt es sicherlich nicht mit jedem Tier ein Zuchtprogramm. Und nicht alle Tiere stehen auf der Liste der gefährdeten Tierarten. Ich glaube einfach, umso mehr Tiere, umso mehr Leute! Es ist leider auch oft eine reine Geldmacherei, die für den Zoo leider nötig ist.

NÖLAK: *Kann man den Zoos nicht ein bisschen was Positives abgewinnen, dass etwa Kinder Tiere sehen, die sie ja sonst nie sehen würden? Der Elefant ist in „Universum" nie so groß, wie er dann in Schönbrunn ist.*

SABLIK: Ja, aber er ist nicht in seinem natürlichen Lebensraum, er ist eingesperrt, er ist hinter Gittern, er zeigt sicher nicht sein natürliches Verhalten. Was bringt das diesem Kind? Nur, dass es ihn sieht und sagt, der ist groß?

NÖLAK: *Könnte man in Zoos mehr tun für die artgerechte Haltung – also als Laie habe ich den Eindruck, dass, um das Beispiel Schönbrunn zu nehmen, vielleicht vom Grundprinzip einmal abgesehen, kaum mehr Fehler gemacht werden! Könnte man in einem Zoo noch sehr viel verbessern?*

SABLIK: Es wurde sicher vieles gemacht, vieles schon erneuert, aber man kann noch immer einiges verändern. Für mich wäre es einfach schon mal besser, wenn er vielleicht weniger Tiere hätte, dafür größere Gehege.

NÖLAK: *So gesehen sind kleinere Zoos, wie z. B. Innsbruck, nicht unbedingt eine Attraktion – wäre es also klüger, nach dem Motto „Weniger ist mehr" zu agieren?*

SABLIK: Ja, was ich einfach klüger finden würde, wäre, wenn man in einem Zoo eher die Tiere hielte, die in Österreich leben, weil ich meine, dass viele Kinder gar nicht wirklich wissen, wie ein Reh ausschaut.

NÖLAK: *Mehr Bezug zur unmittelbaren Umgebung schaffen?*

SABLIK: Ein Eisbär bei uns im Sommer, der hat sicher kein schönes Leben, und ich glaube, dass man da sicher auch einiges verändern kann.

NÖLAK: *Also durch Reduktion der präsentierten Artenvielfalt eine Qualitätshebung für die Tiere?*

SABLIK: Was dann noch immer das Problem sein kann, dass, wenn die Tiere größere Gehege haben, sich vielleicht die Leute aufregen, wenn man die Tiere nicht mehr sieht.

NÖLAK: *Z.B. bei Murmeltieren wird das schon ein Problem.*

SABLIK: Aber es funktioniert, z. B. in Stubenberg – dieses Wolfsgehege ist ja auch sehr groß, und man sieht die Tiere trotzdem. Es funktioniert.

NÖLAK: *Welche Ratschläge könnte man jemandem mit auf den Weg geben, wenn er sich ein Tier anschaffen möchte? Stichwort: Zeit-, Geldfrage, Tierheim.*

SABLIK: Also diese Fragen sollte man sich wirklich gründlichst überlegen, bevor man sich ein Tier nimmt, wirklich gründlichst. Weil ich meine, dieses Tier ist ein Lebewesen, das man nicht irgendwann in die Ecke stellen kann, wenn man es nicht mehr haben möchte. Man muss sich überlegen, ob man genug Zeit und genug Geld hat, ob man Leute kennt, die einem helfen könnten und dass man ins Tierheim schaut und von dort ein Tier nimmt.

NÖLAK: *Und Exoten sind also …*

SABLIK: Von Exoten ist absolut abzuraten. Und Käfighaltung ist auch sehr in Frage zu stellen.

NÖLAK: *Zynisch formuliert könnte man nicht nur vom Wohl des Tieres, sondern auch vom Wohl des Konsumenten her argumentieren, dass ein human gehaltenes Tier letztlich auch ein gesünderes Essen darstellt? Oder stimmt das nicht?*

SABLIK: Doch, das glaube ich schon, weil in diesen Massentierhaltungen die Tiere Hormone, Antibiotika und was sonst auch immer bekommen, und ich meine, das ist dann einfach im Fleisch drinnen. Es gibt zwar eine gewisse Wartezeit, die man einhalten muss, damit das nicht mehr im Fleisch drinnen ist, aber die Hormone, diese Wachstumshormone sind einfach drinnen und die nehme ich damit zu mir.

NÖLAK: *Und diese Hormone sind in Tieren, die adäquat gelebt haben, nicht so hoch dosiert?*

SABLIK: Ja.

NÖLAK: *Spielt auch der berühmte letzte Moment eine Rolle für die Gesundheit des Fleisches? Also die Schlachtung an sich?*

SABLIK: Ja, auf jeden Fall, weil da Stresshormone ausgeschieden werden. Das Tier hat Angst, Todesangst, das Tier riecht es, hört es, sieht es, also es hat wirklich panische Angst und das hat sicher Auswirkungen.

NÖLAK: *Bei einer Massentierschlachtung?*

SABLIK: Wobei ich sagen muss, es kommen ja auch die Bioschweine dorthin, zur Schlachtung.

NÖLAK: *Es gibt also keine teureren, weil humaneren Schlachthöfe? Die gibt es in Österreich nicht?*

SABLIK: Nein. Man kann vielleicht nur den Transport verkürzen.

NÖLAK: *Stehen wir in Relation zu anderen europäischen und außereuropäischen Staaten noch relativ gut da?*

SABLIK: Bezüglich der europäischen Staaten glaube ich, dass wir schon noch einiges zulegen könnten. In der Schweiz z. B. gibt es keine Legebatterien mehr, in Großbritannien gibt es auch von der tierrechtlerischen Seite her mehr als bei uns.

NÖLAK: *Was ist mit Amerika?*

SABLIK: Amerika ist schwierig. Da ist natürlich diese Massenhaltung und diese sicher noch extremer als bei uns.

NÖLAK: *Also es gibt schon Länder, an denen wir uns orientieren könnten, aber wir sind nicht so weit hinten, dass alles sinnlos wäre, aber auch noch nicht so weit vorne, dass wir uns zurücklehnen können?*

SABLIK: Ja. Zurücklehnen können wir uns noch lange nicht.

Siehe Bildtafel 12

„Vor etwa 20 Jahren wäre ein Jogger verständnislos als Spinner angesehen worden. Heute rennen bei jeder Tages- und Nachtzeit die Einheimischen joggend durch den Ort."

Peter Kampits

Peter Kampits ist Professor für Philosophie und Dekan der Fakultät für Philosophie und Bildungswissenschaft der Universität Wien

NÖLAK: *Was fällt Ihnen allgemein zum Lebensstil ein?*

KAMPITS: Als Stil kann man die Formung von expressiven Handlungen verstehen, die für eine Gruppe von Personen oder eine ganze Kultur typisch sind. Weiters wird dort Lebensstil als „unverwechselbare Struktur und Form eines subjektiv sinnvollen erprobten Kontextes der Lebensorganisation" bezeichnet. Diese Bestimmungen sind natürlich äußerst allgemein, aber doch vom Begriff der Lebensqualität zu unterscheiden. Anders als Lebensqualität stammt der Begriff des Lebensstils ja eigentlich aus der Ästhetik.

So wie ein Künstler in den verschiedenen Ausdrucksformen seines Werkes so etwas wie einen einheitlichen Stil durchscheinen lässt, kann sich ein bestimmter Lebensstil durch die verschiedenen Äußerungen und Manifestationen eines menschlichen Lebens ziehen. Natürlich kann man diesen Stil ändern – Künstler haben bekanntlich sehr oft verschiedene Perioden ihres Werkes, innerhalb derer sich diese Ausdrucksform verändert.

Dazu kommt, dass dieser Stil etwas sehr Subjektives darstellt, viel mit der eigenen Lebensführung, den eigenen Entscheidungen und der eigenen Autonomie zu tun hat. Überdies sollte man diesen Begriff von Anfang an auch als etwas Neutrales verstehen und nicht von vornherein mit Wertungen verbinden. Auch ein – sagen wir einmal – von außen betrachtet verwerflicher Lebensstil, der eines Verbrechers, eines nur auf seinen Vorteil bedachten Menschen, eines Trinkers oder sexuell perversen Menschen, kann als Lebensstil betrachtet werden. Wertvorstellungen sind etwas, was zunächst wenig mit diesem Stil zu tun hat, auch wenn sie natürlich in weiterer Folge einfließen.

Ludwig Wittgenstein zum Beispiel hat diesen Lebensstil als Denkstil angesehen, als etwas das sich im Grunde jeder rationalen Erklärung entzieht. Gewiss – seine Überlegung scheint jetzt etwas weit hergeholt, aber vergleicht man etwa einen Physiker, der vom Glauben an Naturgesetze durchdrungen ist, mit einem religiösen Menschen, für den der Glaube an Gott im Mittelpunkt steht, so werden die Unterschiede in Einstellung, Lebensform und auch Lebensstil deutlich. Freilich kommt bei Wittgenstein dann etwas dazu und das scheint mir für unsere Betrachtungen nicht unwichtig: Seine Forderung nach Wahrhaftigkeit und Authentizität, die für ihn eng mit Lebens- und Denkstil verbunden ist.

Oder, wie sich in Rückgriff auf Georges Buffon aus dem 18. Jahrhundert auch sagen ließe: „Le style, est l'homme même." Darum ist auch die zeitweilige Zwangsbeglückung mit einem bestimmten Lebensstil problematisch: Ich denke hier vor allem an Lebensstilideale, wie sie uns vorgegaukelt oder nahezu aufgezwungen werden: Etwa das Ideal des gesunden, dynamischen, nach Möglichkeit auch schönen und jugendlichen Menschen, den wir etwa mit der Fitness- und Wellnesswelle der letzten Jahre erlebt haben. Hier werden Leitbilder – aus welchen letztlich ökonomischen Interessen auch immer – vorgespielt, denen wir uns anschließen sollen, Trends, die uns vorgaukeln, dass wir dann, wenn wir brav unsere Wellnessaufenthalte absolvieren, in Mallorca überwintern, täglich ins Fitnessstudio gehen, einen tollen Lebensstil finden können. Das Schlagwort „Lebensstilmedizin" weist genau in diese Richtung und bedeutet im Grunde genommen eine Entmündigung des Einzelnen.

NÖLAK: *Woher kommen diese Trends?*

KAMPITS: Woher diese Trends kommen, ist natürlich schwer zu analysieren. Das hat sicher multidimensionale Wurzeln. Gesellschaftliche Trends gehen auf vielerlei Gründe zurück, wobei eine dieser Wurzeln sicherlich in einer Art Manipulation besteht, die dann in die Werteneutralität der Lebensstilfrage eingreift und bestimmte Lebensstile als besonders zu bevorzugen herausstellt.

Wie sehr dies dem allgemeinen Wandel unterworfen ist, könnte ein einfaches Beispiel zeigen: Ich wohne seit längerer Zeit im ländlichen Raum, in einem Dorf. Vor etwa 20 Jahren wäre ein Jogger verständnislos als Spinner angesehen worden. Heute rennen bei jeder Tages- und Nachtzeit die Einheimischen joggend durch den Ort. Natürlich könnte man sagen, sie folgen in dieser Lebensstiländerung nicht bloß ihren autonomen und individuellen Entscheidungen, sondern einem ihnen vorgesetzten Trend, einer Welle, die, wie es bei Wellen so ist, von der nächsten überrollt wird.

NÖLAK: *Und der Einfluss der Medien?*

KAMPITS: Klarerweise ist dies auch durch den Einfluss der Medien mitgeformt, vor allem aber folgt man hier, wie die Medien selbst, einem ökonomisch vorgegebenen Ziel, wie sich das an der entsprechenden Werbung ablesen lässt.

NÖLAK: *Ist das eine Entwicklung der letzten Zeit oder hat es das nicht bereits in dieser Form vor 200 Jahren genauso gegeben?*

KAMPITS: Natürlich hat es das immer schon gegeben. Man könnte in Hinblick auf solche Entwicklungen nahezu von einer Art „kulturellen Konstante" sprechen. Nur hat sich auf Grund der technisch-zivilisatorischen Entwicklung und der damit verbundenen Geschwindigkeit und

Akzeleration eine Eigendynamik entwickelt, die natürlich auch mit der Globalisierung unseres Lebens zusammenhängt.

Es genügt, daran zu denken, welche lange Zeit Nachrichten noch im 18. und 19. Jahrhundert gebraucht haben, um zuerst die Metropolen und dann die Regionen und Dörfer zu erreichen. Bis sich eine Innovation oder eine neue Entwicklung durchsetzte, hat es Jahre, wenn nicht Jahrzehnte gedauert. Heute im Computer-, Internet- und Medienzeitalter kann man auf Knopfdruck im einsamsten Winkel sich mit allen nur möglichen Informationen versehen.

Auch dies wäre eine Frage des Lebensstils, inwiefern man bereit ist, hier eine gewisse Zurückhaltung oder Abstinenz auszuüben.

Denn auch die Veralterungsgeschwindigkeit dieser Innovation ist enorm geworden. Wir kennen das alle, von der rapiden Veraltung von technischen Geräten und Hilfsmitteln bis zur raschen Abwechslung von Mode-, Musik-, oder Wissenschaftstrends. Die Innovation von heute findet sich schon morgen im Museum. Und manchmal kann man auch durch geduldiges Abwarten viele Trends überspringen, die uns sozusagen von hinten nach einigen Jahren wiederum erreichen werden. Und dies gilt letztlich auch für diverse Lebensstile.

Wenn allerdings Lebensstil etwas mit einem geglückten und sinnerfüllten Leben zu tun hat, dann kann man die berühmte Wertefrage – die ich im Übrigen nicht im Sinne der von der Ministerin für Bildung losgetretenen Diskussion verstehe – und damit natürlich die Ethik nicht ausschließen. Denn Ethik besteht ja nicht im Aufstellen von Verbots- und Gebotstafeln, sondern stellt den Versuch dar, für den Menschen ein gutes, ein geglücktes Leben zu erreichen. Dies soll dann im Weiteren dadurch geschehen, dass bestimmte Prinzipien, Maximen, Grundsätze erarbeitet werden, die zu einem solchen geglückten Leben verhelfen sollen. Und dies hängt natürlich eng mit dem Lebensstil zusammen. Ein nur auf Glücksmaximierung, auf Wohlleben und ökonomischen Vorteil ausgerichtetes Leben bedingt einen anderen Lebensstil als ein solches, das nicht bloß auf Lustmaximierung und Vermeidung von Unlust ausgerichtet ist. Dazu bedarf es, wie schon bei Aristoteles und nach ihm bei nahezu allen großen Ethikern nachzulesen ist, der Vermittlung durch vernünftige Einsicht, die uns anleitet, etwas Bestimmtes zu tun und anderes zu lassen oder zu vermeiden. Dies hat natürlich eine individuelle wie auch eine soziale Perspektive, die sich beide wiederum unmittelbar auf den Lebensstil auswirken. Eine nackte Gier nach materiellem Wohlsein, nach einem möglichst angenehmen und leidfreien Leben ließe sich einem asketischen, durch Konsumverzicht gekennzeichneten Lebensstil gegenüberstellen.

NÖLAK: *Dann sind wir aber auf dem falschen Weg, da der Lebensstil, der heute – siehe Wellness – propagiert wird, ja total aufs Ego ausgerichtet ist?*

KAMPITS: Natürlich leben wir in unserer Gegenwart in einem Pluralismus der Wertvorstellungen, der Lebensformen und Lebensstile, was ja auch im Großen und Ganzen funktionieren kann, solange wir tolerant gegenüber anderen Lebensstilen bleiben und diese unsere eigenen nicht bedrohen. Wir leben ja nicht mehr in einer autoritären oder totalitären Gesellschaft – zumindest in unseren Breiten – wo bestimmte Lebensstile dem Einzelnen aufgezwungen werden, auch wenn etwa in der nahezu pathologischen Verfolgung des Rauchens, im Fit- und Wellnessfimmel, der uns vielleicht bald vom Gesundheitsministerium aufgezwungen werden kann, manche bedenkliche Tendenzen offenbar werden.

Dazu kommt der erwähnte Egoismus, der in unserer so genannten Ellenbogengesellschaft nahezu zu einem Lebensstilideal erhoben scheint, während „Werte" wie Solidarität, Gemeinschaftsgefühle und soziale Gerechtigkeit in den Hintergrund geraten. Hier sollten wir nach Möglichkeit ein wenig auf die Bremse steigen.

NÖLAK: *Gibt es einen Weg oder eine Methodik, von diesem Egoismus wegzukommen?*

KAMPITS: Eine eigene Methodik lässt sich hiezu nicht so einfach ausmachen. Ich halte auch das Einbringen von Psychotechniken, entsprechenden seminarähnlichen Übungen für weniger bedeutsam als die Aufgabe der Pädagogik, die bereits früh diese Konzentration auf das eigene Wohlergehen relativieren und Erziehung zu Respekt und Solidarität mit dem anderen als Zielvorgaben setzen sollte.

Daneben ist natürlich die eigene Erfahrung ein großer Lehrmeister, was spätestens in sogenannten existentiellen Grenzsituationen des Lebens, wie Krankheit, Tod, Scheitern der eigenen Ansprüche und Wünsche zu einem Umdenken, zumindest zu einem Innehalten führen kann. Aber eine eigene Methode dafür wird es wahrscheinlich nicht geben. Natürlich gibt es Leute, die in Meditation ihr Glück finden, die in der Zugehörigkeit zu exotischen Religionsgemeinschaften oder Sekten Gemeinschaftsgefühle entwickeln. Die nach 1968 auftauchenden Wohngemeinschaften und Kommunen – die ja in ihren Zielsetzungen inzwischen gescheitert sind – wären ein weiteres Beispiel. All dies hängt natürlich auch mit den soziologischen Veränderungen und ökonomischen Bedingungen zusammen, die eine Auflösung von Großfamilien, eine Patch-Work-Lebensgestaltung – man denke an die Rede vom „Lebensabschnittspartner" – und natürlich auch ein anderes Lebensgefühl mit sich brachten. Der Trend zum Single-Dasein hat sicher auch viel mit der genannten Egologie zu tun. Man ist immer weniger bereit, Verantwortung außer für sich selbst zu übernehmen und scheut die Mühe, die andere Menschen einem bereiten können. Aber natürlich verbergen sich dahinter gefährliche Illusionen. Solange der Single gesund, jung und vermögend genug ist, um seinen Wünschen zu frönen, hat dieser Lebensstil sicher viele Vorteile. Wo sich allerdings diese Umstände verändern, und dies geschieht auch schon mit dem Eintritt in ein anderes Lebensalter, relativiert sich alles; weil dann auch die Angewiesenheit auf die Solidarität anderer, auf ihre Hilfe entdeckt wird.

NÖLAK: *Kann man so eine Art Rezept zur Aneignung einer ethischen Komponente für den eigenen Lebensstil geben?*

KAMPITS: Ein Rezept, nach dem Vorbild einer ärztlichen Verschreibung, das ich dann in der Apotheke einlösen kann, sicher nicht. Es ist aber bemerkenswert, dass wir in der letzten Zeit doch beobachten können, dass neben den durch die Medien und Werbung gaukelnden Idealbildern des dynamischen, jungen, gesunden und durchgestylten Erfolgsmanagers, der überdies bei jedem wichtigen Golfturnier den ersten Preis macht, allmählich auch andere Bilder auftauchen, dass Alter, Krankheit und Tod und die damit verbundenen Appelle an mitmenschliche Hilfe nicht mehr in jenem Maß tabuisiert werden, wie das vor kurzem noch der Fall war. Erziehung zur Nachdenklichkeit, zu Sinnesfragen, durchaus auch kritischer Art, könnte neben dem Vorbildcharakter, der gerade in diesen Fragen eine große Bedeutung besitzt, zumindest wegweisend sein. Warum nicht die gelegentlich abstoßende und ins Lächerliche gehende Werbung zu Konsum – auch von Lebensstilfaktoren – durch eine andere ersetzen? Ich persönlich glaube, dass der Höhepunkt der Egowelle eigentlich schon überschritten ist.

NÖLAK: *Das kann ich nicht bestätigen. Ich habe eher den Eindruck, der Höhepunkt der Ego-Welle ist noch lange nicht erreicht?*

KAMPITS: Erstens tritt bei vielen Trends eine Art Hamstereffekt ein, auch das tägliche Joggen oder das wöchentliche Wellnessgenießen hat einen bestimmten Abnützungseffekt. Ernsthafter scheinen mir allerdings andere Zeichen von Veränderungen in unserem gesamten Sozialgefüge. Zunächst die demographische Situation der Veralterung, die uns vor Probleme stellt, die jeden Einzelnen früher oder später betreffen werden. Dazu kommt der Verunsicherungseffekt durch den Abbau von Sozialleistungen und das Bangen um eine ausreichende Pensionsversorgung. Das heißt, dass der berühmte Generationenvertrag von beiden Seiten, den Jungen und den Alten, wieder ernster genommen wird, und zwar nicht bloß in Richtung auf die bekannten Klagen – seitens der Alten, was sie nicht alles für den Aufbau geleistet haben und keinen Dank dafür bekommen und seitens der Jungen, die sich darüber beklagen, dass sie „diesen wahren Berg von Alten" zu versorgen haben –, sondern in Richtung dahin, dass sich die Verantwortungen hier begegnen und überschneiden. Die seit einigen Jahren – zumindest in der Philosophie – aufgeflammte Gerechtigkeitsdebatte, die neben der Autonomieforderung derzeit im Brennpunkt der so genannten praktischen Philosophie steht, scheint mir dies zu unterstreichen.

Weiters ist ein erhöhter Zulauf zu Sozialberufen zu beobachten, was sicher auch auf bestimmte Probleme der Arbeitsmarktsituation zurückzuführen ist, aber nicht nur.

Pflegeberufe, Tätigkeiten auf dem Gebiet der Sozialarbeit werden zunehmend interessanter. Die Abkehr von einer rein egoistischen oder egozentrischen Lebensführung zeichnet sich bei aller Ernstnahme der Tatsache, dass uns ökonomische Zwänge immer mehr zu einem Schauen auf sich selbst zu zwingen scheinen, doch auch ab. Allerdings gebe ich zu, dass diese Trends nebeneinander bestehen.

NÖLAK: *Ich setze jetzt noch eine Bosheit drauf: Ich habe manchmal gerade im Umgang mit in Sozialberufen Tätigen den Eindruck, dass diese die größten Egoisten sind. In dieser permanenten und demonstrativen Zurschaustellung ihres Gutseins befriedigen sie ihren Egoismus.*

KAMPITS: Sicherlich ist dieser Egoismus ein Mitmotiv. Man kann das auf vielerlei Ebenen beobachten – auch die Aktionen der so genannten Gutmenschen wären ein Beispiel. Man muss aber sehen, dass die menschliche Selbstlosigkeit Grenzen hat und dass eine Motivation zu sozialen Tätigkeiten oder guten Handlungen sicher auch eine Art Selbstbefriedigung enthalten kann. Aber insgesamt denke ich, dass die Motive weniger entscheidend sein können als die Konsequenzen einer Handlung. Wenn diese insgesamt zu etwas Gutem führen, sollte man wohl weniger über die Intention, sondern mehr über die Folgen nachdenken. Für den, dem geholfen wird, ist das Motiv einer Handlung weniger wichtig als die Handlung selbst.

Philosophisch gesehen stehen hier einander deontologische Ethik und utilitaristische Ethik gegenüber.

NÖLAK: *Ist der Begriff Egoismus philosophiegeschichtlich oder auch in der alten Philosophie, ich sage es provozierend, nur negativ besetzt?*

KAMPITS: Historisch gesehen ist der Begriff des Egoismus eher negativ besetzt. Er taucht eigentlich erst in der Mitte des 18. Jahrhunderts auf und wird bei Kant im moralischen Sinn verstanden als eine Haltung, die im Verhältnis zu anderen nur den eigenen Nutzen und die eigene Glückseligkeit in den Vordergrund stellt. Eindeutig negativ versteht ihn auch Schopenhauer und hier wieder mit dem Drang zum eigenen Wohlsein verbunden. Schopenhauer nennt den Wahlspruch dieses Egoismus auch:„Alles für mich und nichts für die anderen".

Es ist interessant, dass sich auch Nietzsche dem vorhin genannten Argument anschließt und im Wohltun für den anderen oder im Opfer eine Befriedigung des eigenen zügellosen Bedürfnisses sieht. In der Gegenwart hat zum Beispiel Emmanuel Lévinas, der ja bekanntlich den Anderen in den Mittelpunkt seiner Ethik stellt, der ganzen abendländischen Philosophie vorgeworfen, Egologie zu sein, die in der Gefangenschaft der Subjektivität verharrt.

Andererseits muss man sehen, dass auch im Hedonismus und Eudaimonismus nicht nur ein primitives materialistisches gutes Leben im Vordergrund steht, sondern die Beziehungen zu anderen miteingeschlossen sind. Ziel auch einer solchen Ethik ist das geglückte Leben, das gute Leben, das nur in der Gemeinschaft erreicht werden kann.

Bereits in der Antike, beispielsweise bei Aristoteles, findet sich der Hinweis, dass die materiellen Grundlagen für ein solches gutes Leben nicht unterschätzt werden dürfen. Berthold Brecht hat dies bekanntlich in die plakative Formel gekleidet: „Zuerst kommt das Fressen und dann die Moral" oder etwas zynischer formuliert: Wer kann sich's wirklich leisten, ein Leben nur für die anderen zu führen und seine eigenen Bedürfnisse völlig hintanzustellen.

Freilich vergisst man in einer solchen egologischen, nur auf das eigene Wohlergehen blickenden Haltung, dass wir auch immer in Distanz zu uns selber stehen können. Und gerade dies ist ja das Stilistische daran und kann zur Entwicklung eines eigenen Lebensstiles führen.

NÖLAK: *Das ist ein guter Gedanke, können Sie den ein bisschen ausführen?*

KAMPITS: Durch Selbstbeobachtung und Selbsterfahrung kann es auch dazu kommen, dass wir bestimmte Haltungen, Handlungen oder auch sprachliche Äußerungen als stillos empfinden und uns einen anderen Stil zulegen. Wer nicht nur meint, ich bin schon der, der ich bin, sondern der ich sein werde oder sein möchte, entwirft sich ja aus dieser Distanz und folgt damit einem bestimmten Lebensstil.

NÖLAK: *Wie schätzen Sie generell die Vorbildwirkung auch in Ihrem Leben ein? Haben Sie Vorbilder?*

KAMPITS: Ja, aber hier gilt es zunächst einige Vorfragen zu klären, wie etwa die nach der Lehrbarkeit von Ethik überhaupt.

NÖLAK: *Danke, das wäre meine nächste Frage.*

KAMPITS: Mit diesem Problem der Lehrbarkeit von Ethik hat sich die Philosophie schon seit langem beschäftigt. Bereits bei Aristoteles in seiner nikomachischen Ethik wird diese Frage aufgeworfen und Aristoteles weist unter anderem darauf hin, dass ethische Probleme ohnedies nur etwas für alte und abgeklärte Leute wären, da die Jungen so von ihren Emotionen und Passionen, dem, was er das Pathos nennt, beeinflusst sind, dass sie ohnedies nicht darauf achten. Argumentation und Überzeugung spielen hier eine entscheidende Rolle. Man sollte sie im Hinblick auf die Lehrbarkeit von Ethik nicht überschätzen. Aber wichtiger scheint mir die Erziehung zu einer bestimmten Grundhaltung, einem Ethos, wobei Vorbilder zweifellos eine große Bedeutung haben. Argumente rationaler Art sind wichtig, aber im Gegensatz zu den so genannten Diskursethikern glaube ich nicht, dass jemand durch rationale Argumente allein dazu gebracht wird, seine Haltung, seinen Lebensstil zu verändern. Und so wichtig die Vernunft für die Argumentation und die ethische Theoriebegründung auch sein mag – aus ihr allein wird man kaum zu einer ethischen Grundhaltung gelangen. Das wusste im Übrigen auch Kant, für den ja gerade diese Vernunft in ethisch-moralischen Überlegungen eine große Rolle spielte.

Vorbilder können hier insgesamt gesehen wahrscheinlich einen größeren Einfluss ausüben als rationale Diskurse.

Aber um zum Stil zurückzukehren: Aus der vorhin erwähnten Distanznahme zu sich selbst kommt es zu einem Überblicken, einer Reflexion auf die eigene Lebensführung. Und die kann dann aus verschiedenen Motiven verändert werden. Grenzerfahrungen wie Trennungen, Krankheit, Leid, Scheitern können dazu führen, dass man sein Ethos und damit seinen Lebensstil verändert, ebenso können aber auch Erfahrungen von Zwängen dazu führen. Vielleicht ist es auch angebracht, an den Unterschied zwischen Moral und Ethik zu erinnern. Ethik hat mit der Frage zu tun, warum man beispielsweise so oder so handeln oder dieses und jenes unterlassen soll. Sie ist also eine Art Begründungsinstanz. Unter Moral dagegen kann man das System von Regeln verstehen, das sich eine bestimmte Gesellschaft zugelegt hat, um möglichst reibungslos miteinander auszukommen und andere und sich selbst nicht zu gefährden.

Deshalb kann man ein durchaus moralisch hochwertiges Leben führen, ohne je diese Warumfrage gestellt zu haben. Freilich, in bestimmten Entscheidungssituationen kann dieses Verhalten fragwürdig oder auch bloß auf die Probe gestellt werden.

Überdies ist dieses Moralsystem sowohl historisch wie auch kulturell bedingt wandelbar und gleichsam systemverschieden. Beispielsweise unterscheidet sich eine gängige christliche Moral von einer solchen des Islam in vielem wesentlich voneinander.

Ähnliches gilt auch für den historischen Wandel: So unterscheidet sich etwa die Sexualmoral des 19. Jahrhunderts gewaltig von der der Gegenwart. Systemimmanent sozusagen handelt man moralisch, wenn man sich fraglos den gegebenen moralischen Grundsätzen und Prinzipien unterwirft. Aber damit führe ich noch nicht mein Leben. Lebensführung und damit auch Erarbeitung eines bestimmten Lebensstiles geschieht erst dort, wenn ich aus eigener Erfahrung, aus eigenem Nachdenken zu bestimmten Grundsätzen gelange und diese auch praktiziere.

Ein vielleicht nicht sonderlich gutes Beispiel: Ich habe Lust auf einen Schweinsbraten, den ich jetzt, koste es was es wolle, verzehren will, kann mir aber zugleich sagen, ich verzichte lieber darauf, weil der Arzt mir im Sinne einer gesunden Lebensführung geraten hat, darauf zu verzichten. Verzichte ich hingegen, weil mir meine Religion den Genuss von Schweinefleisch verbietet, so folge ich einer gängigen Moral, während ich im ersten Fall eine ethische Reflexion zum Motiv nehme – etwa im Sinn der Vermeidung von Selbstschädigung.

Wir haben diese Freiheit und ohne diese gäbe es auch keine Notwendigkeit für Ethik. Wir haben die Freiheit, einen Schweinsbraten zu essen oder darauf zu verzichten. Und diese Freiheit haben wir auch im Hinblick auf unsere Lebensführung insgesamt.

NÖLAK: *Anhand des Schweinebratenbeispiels könnte man durchaus zu dem Schluss kommen, dass die Fähigkeit zur Abstraktion zukünftiger Zustände ein wesentlicher Aspekt der Ethik ist?*

KAMPITS: Selbstverständlich hat Ethik auch mit Vorwegnahme der Zukunft und damit mit Voraussicht und Phantasie zu tun. Deshalb stellt sich ja auch das Entscheidungsproblem für Menschen mit hoher Reflexionsfähigkeit schärfer als für jemanden, der diese nicht aufweist.

NÖLAK: *Die Fähigkeit zur Selbstreflexion kann aber sehr schnell in eine Endlosschleife münden, aus der man selbstständig nicht mehr herauskommt. Wohin können Herr und Frau Österreicher sich wenden? Welche Mechanismen kann man sozusagen auf einer zweiten Ebene anstreben, um seine Gedankenwelt zu evaluieren, zu diskutieren etc.?*

KAMPITS: Man soll die Österreicher nicht für dümmer halten, als sie sich geben. Zur Erarbeitung und Realisierung eines eigenen Lebensstiles gehört zunächst einmal kritische Reflexion und kritische Distanz. Das muss dazu führen, dass nicht alles, was einem von Medien, Werbung oder der so genannten öffentlichen Meinung eingeredet wird, übernommen werden muss. Die Frage, wo Vor- und Nachteile liegen, worin Gutes und weniger Gutes für mich liegt, muss gestellt werden. Mit dem Apostel Paulus könnte man sagen: Prüfet alles, das Gute behaltet.

NÖLAK: *Ich präzisiere meine Frage: Gibt es irgendwelche Kreise, Institutionen, wo man sich mit Gleichgesinnten austauschen kann?*

KAMPITS: Ich glaube da gibt es schon viel. Die zweifellos noch sehr zaghaften Ansätze zivilgesellschaftlicher Art wie Vereine oder Gemeinschaften von kirchlichen Organisationen bis hin zu Rotariern oder Freimaurern wären hier zu nennen. Natürlich auch Familienverbände und

Freundeskreise, Schulen und Universitäten. Ich bin aber für diese Frage sicher ein schlechter Adressat, weil das universitäre Leben und insbesondere das in geisteswissenschaftlichen Fächern oder in der Philosophie einen problemlosen Nährboden für solche Auseinandersetzungen darstellt. Hier kann und soll ein Reflexionsklima gedeihen, das dem Einzelnen von Anfang an das Gefühl gibt, diese Fragen mit Gleichgesinnten besprechen zu können.

NÖLAK: *Könnte das nicht ein Gegenmittel zur Wellness-Ego-Welle sein, da ich in dem Moment, in dem ich mich in solchen Kreisen bewege, doch automatisch auch auf die anderen Rücksicht nehmen muss?*

KAMPITS: Richtig. In dieser Ausgewogenheit zwischen Individualismus und Gemeinschaft läge für mich die Kunst, einen eigenen Lebensstil zu finden und zu verwirklichen.

Die Baumfrisur

„Mit dem natürlichen Alterungsprozess können sowohl Frauen als auch Männer immer schlechter umgehen."

Dagmar Millesi

Dagmar Millesi ist Primaria an der Abteilung für Plastische und Ästhetische Chirurgie an der Privatklinik Döbling

NÖLAK: *Die Schönheit ist etwas, das von der Zeit abhängig ist. Was schätzen Sie, wohin geht die ideale Schönheit?*

MILLESI: Ich glaube, dass es jetzt eine Zeit lang so bleiben wird, wie es derzeit ist, und dass das Schönheitsideal des 16. Jahrhunderts, die Molligkeit, nicht wieder kommen wird. Von der absoluten Magerkeit sind wir auch etwas abgekommen. Das Schönheitsideal trifft sich in der Mitte. Ich finde das Schönheitsideal der 1920er bis 1950er Jahre, wie z. B. Marilyn Monroe, besser als diese kachektischen Models, wie sie später in Mode kamen.

NÖLAK: *Wie alt ist Ihre Durchschnittspatientin?*

MILLESI: Die Patienten/innen werden immer jünger, nachdem die Lebenserwartung allerdings immer höher wird, werden sie aber auch immer älter. Der Durchschnitt liegt bei ca. 35–40 Jahren. Da sind auch sicher die Medien dahinter, die den Schönheitstrieb und Schönheitswahn bei den jungen Mädchen forcieren. Die meisten Jugendlichen tendieren dazu, in ihrer instabilen postpubertären Phase kleine körperliche Mängel überzubewerten und jetzt gibt es die Möglichkeiten, diese Mängel weitgehendst zu beheben.

NÖLAK: *Leben und erleben wir immer mehr „diktierte Schönheit"?*

MILLESI: Ja leider. Blättern Sie Frauen- und Herrenmagazine durch. Sie sehen kaum eine Frau ohne Brustimplantate und ab einer gewissen Altersgruppe ohne Facelift.

NÖLAK: *Es kommt immer häufiger vor, dass plastische Chirurginnen und Chirurgen zu Patientinnen und Patienten sagen, dass diese nicht in ihre Ordination, sondern vielmehr zum Psychotherapeuten gehören.*

Millesi: Das ist richtig. Einerseits nehmen die Identitätsstörungen zu. Man erlebt zum Beispiel immer wieder, dass jemand wie eine Katze aussehen möchte und so ein Fall geistert auch als Negativbeispiel durch die Medien. Dazu gehören aber auch alle Abwandlungen des Transsexualismus. Andererseits gibt es Patienten, die andere Probleme in einen kleinen Makel projizieren. Der Patient, der mit dem Wunsch nach einer Operation kommt, muss vom plastischen Chirurgen genau analysiert werden. Auch ein Patient mit einer falschen Erwartungshaltung muss erkannt und abgelehnt werden. Die Aggressionen, dass sich nach der Operation am Leben nichts geändert hat oder dass man nach einem Eingriff trotzdem nicht wie Nicole Kidman aussieht, wird am plastischen Chirurgen ausgelassen. Diese Patienten neigen auch dazu zu klagen oder wie es in den USA bereits wiederholt passiert ist, den plastischen Chirurgen umzubringen. Eine genaue Patientenselektion ist in der ästhetischen Chirurgie Voraussetzung für die eigene Lebensqualität.

Nölak: *Woher stammt dieses Bestreben, einem bestimmten Bild entsprechen zu müssen? Kommt das aus der Filmindustrie oder aus welchem Eck kommt das? Wenn man mit seinem Körper im Einvernehmen ist, müsste man ja gegen solche Zwänge immun sein.*

Millesi: Ja, wenn ich mit meinem Körper im Einvernehmen bin – doch wer hat diese Reife? Wenn Sie Zeitungen durchblättern, sieht man doch kaum mehr Frauen mit Falten, selbst mit 60 oder 70 nicht. Mit dem natürlichen Alterungsprozess können sowohl Frauen als auch Männer immer schlechter umgehen.

Nölak: *Interessant ist ja z. B. beim Film, dass gerade die wirklichen Stars „Gesichter" haben. Also man kann Halle Barry nicht mit Julia Roberts oder Meryl Streep vergleichen.*

Millesi: Ja, aber die meisten Stars, außer Charakterdarsteller, haben trotzdem Gemeinsamkeiten: Schlank, meist größerbrüstig, betonte Lippen etc. Weil sie Frau Barry ansprechen. Ich hatte schon Patienten, und das sind insgesamt vier, die mit einem Bild von ihr gekommen sind. Die aber völlig anders ausgesehen haben. Ich kann mich erinnern: Eine Angestellte in einem Großraumbüro mit dicker Brille, 5 oder 6 Dioptrien, ein dickliches asymmetrisches Gesicht, bleich, die mit diesem Bild kam und wollte, dass sie so ausschaut wie ihr Idol. Viele Patienten kommen mit Fotos von Stars, dann muss man sie ihrer Illusion berauben.

Nölak: *Was sagen Sie so jemandem, der absolut gar nicht seinem Wunschvorbild entspricht und auch gar nicht darauf „hin-operiert" werden kann?*

Millesi: Dass es nie erreichbar ist, dass man mit sich selbst zufrieden sein soll, dass man meinetwegen im Gesicht etwas verändern kann, dass man harmonisierend eingreifen und ein Zuviel oder Zuwenig korrigieren kann, aber eine andere Person zu kreieren, ist meistens nicht machbar und wenn, für mich ethisch nicht vertretbar. Daher lehne ich auch die neuerdings modern gewordenen Realityshows „I want a famous face", „Swan" etc. strikt ab und verurteile Kollegen, die sich für solch sensationsgeile Aktionen zur Verfügung stellen.

NÖLAK: *Und reden Sie den Leuten ins Gewissen?*

MILLESI: Selbstverständlich! Und viele Patienten schätzen auch die Ehrlichkeit und bedanken sich, andere wiederum werden aggressiv und suchen den nächsten Kollegen auf.

NÖLAK: *Die Angestellte, die Sie vorhin als Bespiel genannt haben, hat ja sicherlich nicht von vornherein die finanziellen Mittel für eine Schönheitsoperation, trotzdem entschließt sie sich dazu. Heißt das, es verlagert sich diese Nachfrage immer mehr von den ganz Reichen zu den mittleren bis unteren sozialen Schichten?*

MILLESI: Das ist richtig. Häufig leiden Leute unter einem physischen Mangel so sehr, dass sie für einen Eingriff sparen und auf Urlaube verzichten.

NÖLAK: *Gibt es Fälle, bei denen die Krankenkasse zahlt?*

MILLESI: Ja, es gibt bestimmte Fälle, wo die Krankenkasse die Kosten übernimmt. Aber das ist genau definiert. Es war früher relativ einfach, der plastische Chirurg hat einen Brief geschrieben, „eine Operation ist aus medizinischen Gründen zu empfehlen" ... „wir ersuchen um Übernahme der Kosten"; das ist jetzt nicht mehr so einfach. Die Krankenkassen verlangen objektive Befunde. Bei Oberlidstraffungen muss z. B. nachgewiesen werden, dass die Haut so hängt, dass das Gesichtsfeld eingeschränkt ist. Vielfach müssen die Gesichtsfeldeinschränkungsbestimmungen durch Fotos untermauert werden.

NÖLAK: *Wie steht die Relation zwischen Autounfall-Patienten bzw. sonstigen Unfall-Patienten zu den Patienten, die freiwillig kommen? Können Sie da das ungefähre Verhältnis nennen?*

MILLESI: Das ist schwer zu sagen, weil ich bis 2000 in einem öffentlichen Spital tätig war, dort habe ich zu 90% rekonstruktive Eingriffe vorgenommen. Parallel dazu betreibe ich seit 1996 eine Privatpraxis, über die ich zu 95 % ästhetisch-chirurgische Eingriffe durchführe.

NÖLAK: *Vor einiger Zeit konnte man in den Medien lesen, dass die Beschwerden über misslungene ästhetische Eingriffe immer mehr zunehmen. Es gab zwei Stellungnahmen, auf der einen Seite ein Facharzt, der gesagt hat, das Pech ist, dass jeder Arzt das eigentlich machen darf, die plastische Chirurgie sei noch nicht rechtlich geschützt.*

MILLESI: Ja, das ist so. Es gibt seit 1988 die Absplitterung der plastischen Chirurgie von der Allgemeinchirurgie. Bis 1988 war die plastische Chirurgie Additivfach zur Allgemeinchirurgie, und seit 1988 gibt es einen ganz eigenständigen Facharzt für plastische Chirurgie mit einer Ausbildung, die sechs Jahre dauert. Aber! Ein praktischer Arzt darf mehr oder weniger alles tun. Er kann eine Gallenblasenoperation durchführen, wenn er es sich zutraut. Natürlich sollte ihm nichts passieren. Wenn es zu einem Problem kommt und es gibt eine Klage, wird der Gutachter wahrscheinlich als negativ bewerten, dass er keine Spezialausbildung hat. Aber erlaubt ist es. Das wirkt sich natürlich in lukrativen Bereichen wie der ästhetischen Chirurgie besonders gravierend aus. Hier versuchen alle, Fuß zu fassen. Das gleiche Problem gibt es auch mit anderen Fachärzten, die fachübergreifend arbeiten. Im Speziellen möchte ich Fettabsaugungen ansprechen, die „scheinbar" leichte Eingriffe sind und von verschiedensten Disziplinen durchgeführt werden, z. B. von Internisten, Zahnärzten, Gynäkologen, praktischen Ärzten, Allgemeinchirurgen etc. Meist reicht ein Wochenendkurs, um die Technik zu erlernen. Vielfach sind sich die Durchführenden der Gefahren nicht bewusst, die solche Eingriffe nach sich ziehen können und lassen nicht die nötige Sorgfalt walten. Nach einer Bochumer Studie gab es in den letzten 4 Jahren im deutschsprachigen Raum 20 Todesfälle und 70 Aufenthalte auf Intensivstationen. In den meisten Fällen wurden die Komplikationen zu spät erkannt.

NÖLAK: *Sie haben vorhin von dieser „Katzenfrau" gesprochen. Gibt es Patienten, die heute kommen und morgen so ausschauen wollen und in einem Monat schon wieder anders aussehen wollen?*

MILLESI: Üblicherweise nicht, aber es gibt solche, die niemals mit sich zufrieden sind und ständig Veränderungen wünschen. Man spricht vom „Dysmorphophobie-Syndrom", meiner Meinung nach eine zeitgeistige, psychische Erkrankung, die die Essstörungen ablöst.

NÖLAK: *Aber gibt es solche Leute? Gibt es diesen Trend, dass jemand kommt und sagt: „Letztes Jahr war ich Robert de Niro, heuer will ich Al Pacino sein"?*

MILLESI: Ja, aber denen sollte man schonend beibringen, dass der Kollege mit der Couch ihnen eher helfen könne.

NÖLAK: *Wie reden Sie jemandem ins Gewissen, mit welchen Argumenten kommen Sie jemandem, der also sagt, dass er gerne wie die Halle Barry ausschauen möchte?*

MILLESI: Ich beschönige nichts und kläre Leute sehr radikal auf.

NÖLAK: *Und versuchen Sie klar zu machen, dass die Schönheit im Auge des Betrachters liegt?*

MILLESI: Ja. Es geht jetzt nicht nur um Menschen, die anders aussehen wollen, also den Typ völlig verändern wollen, sondern es geht auch darum, radikal aufzuklären und klar zu machen, was sich jemand vom Eingriff erwarten kann. Man kann z. B. einen dicken Menschen nicht dünn saugen, sondern man kann dort, wo wirklich zu viel ist, korrigierend eingreifen. Man muss bemüht sein, Klarheiten zu schaffen und den Leuten beizubringen, was wirklich machbar ist. Oder z. B. gibt es Eingriffe, bei denen die Komplikationsrate und der Aufwand in Relation zum Effekt sehr hoch sind. Ein Beispiel ist die Oberschenkelstraffung: Das ist ein sehr großer Eingriff, der mit großem finanziellem und zeitlichem Aufwand verbunden ist, weiters besteht das Risiko einer Wundheilungsstörung. Die Erschlaffung muss sehr fortgeschritten und entstellend sein, dass Aufwand und Effekt in einer guten Relation stehen.

NÖLAK: *Wenn Sie Patienten zum Psychotherapeuten weiterschicken, haben Sie ein bisschen ein Feedback, wie viele dann wirklich Ihren Rat annehmen und zu einem Psychotherapeuten gehen?*

MILLESI: Die wenigsten, leider Gottes.

NÖLAK: *Kommen die wieder oder gehen die dann zu einem anderen plastischen Chirurgen?*

MILLESI: Die gehen woandershin und irgendwann finden sie jemanden, der aus pekuniären Gründen das macht, was sie sich wünschen. Viele kommen nach Jahren einer Operationsodyssee reumütig zurück. Also, vielen versuche ich in einem langen Gespräch beizubringen, dass das Problem woanders liegt; z. B. wenn sich jemand die Brust vergrößern lassen möchte und man merkt im Gespräch, dass der Wunsch eigentlich fremdbestimmt ist, dass sie beispielsweise ihre Ehe mit dem Versuch retten will, so auszusehen wie die Geliebte des Mannes. Mit einer plastischen Operation lassen sich aber keine zwischenmenschlichen Probleme lösen. Es gibt sehr viele Internetanfragen mit ähnlichen Problemen, wo die Patienten in endlos lange Briefen beschreiben, wie sie die ganze Zeit vorm Spiegel stehen, weil sie da irgendwo eine Narbe so stört und dann schreibt man zurück, dass nicht die Narbe das Problem ist, sondern dass das Problem woanders liegt. Dann kommt oft ein dreifach so langer Brief, dass man ja Recht hat. Man/Frau sei in sich gegangen und habe das erkannt.

NÖLAK: *Also Sie haben ein bisschen eine Priesterfunktion.*

MILLESI: Ja, schon auch.

NÖLAK: *Manchmal geht auch was daneben. Machen Sie die Patienten darauf aufmerksam?*

MILLESI: Selbstverständlich! Ca. 18 % meiner Operationen sind Nachkorrekturen von auswärts durchgeführten Eingriffen. Ich habe vor kurzem darüber einen Vortrag im Wiener Rathaus gehalten, was die Komplikationen sein können, die bei Operationen auftreten. Man muss natürlich die Patienten aufklären. Auch weil ich mich ja selbst absichern muss – ich muss den Patienten mündlich aufklären und er kriegt einen Aufklärungsbogen zugeschickt, wo noch mal alle Komplikationen, die sein können, aufgegliedert sind. Nur, das Problem ist z. B. bei den Fettabsaugungen, dass echte Komplikationen wie Lungenembolie oder was auch immer fast nie auftreten. Aber sehr groß ist die Palette der Grauzone der Unzufriedenheit, weil Unregelmäßigkeiten auftreten, das ist im juristischem Sinn keine Komplikation und trotzdem ist der Patient unglücklich. Begibt sich der Patient in die Hände eines erfahrenen plastischen Chirurgen, so sollte dieser im Stande sein, eine Komplikation rechtzeitig zu erkennen, zu beherrschen und wieder zu reparieren.

NÖLAK: *Was würden Sie dem bzw. der mit sich und seinem/ihrem Aussehen unzufriedenen Herrn und Frau Österreicher generell raten, noch bevor sie hier bei Ihnen sitzen, bevor sie überhaupt zu jemandem gehen? Soll sich der- oder diejenige nicht eher zuerst überlegen, was das eigentliche Problem ist, eine derzeit unzufriedenstellende, problembehaftete Lebenssituation oder wirklich die „zu groß geratene Nase"? Welche Kriterien kann jedermann in Erwägung ziehen?*

MILLESI: Die Leute, die zu mir kommen, die haben ja ein Problem. Z. B., wenn jemand mit abstehenden Ohren kommt, so setzt das voraus, dass ihn die Ohren wirklich stören und dass er sich mit diesem Problem schon länger auseinander setzt, er steht unter einem gewissen Leidensdruck, sonst würde er die Hemmschwelle, zum plastischen Chirurgen zu gehen, nicht überwinden. Es kostet ja jeden Patienten doch eine Überwindung, zum Telefon zu greifen, einen Termin auszumachen, hier zu erscheinen und zu sagen, mich stören die Ohren, mich stört die Nase, mich stört die Brust.

NÖLAK: *Wissen Sie bei allen Patienten von vornherein, was die wollen oder haben Sie die Chance, den oder die erst einmal unbeeinflusst anzuschauen und zu dem Schluss zu kommen, dass Sie eigentlich nicht etwas besonders negativ Auffälliges sehen?*

MILLESI: Ja, denen sage ich das auch.

NÖLAK: *Kann man trainieren, mehr die innere Schönheit zu sehen?*

MILLESI: Das sollte man, ja. Die Ausstrahlung, die innere Schönheit ist ebenso wichtig wie die äußere. Ich wa in Boston bei einem Kongress der Amerikanischen Plastischen Chirurgen, und da waren also die Ehefrauen von den Kollegen, die teilweise so entsetzlich ausgesehen haben, dass mich das erschreckt hat – erschreckende Kunstprodukte, ich war entsetzt.

NÖLAK: *Barbie lässt grüßen.*

MILLESI: Also wirklich, ich hoffe, dass diese Entwicklung nicht nach Europa kommt. Und bis jetzt ist es noch so bei uns, dass die Leute so nicht ausschauen wollen. Da gibt es schon Differenzen zwischen Amerika und Europa. In Amerika ist die Entwicklung so, dass das Facelift Statussymbol ist, also die Leute wollen zum Teil, dass man sieht, dass sie geliftet sind. Diese Entwicklung gibt es bei uns noch nicht. Bei uns wollen die Leute so geliftet sein, dass sie jünger ausschauen, aber nicht, dass man es sieht.

NÖLAK: *Also irgendwann einmal kommt in Amerika die Signatur ins Gesicht, damit man sieht, das war der teuerste Chirurg.*

MILLESI: Ja.

NÖLAK: *Hat unsere Gesellschaft ein Problem mit dem Alter?*

MILLESI: Ja! Es ist leider so, dass das Aussehen z. B. bei den Bewerbungen schon eine große Rolle spielt. Auch in meiner Praxis, wenn ich jemanden anstelle, schaue ich schon auf das Aussehen. Das ist nun mal so. In Dienstleistungsbetrieben ist das Aussehen wichtig und es kommen ja sehr viele Männer mit Tränensäcken, die für ihren Job jugendlich und dynamisch aussehen wollen. Mit Tränensäcken sehen sie verlebt und müde aus und passen nicht in das Klischee des erfolgreichen Managers.

Siehe Bildtafel 13

Opernball 1999

„Oft soll Erlebtes durch die Operation aus dem Leben wegretouchiert werden, um neu anfangen zu können."

Hildegunde Piza

Hildegunde Piza ist Professorin und Vorstand der Klinik für Plastische und Wiederherstellungschirurgie der Universität Innsbruck

NÖLAK: *Frau Professor, vor kurzem ergab eine Studie der Arbeiterkammer, dass immer mehr Patienten über das Ergebnis ihrer Schönheitsoperation entsetzt sind. Wo würden Sie die Schuld orten, wobei Schuld sicher ein zu harter Begriff ist? Liegt es an der Ignoranz vieler Ärzte, die nicht auf solche Operationen spezialisiert sind, sondern einfach „schneiden", weil es Geld bringt, oder an der Haltung der Patienten, die glauben, um 9 Uhr in die Klinik zu gehen und um 11 Uhr als neuer Mensch herauszukommen. Wie würden Sie da die Verantwortung verteilen – Bringschuld, Holschuld?*

PIZA: Ich glaube, dass sich die Patienten, bevor sie sich endgültig entschließen, zum Plastischen Chirurgen zu gehen, heutzutage mit Hilfe der Medien genauestens informieren. In diesen lässt man aber die Möglichkeit einer Komplikation oder die Nichterfüllung der Wunschvorstellung des Patienten unter den Tisch fallen. Durch die Flut von Artikeln in bestimmten Gazetten, in denen sich operierte Filmschauspielerinnen, Sängerinnen usw. outen, glauben auch viele Patienten, dass sie durch eine ästhetische Operation das Auftreten eines Filmschauspielers, Sängers usw. bekommen. Es sind Vorstellungen, die nicht der Realität entsprechen, weil wieso sollte jemand, der eine große Brust hat, aber natürlich auch eine breite Hüfte, durch die Brustoperation plötzlich auch eine schmale Hüfte erhalten. Leider werden von den Medien durch permanenten und zum Teil sehr raffinierten Einfluss Wunschvorstellungen geweckt. Jung und dynamisch und schön bedeutet erfolgreich, und dies wird nicht nur Patienten, sondern auch uns täglich mehrmals durch Plakate, Werbungen usw. vor Augen geführt. Zusätzlich muss bedacht werden, dass der Plastische Chirurg, den die Patientin aufsucht, zusätzlich eine andere Vorstellung von Schönheit hat als die Patientin und im Gespräch mit dieser seine Lebensgeschichte mitnimmt. Das bedingt, dass die Vorstellungen des Patienten und des Behandlers sehr oft nicht deckungsgleich sind. Letztendlich ist die Bildbearbeitung und Möglichkeit der Manipulation, wie sie heutzutage durch den Computer, besonders in der Werbebranche, eingesetzt wird, nicht außer Acht zu lassen. Ohne Mühe können Falten und Unregelmäßigkeit der Haut wegretouchiert, Lippenkonturen nachgezogen werden, ohne dass der Betrachter dies erkennt.

NÖLAK: *Umgekehrt kann man sogar einen schönen Menschen hässlich fotografieren!*

PIZA: Ja, oder vielleicht auch im Computer verändern wie oben erwähnt. Ich vermute, dass Firmen wie Palmers oder andere für Unterwäsche werbende Firmen enorm viel Geld für attraktive Werbefotos ausgeben. Wenn man aber die ursprünglichen Fotos vieler Models mit dem Endprodukt vergleicht, kommt man dahinter, wie viel auf den ursprünglichen Fotos verändert worden ist. Und dadurch entsteht die falsche Erwartungshaltung.

In Wirklichkeit gibt es nach ästhetisch-chirurgischen Operationen Narben und manchmal Unregelmäßigkeiten. Viele Patienten können sich Narben, wenn sie frisch, aber auch wenn sie älter sind und verblassen, nicht vorstellen. Auch Komplikationen, die bei jeder Operation auftreten können und auf welche in jedem Aufklärungsgespräch hingewiesen wird, sind für die Patienten so lange kein Thema, als sie nicht selbst betroffen sind. Die postoperativ auftretenden Beschwerden können in ihrer Intensität und Dauer auch davon abhängen, in welcher psychischen Verfassung sich der Patient befindet und sind absolut subjektiv. Bei Nichtakzeptanz der Narben, seien sie zart oder rot und dick, werden meist Ärzte beschuldigt, nicht eindringlich genug auf die Entstehung der Narben hingewiesen zu haben. Es kommt dadurch sogar zu Klagen. Um jedoch über all diese bisher erwähnten Probleme mit einer Patientin vor dem ästhetischen Eingriff sprechen zu können, bedürfte es mehrerer Gespräche in Abständen zueinander, die sicher auch zeitaufwändig sind.

NÖLAK: *Bleiben wir bei den Patientinnen. Die sehen also diese schönen Vorbilder in Zeitungen und Fernsehen und vergleichen sich. Ist das wirklich der Grund für eine Operation oder steckt da noch ein bisschen mehr dahinter?*

PIZA: Der Grund, einen Plastischen Chirurgen aufzusuchen, liegt oft viel tiefer. Dies kann eine extreme Vernachlässigung in der Entwicklung der Persönlichkeit sein. Die Operation ist dann mehr oder weniger das Mittel, um die Entwicklung aufzuholen. Es soll Erlebtes durch die Operation aus dem Leben wegretouchiert werden, um neu anfangen zu können. Da gibt es interessante Beobachtungen, dass z. B. jemand ein neues Leben anfangen will, die Beziehung bricht. Das Beziehungsproblem ist also die Ursache und man lässt sich deshalb äußerlich formen und verändern. So einfach geht es aber nicht, das ist der springende Punkt.

NÖLAK: *Wobei es klar ist, wir reden hier immer nur über die Plastische Chirurgie, so wie sie der Laie versteht, natürlich nicht über Unfallpatienten. Die Wiederherstellungschirurgie ist ganz was anderes. Wie eng kooperieren Sie mit Psychotherapeuten, Psychologen, Psychiatrie? Wenn ein Patient kommt und sagt, ich möchte wie Robert Redford, oder wer auch immer derzeit aktuell ist, aussehen, schicken sie den oder die nahtlos zu „Psychofachleuten" weiter?*

PIZA: Also, ich würde es mir wünschen, dass das geht. Ich glaube, dass wir das Glück haben, mit einer ausgezeichneten Psychosomatik und einer sehr guten klinischen Psychologie zusammenarbeiten zu dürfen. Wir untersuchten gerade Patienten, die aus eigenem Antrieb 60 kg und mehr an Gewicht abnahmen und stellten sie einem Kollektiv von Patienten gegenüber, die nach Implantation eines Magenbandes abgenommen haben. Wir stellten uns die Frage, wie die operierten gegenüber den selbstständig gewichtsreduzierten Patienten psychisch die Gewichtsabnahme empfanden. Patienten, die nach der Implantation eines Magenbandes abgenommen haben, sind meist Menschen, die einen ganz anderen Background haben als jene, die selbstständig abnehmen. Erstere wollen alles rasch und schmerzlos erledigt haben, sind eher passiv, wollen sich selbst nicht wesentlich einbringen und sind nicht bereit, sich in ihrem Essverhalten zu ändern. Bei der zweiten Gruppe handelt es sich um Patienten, die die Ernährung und ihr Verhalten umstellen, meist auch ein körperliches Training beginnen. Das eigene Körperbild wird in beiden Gruppen völlig anders erlebt. Auch die Selbstfindung nach Gewichtsabnahme durch das Magenband differiert. Patienten beider Gruppen kommen allerdings zu uns Plastische Chirurgen und wollen die überschüssige Haut sowohl an den Brüsten wie vor allem am Bauch, aber auch an den Oberschenkeln entfernt bekommen. Die bei beiden Patienten entstehenden Narben – und diese sind nicht wegzuradieren – werden in der Gruppe der Selbstabnehmer besser toleriert als bei der „Magenbandgruppe". Die Patienten, die selbst abgenommen haben, haben durch das Training auch Muskeln aufgebaut, haben durch die konsequenten Bewegungen, sei es Laufen oder Turnen, auch vermehrt Glückshormone ausgeschüttet und sind daher in ihrer Lebenseinstellung eher positiv. Es hat sich also die Person geändert.

Es gibt aber auch Patientinnen, denen man besser von einer Operation abrät. Ich meine damit nicht nur jene, die schon fünfmal an der Nase operiert worden sind, sondern vor allem die, bei denen man in einem langen präoperativen Gespräch dahinter kommt, dass sie selbst nicht wissen, was sie wollen. Da können wir mit dem Messer überhaupt nichts erreichen.

NÖLAK: *Insofern ist es ja eine wirklich perverse, pervertierte Entwicklung. Einerseits wird die Gesellschaft im Durchschnitt immer älter, andererseits wollen bereits die jungen Leute immer jünger ausschauen. Wird es einmal einen Punkt geben, wo diese Blödheit zu Ende sein wird und die Leute besser mit dem Alter umgehen können. Wird das in die Richtung gehen oder wird sich das eher noch extremisieren: „So alt will ich jetzt noch nicht aussehen"?*

PIZA: Also momentan ist es leider noch nicht so weit. Es wird auch von der kosmetischen Industrie – man sehe sich nur die Entwicklung bei Botox usw. an – eher in die andere Richtung gepusht. Es sind also die Frauen, die entscheiden werden müssen. Und es ist ein Umdenken bei den Frauen notwendig. Ich glaube, dass für mehr Normalität geworben werden muss. Diese Kampagne müsste so aussehen: Die Frauen müssten gefragt werden, was sie mit ihrer derzeit so gerühmten Freiheit Positives eingekauft haben. Diese Freiheit ist unter anderem durch die Einführung der Pille möglich geworden. Ich glaube, dass durch die jahrelange Einnahme der Pille und damit der erkauften Freiheit, sich das Verhalten der Frau gegenüber dem Mann geändert hat. Der derzeitige Trend liegt eher im Erleben von vorübergehenden und risikoarmen oder -losen Erlebnissen als auf langfristiger Familiengründung mit Kindern. Ich erlebe es immer wieder, dass Frauen, deren Körper durch die Schwangerschaft natürlich verändert wurde – hängende Brüste, schlaffer Bauch – sehr negativ über die Tatsache, dass sie ein Kind bekommen haben, sprechen. Tatsache ist, dass es in unseren Breiten weniger Kinder gibt, gleichzeitig die Lebenszeit zunimmt, das Pensionsproblem aller Staaten der westlichen Welt nachdenklich macht, und, und, und ... Alles hängt also miteinander zusammen. Für die Frauen ist die Zeit, in der sie Kinder bekommen können, bisher begrenzt gewesen; durch verbesserte Techniken bei der künstlichen Befruchtung ist es aber heute möglich, ein Wunschkind fast bis zum 60. Lebensjahr auszutragen. Es ist also vieles aus dem Lot und die Frauen sind meines Erachtens aufgerufen zu fragen: „Was haben wir vor, mit unserem Körper zu machen?" Man kann natürlich auch den Pillengegnern vorwerfen, rückständig zu sein, alte Strukturen, wie die Familie, wieder einführen zu wollen und nicht mit der Zeit mitzugehen. Ich dagegen glaube, dass es nicht mit Rückschritt, sondern mit einer Fortentwicklung zu tun hat, wenn man mit diesen Problemen ernsthaft umgeht.

Frauen, die jahrelang Hormone eingenommen haben und sie irgendwann aus irgendeinem Grunde absetzen, altern plötzlich rascher, da das jugendliche Aussehen durch die Wasserretention, bedingt bei plötzlichem Absetzen der Pille, verschwindet. Dies ist den meisten Frauen unbekannt. Die Industrie versucht nach wie vor den Frauen zu vermitteln, dass sich diese in jedem Alter durch Einnahme von Hormonen wohler fühlen. Ich frage mich, wohin verschwinden die Hormonrückstände, kommen sie in den Kreislauf der Natur und wirken dadurch auch auf das andere Geschlecht?

NÖLAK: *Und wo sind nun diese Pillenrückstände?*

PIZA: Die Pillenrückstände werden ja bekanntlich ausgeschieden. Und es gibt eine sehr interessante Arbeit von der Arbeitsgruppe von Prof. Huber (Anm.: bekannter Wiener Hormonspezialist und Theologe), die natürlich kaum veröffentlicht und kaum bekannt ist, dass im Abwasser von Wien in der Früh um 7.00 Uhr der Hormonspiegel so hoch ist. Und wenn Sie sich dann vorstellen, was mit dem Wasser passiert? Ich meine, man kann ja die Hormone auch nicht herausfiltern. Was passiert denn dann?

NÖLAK: *Die Entwicklung, die die Kosmetik-, Hormon- bzw. Pharmaindustrie vorantreibt, kann ja so nicht weitergehen. Glauben Sie, kann man die Industrie irgendwann einmal bremsen? Wird es so einen Punkt geben?*

PIZA: Ich gebe zu bedenken, dass dies ein enormer Markt ist.

NÖLAK: *Aber könnte es nicht sein, dass die Industrie einmal sagt: „Danke, jetzt haben wir einen gewissen ethischen Anspruch"?*

PIZA: Ich kann es nur hoffen.

NÖLAK: *Also es kann nur über die Macht der Konsumenten und in dem Fall hauptsächlich Konsumentinnen gehen!*

PIZA: Über die Klugheit der Konsumentinnen.

NÖLAK: *Der berühmte Satz, die Schönheit liegt im Auge des Betrachters, unterschreiben Sie den nach wie vor?*

PIZA: Ja.

NÖLAK: *Wenn also jemand den Eindruck hat, jeder starrt – bleiben wir bei etwas Plakativem – auf seine Nase, weil sie so hässlich sei. Wäre es nicht besser, zuallererst aufzuarbeiten, warum man glaubt, dass einem jeder auf die Nase schaut, und nicht sofort von der Annahme auszugehen, dass die Nase wirklich hässlich sei?*

PIZA: Ich glaube, das ist ein sehr gutes Beispiel. Es gibt eine Körper-Harmonie. Und gerade bei der Nase ist man ziemlich sicher, ab wann die Harmonie zerstört ist. Und da kann man dann feine Korrekturen sehr wohl für sehr sinnvoll ansehen. Aber die Korrektur muss fein gemacht werden, ohne Komplikationen und gut. Dazu glaube ich, sollte man auch stehen. Nicht so, wenn irgendjemand einmal gehänselt wurde und ein psychologischer Grund vorhanden ist.

NÖLAK: *Also, die berühmten Segelohren bei Kindern, die sind ja heute kein Thema mehr. Das wird mühelos operiert und die Kinder sind den Hänseleien nicht mehr ausgesetzt. Ein bestimmtes Schönheitsideal hat früher, ich rede jetzt von der Kunstgeschichte her, zumindest ein Malerleben lang gehalten. Also Herr Rubens hat ein Leben lang Mollige malen dürfen, und das war damals toll. Heute hat man manchmal den Eindruck, dass sich Schönheits-Trends fast schon wöchentlich ändern. Wird sich da die Entwicklung irgendwann einmal auch wieder halbwegs einpendeln – dass es ein Ideal gibt, das der Gesundheit entspricht und nicht so sehr ästhetischen Maßstäben?*

PIZA: Ja, das glaube ich schon. Es gibt beachtliche Zukunftsperspektiven in diese Richtung. Man soll das Gesundheitsbewusstsein in den Schulen schärfen und den jungen Menschen bewusst machen, wie wichtig unter anderem gesunde Ernährung, viel Bewegung und das Vermeiden von Nikotin ist. In der Sekunde, in der junge Leute dies verstehen, kann erwartet werden, dass wir uns auf einem guten Weg befinden. Es sollen die Menschen aller Altersgruppen wachgerüttelt werden. Sie sollen Eigenverantwortung übernehmen. Die Eigenverantwortung in allen Bereichen zu übernehmen wird die Zukunft sein. Jeder Mensch hat seine ihm zur Verfügung stehende Zeit und seine durch ihn zu nützende Chance, das Optimum aus seinem Leben zu machen.

Der Vergleich mit dem anderen Menschen taugt nicht. Ich kann nicht aussehen wie Gina Lollobrigida. Aber schon in den Familien wird ein Kind mit dem anderen verglichen. Objektiv ist aber klar, dass sechs Kinder aus einer Familie, ausgenommen eineiige Zwillinge, grundverschieden sind. Jedes Kind, somit jeder Mensch ist ein einmaliges Wesen und unvergleichlich. Und jedes Kind hat seine Chance.

NÖLAK: *Der Nahrungstrieb war ja Jahrhunderttausende sinnvoll, um überhaupt überleben zu können. Erst in den letzten 50 Jahren haben wir den Überfluss auch bei Nahrungsmitteln. Wird die Motivation bald so stark sein, den Trieb z. B. bei der Schlacht am kalten Buffet zu unterdrücken und ihm gewissermaßen zu sagen: „Halte den Mund"?*

PIZA: Nein. Also erstens bin ich eine leidenschaftliche Esserin. Ich verstehe ja auch Menschen, die Hunger haben. Wir leben in einer klimatischen Zone, in der Temperaturen stark wechseln können – d. h. ich verbrauche unterschiedlich viel Energie, daher verbraucht man einmal mehr und einmal weniger Fett. Aber, es ist ja nicht von ungefähr, dass es in jeder Religion mindestens zweimal im Jahr Fastenzeiten gibt. Ja selbst das Einhalten von Mahlzeiten würde dazu führen, dass das Körpergewicht einigermaßen stabil gehalten werden kann.

NÖLAK: *Soll man also mehr Aufmerksamkeit den – wortwörtlich – „Mahl-Zeiten" und den Fastenzeiten widmen?*

PIZA: Na, selbstverständlich. Und da ist überhaupt nichts dagegen zu sagen. Aber wenn ich vermehrt kalorienreich esse und wenig Bewegung mache, muss Fett angesetzt werden. Unsere Sinnesorgane sind abgestumpft. Sie sind zu Befriedigungsorganen degradiert. Wir sollten sie neu entdecken und schulen.

NÖLAK: *Und die Schulung kann durchaus in einer Generation wieder vonstatten gehen?*

PIZA: Absolut! Also da gebe ich die Hoffnung nicht auf.

NÖLAK: *Oder brauchen wir jetzt wieder 4 Millionen Jahre an Evolution?*

PIZA: Nein. Ich glaube, dass das Großhirn, Mittelhirn und das Zwischenhirn sofort umspringen. Nur muss man sich im Klaren sein: Wenn ich die Mahlzeit um 6.00 Uhr einnehme, dann werde ich wieder eine um 12.00 Uhr brauchen und um 18.00 Uhr noch eine. Aber dann sollte ich beim Fernsehen eben nichts mehr essen! Und statt fünf Achterl dann halt ein Achterl trinken! Also, es hat ja alles sein Gutes. Nur im Überfluss oder zu unmöglichen Zeiten zu essen und zu trinken davon halte ich nichts.

NÖLAK: *Wie ist das Patienten-Verhältnis Frauen zu Männern Ihrer Meinung nach? Steht es da 1 : 10 oder 1 : 9.*

PIZA: Also ich würde sagen, 1 : 19.

NÖLAK: *Also grob gesagt 5 % Männer.*

PIZA: Maximum. Ich würde eher sagen, es sind noch weniger. Also in Österreich sicher.

NÖLAK: *Gibt es so etwas wie Lebensrezepte? Oder: Worüber soll eine Frau nachdenken, wenn sie mit dem Gedanken spielt, sich chirurgisch verändern zu lassen?*

PIZA: Es hängt vom Alter, vom Beruf und es hängt davon ab, was sich eine Patientin vorstellt und ob die Vorstellung ihrerseits mit der Vorstellung dessen, der sie operiert, übereinstimmt. Und da müsste man sich wahrscheinlich doch Zeit lassen und niemals quasi wie in den Supermarkt gehen, sich einen Arzt aussuchen, weil er halt das fünfte Mal in der Zeitung steht, und sich dann sofort unters Messer legen. Das „unters Messer legen" heißt, dass ich es nicht mehr rückgängig machen kann. Jede Frau hat soviel Sensibilität, dass sie auch spürt, ob ihr das passt, ob das wirklich sein muss. Das Motto: „Jetzt muss es schnell gehen!" ist sicher falsch. Dazu gehört natürlich ein großes Maß an Verantwortung, die der Plastische Chirurg übernimmt. Da sollte sich der behandelnde Arzt Zeit für die Erhebung der Krankengeschichte, die Durchleuchtung des sozialen Umfelds der Patientin und vor allem Zeit für eine ausreichende Erklärung der Operation, aber auch der Komplikationsmöglichkeiten nehmen. Man sollte dem Patienten Zeit lassen, sich das Gehörte zu überlegen und ihn keinesfalls zu einem Eingriff drängen.

NÖLAK: *Eine Art „chirurgische Torschlusspanik" ist sicher falsch.*

PIZA: Ja, komplett! Und mit dem Messer irgendetwas zu heilen, heilen zu wollen, was also viel tiefer ist, das geht sicher nicht.

NÖLAK: *Nach dem Motto: „Schneiden sie mir meine alte Beziehung weg."*

PIZA: Das geht nicht.

Siehe Bildtafel 14

Der Trinker

„Man ist nie ehrlich. Ehrlich ist auch schwer. Ich bin in eine Klosterschule gegangen, acht Jahre, da habe ich gelernt, nie ganz die Wahrheit zu sagen."

Roland Girtler

Roland Girtler ist Professor am Institut für Soziologie der Universität Wien

NÖLAK: *Lebensstil. Was fällt Ihnen von Ihrer Seite zu Lebensstil ein?*

GIRTLER: Lebensstil ist ein Wort, das sehr weit ist. Da passt alles dazu. Ich bin ein gutes Beispiel für Folgendes: Ich habe 23 Semester studiert und habe geheiratet, aber das Wichtigste ist mein Drängen danach, etwas zu leisten, um mir dadurch einen Freiraum zu erarbeiten. Wie gesagt, wenn jemand was leistet, hat er auch gewisse Freiheiten. Da muss er nicht so „herumruacheln". Da kann er nicht mehr degradiert werden. Klar können Sie sagen, „der Girtler ist ein Spinner", aber das können Sie doch nicht ganz so meinen, weil ich doch einiges geschrieben und mir etwas erarbeitet habe. Ich bin kein fauler Mensch. Aber ich glaube, dass das zu meinem freien Lebensstil gehört – auch eben, dass ich dann den Sachen nachgehe, von denen ich glaube, dass sie mir gefallen. Ich habe da ein wichtiges Prinzip. Mir hat ein Vagabund, den ich im Wienerwald getroffen habe, gesagt: „Weißt du, ich lebe so, dass ich eine Freude habe und die anderen sollen auch ein bisschen Freude haben, ich möchte niemandem bewusst schaden." Das mache ich auch für mich, dass ich eben durch meine Arbeiten den Leuten ein bisschen Freude mache. Und auch in der Vorlesung schau ich, dass die Studenten ein bisschen Freude haben. Ich versuche, Brücken zu bauen. Ich glaube, die Aufgabe gerade der Sozialwissenschaft ist es, Arbeiten zu schreiben, Beschreibungen zu liefern von anderen Gruppen oder Ritualen und Symbolen, damit Menschen sich gegenseitig akzeptieren und Brücken bauen. Weil immer nur das Feindbild, das ist schlecht. Ich habe vor ein paar Tagen mit Studenten eine Diskussion gehabt und die waren, glaube ich, fast böse auf mich, weil ich gesagt habe, dass wir in Österreich viel gelernt haben und ich die Fremdenfeindlichkeit in den Dörfern nicht mehr sehe. Ich sehe sie wirklich nicht. Ich habe auch mit Polen, die in Österreich leben, gesprochen, die mir sagen, dass sie sofort integriert waren. Es gibt immer einen Unterschied zu dem, was die Leute allgemein sagen – z. B. „so furchtbar, die Türken!" –, und dann, wenn du mit denen redest, kennt jeder nur „einen guten Türken". Das ist auch mit den Juden so. Der Typus Jude war schlecht. Aber der individuelle Jude, der war gut. Und ich glaube eben auch, dass wir Österreicher gelernt haben, andere als Menschen zu verstehen. Ich habe eine Studentin, die gibt mir nicht die Hand. Eine Muslime. Sie sagt, sie darf mir nicht die Hand geben. Das akzeptiere ich. Aber ein anderer würde sich wahrscheinlich darüber ärgern. Das habe ich auch nicht gewusst, dass weibliche Moslems bzw. die Türkinnen dir nicht die Hand geben dürfen. Ich habe auch an Großzügigkeit gelernt, weil ich mir selbst etwas erarbeitet habe.

NÖLAK: *Diese Großzügigkeit kommt eigentlich zu einem wesentlichen Teil aus der Tatsache, dass Sie sich was erarbeitet haben?*

GIRTLER: Ja, dass ich die Anerkennung gefunden habe.

NÖLAK: *Und das wiederum im kreativen Bereich?*

GIRTLER: Weil ich was gearbeitet habe.

NÖLAK: *Na gut, ein Feldarbeiter arbeitet auch was. Aber der wird sicherlich nicht so die Unabhängigkeit haben, die man als kreativer Mensch hat.*

GIRTLER: Weil der Bauer ja nichts gilt. Mich interessieren im Wesentlichen, und das ist komisch und eigentlich pervers, zwei Gruppen. Das sind die kleinen Gauner und die Bauern. Das ist komisch. Denn beide haben eine alte Sprache, alte Rituale und Symbole – die gefallen mir, die Typen. Da habe ich das Buch „Die echten Bauern" geschrieben. Und da gehe ich unter anderem darauf ein, dass wir von den Bauern lernen können, dass wir heute keine Bauernkultur mehr haben. Auch von den kleinen Ganoven kannst du was lernen: Ehre zum Beispiel. Da habe ich einen Brief von einem Ex-Häftling bekommen, der schreibt: „Mit ihren Büchern haben Sie mir eine große Freude bereitet. Ich selbst bin seit 12 Jahren straffrei. Ob Sie es glauben oder nicht, diese Tatsache verdanke ich einem kleinen Kätzchen. Was die Gesellschaft und die Gerichte nicht schafften, hat dieses Tier geschafft. Es hat mich einfach vor die Wahl gestellt, ‚gehst du wieder in den Knast, muss ich ins Tierheim'." Was sagt man dazu? Irgendwie sind mir diese Leute sympathisch. Auch mit ihren 15 Jahren Häf'n.

NÖLAK: *Können Sie das, was Sie gelernt haben, so formulieren, um es weiterzugeben?*

GIRTLER: Ich habe es an die Studenten weitergegeben.

NÖLAK: *Nicht nur an die Studenten, sondern an Herrn und Frau Österreicher. Können Sie Ratschläge geben?*

GIRTLER: Der Ratschlag ist, dass eben jede Gesellschaft sehr bunt ist und aus vielen Gruppen und Menschen besteht, die alle ihre eigene Kultur, ihre eigene Geschichte haben. Man muss eben die Komplexität anschauen, die Buntheit eines Menschen, das ist interessant. Es ist der Mensch nicht von vornherein böse. Mich interessieren eher die „kleineren" Gruppen, die am Rand leben, überleben müssen und von anderen getreten werden. Das ist interessant, dass man eben auch von diesen Leuten lernen kann. Ich persönlich habe beispielsweise von den Sandlern gelernt. Ich habe von den Sandlern gelernt, dass sie mittelhochdeutsch sprechen. Ein Sandler hat zu mir gesagt, „du druckst mir die Rippen ein". Ich habe nachgeschaut in alten Gaunerwörterbüchern, „Rippen" hat die Geldtasche im 15./16. Jahrhundert geheißen. Da habe ich gesehen, es ist eine tolle Kultur dahinter. Das meine ich.

NÖLAK: *Heißt das, dass man durch die Bewunderung einer Kultur – dazu gehört das Kennen und dann das Anerkennen – seinen Stil im Umgang mit Fremdgruppen – mit Leuten, die Angst machen – verändern kann?*

GIRTLER: Ja. Auch lernen.

NÖLAK: *Aber die Leute sind doch heute schlicht und einfach maßlos überfordert, weil es so viele Eindrücke durch die Medien gibt. Eine einzige Sonntagszeitung enthält heute so viel Information wie vor 100 Jahren ca. 700 Zeitungen. Und die Leute suchen doch nach Vereinfachungen?*

GIRTLER: Ja.

NÖLAK: *Da ist es doch einfacher zu sagen, „Alle Türken sind schlecht", „Alle Serben sind schlecht", „Alle-was-weiß-ich sind schlecht", sodass die Gefahr einer Fremdenfeindlichkeit bei uns noch immer besteht?*

GIRTLER: Ja. Aber es ist auch die Aufgabe eines guten Journalisten, nicht nur zu sagen, das sind lauter Gute, sondern er muss beide Seiten aufzeigen.

Bei den Gaunern auch und vielleicht auch immer solche Geschichten reinbringen.

NÖLAK: *Unterläuft man damit die Fremdenfeindlichkeit?*

GIRTLER: Wenn man ein verantwortungsvoller Journalist ist, ja. Eine Gruppe nicht nur als die Bösen hinstellen. Das ist schlecht! Daher immer differenzieren!

NÖLAK: *Sie haben gesagt: Das Erkennen – und dadurch das Anerkennen. Wie weit ist es für Sie wichtig, dass Sie es schlicht und einfach niedergeschrieben haben? Weil nur erkennen ist ja auch noch nicht alles.*

GIRTLER: Schreiben ist wichtig! Aber da muss man auch sehr aufpassen! Man kann mit viel Worten auch nur etwas vorgaukeln. Um ehrlich zu sein, Lebensstil ist ja auch so ein verwaschener Begriff – für mich. Ich würde sagen, Lebensstil bedeutet die Art des Lebens. Wie überlebe ich am besten.

NÖLAK: *Aber am besten überlebe ich dann, wenn ich andere unterdrücke.*

GIRTLER: Ich weiß es nicht. „Bestens" meine ich in dem Sinn, dass ich so lebe, dass ich zufrieden bin, und die anderen zufrieden sind.

Das ist für mich das Beste. Man muss großzügig sein. Mein Großvater beispielsweise war Professor an der Deutschen Technischen Hochschule in Brünn. Und der war ein alter Deutschnationaler. Die waren alle deutschnational. Auch die Jungen. Und ich bin auch ein bisschen geprägt. Allerdings habe ich von meinem Großvater einen Brief, in dem er gegen die Nazis Stellung bezieht. Er sagt, mit diesen Leuten will er nichts zu tun haben. Ich möchte da auch Brücken bauen, also gegen den Antisemitismus!

NÖLAK: *Wo ist die Grenze, wo Sie sagen, bis hierher und nicht weiter?*

GIRTLER: Dort, wo andere Menschen bedroht und unterdrückt werden. Wenn ein Zuhälter mit dem Revolver herumhantiert und sagt, wie gut er ist, das gefällt mir nicht. Es hat ihm sogar imponiert, dass ich das gesagt habe.

NÖLAK: *Also dort, wo Gewalt beginnt?*

GIRTLER: Ja, wo Leute erniedrigt werden. Da muss ich schon was sagen.

NÖLAK: *Wo Leute erniedrigt werden?*

GIRTLER: Das habe ich auch geschrieben. So ein Methodenbuch. Methoden der Feldforschung. Man soll sich nicht gegenseitig erniedrigen. Man soll sich auch nicht aufspielen als der Große. Ein gewisses Maß an Bescheidenheit ist immer gut. Ehrlich? Was ist ehrlich? Das muss ehrlich sein. Das ist ein blödes Wort. Ehrlich. Man ist nie ehrlich. Ehrlich zu sein ist auch schwer. Ich bin in eine Klosterschule gegangen, acht Jahre, da habe ich gelernt, nie ganz die Wahrheit zu sagen. Was ist ehrlich? Ich glaube eher, man muss das zeigen, was menschlich ist. Wenn der ein blöder Hund ist, werde ich nicht sagen, das ist ein blöder Hund.

NÖLAK: *Unter dem Deckmantel der Ehrlichkeit?*

GIRTLER: Das werde ich ihm nicht sagen. Da muss man ein bisschen lügen, auch, um den Leuten eine Freude zu machen. Ich bin nicht ein Gegner der Lüge, gewisse Lügen sind sogar gut. Dann, wenn ich den Menschen dadurch helfe. Mein Vater hat zum Beispiel gelogen. Eine wichtige Lüge meines Vaters war – diese Geschichte muss ich erzählen, denn das ist Vorbild: Mein Vater war an der russischen Front. Und da wurde jemand zum Tode verurteilt wegen Fahnenflucht. Mein Vater war Gegner der Todesstrafe, überhaupt als Arzt. Einmal hat er den Auftrag bekommen, so ein Todesurteil zu unterschreiben. Dann ist irgendsoein Oberst vom Kriegsgericht gekommen, und hat gefragt, was los sei. Mein Vater hat geantwortet, dass er das

Todesurteil deswegen nicht unterschreibe, „weil der blöd ist“. Das hat demjenigen das Leben gerettet. So was gefällt mir. Ich glaube, dass ich von mir sagen kann, dass ich bis jetzt auch so gelebt habe, zumindest versuche ich es. Also, ich bin gegen jede Erniedrigung von Menschen. Das ist Lebensstil!

Siehe Bildtafel 15

© Robert Szinovatz

„Wir leben in einer Epoche, in der der Generationendialog nicht funktioniert."

Anton Amann

Anton Amann ist Professor am Institut für Soziologie der Universität Wien

NÖLAK: *Wie sollten die Generationen miteinander umgehen? Gibt es Tipps, Tricks und Rezepte im Umgang der Generationen miteinander?*

AMANN: Rezepte gibt es in solchen Fragen nie. Aber zur ersten, allgemeinen Überlegung, wie gehen Generation miteinander und mit sich um, ist etwas vorauszuschicken. Wenn man von Generationen spricht, muss sehr klar sein, was darunter verstanden werden soll. Die übliche Vorstellung ist die, dass man von einer Gruppe von Menschen redet, die in einem gemeinsamen, gleichen Zeitraum geboren wurden und dann älter geworden sind. Daher wird von der 68er- oder der Kriegsgeneration gesprochen. Diese Vorstellung ist aber nicht ganz angemessen, der Begriff „Generation" muss präziser gefasst werden. Gruppen, die in einem gleichen Zeitraum geboren wurden und älter geworden sind, werden Kohorten genannt, zu Generationen werden sie dann, wenn sie gemeinsame historische Erfahrungen gemacht und gemeinsame Lebensbilder und gemeinsame Zukunftsvorstellungen entwickeln konnten. Diese Bestimmung kann sich z. B. nicht auf alle Menschen beziehen, die während des Zweiten Weltkriegs gelebt haben, nicht einmal auf alle Erwachsenen dieser Zeit. Die gemeinsam geteilten spezifischen Erfahrungen, Lebensentwürfe und Sinngebungen sind der Punkt, an dem sich eine Generation von einer anderen unterscheiden kann. Die Generation, die im Zweiten Weltkrieg geboren ist und jene, die zwischen 1950 und 1956 geboren ist, unterscheiden sich wesentlich durch frühkindliche Erfahrungen; die einen erlebten frühkindliche Prägungen durch Kriegsfolgen und gefährdete Lebensbedingungen, die anderen wuchsen im bereits beginnenden Wohlstand auf. Nun ist zu bedenken: Die gegenwärtige Entwicklung mit der dominanten Tendenz zur Individualisierung führt möglicherweise dazu, dass diese Art von Generationenbildung unwahrscheinlicher wird. Umfrageergebnisse lassen uns ahnen, dass wir heute beispielsweise bei den jungen bis mittleren Erwachsenen kaum mehr Gruppen finden, die sich dadurch unterscheiden, dass sie differente Zukunftsvorstellungen, differente politische Pläne, differente historisch-soziale Erfahrungen haben. Ich würde deshalb auch nicht behaupten, dass wir in diesem strengen Sinn heute in der jüngeren Bevölkerung noch klar voneinander abgrenzbare Generationen vor uns haben. Es mag sein, dass diese Überlegung sich etwas provokativ ausnimmt, doch gegenwärtig nähren empirische Befunde diese Vorstellung.

NÖLAK: *Begriffe wie „Null-Bock-Generation" oder „No Future" stellen Sie in Frage, weil sie in dem Sinne ja keine Generation darstellen?*

AMANN: Entschieden. Das sind im Grunde genommen plakatierende Versuche, einzelne Gruppen durch ein Wort pauschal zu kennzeichnen, ohne über die Inhalte genauer Rechenschaft zu geben.

NÖLAK: *Gab es oder gibt es die so genannte 68er Generation?*

AMANN: Hier lässt sich eine zynische Bemerkung anbringen, die die Sinnhaftigkeit dieser Begriffsverwendung mit einem Schlag in Frage stellt: Es gibt heute mehr Leute, die behaupten, zu den 68ern gehört zu haben, als zum damaligen Zeitpunkt überhaupt im entsprechenden Alter gelebt haben. In manchen Kreisen gilt es heute noch als chic, sich so zu bezeichnen. Aber der Kern ist doch folgender. Es gibt eine „68er-Generation" nur unter einem spezifischen Verständnis. Es sind jene Leute, die damals so zwischen 16 und 30 Jahren alt waren, unter ihnen vornehmlich wieder jene, die aus Bildungsschichten kamen, sie waren meist Studierende und es waren vor allem Gruppen, die sich, nach ihrem eigenen Verständnis, unter einer politisch progressiven Perspektive gegen das zusammengefunden haben, was sie das „Establishment" nannten. Das habe ich selbst sehr hautnah und eindringlich miterlebt und ich weiß, dass es viele Studierende, beispielsweise auf der Wiener Uni, gegeben hat, die sich überhaupt nicht engagiert, nicht dafür interessiert haben. Die waren nicht einmal in einem vagen Sinn „betroffen". Jene, die aktiv waren und sich aus gemeinsamen ideologischen und politischen Hintergründen zusammengefunden haben und deren Entwicklung durch dieses Erleben mitgeprägt wurde, die würde ich als eine solche Generation bezeichnen – doch die war viel kleiner als heute meist geglaubt wird.

NÖLAK: *Also, heute keine Generationen in dem Sinne, wie der Begriff so gerne verwendet wird, und das, weil die Generalisierung kaum mehr zutrifft?*

AMANN: Genau deshalb. Weil die gemeinsame Hintergrunderfahrung, nach der sich einzelne Altersgruppen voneinander eindeutig unterscheiden können, nicht mehr deutlich gegeben ist. Und jetzt können wir zur nächsten Frage gehen. Was machen die Generationen miteinander und mit sich selbst falsch? Da hole ich auch wieder ein wenig aus. Stellen wir uns einmal vor, was es heißt, dass wir in einer Gesellschaft leben, in der die Lebenserwartung im historischen Vergleich tatsächlich „ungeheuer" angestiegen ist – das wissen mittlerweile ja nun schon alle. Als Arthur Evans begann, die Minoische Kultur auszugraben, als Wilhelm Röntgen den Nobelpreis bekam und Königin Victoria gestorben ist, alles so um 1900, 1901 herum, hat in Wien ein Mensch, der damals geboren wurde, mit berechenbarer Wahrscheinlichkeit eine mittlere Lebensdauer von gut 40 Lebensjahren gehabt. Heute sind es 80. Es sind jetzt 100 Jahre her und inzwischen ist die Sterblichkeit auf den Kopf gestellt worden. Um 1900 starben von 100 Geborenen in Wien 34 im ersten Lebensjahr und nur 8 im Alter von über 75. Diese Verhältnisse wurden total umgekehrt. Heute entfallen auf die Unter-25-Jährigen weniger als zwei Prozent der Todesfälle und 60 % sterben im Alter von über 70 Jahren. Was sich aber im gleichen Zeitraum nicht eingestellt hat, sind ein kulturelles Bewusstsein und kulturelle Praktiken, die diesem extrem verlängerten Leben Rechnung tragen könnten. Wir haben uns in unseren Vorstellungen noch nicht daran gewöhnt, mit einem langen, sehr langen Leben umzugehen. Das lässt sich wiederum an Umfragen insofern ablesen, als unter den über 60-jährigen Österreichern und Österreicherinnen sich nur ein Drittel intensiv mit der weiteren eigenen Zukunft beschäftigt. Die anderen denken nicht darüber nach. Oder nehmen wir die Gesundheitsvorsorge. Von den über 50-jährigen Männern beteiligen sich noch etwas mehr als ein Drittel und etwas über 40 % der Frauen an Vorsorgeuntersuchungen. Dabei ist doch völlig klar und den Menschen meist auch wohl bekannt, dass das Vorfeld des Alters die risikoreichste Zeit ist, in der Selbstaufmerksamkeit und gezieltes Gesundheitsverhalten besonders wertvoll werden. Da stellt sich die Frage, weshalb dieser Mangel besteht, weshalb sich die Menschen mit dem, was sie doch unmittelbar und zunehmend betrifft, das eigene Älterwerden, nicht intensiver auseinandersetzen. Die Antwort kann nur lauten: Sie haben noch nicht verstanden, dass sie in einem Alter von 60 Jahren mindestens noch weitere 20, in einem Alter von 75 mindestens noch weitere 10 Jahre vor sich haben. Nichts bezeugt das besser als die oft gehörte Äußerung von Menschen um die 60 oder 70 Jahre: „Für mich rentiert sich das doch nicht mehr." Wir können mit dem langen Leben nicht umgehen. Das ist einer, und zwar einer der wichtigsten Aspekte, die unter die Frage gehören, was die Generationen mit sich selbst falsch machen.

NÖLAK: *Ein Drittel denkt nach, zwei Drittel denken nicht nach. Ist das wirklich so eine Korrespondenz zu „Sie haben noch nicht begriffen, wie alt sie werden" oder sind wir schlicht ein Volk der Sänger und der Tänzer, die sich über das Morgen noch nie den Kopf zerbrochen haben?*

AMANN: Ich vermute, dass das so nicht gesagt werden kann, es wird etwas mehr Differenzierung nötig sein. Eine erste Antwort lautet, dass es ähnliche Phänomene, wie wir sie hier für Österreich diskutieren, auch in Deutschland und in anderen Ländern gibt. Ein zweiter Versuch einer Antwort hätte zu berücksichtigen, dass diese Nichtbeschäftigung mit sich selbst, mit der eigenen Generation und der Zukunft natürlich auch vom Bildungsstand abhängig ist, die oben genannten ein Drittel bzw. zwei Drittel also in sich noch differenziert werden können. Je höher die Bildung, je höher die Berufsposition, je komplexer und sozusagen ausgreifender die Lebensanforderungen waren, je mehr die Menschen eine Chance hatten und vor der Notwendigkeit standen, sich mit möglichst vielen Anforderungen auseinander zu setzen, desto größer ist die Wahrscheinlichkeit, dass sie reflektierter ihrem eigenen Leben und dem Älterwerden gegenüberstehen und damit häufiger und wohl auch tiefer nachdenken. Andererseits, eine dritte Antwort, gibt es Bereiche, in denen man dieses sorglose In-den-Tag-Hineinleben als Mentalitätsfrage ansprechen könnte, die sehr viel mit der Vorstellung zu tun hat, in Ruhe gelassen zu werden und sich der geistigen Anstrengung zu Fragen der eigenen Lebensführung nicht aussetzen zu müssen, zumal ja das Eingeschliffene und Gewohnte bisher (meist) ganz zufrieden stellend funktionierte. Ich gebe Ihnen ein Beispiel. Die niedrigste Beteiligungsquote an innerbetrieblichen Weiterbildungsmaßnahmen in österreichischen Betrieben haben die Über-50-Jährigen. Selbstverständlich gibt es dafür strukturelle Gründe von den Betrieben her, Über-50-Jährige oder Über-45-jährige werden von vornherein schon gar nicht animiert und eingebunden in Weiterbildungsaktivitäten, aber es hat auch damit zu tun, dass das Interesse bei den älteren Arbeitskräften gar nicht vorhanden ist; dafür existiert die Überzeugung bei 45-, 50-Jährigen: Ich kann nicht mehr lernen, ich muss nicht mehr lernen, ich bin schon auf der Schulbank gesessen, wofür soll ich mich noch einmal hinsetzen. Und das in einem Alter mit 50 Jahren, da noch mindestens weitere 25 Jahre zu erwarten sind. Ich habe einmal in einer Seniorendiskussion den Ausspruch gehört: „Mir geht es darum, dass ich mich von meinem Arbeitsleben ausruhen kann". Das haben viele in der Runde bestätigt. Die Anwesenden waren zwischen 50 und 65 Jahren. Auf meine Frage, ob sie sich tatsächlich vorstellen könnten, die nächsten 25 Jahre nur auszuruhen, sind sie sehr unsicher geworden – das werde wohl nicht gehen. Was machen Generationen miteinander nun falsch? Wiederum versuche ich eine differenziertere Antwort zu geben. Wir leben in einer Epoche, in der der Generationendialog nicht funktioniert. Das hat sehr viele Gründe. Die wichtigsten davon sind aber Vorurteile. Ein weit verbreitetes Vorurteil besteht darin, dass die Jüngeren der Meinung sind, die Älteren hätten ihnen nichts mehr zu sagen, umgekehrt herrscht bei den Älteren die Vorstellung, dass die Jüngeren von dem sehr stark abweichen, was sie selbst als ideale Lebensvorstellung mit sich herumtragen, außerdem fehle es von der politischen Seite her – ein Argument von beiden, den Jüngeren und den Älteren – an Anstrengungen, um den Generationendialog zu verbessern. Der erste Teil dieser Antwort ist leicht zu relativieren. Eben weil es Vorurteile sind, können sie auch nur durch einschlägige Erfahrungen geändert werden. Es liegt daher an den verschiedenen Generationen selbst, den intensiveren Dialog und die Kooperation in Lebensaufgaben zu suchen und auszuprobieren, wieweit das Miteinander trägt. Wenn etwas werden soll, muss es getan werden. Der zweite Teil der Antwort wirft ein schwierigeres Problem auf. Es ist beileibe nicht davon auszugehen, dass die Politik und der Staat alles organisieren und gestalten müssen, aber es ist ihre bzw. seine Aufgabe, Rahmenbedingungen zu schaffen. Wenn wir die einzelnen Politiken betrachten wie Wohnbaupolitik, Beschäftigungspolitik etc., so wird klar, dass sie immer zielgruppenorientiert sind und immer so angelegt, dass sie im Grunde genommen die Generationen auseinander dividieren. Bleiben wir beim Wohnen. Es gibt zwei große Wohnbaupolitiken in Österreich, die eine ist die private Wohnbaupolitik, die auf die Förderung von Eigentumswohnungen und Einfamilienhäusern ausgerichtet ist, und die andere ist die Förderung von so genannten Sozialbauten. Was passiert tatsächlich? Es werden notorisch große Sozialbauten hingestellt, die von jungen Familien und Menschen bezogen werden; die altern dort gemeinsam vor sich hin, im Regelfall ziehen die Jungen aus und nicht die Alten, und irgendwann haben wir in so einem Sozialkomplex ein kollektives Altersheim vor uns. Zweites Beispiel Einfamilienhäuser: In Österreich sind nach meiner Schätzung weit über 60 % aller privaten Wohngelegenheiten Einfamilienhäuser. Sie werden für Familien mit drei bis fünf Personen gebaut; so sind sie größenmäßig auf die Hoffnung ausgelegt, dass zumindest eines der Kinder dann im Haus bleiben werde, wenn man selbst älter sein wird. Was geschieht tatsächlich? Die Kinder ziehen aus, sie bauen selber wieder Einfamilienhäuser im gleichen Zuschnitt; die erste Generation altert im alten Haus und der zweiten und dritten geht es genauso. Zunehmend sind diese Bauten dadurch gekennzeichnet, dass sie extrem ungünstig gestaltet sind für die Veränderungsfälle des Alters. Es wäre durchaus zu überlegen, z. B. überhaupt keine Wohnbauförderung mehr für Einfamilienhäuser zu gewähren, in denen nicht mindestens das Erdgeschoß vollkommen barrierefrei gestaltet ist. So lassen sich Hunderte Beispiele aufzählen, wo die Politik in eine völlig falsche Richtung geht und natürlich auch das Bewusstsein der Einzelnen. Alle wollen Häuser bauen, wollen es so gestalten, wie sie ihre ästhetischen Vorstellungen entwickelt haben. Dass sich unvermeidlich die Lebensverhältnisse und die eigenen Kompetenzen ändern werden, daran wird nicht gedacht. Ich bin überzeugt davon, dass sich viel an den Randbedingungen verändern ließe.

NÖLAK: *Es müsste die Bauordnung geändert werden?*

AMANN: Ja, sowie die Förderbedingungen, aber auch das Bewusstsein der Architekten und der Menschen insofern, als sie lernen müssen, dass barrierefreies Bauen nicht wesentlich teurer kommt als das normal gängige Bauen, dass späteres Umbauen, wenn es dann notwendig wird, aber viel teurer wird. Im Grunde genommen spart man an späteren Ausgaben, indem man frühzeitig investiert.

NÖLAK: *Wenn man eine Rampe einbaut, das kostet ja nichts oder?*

AMANN: Es gibt Berechnungen von Architekten, dass vollständig barrierefrei gebaute Häuser im gleichen Zuschnitt ungefähr 10 % teurer kommen, wobei durch gezielte Förderstrategien das Kostenargument hinfällig werden könnte. Mittelbar käme durch die staatliche Gestaltung geeigneter Randbedingungen den Generationen etwas zugute, sowohl unter der Perspektive, was sie miteinander falsch machen als auch, was sie an sich selbst falsch machen.

NÖLAK: *Ist die Politik dermaßen gefragt oder werden die Leute auch ohne diesbezügliche politische Maßnahmen klüger werden?*

AMANN: Das ist eine sehr knifflige Frage, aber ich würde einmal von Folgendem ausgehen. Erstens ist das, was Menschen in einer jeweiligen Lebensphase mit sich im Kopf herumtragen, immer auch unter anderem bestimmt durch die äußeren Verhältnisse, in denen sie leben. Wodurch sind unsere Verhältnisse in den letzten 20 Jahren bestimmt? Z. B. durch eine ganz extrem einseitige Diskussion über die Finanzierbarkeit der Pensionen mit der damit verbundenen Forderung, private Vorsorge zu betreiben, sich um das künftige Alter selbst zu sorgen. Das haben die vorangehenden jüngeren Altersgruppen in den letzten 30 bis 40 Jahren nicht gehabt. Hier ist mit Sicherheit bei den heute 25- bis 35- oder 40-Jährigen zu erwarten, dass sie ein anderes Bewusstsein über die Verlässlichkeit und Verbindlichkeit politischer Versprechungen und wohlfahrtsstaatlicher Programme haben werden, als jene Gruppen, die vor ihnen waren. Allerdings wage ich zu bezweifeln, ob das bereits stark auf eine planerische Gesamtvorstellung für das eigene Leben ausgreifen wird. Die ganze Diskussion über das Alter wird ja wohl noch länger genau so gestaltet sein, dass den Menschen immer nur die Kostenargumente eingehämmert werden, während Fragen der sozialen und kulturellen Transformationen als Begleiterscheinung des demografischen Alterns gar nicht gestellt werden. Zweitens spielt es eine wesentliche Rolle, dass die Arbeitsverhältnisse unsicher geworden sind und somit Menschen, nicht alle, aber viele, daraus lernen, in Gedanken beweglich zu sein, sich auf Neues einzulassen, auch wenn man Angst davor hat. Das ist etwas, was sozusagen zum Normalzustand des Lebens werden könnte. Drittens ist klar, dass im Zusammenhang mit dem Alter ständig von der Pflegeproblematik gesprochen wird. Davon bleiben Junge in Hinsicht auf Vorstellungen über körperliche und geistige Veränderungen sicher nicht gänzlich unberührt. Zum einen werden solche Erfahrungen in der eigenen Familie oder bei Bekannten gemacht, zum andern führt, wenn jemand einmal auf die 40 zugeht, das Auftreten der ersten Beschwerden mit Sicherheit zu weniger resignativen Vorstellungen, als es zu einer Zeit der Fall war, in der vieles noch nicht kuriert und geheilt werden konnte. Insofern kann gesagt werden: Bei aller Einseitigkeit und manchmal Schieflage der Diskussionen, die gegenwärtig geführt werden, wird es doch möglich werden, dass die Altersgruppen, die heute so in die Dreißiger oder Vierziger kommen, mit einem anderen Bewusstsein ihrem eigenen Alter entgegengehen als die, die heute 60 oder 70 sind.

NÖLAK: *Jetzt, wo auch die ältere Generation sich partiell ihre Ziele „modernisiert", Stichwort „Computerkurse für Senioren", bricht dieses Vorurteil jetzt im guten Sinne sehr viel rascher auf … diese Haltung: „Na, zu meiner Zeit hätte es das nicht gegeben!"?*

AMANN: Da muss man eine Unterscheidung zwischen dem Selbst- und dem Fremdbild jüngerer und älterer Menschen allgemein in unserer Gesellschaft beachten und dem, was innerhalb von Familien und Verwandtschafts-Generationen passiert. Die eher antagonistischen Einstellungen sind eher im allgemeinen und anonymisierten Zusammenhang in der Gesellschaft vorhanden, wogegen sich die Einstellungen im familiären und verwandtschaftlichen Generationenverband weniger widersprüchlich darstellen. Die Erklärung dafür ist relativ einfach. Von jemandem, den man konkret kennt, hat man ein entschieden anderes Bild als von jemandem, der einem nur allgemein und aus dritter Hand bekannt ist. Zu dem Punkt, wie weit sich an den teilweise extrem unterschiedlichen Einstellungen etwas ändern wird, kann mit gutem Gewissen nur Folgendes gesagt werden: Die Situation wird sich in dem Maße verschlechtern, in dem durch falsche Öffentlichkeitsarbeit, durch falsche Medienberichterstattung etc. diese so genannte „Kluft der Generationen" weiter getrieben wird. Das betrifft die allgemeine Ebene. Sie würde sich in dem Maße verbessern, in dem man davon abgeht, diese Differenzen der Effekthascherei wegen hervorzukehren. Nicht vom Generationenkrieg, sondern vom Generationendialog ist zu sprechen. Anders liegen die Erfahrungen im privaten Bereich, da ist mir unlängst, das habe ich als sehr einprägsam empfunden, in der Straßenbahn Folgendes passiert. Zwei Mädchen, im Alter von ca. 14 oder 15 Jahren, unterhielten sich auf dem Sitz hinter mir, wobei die eine zur anderen sagte, dass sie ihre Oma „urcool" finde, weil die sich die geplante Ägyptenreise über das Internet selber organisiert hätte. Das ist genau der Punkt, auf den die ganze Sache hinausläuft. Dort, wo es gelingt, dass Generationen aneinander durch persönliche Erfahrung bemerken können, dass sie Ähnliches wollen oder können oder tun, dort kann eine Annäherung stattfinden. Wo das nicht passiert, ist vermutlich die Gefahr sehr groß, dass die Differenzen steigen. Noch eine Überlegung ist unbedingt anzuschließen. Es ist natürlich nicht so, wie häufig insinuiert wird, dass der Generationenkonflikt nur die Allgemeinheit betreffe und in der Familie alles „Wonne, Eitelkeit" sei. In der Familie gibt es auch Konflikte zwischen den Generationen. Aber was wir alle lernen müssen, sowohl in unserem gegenseitigen Umgang im privaten Bereich als auch in öffentlichen Verhältnissen, ist, Konflikte nicht zu verdrängen, sie aber auch nicht in falscher Weise hochzuspielen, sondern mit Konflikten produktiv umzugehen. Konflikt gehört zum menschlichen Leben dazu wie alle anderen Dinge auch, von denen es heißt, dass sie das Leben ausmachen. Wir müssen versuchen, Widersprüche fruchtbar und nützlich zu machen, denn das ist es, was am allerwenigsten geschieht. Wenn überhaupt von Rezepten gesprochen werden soll, dann ist ein produktiver Umgang mit Konflikten eines der bedeutsamsten.

NÖLAK: *Wer muss auf wen zuerst zugehen, die Alten auf die Jungen oder die Jungen auf die Alten?*

AMANN: Ich war jetzt fast versucht, eine Ausflucht zu nehmen und zu behaupten: Beide gleichzeitig. Ich will etwas anderes sagen. Es hängt immer von der jeweiligen Situation ab. Wer in einer konkreten Situation die günstigere Ausgangslage hat, die kann psychisch, geistig, sozial, materiell etc. sein, der oder die muss vorangehen. Ein Mensch, der meint und der Überzeugung ist, dass es ihm leichter fallen wird. Weshalb diese Antwort? Weil es meistens umgekehrt funktioniert. Meistens erwarten die, die mehr Handlungsspielraum haben und dadurch im Machtverhältnis ja oben stehen, dass die anderen kommen, beginnen oder nachgeben. Das wird kaum je funktionieren. Wer unterwirft sich schon gerne?

NÖLAK: *Umso mehr, als er ja eben schon innerhalb dieses Verhältnisses der Unterlegene ist und das noch verstärken würde müssen.*

AMANN: Zwei Punkte gehören in dieses Thema hinein, eben weil sie immer wieder vergessen werden. Wir haben vorhin gesagt, dass immer mehr Menschen eine immer größere Chance haben, immer älter zu werden. Das ist exakt ausgedrückt. Jetzt können wir uns die Frage stellen, welche die Konsequenzen sind. Die erste heißt, dass Hochaltrigkeit, also über 85 Jahre alt zu werden, von einem spektakulären Einzelereignis, das es einmal war, zum trivialen Massenphänomen wird.

NÖLAK: *Das hohe Alter ist alltäglich?*

AMANN: Ja, es ist so. Das „Massenphänomen" erweist sich selbst. Wir haben zurzeit in Österreich rund 160.000 Über-85-Jährige, 2050 werden sie eine halbe Million sein. Die Generationenfrage wird sich völlig verschieben hin zu der Problematik mehrerer deutlich voneinander unterscheidbarer Altersgruppen unter den 60-Jährigen und älteren.

Das, wovon wir hier sprechen, bedeutet in anderen Worten, dass die Gruppe der Älteren, die Über-60-Jährigen, in sich wesentlich stärker differenziert ist als alle anderen Altersgruppen. Der zweite Punkt nun, der dazu gehört zu diesem Immer-älter-Werden lautet: Wer weiß, oder schon hofft, dass er lange leben wird, der wird soziale Vorsorge, Lebensplanung, Selbstentwicklung im psychologischen Sinn und Selbstaufmerksamkeit für sein eigenes Leben, für seine eigene Entwicklung, für die eigene Zukunft, in einem ganz neuen Maße lernen und praktizieren müssen, in einem Maße, das bisher noch nie selbstverständlich war. Das gehört auch zu einem Generationenlebensstil dazu. Wer das nicht versteht, hat verloren, bleibt in der Mühelosigkeit des ewig Gewohnten stecken, das nichts Neues kennt.

NÖLAK: *Wird es da wie auch immer geartete „Lehrangebote" geben? Einen Kurs „Wie werde ich richtig alt"?*

AMANN: Es gibt bereits eine Inflation von Informationsangeboten und Kurs- und Seminarmöglichkeiten. Das Problem besteht in den meisten Fällen darin, dass solche Angebote viel zu wenig zielgruppenspezifisch sind. Angebote, Kurse, Seminare, in denen Menschen, die schon älter werden oder älter sind, gefordert sind zu lernen, dazuzulernen, müssen aus pädagogisch-didaktischen Rücksichten ganz anders gestaltet werden als Angebote für die mittleren Jahre oder gar für Jugendliche. Ich habe selbst an Volkshochschulen Kurse miterlebt, in denen die Vortragenden, was das gesamte didaktische Programm anbelangt hat, mittelschulmäßig vorgegangen sind, obwohl die Jüngsten, die drinsaßen, 50 Jahre alt waren. Das kann nie und nimmer funktionieren. Die Aufgabe, die ich für die Zukunft sehe, liegt nicht so sehr darin, viele weitere Angebote neu zu schaffen, sondern die Angebote besser zu differenzieren, sie pädagogisch-didaktisch besser abzustimmen, stärker bedürfnisorientiert zu arbeiten. Auch hier gilt: Dort beginnen, wo die Lernenden stehen.

NÖLAK: *Das fängt ja bei so Banalitäten an, dass im Museum die Beschriftung jedes Exponates so klein ist, dass sie für ältere Menschen unlesbar ist.*

AMANN: Ich stehe meist verärgert hinter einer solchen Gruppe, die am Bild und an der Bildbeschreibung klebt, weil die Menschen anders nicht lesen können.

NÖLAK: *Glauben Sie, dass eine positive Entwicklung für die Vereinbarkeit von Berufstätigkeit und Muttersein heutiger junger Frauen erfolgen wird, das heißt, wird da wieder ein Anerkennen der älteren Generation, ein Sich-Hinwenden zur älteren Generation kommen?*

AMANN: Das Problem, das ich sehe ist, dass der Aufwand und der Einsatz der älteren Generation, insbesondere der Großmütter, für solche Aufgaben jetzt schon gewaltig ist, und dass sich eher bei den jüngeren Großmüttern eine Tendenz bemerkbar macht, dass sie das nicht mehr so wollen. Es ist nicht mehr eine Selbstverständlichkeit, dass man als Großmutter hauptsächlich auf Enkel und Enkelinnen aufpasst, was ich auch völlig berechtigt und verständlich finde. Wenn die zukünftige Entwicklung so ausschauen sollte, dass auf der einen Seite Betreuungsangebote für berufstätige Frauen nicht wirklich stark ausgebaut werden, und parallel dazu auf der anderen Seite erwartet wird, dass man diese Betreuungsaufgabe den Älteren übertragen könne, weil es ja eh immer ältere Menschen gibt, dann zeugt das von gesellschaftspolitischer Einfallslosigkeit. Es hängen nämlich ganz andere Dinge auch noch damit zusammen, nicht nur die Beschäftigung von Älteren, damit sie was Sinnvolles tun im Rahmen ihrer Familie. Da hängen ja auch Bedingungen dran, die direkt sozusagen unsere sozialen Sicherheitssysteme betreffen. Wenn ich Kinderbetreuungseinrichtungen schaffe, die es Frauen problemlos ermöglichen, berufstätig zu sein, was ja auf der anderen Seite eine politische, eine beschäftigungspolitische Forderung ist, wächst die Zahl der Beschäftigten; damit verändert sich das Verhältnis zwischen Beschäftigten und Abhängigen. Italien hat z. B. eine sehr niedrige Ausstattung mit solchen Betreuungseinrichtungen, dort besteht heute schon ein Verhältnis zwischen Beschäftigten und Abhängigen, also nicht nur Alten, sondern überhaupt Abhängigen, von 1 : 1. Schweden hat das Kinder-Betreuungssystem für berufstätige Frauen extrem ausgebaut, dort lautet die Relation Beschäftigte zu Abhängigen 2,4 : 1. Damit sind wir aber in der Finanzierungs-, Steuer- und Beschäftigungspolitik und nicht mehr bei den Alten alleine.

NÖLAK: *Also ist es eigentlich eine finanzpolitisch sehr vernünftige Maßnahme, Kinderbetreuungseinrichtungen einzurichten?*

AMANN: Natürlich. Wenn ich zwei Dinge will: Dass einerseits Frauen erwerbstätig sind und dass anderseits ältere Menschen Aufgaben übernehmen können, die nicht nur in der Enkelversorgung bestehen. Da sind wir ja sozusagen schon wieder bei einem Thema, bei dem die reale Entwicklung völlig danebengeht. Wenn wir uns den öffentlichen Diskurs ansehen, bestehen die sinnvollen Tätigkeiten älterer Menschen in Familienunterstützung, der Enkelkinderbetreuung und allenfalls ehrenamtlicher Tätigkeit. Darüber hinaus wird kaum etwas genannt. Eine Gesellschaft, für die der Alterungsprozess in der Weise, wie wir ihn diskutiert haben und in Zukunft verschärft zutrifft, muss sich endlich Gedanken machen, was ein Drittel der Bevölkerung sonst noch an sinnvollen Tätigkeiten beitragen könnte für die gesamte Existenz dieser Gesellschaft.

NÖLAK: *Es ist ein bisschen die Diskussion, die wir vor 30, 40, 50 Jahren bezüglich der Frauen hatten – und jetzt greift das auf die Thematik der Alten über, das ist sozusagen ein ähnlicher Prozess.*

AMANN: Ja. Also eine Diskursanalyse meinetwegen der Tageszeitungen der letzten 20 Jahre würde genau zeigen, dass es so eine Verlagerung der hauptsächlichen Themen in der Richtung gegeben hat. Ich habe mir im Zuge eines Textes, den ich gerade schreibe, die großen deutschen und österreichischen Regierungserklärungen nach dem Zweiten Weltkrieg angeschaut. In der ersten Regierungserklärung von Adenauer taucht bereits die Vorstellung auf, dass die Alten künftig eine Belastung sein würden, es taucht auch explizit das Wort „Last" auf. In Österreich wird es in ähnlicher Zeit nicht so formuliert, es wird dafür immer vom Verhältnis zwischen Beschäftigten und Nichtbeschäftigten geredet. Bis zum zweiten Kabinett Vranitzky wurde davon gesprochen, dass die Pensionen garantiert seien. Was steht aber in den Regierungserklärungen in Österreich im Vordergrund? Arbeit, Arbeit, Arbeit. Schon in der ersten Regierungserklärung von Josef Klaus ist Arbeit das am meisten genannte sozialpolitische Thema. Und wenn man das dann über die Jahre verfolgt, sieht man genau diese einerseits durchgehaltenen Themen und andererseits die Konjunkturen. Und Alter ist zu einem typischen Konjunkturthema geworden. In der letzten Regierungserklärung von Kanzler Schüssel hat das Alter den höchsten Anteil an allen sozialpolitischen Erklärungen in seiner Rede gehabt.

Siehe Bildtafel 16

„Interessant ist die Erkenntnis, dass meistens schwache Persönlichkeiten starke Persönlichkeiten mobben, also der Schwache möchte den Starken niedermachen. Er kann mit der Konkurrenz nicht leben."

Christine Gubitzer

Christine Gubitzer ist Vorsitzender-Stellvertreterin der Gewerkschaft öffentlicher Dienst

NÖLAK: *Mobbing ist heute in aller Munde, aber was ist Mobbing, wie wird Mobbing definiert?*

GUBITZER: Der Schöpfer dieses Begriffes ist Prof. Leymann, ein Deutscher, der in Skandinavien gelebt hat. Er war Psychologe und hat später noch Medizin studiert. Er hat die erste umfassende Studie darüber gemacht, wie Menschen – vor allem in Berufsgruppen wie Krankenpflege und Lehrer – intrigant einander ausgrenzen. Leymann sagt, Mobbing ist ein Prozess, der über einen längeren Zeitraum geht, bei dem eine Person gezielt aus dem bestehenden Arbeitsverhältnis gedrängt werden soll. Der Prozess selber verläuft in einer Art „Fünf-Stufen-Plan". Es beginnt mehr oder weniger simpel mit Boshaftigkeiten, Kränkungen. Im weiteren Verlauf werden die Angriffe immer härter und boshafter, bis letztendlich erreicht ist, dass der Betroffene einfach total unsicher wird, sich selber anzweifelt und seine Fähigkeiten so sehr in Frage stellt, dass er de facto letztlich wirklich nichts mehr leisten kann. Interessant dabei ist die Erkenntnis Leymanns, dass meistens schwache Persönlichkeiten starke Persönlichkeiten mobben, also der Schwache den Starken niedermachen möchte. Er kann mit der Konkurrenz nicht leben. Er möchte ihn weghaben, er mag ihn oder sie als Person nicht, er möchte einfach den Posten jemandem anderen geben und was andere Gründe mehr sein mögen. Es sind eher die niederen Instinkte, die jemanden zu Mobbinghandlungen veranlassen. Der Mobbingprozess bewirkt eine totale Entwertung der Person, die dann so geschädigt ist, dass sie auf Lebensdauer eigentlich nicht mehr gesunden kann.

NÖLAK: *Wann war Prof. Leymann tätig?*

GUBITZER: Das war in den 1980er Jahren und Anfang der 1990er Jahre. 1993 hat Leymann seine umfassende Studie veröffentlicht. Das hat gleichsam zu einer Art Boom geführt. Plötzlich war Mobbing zum Modebegriff für alle Konflikte am Arbeitsplatz geworden. De facto gibt es solche Vernichtungsprozesse seit Menschen leben, und nicht nur am Arbeitsplatz. Leymann hat nur einen besonderen Namen dafür erfunden. Er hat den Begriff abgeleitet vom englischen Wort „to mob" – anpöbeln das klingt relativ schwach. Wenn man aber dann weiß, dass „mob law" im Englischen für Lynchjustiz steht, weiß man, worum es geht, und dann passt auch der Begriff Mobbing. Es ist also eine, sag ich einmal, Sonderform der Lynchjustiz, nämlich jemanden psychisch so kaputt zu machen, dass er arbeitsunfähig wird. Tragisch ist dabei sicher auch, dass nicht nur die Person selber betroffen ist, sondern eigentlich auch alle anderen im Umfeld mitleiden. Mobbing hat Auswirkungen auf das Umfeld der betroffenen Person, sowohl am Arbeitsplatz als auch im Privaten. Je länger der Prozess dauert, desto belastender wird der Gemobbte für sein Umfeld. Durch den anhaltenden Psychoterror wird die Persönlichkeit verändert. Die gemobbten Menschen werden misstrauisch gegen alle anderen, sie können Freund und Feind nicht mehr unterscheiden und sehen in allem und jedem eine Gefahr für sich. Meinem Gefühl nach ist Mobbing auch oft eine Ursache für Schülerselbstmorde. Schüler können oft gnadenlos im Umgang miteinander sein. Und mancher junge Mensch kann dann schon an einen Punkt geraten, wo er sich so verachtet fühlt, dass er lieber in den Tod geht, als länger die vernichtenden Attacken zu ertragen.

Das gilt auch natürlich für Erwachsene. Alle acht Stunden geschieht in Österreich ein Selbstmord – das sollte uns schon zu denken geben! Vielfach ist es gerade der Mangel an Selbstwertgefühl, der Menschen so verzweifeln lässt, dass sie sich das Leben nehmen.

Ich mache jetzt seit vier Jahren österreichweit Mobbingberatung für Mitglieder der Gewerkschaft öffentlicher Dienst. Die Menschen kommen zu mir in Beratungsgespräche, die ca. 1 ½ Stunden dauern. Manchmal kommen sie auch öfter. Es ist ein recht gefragtes Service für die Mitglieder der Gewerkschaft. Mittlerweile habe ich aber auch eine Ausbildung als Beraterin für Konfliktsituationen und Mobbing gemacht. Anfangs habe ich es mehr oder weniger „freihändig" und mit Gespür gemacht, aber durch die Ausbildung kann ich professioneller meine Beratertätigkeit ausüben.

Bei einem Beratungsgespräch ist es für mich wichtig zu schauen, wie kommt die Person aus dieser Geschichte wieder heraus. Bei ca. 80 % der Klienten sind schwierige Konfliktsituationen gegeben und der Mobbingprozess ist noch im Anfangsstadium. Oft sind es auch Machtspiele, die nicht wirklich darauf abzielen, jemanden aus dem Arbeitsprozess zu drängen, sondern vielmehr versucht der Mobber, seinem Opfer die eigene Macht spüren zu lassen.

Bei 20 % der Klienten hat es sicherlich schwierige und wirklich bösartige Mobbingfälle gegeben. Nicht nur das Vernichten eines Menschen ist dabei das Verwerfliche. Mobbingprozesse kosten die Gemeinschaft, dem Betrieb, dem Staat viel Geld. Ich denke an meinen ersten Fall, den Anlassfall, warum ich überhaupt mit der Mobbingberatung begonnen habe. Er war besonders gravierend. Es handelte sich um eine Kollegin, die von einem anderen Kollegen mit Hilfe von Kollegen aus weiteren Hierarchieebenen aus dem Lehrkörper gedrängt wurde, bis es sogar ein Disziplinarverfahren gegeben hat, das den Mobbingprozess dann auch beendete. Die Kollegin war zwei Jahre vom Dienst suspendiert worden, d. h., es musste ihr Gehalt weiterbezahlt, aber auch für die Supplierkosten aufgekommen werden. Das Disziplinarverfahren wurde von der Kollegin wie ein Femegericht erlebt. Aber einsichtige Richter haben die Sachlage richtig beurteilt und die Kollegin freigesprochen. Ich habe damals die anfallenden Kosten so einmal über den Daumen zusammengerechnet und bin auf fast zwei Millionen Schilling gekommen.

Der langfristige Schaden für die Frau und die Kosten für die medizinische Betreuung sind darin aber noch gar nicht enthalten.

Ärgerlich ist, wir haben keine Handhabe, – in dem Fall wussten wir ganz genau, wer der Gegner war – den auch dann sozusagen bei der Hand zu nehmen und ihm vor Augen zu führen, ob ihm überhaupt klar ist, was er getan hat. Das ist der Mangel in der ganzen Rechtssituation, dass derjenige, der Mobbing auslöst, eigentlich ohne Rechtfertigung und Übernahme der Schadenskosten davonkommt. Ich habe ungelöste Fälle, wo zum Beispiel zwei Lehrer permanent gemobbt werden, die gehen bis zur körperlichen Bedrohung hin, anonymen Beschuldigungen, Todesdrohungen, Beschädigungen von Fahrzeugen usw. Da könnte man auch strafrechtlich einschreiten, nur sind in diesen Fällen die Täter nicht bekannt, agieren im Hintergrund ... Abgesehen von diesen argen und leider noch ungelösten Fällen, sind aber die Mehrheit der Fälle, und darüber bin ich ja sehr froh, eigentlich Geschichten, bei denen es um ernste und manchmal auch bösartige Konflikte geht, um ein konflikthaftes Miteinander-Umgehen. Problematisch wird es, wenn Vorgesetzte die „Täter“ sind (Anm. d. Red.: Dieses Verhalten nennt man „Bossing“). Und da ist für mich schon eine besonders deutliche Spur zu erkennen, dass im öffentlichen Dienst bei Besetzungen von Führungspositionen viel zu einseitig auf fachlich herausragende Leistungen geachtet wird und viel zu wenig auf die soziale Kompetenz der Bewerber. Es gibt aus meiner Sicht viel zu viele Vorgesetzte, die zwar exzellente Fachleute, aber in der Führung und im Umgang mit der Kollegenschaft total schwach sind. Viele glauben, mit Härte, mit „Ekelhaft-Sein“ Menschen für Mehrleistung motivieren zu können. Und genau das ist der verkehrte Weg. Ich kenne aber auch solche, die überheblich sind oder einfach aus Unsicherheit überheblich wirken. Viel kann man auch erfahren, wenn man hinterfragt, aus welchem Elternhaus jemand kommt, ob jemand autoritär erzogen wurde. Unser Verhalten ist sicher stark geprägt durch die Vorbilder, die wir in unserer Jugend hatten. Kinder erleben bisweilen auch in ihrer eigenen Erziehung viel Diskriminierung, sei es durch die Erziehungsberechtigten oder den Freundeskreis. Diese frühen Erfahrungen prägen die Menschen und erklären bisweilen bestimmte Verhaltensweisen, die von der Person nicht als ungeeignet im Umgang mit anderen erkannt werden. Teil meiner Beratung ist es auch, die Betroffenen zu neuen Sichtweisen der Dinge und neuen Verhaltensmustern anzuregen und hinzuführen. Denn was passiert? Die Menschen denken immer nur an Probleme und nicht an Lösungen. Mein Wahlspruch ist, um ein Problem zu lösen, musst du dich vom Problem lösen. Also das heißt, ich versuche im Beratungsgespräch mein Gegenüber dort hin zu führen, dass er sich überlegt, wie will ich meine Arbeits- und Lebenssituation denn haben. Es gilt zu bedenken, dass ich immer auch etwas verliere, wenn ich mein Problem aufgebe. So hat einmal eine Klientin erzählt, dass ihre Mutter und ihre Schwester täglich auf die Berichte warten, was wieder am Arbeitsplatz geschehen ist. Da habe ich gefragt, ob die auch dann noch anrufen würden, wenn es keine Probleme mehr am Arbeitsplatz gäbe?

NÖLAK: *Soziale Verstärkung durch das Negative?*

GUBITZER: Genau, ich kriege mehr Beachtung, weil ich ja jetzt „so ein armes Opfer und ach so leidend" bin. Und auf das muss ich dann verzichten. Ebenso haben wir die Tendenz, wenn wir einmal Menschen einer bestimmten Kategorie zugeordnet haben, wir sie dann immer nur mehr unter diesem Blickwinkel sehen. Und das, was ich versuche, ist, die Menschen darauf hinzuführen: „Überlege, der hat halt Schwächen, du hast sie auch, toleriere sie und dir wird es besser gehen." Ebenfalls hilfreich für eine neue Sichtweise ist, wenn ich sage: „Seien Sie nicht unglücklich, dass Sie Feinde haben. Denn Feinde helfen uns, besser zu werden. Ihre Freundinnen und Freunde werden Ihnen immer nur sagen, wie gut Sie sind. Vielleicht bringen sie die eine oder andere Kritik an, aber im Vordergrund steht die Akzeptanz."

NÖLAK: *Gutmütige Haltung?*

GUBITZER: Ja. Ein Sieg ist nicht lehrreich, man lernt aus Fehlern. Man sollte sich bemühen, die Ereignisse nicht nur als etwas Entsetzliches, Belastendes zu sehen. Beim Beratungsgespräch versuche ich die Klienten dahingehend zu coachen, das ganze Erlebte anzunehmen als einen Lernprozess, der hilft, dass man besser wird, dass man Fehler erkennen kann, vielleicht auch, dass man das eigene Verhalten verändern muss. Gestern hat mir dann eine Klientin erwidert, wenn ich jetzt auf einmal zu dem freundlich bin, dann bin ich ja schwach, dann würden mich alle nur belächeln, weil ich nachgegeben habe. Sie hat in der Toleranz Schwäche gesehen. Und ich habe gemeint: „Was, glauben Sie, ist schwerer, Opfer zu sein, sich bemitleiden zu lassen oder in Freiheit zu leben?"

NÖLAK: *Also die Taktik des „Niederlächelns" ist nicht sehr verbreitet?*

GUBITZER: Nein, überhaupt nicht! Was mir zu wenig da ist, und das ist jetzt egal, ob am Arbeitsplatz oder im Privaten – es geht immer wieder darum, dass wir versuchen, anderen Menschen unsere Regeln aufzuoktroyieren. Ich bestimme, wie die Menschen zu sein haben, alle müssen nach meinen Regeln leben … und damit legt man schon den Grundstein für einen Konflikt, an dem man sich so lange reibt, bis die Situation ausweglos erscheint.

NÖLAK: *Wie viel von dem, was Ihnen erzählt wird, glauben oder halten Sie für wahr? Wie viel Prozent sind für eine Beratung unwürdig?*

GUBITZER: Keiner, weil für eine Beratung ist immer jeder glaubwürdig und jeder ist dafür berechtigt. Jeder erzählt eben seine persönliche Wahrheit, die für die Umgebung vielleicht ganz anders aussieht. Freilich kommen viele mit der Erwartung zu mir, dass ich nun das Heft in die Hand nehme und für sie kämpfen werde. Viele erwarten von mir, dass ich den Racheengel spiele, der jetzt alle niedermacht und sind sehr erstaunt, dass das Problem nur sie selber lösen können. Rache ist kein Weg, ein Problem zu lösen. Ich frage dann: „Und was haben Sie davon? Was passiert danach? Was glauben Sie, wie reagiert diese Person, wenn ich sie jetzt niedermache und wenn ich die Person fertig mache. Was wird die dann als Nächstes tun?"

NÖLAK: *Zurückschlagen. Aber heftig.*

GUBITZER: Genau. Und deshalb bringt das alles nichts. Mit Rache bekommst du kein Recht. Die Richter sprechen Urteile, aber sie sorgen nicht für Gerechtigkeit. Ein Sprichwort sagt, Gerechtigkeit gibt es in der Hölle, im Himmel herrscht Gnade. Ich kann nur die Annahme des anderen Menschen in all seiner Schwachheit empfehlen, was mir persönlich aber auch hilft, dass ich angenommen werde. Die Wirkung der nonverbalen Kommunikation im Umgang miteinander wird viel zu wenig bedacht. Jeder von uns hat schon erlebt, dass jemand auf einen zukommt in einer Körperhaltung, die totale Unterwürfigkeit signalisiert. Wenn man selbst eine starke Person ist, denkt man sich, was kriecht denn der da so, und man fühlt sich unwillkürlich aggressiv. Obwohl mir der andere nichts tut, obwohl der eh so lieb und so herzig und so zart ist, entstehen immer mehr Aggressionen. Wir drücken ja unsere Ablehnung viel mehr mit dem Körper als mit unseren Worten aus. Ich weiß von mir selbst, dass ich mit Blicken allein Sympathie und Ablehnung zum Ausdruck bringen kann. Um dann nicht aggressiv auf solche nonverbalen Aggressionen zu reagieren, sollte man diese Person eben auch als Feind oder Gegner annehmen und beobachten, was ich dadurch von mir selbst lerne. Man sollte wenigstens hin und wieder überlegen, was ist das Gute vom Bösen. Das hilft Konflikte zu bereinigen, hilft aber auch, den anderen Menschen neu zu sehen. Vielleicht entsteht dann sogar aus Feindschaft Freundschaft. Wir müssen uns immer wieder klar machen, dass wir in Vorurteilen denken. Diese abzubauen hilft, friedlicher zusammenleben zu können. Man muss lernen, seine eigenen Gefühle in den Griff zu bekommen. Mit all solchen Ratschlägen versuche ich meine Klientinnen und Klienten in ihrem Selbstbewusstsein zu stärken, sodass sie sich am Arbeitsplatz wirklich selbst helfen können. Es hilft nicht, Patentlösungen anzubieten. Jeder muss seine ganz eigene Problemlösung finden, die er dann auch ganz leben kann.

NÖLAK: *Sie kennen ja das Umfeld des Betroffenen, seine Sichtweise des Umfeldes und das der anderen nicht wirklich.*

GUBITZER: Dem Grunde nach nicht, aber man kann sich durch Fragen herantasten, um eine gewisse Übersicht zu erhalten, etwa, wenn man fragt: „Und wie sieht denn das Ihr Partner, Ihre Kollegin usw.?“ Wir machen eine kleine Aufstellung am Papier – wo stehen die Menschen, die involviert sind, welche Beziehungen haben sie zueinander, was sagen sie dazu, wie verhalten sie sich. Wichtig ist mir auch, die Personalvertretung der Dienststelle nach Möglichkeit einzubinden, wenn der Klient zustimmt. In einem Mobbingfall ist es ganz wichtig, Partner vor Ort zu haben, die einen stützen und beistehen. Viele verallgemeinern und behaupten, keine Freunde an der Dienststelle zu haben, dass niemand zu ihnen stehen würde. Da muss ich dann etwas bohrend fragen und wir entdecken immer jemanden, der loyal ist und auch hilfreich sein will. Auch im Konfliktfall und ganz besonders bei echtem Mobbing ist die Unterstützung durch vertrauenswürdige Personen sehr wichtig. Bei noch nicht so weit fortgeschrittenen Konflikten kann es schon durch die neue Sichtweise einer Situation zur Lösung kommen. Bei schweren Konflikten, die schon lange dahinschwelen, ist die Änderung der Sichtweise zumindest ein erster Schritt zur Lösung. Es wird aber noch einige Zeit des Beratens brauchen, um tatsächlich den Konflikt zu bereinigen. Aber grundsätzlich zielt meine Beratung darauf ab, Hilfe zur Selbsthilfe zu geben, also zu coachen, damit meine Klientin, mein Klient den eigenen Weg findet.

NÖLAK: *Sie haben von so genannten schweren Fällen gesprochen. Wie fängt ein Mobbingprozess grundsätzlich an?*

GUBITZER: Es fängt immer mit banalen Angriffen an. Im Grunde genommen kann man den Anfängen gar nicht wehren. Auch Dr. Leymann sagt, Mobbing kann jeden treffen. Und ich habe in meiner Beratung jeden – von Reinigungsfrauen bis zum Universitätsprofessor. In Konfliktsituationen, wie es das Mobbing darstellt, können sich auch Psychologen nicht selbst helfen. Es gibt weder ein „Opferprofil" noch ein „Täterprofil". Jedem kann es widerfahren, einem Menschen zu begegnen, der aus welchen Gründen auch immer, in einem seinen Erzfeind sieht, den er/ sie bekämpfen muss. Mobbing kommt in allen Gesellschaftsschichten vor, egal welches Bildungsniveau, welches Geschlecht.

NÖLAK: *Ein Mann kommt auf 20 Frauen? Gibt es bei Mobbingfällen etwas Ähnliches oder herrscht hier eine 1 : 1-Verteilung?*

GUBITZER: Also ich würde sagen, meine Klientel besteht zu 60 % aus Frauen, zu 40 % aus Männern. Aber bei den Männern war es so, dass sie etwas länger gebraucht haben, das Beratungsservice anzunehmen, weil sie sich von Haus aus nicht so leicht Beratung holen. Ich glaube aber, dass es für Männer sogar bisweilen leichter ist, zu einer Frau in die Beratung zu gehen als zu einem Mann. Vor seinem eigenen Geschlechtsgenossen will man die klassische Mannrolle behalten, der Starke sein, der keinen Schmerz kennt. Vielleicht hilft es ja, wenn man in mir eher den mütterlichen Typ sieht, der sich an der Schwachheit nicht stößt, der tröstet, der aufbaut und Kraft gibt. Ich freue mich, wenn man meine Beratung annimmt und die Menschen wieder einigermaßen gestärkt von hier weggehen und sich ihrem Lebenskampf stellen.

NÖLAK: *Gehen Frauen lieber zu Männern?*

GUBITZER: Nein, das glaube ich nicht. Von Frau zu Frau redet es sich leichter. Frauen haben den Vorteil, dass sie leichter ihre Probleme ansprechen. Dabei ist es ja auch interessant, dass meistens gleichgeschlechtlich gemobbt wird. Bei Konfliktsituationen ist eine der Schwierigkeiten die, dass Männer und Frauen unterschiedliche Techniken im Kampf haben und daher Frauen von der Männermethode und Männer von der Frauenmethode viel intensiver betroffen und viel weniger imstande sind, die Lage in den Griff zu bekommen. Frauen haben untereinander ihre Technik. Frauen attackieren schon einmal den guten Ruf einer Person, indem sie Gerüchte in die Welt setzen, sie sind auch manchmal sehr scharf mit Worten. Aus Sicht der Ritterlichkeit fällt es einem Mann dann schwer, sich den Verbalattacken gegenüber zu wehren. Männer kämpfen vermutlich lieber auf der Sachebene und die Frauen sind vielleicht in der Emotion stärker.

NÖLAK: *Ist die Zweideutigkeit des Wortes eher eine weibliche Waffe, die grobe Eindeutigkeit des Wortes eher die männliche?*

GUBITZER: Das kann man sicher so in die Richtung sehen. Allerdings ist oft auch Frust Ursache für Mobbing. Da hat jemand eine Position nicht erreicht, fühlt sich ungerecht behandelt und versucht nun Rache zu nehmen. Aber selten kann man Rache an den tatsächlichen Verursachern des Frusts nehmen und so wendet man sich an Personen, die oft nur ganz weitläufig mit der Frustverursachung zu tun haben oder eben gerade im Schussfeld stehen. „Wartet nur, jetzt mache ich euch alle fertig!" – Und der erste Schritt ist dann vielleicht Rufschädigung, indem man Gerüchte in die Welt setzt. Rufschädigung ist ja am Dienstort hurtig passiert, da hilft das Internet und Intranet mit. Ich habe da einen Fall im Auge: Eine Kollegin ruft einen Kollegen an und erkundigt sich über einen ausgeschriebenen Posten, will wissen, ob es aussichtsreich ist, sich zu bewerben. Der Befragte stimmt vollauf zu und empfiehlt die Bewerbung. Schon am nächsten Tag wird über Intranet verbreitet, dass besagte Kollegin ihre Reiserechnungen nicht ordentlich abrechnet und dass es da irgendwelche Ungenauigkeiten gibt. Später wird alles widerrufen. Nur, das eine oder andere Kommissionsmitglied, das dann die Entscheidung für die Besetzung fällen soll, hat die Beschuldigungen im Hinterkopf. Und vielleicht wird dann ein anderer Bewerber, eine andere Bewerberin bevorzugt, nach dem Motto: Wo Rauch ist, ist auch Feuer. Die Kommission will keine Fehler bei der Besetzung machen.

NÖLAK: *Es bleibt was picken?*

GUBITZER: Es bleibt einfach etwas picken. Zu meiner Arbeit gehört die Prävention gegen Mobbing. Und da bemühe ich mich ganz besonders in der Kollegenschaft klar zu machen, was Gerüchte bewirken können, wie schnell der Ruf einer Person beschädigt ist. Ich versuche immer zu verdeutlichen, dass wir alle für das Betriebsklima verantwortlich sind, jeder Einzelne von uns. Keiner kann sagen, ja, wenn der Chef anders wäre, dann hätten wir eine bessere Kollegialität. Das ist für mich nur eine Ausrede, weil wir immer gern den anderen vorschieben, wenn es ums Handeln geht. Wahr ist, dass jeder durch sein ganz persönliches Verhalten einen Beitrag zum guten oder eben auch schlechten Betriebsklima leistet. Wenn ich morgens fröhlich grüße, ist das ein wichtiger Beitrag. Ich bin auch für meine eigene Stimmung verantwortlich. Ich kann entscheiden, ob ich fröhlich oder grantig bin.

NÖLAK: *Es soll aber Fälle geben, wo bereits dieses „Lediglich-in-der-Früh-freundlich-Grüßen" als Vorwurf genommen wird.*

GUBITZER: Das ist aber genau dann der Punkt, wenn ich jemandem um jeden Preis am Zeug flicken will. Das wäre etwa der Beginn von Mobbing. Ich untergrabe die Persönlichkeit des anderen und erkläre alles, was er oder sie tut, für falsch. Für den Betroffenen ist eine solche Situation fatal, weil es praktisch kaum eine Möglichkeit gibt, sich zu wehren. Man ist in jedem Fall im Unrecht. In der einen oder anderen Form hat wahrscheinlich kurzfristig jeder von uns schon einzelne Mobbinghandlungen zu spüren bekommen. Meist kann man sich aber schnell wieder behaupten, wenn die Kolleginnen und Kollegen einfach nicht alle nachteiligen Botschaften glauben, sondern aus eigenem Augenschein urteilen. Ich meine damit, dass wir uns gern verführen lassen, scheinbar Sensationelles weiterzuerzählen. Sensationell ist aber mehr das Böse als das Gute. Wir erzählen Nachteiliges etwa 10 Personen weiter, Gutes aber nur zweien. Daraus ergibt sich ganz klar, dass das Nachteilige, das Böse sich rascher verbreitet. Eine andere Form der Rufschädigung geschieht einfach durch den Tonfall, in dem ich eine Sache erzähle. Je nachdem wird meine Information als wichtig oder belanglos gehört. Mein Tonfall bestimmt, ob die Zuhörer in meiner Botschaft mehr hören als ich tatsächlich gesagt habe. Und jetzt kommt das Problem, dass sich wie bei der stillen Post die Dinge im Laufe des Erzählens verändern und völlig von der Wahrheit weggehen. Und es ist eigentlich unmöglich, ein einmal in die Welt gesetztes Gerücht zu widerlegen.

NÖLAK: *Das Kuriose in solchen Fällen ist ja, dass gerade solche Mitarbeiter, die absolut desinteressiert an ihrer Umgebung sind und damit auch nicht „tratschen", plötzlich als asozial gelten, nur weil sie da nicht mitmachen.*

GUBITZER: Ja, aber warum tu ich denn das? Weil ich mir meiner eigenen schäbigen Haltung bewusst bin und damit es mir wieder besser geht, muss ich dem anderen eine Schuld geben. Und das passiert in allem und jedem. Manchmal ist natürlich die Personalführung auch durchaus zu hinterfragen – viele Vorgesetzte sind recht hilflos im Umgang mit Konflikten. Wobei es auch schon vorgekommen ist, dass Vorgesetzte nach Rat suchen, wie sie mit Konflikten in der Kollegenschaft umgehen sollen. Es gibt also auch Vorgesetzte, die sich wirklich um das gute Betriebsklima in ihrem Umfeld bemühen. Es fehlt an den nötigen Kenntnissen, wie man hier richtig interveniert und die Streithähne wieder zur Besinnung bringt. Schlechtes Betriebsklima schlägt sich ja nicht nur aufs Gemüt, sondern beeinflusst sehr stark die Arbeitsleistung und Arbeitsmotivation. Mobbing und Konflikte verbrauchen Energie und Kraft, die dann bei der Arbeit fehlen. Deshalb ist die Einrichtung eines Beratungsnetzwerkes so wünschenswert. Wobei dieses auch noch andere Bereiche abdecken kann, etwa Drogenabhängigkeit, Alkoholsucht etc. Solche Beratungsstellen sollen Betroffenen wie auch Vorgesetzten helfen, eine Problemlösung zu finden. Die meisten von uns haben schon in den Kindertagen gelernt, dass Streiten nicht in Ordnung ist. Daher wird Streit vermieden, aber der Konflikt bleibt und nagt im Inneren weiter. Aber nicht der Streit als solcher ist schlecht, sondern die Methode, wie wir ihn meist austragen. Wichtig ist, immer sachlich zu bleiben und nicht die Persönlichkeit anzugreifen. Alles, was die Persönlichkeit verletzt, bringt einen Streit zur Eskalation. Wenn die Beleidigungen zu arg sind, dann ist eine Versöhnung nahezu unmöglich. Im Gegenteil, der Streit wird weitergeführt. Greift niemand ein, kommt es nicht zum Innehalten, wird der Streit vielmehr so lange geführt, bis beide Kontrahenten sich gegenseitig auf die eine oder andere Weise vernichtet haben. Also im Umgang mit Menschen sollte man stets bemüht sein, die Persönlichkeit zu respektieren. Man muss nicht immer alles schulmeisterlich bewerten. „Das hast du gut gemacht" – wir glauben, damit ein Lob ausgesprochen zu haben. Das kann aber beim anderen ganz anders ankommen. Wenn ich aber sage, mich hat das gefreut, deine Arbeit zu lesen, dann wird es sicher als Lob empfunden. Schwieriger ist es, Kritik so anzubringen, dass sie angenommen werden kann. Hier sollte man mehr zum Ausdruck bringen, was man bei der einen oder anderen Aussage des anderen empfunden hat. Hilfreich ist es, Kritik in Lob einzukleiden. Das erleichtert die Annahme und zeigt, dass es einem wichtig ist, dem Anderen die Wertschätzung als Person zu geben. Es macht einen Unterschied, wenn ich sage, mit dieser Meinung kann ich nicht gut umgehen", oder „Was du da sagst, ist blöd". Wir haben in all den Jahrhunderten keine Streitkultur entwickelt, weil Auseinandersetzungen eher mit Waffen ausgetragen wurden anstatt mit Worten. Wir sehen ja, wie schwierig sich Friedensgespräche gestalten, wenn jeder auf einen Sieg aus ist und nicht auf den Konsens. Der Sieg des einen ist die Niederlage des anderen. Der Unterlegene wird versuchen, bei nächster Gelegenheit einen Sieg zu landen. Der Streit setzt sich fort, womöglich über Generationen, wie die Geschichte ja beweist. Im Privaten kann man natürlich leichter wieder zur Normalität zurückfinden. Aber es gehört Kraft dazu, denn ich selbst muss den Streit beenden, ich muss mir der Verantwortung für meine Gefühle bewusst sein. Wenn ich selbstbestimmt bin, entscheide ich, wie lange ich mich über eine Sache ärgere.

NÖLAK: *Es heißt ja nicht umsonst „sich" ärgern.*

GUBITZER: Genau so. Aber üblicherweise suchen wir immer Schuldige von außen, die unsere Laune verderben. Weil jemand anderer nicht das macht, was ich von ihm erwarte, bin ich grantig. Vielleicht verlange ich aber etwas, was der andere gar nicht tun kann oder will? Wie ja schon breit ausgeführt, ist es immer hilfreich, den Standpunkt zu ändern und die Sache aus einem anderen Blickwinkel zu betrachten.

NÖLAK: *Es ist wesentlich, dass es sehr viele Leute nicht schaffen, die Haltung anzunehmen, „ich bin nicht der Missionar dieser Welt". Es ist nicht meine Lebensaufgabe, alle zu ändern!*

GUBITZER: Es ist auch zwecklos. Schlicht und ergreifend deshalb, weil niemand sich auf Befehl ändern kann und wird. Und das ist eben auch eine wichtige Erkenntnis, die ich in der Beratung zu vermitteln versuche: Der einzige Mensch, auf den ich Zugriff habe, um ihn zu ändern, bin ich selber. Ich brauche bloß auf mich zu schauen um zu sehen, wie schwer ich mir tu, mir die kleinste Kleinigkeit abzugewöhnen. Somit höre ich dann aber auch viel leichter auf, den anderen ständig bevormunden zu wollen. Das, was wir erreichen müssen, ist einfach der wertschätzende Umgang miteinander. Bedenken wir doch, es gibt Milliarden von Menschen auf dieser Welt und keiner ist gleich dem anderen. Jeder ist ein absolutes Unikat. Hilft das nicht, Achtung vor

Menschen zu haben? Wenn jeder mit jedem respektvoll und wertschätzend umgehen lernt, haben wir den Weltfrieden geschafft. Eine Utopie? Jeder muss bei sich selbst mit der Veränderung beginnen. Das ist ein schwerer Weg und wir werden immer wieder mal einen Fehler machen. Wer kennt das nicht aus der Erfahrung mit den guten Vorsätzen zum Jahreswechsel. Es ist ein mühsamer Weg in kleinen Schritten. Man muss sich immer wieder bemühen, an seinem Ziel festzuhalten, und darf sich von Fehlleistungen nicht entmutigen lassen. Genau genommen geht es bei der Problemlösung ja auch weniger darum, weshalb ich das Problem habe, also den Grund zu finden. Viel wichtiger ist es doch, den Weg zur Lösung zu finden. Aber da muss ich mir zuerst ein Bild von der Lösung machen. Wenn Sie einen Berg besteigen wollen, müssen Sie zuallererst wissen, auf welchen Berg genau Sie wollen. Erst dann können Sie mit der Wegplanung beginnen. Gründe ein Ereignis zu erforschen, ist der Blick in die Vergangenheit. Die Lösung zu suchen ist der Blick in die Zukunft. Die Zukunft kann ich neu gestalten, das Vergangene kann ich nicht mehr ändern. Wenn ich jetzt jemanden nicht mag, kann der wirklich Kopfstehen und Zehenwackeln, und ich werde ihm nichts gut anrechnen. Da gebe ich ja dem Konflikt keine Chance zur Lösung, sondern ich pflege den Konflikt. Und viele Menschen pflegen ihre Probleme und sie kommen gar nicht auf die Idee, dass sie deshalb auch das Problem festhalten. Letztendlich bekomme ich, was ich erwarte. Wenn ich erwarte, morgen werde ich mich wieder über meinen Chef ärgern, warum soll ich mich da nicht ärgern? Leider sind wir immer sicher in der Erwartung des Schlechten, üben aber nicht, das Gute zu erwarten.

NÖLAK: *Wie soll sich ein Gemobbter verhalten? Wohin soll man sich wenden?*

GUBITZER: Erstens einmal glaube ich, ist es ganz wichtig zu klären, ob man gemobbt wird oder ob man es mit einem Konflikt zu tun hat. Man muss Kontinuität einer bestimmten Verhaltensweise erkennen. Einmal blöd angeredet zu werden, kann noch nicht zum Mobbing erklärt werden. Und selbst wenn die Sache schon zwei Monate dauert, ist es nicht garantiert, dass es sich um Mobbing handelt. Aber je früher ich mir Hilfe hole, in Beratung gehe, desto früher habe ich die Chance, die Dinge in den Griff zu kriegen und wiederum in meine Stärke zurückzukommen.

NÖLAK: *Wo hole ich mir die Hilfe und Beratung?*

GUBITZER: Wir bieten es an als Gewerkschaft für unsere Mitglieder. Es gibt im ÖGB eine Beratungsstelle und auch private Beratungsstellen. Also auf dem Gebiet wird momentan sehr viel geforscht und sehr viel getan. Das Internet hilft hier sehr bei der Suche. Man kann sich Hilfe holen bei Therapeuten – leider ist das noch nicht selbstverständlich. Wenn ich einen schmerzenden Zahn habe, gehe ich zum Zahnarzt, aber jeder glaubt, wenn er es mit der Seele hat, dann braucht er keine professionelle Hilfe, die Freundin, der Freund tut es auch. Und ich denke mir, die ganzen Lebensberater mit ihren verschiedenen Techniken, die Psychotherapeuten und Therapeuten können einem da wirklich sehr effizient helfen. Man muss sich den suchen, der zu einem passt. Sicherlich ist in dieser Frage die persönliche Beziehung ganz, ganz entscheidend, also d. h., wenn ich mit dem Therapeuten nicht kann, dann wird es auch keine ausreichende Hilfe geben. Ein Arzt, den ich nicht mag, der kann mir trotzdem ein „Pulverl" verschreiben. Aber bei seelischen Sachen, da ist es einfach wirklich wichtig, dass da schon eine gute Harmonie besteht. Für unsere Mitglieder gibt es sogar einen Kostenersatz für erste Beratungssitzungen bei Therapeuten. Für manche kann auch die Aufstellungsarbeit nützlich sein. Bernd Hellinger ist mit der Familienaufstellung bekannt geworden. Hier werden Konflikte quasi veranschaulicht und daraus soll sich dann der Lösungsansatz zeigen. Bekannt ist heute auch Matthias Varga von Kibéd, der sich sehr intensiv mit Strukturaufstellungen beschäftigt. Diese dienen dazu, die inneren Strukturen von Unternehmen zu durchleuchten und den Menschen den richtigen Platz innerhalb der Strukturen zu geben, um so zur Konfliktlösung zu kommen. Gerade die informellen Strukturen eines Unternehmens können Ursache für ständige Konflikte sein, die oft nur schwer zu lösen sind. Durch neue Standpunkte und eine Betrachtung von außen lassen sich leichter Lösungsansätze entdecken. Häufig entstehen ja Konflikte und auch Mobbingsituationen durch Umstrukturierungen. Da ist vielleicht ein gut eingespieltes Team und jetzt müssen sie jemanden Neuen dazu nehmen. Jede Umstrukturierung führt zu sehr viel Unruhe, weil die informellen Strukturen, die eigentlich den Betrieb am Laufen halten, zerstört werden. Wenn wir noch einmal auf die Motive für Mobbing zurückgehen, die Angst ist hier ein starkes Motiv. „Ich könnte meinen Arbeitsplatz verlieren, darum muss ich den anderen schlecht machen, damit es mich nicht trifft." Angst um den Arbeitsplatz ist ein sehr starkes Motiv, selbst bei jenen Kolleginnen und Kollegen, die mehr oder weniger unkündbar sind. Viele Leute haben oft unbegründet panische Angst, die Arbeit zu verlieren. Sie sehen alles unter diesem Aspekt und ziehen falsche Schlussfolgerungen.

NÖLAK: *Wie soll ich mich als Nicht-direkt-Beteiligter verhalten?*

GUBITZER: Ich muss mich auf jeden Fall fragen, hat das Mobbing nicht auch für mich mittelbar eine Auswirkung. Meine Arbeitsqualität, meine Lebensqualität am Arbeitsplatz ist beeinträchtigt, wenn da welche miteinander nicht können. D. h. also, so unbeteiligt bin ich nie. Als verantwortungsbewusster Mensch sollte ich die Augen offen halten und versuchen, den Anfängen zu wehren. Freilich kennt man auch die Situation, dass ein zunächst Unbeteiligter plötzlich zum Betroffenen wird, weil er dem Mobber in die Quere kommt. Ein Mobber muss einfach das Gefühl vermittelt bekommen, dass sein Tun generell unerwünscht ist und dass es von niemandem in der Firma akzeptiert wird. Verhalten sich die außenstehenden Kollegen aber gleichgültig, so ebnen sie damit dem Mobber den Weg. Wer schweigt, stimmt zu!

NÖLAK: *Eine negative Spirale?*

GUBITZER: So ist es. Zuerst ist man stiller Dulder, dann wird man zum stillen Mitmobber und der Täter kriegt den Schutz. Nach fortgesetztem Mobbing ist der oder die Betroffene nervlich so angegriffen, dass er/sie verhaltensauffällig wird. Die Gleichgültigen haben den Prozess nicht mitverfolgt, sie nehmen nur wahr, dass jemand sich seltsam benimmt. So stellen sie sich gegen den Mobbingbetroffenen und der Mobber hat es leichter, sein Werk zu vollenden.

NÖLAK: *Das heißt, ich muss mich bemühen, sozusagen zurückzudenken, wie hat es denn angefangen und eher dort ansetzen?*

GUBITZER: Würde ich empfehlen, wenn Personen früher gar nicht auffällig waren, es früher nie Anstände gegeben hat, da kann ich ziemlich sicher sein, da ist jemand, der gegen die betreffende Person agiert. Wenn es mit Kolleginnen oder Kollegen von Anfang an Probleme gibt, so kann man da auch nicht ausschließen, dass ein Mobbingprozess läuft, weil einfach diese Person nicht erwünscht ist. Da ist es hilfreich, wenn Neulinge im Betrieb einen Mentor bekommen, der sie in die Betriebsangelegenheiten einweiht. Nicht alles ist niedergeschrieben, was aber doch ein geltendes Recht sein kann. Neulinge sollten sich bemühen, in die bestehende Gemeinschaft hinein zu wachsen und nicht die anderen nerven, was sie alles besser machen würden oder anderswo besser ist. Das fordert förmlich zum Mobben heraus, und zwar von der ganzen Kollegenschaft. Mancher wird auch falsch eingeschätzt und es dauert eine Zeit, bis man den Wert dieses Menschen erkennt. Wehe, wenn er zuvor schon durch Mobbing zermürbt wurde. So manche Vorgesetzte aber auch Kolleginnen und Kollegen haben recht wirksame Methoden, Menschen zu zermürben. Da bekommt jemand keine Informationen oder er erhält sie zu spät, da wird jemandem so viel Arbeit zugewiesen, dass er sie in der gewünschten Zeit nicht erfüllen kann. Ich gebe jemandem gar nichts zu tun, das ist ebenso zerstörerisch, wie Arbeit zu haben, die man einfach von seinen Fähigkeiten her nicht kann.

NÖLAK: *Der, der nicht unmittelbar betroffen ist, aber dann hineingezogen wird, sollte an den Anfang des Konflikts bzw. Mobbingprozesses zurückgehen?*

GUBITZER: Niemand ist eine Insel. Wir tragen in der einen oder anderen Form immer füreinander Verantwortung. Ich würde meinen, es macht Sinn, überhaupt auf seine Umwelt zu achten. Wenn man bemerkt, dass da oder dort ein schlechter Umgangston herrscht, sollte man darauf hinweisen. Der Betriebsrat muss sich bemühen, eine Betriebsvereinbarung zustande zu bringen, die das Mobbing ächtet und klare Verhaltensregeln aufstellt. Eine solche Vereinbarung ist für alle bindend, für Arbeitgeber und Arbeitnehmer. Sie muss von allen gekannt und akzeptiert werden. Auf diese Weise kann man präventiv dem Mobbing einen Riegel vorschieben. Der Lohn dafür ist ein gutes Betriebsklima. Ein gutes Betriebsklima wieder schafft Arbeitsfreude. Menschen, die gerne für ihre Firma arbeiten, leisten mehr und setzen sich mehr ein. Der Gewinn steigt. Das sichert Arbeitsplätze. So kann ich mit einer guten Betriebsvereinbarung gegen Mobbing die Grundlage für ein erfolgreiches Unternehmen schaffen. Das gute Benehmen, der freundliche wertschätzende Umgang miteinander ist heute ein gefragtes Markenzeichen für den Kunden. Hier bedarf es noch mehr an Aufklärung für Manager im Marketing. Auch der öffentliche Dienst sieht sich als Dienstleister, umso mehr sollte auch hier darauf geachtet werden, dass die Unternehmenskultur mit dem Unternehmensziel übereinstimmt.

NÖLAK: *Wie kann man die Streitkultur verbessern?*

GUBITZER: Nun, ich habe ja schon vorhin ein paar Hinweise gegeben. Grundsätzlich soll man den Streit nicht vermeiden, sondern ihn vornehm austragen. Es gibt da schon eine Menge guter Ansätze, die Menschen eine gute Konfliktkultur zu lehren. Grundsatz ist, was ich ja schon mehrmals betont habe, der wertschätzende Umgang miteinander. Ein Mensch ist nicht deshalb verachtenswert, weil er eine andere Meinung hat als ich. Weiters gilt, dass ein Streit immer mit dem Ziel geführt werden soll, dass keiner eine Niederlage erleidet. Sieg-Niederlagen-Ausgänge sind Zündstoff für neue Auseinandersetzung. Wichtig ist, auf die Argumente des anderen einzugehen und nicht die eigene Meinung für unantasbar zu erklären. Meistens hat ja jeder ein bisserl Recht. Sobald ich bereit bin, auch die andere Meinung gelten zu lassen, habe ich die Chance für einen Konsens. Kompromisse sind nur Scheinlösungen und nicht wirklich friktionsfrei. Im Konsens liegt die Lösung. Darauf muss man halt manchmal geduldig hinarbeiten. Aber jedes Streitgespräch muss so enden, dass man danach wieder miteinander reden kann und keiner verletzt zurückbleibt. Streit muss im Gespräch gelöst werden nicht mit Waffen, seien es nun scharfe Worte oder scharfe Messer. Ich glaube, man kann es am einfachsten mit dem alten Sprichwort zusammenfassen: „Was du nicht willst, dass man dir tu, das füg auch keinem andern zu“.

Siehe Bildtafel 17

Die Kubatisierung der Kugel

„Der Verzicht auf die Todesstrafe hat einen rationalen Aspekt: die Todesstrafe ist in den meisten Fällen wirkungslos."

Helmut Fuchs

Helmut Fuchs ist Professor am Institut für Strafrecht und Kriminologie der Universität Wien

NÖLAK: *Der Straf-Begriff ist sehr eng mit der Geschichte verbunden. Gilt das auch für den Grundgedanken der Strafe?*

FUCHS: Ja, natürlich, aber der Zweck des Strafrechts hat sich stark gewandelt. Ursprünglich hatte die Strafe wahrscheinlich sakrale Wurzeln, in Vorzeiten war die Bestrafung des Täters eine Art Opfer an die erzürnte Gottheit. Heute sind wir dominiert von der Aufklärung, also von einer durchaus rationalen Auffassung der Strafe. Die Strafzwecke – Generalprävention und Spezialprävention – werden heute als die zentralen Anliegen des Strafrechts und der Strafe angesehen. Damit will man einerseits erreichen, dass Menschen, die Straftaten begangen haben, nicht rückfällig werden, und andererseits, dass von vornherein keine Straftaten begangen werden. Diese Gedanken dominieren heute. Der Vergeltungsgedanke ist ganz zurückgedrängt. Er mag im Menschen psychologisch noch vorhanden sein, aber im Strafvollzug etwa ist es heute anerkannt, dass die Rache nicht der Sinn der Strafe ist.

NÖLAK: *Ein bayerischer Rechtshistoriker vertritt die Ansicht, dass das Mittelalter eigentlich humaner war als die beginnende Neuzeit. Im Mittelalter war es so, wenn man etwas angestellt hat, hat man sich mit den Verwandten zusammengesetzt und eine Buße ausgehandelt. Erst der Neuzeit war es vorbehalten, einen schrecklichen Strafkatalog einzuführen. Ist das eine lineare Entwicklung oder glauben Sie ist es eine Wellenentwicklung?*

FUCHS: So pauschal kann man sicher nicht sagen, dass das Strafrecht früher humaner war. Richtig ist, dass in den älteren Zeiten mehr privatisiert war. Im römischen Recht beispielsweise hat es kein wirkliches Strafrecht gegeben, abgesehen von Hochverrat und Staatsdelikten. Die privaten Delikte von den Beleidigungen über Diebstahl bis zu den Körperverletzungs- und Tötungsdelikten waren vor allem eine private Angelegenheit.

Wenn es eine Möglichkeit gab, sich mit dem Opfer zu einigen, so hat man das getan, z. B. auf die Weise, dass man beim Diebstahl dem Opfer das Vierfache zurückgezahlt hat. Nur wenn es zu keiner Einigung gekommen ist, dann hat der Staat eingegriffen und auch nur insoweit, dass er dann die private Rache zugelassen hat. Dann galt das Prinzip „Aug um Aug, Zahn um Zahn", worum sich aber das Opfer oder seine Familie selbst kümmern mussten. Das ist eigentlich ein recht archaisches System, das man kaum als besonders human bezeichnen kann. Glücklicherweise hat es sich im Laufe der Jahrhunderte gewandelt.

Im Übrigen galt das alles nur gegenüber bestimmten Personengruppen. Gegenüber den Sklaven oder gegenüber den abhängigen Bauern gab es natürlich immer ein anderes Strafrecht. Da gab es die volle Gewalt des Grundherrn.

NÖLAK: *Es war mit der obersten, eigenen Schicht anders?*

FUCHS: Dem eigenen Stand, den Standesgenossen gegenüber. Auch wenn man vom römischen Recht redet, dann spricht man von der relativ geringen Zahl der Vollbürger und derjenigen, die volle Rechte hatten. Deswegen gibt es die verschiedenen Schichten der alten Gerichtsbarkeit. Fehdewesen ist im Grunde auch nichts anderes als die Ausführung der privaten Rache.

Der erstarkende Staat hat ab dem Wechsel zur Neuzeit das Strafrecht in die Hand genommen, nicht zuletzt, um die Willkür der lokalen Herren gegenüber den Untertanen und das Fehdewesen einzudämmen. Dafür musste aber erst eine schlagkräftige staatliche Organisation aufgebaut werden. Die Reichskammergerichtsordnung und das Ende des Fehdewesens durch den Ewigen Landfrieden im Deutschen Reich fallen nicht zufällig im selben Jahr 1495 zusammen.

Zur weiteren Stärkung des Staates kam es mit der Reformation und den Religionskriegen. Die blutigen Glaubenskonflikte und vor allem der Dreißigjährige Krieg brachten die Überzeugung, dass Ruhe und Frieden die wichtigsten Güter sind. Da gab es plötzlich die Vorstellung: Hauptsache es herrscht Ruhe! Es ist im Grunde egal, welche Religion die herrschende ist, der Landesherr muss vor allem die Macht haben, den Frieden herzustellen und aufrechtzuerhalten. Das ist die Zeit, in der auch das Strafrecht entsprechend gestärkt wurde.

Die Entwicklung des modernen Strafrechts geht mit dem starken, absoluten Staat Hand in Hand, und damit hat sich der Staat auch überlegt, wie man das Strafrecht und die Strafe ausgestalten soll. Wenn man ein mittelalterliches Gefängnis sieht, dann war das nicht für den Vollzug einer Freiheitsstrafe bestimmt. Ich glaube, dass nicht jeder, der ein altes Verlies in einem mittelalterlichen Stadtturm oder in einer Burg besucht, sich dessen bewusst ist. Freiheitsstrafen sind neu, es gibt sie erst seit etwa 1600. Sie entstanden in Holland mit dem Calvinismus und der Idee einer Erziehung zur Rechtschaffenheit durch Arbeit. Früher gab es keine Freiheitsstrafen, sondern neben der Geldstrafe nur die Todesstrafe und Verstümmelungsstrafen. Was man sieht in den mittelalterlichen Verliesen, das waren alles reine Untersuchungsgefängnisse. Dort blieb der Delinquent, bis ihm die Hand abgehackt oder bis er hingerichtet wurde. Und die Todesstrafe wurde sehr bald verhängt, auch bei manchen Diebstählen.

Es ist ein wesentlicher Fortschritt, dass unser Strafwesen heute von der Aufklärung und von der Rationalität dominiert ist und dass es der Staat in die Hand genommen hat, die ganze Strafverfolgung und den Strafvollzug nach rationalen Gesichtspunkten zu gestalten.

NÖLAK: *Immer, wenn schreckliche Dinge passieren, wird der Ruf nach Lynchjustiz und Ähnlichem laut. Glauben Sie, ist das eine Entwicklung, die abnehmen wird? Setzt sich die Vernunft auch bei der Masse durch?*

FUCHS: Primär betrifft die Frage nach „Lynchjustiz und Ähnlichem“ die grundlegenden Werte in unserer Gesellschaft. Sie hat damit einen höchst theologischen und moralischen Hintergrund. Manche Sachen darf man ganz einfach nicht tun, als Mensch nicht und als Staat nicht. Die Frage nach der Todesstrafe ist bei uns immerhin klar rechtlich geregelt: Es gibt sie bei uns in keiner Weise, sie ist verfassungsrechtlich beseitigt und könnte auch gar nicht eingeführt werden, ohne dass wir die Menschenrechtskonvention kündigen.

Der Verzicht auf die Todesstrafe hat aber auch einen rationalen Aspekt. Erstens ist die Todesstrafe in den meisten Fällen wirkungslos. Wenn, dann wird sie ja nur für vorsätzliche Tötungen, für Mord in Betracht kommen und wohl nicht mehr wie früher für Hochverrat, Gotteslästerung und „Majestätsbeleidigung“. Unsere Morde, die wir in Österreich und größtenteils in Mitteleuropa haben, sind zu 80 bis 90 % Beziehungsdelikte. Mord in der kriminologischen Realität bei uns ist also nicht das, was man sich vielleicht vorstellt, dass nämlich irgendwo auf der Straße ein Unbeteiligter umgebracht wird. Es sind vielmehr Explosionen von Gefühlsstürmen in lange aufgestauten Konflikten in der Familie und in zwischenmenschlichen Beziehungen, die sich in einem Tötungsdelikt entladen. Häufig sind sie mit Selbstmord des Täters oder mit einem Selbstmordversuch verbunden.

Gegen solche Taten ist die Todesstrafe offensichtlich unwirksam. Eine Mutter, die nach jahrelangem zermürbenden Streit ihre Kinder aus dem Fenster wirft, oder der Vater, der im Scheidungsstreit seine Familie ausrottet, weil er keinen Ausweg sieht, der denkt nicht daran, was ihm nach seiner Tat passieren wird. Es ist ihm schlicht gleichgültig, er vernichtet ohnedies selbst alles, was ihm wichtig ist, und es sind ganz andere Gedanken, die ihn oder sie in diesem Augenblick beherrschen als der Gedanke an die Strafe. Folglich ist die Todesstrafe sinnlos und im Grunde nicht wirklich wirksam.

Darüber hinaus wirkt die Todesstrafe sogar tendenziell verbrechensfördernd. Das zeigt die amerikanische Entwicklung sehr deutlich. Es gibt eindrucksvolle Untersuchungen, was passiert, wenn der Staat beginnt, den Krieg auszurufen. „War on Crime, war on Drugs“, das führt zu einer allgemeinen Brutalisierung der Gesellschaft und damit nehmen auch die brutalen Straftaten zu. Auch werden Täter, die nichts mehr zu verlieren haben, zu Desperados, die dann überhaupt keine Hemmungen mehr kennen. Die Kriegsrhetorik wirkt sich dann aus. Man kann jedenfalls sagen, dass es in Amerika sicher einen Zusammenhang zwischen einem starken Ansteigen der Mordrate und der Einführung der Todesstrafe Anfang der 1980er Jahre gibt. Es ist primär ein zeitlicher Zusammenhang, der an sich noch nichts über die Kausalität aussagt, aber es ist plausibel, dass auch ein sachlicher Zusammenhang besteht. In den USA kam es jedenfalls seit dem Ausrufen des „War on Crime“ zu einem deutlichen Anstieg der Tötungsdelikte außerhalb des Familienkreises.

Wir haben in Österreich dagegen konstant ca. 30 Verurteilungen wegen Mordes im Jahr, dazu kommen noch die Mörder, die nicht verurteilt werden können, weil sie sich etwa nach einem Familienkonflikt selbst töten. Wenn jemand seine Familie mit Frau und drei Kindern ausrottet, so sind das vier Morde und dann möglicherweise ein Selbstmord in unserer Statistik. Wir haben in der polizeilichen Statistik etwa 160 Fälle von Mord pro Jahr, aber das ist die Beurteilung durch die Polizei und noch keine endgültige Beurteilung, ob es wirklich eine vorsätzliche Tötung war. Die Hälfte sind außerdem „nur" Tötungs-Versuche, bei denen es noch schwerer ist festzustellen, ob der Täter sein Opfer wirklich töten oder aber bloß verletzen wollte.

Für die sehr schweren Delikte ist die Freiheitsstrafe immer noch die einzige Form der Bestrafung. Bei Freiheitsstrafen muss man aber immer auch berücksichtigen, dass man den Eingesperrten ja doch irgendwann einmal freilassen muss, weil eine ewig dauernde Freiheitsstrafe außer bei ganz wenigen schwersten Delikten nicht dem entspricht, was der Täter getan hat. Und dann ist die Frage, wie gestaltet man den Strafvollzug aus? In Wahrheit sollte man ihn so ausgestalten, dass der Verurteilte die Möglichkeit hat und dass er dazu gebracht wird, nach seiner Entlassung keine Straftaten mehr zu begehen.

Auch muss man sich darüber im Klaren sein, dass in Österreich vor allem relativ geringfügige Delikte begangen werden. Schwere Gewaltdelikte wie Raub sind eine höchst seltene Sache, natürlich führen diese Delikte dann zu hohen Freiheitsstrafen.

NÖLAK: *Hängt die relativ geringe Zahl der Delikte mit einer sehr breiten Basis von Hilfsdiensten zusammen, mit Strukturen, die schon einschreiten bevor noch was geschehen ist, die eben verhindern, dass Menschen straffällig werden?*

FUCHS: Zum Teil. Ich führe es vor allem auf die Erziehung zurück.

NÖLAK: *Die maria-theresianische Volksschule ist immer noch was wert?*

FUCHS: Ja, in der Gesamterziehung – einerseits über die Schule, andererseits über das Elternhaus. In Mitteleuropa gibt es noch nicht diesen völligen Egoismus, der dazu führt, dass der Tellerwäscher Millionär werden kann, aber eben auch die Leichen am Weg liegen. Der entscheidende Grund dafür, dass keine Straftaten begangen werden, sind nicht die Strafen, sondern die Hemmungen, die bei den Menschen einfach bestehen. Wenn die Menschen in ihrem Innersten davon überzeugt sind, dass „man das nicht tut", dass man einem anderen Menschen kein Leid zufügt, selbst dann nicht, wenn man sich dadurch einen Vorteil verschaffen könnte – dann ist das die größte Garantie, dass keine oder nur wenige Straftaten begangen werden. Generell gesagt: Die Strafe braucht man umso eher, je geringer dieser natürliche Unwertgehalt der Tat ist. Man bedenke nur Zeitungsdiebstahl oder Ladendiebstahl.

NÖLAK: *Pfusch?*

FUCHS: Ja, die Handlungen, die vielleicht gar nicht gerichtlich strafbar sind, wie Falschparken oder bei einem Stau rechts vorfahren, das sind Taten, bei denen man leicht in Versuchung kommen kann und wo eine entsprechend angemessene Strafe dann ganz gut ist. Mein Beispiel ist immer: Man steht auf der Autobahn im Stau und dann fährt einer rechts vor – und wenn am Schluss die Polizei steht und abkassiert, dann lehnt man sich mit Genuss zurück und sagt, es zahlt sich doch aus, dass man ein guter Mensch geblieben ist. Das ist die generalpräventive Wirkung einer Strafe. Und die braucht man umso mehr, je geringer der gewissermaßen natürliche Unwertgehalt der Taten ist. Beim Mord, glaube ich, spielt die Strafdrohung jedenfalls in Österreich keine wirkliche Rolle.

NÖLAK: *Gibt es Ihrer Meinung nach, also jetzt aus der Sicht des Juristen, einen Verfall der Sitten?*

FUCHS: Ich würde die Frage mit Ja beantworten. Vielleicht ist es darauf zurückzuführen, dass ich das so empfinde, weil ich älter werde. Aber ich bin mir dessen bewusst. Ich fürchte schon, dass heute ein anderes sittliches Klima herrscht. Die Schule ist in den letzten Jahrzehnten weitgehend zerstört worden, und wenn man beginnt, die Schule zu zerstören, dann zerstört man das Fundament der Gesellschaft. Mit „zerstören" meine ich vor allem die Stellung der Lehrer.

NÖLAK: *Also, dass Respekthierarchien in einem Maß abgebaut wurden?*

FUCHS: Ja, das ist aber eine ganz schwierige Sache. Zuviel Hierarchie und Institutionen sind natürlich auch nicht gut, es hemmt die Entwicklung und erzeugt unfreie Menschen. Aber auf der anderen Seite: Wenn man keine klare Wertordnung mehr hat und sie nicht anerzogen, angelernt bekommt, dann gibt es eigentlich auch keinen Grund, andere Menschen in ihren Rechtsgütern zu respektieren. Die Grenze zwischen geschäftlicher Tüchtigkeit und Betrug ist ja oft nur schwer zu ziehen.

NÖLAK: *Müsste der Jurist nicht eigentlich aus dieser Überlegung heraus dafür sein, dass die Kirchen als Vertreter der Religionen wieder mehr Bedeutung mit ihren ethischen Systemen erlangen?*

FUCHS: Stellen Sie diese Frage mir persönlich, sage ich natürlich sofort „ja", wobei man auch wieder aufpassen muss. Und wenn Sie mich fragen, ob der Jurist das tun sollte, das ist jetzt natürlich wieder aktuell geworden mit dem berühmten Gottesbezug in der Verfassung.

NÖLAK: *Konvent?*

FUCHS: Ich finde, dass das christliche Programm ein Gegenprogramm gegen dieses reine Opportunitäts-, Günstigkeits- und Tüchtigkeitsdenken ist, das sich immer mehr breit macht. Dieses Gegenprogramm sollte möglichst verbreitet werden. Sie könnten mich jetzt fragen, wie man versuchen kann, das im Leben zu verwirklichen. Wodurch wirkt man zum Beispiel als Universitätslehrer? Schließlich kann man als Universitätslehrer auf viele Menschen einwirken, an der großen Wiener Fakultät ganz besonders.

Ich habe mir die Frage oft gestellt. Wahrscheinlich wirkt man weniger dadurch, dass man den Studenten Strafrecht beibringt. Wichtiger ist es wohl, dass ich den jungen Menschen in einer Phase, in der sie sehr empfänglich sind, auch eine gewisse Lebenshaltung und persönliche

Werte vermitteln kann. Ich sage es auch meinen Mitarbeitern: So, wie wir jetzt die Studenten behandeln, so werden sie wahrscheinlich später einmal ihre Mitarbeiter und Untergebenen und generell ihre Mitmenschen behandeln. Und das ist eine der Möglichkeiten der Einflussnahme, die man hat und die man wahrnehmen sollte.

Es ist weniger das Rechtliche, das in der Gesellschaft wirkt. Das Strafrecht ist für Notfälle da, wenn es gar nicht mehr funktioniert, wenn sich jemand ganz gegen die Werte in der Gesellschaft stellt, dann ist das Strafrecht notwendig und unvermeidbar. Aber eine solche Form von Rechtsgüterschutz ist nur der letzte Ausweg, wenn gar nichts gewirkt hat. Wichtiger sind Schule, Elternhaus, Erziehung und die sozialen Netze. Auch darüber muss man sich im Klaren sein: Sozialpolitik ist wahrscheinlich die wirksamste Kriminalpolitik.

Menschen, die etwas zu verlieren haben, werden weniger Straftaten begehen als andere. Wenn man die richtige Sozialpolitik betreibt, dann wird das eine viel wirksamere Kriminalprävention sein als höhere Strafen. Jetzt denke ich wieder an Amerika – die fehlende Sozialpolitik ist wohl einer der wichtigsten Gründe, warum es dort nicht funktioniert. In den USA gibt es 500 bis 600 Gefängnisinsassen pro 100.000 Einwohner, in Österreich sind es rund 90. In Amerika haben sie also fast die siebenfache Zahl!

NÖLAK: *Wie viele der amerikanischen Gefangenen gehören welchen Volksgruppen an?*

FUCHS: Das ist unterschiedlich, aber Unterschicht-Angehörige und Schwarze sind gewiss in der Mehrzahl. Das sind die amerikanischen Verhältnisse.

NÖLAK: *Wobei, ich würde gar nicht in ein Haus oder eine Villa heimkommen wollen, wo an der Türe ein Wachebeamter steht und ich mich mit zehn Meter hohen Mauern mit Stacheldraht schützen muss.*

FUCHS: Natürlich. Und deswegen muss man versuchen, in der Gesellschaft andere Hemmungen aufzubauen, die Straftaten verhindern, nicht sichtbare Hemmungen. Ich kann nur wieder sagen: Wenn wir hier auf der Straße gehen, können wir nicht verhindern, dass irgendjemand auf einen zukommt und einen niedersticht. Wie sollte man dem vorbeugen? Ich könnte nirgends hingehen oder könnte mich nur, umgeben mit Wächtern, auf die Straße trauen, und selbst das würde nicht wirklich Sicherheit bieten.

Das Wichtigste in der Gesellschaft ist, eine Gemeinschaft zu bauen, in der das nicht notwendig ist, in der man sich frei bewegen kann und in der die Menschen trotzdem Hemmungen haben, dem Mitmenschen zu schaden. Solche Hemmungen bekommt man nicht durch das Strafrecht, sondern durch die Erziehung, durch die Schule, durch das Leben, dadurch, dass man sich sagt, mein Leben lohnt sich, ich habe etwas zu verlieren, indem man der Überzeugung ist, Straftaten begeht man nicht, ich will auch nicht.

NÖLAK: *Bei wirklich brutalen Delikten – z.B. bei Mord – ist es also oft so, dass der Mörder in der Situation des Mordes nicht an die Strafe denkt. Aber ein Dieb? Bei einem kleineren Delikt ... wie Steuerhinterziehung, da hat doch eine höhere Strafe schon präventiven Charakter?*

FUCHS: Aber über das Maß der Schuld hinaus kann man nicht bestrafen. Das wäre ungerecht. Wir haben in Österreich in der Statistik ungefähr 550.000 registrierte Straftaten, wovon die Hälfte Diebstähle sind. Meistens sind es relativ geringfügige Delikte, selbst etwa die rund 100.000 Einbruchsdiebstähle, die nur zum geringeren Teil Einbruchsdiebstähle in Wohnungen sind. Man muss sich vor Augen halten, das Aufbrechen einer Zeitungskassa und sich dort ein paar Euro holen, das ist ein Einbruchsdiebstahl in unserer Statistik.

Noch aus einem anderen Grund muss man bei kleineren Delikten mit Freiheitsstrafen vorsichtig sein: Freiheitsstrafen werden kaum jemals einen Menschen bessern, sie sind aber oft der Anstoß zu einer schwereren kriminellen Karriere. Zum einen, weil das Gefängnis immer auch eine Schule des Verbrechens ist, zum anderen aber aus einem einfachen praktischen Grund: Straftäter sind meistens schwache Menschen, die es nicht gelernt haben, ihr Leben geordnet einzurichten und so zu organisieren, dass sie Straftaten nicht notwendig haben. Das beginnt mit dem Aufstehen: Wenn man nicht gelernt hat, in der Früh aufzustehen, dann wird man zur Arbeit zu spät kommen, und dann ist man seinen Arbeitsplatz bald wieder los. Dann führt der Weg ins Wirtshaus und zum Alkohol, der nach wie vor eine große Rolle spielt bei Straftaten, und dann kommt es zu Vermögensdelikten oder auch zu anderen Delikten bis hin zum Drogenhandel.

Durch Einsperren kann man einen Menschen nicht zur Selbständigkeit erziehen, ganz im Gegenteil: Im Gefängnis ist alles genau vorgegeben, vom Wecken bis zum Waschen, so dass viele labile Personen in der Haft den letzten Rest an Selbständigkeit verlieren. Überhaupt sind die Möglichkeiten einer Erziehung im Strafvollzug sehr beschränkt. Darum arbeitet man heute viel mit Geldstrafen und mit Diversion. In unseren Gefängnissen sind vor allem nur „schwere" Täter.

NÖLAK: *Stichwort Strafzumessung?*

FUCHS: Wir haben in Österreich ein deutliches geografisches Gefälle in der Strafzumessung. Im Oberlandesgerichtssprengel Wien – wir haben vier Oberlandesgerichtssprengel und für die gibt es getrennte Statistiken – einerseits und Tirol und Vorarlberg andererseits ist das Strafzumessungsmuster, nämlich die Höhe der Strafe, die man bekommt, ganz unterschiedlich. Im Westen werden bedeutend niedrigere Strafen verhängt. Nach einer Untersuchung, die an unserem Institut gemacht wurde, sind die Strafen im Osten etwa doppelt so hoch wie im Westen.

NÖLAK: *In Wien bzw. Niederösterreich sitze ich doppelt so lange wie in Tirol oder Vorarlberg?*

FUCHS: Ja, im Prinzip ist es so. Es wurde nachher eine Untersuchung gemacht, wie sich die verschieden hohen Strafen auf die Rückfallsrate auswirken. Solche Experimente kann man an sich schwer machen, weil man den Menschen nicht sagen kann: So, jetzt haben wir zwei Angeklagte nebeneinander, den einen verurteilen wir zu dieser Strafe und den anderen zu einer doppelt so hohen Strafe, und dann schauen wir uns an, was daraus wird – das wäre ja ungerecht. Aber durch die regionalen Unterschiede ergibt sich ein solches Experiment.

Es ist also untersucht worden, wie sich die unterschiedliche Strafzumessung auf die Rückfallsrate auswirkt. Wie viele Verurteilte in Wien werden in den nächsten fünf Jahren rückfällig, und wie ist das bei den in Tirol Verurteilten, die eine deutlich geringere Strafe bekommen haben? Und das überraschende Ergebnis: Es ist kein Unterschied! Null! In beiden Fällen war die Rückfallsquote 38 %. Also 38 % der Verurteilten sind innerhalb der folgenden fünf Jahre rückfällig geworden, und das ist für Österreich überall dasselbe, für Wien wie für Innsbruck.

NÖLAK: *Könnte man das so interpretieren, dass ich dann gleich weniger strafen kann, weil die Rate dieselbe ist?*

FUCHS: Genau! Freilich gilt das nur innerhalb eines bestimmten Rahmens. Wenn man unter eine bestimmte Grenze geht, wird sich das sicher ändern, dann wird die Verurteilung nicht mehr ernst genommen. Dann wird wahrscheinlich die generalpräventive Wirkung des Strafrechts leiden. Und wenn man mit der Strafe den Rahmen dessen, was allgemein noch als gerecht empfunden wird, überschreitet, dann wird es sich auch ändern, vielleicht sogar im negativen Sinn, weil die Gesellschaft dann sagt: Wir müssen die Menschen vor einem ungerechten Strafrecht schützen und sie diesen exzessiven Strafen entziehen. Aber innerhalb eines relativ breiten Rahmens ist es für die Wirkung der Strafe und des Strafrechts gleichgültig, ob man eine höhere oder eine niedrigere Strafe ausspricht.

NÖLAK: *Das heißt, der Moment, in dem sich die Gefängnistore hinter einem schließen, ist der prägende Moment, und ob ich jetzt ein Jahr oder zwei Jahre einsitze, macht eigentlich nicht den großen Unterschied aus.*

FUCHS: Wobei, wenn ich Verurteilungen sage, sind das zum geringsten Teil unbedingte Freiheitsstrafen. Wir haben in Österreich rund 10 % unbedingte Freiheitsstrafen, wobei das freilich in den letzten Jahren ein bisschen angestiegen ist, aber das meiste sind nach wie vor Geldstrafen.

NÖLAK: *In dem Moment, in dem ich den Betrag zahlen muss, tut es mir weh, egal wie viel ich verdiene.*

FUCHS: Ich würde sogar sagen: Es tut schon vorher weh, wenn der Staat reagiert. Das Wichtige ist, dass der Staat etwas tut, dass es ein Verfahren gibt in irgendeiner Form. Bei kleinen Sachen wird die Diversion ausreichen, aber bei anderen muss es eine Verhandlung sein, dann muss es zu einem Urteil kommen und der Staat muss dadurch zeigen, dass er den Rechtsbruch ernst nimmt und sich damit beschäftigt. Wenn das einmal wegfällt, dann wird es bedenklich. Aber die Höhe der verhängten Strafe ist weniger wichtig.

NÖLAK: *Das ist dann wie in der Entwicklungspsychologie: Immer, wenn ein Kind etwas anstellt, dann muss ich es sofort darauf hinweisen, weil wenn ich den Zusammenhang erst viel später herstelle, dann erkennt das Kind nicht, warum es bestraft wird. Es ist fast egal, was und wie ich dann strafe, Hauptsache, ich bin sozusagen kurz böse.*

FUCHS: Das deckt sich auch mit meinen Erfahrungen im Strafrecht und mit dem, was ich an Untersuchungen dazu kenne. Freilich gilt es nur in Grenzen: Wie gesagt, es gibt eine gewisse Untergrenze. Man kann nicht jemanden, der einen Bankraub begangen hat, zu einer Geldstrafe verurteilen, das würde nicht ernst genommen werden. Aber ansonsten gibt es viel Spielraum.

Eine ganz andere Tätergruppe sind Wirtschaftstäter, und hier ist wieder die Steuerhinterziehung ein ganz besonderer Fall. Bei diesem Delikt sind die „natürlichen" Hemmungen der Menschen verhältnismäßig gering, so dass es ohne spürbare Strafen nicht abgeht. In Österreich sind in den letzten Jahren die Strafdrohungen und die Strafen bei Steuerhinterziehung deutlich angehoben worden, wenngleich wir noch immer weit von der Praxis anderer Staaten entfernt sind. In Deutschland gibt es jedes Jahr Fälle, in denen Strafen von vier, fünf oder acht Jahren Freiheitsstrafe verhängt werden. Bei uns haben wir das nicht.

Viel wichtiger als höhere Strafen bei denen, die man bei einer Steuerhinterziehung erwischt, wäre es aber, die Aufklärungsquote zu erhöhen. Wenn man meint, dass höhere Strafen für sich allein eine größere präventive Wirkung haben, irrt man.

NÖLAK: *Man muss ja von sich überzeugt sein, um eine Straftat zu begehen, und da ist man sicher: Mich erwischen sie nicht!*

FUCHS: Richtig. So ist die Psychologie des Menschen: Wenn er eine signifikante Chance sieht zu entkommen, dann wird er daran und an seine eigene Klugheit glauben und die Tat begehen, und dann ist ihm die Höhe der Strafe egal.

NÖLAK: *Egal, weil er ja überzeugt ist, er kommt davon?*

FUCHS: Eben. Das heißt, es ist viel wichtiger, die andere Seite zu bedenken und die Aufklärungsquote zu erhöhen. Und das würde voraussetzen, mehr Kontrollen, es muss wirklich alle drei Jahre eine Betriebsprüfung geben und da muss man wirklich tüchtige Beamte dafür einsetzen. Nicht die Strafabteilungen, sondern die Betriebsprüfungsabteilungen sollten bei den Finanzämtern aufgerüstet werden.

NÖLAK: *Besser ausgebildete Leute als Finanzbeamte?*

FUCHS: Genau. Und die muss man auch gut bezahlen. Jetzt sind wir bei der nächsten Frage, nämlich, dass man Beamte auch gut bezahlen muss, auch bei der Polizei. Manchmal denke ich mir, wenn ich auf einen besonders fähigen Beamten z. B. bei einem Finanzamt oder bei der Wirtschaftspolizei treffe, bin ich gespannt, ob der in drei Jahren noch immer da sitzt oder ob der nicht irgendetwas anderes gefunden hat. Und immer wieder geht der dann woanders hin, zu einem Steuerberater, wo er ein Vielfaches verdient. Bei den Beamten zu sparen und sie vielleicht noch medial zu prügeln, ist sehr unklug für einen Staat.

NÖLAK: *Wie gehen wir eigentlich mit einem für uns fremden Werte- und damit Verbrechenssystem um? Wie gehe ich mit Angehörigen eines Landes um, wo ganz andere Maßstäbe gelten und daher z. B. das Dealen mit Drogen nicht als etwas besonders Verwerfliches angesehen wird?*

FUCHS: Das ist weniger das Problem, Drogenhandel ist nirgends legal. Viel bedeutsamer sind die politischen und sozialen Ursachen. Wer sind die Drogenhändler in Österreich? Zum Beispiel Afrikaner, die in bitterarmen Ländern leben, die dort auch ausgebeutet werden, die dann irgendwie nach Spanien kommen, dort illegal leben und als Erntearbeiter weiter ausgebeutet werden. Daher kommt übrigens unser billiges Obst und Gemüse im Winter. Dann kommt jemand zu diesem armen Erntearbeiter und bietet ihm Geld dafür, wenn er das Kugerl schluckt und nach Österreich bringt. Von dem Gewinn, der ihm versprochen wird, kann der Afrikaner seine Familie, die in der Heimat im Elend lebt, zwei Jahre lang erhalten. Also tut er das, was ihm vorgeschlagen wird.

Wie soll man mit einem solchen Täter umgehen? Natürlich hat er eine Straftat begangen, natürlich sperren wir ihn ein, aber ist das eine Möglichkeit, das Problem in den Griff zu bekommen? Solange Menschen in unvorstellbarem Elend leben – in Nigeria, in Moldawien oder sonst wo –, werden sie der Versuchung erliegen, solche Straftaten zu begehen. Die meisten begreifen erst im Gefängnis, welchem Risiko sie sich ausgesetzt haben, wenn sie als Bodypacker durch die Gegend laufen. Wie sollen die Gerichte damit umgehen? Sie sind ziemlich hilflos, Strafrecht allein kann da nichts bewirken.

NÖLAK: *Aber, wenn der bei uns im Gefängnis sitzt, geht es ihm nicht wesentlich besser, als es ihm in Nigeria gegangen ist?*

FUCHS: Ich glaube nicht, dass es irgendjemandem im Gefängnis besser geht als in Freiheit, noch dazu einem Nigerianer, der keinen Freigang bekommt.

NÖLAK: *Wenn ich jetzt bösartig wäre, könnte ich doch argumentieren: Denen geht es zu gut! Die haben sogar Fernsehen im Gefängnis!*

FUCHS: Wissen Sie, warum die Fernsehen haben?

NÖLAK: *Damit sie etwas zu tun haben?*

FUCHS: Damit sie Ruhe geben. Nichts anderes! Überhaupt keinen anderen Grund gibt es.

NÖLAK: *Aber es wird sicher wieder der Ruf nach einer inhumaneren Haft laut werden – weil scheinbar ist das Gefängnis doch ein Paradies – man muss nicht arbeiten.*

FUCHS: Das Gegenteil ist der Fall! Arbeitsentzug ist eine schwere Strafe im Strafvollzug. Das gilt natürlich für heute, Gott sei Dank – wir beuten unsere Häftlinge nicht mehr aus! Wir haben keine Gefangenen, die unter Gefahren arbeiten müssen, wie z. B. in Bergwerken.

NÖLAK: *Oder stupide Tätigkeiten verrichten müssen.*

FUCHS: Na ja, zum Teil doch. Aber selbst die stupiden Tätigkeiten werden hingenommen, weil das heißt immerhin einen Lebensrhythmus zu haben, einen Tagesrhythmus, die Zelle verlassen zu können und in eine Werkstätte zu gehen. Natürlich sind kreative Tätigkeiten besser. Die meisten Gefangenen, die arbeiten, sind in den eigenen Hausbetrieben zur Versorgung der Strafanstalt tätig. Das ist immerhin etwas Nützliches.

NÖLAK: *Wäscherei?*

FUCHS: Genau, Reinigung, Bäckerei, Wäscherei ... Es wird immer schwerer, Aufträge von externen Firmen zu bekommen, weil sofort gesagt wird, wir haben schon so viele Arbeitslose! Ich halte es in dieser Situation auch für äußerst sinnvoll, wenn der Häftling dann irgendetwas bastelt und etwa für einen Justizwachebeamten billig einen Kasten baut. Das ist nicht ganz unbedenklich, aber es ist immerhin eine konstruktive und vielleicht sogar kreative Tätigkeit. Nur wenn man Menschen beschäftigt und zu solchen Tätigkeiten anhält, kann man hoffen, dass sie später in Freiheit keine Straftaten mehr begehen werden.

NÖLAK: *Also nicht das legendäre Sackerlpicken.*

FUCHS: Möglichst nicht, aber man muss bescheiden sein. Wenn man in einer Strafanstalt einen Auftrag von einer externen Firma bekommt, und sei es die Herstellung von Kuverts, dann ist das immerhin eine Beschäftigungsmöglichkeit für die Gefangenen und eine produktive Tätigkeit. Auch ist man immer mehr auf solche eher einfachen Arbeiten angewiesen, weil sich im Strafvollzug immer weniger Personen befinden, die eine qualifizierte Berufsausbildung haben.

Überhaupt ist die Gestaltung des Strafvollzugs ein großes Problem. Ich habe schon darauf hingewiesen: Menschen, die es nicht gelernt haben, selbstständig ihr Leben einzurichten, werden einem totalitären Ordnungssystem unterworfen, in dem sie überhaupt nichts selbstständig machen – in dem sie aufgeweckt werden, das Essen serviert bekommen, ihnen gesagt wird, wann sie sich waschen gehen müssen oder wann sie die Socken wechseln. Eine sinnvolle Arbeit kann man ihnen oft auch nicht bieten. Spätestens um 15.45 ist Einschluss in die Hafträume bis zum nächsten Morgen, weil der größte Teil des Personals nach Hause geht und kein Geld für eine weitere Betreuung da ist. Und nach Ablauf seiner Strafzeit entlässt man den Häftling und sagt ihm: So, jetzt such Dir eine Wohnung und einen Arbeitsplatz und gestalte Dein Leben selbst. Das kann nicht funktionieren.

NÖLAK: *Wie geht die Justiz mit der Forderung nach härteren Strafen um, wenn wieder einmal ein Freigänger eine – noch dazu vielleicht besonders brutale – Straftat begeht?*

FUCHS: Das ist Gott sei Dank nur ganz selten der Fall. Aber Sie haben Recht, wenn es passiert, dann kommt die Forderung nach weniger Freigang und Strafvollzug bis zum letzten Tag, also ohne vorzeitige bedingte Entlassung. Doch das ist sehr kurzsichtig. Ein kontrollierter Freigang während der Haft und eine bedingte Entlassung mit Weisungen und Bewährungshilfe sind die wichtigsten Instrumente zur schrittweisen Gewöhnung an die Freiheit und Selbständigkeit nach der Haftentlassung.

Ohne diese Maßnahmen ist die Rückfallsquote der Haftentlassenen viel höher, was ja unmittelbar einsichtig ist: Wer nach einer längeren Haftstrafe auf die Straße gestoßen wird und sich im Leben in Freiheit nicht zurechtfindet, der begeht meist wieder Straftaten. Man schützt also die Gesellschaft viel besser, wenn man den Häftling dosiert auf die Freiheit vorbereitet und den Übergang in die Freiheit schrittweise gestaltet. Das ist freilich auch mit Risken verbunden, die man natürlich möglichst gering halten muss.

Auch für Strafgefangene gilt: Der Mensch braucht ein Ziel und braucht ein Programm, nur dann wird er in der Lage sein, an sich zu arbeiten. Man muss ihm Ziele und quasi kleine Belohnungen, die er sich erst verdienen muss, vorgeben. Und wenn man die Gesellschaft schützen will, dann muss man in solche Programme im Strafvollzug und insbesondere bei der Haftentlassung mehr Geld investieren. Natürlich in vernünftigem Maße, das ist schon klar, und unter Berücksichtigung von Sicherheitsbedürfnissen, wenn das wirklich gefährliche Menschen sind.

NÖLAK: *Habe ich Sie richtig verstanden, dass Sie doch vieles Richtung Lebensstil delegieren? Das heißt, der einzelne Mensch soll in der Schule unterrichtet werden, er soll einen Arbeitsplatz haben, er soll sein Auskommen haben, damit er nicht stehlen muss, das heißt, wenn wir über Strafrecht und Rache und das Ganze reden, ist das nicht eigentlich letztlich ein Gesellschaftsproblem?*

FUCHS: Ich bin ganz Ihrer Meinung! Und man muss allen Menschen einen gewissen Wohlstand sichern. Natürlich kann man nach Osten einen Eisernen Vorhang machen, das hat offenbar auch funktioniert und uns bis 1989 manche Straftäter ferngehalten. Aber erfreulicherweise gibt es heute diesen Eisernen Vorhang nicht mehr, und so gibt es nur eine andere Möglichkeit, Straftäter fernzuhalten – nämlich dadurch, dass auch die Menschen in unseren östlichen Nachbarstaaten einen gerechten Anteil am Wohlstand bekommen. Und im Grunde ist das auch die einzige gerechte Lösung.

Dieser Mechanismus wirkt im Übrigen bereits: Im Zusammenhang mit dem EU-Beitritt unserer Nachbarstaaten und Polens ist die Zahl der Straftäter aus diesen Ländern in Österreich deutlich zurückgegangen, sie ist wieder auf dem Stand der Zeit vor dem Fall des Eisernen Vorhangs. Menschen, die die realistische Chance haben, sich ihr Auto zu erarbeiten und zu kaufen, stehlen keines mehr. Gerechte Verteilung des Wohlstandes vermindert die Straftaten. Schwieriger ist es freilich, wenn wir Straftaten von Bürgern aus Staaten außerhalb der EU betrachten.

NÖLAK: *Das heißt, wenn die österreichischen Polizisten nach Spanien gehen und dort Aufklärung betreiben und den afrikanischen Erntearbeitern sagen würden, komm nicht, glaube nicht, dass bei uns das Schlaraffenland ist usw., dann wäre das eigentlich die effektivste Art?*

FUCHS: Nein, das Problem ist viel komplizierter. Inwiefern ist es gerecht, jemandem, der in Moldawien oder in Nigeria im Elend lebt, zu sagen, dass er nicht zu uns kommen darf? Man sagt ihm also, dass es ihm zwar, auch wenn er die niedrigsten Arbeiten bei uns verrichten würde, noch immer viel besser gehen würde als in seiner jetzigen Situation, er aber trotzdem nicht zu uns kommen darf. Welchen Gerechtigkeitsgrund gibt es dafür?

NÖLAK: *Hier sind wir beim Grundproblem des Asylrechts.*

FUCHS: Ja, wir sind beim Grundproblem des menschlichen Zusammenlebens überhaupt – wer ist mein Nächster und was tue ich für ihn? Auf der anderen Seite ist natürlich zu berücksichtigen, welches Maß an Fremdheit unsere Gesellschaft überhaupt verträgt. Unsere Gesellschaft hält es ökonomisch und sozial sicher nicht aus, wenn man plötzlich die Grenzen ganz aufmacht und sagt, alle können hereinkommen. Eine solche Politik würde niemand nützen. Das ist die andere Seite des Ganzen, und es ist eine offene Frage, wie man mit diesem Problem umgeht.

NÖLAK: *Gerade immer den Mittelweg zu finden …*

FUCHS: Sicher. Man kann nur raten, mit grundlegenden Änderungen in der Gesellschaft vorsichtig zu sein. Behutsame Weiterentwicklung statt Revolution. Das ist ein gewisser konservativer Zug, aber nur eine solche Vorgangsweise entspricht der menschlichen Natur und ihrer genetischen Programmierung. Wenn man das nicht berücksichtigt, sondern glaubt, alles revolutionieren zu müssen, dann wird es schief gehen, weil man sich sozusagen mit diesen genetischen Programmierungen des Menschen „anlegt".

Der Glaube, dass man gesellschaftliche Probleme primär mit dem Strafrecht lösen kann, ist eine Fehlvorstellung, die Politiker oft haben. Besonders in der EU. Dort gibt es einen Sechs-Monats-Rhythmus in der Vorsitzführung, und wir haben dann jedes Mal im Dezember und im Juni einen Rat, der sich auf irgendwas einigen muss, und wenn er sich auf nichts anderes einigen kann, dann einigt er sich auf die stärkere Bekämpfung der Kriminalität. Aber das funktioniert nicht. Die Gesellschaft muss einmal ihre Hausaufgaben machen, und das Strafrecht kann nur als Feuerwehr da sein für einige wenige Fälle, in denen die anderen Maßnahmen ausnahmsweise versagen.

NÖLAK: *Das heißt, eine ausgewogene Sozialpolitik?*

FUCHS: Familienpolitik, Sozialpolitik, Erziehungspolitik, Entwicklungspolitik – alles das ist die Grundlage dafür, dass möglichst wenige Verbrechen begangen werden. Und für die wenigen Menschen, bei denen das versagt, muss dann das Strafecht eingreifen. Aber das kann nur die seltene Ausnahme sein.

NÖLAK: *Gibt es sozusagen „Ratschläge", die Sie geben könnten?*

FUCHS: Ich kann nur hoffen, dass sich möglichst viele Bürger über die gesellschaftlichen Zusammenhänge und Auswirkungen des Strafrechts informieren und darüber nachdenken. Vielleicht können wir vor allem einen wichtigen Punkt transportieren: Es ist ein Aberglaube, man könne die Gesellschaft mit Strafrecht steuern. Das kann nicht funktionieren. Vorrangig sind eine gute Wirtschafts-, Erziehungs-, Familien- und Sozialpolitik. Nur dann hat das Strafecht eine Legitimationsbasis und nur dann kann das Strafrecht wirksam als Ultima Ratio eingesetzt werden.

„Nicht die Chemie macht die Krankheit, sondern die Neigung, ein nicht mehr selbst steuerbares Verhalten immer wieder zu wiederholen."

Stephan Rudas

Stephan Rudas ist Facharzt für Psychiatrie und Neurologie, Leiter und Chefarzt des Psychosozialen Dienstes (PSD) der Stadt Wien

NÖLAK: *Wenn man der Literatur Glauben schenken darf, auch dem Wienerlied usw., sind wir ein Volk der Suchtgiftkranken? Man spricht ja auch von der „Wiener Seele", die das Schwermütige, alles Negierende impliziert. Sind wir also besonders gefährdet?*

RUDAS: Es ist eine liebenswürdig charakteristische ostösterreichische Eigenschaft zu glauben, wir würden in irgendeiner psychosozialen Negativskala führend sein. Das ist vielleicht typisch ostösterreichisch. Die Wahrheit ist, das stimmt nicht. Aber die Befürchtung selbst ist eine liebenswürdige Facette der ostösterreichischen Seelenlandschaft. Nein, die Suchtkrankheiten, die in Europa und Nordamerika verbreitet sind, haben eine Epidemiologie und bei keiner der Suchtkrankheiten führt Österreich. Es gibt europäische Länder, die pro 100.000 Einwohner mehr Alkoholkranke als wir haben, und bei den harten Drogen sind wir überhaupt hinten gereiht. Etwas, wovon wir alle hoffen, dass es auch für immer so bleibt.

NÖLAK: *Was könnte der Grund hierfür sein, ist es ein historischer Faktor, ist es ein geographischer Faktor?*

RUDAS: Also psychokulturell und psychohistorisch muss man mehrere Gründe anführen. Erstens, wir haben noch immer eine sehr hohe Zahl von Alkoholkranken. Auch wenn wir nicht führend sind, gehören wir mit zu den alkoholbelastetsten, Alkoholkrankheit-belasteten Ländern. Führend sind aber immer diejenigen Länder, wo die Kultur des Trinkens und die Menge des Trinkens in einem Missverhältnis stehen. Die gesamtösterreichische Situation ist so, dass der Umgang mit alkoholischen Getränken ein Teil der Kultur ist, das ist Gefahr und Chance zugleich. Gefahr, weil Alkohol einfach allgegenwärtig ist – die Chance ist es, dass sehr viele Menschen den Umgang damit gut gelernt haben.

NÖLAK: *Das heißt, diese Länder, z. B. die skandinavischen Länder, ohne diese an den Pranger stellen zu wollen, haben es vermutlich nicht so gelernt und haben daher mehr Probleme?*

RUDAS: Das klingt alles logisch, und dann kommt die Statistik und schlägt hart zu. Auf der Pro-100.000-Einwohner-Alkoholkranke-Skala führt Frankreich, ein Land, von dem man nicht behaupten kann, es gebe dort keine Weinkultur.

NÖLAK: *Das ist wirklich verblüffend, weil man annehmen könnte, dass es die ja auch „gelernt" haben.*

RUDAS: Aber es ist ein Mengenproblem. Dort gilt das Vieltrinken eben als ein Stück der Trinkkultur.

NÖLAK: *Und bei den anderen Drogen, wieso sind wir da eine „Insel der Seligen"?*

RUDAS: Weil wir in Bezug auf harte Drogen bzw. deren Gebrauch keine Affinität in unserer Kultur haben, wir lieben die weichen Drogen. Punktum. Bei Tablettenabhängigkeit sind wir leider schon nicht im hinteren Feld, aber in punkto illegale harte Drogen, und ich will es jedes Mal dazu formulieren, ich will es nicht verschreien, liegen wir nicht so schlecht, das liegt der psychokulturellen Mentalität nicht, harte Drogen sind nichts für uns.

NÖLAK: *Bei den Tabletten sind wir leider mit vorne dabei?*

RUDAS: Mit vorne, auch bei Alkohol und Tabletten in Kombination sind wir mit vorne dabei.

NÖLAK: *Für einen nicht gefährdeten Menschen ist es kaum nachvollziehbar – wieso rutschen Menschen in die Tabletten-Abhängigkeit? Tabletten sind ja eigentlich für einen Laien keine weichen Drogen. Alkohol ist was anderes. Alkohol ist allgegenwärtig, beim Essen, etc. Aber es werden einem ja nicht sozusagen Schlaftabletten am Abend angeboten.*

RUDAS: Aber du hast Beruhigungstabletten und schmerzstillende Tabletten ... und, was man immer wieder vergisst, mit auf der Skala der am meisten missbrauchten Substanzgruppen sind auch die Abführmittel.

NÖLAK: *Bitte um Aufklärung?*

RUDAS: Also, in der Liste jener Substanzen, nach denen abhängiges Verhalten bei uns verbreitet ist, führt selbstverständlich Alkohol. Wir haben etwa 350.000 manifest alkoholkranke Bürgerinnen und Bürger. Und dann sage ich, wir sind nicht einmal die Ersten in Europa. Also das ist schon ein alkoholbelasteter Kontinent.

NÖLAK: *Also grob überschlagen sind das 4 bis 5 %?*

RUDAS: Ja, und nochmals 4 bis 5 % sind gefährdet.

NÖLAK: *Wird diese Statistik nach Altersgruppen geführt?*

RUDAS: Das ist auf die Gesamtbevölkerung bezogen.

NÖLAK: *Aber in den 8 Millionen Gesamtbevölkerung sind ja auch Babys und Kinder mitgerechnet.*

RUDAS: Also, die Frage, die Sie gestellt haben, ist dann weiterzuführen. Wie geht das weiter in der Statistik, in dieser doch auch beklemmenden Statistik? Wir rechnen damit, dass es etwa 110.000 Tablettenabhängige gibt.

NÖLAK: *Also grob ein Drittel der Alkoholabhängigen.*

RUDAS: Grob ein Drittel.

NÖLAK: *Was alles steckt hinter dem Begriff „Tabletten"?*

RUDAS: Also Medikamente, die in süchtiger Verhaltensweise genommen werden, ohne dass sie medizinisch notwendig wären.

NÖLAK: *Ein Abführmittel ist für den Laien so ziemlich das Schlimmste, was man sich vorstellen kann.*

RUDAS: Wir müssen zu dieser Frage vielleicht etwas später zurückkommen. Die dritte Gruppe von Substanzen ist die Gruppe der illegalen, also die Abhängigkeit von illegalen Drogen. Und dort gehen die vorsichtigen Schätzungen von 15.000 und die etwas weniger vorsichtigen Schätzungen von 30.000 Drogenabhängigen aus. Also 30 zu 10 zu 1 oder 30 zu 10 zu 2, maximal 30 zu 10 zu 3, wenn wir sagen, vielleicht sehen wir sie aber nicht alle. Tatsache ist, dass alle diese Suchtformen etwas gemeinsam haben, was wir als süchtiges Verhalten bezeichnen, und das ist die eigentliche Krankheit. Nicht die Chemie macht die Krankheit, sondern die Neigung, ein nicht mehr selbst steuerbares Verhalten immer wieder zu wiederholen. Das ist die Definition des süchtigen Verhaltens. Verhalten kann als Krankheit gesehen werden, wenn es zwanghaft und ohne es selbst steuern zu können wiederholt wird und bei dem auch alle anderen Aspekte des eigenen Lebens an Bedeutung verloren haben. Man kann einem Alkoholkranken, wenn er diese Krankheit wirklich schon hat, nicht sagen, dass er seiner Familie zuliebe aufhören soll, denn nichts ist ihm so wichtig wie dieses süchtige Verhalten. Er kann nicht anders.

NÖLAK: *Die Befriedigung der Sucht?*

RUDAS: Nein. Das ist dann auch leider nicht mehr mit einer Befriedigung getan! Wie Hemingway einmal gesagt hat, und er hatte eine sehr qualvolle Alkoholkranken-Karriere hinter sich,

„kein Mensch trinkt zum Vergnügen". Das ist eine Botschaft eines Betroffenen. „Kein Mensch trinkt zum Vergnügen", das gilt für Kranke, für Suchtkranke. Denen macht das kein Vergnügen mehr. Die entgehen nur dem Nichtnehmen. Sie nehmen, um dem Nichtnehmen zu entgehen. Sie nehmen nicht, weil es angenehm ist. Zweitens, es ist wichtig zu betonen, dass süchtiges Verhalten auch substanzunabhängige Erscheinungsformen kennt. Also, es gibt durchaus auch Menschen, die spielsüchtig sind, und da ist überhaupt keine Substanz mehr im Spiel, also zumindest keine, die man von außen zuführt. Auch das sind Menschen, die ein zwanghaftes Verhalten haben und von einem Handeln nicht lassen können, und auch dort wissen wir aus dem Krankheitsverlauf, Krankheitsverläufen, dass es nicht mehr ums Gewinnen und Verlieren geht. Es geht ums Spielen. Man kann davon nicht lassen, obwohl man weiß, dass man sich und die Familie, die Firma, alles ruiniert. Und man kann nicht sagen, der Firma zuliebe, der Familie zuliebe, der eigenen Zukunft zuliebe höre auf damit. Genauso wie man auch einem Heroinabhängigen nicht sagen kann, dass er sich, seine Gesundheit, sein Leben und seine Zukunft gefährdet. Das ist alles nicht so wichtig, die Sucht hat absolute Priorität. Sie hat allererste Priorität gegenüber allen anderen Lebensbezügen.

NÖLAK: *Wie entsteht süchtiges Verhalten?*

RUDAS: Die beiden Quellen, aus denen sich süchtiges Verhalten in individuell unterschiedlichen und auch in psychokulturell unterschiedlichen Mischungsverhältnissen zusammensetzt … zumindest die substanzabhängigen Suchtformen bedeuten Kontrolle über das Befinden, Kontrolle über die Befindlichkeit – ein uralter Menschheitstraum. Ich kann bestimmen, wie es mir geht, bin ich nervös, weiß ich um ein Mittel, um mich ruhig zu machen, bin ich apathisch, weiß ich um ein Mittel, mich aufzuputschen, will ich was erleben, ohne mich aus der Wohnung zu rühren, weiß ich um ein Mittel, tolle Halluzinationen zu haben. Das heißt, ich habe eine Macht entdeckt, Verhältnisse herzustellen, die ohne diese Chemie nicht herrschen würden. Die Machbarkeit meiner Befindlichkeit ist eine uralte Menschheitssehnsucht. Umgekehrt, ich muss das, wie es mir jetzt geht, nicht aushalten, ich kann es abstellen. Wenn mir fad ist, kann ich was erleben, wenn die Situation angespannt ist, kann ich mich entspannen, d. h. ich verlerne mit der Zeit, etwas auszuhalten. Unlustgefühle auszuhalten oder Unlustgefühle „wegzuchemien", das ist ein Unterschied. Und wenn ich das oft „wegchemie", dann habe ich verlernt, es ohne Chemie auszuhalten. Und das, was als Entspannungstrinken – als Beispiel – beginnt, endet bei 9 von 10 Menschen weiterhin als Entspannungstrinken, weil sie nicht süchtig geworden sind, aber einer von den 10 Entspannungstrinkern, vielleicht auch 2 von 10 Entspannungstrinkern, verlernen mit der Zeit, sich überhaupt ohne diesen Schutzmantel Spannungssituationen zu stellen, wobei hier die Dosissteigerung dazukommt. Normale alltägliche Spannungen werden dann nicht mehr erträglich. Und ich beginne mich in die Watte des Alkohols, in die Watte von Beruhigungsmitteln, in die Watte von Aufputschmitteln zu verpacken, um Umweltreizen nicht schutzlos ausgesetzt zu sein.

NÖLAK: *Wie ist das beim Spieler?*

RUDAS: Der will das Schicksal beeinflusst haben. „Ich sage, was kommt!" … Macht, Beeinflussung. Bei den substanzgebundenen Abhängigkeiten müssen wir sagen, dass es bei aller Vielfalt der Substanzen, die bekannt sind, eigentlich um drei Wirkungen geht: Aufputschend, dämpfend beruhigend und bewusstseinsverändernd, das heißt Halluzinationen machend. Es gibt keine vierte Wirkungsart, sondern es gibt Kombinationen dieser drei Bauelemente, aber wir kennen keine vierte Wirkungsart. Sensationelle neue Drogen haben nichts anderes als eines dieser drei oder mehrere von diesen drei Wirkungsprinzipien. Auf die Frage, warum dies so ist, ist die Antwort einfach. Die Chemie kann im menschlichen Körper nur auf Knöpfe drücken, die im Menschenkörper vorhanden sind, d. h. da kann es eine noch so spektakuläre Chemie geben, wenn wir dafür keine Rezeptoren haben, wird sich dort dieser Stoff nicht anlagern und diesen Knopf drücken können. Wir haben nur diese drei Arten von Rezeptoren und man kann auf alle drei drücken, man kann abwechselnd drücken, aber wir haben keine vierte Rezeptorart. Wir sind so konstruiert.

NÖLAK: *Und in welche Kategorie gehört das Abführmittel?*

RUDAS: Das ist eine absolut wichtige Frage. In Wirklichkeit gehören die Abführmittel nicht zu den psychogenen Substanzen. Obwohl es eine Substanz ist, ist es eigentlich nicht substanzgebunden, aber es geht um die Macht über die eigene Verdauung. „Wieso hab ich jetzt so wenig Stuhl, ich will mehr Stuhl haben und noch mehr Stuhl!" Und es geht um Menschen, die um 9 Uhr in der Früh auf die Uhr schauen und sagen: „Gestern hatte ich um 8.45 Uhr Stuhl, jetzt ist es 9 Uhr, und ich habe noch immer nicht", und sie nehmen was, und eine halbe Stunde später nehmen sie die doppelte Dosis und dann ist ihr Darm aber inzwischen absolut träge geworden.

NÖLAK: *Sind wir da in der Nähe von Essstörungen?*

RUDAS: Wir sind nicht in der Nähe von Essstörungen. Die Medizin hat sich aus guten, allerdings nur sehr aufwändig erklärbaren Gründen dazu gefunden, dass Magersucht nicht zu den Süchten, sondern zu den Sprachirrtümern gehört.

NÖLAK: *Eigentlich dürfte man dann nicht von „Magersucht" sprechen, sondern von „Magerzwang"?*

RUDAS: Nicht „Magersucht", sondern „Magerzwang". Zwang und Sucht sind Geschwister oder Cousins, aber nicht ident.

NÖLAK: *Unser Buch ist auch angelegt, den Menschen „Rezepte für das Leben" zu geben. Beim Thema Sucht sehe ich zwei Möglichkeiten. Erstens, man vermeidet von vornherein ein Suchtverhalten und da stellt sich die Frage, wie man Sucht vermeiden kann, oder aber, wenn man bereits ein Suchtverhalten zeigt, wie man da wieder aussteigen kann? Können Sie uns da Rezepte liefern?*

RUDAS: Ich verweise auf die zweite Quelle … weil das ein Weg zur Prophylaxe sein kann. Ich habe vorhin bereits von der ersten Quelle gesprochen – das ist dieses Machtstreben, das Gefühl der absoluten Machbarkeit. Die zweite Quelle ist darin zu sehen, dass zumindest die substanzgebundenen Abhängigkeiten oder diejenigen Substanzen, die dabei verwendet werden, eine jahrtausendealte Tradition im Sinne von Kult haben, weil das immer innerhalb einer Kultur eine Tradition hatte, sich in Stimmungen zu versetzen. Sei es durch Tänze, Gruppentänze, sei es durch Substanzen, die dabei ausgeteilt wurden. Die Problematik resultiert daraus, wenn diese Substanzen, die stark ritualisiert, kultgebunden verwendet werden, vom strengen Gebrauch im Rahmen des Zeremoniellen „rausfallen" und in allgemeine Verwendung kommen. Wenn beispielsweise die Substanzen indianischer Kulturen täglich im Gebrauch gewesen wären anstatt nur vor Schlachten, dann hätte es keine Häuser gegeben, weil unter dem Einfluss dieser Substanzen hätten die Krieger zwar einander begeistert umbringen, aber keine Häuser bauen können. Also war es für einen Nichtkrieger auch streng verboten, diese Substanzen zu nehmen – und selbst für einen Krieger war es verboten, diese Substanzen anders als Stunden vor der Schlacht zu nehmen, die das Hirn so weit abgeschaltet haben, dass man sich willig umbringen ließ oder andere umgebracht hat. Was kann man lebensberatend empfehlen? Ein Schlüssel liegt in der Fähigkeit, Lust und Unlust auszuhalten, den eigenen Gefühlen gewachsen zu sein. Und wie die Sprache schon hinweist, das muss „wachsen", man muss als Baby, als Kleinkind, als Heranwachsende die Gelegenheit haben, mit sich selbst klar zu kommen und nicht zu viel und nicht zu wenig auszuhalten, das heißt, sich nicht alles gefallen zu lassen. Und das ist es dann! Wichtig ist die Vorbildwirkung der Eltern – greife ich bei jedem leichten Schnupfen zu einer halben Lade mit Medikamenten oder halte ich einen Jugendlichen mit 13, 14 für eine Memme, nur weil er oder sie noch nicht Alkohol getrunken hat, so hat das durchaus Auswirkungen auf die Entwicklung des Jugendlichen. Das sind so Dinge, die müssen wir einfach kritisch sehen. Und wir müssen auch die Grenzen des Machbaren akzeptieren lernen. Das ist ein Prozess, den jeder für sich, aber auch eine Kultur zu jeder Zeit als Aufgabe hat. Man muss mit sich selber klar kommen! Und ich sage es noch einmal und noch einmal, bis zu einem gewissen Ausmaß muss man Lust und Unlust aushalten lernen. Mal geht es mir besser, mal geht es mir schlechter, das ist das Auf und Ab des gewöhnlichen normalen Alltages und das sollte uns nicht überfordern und wir sollten uns dem stellen. Individuell, aber auch gesellschaftlich.

NÖLAK: *Liegt nicht einer der Gründe darin, dass wir heutzutage auch von den Medien darauf getrimmt sind, uns wahnsinnig wichtig zu nehmen. Jedes Medium erklärt uns, wie wichtig es ist, selbstverständlich gesund zu sein – das ist o.k., aber ich muss mich heute und jederzeit wohl fühlen. War das früher besser, weil man sich da mehr ignorieren musste?*

RUDAS: Klare Antworten auf letztlich zwei Fragen, die Sie mir gestellt haben. Klare Antworten auf beide. Die zweite Frage zuerst beantwortet: Es gibt keine Hinweise dafür, dass die Zahl der Süchtigen gegenwärtig größer ist als irgendwann im Laufe der Menschheitsgeschichte. Dort, wo es die Substanzen, die es heute gibt, auch gestern gegeben hat, war der Anteil der Süchtigen auch gestern endlich groß, man hat sich nur nicht darum gekümmert. Der Anteil Alkoholkranker, etwa in der männlichen Bevölkerung, ist nicht gestiegen, sie sind früher nur sang- und klanglos frühzeitig verstorben. Man hat sie nicht gezählt. Aber man kann nicht sagen, dass es etwa zur Zeit des Dreißigjährigen Krieges keine Alkoholkranken gegeben hat. Da darf man nicht die Vergangenheit verklären, jede Epoche hat dieses Problem, damit will ich aber dieses Problem, das wir heute haben, nicht einen Millimeter kleiner bekundet haben. Wir leben heute und müssen die heutigen Probleme in ihrer vollen Bedeutung und auch in ihrem vollen Umfang einfach sehen und uns derer, die betroffen sind, annehmen. Zweite Frage, Egozentrik. Klare Aussage und passt zum Thema: suchtgefährdet sind Menschen, die sich zu wenig wichtig nehmen und die sich zu sehr wichtig nehmen.

NÖLAK: *Also die beiden Ränder in der Verteilung?*

RUDAS: Beides führt zu einer Gefährdung, man kann nicht sagen, jeder, der sich zu wichtig nimmt, wird süchtig, und man kann das auch nicht von jenen sagen, die sich zu wenig wichtig nehmen, aber das sind an beiden Rändern hohe Risikogruppen. Weil man sich in die Realität nicht real einordnet.

NÖLAK: *Und daher, wie Sie gesagt haben, die Lust und die Unlust nicht richtig einschätzt.*

RUDAS: Und die eigene Lust und Unlust über- oder unterschätzt und damit auf jeden Fall dann falsch damit umgeht. Zu viel Blutzucker und zu wenig Blutzucker, da darf man nicht sagen, was ist normal, normal ist dazwischen. Das ist beim Blutzucker verständlich, muss auch beim Sich-wichtig-Nehmen verständlich sein.

NÖLAK: *Also bei der Lust und bei der Unlust.*

RUDAS: Ja. Und die Fähigkeit, diese beiden Gefühle auszuhalten, so lange sie zumutbar dosiert sind. Nichts gegen Zahnpulver bei Zahnweh. Aber gelegentlich ist Kopfweh auch mit Lüften des Raumes erledigt.

NÖLAK: *Darf ich etwas provokant fragen, ist Lust leichter auszuhalten als Unlust oder kann man das so nicht sagen?*

RUDAS: Der Umgang mit Lust bedeutet, dass Sie sagen, das gefällt mir, davon lasse ich jetzt nicht ab, da gebe ich mir in dieser Stunde die Dosis x, bleibe aber sitzen, dann gebe ich mir die doppelte Dosis x, bleibe weiterhin sitzen, draußen warten aber schon eine Menge Leute, aber Sie widmen sich weiterhin Ihrer Lust und kommen damit nicht klar und sind ihr auch nicht gewachsen.

NÖLAK: *Dieses „30 zu 10 zu 2“ stellt also das Verhältnis der verschiedenen Suchtkrankheiten in Österreich dar. Gibt es da nicht starke Überschneidungen oder lassen sich scharfe Grenzen zwischen den einzelnen Gruppen ziehen?*

RUDAS: Da kann ich rein wissenschaftlich orientiert antworten. Das ist definiert. Es sticht die kleinere Gruppe die größere Gruppe. Also wenn jemand trinkt und Tabletten nimmt und Heroin spritzt, dann zählt er in der dritten Gruppe. Das ist dann schon auch eine Rangordnung. Es gilt die kleinere Gruppe vor der mit der größeren Anziehungskraft.

NÖLAK: *Im Sinne der vorhin angesprochenen Prophylaxe, Prävention, möchte ich noch den Begriff der „Sucht-Karriere" hineinbringen?*

RUDAS: Also die erste Frage war primär auf die Prophylaxe ausgerichtet, d.h. wie würde ein die Suchtgefahr reduzierender Lebensstil aussehen, insbesondere auch ein Sozialisationsziel für die nächste Generation. Suchtfrei heißt Freude auch ohne Chemie lernen, Lust zu empfinden ohne Chemie.

NÖLAK: *Und auch Unlust zu ertragen.*

RUDAS: Mit Lust und Unlust umgehen zu können, aber durchaus auch lustvoll. Die zweite Frage war, was ist, wenn jemand suchtgefährdet ist, was man demjenigen ja nicht immer gleich ansieht. Die Menschen sind unterschiedlich suchtgefährdet und es gibt keine wissenschaftlich gesicherte Methode, vor Beginn einer Sucht-Karriere festzustellen, ob man zu den Suchtgefährdeten gehört oder nicht, es gibt keinerlei gesicherten Prädiktoren.

NÖLAK: *Kein Test?*

RUDAS: Nichts. Wir sagen: Aus ganz gewöhnlichen Menschen werden ganz gewöhnliche Suchtkranke.

NÖLAK: *Ist man im Alter dann dagegen gefeit?*

RUDAS: Ziemlich. Ich wollte es nur korrekt wissenschaftlich ausdrücken. Es gibt keine uns bekannte Suchtform, die so verläuft, dass man sich Montagabend ins Bett legt und noch nicht gefährdet war und Dienstag in der Früh aufwacht und schwer suchtkrank ist. Suchtkrankheiten sind Krankheiten bzw. abhängiges Verhalten ist eine Krankheit, das sich bei allen bekannten Suchtformen über längere Zeiträume in Schritten, in Phasen entwickelt. Und all diese Schritte sind für den Betroffenen klar sichtbar. Niemand soll sagen, er habe die einzelnen Ausstiegsluken, an denen er auf dem Weg zum Vollbild der Sucht vorbeiging, nicht gesehen. Die Aufgabe für die Umgebung ist zu motivieren und zu unterstützen, diese Luken zu nützen. Nur die allerletzte Stufe, nämlich das Vollbild der Sucht ist, wo wir sagen, hier wurde der Point-of-no-return überschritten. Das ist der kritische Punkt bei der Sucht-Karriere, bei der Entwicklung des Vollbildes einer Suchtkrankheit. Ab diesem Point-of-no-Return gibt es keine Umkehr mehr, während dies in allen anderen Phasen der Sucht sehr wohl noch möglich ist. Solange wir nicht wissen, wer gefährdet sein wird, müssen wir uns denen zuwenden, die schon sichtbar gefährdet sind, weil sie schon unterwegs sind. Denen gehört unsere volle Aufmerksamkeit.

NÖLAK: *Was bedeutet „Stopp und Umkehr" im Konkreten?*

RUDAS: Also, wenn ich merke, dass ich eigentlich nicht mehr zu einer Besprechung gehen kann, ohne vorher Alkohol getrunken zu haben, ist es ein Gebot der Psycho-Hygiene, fachlichen Rat zu suchen. Das ist so, als hätte ich einen offenen Zahn, bei dem der offene Nerv heraushängt, da gehe ich auch zum Zahnarzt. Nur weil Sucht am Anfang nicht wehtut, geht man oft viel zu spät zum Fachmann. Aber man weiß es.

Es müsste wehtun, dann wären wir viel früher beim Fachmann – und ein Fachmann führt einen wieder zurück zur Fähigkeit, Alltagsbelastungen ohne Alkohol, ohne Aufputsch- oder Beruhigungstablette, ohne Kokain auszuhalten.

NÖLAK: *Sind diese Menschen, die beispielsweise die Besprechung ohne Alkohol gar nicht mehr durchstehen, überhaupt fähig, sich Hilfe vom Fachmann zu holen bzw. sind diese so mutig, dass sie, wenn die Entscheidung gefallen ist, zum Fachmann zu gehen, auch die Besprechung ohne Alkohol schaffen?*

RUDAS: Da gibt es keine Regel. Es gibt zahlreiche Menschen, die dann erst zum Zahnarzt gehen, wenn der Zahn so wehtut, dass auch der Zahnarzt nicht noch mehr wehtun kann. Die meisten, leider zu viele Menschen agieren so. Zumindest das würden wir gerne bei den Suchtgefährdeten erzielen, leider kommen viele Suchtgefährdete auch an diesem Tag nicht.

NÖLAK: *Gibt es Regeln im Sinne des Lebensstils, wenn jemand wirklich will?*

RUDAS: Selbstverständlich. Ehrlichkeit zu sich selbst! Ich wage zu behaupten, dass Suchtgefährdete sehr wohl die einzelnen Phasen der Sucht, die sie durchlaufen, wahrnehmen. Man merkt, dass man das Suchtmittel braucht, weil es ohne nicht geht, d. h. nicht nur umgangssprachlich, sondern tatsächlich, man beginnt davon abhängig zu sein. Wenn man das Suchtmittel haben möchte, nur weil man sich einbildet, dass es ohne nicht geht, ist das noch der „Point-of-Return", die Chance umzukehren. Der Schritt zum Point-of-no-Return ist allerdings nur mehr ein ganz kleiner, das ist das Vollbild der Abhängigkeit, wenn man das Suchtmittel des Suchtmittels wegen braucht.

NÖLAK: *Wie beurteilen Sie die Strategie der Vermeidung der „suchtauslösenden" Alltagssituationen? Bleibt die Gefährdung zur Abhängigkeit nicht trotzdem weiter bestehen und müsste nicht trotzdem ein Fachmann herangezogen werden?*

RUDAS: Wenn ich merke, dass ich nicht mehr Herr bzw. Herrin im eigenen Haus bin, sollte ich Rat und Unterstützung bei Fachleuten suchen. Wenn ich die Lusthoheit über mich selbst langsam zu verlieren beginne, dann soll mich mein Weg zu den Fachleuten führen, die mich mir selbst gegenüber wieder stärker machen.

NÖLAK: *Sie haben jetzt die ganze Zeit immer nur vom Betroffenen gesprochen. Kann die Familie nichts tun?*

RUDAS: Ich habe mich noch im Ohr, wie ich gesagt habe: „... und für die Umgebung ...“, das habe ich mitformuliert, weil das sehen auch die Menschen, die einem auch geographisch physisch nahe sind, man sieht, wenn jemand immer aufsteht und nachgießen muss, man sieht, dass jemand diese Tablette mehrmals am Tag nimmt, man sieht, dass es voriges Jahr zwei Tabletten am Vormittag waren und jetzt acht. Aber nächstes Jahr sind es 20. Und hier keine falsche Scheu! Wenn jemand eine organische Krankheit hat, scheut man sich ja auch nicht, ihn aufzufordern, zum Arzt zu gehen. Warum hat man dann so eine Scheu, jemanden auf das Suchtverhalten anzusprechen. Das ist eine falsche Scheu. Das müssen wir lernen anzusprechen.

NÖLAK: *Wenn jemand das Ende seiner „Sucht-Karriere“ erreicht hat, ich rede jetzt nicht vom Tod, dann muss – überspitzt formuliert – sowieso die Gesellschaft eingreifen, spätestens dann gibt es ja eine Rettung, oder?*

RUDAS: Nein, vor dem Point-of-no-return gibt es immer noch etwas, was dem Betroffenen wichtiger ist als sein süchtiges Verhalten.

NÖLAK: *Aber was ist nachher?*

RUDAS: Nachher bedarf es geschickter Rahmenbedingungen, also das können verschiedene Dinge und Aspekte sein, wie z. B. die Rettung, das Spital, das kann aber auch sein, dass die Droge nicht mehr hält, was sie verspricht, das kann sein, dass der Körper gescheiter ist als der Kopf des Körpers. In diesem Punkt ist gelegentlich beim Alkoholkranken der Magen die Rettung, weil er das trinkt, was er verlangt, aber der Organismus streikt und er erbricht das oder wird bewusstlos und liegt im Delirium und muss somit in ärztliche Behandlung. Da muss ich sagen, das sind Selbstschutzmechanismen des Körpers. Aber dieser Punkt ist reine Medizin, da ist sozusagen jemand schon verunfallt. Das, was wahrscheinlich für ein Lebensstil-Buch besonders wichtig ist, ist die Fähigkeit zur Erkennung der Merkmale eines sich anbahnenden süchtigen Verhaltens, einer sich anbahnenden Abhängigkeit zu lernen, und den Ratschlag zu geben: Schaut nicht weg, schaut hin!

NÖLAK: *Man selbst und die Familie oder die Umwelt.*

RUDAS: Richtig, nicht warten auf den Point-of-no-Return, denn dort sind nur mehr massive medizinische und psychologische Behandlungsmaßnahmen möglich, die dann oft auch nicht mehr fruchten.

NÖLAK: *Ist in Österreich die Versorgungssituation mit Fachleuten o.k.? In Städten ist es klar, aber ist es auch am Land zufriedenstellend?*

RUDAS: Sie werden eine überraschende Antwort von mir hören. In Ostösterreich ist das Versorgungsangebot für Suchtkranke so, dass „kein Platz" nicht als Ausrede herhalten kann. Diese Ausrede haben Betroffene nicht.

NÖLAK: *Also wer will, bekommt Hilfe.*

RUDAS: Das ist garantiert, dass jeder, der will, auch Hilfe findet, nicht immer ohne ein bisschen Aufwand, aber in zumutbarer Nähe, und es herrscht in Ostösterreich auch eine hohe Kultur der Therapeuten im Umgang mit Suchtkrankheiten. Von Kalksburg bis Mauer-Öhling gibt es viele Zentren, die Alkoholkranken, die anderen Abhängigkeitskranken, aber auch von illegalen Drogen Abhängigen helfen können. Also man soll sich als Betroffener nicht selbst in die Tasche mogeln, man habe keine Hilfe gefunden.

NÖLAK: *Hart formuliert, „keine Ausrede"?*

RUDAS: Diese Sätze, „Mir kann man nicht helfen", „Es gibt ja auch keine Hilfe", hören wir von jenen, die die Krankheiten, nicht sich selbst schützen wollen.

Siehe Bildtafel 18

Das Blumenkind

„Selbsthilfe kann man nicht verordnen! Selbsthilfe ist etwas, das man schon in der Volksschule lernen sollte, indem man lernt aufzustehen und seine Meinung zu sagen."

Michael Brainin

Michael Brainin ist Professor und Leiter der Abteilung Neurologie am Donauklinikum Gugging

NÖLAK: *Herr Professor, sind wir ein Land der Selbsthilfegruppen?*

BRAININ: Keineswegs.

NÖLAK: *Wo gibt es mehr Selbsthilfegruppenkultur?*

BRAININ: Es gibt dort mehr Selbsthilfekultur, wo es mehr Mündigkeit und richtig verstandene Selbstverantwortung gibt. Richtig verstandene Selbstverantwortung heißt nicht, dass man unter allen Umständen bereit ist, die Verantwortung für alle Kosten zu tragen, sondern dass man in der Lage ist, selbstständig die Folgen seiner Handlungen abzuschätzen.

NÖLAK: *Welche Länder sind uns da z. B. überlegen?*

BRAININ: Im Vergleich zu Österreich besteht in den skandinavischen Ländern eine längere und bedeutendere Tradition der Selbsthilfe in medizinischen und anderen Bereichen. Selbstverständlich gibt es auch in diesen Ländern große Probleme und Mängel. So hat etwa Dänemark eine der furchtbarsten Epidemien an Fettleibigkeit, die in Europa überhaupt bekannt ist. Dort gibt es auch den europaweit höchsten Prozentsatz an Zigarettenrauchern unter Frauen. Auch in Großbritannien gibt es eine Tradition von Selbsthilfe und Nachbarschaftlichkeit. Allerdings hat man heute den Eindruck, dass man dort mehr der Not folgt, weil im Gesundheitswesen oft keine passenden Einrichtungen mehr zur Verfügung stehen.

NÖLAK: *Was müsste man bei uns tun, um die Selbsthilfe, den Selbsthilfegedanken besser – breiter – zu verankern?*

BRAININ: Wie Sie wissen, bin ich im Bereich der Schlaganfallselbsthilfe tätig. Denn der Schlaganfall ist nicht nur eine der führenden Todesursachen in Österreich, er zählt auch zu den am meisten tabuisierten Erkrankungen. Im Gegensatz zum Herzinfarkt, den ja mittlerweile fast jeder kennt, weiß die Mehrheit der Bevölkerung nicht, dass der Hirninfarkt die Hauptursache des Schlaganfalls ist und mit plötzlich auftretenden Lähmungen, Sprachstörungen und Koordinationsstörungen ablaufen kann. Für viele ist die Tatsache, dass das Gehirn von einem Moment zum nächsten nicht mehr wie gewohnt funktioniert einfach zu bedrohlich und unvorstellbar. Deswegen haben wir uns in ganz Österreich, insbesondere in Niederösterreich, mit der Aufgabe der Selbsthilfe befasst. Gerade in Niederösterreich ist es uns im Laufe der letzten 10 Jahre gelungen, 14 Schlaganfallselbsthilfegruppen aufzubauen. Interessanterweise haben jene Gruppen die größte Entwicklung an Selbstständigkeit genommen, bei denen sich früher oder später herausgestellt hat, dass ein bis zwei Personen die Bedürfnisse dieser Selbsthilfegruppe am ehesten wahrnehmen konnten. Das waren Betroffene, oft auch Angehörige, die im weitesten Sinn die Selbsthilfe verstanden haben als Austausch von Information und emotionaler Hilfe im unmittelbaren Kontakt. Diese Gruppen haben ein Netzwerk vorgelebt und durch verschiedene Angebote von „Reiß dich zusammen!" bis zu „Dort gehst du hin und bekommst das und das" ganz pragmatische Hilfe angeboten. Die Selbsthilfegruppen, bei denen das nicht so gut gelungen ist, das waren die im ländlichen Bereich, die oft darauf warten, dass ihnen etwas präsentiert wird. Am liebsten haben sie Vorträge von Ärzten, da kommen sie dann alle, und das endet dann meistens in so einer Gratissprechstunde, aber nicht in wirklicher Selbsthilfe. Dennoch sind dies wichtige Ansätze, da es für viele teilnehmende Menschen zunächst gar nicht selbstverständlich ist, dass ein Arzt bei einem solchen Treffen einfach für alle Fragen zur Verfügung steht.

NÖLAK: *Das Skurrile ist ja dadurch gegeben, dass die Selbsthilfegruppe – z. B. gerade bei Schlaganfallpatienten – eigentlich per definitionem von Leuten gestaltet ist, die massiv eingeschränkt sind, sich selbst helfen zu können. Besteht sie eher aus Betroffenen oder aus Angehörigen? Ein Schlaganfallpatient kann sich ja nicht mehr selbst helfen oder anderen etwas empfehlen.*

BRAININ: Das ist nicht richtig. Denn zunächst hängt dies vom Ausmaß des Schadens oder der Folgeschäden oder besser noch von der Wahrnehmung der Schäden ab. Die Angehörigen spielen dabei eine enorme Rolle. Das neue Zauberwort in diesem Bereich heißt ja „Empowerment", was auf Deutsch am ehesten mit „Selbstbefähigung" zu übersetzen ist. Darunter verstehen wir, dass Betroffene und Angehörige sich eine soziale, kommunale oder einfach nachbarschaftliche Kompetenz zuschreiben, die sie dann zur Wahrnehmung eigener Bedürfnisse umsetzen. Dies kann einfach das Einholen von notwendiger Information sein – etwa „Wo kriege ich gut angepasste Rollstühle, Behindertenausweise, Ermässigungen, Rehabilitation usw.?" – bis hin zur Durchsetzung von Ausgleichsmaßnahmen gegenüber vermeintlichen Nachteilen eines einzelnen oder einer ganzen Gruppe gegenüber, das heißt „Wie schaffe ich behindertengerechte Einrichtungen, eine gerecht angepasste Lebensform usw." Sie können sich vorstellen, dass dies sehr viel mit einer positiven Selbstwahrnehmung zu tun hat, die auf Selbstvertrauen, Kompetenz und sozialer Gerechtigkeit fußt. Diese Begriffe kommen aus der Sozialmedizin, vor allem aus der Sozialpsychiatrie. Wir haben die erste Empowerment-Studie im neurologischen Bereich gemacht und haben beeindruckende Ergebnisse bekommen, welche zuvor in diesem Ausmaß gar nicht sichtbar waren: Vor allem die Rolle der Angehörigen wurde transparenter. Es stellte sich heraus, dass die Ängste und Befürchtungen bei Angehörigen viel deutlicher ausgeprägt sind als bei den Betroffenen selbst. Und das inkludiert auch die Angst vor einem Rückfall, vor finanziellen Unsicherheiten, Schlafstörungen, Nervosität bis hin zu suizidalen Gedanken. All diese Faktoren waren bei Angehörigen von Betroffenen wesentlich stärker ausgeprägt als bei den Betroffenen selbst. Das ist für uns nicht nur aus sozialmedizinischer Sicht, sondern auch aus direkter, neurobiologischer Sicht von Bedeutung, weil wir heute wissen, dass nur in einer günstigen geförderten Umgebung die Rehabilitationsziele erreicht werden können. Dies gilt besonders bei Hirnerkrankungen, also nicht nur beim Schlaganfall, sondern auch bei Schädel-Hirn-Verletzungen und bei weiteren Erkrankungen wie Entzündungen des Nervensystems usw. Das heißt, die positiv beeinflusste, sozial entspannte, von Abwechslung statt von Isolation und Monotonie gekennzeichnete Umgebung ist eine Voraussetzung für eine erfolgreiche Rehabilitation. Und wenn die Umgebung durch derart verängstigte Angehörige geprägt ist, ist natürlich das Rehabilitationsziel auch weit ab. Also es gibt nicht nur einen humanen oder sozialen Aspekt daran, sondern einen unmittelbaren Aspekt, der die synaptische Plastizität des Gehirns – das heißt die Fähigkeit des Gehirns, neue Schaltstellen auszubilden – direkt beeinflusst. Denn neueste Forschungen haben ergeben, dass eine entspannte Umgebung nicht nur angenehmer ist, sondern sich sogar direkt auf die Ausbildung von neuen Nervenzellen auswirkt.

NÖLAK: *Stellt eine Supervision der Angehörigen eine der wesentlichsten medizinischen Schritte für den Betroffenen dar?*

BRAININ: Das ist eine großartige Idee. Wenn es das in umfassender Weise gäbe, wäre das wunderbar. Bisher gibt es dies nur punktuell. So etwa als Entlassungsmanagement aus dem Akutkrankenhaus oder als Einschulung von Angehörigen in der Physiotherapie.

NÖLAK: *Können das Selbsthilfegruppen in verstärkter Art und Weise bieten, dass sie mehr bei den Angehörigen ansetzen und dadurch den Betroffenen helfen?*

BRAININ: Das ist sicher ein wesentlicher Aspekt. Bedenkt man, dass ein Schlaganfall als völlig unvorbereitete Katastrophe eintrifft, ist klar, dass das Informationsbedürfnis, vor allem der pflegebereiten Angehöriger besonders groß ist.

NÖLAK: *Als Laie stelle ich mir Selbsthilfegruppen vor allem von einem Problem befallen vor, nämlich – grob gesagt – der Vereinsmeierei. Ist das eine Krankheit, die bei Selbsthilfegruppen häufig auftritt?*

BRAININ: Das gibt es vom Kegelverein über den Sparverein bis in die höchste Politik. Also ich würde das nicht ausschließlich negativ sehen, obwohl die Unterordnung unter solche Regeln sehr mühsam sein kann. Ich sage Ihnen ein Beispiel: Es gibt einen ungeheuer erfolgreichen Selbsthilfevertreter im Bereich unseres Faches, bei dem es uns nicht gelingt, ihn in höhere Positionen zu hieven, nämlich eine Art überregionale Repräsentanz dieser Selbsthilfegruppen zu übernehmen, weil wir den Eindruck haben, dass es für ihn wichtiger ist, dass ihn alle fünf Minuten jemand um Hilfe und Rat anruft. Dann hat er am Ende des Monats 300 Handystunden telefoniert und beklagt sich natürlich heftig über diese Beanspruchung. Auf der anderen Seite haben wir das Gefühl, dass ihm das aber eine positive persönliche, psychische Bilanz beschert. Wenn man sagt, er hätte eine Art „Selbsthelfersyndrom", dann klingt das ein bisschen ironisch, ist aber so nicht gemeint, weil man das ungeheuer Positive sehen muss, was diese Person leistet. Man muss diese Menschen daher sehr stützen und fördern. Und da gibt es eben bei solchen Gruppen einzelne Personen, die für bestimmte Sachen ganz ideal sind und einen ungeheuren Nutzen vollbringen, auf der anderen Seite natürlich auch sehr furchtbar sein können. Allerdings sind sie in einem Verein schwer einzuordnen. Andererseits gibt es Personen, die die Vereinsorganisation allzu wörtlich nehmen: Wenn sich beispielsweise der ehrenamtliche Rechnungsprüfer eines kleinen Vereins in 20 Cent verbohrt, die in der Abrechnung am Ende des Jahres fehlen, und hier eine offizielle Beanstandung macht, ist dies mit viel Zeit und Aufwand verbunden. Also muss man wohl oder übel immer wieder versuchen, einen Umgang mit einer Vereinsorganisation zu finden.

NÖLAK: *Was könnte in Österreich auf der gesetzlichen Ebene geschehen, oder aber geht es nur auf der persönlichen Ebene? Kann etwas auf einer dieser beiden Ebenen getan werden, damit wir mehr in Richtung dieser gewünschten Kultur gehen? Wessen Aufgabe ist dies?*

BRAININ: Selbsthilfe kann man nicht verordnen! Selbsthilfe ist etwas, das man schon in der Volksschule lernen sollte, indem man lernt aufzustehen und seine Meinung zu sagen. Das ist keine ausgesprochen österreichische Eigenschaft. Damit hat sich schon der Psychiater Ringl beschäftigt, eigentlich aber schon vor ihm Sigmund Freud, der sagte, es gibt eigentlich nur zwei Arten von Menschen: Die, die Lust suchen, und die, die Unlust vermeiden. Die Österreicher sind halt solche Unlustvermeider; sie vermeiden gerne aufzufallen oder einen Standpunkt einzunehmen, der nicht der amtliche ist. Wenn wir also lernen, unsere Meinung zu vertreten unabhängig davon, wer gerade gegenüber sitzt, dann werden wir auch bessere Selbsthelfer werden.

NÖLAK: *Das heißt, sämtliche Maßnahmen auf der gesetzlichen Ebene nützen nichts, wenn wir den österreichischen Geist weiterhin pflegen. Es ist bis zu einem gewissen Grad eine Frage der Zivilcourage.*

BRAININ: Sicher. Ich meine, wenn jeder fragt, ob man das darf, wird nicht viel weitergehen. Auf der anderen Seite kann der Gesetzgeber natürlich gewisse finanzielle Anreize geben, z. B. gewisse steuerliche Begünstigungen bei testamentarischen Verfügungen, bei Spenden oder im Fondsrecht ermöglichen, die eine Kultur der Selbsthilfe fördern.

NÖLAK: *In welchem Bereich innerhalb des Gesundheitsbereiches haben wir eine krasse Mangel-*

erscheinung an Selbsthilfegruppen, in welchem Bereich, als Gegenbeispiel, haben wir eine relativ positive Sättigung?

BRAININ: Ja, wenn ich es umgekehrt beantworten darf, eine ungeheuer positive Sättigung haben wir im Bereich der Kinderkrebshilfe oder in anderen Kinderbereichen wie Mukoviszidose. Dort klappt das sehr gut, weil hier das Objekt des Helfens, der „Geholfene" sich nur durch Liebenswürdigkeit und Liebreiz, aber auch durch Unmündigkeit präsentiert. Dort, wo es wirklich brennt, und dort, wo auch enorme Kosten anlaufen, dort fehlt es aber am meisten. Ich meine hier in erster Linie chronische Erkrankungen, vor allem die organischen Hirnerkrankungen. Und die organischen Gehirnerkrankungen machen ein Drittel aller Gesundheitskosten aus.

NÖLAK: *In dem Bereich also, wo die Patienten nicht so liebreizend wie Kinder sind, in dem Bereich gibt es offensichtlich die meisten Defizite. Wie steht es mit anderen Volkskrankheiten wie z. B. Diabetes?*

BRAININ: Selbstverständlich. Die Diabetesfolgeschäden sind ja oft Durchblutungsstörungen und da ganz besonders häufig im Gehirn. Wieso gibt es so eine starke Ängstlichkeit gegenüber den Hirnerkrankungen? Warum will sich niemand gerne damit auseinander setzen, obwohl Schlaganfälle fast 20 % aller Todesursachen ausmachen? Wovor haben die Leute denn Angst? Die Leute haben ja nicht Angst davor, dass sie plötzlich tot sind, sondern davor, dass sie ihre persönliche, geistige Spannkraft verlieren und dass sie auf fremde Hilfe angewiesen wären. Und mit solchen Folgen behaftet sind ja vor allem die Alterskrankheiten. Und Alterskrankheiten sind so gut wie ohne Ausnahme Erkrankungen des Gehirns. Zum Tabu „Gehirn" kommt also noch die Angst alt zu werden und die Neigung, solange wie möglich wegzuschauen. Die häufigste neurologische Alterserkrankung ist die Demenz. Vor allem die Alzheimerdemenz, aber auch die vaskuläre, d.h. schlaganfallbedingte Demenz, die auch einen starken diabetogenen Faktor hat, weiters auch die Parkinsonkrankheit. Das sind ja alles Krankheiten, die mit organischen Beeinträchtigungen des Gehirns einhergehen. Die Unvorstellbarkeit einer hirnbedingten Beeinträchtigung des Denkens, Fühlens, Handelns ist sehr groß und steht dem einfachen Pumpmodell des Herzens sehr komplex und benachteiligt gegenüber. In der Vorstellung ist ein Herzinfarkt ja sehr einfach: „Wenn einem das Herzerl nicht mehr pumpt, ist das zwar traurig, aber da kann man nichts machen und dann ist man halt g'wesen." Aber dass man mit einer Behinderung oder mit einer chronischen Beeinträchtigung seiner geistigen Regsamkeit leben muss, das ist das Furchtbarste und Unvorstellbarste. Hier braucht man vor allem Selbsthilfe, die Information und Abhilfe liefert. Übrigens laufen hier auch die meisten Kosten an. Erlauben Sie mir noch ein Beispiel zu sagen, weil ich es kürzlich gesehen habe und es mich ungeheuer beeindruckt hat. In der Nähe unseres Ferienhauses in Salzburg, über 1.000 Meter hoch, in einem steilen Bergdorf, lebt eine sehr angesehene Bauernfamilie, die jetzt die Großmutter, mittlerweile Urgroßmutter, schon über Jahre gefangen hält. Die lebt alleine oben im Stock, wird wegen ihrer inoperablen bandscheiben- und gelenksbedingten Schmerzen mit chronischen Schmerzmitteln behandelt.

Sie sitzt zwar bei Sonne auf ihrem eigenen Balkon, kann aber wegen ihrer Hüftschmerzen die Stufen nicht mehr hinunter zu den anderen Familienmitgliedern gehen und ist dadurch praktisch wie in einer Art Dauerhaft. Das Essen wird ihr gebracht und alle Tourismusgäste finden das wunderbar und romantisch, dass man in dieser Familie alt und gepflegt wird. In Wahrheit ist sie in einem chronischen Opiumrausch in einer Einzelhaft. Das Pflegegeld, das sie erhält, wird den Enkerln aufs Sparbuch gegeben, damit zahlt sie sozusagen ihre Pflege. Also auch hier haben wir das Problem, nicht nur bloß den Familienverband zu aktivieren, sondern durchaus auch Selbsthilfeeinrichtungen zu fördern, dort, wo man vermeintlich glaubt, dass es sowieso klappt.

NÖLAK: *Gibt es Schätzungen, wie viel Kosten eine funktionierende Selbsthilfegruppenstruktur dem Staat ersparen würde?*

BRAININ: Nein, aber das wäre hochinteressant auszurechnen. Soweit mir bekannt ist, hat noch niemand die Kosten auch nur einfacher nachbarschaftlicher Hilfe in soziale Dienstleistungen umgerechnet. Es soll zwar nicht so weit kommen, wie bei einer kanadischen Initiative, welche fordert, dass das Stillen der Säuglinge durch ihre Mütter als bezahlte Sozialleistung vergolten werden soll, aber ein bisschen was könnte man sich davon schon abschauen, z. B. wenn ein pflegebereiter Angehöriger selbst einmal auf Kur, Erholung oder einfach auf Urlaub fahren will, um seine Kräfte wieder aufzubauen.

NÖLAK: *Es würde ja ein doppelter Nutzen erreicht werden – die Kosten würden heruntergefahren werden und die Patienten wären zufriedener und glücklicher. Kann man das so sagen?*

BRAININ: Sicher kann man es so sagen. Sie wissen genauso wie ich, dass man nicht dem Staat ganz allgemein Geld spart, sondern entweder das Pflegebudget oder das Gesundheitsbudget entlastet.

NÖLAK: *Letztlich uns.*

BRAININ: Ja, aber jeder schaut halt nur auf sein Budget. Somit ist es den Verantwortlichen für das Sozialbudget zunächst egal, ob durch einsparende Maßnahmen das Gesundheitsbudget entlastet wird.

NÖLAK: *Wohin geht jemand, wenn er, egal womit, Probleme hat und in eine Selbsthilfegruppe will? Gibt es so was wie eine zentrale Anlaufstelle oder gibt es nur „für jeden Bereich" eigene Stellen?*

BRAININ: Ich halte das für eine sehr wichtige Frage. Ich glaube, Wildwuchs ist die einzige Lösung. Eine zentralistisch verordnete Selbsthilfe ist ja keine Selbsthilfe mehr. Und der Versuch, diesen so genannten Wildwuchs in eine zentrale an die Regierung angekoppelte Stelle zusammenzufassen, nämlich auch mit finanzieller Förderung, halte ich für eine sehr ungünstige Lösung. Man sollte auch eine Wildwuchslösung akzeptieren, die man natürlich bei Zeiten dann in strukturierterer Weise ebenso gut fördern kann. Das war stets so in der Geschichte der Sozialpolitik. Wenn Eigeninitiativen zu groß und wichtig geworden sind und begonnen haben, einen sozialen Faktor im Geschehen darzustellen, wurde eine zentrale Regelung getroffen. Heute hat man aber den Eindruck, die Dinge werden schon zentralisiert, bevor sie noch richtig begonnen haben. Man sollte sich trauen, ein bisschen den Überblick zu verlieren. Das tut niemandem weh, die Leute helfen sich schon selbst, so dumm sind die Leute nicht, wenn es darauf ankommt. Das hat man gesehen in der Nachkriegszeit usw., da gab es eine nachbarschaftliche Hilfe, die funktioniert hat, sonst hätten ja alle unsere Vorfahren das nicht überstanden. Also, die Leute helfen sich schon, wenn es darauf ankommt, nur wenn sie das Gefühl haben, hier ist eine parteipolitische Räson dahinter oder irgendeine andere, ein gemischtes Interesse, dann werden sie nicht so leicht teilnehmen.

NÖLAK: *Das heißt, das Rezept, wie finde ich meine Selbsthilfegruppe, ist, reden mit Fachleuten, reden mit anderen Betroffenen?*

BRAININ: Im Internet. Das ist ja heute leichter denn je. Also da brauche ich hier kein Zentralbüro in einer Landeshauptstadt.

NÖLAK: *Zur Frage, ob nicht zwischen Selbsthilfegruppen ein ruinöser Wettbewerb aus falsch verstandenem Ehrgeiz entsteht, im Sinne von „meine Diabetiker sind die gesünderen" oder „meine Schlaganfallpatienten sind die erholteren", wie ist da die Situation?*

BRAININ: Das ist ebenfalls ein wichtiger Punkt. Es muss letztlich eine überregionale Repräsentanz angestrebt werden. Ich meine, wie gesagt, nicht ein zentrales Selbsthilfebüro, ein Büro „Selbsthilfe für alles und jedes", sondern ein jeweils krankheitsbezogenes. Also: eine überregionale Diabeteshilfe, eine überregionale Schlaganfallhilfe usw. Mit einer österreichweiten Repräsentanz hat man natürlich auch ein gewisses Stellungnahmerecht zum Thema „Schlaganfall und Führerschein", zum Thema „Behindertenparkplätze" und zu allen anderen rechtlichen Dingen wie Gleichstellung im Pflegegeld usw. Daher gibt es auch eine Schlaganfall-Selbsthilfe Österreich (bei der übrigens eine Niederösterreicherin Obfrau ist). Weiters ist ja im vergangenen Herbst in Brüssel die Europäische Schlaganfall Hilfe (SAFE= Stroke Alliance for Europe), ein Zusammenschluss von Selbsthilfeorganisationen aus 15 europäischen Ländern, gegründet worden. Diese Gruppierung nimmt die europäischen, übergeordneten Agenden wahr und erstreitet sich ein Mitspracherecht bei europäischen Forschungsagenden sowie allen Gesetzen, die europaweit für Schlaganfallopfer und deren Angehörige eine Rolle spielen. All diese Aufgaben kann eine zentrale Selbsthilfeorganisation nicht wahrnehmen. Auch kann es dafür keine zuständige Stelle geben, die unter dem Titel „Selbsthilfe für alles und jedes" das alles macht, da gibt es eben auch andere wie Krebsfürsorge, Multiple-Sklerose-Gesellschaft, Unfall- und Kriegsopferverband, Behindertenfürsorgeverband und viele mehr. Ihre Existenz ist allein schon jeweils durch ihre Geschichte begründet und wahrscheinlich auch weiterhin gerechtfertigt. Eine regionale, niederösterreichweite Zusammenführung der Schlaganfallgruppen für Selbsthilfe hat sicherlich auch daher Sinn. Das hat sich schon erwiesen: So haben wir Stellungnahmen im Begutachtungsverfahren im Landessanitätsrat, in der Ethikkommission, und zur Errichtungsbewilligung für Krankenhäuser und Rehabilitationseinrichtungen abgegeben.

„Es gibt keinen Zweifel daran, dass bei den meisten Kindern die Eltern eine große Rolle spielen, weil sie mit einer Vorbildfunktion ausgestattet sind."

Rudolf Schoberberger

Rudolf Schoberberger ist Professor am Institut für Sozialmedizin

NÖLAK: *Herr Professor Schoberberger, was kann ich mir als Laie unter Motivation vorstellen? Wie entsteht sie, was ist die Kraft hinter der Motivation, die sie entstehen lässt und so wichtig für unser Leben macht?*

SCHOBERBERGER: Die Motivation entsteht aufgrund des Zusammenwirkens verschiedener Aspekte, die man berücksichtigen muss. Im Gesundheitsbereich, also im Bereich des Lebensstils ist es bedeutsam, welche attraktiven Ziele man hat und wo man sich hinbewegen möchte. Diese attraktiven Ziele gewinnt man in der Regel dadurch, dass man Informationen bekommt, sie auch aufnimmt und dann eine gewisse Bereitschaft entwickelt, in diese Richtung zu gehen. Allerdings ist das nur ein Teil der Motivation. Eine wesentliche Rolle spielen in diesem Zusammenhang die so genannten Erwartungshaltungen, das heißt, ob jemand wirklich überzeugt ist, ein bestimmtes Ziel erreichen zu können. Dem vorgeschaltet ist noch die Überzeugung, dass diese Ziele überhaupt grundsätzlich realisierbar sind.

NÖLAK: *Was kann ich selbst tun, um mich zu motivieren bzw. dass die Motivation in mir wächst und größer wird?*

SCHOBERBERGER: Eine wichtige Funktion haben hier andere Menschen. Die Vorbilder, die man sich selber aussucht, an denen man sich orientiert, die in vielen Fällen die Bezugspersonen sind, die man persönlich kennt und schätzt, oder die eben auf Grund ihrer fachlichen Qualifikationen eine besondere Bedeutung haben. Diese nimmt man sich als Beispiel und beobachtet dann, ob das, was sie sich vorgenommen haben zu verändern, gelungen ist oder ob sie Schwierigkeiten gehabt haben und beurteilt dann, ob man das selbst auch leisten wird können. Das setzt auch voraus, dass wir z. B. gerade im Lebensstilbereich – wenn es darum geht das Rauchen zu verändern oder das Gewicht zu reduzieren – sehr häufig Menschen in Gruppen beraten, weil man in der Gruppe von anderen lernen und sich gegenseitig motivieren kann. Jemand anderen zu sehen, der offenbar Erfolg hat und dann einen dadurch bestärkt, dieselben Dinge zu tun, um den gleichen Erfolg zu erreichen, ist ein wichtiger Aspekt dabei. Wir nennen das Hebung der Selbstwirksamkeitserwartung – die Überzeugung zu gewinnen, ich werde das auch schaffen, warum soll mir das nicht gelingen.

NÖLAK: *Gerade bei Rauchern ist das ja schwierig; was kann ich machen, um mich als Raucher zu motivieren, den Glimmstängel zur Seite zu legen, wenn ich weder von außen noch von innen Anreize zum Aufhören habe. Gibt es da Tipps und Tricks zum Aufhören?*

SCHOBERBERGER: Ich glaube erstens, dass es von außen schon Anreize gibt und gerade in der letzten Zeit verstärkt durch die „Framework Convention of Tobacco Control", das viele Länder unterzeichnet haben und wo unter anderem auch Österreich mitspielt: Es werden Maßnahmen für die allgemeine Bevölkerung empfohlen, die dazu führen, sich auch als Einzelner über den Tabakkonsum, das Rauchen, Gedanken zu machen.

Es geht darum, aufmerksam zu machen, dass Rauchen eine ganze Reihe von Nachteilen hat, vor allem gesundheitliche Nachteile, dass es ein Risikoverhalten darstellt. Unter anderem soll der Raucher erfahren, dass, wenn er sein Risikoverhalten erkannt hat und nicht weiter aufrechterhalten will, es Möglichkeiten der Veränderung gibt.

Raucherinnen und Rauchern soll bewusst werden, dass, wenn sie dieses professionelle Angebot annehmen, es eine gute Chance gibt, von ihrem Rauchverhalten wegzukommen. Wir betreuen seit einigen Jahren sehr stark abhängige Raucher in Österreich in einem stationären Programm. Dies dauert drei Wochen im Rahmen eines so genannten Kuraufenthaltes. Viele dieser Raucher sind langjährige Raucher – dreißig, vierzig Jahre – haben bereits gesundheitlichen Schaden genommen und müssten also höchst motiviert sein, ihr Risikoverhalten aufzugeben. Sie haben es meistens selbst einige Male probiert, aber nicht wirklich geschafft. Durch dieses intensive Programm, das wir hier anbieten können, schafft es gut die Hälfte der Raucher, von ihrem Rauchverhalten wegzukommen. Viele sagen im Nachhinein, dass es leichter war als sie vorher geglaubt haben. Man sieht, es ist sehr wichtig, die Motivation zum ersten Schritt zu machen, denn viele trauen sich nicht, diese erste Hürde zu gehen und sagen, wer weiß was mir passiert, wenn ich einsteige. Tatsächlich war es früher so, dass die Leute unmittelbar vor Beginn des Programms abgesprungen sind, das heißt, zuerst haben sie die Bereitschaft gezeigt mitzumachen, endlich mit dem Laster aufzuhören. Der Tag kam immer näher und als sie sich dann an dem Ort einfinden sollten, sind sie am Kurort nicht erschienen. Heute ist dieses Problem weniger akut, weil wir mit den teilnehmenden Leuten genau kommunizieren, dass sie in der ersten Woche noch rauchen dürfen. Dies erleichtert sozusagen auch den Einstieg und reduziert die Angst vor ihrem zukünftigen Nichtraucher-Dasein. Es ist ein ganz wichtiger Motivationsaspekt, jemandem zu sagen: „Du kannst es schrittweise tun. Du musst es nicht abrupt machen."

NÖLAK: *Und es gibt keine Sanktionen dafür!*

SCHOBERBERGER: Nein. Es gibt keine Sanktionen dafür, außer jemand würde sich in dieses Programm nicht integrieren wollen, dann müsste er das Programm abbrechen und verlassen. Das ist die einzige Sanktion, die dafür vorgesehen ist.

NÖLAK: *Kann die Motivation genetisch beeinflusst sein bzw. gibt es hier Prädispositionen? Wie hängt sie mit dem Lebensalter, der Erziehung und dem Elternhaus zusammen?*
Spielt die Ermutigung und das Lob im Elternhaus dabei eine große Rolle?

SCHOBERBERGER: Es gibt keinen Zweifel daran, dass bei den meisten Kindern die Eltern eine große Rolle spielen, weil sie mit einer Vorbildfunktion ausgestattet sind. Das heißt sehr motivierte, engagierte Eltern werden das auch auf ihre Kinder übertragen und sie als motivierte Kinder erscheinen lassen, sofern die Kinder aus diesem Engagement oder dieser Motivation der Eltern positive Konsequenzen ablesen. Wenn Sie das nicht tun, und sie lesen vielleicht sogar negative Konsequenzen aufgrund eines Verhaltens ab, so kann das auch genau ins Gegenteil umschlagen.

NÖLAK: *So entstehen also die so genannten „Sorgenkinder aus gutem Hause"? Ist das so richtig formuliert?*

SCHOBERBERGER: Das könnte eine Ursache sein: Wenn das Verhalten des Vorbilds zu Konsequenzen führt, die selbst nicht als positiv gewertet werden, wird diese Art des Verhaltens nicht übernommen.

NÖLAK: *Wie kann ich bei meinem Kind die intrinistischen Anreize fördern bzw. wie die Motivation fürs Leben fördern? Gibt es da eine Leitlinie?*

SCHOBERBERGER: Für solche Dinge sollte man sich Zeit nehmen. Zeit nehmen, um darüber zu reden. Zeit nehmen, darüber nachzudenken. Wir haben z. B. vor längerer Zeit mit vielen jungen Menschen gearbeitet, um den Drogenkonsum in unserer Gesellschaft zu thematisieren. Hier haben wir versucht den jungen Menschen im Alter von 14–18 Jahren die Möglichkeit einzuräumen, sich selbst mit dem Thema zu beschäftigen. Im Rahmen von Programmen in ihren Institutionen, in denen sie sich befunden haben – wie Schule oder Lehrwerkstätte – versuchten wir sie zu lehren, sich damit auseinander zu setzen und auch etwas zu produzieren, das sie weitergeben können an andere Gleichaltrige oder auch an die Bevölkerung ganz allgemein. Das hat gezeigt, dass eine Motivation besteht, sich mit diesem Thema zu beschäftigen, weil die jungen Menschen zu bestimmten Erkenntnissen kommen. Auch dann, wenn diese Erkenntnisse nicht unmittelbar zu einer Verhaltensänderung führen, kann sich unter Umständen die Einstellung soweit verändern, dass man zumindest andere nicht beeinflusst, das heißt, andere nicht motiviert, ein Risikoverhalten zu übernehmen, weil man es selbst macht. Diese neu erworbene Einstellung kann aber auch ein wichtiger Aspekt für das spätere Leben sein, wenn sich die Lebenssituation ändert und man vielleicht andere Interessen entwickelt. Möglicherweise fungiert dann diese Einstellung, die man damals erworben hat, als neuerliche Motivation und man passt auch seinen Lebensstil darauf an.

NÖLAK: *Was können, um auf Ihre letzten Ausführungen zurückzukommen, betroffene Eltern machen, um ihre Kinder zu motivieren von den Drogen und Alkohol wegzukommen bzw. Abstand zu halten? Denn manchmal löst man ja mit Ge- und Verboten genau das Gegenteil aus.*

SCHOBERBERGER: Das ist eine schwierige Situation, gerade da ja junge Menschen das so genannte Risikoverhalten besonders an den Tag legen und sich in vielen Situationen beweisen wollen. Der Alkoholkonsum in unserer Gesellschaft zum Beispiel gehört als Symbol des Erwachsenwerdens dazu. Junge Menschen haben es nicht ganz einfach, sich als Erwachsene zu etablieren und glauben zumindest, dass sie es einfacher haben, wenn sie die typischen Verhaltensweisen von Erwachsenen übernehmen und damit nach außen erwachsen erscheinen. Beim Alkoholkonsum ist es in unserer Gesellschaft eine Realität und da gibt es einen Umgang mit Alkohol, den man noch als vernünftig und als angepasst einstufen kann, und es gibt natürlich auch den Missbrauch, der schon sehr bald auch bei jungen Menschen stattfinden kann, wenn es um das so genannte Wetttrinken oder Ähnliches geht. Da müsste man mit den jungen Menschen ein Gespräch oder mehrere darüber führen, dass ein Unterschied besteht zwischen einem „normalen" Umgang und einem Missbrauch eines bestimmten Genussmittels. Verbote alleine sind hier kontraproduktiv.

NÖLAK: *Zuckerbrot und Peitsche bringt hier also nichts?*

SCHOBERBERGER: Ich denke, dass die Motivation zu einem vernünftigen Lebensstil sehr wichtig ist und je nach Mensch differiert.

NÖLAK: *Wie kann ich mich selbst motivieren, wenn ich ausgebrannt, sinnleer bin? Hilfe zur Selbsthilfe – gibt es hier einen Leitfaden?*

SCHOBERBERGER: Es gibt Krankheitszeichen und Syndrome, die das Phänomen der Demotivation erkennen lassen und unterstützen. Zum Beispiel die Depression oder gerade in der heutigen Zeit das Burn-out-Syndrom, das bei manchen eine Rolle spielt. Das kann natürlich schon in der Schulzeit geschehen oder dann später im Beruf. Dies gilt es rechtzeitig zu erkennen und dem entgegenzuwirken. Hier hat man die besten Erfahrungen gemacht, wenn Betroffene in Gruppen die Möglichkeit zur Aufarbeitung ihrer Probleme finden oder psychologisch bzw. psychotherapeutisch betreut werden. Wenn die Störung einmal so weit fortgeschritten ist, dass man mit einer Krankheit konfrontiert ist, also mit einer psychischen Störung, dann wird man Hilfe benötigen. Mit der Selbsthilfe wird man das wahrscheinlich nicht mehr lösen können. Vielfach kann man es aber auch im Vorfeld abfangen, indem man, bevor man wirklich tief hineinkommt, versucht, bei sich Möglichkeiten zu finden, etwas zu modifizieren, damit diese sinnleeren Situationen nicht vorkommen. Es gibt Forscher, die haben uns hier einiges mitgegeben. Ich denke an die Fähigkeit zum Glücklich sein, an das Flow-Erleben. Jeder Mensch braucht etwas, mit dem er sich mit Freude, mit Inbrunst auseinandersetzt, wo er nicht nur passiv etwas konsumiert, sondern aktiv dabei ist und wenn dann etwas geschafft wird, gibt das so viel Selbstvertrauen und Belohnung, dass man wieder motiviert ist für jene Alltagssituationen, die nicht immer so lustig sein mögen.

NÖLAK: *Das heißt sogar simple Hobbys wie Briefmarken sammeln können mich so ausgleichen, dass meine Motivation wieder ansteigt.*

SCHOBERBERGER: Genau – das sind die besonderen Interessen, da wird jeder seine eigenen Begabungen haben. Das kann natürlich auch eine Art Hobby sein, aber da gehört dann schon eine gewisse Intensität dazu und dass man sich mehr als andere damit beschäftigt, um das als Flow-Erleben wahrnehmen zu können. Es kann auch Sport sein und vieles andere mehr. Gerade Sport oder die regelmäßige Bewegungsaktivität trägt dazu bei, unsere Stimmung aufzuhellen, und jeder Mensch, der eine eher positive als negative Einstellung zum Leben hat, wird eher motiviert sein als umgekehrt.

NÖLAK: *Wie soll ich reagieren bzw. was kann ich machen, wenn ich in meinem Freundes- oder Verwandtenkreis feststelle, dass jemand antriebslos ist und droht, in die Depression abzugleiten. Was kann ich tun, um diesen Schub abzufangen?*

SCHOBERBERGER: Das Beste wäre, motivierende Gespräche mit der betroffenen Person zu führen und ihr zu raten, sich an eine professionelle Hilfe zu wenden. Das muss keine intensive Beratung sein, es kann ja oft auch schon eine kurze Intervention genügen, um eine bestimmte Situation zu lösen oder besser lösen zu können.

NÖLAK: *Glauben Sie, dass in unserer heutigen Leistungsdruckgesellschaft die Motivation immer mehr sinkt oder steigt? Wie ist die Entwicklung in diesem Bereich?*

SCHOBERBERGER: Die Motivation sinkt grundsätzlich dann, wenn ich mein Ziele nicht mehr erreichen kann, wenn sie blockiert sind. In der Leistungsgesellschaft ist das dann der Fall, wenn ich keine Aussicht darauf habe, jene berufliche Tätigkeit auszuüben, die ich gerne ausüben würde, sprich bis zur Arbeitslosigkeit, wo ich dann gleichsam in der Gesellschaft sehe, dass ich gar nicht mehr gebraucht werde. Das ist ein Dämpfer für jegliche Motivation. Wenn ich da mehrere Rückschläge erhalte, über mehrere Anläufe nicht zum Zug komme, dann kann das auch wieder zu einer gröberen Störung führen und dies ist sicher auch ein sozialpolitisches Problem.

NÖLAK: *Wird dieses Problem von der Politik auch erkannt und Maßnahmen dagegen ergriffen oder wird dies eher negiert?*

SCHOBERBERGER: Ich glaube, es wird schon gesehen, dass dies ein Problem ist und insofern ist es günstig, dass man jene Leute, die jetzt keinen Arbeitsplatz finden oder jene, die ihn verloren haben, in eine Art Weiterbildung schickt, damit sie sich dort entfalten können, weitere Interessen finden, zusätzliche Motivationen aufbauen können. Dann müsste aber doch irgendwann einmal eine Möglichkeit bestehen, neben der Fortbildung auch in einem Produktionsprozess aktiv zu werden. Das wäre ein ganz wichtiges gesundheitspolitisches Anliegen, denn wir wissen, dass gerade dann die ungünstigen Lebensstilformen wie Drogenkonsum und Alkoholmissbrauch steigen, wenn solche sozialen Probleme in der Gesellschaft vorherrschen.

NÖLAK: *Ihre Empfehlung wäre daher Fortbildung ja, aber vorrangig Wiedereingliederung in den Arbeitsprozess?*

SCHOBERBERGER: Ja. Es muss aber eine sinnvolle Fortbildung sein, das heißt derjenige muss sie auch als eine wichtige Maßnahme erkennen und es darf nicht so sein, dass man jemandem nur eine Pseudofortbildung gewährt. Wir kennen ja alle die Beispiele, wo Leute die gleichen Ausbildungskurse mehrmals belegen müssen, weil dort gerade Kapazität frei ist, aber eigentlich das für den Betroffenen nichts mehr Neues bringt und daher auch die Motivation nicht hebt.

NÖLAK: *Wenn wir jetzt Deutschland mit den 1-Euro-Jobs betrachten und dieses Modell übernehmen würden, würde das die Motivation heben oder eher senken?*

SCHOBERBERGER: Das hängt vom Einzelnen ab. Wenn er darin eine Chance sieht, sich wieder in ein vernünftiges Arbeitsleben einzugliedern, kann es sein, dass dies die Motivation auch steigert. Wenn er sich aber von der Gesellschaft ausgenützt fühlt, kann das auch wieder demotivierend sein. Das muss man dann schon im Einzelnen betrachten.

NÖLAK: *Da unser Buch einen breiten Bogen von der Geburt bis zum Tod spannt, nun die Frage, wie kann ich ältere Leute, die z.B. bettlägerig sind, die kein Lebensziel mehr haben motivieren?*

SCHOBERBERGER: Da muss man früher ansetzen – nämlich dass sie nicht bettlägerig werden. Das hängt mit der Mobilität im Alter zusammen. Es gibt Studien, die zeigen, umso mobiler ein Mensch bleibt, umso eher hat er die Chance, nicht pflegebedürftig zu werden.

NÖLAK: *Je länger er aktiv im Familienverband eingegliedert ist und Aufgaben wahrnimmt, desto länger bleibt er motiviert?*

SCHOBERBERGER: Das mag ein Aspekt sein, aber grundsätzlich ist es wichtig, dass der ältere Mensch seine Interessen nach seinen Möglichkeiten aufrechtzuerhalten versucht. Also unter Mobilität verstehe ich sportliche Mobilität, das heißt weiterhin Sport zu betreiben und zwar in dem Ausmaß, in dem es möglich ist, aber auch geistige Mobilität. Man sieht das heute bei vielen älteren Menschen, die sich die Mobilität erhalten, etwa durch Reisen, und dadurch bis ins hohe Alter sehr agil und rege bleiben.

NÖLAK: *Stellenwert der Motivation für Sie im Leben?*

SCHOBERBERGER: Wichtiger Antrieb, ohne sie würde einiges im Leben nicht funktionieren.

Siehe Bildtafel 19

Kettenraucher

„Jeder hat den Raum, sich um sich selbst und seine Seele zu sorgen, ohne konfessionelle Bindungen, ohne konfessionellen Druck."

Reinhard Skolek

Reinhard Skolek ist Vorsitzender der Österreichischen Gesellschaft für Analytische Psychologie

NÖLAK: *Für wen ist Psychotherapie notwendig, warum ist sie wichtig, wie ist die Situation, wie sollte sie sein?*

SKOLEK: Das ist eine komplexe Frage. In der Psychotherapie geht es um die Behandlung von seelischem Leid, von seelischen Erkrankungen. Das kann man sehr weit gefasst sehen: Von mangelnder Selbsterfahrung, dem Wunsch, mehr über sich selbst zu wissen, bis zu schweren Störungen, die es nicht mehr erlauben, ein normales Leben führen zu können. Die Psychotherapie im Sinne der Krankenkasse setzt Krankheitswertigkeit voraus, das heißt, jemand muss schon so große Schwierigkeiten mit sich und seinem Leben haben, dass die Krankenkasse die Psychotherapie bezahlt. Ich bringe die Krankenkassen gleich jetzt „ins Spiel", weil sie einfach ein Faktum sind. Mit dem Psychotherapiegesetz kam dieses Faktum. Es wurde damals befürchtet, dass die Psychotherapie nur auf schwerere Störungen beschränkt wird, die die Krankenkasse bezahlt, nach dem Motto: „Wer zahlt, schafft an." Und die Psychotherapie, das wurde damals befürchtet, wird zu einer Einrichtung des Reparierens, des Hinbiegens von Menschen, vor allem auf die Arbeitsfähigkeit. Aber das Anliegen, das die Psychotherapie ebenso vertritt, das vor allem die tiefenpsychologischen Richtungen vertreten, ist, die Seele zu entdecken, der Seele Raum zu geben, sich nach innen zu wenden, wird verständlicherweise von den Krankenkassen nicht finanziert. Das ist auch nachvollziehbar. Auf der einen Seite sollte die Behandlung von Störungen, die wirklich krankheitswertig sind, bezahlt werden, und auf der anderen Seite soll es Psychotherapie im weiteren Sinn gegen Eigenleistung natürlich auch geben. Seit dem Psychotherapiegesetz hat sich die Psychotherapie, auch die Ausbildungen in der Psychotherapie mehr auf die schweren krankheitswertigen Störungen ausgerichtet, sodass für mich als „Jungianer" die Seele dabei schon ein wenig auf der Strecke geblieben ist. Ich habe an der Gesetzwerdung des Psychotherapiegesetzes mitgearbeitet und mich damals in einem Vortrag gegen das Wort Psychotherapie im umgangssprachlichen und üblich medizinischen Sinne gewandt. Um die nicht krankheitswertige Seite der Psychotherapie zu akzentuieren, habe ich mir Gedanken gemacht, ob man nicht besser von „Seelsorge" sprechen sollte. Der Begriff „Seelsorge" ist aber leider religiös besetzt. Man denkt bei Seelsorge an religiöse Erziehung, Beichte und Ähnliches. Aber es wäre mir ein ernstes Anliegen, sich um die Seele zu sorgen, sich der Seele zuzuwenden und sich auf jenen Weg zu machen, den sie uns vorgibt. Und das kann natürlich, das sehe ich ein, von den Krankenkassen nicht bezahlt werden.

NÖLAK: *Aber in der Formulierung steckt ja drin, sich um die eigene Seele zu sorgen, wogegen die kirchliche Seelsorge sich um die anderen Seelen kümmert. Also wie sehr ist der Einzelne gefordert, sich selber nachzuspüren?*

SKOLEK: Also, ich würde sagen, die Chancen dazu sind heute sehr groß. Die Religionen haben an Bedeutung verloren, zumindest bei uns, sie können weniger Druck auf die Menschen erzeugen. Jeder hat den Raum, sich um sich selbst und seine Seele zu sorgen, ohne konfessionelle Bindungen, ohne konfessionellen Druck. Auf der anderen Seite fangen damit sehr viele aber nichts an. Manches hat früher die Kirche, hat die Religion für sie erledigt, was jetzt überhaupt niemand mehr oder eventuell die Psychotherapie erledigt. Ich denke an Lebenssinn, Orientierung, Wertvermittlung und an hilfreiche Rituale, wie zum Beispiel die Trauerarbeit, rund ums Sterben. Die Trauerrituale hatten psychohygienischen Sinn: Das Abschiednehmen unter Beteiligung der ganzen Familie, das Zuhause-sterben, die Klageweiber, das Zuhause-aufbahren, dann das Begräbnis, der Totenschmaus, das Trauerjahr. Das alles hatte psychohygienische Bedeutung, damit man den Abschied von einem nahen Menschen seelisch verarbeiten kann. Diese Rituale sind weitgehend verschwunden. Das Begräbnis gibt es noch und den Totenschmaus. Aber unsere Verwandten und Freunde sterben irgendwo im Spital. Man hört von irgendjemandem aus dem Spital, sei es Arzt oder Krankenschwester, dass der nahe Verwandte gestorben wäre. Man war nicht dabei, man konnte sich nicht verabschieden, es fehlt die Aufbahrung daheim. Das ist ein wichtiger Punkt. Wenn man den Toten nicht wirklich tot sieht, dann lebt er weiter, weil man ihn als Lebenden in der Erinnerung behält und man kein anschauliches Bild von dem Toten besitzt. Man kann ihn auch nicht angreifen und damit begreifen, wie steif und kalt er ist. Das klingt vielleicht ein bisschen makaber, aber das ist ein wesentlicher Punkt. Den Toten anzugreifen, wie er tot ist, und akzeptieren zu müssen, dass er tot ist, gehört unverzichtbar zum Prozess des Abschiednehmens. Das fehlt uns heute. Jetzt ist der Einzelne mit sich selbst und seiner Trauer alleine gelassen und wurschtelt irgendwie dahin oder wenn er es nötig hat und es sich leisten kann, macht er das beim Psychotherapeuten. Also die Psychotherapie springt auch für abhanden gekommene Rituale ein und für die Kirche in manchen Bereichen. Sie hat teilweise deren Aufgabe übernommen. Ein anderes Beispiel neben dem Sterben wäre das Reifwerden, das Erwachsenwerden. Im christlichen Glauben kennt man das Ritual der Firmung. In jeder Religion gibt es Ähnliches, besonders bei den Naturvölkern, oft mit Mannbarkeitsritualen verbunden. Irgendwann einmal hört das Kindsein auf, es beginnt die Einsicht in das eigene Handeln und dessen Folgen, man kann und muss Verantwortung übernehmen, man wächst in eine soziale Rolle hinein, man gewinnt Rechte und Verpflichtungen in und gegenüber der Gesellschaft. Es gehört auch dazu, dass man, zumindest als Bursch, Mutproben macht. Die sind in verschiedenen Kulturen ritualisiert. Bei uns sind sie es nicht. Es muss jeder selbst damit fertig werden. Da machen die Burschen Blödheiten: Auf die Straßenbahn aufspringen, wild Motorradfahren,

Bungee-Jumping oder was auch immer. Es ist kein geschützter Rahmen da und wieder ist jeder auf sich selbst angewiesen. Ein anderes Beispiel: Die erste Menstruation der Mädchen. Die ist bei den so genannten „Primitiven", den Naturvölkern sehr oft ritualisiert: Es wird gefeiert, dass das Mädchen vom Kind zur Frau geworden ist, nun selbst Kinder kriegen, Mutter werden kann. Damit nimmt es natürlich innerhalb der Gesellschaft eine andere Rolle ein und das Kindsein ist für immer vorbei. Bei den „Wilden" gibt es einen Initiationsritus, die Initiation führt in eine neue Lebensphase. Diese wird mit einer großen Feier begangen, zum Beispiel bei den Buschleuten. Bei uns hingegen nicht. Es hat sich zwar schon etwas gebessert, aber bei uns wird die erste Menstruation eher peinlich verschwiegen, und wenn das Mädchen Glück hat, hat es eine gute Mutter oder eine gute Freundin, die ihm hilft, mit der plötzlich hereingebrochenen neuen Situation fertig zu werden.

NÖLAK: *Wäre es nicht im Interesse der Psychotherapie, mehr Angebote auch in dieser Altersgruppe der Jugendlichen zu machen?*

SKOLEK: Es gibt die Kinder- und Jugendpsychotherapie, aber es gibt zu wenig Kinder- und Jugendpsychotherapeuten. Wichtig wäre mir aber über die Psychotherapie hinaus, den Schulen, PädagogInnen, den Eltern und vor allem den Jugendlichen selbst psychotherapeutisches Wissen zukommen zu lassen – prophylaktisch. Das Zentrum für Psychotherapie der NÖLAK bietet für diese Zielgruppen verschiedene Fortbildungen an, über den Umgang mit Konflikten, mit Gewalt, mit schwierigen Kindern etc.

NÖLAK: *Sie verwenden immer nur den Begriff „Psychotherapie", dabei gibt es ebenso viele Schulen wie Therapeuten, wie boshafte Menschen zu sagen pflegen. Gibt es eine Art „Kurzleitfaden" durch die Psychotherapie?*

SKOLEK: Es gibt eine Homepage des Gesundheitsministeriums, ich sage einfach Gesundheitsministerium, obwohl dieses ja nach jeder Nationalratswahl anders heißt. Es gibt eine Homepage über die vom Gesundheitsministerium anerkannten Psychotherapierichtungen. Es gibt viele „Psycho-Einrichtungen", aber nur wenige, an die 20, die auf Grund des Psychotherapiegesetzes anerkannt sind. Die anerkannten Schulen mussten eine aufwändige Prüfung durch das Gesundheitsministerium über sich ergehen lassen, wo der wissenschaftliche Nachweis über die Wirksamkeit der Methode erbracht werden musste, über die Eigenständigkeit der Methode, über deren internationale Anerkennung, über qualifiziertes Lehrpersonal, die Fähigkeit, tatsächlich auszubilden etc. Auf dieser Homepage sind auch Kurzdefinitionen der einzelnen Richtungen enthalten, sodass man sich als Patient eine Vorstellung von den einzelnen Methoden machen kann. Man bekommt einen Einblick, dass z. B. einige Methoden mit Traum oder mit Imagination arbeiten, andere mehr mit Familie und Systemen. Dann gibt es eine Therapeutenliste, ein Verzeichnis aller Psychotherapeuten mit staatlicher Berufsberechtigung. Wenn jemand Psychotherapie machen will oder muss, kann er in diese Therapeutenliste des Gesundheitsministeriums einsehen.

NÖLAK: *Gibt es sozusagen von vornherein Ausschließungsgründe für eine bestimmte Therapieform bei einem bestimmten Patienten, oder ist es so, dass man sich diese Homepage mit allen Definitionen anschaut und dann, als ob man ein Auto kauft, abwägt, Erfahrungen einholt, mit anderen Leuten redet? Ist das der richtige Prozess?*

SKOLEK: Na ja. Es gibt erstens einmal Beratungsstellen des Berufsverbandes, in denen Patienten von diensthabenden PsychotherapeutInnen, die möglichst über die anderen Methoden, nicht nur über die eigenen Bescheid wissen sollen, beraten werden, sodass man die passende Methode finden kann. Die Praxis ist aber oft anders, zumindest am Land. Dort wird man oft den Therapeuten nehmen müssen, der gerade in der Nähe wohnt und der einen freien Platz hat. Damit ist die Freiheit der Methodenwahl schon sehr beschränkt. In den Großstädten ist es einfacher, wegen der größeren Therapeuten-Dichte. Da kann man sich eher die Methode aussuchen.

NÖLAK: *Existiert am Land diesbezüglich noch ein Defizit?*

SKOLEK: Die Versorgung am Land ist schlechter als in den Großstädten.

NÖLAK: *Kommen wir zum eigentlichen Spezialbegriff, den wir ursprünglich gehabt haben, Intro-/Extraversion.*

SKOLEK: Ich würde gerne das Thema erweitern …

NÖLAK: *Hinsichtlich des Lebensstils?*

SKOLEK: Ja. Die Introversion hat viel zu tun mit Zeit, Zeit haben. Sie hat auch etwas zu tun mit der gesellschaftlichen Bewertung des nach Innen-Schauens, der Seele und der Träume. Im weiteren Sinne steht die Introversion auch in Beziehung zu den Jahreszeiten, zu Biorhythmen, Tag und Nacht sowie dem Alter. Um diese Bereiche würde ich das Thema gerne erweitern. Unter dem psychotherapeutischen Gesichtspunkt, „Was fehlt unserer Kultur an Wesentlichem?", möchte ich die Introversion nennen. Die Introversion ist das nach Innen-Wenden, das Richten von Aufmerksamkeit auf sich selbst, auf seine körperlichen Lebensvorgänge, seine seelischen oder geistigen Vorgänge. Die seelische Energie fließt nach innen. Im Gegensatz dazu steht die Extraversion: Interesse und Aufmerksamkeit sind nach außen gerichtet, auf die Dinge, auf die anderen Menschen und nicht auf sich selbst. C. G. Jung hat von zwei Einstellungstypen gesprochen, den Extravertierten und den Introvertierten und postuliert mit einer entsprechend großen therapeutischen Erfahrung, dass zwischen Extra- und Introversion Gleichgewicht bestehen sollte. Wenn eine Seite vernachlässigt wird, kommt es zu Störungen. Wenn sich ein Mensch in sich vergräbt, den Kontakt zu den Dingen draußen, zu den anderen Menschen verliert, dann ist das Gleichgewicht gestört. Umgekehrt, wenn jemand sich nach außen verliert, mit sich selbst nichts anfangen kann, Ruhe nicht aushält, dann stimmt es auch nicht. Das Gleichgewicht ist auch eine Sache des Alters. Das Verhältnis von Intro- und Extraversion ist nicht gleichmäßig über das ganze Leben verteilt. Mit zunehmendem Alter wird auch zunehmend mehr Introversion notwendig. Für junge Menschen ist es selbstverständlich, dass sie mehr nach außen leben, wobei aber auch da ein gewisses Gleichgewicht, ein für dieses Alter entsprechendes Gleichgewicht gehalten werden müsste. Wir leben sicher in einer sehr extravertierten Gesellschaft, wir sind dauernd nach außen orientiert. Das hat auch im Zuge der sich rasant entwickelnden Kommunikationstechnologie noch mehr zugenommen. Es gibt keine Zeit mehr, um einfach mit der Seele zu baumeln, nur mit sich selbst beschäftigt zu sein, sich selbst zu spüren. Man hat das Handy mit, das läutet, wenn man gerade in Gedanken bei sich ist. Oder man nützt die Zeit des Wartens, zum Beispiel auf öffentliche Verkehrsmittel, um schnell noch etliche Anrufe zu erledigen. In der Vor-Handy-Ära hat man diese Zeit anders nützen müssen. Man hat natürlich auch mit jemandem plaudern können, aber man hat, wenn man alleine war, sich mit sich selbst beschäftigen müssen, zwangsläufig.

NÖLAK: *Die meisten haben Zeitung gelesen.*

SKOLEK: Ja, das ist auch eine Beschäftigung mit etwas draußen. Es lenkt aber nicht so permanent und allgegenwärtig ab, wie es zum Beispiel das Handy tut. Oder die Computerspiele, bei den Kindern und Jugendlichen, die ja kaum ein paar Minuten wartend, nichtstuend verbringen können, sondern bei jeder Gelegenheit ihre Computerspiele spielen müssen. Kinder wollen aktiv sein. Wenn sie kein Handy haben, hüpfen sie z. B. umher. Dabei sind sie mit sich selbst beschäftigt, mit dem Ausprobieren dessen, was die Beine schon können, was der Körper schon kann. Jetzt machen viele Kinder zu wenig Bewegung, weil sie beim Computer sitzen oder mit dem Handy spielen. Sie sind fasziniert von dieser virtuellen Welt und diese lenkt sie, denke ich, von sich selbst ab. Von der Pädagogik kommt auch sehr wenig, um Introversion zu fördern. In unserer Gesellschaft sind Ruhe- und Wartezeiten möglichst zu reduzieren, es will niemand warten, Zeit vergeuden, man ist ungeduldig. In anderen Gesellschaften gibt es eine Kultur des Wartens und der Ruhe.

NÖLAK: *Großbritannien, Schlange stehen …*

SKOLEK: Oder bei Naturvölkern. Man kann dem Warten auch etwas Positives abgewinnen, das wäre schon ein Rezept. Man könnte diese Zeit des Wartens auch für sich selbst nützen und einmal in sich hineinschauen, in sich hineinhören, reinspüren.

NÖLAK: *Kann man das lernen oder muss man sich das bewusst machen – was ist zu tun? Gibt es Rezepte?*

SKOLEK: Also, ich glaube, es ist schon viel getan, wenn es zu einer Umwertung des Wartens kommt. Ich weiß nicht, ob man dazu wirklich viel lernen muss. Es genügt in vielen Fällen, sich einmal klar zu werden: Wartezeit ist Zeit für mich, die ich für mich sinnvoll verwenden kann. Das ist gute Zeit, geschenkte Zeit. Aber wer nützt die wirklich, außer z. B. für das Handygespräch, das man noch schnell unterbringen will.

NÖLAK: *Wenn ich sozusagen ein Leben lang gewöhnt bin, mich zu ärgern, dass mir der Zug davon gefahren ist, wie mache ich mir schmackhaft, dass es nicht schlecht ist?*

SKOLEK: Ich müsste zu der Einsicht kommen können, dass ich für mich Zeit brauche, dass Introversion sein muss, dass ich für meine Gesundheit, für meine Seelenhygiene, für mein Wohlbefinden Zeit brauche, wo ich meinen Gedanken, meinen Gefühlen nachhängen kann. Situationen, die ich vor kurzem oder im Laufe des Tages erlebt habe, könnten wieder hochkommen, schöne, angenehme oder unangenehme Situationen. Indem ich mich mit diesen beschäftige, kann ich sie ordnen, bearbeiten und „erledigen".

NÖLAK: *Hängt das auch mit Tagträumerei zusammen, jetzt nicht negativ besetzt, wenn man den Phantasien freien Lauf lässt?*

SKOLEK: Ja. Wenn ich mir Zeit nehme und in mich hineinschaue, hineinspüre und hineinhöre, dann entdecke ich, dass ich ununterbrochen Vorstellungen, Bilder und Gefühle habe. Die sind immer vorhanden, nur merkt man es nicht, wenn die Aufmerksamkeit nach außen gerichtet ist. Wir sind ununterbrochen Bildern, Erinnerungen oder symbolischen Bildern ausgesetzt, die mit den Dingen, die uns aktuell gerade emotional beschäftigen, in Verbindung stehen. Wenn ich keine Zeit dafür habe, kann ich nicht reinschauen, kann ich sie nicht sehen. Das, was nicht erledigt wurde, mit dem Chef, mit dem Partner, mit den Kindern, diese kränkenden Situationen, sacken ins Unbewusste ab. Von dort aus können sie eine sehr negative, zerstörerische Wirkung entfalten. Man wird z. B. deprimiert oder misslaunig, man ist verärgert, ohne zu wissen warum, ohne die Zusammenhänge zu erkennen – man braucht Zeit zum Aufarbeiten. Aber ich kann etwas nur dann aufarbeiten, wenn ich es zuerst einmal überhaupt wahrgenommen habe. Natürlich ist der Bewusstseinsgrad der einzelnen Menschen auch vom Alter abhängig und sehr unterschiedlich. Manche spüren sich nicht und wissen von sich tatsächlich fast nichts. Andererseits ist es überheblich zu glauben, man wisse erschöpfend über sich Bescheid. Es ist schwer zu akzeptieren, dass der Mensch nicht Herr im eigenen Haus ist. Sie wissen wahrscheinlich, wann Sie sich über Ihren Chef geärgert haben, aber wissen Sie auch wirklich, warum Sie Ihren Beruf ergriffen haben, warum Ihnen jemand sympathisch oder unsympathisch ist, warum Sie sich in Ihre Frau verliebt haben und nicht in eine andere? Warum Sie heute früh übel gelaunt aufgestanden sind? Sie werden wahrscheinlich das eine oder andere sagen können. Aber ob Sie es wirklich erschöpfend wissen, wage ich zu bezweifeln.

NÖLAK: *Einige Ihrer Fragen könnte ich schon beantworten.*

SKOLEK: Ja sicher. Also Sie sind wahrscheinlich ein Mensch, der reflektiert, der schon ein entsprechendes Alter hat, dem es auch von der familiären Situation her ermöglicht wurde.

NÖLAK: *Die Zeit des Wartens sollte also positiv besetzt werden bzw. man sollte sich einen täglichen Zeitraum freispielen, in dem man sich nur mit sich selbst beschäftigt. Wenn man sich aber die meis-*

ten Menschen anschaut, so erwecken diese den Eindruck, dass sie es gar nicht mehr können. Sind diese Menschen – schlicht gesagt – so hohl und leer oder ist das auch eine Frage des Lernens?

Skolek: Erstens geht es um gesellschaftliche Werte. Wenn es wertlos ist oder sogar verpönt, sich mit sich selbst zu beschäftigen, na, dann werden es die meisten auch nicht tun. Aber es ist sicher auch eine Frage des Lernens. In der Kindheit müsste auch ein entsprechendes Visavis da gewesen sein, damit man lernen konnte, sich selbst wahrzunehmen. Das Symbol vom Spiegel: Sich im Spiegel der Bezugsperson sehen können, Rückmeldungen bekommen, Worte für das bekommen, was in einem vorgeht, Gefühle zugelassen bekommen und benannt bekommen. Ich kann mich gut erinnern, als mein älterer Sohn noch ganz klein war, wie ich ihm bei entsprechendem Anlass zum ersten Mal gesagt habe: „Ich glaube, du bist jetzt traurig." Er hat dann begonnen, mit diesem Wort zu experimentieren. Er hat versucht, dieses Wort seinen eigenen Gefühlszuständen zuzuordnen. Er hat dann z. B., wenn er ärgerlich war, gefragt: „Bin ich jetzt traurig?" Da musste ich ihm antworten: „Nein, du bist jetzt ärgerlich." Das setzt natürlich auch voraus, dass man sich einfühlen kann in ein Kind. Neben dem Zulassen und Aushalten von den Emotionen des Kindes ist das Sich-Hineinversetzen können in einen anderen eine weitere Voraussetzung von Bezugspersonen dafür, dass ein Kind einen guten Zugang zu sich selbst bekommt. Nicht nur dass es später seine Emotionen auch benennen kann, sondern überhaupt diese einmal wahrnehmen darf, Aufmerksamkeit dafür bekommt. Das können manche Menschen nicht oder nur sehr schlecht. Außerdem, wenn Eltern oder Lehrer ein Kind, das in sich selbst versunken ist, ansprechen und es reagiert nicht, kommen oft Vorwürfe und Ermahnungen: „Du hörst mir schon wieder nicht zu!", „Schaust du schon wieder ins Narrenkastl?". Daraus könnte man auch ein Rezept ableiten. Die Kinder in Ruhe lassen, dass sie in ihrer Welt sein können. Sie können nicht immer nur auf Abruf zur Verfügung stehen und stets hören, was die Eltern sagen. Sie müssen einmal auch bei sich sein dürfen. Wenn Kinder fünf Stunden in der Schule sitzen, können sie nicht fünf Stunden aufmerksam sein, auch wenn die Lehrer super sein sollten, das geht nicht. Kinder müssen auch bei sich sein dürfen und müssen spüren können, wenn sie auf etwas „anspringen", das sie bewegt, sie emotional betroffen macht. Bei emotionaler Berührung muss man sich mit sich selbst beschäftigen dürfen, man schaut automatisch nach innen. Das ist der Punkt, wo man z. B. aussteigt aus einer Kommunikation. Das fordert die Seele ein. Aber Kinder werden oft ermahnt, wenn sie nicht aufpassen oder ins Narrenkastl schauen. Lasst die Kinder ins Narrenkastl schauen, Gott sei Dank sind sie bei sich.

Introversion ist auch in Zusammenhang mit dem Körper interessant. Wenn ich denke, bis vor kurzem hat es in der Schule noch das Unterrichtsfach „Leibeserziehung" gegeben, Jahrzehnte lang oder noch länger, ein grausliches Wort. Der Leib wird erzogen, wozu, in welche Richtung wird er denn erzogen? Zum gesellschaftlichen Wert der Leistung, des Siegens, weiter Springens, schneller Laufens? Es geht nicht um ein neugieriges, lustvolles Sich-Zuwenden zum Körper, um ihn zu entdecken. Wie spürt er sich denn an, wie fühlt er sich an, wenn er sich bewegt, wenn er da sitzt, wenn er da liegt – Introversion diesmal als Aufmerksamkeit auf den eigenen Körper. Ich wundere mich immer wieder, dass die Krankenkassen Irrsinnsbeträge für Krankheiten zahlen, die mit Bewegungsmangel und Haltungsfehlern zu tun haben. Ich kann mich nicht erinnern, dass mich irgendwer in meinem Leben jemals aufgefordert hätte, die Augen zu schließen, in mich hineinzuspüren, wie ich sitze, wie sich mein Rücken anfühlt. In anderen Kulturen ist das durchaus anders. Ich habe lange Yoga gemacht. Bei einem Zen-Seminar fragte uns der Zen-Lehrer: „Wie geht es deiner kleinen linken Zehe?“ Als gelernter Europäer sagt man „Was?“ und fühlt sich möglicherweise gefrotzelt. Die Frage war aber durchaus ernst gemeint. „Wie geht es der linken kleinen Zehe?“ Ich könnte, wenn ich mich lange genug damit beschäftigen würde, die Zehen auch einzeln bewegen. Tut man nicht, die Zehen sind ziemlich tot da unten, im Gefängnis der Schuhe. Man geht nicht mehr bloßfüßig, man hat sie nicht durchlebt. Und so sind andere Körperteile, andere Muskelpartien auch weitgehend „tot“. Man spürt gar nicht mehr, wie sie sich anfühlen, ob sie verspannt oder wohlig entspannt sind. Man spürt sie erst dann, wenn der große Schmerz kommt und wenn man ins Spital oder zum Arzt muss. Das kostet uns wahnsinnig viel Geld und nicht nur Geld, sondern auch sehr viel Lebensqualität. Man könnte die Leibeserziehung und die Schule auch dazu verwenden, um dieses „Wie geht es meinem Körper?“ zu lehren. Also da fehlt Introversion, auf Kosten der Lebensqualität. Es wäre sinnvoll, von klein auf zu spüren, was man braucht. Auch beim Essen. Man kann schon spüren, was man braucht. Wenn ich die Augen schließe und in mich reinspüre, mir vorstelle, jetzt esse ich Pizza, jetzt esse ich ein Schnitzel, jetzt esse ich Salat, da klingt was an, der Körper meldet etwas zurück: „Nein, mag ich jetzt nicht, täte mir nicht gut.“ Durch die Introversion komme ich ins Gespräch, in Dialog mit meinem Körper und der gibt mir Antwort. Das wäre ein Rezept für die Schulen, auch für die Eltern.

NÖLAK: *Ich kann mich an meine Vorlesungen erinnern, da hat es immer geheißen, Extravertierte brauchen viel Information von außen, weil sie innen „leerer“ seien, während Introvertierte weniger Information bräuchten, sie machen aus der Information sehr viel mehr. Stimmt dieses Konzept mit der Information?*

SKOLEK: Ich möchte einen anderen Schwerpunkt setzen: Der Mensch ist ein soziales Wesen und ohne die anderen Menschen gibt es keine Entwicklung, gibt es kein Wachsen. Wir brauchen den anderen und das Leben „draußen“. Introversion darf man nicht so verstehen, dass die Menschen als Einsiedler leben sollten, um Gottes willen, es geht um das Gleichgewicht von Intro- und Extraversion, um das richtige Maß. Wenn wir uns jetzt der Introversion zuwenden, dann deswegen, weil aus meiner Sicht das Gleichgewicht gestört ist. Nicht, weil Extraversion schlecht wäre oder der Extravertierte innen leer wäre.

Ich möchte das später am Beispiel der Adventzeit erklären. Aber nun zuerst zum Introvertierten: Als jemand, der auch seine Introversion lebt, hat man das Bedürfnis, das Gesehene, Gehörte, zum Beispiel ein Theaterstück, zu reflektieren, auch emotional zu verarbeiten. Ich muss, das drängt sich mir fast auf, ich muss mich damit beschäftigen. Da klingt z. B. von meinem bisherigen Leben etwas an, da gibt es vielleicht Berührungspunkte mit meiner Biographie. Jetzt kommt es hoch, jetzt muss ich mich damit beschäftigen, außer ich habe keine Zeit dafür, man lässt mich nicht oder irgendetwas aus dem Unbewussten hindert mich. Oder ich habe es nie gelernt. Ich muss mir nicht am Mittwoch von 20 bis 21 Uhr eine Stunde Zeit dafür nehmen, sondern jetzt überfällt es mich, beim Heimfahren nach dem Theater, und jetzt muss ich mich damit beschäftigen.

NÖLAK: *Das heißt, z.B. Kulturkritik ist eigentlich ein Ergebnis der Extraversion in der Gesellschaft, weil mir wer sagen muss, wie es gefallen hat. Das ist für mich ein Armutszeugnis.*

SKOLEK: Ja, das kann ein Armutszeugnis sein.

NÖLAK: *Das gilt für alle Kritikformen?*

SKOLEK: Ich würde z. B. Theaterkritik als Anregung nehmen für meine Entscheidung, ob ich mir ein Stück anschauen soll. Aber es ist mir bewusst, dass es sich bei der Kritik um die persönliche Meinung des Kritikers handelt und ich diese möglicherweise gar nicht teile. Wenn ich mir mehrere Kritiker anhöre oder anlese, dann kriege ich schon einen übersichtlichen Eindruck, ob es sich lohnt, in diese Aufführung zu gehen. Aber dann möchte ich mir schon mein eigenes Bild machen.

NÖLAK: *Ich meine, das geht vom Theater inzwischen in viele Bereiche. Von einem Restaurant, in dem mir das Essen schmecken muss, über ein Auto, das mir gefallen muss etc.*

SKOLEK: Werbung, Druck der Mode, Dazugehören-Wollen usw. Da fallen mir noch zwei Punkte dazu ein. Der erste Punkt, dass die meisten Menschen nicht von sich selbst sprechen, wenn sie Urteile abgeben, sondern verabsolutieren. Die sagen nicht: „Mir hat das Lokal dort getaugt", sondern sie sagen: „Das Lokal ist gut". Die sagen nicht: „Mir hat es geschmeckt", sondern: „Das Essen ist gut". Es wird verobjektiviert und verabsolutiert. Und das ist eigenartig.

NÖLAK: *Sind wir immer noch so unsicher, dass man sich nicht traut zu sagen, was dem anderen missfallen könnte.*

SKOLEK: Das würde voraussetzen, dass die Menschen sich auch relativieren können. Es macht offenbar nicht nur große Schwierigkeiten, zu seiner Meinung zu stehen, sondern auch diese Meinung und sich selbst zu relativieren. Nur so nebenbei, wie soll Demokratie funktionieren, wenn das nicht funktioniert, dass der andere einen anderen Geschmack, eine andere Meinung, andere Interessen haben darf als ich?

NÖLAK: *Das ist aber nicht das Hauptproblem der Demokratie.*

SKOLEK: Aber es ist eine der wesentlichen psychischen Voraussetzungen, ohne die Demokratie nicht wirklich funktionieren kann.

NÖLAK: *Allerdings darf ich natürlich für meinen Geschmack werben und kann sagen: Geht in das Lokal, das ist meiner Meinung nach gut. Hoffentlich finden das andere auch.*

SKOLEK: Natürlich. Ich darf eine Partei gründen, ich darf einer Partei angehören, für sie werben. Partei heißt aber „pars", sie ist ein Teil des Ganzen. Wenn mir bewusst wird, dass sie nur ein Teil des Ganzen ist, dass andere Teile aber auch zum Ganzen gehören, dann ist alles o.k. Bin ich so fair, dass ich dem anderen die gleiche Wertschätzung zukommen lassen kann wie mir selbst? Bin ich so konfliktfähig, dass ich Kompromisse aushandeln kann? Kompromisse kommen aber erst nachher. Zuerst kommt einmal dieses „Du darfst so sein, wie du bist" und „Du darfst andere Interessen vertreten". Aber wo findet man diese Einstellung z. B. in der politischen Auseinandersetzung? Ich vermisse das sehr. Das, was die anderen tun, ist grundsätzlich blöd und schlecht. Ich habe diesbezüglich ein Herzensanliegen, weil ich allergisch bin auf alle religiös oder politisch verordnete Toleranzen. „Ihr müsst tolerant sein!", das ist so wie „Du darfst nicht depressiv sein!" oder „Du musst lustig sein!". Weil hinter Intoleranz oder Toleranz stehen ganze Welten und verbirgt sich auch das Unbewusste. Es funktioniert nicht, dass wir tolerant sein müssen. Das ist so wie damals, als die Sexualität nicht sein sollte oder nur in der Ehe. Na, hat es funktioniert? Oder „Du darfst nicht lügen!", na, hat es funktioniert? Da steht also ein Ich-Ideal als gesellschaftlich Wertvolles im Raum, dem man nachstreben soll. Aber Toleranz ist nicht eine Sache des einfach nur Nachstrebens und Tuns und Bestraftwerdens, wenn man es nicht tut, sondern in Sachen Toleranz ist der ganze Mensch gefragt. Die verordnete Toleranz funktioniert dann nicht, wenn eigene Seelenanteile, die nicht gelebt werden dürfen, die nicht sein dürfen, im Spiel sind. Dann muss ich intolerant sein. Ich muss dem anderen gegenüber so intolerant sein, wie man mir gegenüber war, oder wie ich mir gegenüber selbst bin. Ich darf z. B. nicht faul sein und daher werde ich emotional und ganz wild gegen alle, die möglicherweise faul sind. Ich sage „möglicherweise", weil die angeblich Faulen es oft gar nicht sind. Wir können das Beispiel von den Arbeitslosen einbringen. Unter ihnen gibt es Faule und es gibt auch Sozialmissbrauch, aber die überwiegende Anzahl der Menschen will arbeiten, um Geld zu verdienen, als Lebenssinn und für ihren Selbstwert. Wenn jetzt jemand sagt, die Arbeitslosen sind alle Gfraster, die sind alle faul, dann wäre das für mich so ein Beispiel, wo der eigene seelische Anteil ins Spiel kommt. Diese Intoleranz der eigenen Faulheit gegenüber verursacht die Projektion der Faulheit auf die Arbeitslosen. Die Arbeitslosen werden verallgemeinernd als faul bezeichnet und bekämpft. Es gibt ein Rezept: Immer wenn ich sehr emotional auf andere reagiere, müsste ich mich fragen, was das mit mir zu tun hat. Und da wäre ein Stück Introversion gefragt, auch im Sinne der Toleranz. Was kann ich nicht zulassen, was haben meine Eltern und Lehrer mich nicht gelassen und was finde ich an anderen Menschen schlecht? Es würde unserem Zusammenleben sehr gut tun, wenn es weniger Vorurteile und Pauschalierungen gäbe, mit denen leider auch zu oft Politik gemacht wird. Wenn jemand seine introvertierte Seite lebt, sich kennt und vor allem sich selbst auch mit seinen Schattenseiten ganz und gar akzeptiert, dann lässt er sich nicht manipulieren in einer schwarz-weißen Politik. Ich kann mich an den Tod des Schubhäftlings Omofuma erinnern. Damals gab es viele, die die Todesumstände differenziert gesehen haben. Es hat aber auch zwei viel lautstärkere, sehr emotionale Gruppen gegeben. Die eine Gruppe hat zum Tod des farbigen Schubhäftlings gemeint: „Macht nichts, weil die Neger sind eh alle Dealer, sind eh Verbrecher!"

NÖLAK: *Die Statistik lautete, dass von den 100 in Österreich lebenden Ghanesen nachweislich 10 Dealer sind.*

SKOLEK: Das ist ein hoher Prozentsatz, aber 90 % sind keine Dealer. Also, es kam zu einer Verallgemeinerung und zu einer Verzerrung der Wahrnehmung. Es trifft sicherlich nicht zu, dass jeder Schwarze ein Verbrecher ist. Irrationale Ängste sind da mit im Spiel. Auf der anderen Seite gab es die Reaktion: „Die Polizisten sind alle Schläger, Sadisten, und denen hat es Spaß gemacht!" Das ist genauso wieder ein Vorurteil und eine Pauschalierung. Es gibt überall schwarze Schafe, aber sind alle Schafe schwarz? Die Frage für die Polizistengegner müsste lauten: „Wie stehe ich persönlich zur Autorität, zur Kontrolle, zu Gesetz, zu Polizei, sehe ich das nur negativ oder auch positiv? Das alles gehört mitverarbeitet, um zu einer differenzierten Betrachtungsweise zu gelangen. Und dann müsste ich zum Schluss kommen, dass nicht alle Schwarzen Verbrecher und nicht alle Polizisten Sadisten sind, und dass zwischen schwarz und weiß viele Grautöne liegen. Was mich stört, ist, dass Politik, jetzt z. B. repräsentiert durch Präsident Bush, und islamischen Fundamentalisten auf der Gegenseite, aber auch unsere Innenpolitik oft polemisierend, schwarz-weiß ausgelegt wird. Und für mich wäre die Introversion ein Stück Hilfe zur Immunisierung gegen die Infektion durch solche Politiker und so eine Politik. Also die Innenschau ist eine Voraussetzung dafür, dass ich nicht Spielball der Polemiker werden kann, sondern meine durch die Polemik hervorgerufene Emotion wahrnehmen kann und hinterfrage.

NÖLAK: *Und was macht man dann damit, wenn man dahinter kommt, warum man mit etwas Bestimmtem ein Problem hat?*

SKOLEK: Da sind wir wieder beim Thema Psychotherapie. Ich brauche ein Visavis, das mir erlaubt, meine dunkle Seite, meine negativen Emotionen, wie Neid, Hass, Rache, Mordphantasien anzunehmen, ein Visavis, das mich nicht verurteilt, das Verständnis dafür hat, sodass ich die abgespaltenen Teile integrieren und verstehen kann. Ich kann sie zurückholen, ich muss sie nicht länger draußen suchen bei den anderen, sondern ich entdecke sie bei mir. Und das geht meist nicht ohne ein gewährendes verständnisvolles Visavis, die Psychotherapeuten. Das Umfeld, die Freunde, die Eltern und so weiter, ermöglichen das oft nicht. Die verurteilen genauso, wie sie es immer gemacht haben. In der Psychotherapie darf ich einsehen, dass ich nicht so ein guter Mensch bin, wie ich es geglaubt habe, und dann geht es natürlich weiter. Wie kann ich das Negative verarbeiten? Wie kann ich z. B. meine Mordswut lebbar machen, ohne dass ich wirklich jemandem Schaden zufüge und im Kittchen lande? Ich lerne dann, was ich eingangs gesagt habe, irgendwann einmal für meine dunkle Seite Verantwortung zu übernehmen. Das geht meistens nicht ohne Hilfe.

NÖLAK: *Ist Introversion in jedem Lebensabschnitt gleich wichtig?*

Skolek: Die Introversion wird mit zunehmendem Alter wichtiger. Ich finde es schlimm, dass das Alter in unserer Kultur einen schlechten Stellenwert hat. Zum ersten Mal in der Geschichte der Menschheit hat das Alter einen schlechten Stellenwert. Es sind nur Jugend, Wachstum, jugendliche Kraft und Schönheit gefragt, obwohl immer mehr Menschen alt werden. Viele Alte tun mit dem Trend mit, tun so, also ob sie noch jung wären. 70-Jährige versuchen, sich teenagerartig zu benehmen. Damit kommen in unsere Überlegungen auch die Biologie, die Lebensphasen und Lebensrhythmen. Man kann nicht gegen sich selbst leben. Ich muss auch zulassen können, dass ich alt werde, dass ich Beschränkungen habe, zunehmend beschränkter werde und einmal sterben muss. Sterben ist überhaupt ein Tabu, vielleicht das größte Tabuthema unserer Zeit. Es ist nicht mehr die Sexualität. Es sind Grenzen, Tod, Siechtum, Behinderung. Mit dem will man nichts zu tun haben, aber das gehört ebenso zur Introversion, weil mit einem Blick nach innen muss ich entdecken, dass sich etwas verändert hat, dass meine Leistungsfähigkeit abnimmt und, und, und. Das Alter hat aber auch Vorteile: Bei entsprechender Introversion kann das bisherige Erleben in einer Art Innenschau überblickt, Zusammenhänge und Gesetzmäßigkeiten entdeckt werden. Mit der Gelassenheit des Alters könnten diese Erfahrungen und Einsichten auch weitergegeben werden. Durch rasche Fortschritte in der Technologie und rasante Veränderungen in unserem Leben können wir unseren Kindern und Enkelkindern in vielen Berufen nicht mehr Ratgeber sein, was früher der Fall war. Aber was die Seele betrifft schon, die seelischen Gesetze haben sich nicht verändert. Was Konflikte betrifft, das Auskommen der Menschen miteinander, Partnerschaft, Ehe, Reifung, Entwicklung, das ist gleich geblieben. Da hätten die Alten eine wichtige gesellschaftliche Aufgabe und sie sollten sich auch dessen bewusst sein.

Zum Verlust der Introversion in unserer Gesellschaft möchte ich das vorhin angekündigte Beispiel bringen: Die Adventzeit. Die Adventzeit war einst die stillste Zeit des Jahres, christlich ausgedrückt, die Vorbereitung auf Christi Geburt. Von der Jahreszeit her ist der Winter die Jahreszeit der Introversion, die Natur geht in sich, die Blätter von den Bäumen sind abgefallen, die Säfte aus den Pflanzen haben sich zurückgezogen in das Innere. Die Menschen hatten früher im Winter sehr viel Zeit, es war lange finster, man hatte noch kein elektrisches Licht, noch keine ausreichende Heizung. Es war die Zeit der Introversion, die die Natur vorgegeben hatte. Jetzt besitzen wir künstliches Licht, Fernwärme und Zentralheizung. Wir haben den Winter zwar noch draußen, aber wir erleben ihn nicht mehr, weil wir in unseren Räumen drinnen sind. Es war eine stille Zeit, eine Zeit der Entbehrungen, die härteste Zeit des Jahres. Die Lebensmittelvorräte gingen oft zur Neige, es war kalt, die Menschen haben gefroren, gehungert und gelitten und dann, nach der längsten Nacht, verbunden mit dem Wieder-länger-Werden des Tages: Das Weihnachtsfest Lichterfest, Hoffnung. Hoffnung auf Licht, Wärme, Frühling. Es ist kein Zufall, dass die christliche Hoffnung, symbolisiert in der Geburt Christi, zusammenfällt mit dem Zeitpunkt im Jahr, wo die Tage beginnen wieder länger zu werden und wo das neue Leben des Frühlings erahnbar wird. Die besinnlichste Zeit des Jahres wurde aber allmählich umfunktioniert zu der hektischsten Zeit des Jahres: einkaufen, Geschenke besorgen, Stress. Nichts mehr von Introversion, von Ruhe und Besinnlichkeit. Der schenkgestresste Weihnachtsmann hat das Christkind verdrängt. Als die Menschen noch natürlich lebten, wirkten die Jahreszeiten noch viel unmittelbarer auf die Seele ein als heute. Nach dem Winter ergriff das Wiedererwachen der Natur und des Lichtes im Frühling die Menschen mit unbändiger Freude und ließ sie gerade zu Beginn dieser Jahreszeit – und das ist sicher kein Zufall – das Osterfest feiern: Die Wiederauferstehung Christi als Überwindung des Todes und als Neubeginn. Ebenso zwang der November die Menschen am Ende der Vegetationsperiode zu Einkehr und Besinnlichkeit: Mit dem Tod der Blätter, die von den Bäumen fielen, musste man fast zwangsläufig der Toten gedenken und sich zu „Allerseelen" Anfang November mit der eigenen Sterblichkeit beschäftigen. Die Jahreszeit der Besinnlichkeit und Stille begann.

Heute regiert die Hektik. Früher sind wir zu Fuß gegangen, hatten Gelegenheit, die Umgebung in Ruhe wahrzunehmen, den Wind in unserem Haar zu spüren, die eingeatmete Luft wie sie in unsere Brust strömt, den Duft von Wiesen und Blumen, den Gesang der Vögel – und unsere damit verbundenen Gefühle. Heute bolzen wir auf der Autobahn dahin, den Blick gebannt auf die Fahrbahn gerichtet. Früher sind wir im Pferdewagen gefahren, langsam, haben Heu geholt und dabei auch mit der Seele gebaumelt. Und jetzt fährt man schnell mit dem Traktor.

NÖLAK: *So nach dem Motto: „Hoch auf dem gelben Wagen, sitz' ich beim Schwager vorn".*

SKOLEK: Es herrschte ein anderer, ein von der Natur bestimmter Rhythmus und es gab Zeit für Besinnliches und Kontemplatives. Mit der Nacht kam die Finsternis und damit musste die Arbeit ruhen. Und heute – mit dem elektrischen Licht – hat der Mensch die Nacht zum Tag gemacht. Er kann in der Nacht weiterarbeiten oder sich der Extraversion des Fernsehens hingeben.

Zusammenfassend wünsche ich uns einen Lebensstil, der geprägt ist von einer Verlangsamung unseres Lebenstempos, von mehr Einklang mit der Natur und mehr Besinnlichkeit, Selbstbesinnung und Introversion.

Im Zeichen der Burenwurst (ad H. C. Artmann)

„Das Schöne beim Essen und Trinken ist, man kann es nicht delegieren, man muss es mehrfach täglich tun – solange man lebt, isst und trinkt man."

Hanni Rützler

Hanni Rützler ist Ernährungswissenschaftlerin und Gesundheitspsychologin

NÖLAK: *Stichwort „Ernährung und Lebensstil". Manche Menschen machen aus Essen und Trinken eine Ersatzreligion und ernähren sich extrem bewusst, aber der Großteil von uns ist zu dick. Der scheinbare Genuss ist das Ziel, und weil wir – glücklicherweise – alles zur Verfügung haben und an keinem Mangel mehr leiden müssen, schmeckt uns auch noch der dritte Schweinsbraten innerhalb kurzer Zeit „sooo" gut. Müssten wir uns kasteien oder ist diese „Überfülle" in Ordnung? Wie sehen Sie dieses Spannungsfeld?*

RÜTZLER: Also für mich ist Essen und Trinken ein ganz zentraler Teil des Lebens. Das Schöne beim Essen und Trinken ist, man kann es nicht delegieren, man muss es mehrfach täglich tun – solange man lebt, isst und trinkt man. Man muss Sport nicht selbst ausüben und kann ihn sich anschauen, aber essen, das kann man nicht delegieren. Das finde ich einen ganz zentralen Punkt. Und natürlich hat jeder seine Essgeschichte – jeder ist sein eigener Essprofi. Diese mehrfache Mahlzeitengestaltung und die Eckdaten unserer Esskultur bzw. Esskulturen bieten mehrmals am Tag die Möglichkeit, auch etwas für sich zu tun und da geht es nicht nur um Gesundheit, obwohl das natürlich ein zunehmend wichtiges Thema wird, sondern es geht natürlich auch um Kultur, das ist verständlicherweise ein starkes soziales identitätsbildendes Element. Man kann jede Mahlzeit nützen, um etwas für sich zu tun zum Thema Lebensfreude, zum Thema Genuss und zum Thema Gesundheit. Und für mich ist dieses Spannungsfeld Genuss und Gesundheit eigentlich mehr eine Synergie als ein Problem. Also dahingehend teile ich ihre Einschätzung nicht ganz, dass der schöne Waldviertler Schweinsbraten und der Knödel ein Problem ist – ich bin gerne und viel in Niederösterreich, mich können sie auch gerne nach dem besten Schweinsbraten fragen, aber ich denke mir, das Thema heutzutage ist wirklich, dass wir erst seit sehr kurzer Zeit im Lebensmittelüberfluss leben. Meine Generation plus minus ist im Lebensmittelüberfluss aufgewachsen. Und dahingehend ging es uns noch nie so gut wie heute und ich glaube, das ist der große Wandel und die große Herausforderung an unsere Esskulturen, das Essen zu lernen. Und ich denke mir, hier fehlt es bei uns noch an vielfältigen Antworten zum Thema „Wie ernähre ich mich im Lebensmittelüberfluss?"

NÖLAK: *Der Schweinsbraten als Symbol?*

RÜTZLER: Das ist ein starkes Symbol. Wissen Sie, gerade bei der Ernährung ist das so eine Sache mit den Symbolen! Mir geht es oft so, wenn ich sage, ich bin Ernährungswissenschaftlerin, dann werde ich sofort mit Diät assoziiert – das ist eine Phantasie, die die Ernährungswissenschaft zum Beispiel gerne auslöst. Viele haben bei diesen Symbolworten sofort das Gefühl, stimmt es mit meinem Gewicht, eigentlich müsste ich mich kasteien und verzichten. Und ich denke mir, das kann nicht die Antwort sein in Zeiten des Lebensmittelüberflusses. Da geht es nicht darum, dem Genuss den Kampf anzusagen, sondern ganz im Gegenteil, ich glaube, man muss den Genuss fördern, weil ein bewusster Genuss eigentlich auch die Sinne schult und kritischer macht. Dann wird man auch wählerischer, und das wäre für mich zum Beispiel so ein neuer Schlüssel, der Schlüssel zum kritischen Essen. Ich glaube, im Überfluss muss man lernen, kritischer zu wählen, bewusster zu wählen.

NÖLAK: *Das heißt, Sie müssten eigentlich eine erbitterte Gegnerin jeglicher Fast-Food-Kultur sein?!*

RÜTZLER: Fast-Food, Slow-Food sind natürlich die beiden Eckpfeiler, sie sind beide in unserer Gesellschaft sehr stark präsent. Ich sehe mich da nicht als Gegnerin.

NÖLAK: *Nein?*

RÜTZLER: Nein. Ich denke mir, das sind für mich einfach gesellschaftliche Entwicklungen, die jetzt noch dazukommen. Also das Eine ist einfach, wir müssen lernen, mit Lebensmittelüberfluss zu leben und wir haben ein zunehmend wachsendes Übergewichtsproblem. Wir haben noch nicht gelernt, in diesem Überfluss die richtige Dosis zu finden. Und damit einhergehen die entsprechenden Zivilisationskrankheiten. Das ist Punkt eins. Punkt zwei ist, wir werden immer älter, die Haushalte werden immer kleiner, die Arbeitsbedingungen haben sich rasant verändert, über die Hälfte der Österreicher sprechen von einem sehr unregelmäßigen Arbeitsrhythmus, das geht immer einher mit einer sehr unregelmäßigen Mahlzeiten-Gestaltung. Wenn ich es an einem Beispiel aufhängen darf: Früher war das Mittagessen wirklich so ein markanter Punkt, der den Arbeitstag halbiert hat, das ist traditionell unsere Hauptmahlzeit, die war sozusagen auch mit Vorspeise, Hauptspeise, Nachspeise dementsprechend markiert und war für praktisch alle, für große Teile der Bevölkerung die wichtigste Mahlzeit. Im städtischen Raum ist das Mittagessen heute deutlich weniger häufig die Hauptmahlzeit, wir wandern da immer mehr in Richtung Abend, das Mittagessen wird immer flexibler. Viele sagen, ich kann nicht mehr drei Gänge essen, da kann ich nicht mehr arbeiten, d. h. die Esskulturen und die Rahmenbedingungen verändern sich rasant und deswegen boomen natürlich auch Fast-Food-Anbieter, aber genauso der ganze Bereich der Convenience-Produkte in den Handelsketten. Also dahingehend ist es für mich kein Feindbild, sondern das spiegelt mehr die gesellschaftliche Entwicklung wider. Das ist eine ganz zentrale Frage für mich, die in die Zukunft blickt: Wollen wir noch kochen oder wollen wir kochen lassen? Wenn man jetzt sieht, was in den letzen Jahren alleine in den Regalflächen in Supermärkten zum Thema Convenience-Produkten passiert ist, das hat sich nicht nur verdoppelt, es ist richtiggehend explodiert – und da sind wir erst am Anfang einer Entwicklung. Also wahrscheinlich wird in kaum einem Haushalt mehr ganz ohne Convenience-Produkte gekocht. Das sind für mich Fakten, die man nicht immer willentlich entscheiden kann. Sie essen wahrscheinlich auch sehr häufig auswärts, weil es gar nicht anders möglich ist, mittags zu Hause zu essen – und sozusagen dort jemanden vorzufinden, der noch kocht, das ist sonntags. Wir haben jetzt im Rahmen des Lebensmittelberichtes gerade wieder, zum vierten Mal, einige Eckdaten zum Thema Esskultur erhoben, und es verschieben sich die Eckdaten rasant. Und unter diesen veränderten Bedingungen wird dieser Markt zum Thema „Convenience" weiter wachsen. Als Ernährungswissenschaftlerin versuche ich natürlich einerseits zu schauen, wie man das Fast-Food-Angebot oder das Convenience-Angebot, sprich vorgefertigte, halb oder ganz vorgefertigte Speisen oder Speisenbestandteile, ernährungsphysiologisch optimieren kann. Da ist noch einiges drinnen und einiges möglich. Und auch von den Rezepten her.

NÖLAK: *Ist die Industrie willig?*

RÜTZLER: Immer mehr. Ich verfolge diese Entwicklung jetzt schon relativ lange und ich habe den Eindruck, dass die Kommunikation zwischen den einzelnen Akteuren in der langen Kette der Lebensmittelproduktion bis zum Konsumenten zunehmend besser vernetzt ist. Gerade bei solchen Produkten hat der Konsument häufig ein schlechtes Gewissen, sich ungesund zu ernähren. Dieses Gefühl unterstützt ja auch die Wellnessbewegung und es gibt keine Zeitung, die nicht über gesunde Ernährung schreibt. Als ich angefangen habe, Ernährungswissenschaft zu studieren, war das noch nicht so und es ist auch noch keine Ende abzusehen. Also, ich glaube, genau diese Veränderungen innerhalb der Esskulturen auf vielen Ebenen, zwei haben wir jetzt einmal angesprochen, bringen dieses Ernährungsthema auch so richtig auf den „alltäglichen Tisch", nicht nur in der Zeitung.

NÖLAK: *Sie haben vorhin gesagt, das Ziel sei „Erziehung im Überfluss zum bewussten Genuss". Wie stehen Sie zur Strömung des Functional-Food, also Nahrung, die zum Genuss zusätzlich noch eine Funktion – Medikamenten-Ersatz, Leistungssteigerung etc. – bieten muss? Ist das nicht zu viel des Guten?*

RÜTZLER: Es ist eine komplexe Fragestellung in Zeiten der Verdichtung, wo es gilt, mehrere Sachen zunehmend parallel zu machen … also nur eine Zeitung zu lesen und dabei praktisch innerhalb von zwei Stunden einen Kaffee zu trinken, die Zeiten sind großteils nicht mehr gegeben. Das sieht man ja auch an der Mobilität der Arbeit. Man kann überall telefonieren, mit dem kleinen Laptop überall arbeiten, man wird immer mobiler. Das ist eine enorme Verdichtung der Fähigkeiten. Der Arbeitsplatz wird sich ja auch rasant verändern. Also das sind massiv neue Kulturen in diesem Informationszeitalter. Natürlich probiert auch die Nahrungsmittelindustrie hier eine Entsprechung zu finden. Für mich waren das so verschiedene Wellen, die erste große Welle war diese Light-Welle, bei der man versucht hat, Kalorienreduktion zu etablieren. Da sind einige Produkte übrig geblieben, die durchaus schlüssig sind. Da ist das leichtere Bier übriggeblieben, also vom Alkoholgehalt her niedriger, da sind einige Limonaden übrig geblieben, da sind aber auch Marmeladen übriggeblieben, die geschmacklich auf Grund der Reduktionen des Zuckers und Erhöhung des Fruchtanteils gepunktet haben. Dann kam die Welle mit der Vitaminisierung, Mineralisierung, das war der Versuch einer Antwort auf die zum Teil sehr populär geführte Diskussion „Was ist gesunde Ernährung?" und es wurde auch sehr stark die Phantasie – zum Teil zu Unrecht – kommuniziert, dass ein Mehr an Vitaminen ein Mehr an Gesundheit ist. Es wäre schön, wenn es so einfach wäre, aber es ist eine unsachgemäße Reduktion, das war dann die zweite Welle. Und jetzt kommt so eine dritte Phase, Functional-Food. Seit Jahrzehnten sind die Prognosen in diesem Markt riesig, in der Realität ist es so, dass sich wenige Produkte durchgesetzt haben – die größte Innovation waren sicher die probiotischen Joghurts, da ist es aber auch wieder ein bisschen ruhiger geworden.

NÖLAK: *„Ja! Natürlich" und Co.?*

RÜTZLER: „Ja! Natürlich" würde ich nicht dem Functional-Food zuordnen. Das ist eine Handelsmarke, eine neue Produktionslinie ..., also eine relativ neue, die als eine klar definierte biologische Landwirtschaft ausgezeichnet wurde. Das wäre für mich nicht Functional-Food. Functional-Food ist der Versuch, ein Produkt mit einem Zusatznutzen noch attraktiver zu machen – und der Zusatznutzen ist meistens im Gesundheitsbereich zu suchen. Das finde ich nach wie vor einen sehr spannenden Bereich.

NÖLAK: *Und was ist mit der Werbung? „... stärkt ihre Abwehrkräfte", „vom Ministerium untersucht" ...*

RÜTZLER: Das ist jetzt EU-mäßig verboten, da gibt es Gesetzesänderungen.

NÖLAK: *Werden die kleinen Flascherln wieder verschwinden oder werden sie verändert werden?*

RÜTZLER: Die Werbestrategie wird sich verändern, aber ich glaube, die Flascherln könnten überleben, mit Schwächen und Stärken. Aber ich denke mir, im Prinzip ist da noch sehr wohl ein Potenzial für intelligente neue Produkte gegeben. Und ganz spannend finde ich zum Beispiel, dass die Definition von Gesundheit natürlich eine unterschiedliche ist. Wenn ich als Naturwissenschaftlerin, also als Ernährungswissenschaftlerin Gesundheit oder gesunde Ernährung definiere, lege ich andere Maßstäbe an. Wir haben kürzlich im Rahmen einer „Fessel"-Erhebung herauszufinden versucht, was denn die Österreicherinnen und Österreicher unter gesunder Ernährung verstehen ... und das sind natürlich Welten. Das sind große Unterschiede ...

NÖLAK: *Zwischen dem was es ist und dem was ...*

RÜTZLER: Zwischen dem, was die Wissenschaft sagt, was es ist, und was die Konsumenten sagen, was es ist. Das große Problem ist, natürlich habe ich eine große Verantwortung als Wissenschaftlerin, weil ich auch den Blick habe auf die Probleme und Ursachenwirkung, nichtsdestotrotz muss ich natürlich auch die Konsumenten bzw. die unterschiedlichen Zielgruppen ernst nehmen. Und da zeigt sich, es gibt den Durchschnittsösterreicher oder den Durchschnittsniederösterreicher nicht. Es hat ihn so nie gegeben und die Gesellschaft wird noch differenzierter und rutscht noch weiter auseinander. Ich glaube, in Zukunft werden wir hier noch zielgruppenspezifischer vorgehen und aufpassen müssen, dass der Dialog wieder besser wird, dass wir nicht gegeneinander arbeiten. Weil oft habe ich so das Gefühl, die Wissenschaft zieht sich schon oft gerne – wie nennt man das so schön – in den Elfenbeinturm zurück.

NÖLAK: *Inzwischen ist ja bekanntlich die Jagd auf Elefanten verboten, der Elfenbeinturm wird daher immer teurer …*

RÜTZER: An dem wird heftig gesägt. Und natürlich nehmen auch die alternativen Ernährungsformen einen riesigen Markt ein, weil die sozusagen oft viel näher an den Wünschen der Konsumenten sind. Ich glaube, hier gilt es noch stärker einerseits die wissenschaftliche Verantwortung ernst zu nehmen, aber auch den Schritt zu setzen, noch stärker das Wissen zu übersetzen und zu transportieren. Und es hat keinen Sinn, über Eiweiß, Fette, Kohlenhydrate und Vitamine zu sprechen, wenn die Konsumenten über Lebensmittelqualität und warme Mahlzeiten und Kochen diskutieren. Da kommen wir so schnell nicht zusammen.

NÖLAK: *Vor allem, wenn die Leute nicht wissen, was hinter den Begriffen steckt.*

RÜTZLER: Und das mit ihrem Alltag nicht kompatibel ist.

NÖLAK: *Vegetarier, Nicht-Vegetarier, Vegane … Ich darf noch einmal kurz zum Zusammenhang von Essen und „Religion" kommen, wobei ich jetzt nicht die wirklich an Religionen gebundenen Essgebote meine wie im Islam, Judentum etc.*

RÜTZLER: Auch in der katholischen Kirche?

NÖLAK: *Ja!*

RÜTZLER: 80 % des Fischkonsums werden am Freitag gegessen.

NÖLAK: *Interessant. Ist Essen inzwischen ein Merkmal, um sich von einer anderen Gruppe abzuheben, wird es immer mehr eine Art Kampfmaßnahme?*

RÜTZLER: Also Essen und Trinken hat natürlich etwas Identitätsstiftendes, ganz besonders die regionale Esskultur ist etwas sehr Identitätsstiftendes. Das ist natürlich immer was Abgrenzendes gegenüber dem Fremden. Andererseits besteht natürlich das Spannungsfeld genau darin, trotzdem immer wieder Neues zu integrieren. Also, wenn ich mir denke, wie wunderbar es gelungen ist im Waldviertel, den Erdapfel nicht zur zu integrieren, sondern ihn zu einem Teil der Identität zu machen – da ist etwas innovativ weiter entwickelt worden. Da sieht man auch, wie lebendig die verschiedenen Kulturen von einander leben. Sie haben jetzt den Vegetarismus oder auch die Veganer erwähnt. Für mich ist das kein Kampfplatz, aber ich denke, wir haben vorhin schon davon gesprochen, dass unsere Gesellschaft immer vielfältiger wird. Und es gibt auch zunehmend verschiedene Lebensphasen, die ganz massiv beeinflussen, was gegessen wird. In der Phase der Familiengründung sieht man, dass der Anteil an biologischen Produkten meistens deutlich zunimmt. Genauso bei der Pensionierung, das ist auch so eine Lebensphase, in der sich das Essverhalten noch einmal verändert. Dann gibt es sozusagen die Ausbildungsphase, wo ganz andere Aspekte wichtiger sind. Da könnte ich mich jetzt verlieren, das ist ein ganz spannendes Thema. Aber auch, dass junge Leute, auch mit wenig Geld, zunehmend auswärts essen gehen. Als Studentin habe ich mir das noch nicht geleistet. Es hat damals eine andere Funktion gehabt.

NÖLAK: *Zur Not in die Mensa, das war immer billig und viel. So der Ruf.*

RÜTZLER: Ja, und jetzt geht man essen, und das ist auch ein Teil der Selbstinszenierung. Man kann heute sagen: „Man ist, was man isst!", das ist eigentlich sehr populär geworden. Man kann sich damit auch sehr gut gegenüber anderen sozialen Schichten abgrenzen, aber was ich mit großer Neugierde verfolge, sind nicht nur die altersspezifischen Unterschiede, die diese Brüche in unserer Esskultur sehr deutlich zeigen, sondern auch die geschlechtsspezifischen. Unterm Strich kann man sagen, dass die weibliche Ernährungsweise eine gesündere darstellt als die männliche. Andererseits zeigt sich auch, dass die weibliche Ernährungsweise in den höheren sozialen Schichten überdurchschnittlich stark auch bei den Männern zu finden ist, wenn man es jetzt ganz salopp formuliert. Also, das ist zwar noch keine vegetarische, aber eine doch deutlich vegetabilere Ernährungsweise.

NÖLAK: *Es muss nicht täglich Fleisch sein?*

RÜTZLER: Es muss nicht täglich Fleisch sein! Das Essen muss nicht immer schwer sein. Das sind sozusagen jetzt Ernährungsweisen in den höchsten sozialen Schichten, die vor 100 Jahren noch genau das Gegenteil waren. Das, was wir jetzt im Schnitt in der Masse haben, ist eigentlich die reiche Küche von vor vielen Jahrzehnten. Die Trendsetter der gesunden Ernährung sind derzeit wieder in den höchsten sozialen Schichten zu finden.

NÖLAK: *Gut, das hängt mit unserem Überfluss zusammen, weil in dem Moment, in dem sich jeder alles leisten kann, ist Verzichten schon wieder eine Sache, für die ich bereit bin zu zahlen, um mich abzuheben. Und dadurch beginnt es in der oberen sozialen Schicht, es wird sicher im Laufe der …*

RÜTZLER: Glauben sie, dass das mit Verzicht zu tun hat? Das ist eine Sache des Geschmacks.

NÖLAK: *Ich könnte mir schon vorstellen, dass gerade heute Verzicht auch als die Reduktion gegen die Reizüberflutung praktiziert wird. Das ist bei Wohntrends genauso wie beim Essen.*

RÜTZLER: Das ist für mich ein ganz spannender Punkt, weil ich glaube, in unserer Esskultur ging es ganz stark ums Fleisch. Wir sind eine große Fleischküche in Österreich, und auch das gekochte Rindfleisch ist eine tolle Innovation, genauso die Süßspeisen, die eigentlich die wahre Hauptspeise zumindest im Wiener Raum sind – ich bin aus Vorarlberg, da sieht es dann noch einmal ein bisschen anders aus.

NÖLAK: *Sie haben keine tschechischen Nachbarn!*

RÜTZLER: Ich habe den Eindruck, dass dieses lange Verzichten auf Fleisch und Fett und üppige Speisen, das ja eigentlich immer über Jahrhunderte lang nur kleinen sozialen Schichten vorbehalten war, dass das jetzt praktisch zum Alltag geworden ist. Und das ist der Boden, auf dem wiederum eine Generation nachwachsen kann, vor allem von Frauen, die sagen, wozu so viel Fleisch? Das Fleisch hat das Besondere für viele, vor allem für große Teile der Jungen verloren. Ich denke mir, wir sind zwar trotz Sparpaketen eine sehr reiche Nation, aber trotzdem wird vor allem am Esstisch sehr stark gespart. Aber das ist wieder ein anderes Thema. Ich glaube, dass das der Nährboden ist, auf dem eine neue Generation heranwächst. Bei den jungen Frauen bis 25 reden wir doch von einem Vegetarieranteil zwischen 10 und 20 %. Das sind große Zuwächse. Da entsteht eine neue Esskultur. Diese jungen Frauen sind natürlich auch zunehmend keine großen Fleischköchinnen. Auch bei der Rollenverteilung des Kochens und Einkaufens, da ist ja so viel in Bewegung, da nimmt auch der Anteil an kochenden Männern zu, die natürlich auch einen anderen Zugang haben. Also das ist eine sehr komplexe Geschichte, aber wenn ich versuche, da in die Zukunft zu schauen, dann würde ich sagen, dass hier eine Jugend nachwächst, die einen viel unbefangeneren Zugang zu dieser Lebensmittelvielfalt hat. Und wenn diese Generation lernt, die richtige Dosis zu finden, dann glaube ich, dass der Anteil an vegetarischen oder zum Teil auch bewussten Biokonsumenten noch weiter steigen wird. Und aus dem Blickwinkel der Ernährungswissenschaft ist ein noch verstärkteres Lobbying in Bezug auf Gemüse und Obst an sich sehr zu begrüßen. Es sind durchwegs gesunde Ernährungsweisen. Ich kann mir nur nicht vorstellen, dass Österreich oder Niederösterreich mit seiner Esskultur jetzt schnell zu einem asiatischen, vegetarischen Land wird. Aber ich denke mir, auf Grund unserer traditionellen großen Teller und großen Fleischportionen wundert es mich nicht, dass vor allem die japanische Küche immer erfolgreicher wird. Die chinesische Küche ist noch einmal was anderes, es gibt natürlich dort viele Ess-Welten, die arbeiten sehr stark optisch, arbeiten mit großer Reduktion, geben dem einzelnen Ausgangsprodukt eine große Bedeutung. Die verfolgen eine Frische-Philosophie, wie wir sie eigentlich kaum mehr kennen.

NÖLAK: *Werden sich der ländliche und der städtische Raum noch mehr auseinander entwickeln?*

RÜTZLER: Ja, einerseits wird das Pendeln nach wie vor rasant zunehmen, dahingehend wird die Stadt ein bisschen mehr in das Land hinauswachsen, aber ich denke mir, im städtischen Raum sind das Leben und die Arbeitsbedingungen einfach noch rasanter und dieser Zeitfaktor ist ein ganz zentraler Punkt.

NÖLAK: *Wir sind fast wieder bei der Küche des alten Bauernhauses, wo sich ja das ganze soziale Leben in der Küche abgespielt hat. In Wirklichkeit steht in den meisten Küchen die Dame oder der Herr des Hauses gerade einmal am Wochenend. Ist das eine Entwicklung, bei der die High-Tech-Küchen-Möblierung diese Sehnsucht befriedigen soll?*

RÜTZLER: Das hat einiges für sich. Ich würde sagen, dass der Professionalisierungsgrad in den Küchen auch in Bezug auf die Arbeitsmaterialien – Edelstahl, pflegeleicht – enorm gestiegen ist, aber diese Professionalisierungsschübe sind für mich eher so ein Spiegel dieser Sehnsucht. Wir haben in unserem Wissenszeitalter auch einiges eingebüßt an identitätsstiftenden, kulinarischen Kulturen und ich glaube, dass die Küche als Raum wieder einen größeren Stellenwert innerhalb von kleinen städtischen Wohnungen bekommt, sozusagen als „Ersatz". Und wenn man sich anschaut, wie im städtischen Bereich das unregelmäßige Kochen eigentlich langsam zum Alltag wird, dann zeugt das auch von einem vermehrten Einsatz von Halbfertig- und Fertigprodukten. Ich würde mir allerdings wünschen, dass man auch von Seiten der Bildungsinstitutionen und auch von Seiten der Medien verstärkt ins Bewusstsein führt, dass dieses unregelmäßige Kochen, dieses zunehmend auswärts Essen die Einkaufskultur massiv verändern wird, weil man eigentlich nur entscheiden kann, was gute Qualität ist, wenn man etwas einmal selbst zubereitet hat, weil man dann weiß, welche Ausgangsprodukte da dahinter stehen. Wenn man nicht mehr weiß, wie es schmecken kann oder soll – das ist nämlich für mich der Schlüssel zum Thema Genuss, man kann hochverarbeitete Produkte vor allem dann genießen, auch wenn man nie etwas anderes kennengelernt hat. Ich denke mir, hier geht es wirklich noch einmal um eine Schulung der Sinne und um eine verstärkte Wahrnehmung und dahingehend würde ich mir wünschen, dass wir zunehmend auch mit Lebensmitteln und Speisen wieder „spielen" dürfen und uns hier Zeit nehmen dürfen, um sie sozusagen auch sinnlich zu erobern, weil das ist der Schlüssel. Ich glaube, wir essen nur das, was uns schmeckt und dahingehend gilt es, diesen Geschmack zu schulen, weil das ist die kritische Instanz, die sagt, das esse ich oder das esse ich nicht. Wenn ich krank bin, schlucke ich eine bittere Pille, aber im Alltag, wenn ich mich gesund fühle, warum sollte ich etwas essen, was mir nicht schmeckt. Das widerspricht sich. Dahingehend ist der Geschmack sicher ein ganz zentraler Schlüssel!

NÖLAK: *Auf der einen Seite gibt es heute eine Breite, die einen unentwegt zu allem verleitet. Auf der anderen Seite gibt es gerade innerhalb der Werbung eine eigene Schiene, die einem permanente Mangelerscheinungen suggeriert, wenn man das und das nicht isst. Wie soll man an diese Thematik herangehen?*

RÜTZLER: Also, ich denke mir, man sollte nicht nur einseitig mit Verboten und Genussverzicht und dem Streichen von spezifischen Lebensmitteln versuchen, eine Ernährungsweise zu optimieren. Ich denke mir, es geht darum, in kleinen Schritten sich zunehmend gesünder zu ernähren, also sozusagen immer von der Ausgangsposition kleine Schritte in die richtige Richtung zu gehen. Im Prinzip gefällt mir die Ernährungspyramide sehr gut als Informationselement. Am unteren Sockel, das ist die breite Basis, das ist jener Sockel, der die Basis im Essalltag ausmachen sollte. Und da sind eigentlich die großen pflanzlichen Lebensmittel zu Hause, da geht es um Getreide und Getreideprodukte, da geht es um Obst und da geht es um Gemüse. Diese drei Lebensmittelgruppen bieten von Natur aus eine große Vielfalt und kommen im Alltag einfach deutlich zu kurz. Häufig ist der Obstkonsum reduziert auf die Marmelade beim Frühstück und der Gemüsekonsum, na ja, das ist vielleicht der Beilagensalat, der zwei- bis dreimal in der Woche vielleicht doch gegessen wird. Diese Lebensmittelgruppen bieten aber ein großes gesundheitsförderliches Potenzial, Stichwort Vitamine und Mineralstoffe und sekundäre Pflanzeninhaltsstoffe, aber auch zum Thema Sättigung bieten sie viel. Und Sättigung erscheint mir ein ganz wichtiger Faktor. Und ich denke mir, da würde ich mir einen kritisch wählenden Konsumenten, eine Konsumentin, wünschen, der/die sich nicht mit allem und jedem zufrieden gibt und der/die sich vielleicht auch mehr Zeit nimmt zum bewussten Lebensmittelkauf. Wenn man eine Stereoanlage oder ein Auto kauft oder eine Küche plant, nimmt man sich Zeit, holt Angebote ein, aber beim Einkaufen ist das nie der Fall. Die Weitergabe des traditionellen Wissens von Mutter auf Tochter funktioniert nicht mehr so wie früher, außerdem haben wir es seit dem EU-Beitritt mit einer noch größeren Lebensmittelvielfalt zu tun und der Großteil der Bevölkerung kann die Kennzeichnung noch nicht entsprechend interpretieren. Das heißt, hier ist einerseits eine Bringschuld aber auch eine Holschuld gegeben. Ich würde mir wünschen, dass man sich stärker mit der Ausgangsqualität auseinander setzt, dass man die Kennzeichnungselemente auch einmal kritisch wahrnimmt und vergleicht. Der Vergleich ist für mich überhaupt so ein Schlüssel, dass man verschiedene Brotsorten an einer Mahlzeit miteinander vergleicht, um ganz bewusst den Gaumen zu schulen, um kritischer zu werden. Stichwort Getreide, Getreideprodukte, das sind auch ganz wichtige Grundnahrungsmittel bei uns, die in zu kleinen Mengen gegessen werden. Um von dieser Lebensmittelgruppe mehr zu essen, gilt es jene zu finden, die mir auch schmecken. Und wenn jemand ab und zu Vollkornbrot isst, dann macht es Sinn, sich auf die Suche zu machen, wo man das beste Vollkornbrot bekommt, dann ist das Geld gut investiert, weil dann isst man größere Mengen, und das ist ein wichtiger Beitrag zum Thema Sättigung und zum Thema leichtes Ausgangsprodukt. Das heißt, ein großes Lobbying zum Thema Getreide, Getreideprodukte, Kartoffeln, Reis, Nudeln, aber auch Vollkornvarianten … aber in kleinen Schritten, man muss nicht von heute auf morgen alles umändern, man soll sich da keine zu großen Schritte vornehmen, lieber klein und dafür nachhaltig – genauso bei Obst und Gemüse. Hier ist ein Mehrkonsum ein wichtiger Beitrag zur Gesundheitsförderung. Und dieses „Mehr" verändert das Essverhalten, dann kann man das ergänzen mit leichten Milchprodukten, ab und zu Fleisch von bester Qualität, auch Wurstwaren – immer vergleichen, schmecken, kritischer werden. Dann ist auch Platz für Süßigkeiten, dann ist auch ab und zu Platz für fettere Zubereitungsarten, dann ist nichts verboten, aber es geht immer darum, die richtige Dosierung zu finden. Und vielleicht da noch einmal einen Satz zum Thema Genuss: Ich habe viel mit übergewichtigen Kindern gearbeitet und meine Erfahrung war immer, auch bei anderen Workshops und Seminaren, dass der Umgang mit Süßem in unserer Esskultur ein, wie soll ich sagen, hoch ambivalenter ist. Für viele sind Süßigkeiten Teil des Alltags, aber sie werden eigentlich immer mit schlechtem Gewissen und meistens auch sehr schnell gegessen. Die Süßigkeit ist das Problem, das es gilt, schnell zu vernichten. Also die Tafel Schokolade, wenn ich sie schnell esse, ist als Problem erledigt. Das geht natürlich nach hinten los.

NÖLAK: *Dummerweise hat der Supermarkt noch ein paar hundert liegen von diesen Tafeln.*

RÜTZLER: Das stimmt. Die Verführung ist immer und überall.

NÖLAK: *Ich kann ja nicht alle auf einmal essen.*

RÜTZLER: Das heißt, das Problem wächst nach, aber da ist dieses „Sich-das-auch-Erlauben" ein ganz wichtiger Schlüssel. Wenn ich schon einen Süßhunger habe, dann darf ich das, dann darf ich das auch genießen.

NÖLAK: *Es nehmen ja auch die Essstörungen stark zu …*

RÜTZLER: … ist auch eine der Nebenerscheinungen. Um diesen Gedanken abzuschließen: Wenn man sich etwas erlaubt und auch bewusst genießt, dann hat man viel mehr davon und da muss man nicht gleich die doppelte Ration essen. Das ist oft so ein Schlüssel zur Dosis.

NÖLAK: *Kann man eigentlich ein „Schlüsselwort" festhalten? Ist das Schlüsselwort vielleicht „Zeit"? Zeit um sich zu Überlegen, was man will, Zeit zum Aussuchen, Zeit zum Genießen.*

RÜTZLER: Also ich würde gerne das Schlüsselwort „Genuss" festmachen, weil Genuss braucht Zeit und ein geschulter Genuss nimmt sich dann auch Zeit. Dadurch kann man sehr viel Genuss gewinnen. Also, Genuss beim Schlingen zu empfinden, mag für manchen hin und wieder ein Thema sein, aber wenn es um Regeneration und Wellness, um einen liebevollen Umgang mit sich geht, würde ich sagen, ist der Genuss einfach. Genuss steigt ja nicht durch große Mengen. Ein bewusster Genuss hilft auch bei der richtigen Dosierung. Und dann nimmt man sich vielleicht auch mehr Zeit. Also, ich würde mehr beim Genuss ansetzen als bei dem Versuch, den Zeitdruck zu verändern.

NÖLAK: *Abschließende Frage: Sind sie bezüglich der ganzen Entwicklung optimistisch oder pessimistisch?*

RÜTZLER: Ich denke mir, es sind Zeiten des Umbruchs und der Bewegung und die bergen immer viele Chancen in sich. Ich sehe einige Probleme auf uns zukommen, aber ich sehe auch, dass die wahrgenommen werden und dahingehend ist Bewegung und damit auch eine Chance, das zu verändern. Und hier denke ich mir, dass die gesunde, ausgewogene Ernährung ein Thema ist, was uns noch jahrzehntelang beschäftigen wird und ich hoffe, dass sie noch mehr Stellenwert einnehmen kann, wenn es ums Thema Lebensqualität und Gesundheit geht, aber auch einfach um Lebensfreude und um Genuss. Ich glaube, das birgt große Kapazitäten und die kommen mir doch deutlich zu kurz in dieser Debatte.

NÖLAK: *Sie haben von Jahrzehnten gesprochen, wird die Entwicklung relativ rasch gehen?*

RÜTZLER: Also, ich denke mir, mit der zunehmenden Internationalisierung kommen auch neue Probleme, neue Technologien, die werden sicher viel Angst und viele Diskussionen auslösen. Ich glaube, wir müssen davon ausgehen, dass es auch immer wieder Lebensmittelskandale geben wird, die auf Grund dieser Neuerungen eigentlich nicht auszuschließen sind, aber das hält uns aber dafür auch wach und macht uns hoffentlich kritischer und bewusster. Dahingehend sehe ich große Chancen. Da bin ich dann eher ein Optimist.

NÖLAK: *Geflügelpest und Co. als Chance für einen bewussteren Umgang mit der Ernährung?*

RÜTZLER: Für einen bewussteren Einklang. Ja!

Der stolze Raucher

„Alles, was extremen, raschen Erfolg verspricht, ist nicht von Dauer und macht den Menschen, die wirklich grundsätzlich an ihrem Problem arbeiten wollen, falsche Hoffnungen."

Barbara Schmid

Barbara Schmid ist Direktorin der Akademie für den Diät- und Ernährungsmedizinischen Beratungsdienst

NÖLAK: *Frau Direktor, wie sieht der historische Hintergrund des Themas Diät und Fasten aus?*

SCHMID: Essen war ja noch bis vor 50 Jahren stark von der sozialen Schicht abhängig, aber für die meisten hatte es weder mit Genuss noch Überfluss zu tun, sondern man war schlicht und einfach froh, wenn man überhaupt etwas zu essen gehabt hat. Fasten ist ursprünglich aus dem religiösen Bereich gekommen. Dass die Kirche Fasten für bestimmte Zeiten generalisiert hat, ist eine kulturhistorische Entwicklung. Wenn Sie den Begriff Diät in den Raum stellen, dann müssen wir Diät von den Ursprüngen her sehen. Diät kommt aus dem Griechischen und hat auch später im Lateinischen den gesunden Lebensstil des Menschen bezeichnet. Der Lebensstil ist mit dem Essstil ja sehr eng verbunden. Immer war und ist Essen an den Lebensstil gekoppelt und daher ist eine Veränderung des Essverhaltens immer auch ein Einwirken auf den Lebensstil des Menschen und umgekehrt. Sei es in einer Mangelzeit, wenn es nichts gibt, sei es in einer Überflusszeit, sei es in einer Krankheitssituation, weil diese eine bestimmte Ernährung bedingt. Es ist mir sehr wichtig, dass man den Begriff Diät nicht eindimensional sieht. Diät ist heute in unserer Bevölkerung weitgehend verknüpft mit dem Begriff Entbehrung, jeder denkt gleich ans Abnehmen … Dass hinter diesem Begriff eine viel weiter gesteckte Grundüberlegung steht, ist das Erste, was mir wichtig ist. Und das Zweite, dass wir heute in der Medizin Diät wirklich als ernährungstherapeutische Maßnahme sehen, mit der man gezielt auf verschiedene Stoffwechselstörungen, Erkrankungen, postoperative Zustände und Mangelernährungszustände Einfluss nehmen und diese beheben kann. Das ist wichtig!

NÖLAK: *Für Sie ist Diät also nicht nur negativ besetzt, sondern sie ist ein Instrument, um bestimmten Zuständen entgegenzuwirken?*

SCHMID: Genau. In der Funktion, in der ich ja auch hier arbeite, als Diätassistentin, als Ernährungstherapeutin, steht dieser medizinische Aspekt im Vordergrund. Wir haben ein weites Spektrum ernährungstherapeutischer Interventionen, also verschiedener diätetischer Möglichkeiten, mit denen man ganz gezielt Therapie betreibt. Es gibt, und das betone ich auch immer wieder, in der Zwischenzeit praktisch keine medizinische Disziplin mehr, in der nicht Ernährung als Therapieform bzw. als Teil der Therapie eine wesentliche Rolle spielt. Egal, ob wir von der Dermatologie – Nahrungsmittelallergien – sprechen, ob die Intensivmedizin mit entsprechender parenteraler, enteraler, also künstlicher Ernährung angesprochen wird, ob die Chirurgie, postoperativ oder präoperativ, gemeint ist, also jede dieser Disziplinen hat einen Anknüpfungspunkt zur Diät.

NÖLAK: *Scherzhaft: Anatomie und Pathologie nicht. Fasten ist das, was wir eigentlich landläufig als Diät sehen?*

SCHMID: Fasten ist ein Teil dessen, was im Allgemeinen zum Abnehmen angewandt wird. Es gab einen ersten großen Höhepunkt, das waren die 1970er Jahre, so Ende der 1960er Jahre, Anfang der 70er Jahre wurde die Nulldiät als die Standardmethode des Gewichtabnehmens proklamiert. Zu dieser Zeit war es auch an verschiedenen internen medizinischen Abteilungen ganz einfach Standard, Patienten aufzunehmen und fasten zu lassen. An meiner ersten Arbeitsstelle haben wir laufend Fastenpatienten gehabt. Diese Patienten haben nichts zu essen gekriegt, wurden zwei bis drei Wochen stationär aufgenommen, mussten am Tag mindestens zwei, günstigerweise drei Liter Wasser trinken und haben Mineralstoffe und Vitaminpräparate gekriegt. Das war die Nulldiät. Unter diesen Bedingungen haben diese Menschen bereits in den ersten Tagen zuerst einmal Wasser und dann aber auch wirklich Substanz verloren. Es hat sich in der Untersuchung dieser Therapiemethode gezeigt, dass nicht nur die gewünschte Fettsubstanz abgebaut wurde, sondern ganz massiv auch Eiweiß. Und daher ist die Nulldiät sehr in Misskredit gekommen. Zirka 1978 hat in New York eine große Adipositas-Tagung stattgefunden und die Conclusio dieser Tagung war, „Die Nulldiät ist passé", weil sie ganz einfach zu viel negative Nebenwirkungen mit sich bringt. Diese wollte man medizinisch nicht mehr vertreten. Man muss sich vorstellen, wenn man einen Tag fastet, passiert eigentlich sehr wenig, man verliert ein bisschen Wasser. Das ist auch etwas, was ich immer wieder weitergebe – man kann einen Tag einmal zurückstecken, man kann auch einzelne Fastentage machen, aber man darf nicht glauben, dass an diesem Tag Fettsubstanz verloren geht. Das reguliert sich der Stoffwechsel intern, da passiert also nichts Wesentliches. Ab dem zweiten Fastentag allerdings beginnt Eiweißabbau. Das ist ein ganz wesentliches Kriterium, weswegen man vom absoluten Fasten so abrät, denn Eiweiß hat ganz, ganz wichtige Funktionen in unserem System. Es wird für den Aufbau funktioneller Verbindungen benötigt, wie Hormone, Enzyme, das gesamte Immunsystem, das sind Eiweißsubstanzen und deren Aufbau wird beeinträchtigt. Und, was man natürlich sehr gut auch messen kann, ist, dass Muskeleiweiß abgebaut wird – und zwar ziemlich viel, das geht an die 100 g Eiweißverlust pro Tag und man muss sich vorstellen, dass die Muskelmasse, die magere Zellmasse so aufgebaut ist, dass sie ungefähr zu 20 % aus Eiweiß besteht und der Rest ist Wasser, Mineralstoffe usw. Das heißt, wenn ich 100 g Eiweiß verliere, verliere ich ein halbes Kilo Muskelmasse. Es passieren somit enorme destruktive Prozesse am System. Es ist nicht Fett, was verloren geht. Daher hat man schon 1978 gesagt, Nulldiät ist passé! Parallel dazu wurde die so genannte „modifizierte Nulldiät" entwickelt, die gibt es noch immer. Die modifizierte Nulldiät geht davon aus, dass wir das, was der Körper minimal an Eiweiß, an Fettsäuren, an Kohlenhydraten, Mineralstoffen, Vitaminen und Spurenelementen braucht, verabreichen, aber darüber hinaus keine zusätzlichen Kalorien. Die modifizierte Nulldiät hat in der Anfangsphase aus 50 g Eiweiß bestanden – diese 50 g-Eiweißdiät haben wir auch an der Stoffwechselabteilung Lainz bei Prof. (Dr. Karl) Irsigler konzipiert und angewandt.

NÖLAK: *Bekamen die Patienten das in Form von Nahrungsmitteln oder medikamentös?*

SCHMID: Das hat man in Form von Lebensmitteln gegeben, ein kleines Stückerl Fisch, 50 g Topfen, das waren die Eiweißträger, sodass man auf die 50 g-Eiweißdiät kommt, und dazu eben nur kleine Mengen Salat, ein, zwei Stück Obst, damit man Kohlenhydrate und etwas Ballaststoffe einbringt. Die Vitamine, Mineralstoffe, die wurden jedoch weiterhin in Präparatform gegeben. Und was sich auch zu der Zeit entwickelt hat, das waren Formuladiäten. Formuladiäten sind praktisch industriell gefertigte, nährstoffstandardisierte Produkte, mit denen Menschen abnehmen können. Formuladiäten sind gute Startprodukte, sie erreichen damit je nach Zusammensetzung 500 bis 800 Kalorien am Tag, das ist natürlich wesentlich unter dem, was die Menschen so im Schnitt essen. Die Statistik sagt uns, dass der Österreicher im Schnitt um die 3.000, 3.100 Kalorien pro Tag isst. Jemand, der sehr hohes Gewicht hat, der isst unter Umständen noch mehr. Das heißt, die Formuladiät ist eine massiv unterkalorische Ernährung, von der heute die Wissenschaft wieder sagt, dass es eigentlich nicht empfohlen wird, die Energiezufuhr über längere Zeiträume so drastisch zu senken. Also, Formuladiäten alleine empfehlen wir nicht. Wir sehen diese Formuladiäten so, dass man eine Abnehmphase damit beginnen kann, weil sich gleich am Anfang ein guter Erfolg einstellt, aber die Betroffenen müssen begleitet werden, sie müssen begleitend dazu ein Ernährungskonzept bekommen, sie müssen in dieser Phase lernen, und es muss eine Umstellungsphase geben, in der sich die Formuladiät „ausschleicht" und sich die herkömmliche Ernährung einschleicht.

NÖLAK: *Ansonsten stellt sich der berühmt-berüchtigte Jo-Jo-Effekt ein?*

SCHMID: Ja. Das weiß man ja inzwischen auch zur Genüge, dass man diesen Jo-Jo-Effekt nicht provozieren soll, weil das dem Menschen insofern schadet, als durch eine drastische Energieeinschränkung auch der Grundumsatz gesenkt wird. Das heißt, wenn die Patienten in der Phase, in der sie abnehmen, nicht lernen, wie sie sich richtiger ernähren können und in der Postdiätphase praktisch wieder auf ihre ursprüngliche Ernährungsform zurückgreifen, haben sie jetzt nicht um 1.000 Kalorien am Tag zu viel, sondern um 1.200 Kalorien zu viel, die 200 Kalorien hat sich der Körper eingespart, weil er ja während der Diätphase gemerkt hat, hoppala, da haben wir jetzt Mangelsituation. Und daher wissen wir, dass also auch Formuladiäten, modifizierte Nulldiäten, ohne begleitende Ernährungschulung nicht gescheit sind. Aber als Therapieeinstieg, als Therapiebegleitung und vielleicht als Schalttag zwischendurch, wo sich der Mensch wieder in seinem Essverhalten ein bisschen runterreguliert, da können sie schon einen Sinn haben.

NÖLAK: *Man kann also sagen, dass solche Diäten zwischendurch bzw. speziell nach Feiertagen, wie Weihnachten oder Ostern, nicht schlecht sind, aber letztlich keine wirkliche Dauerlösung darstellen?*

SCHMID: Genau! Ein sinnvolles Gewichtsreduktionskonzept wird heute so erstellt, dass wir erheben, was die Gewohnheiten des Menschen sind, dass wir berechnen, wie hoch die Nährstoffaufnahme und die Energieaufnahme de facto liegen und von diesem Ist-Zustand ziehen wir dann idealerweise so um die 500 Kalorien ab – nicht mehr. Mit den Betroffenen bespricht man, dass es jetzt zu einer langsamen, aber dauerhaften Gewichtsreduktion kommt.

NÖLAK: *Eigentlich müssten wir dann bei ca. 2.500 Kalorien sein, wenn sie von durchschnittlich 3.000 Kalorien pro Tag ausgehen – das heißt, wenn einer dann konstant 2.500 Kalorien pro Tag zu sich nimmt, nimmt er auch ab.*

SCHMID: Zum Beispiel. Wenn Sie also das, was Sie üblicherweise in Ihrem Lebensstil gewohnt sind, um diese 500 Kalorien unterschreiten, dann nehmen Sie langfristig ab. Das spielt sich aber natürlich auch im geringeren Kalorien-Bereichen ab, denn es gibt ja wirklich auch gerade Frauen, die tatsächlich vielleicht nicht mehr als 2.000 Kalorien zu sich nehmen, aber trotzdem zunehmen.

NÖLAK: *Was machen Sie mit einem Stoffwechselpatienten, der wirklich im Schnitt nur ca. 1.700, 1.800 Kalorien zu sich nimmt, aber weil er ein Hormonpatient ist, nicht abnimmt? Was machen Sie bei einem 1.800-Kalorien-Patienten – dem wird man ja vermutlich keine 500 Kalorien wegnehmen, weil das wäre bei dem ja, grob gesagt, ein Drittel.*

SCHMID: Man könnte es schon. Man kann mit einer gut zusammengestellten 1.000- oder 1.200-Kalorien-Diät ohne weiteres leben, das geht sehr gut. Von 1.800 kann man noch heruntergehen, aber man muss es halt gut abklären. Man muss sich das wirklich anschauen. Also die sogenannten Schilddrüsen- und Dysfunktionspatienten sind sehr, sehr selten. Im Allgemeinen wird ganz einfach die Energieaufnahme unterschätzt. Man muss in einer ausführlichen Ernährungsanamnese sehr genau erfragen, wie die Gewohnheiten sind und auch errechnen, wie hoch die Energieaufnahme tatsächlich ist. Wie gesagt, der Mensch unterschätzt oftmals ganz drastisch die Kalorienmengen, die auch mit kleinen Portionen aufgenommen werden können. Sehr häufig sagen uns die Menschen, dass sie eh nicht essen, weil sie die Hauptmahlzeiten auslassen. Sie beginnen ihre Abnehmphase mit dem Streichen von Mittag- oder Abendessen. Diner cancelling ist gerade sehr modern ... Sie registrieren nicht, dass das, was sie so zwischendurch an Kleinigkeiten, häufig auch im Gehen, im Stehen essen, enorm viele Kalorien bringt.

NÖLAK: *Diese Zwischendurch-Snacks bestehen halt leider viel zu selten aus Obst. Wie sehr betrügt sich gerade bezüglich dieser Frage der Österreicher, die Österreicherin? Ist das in anderen Ländern in Wirklichkeit genauso?*

Schmid: Ich nehme nicht an, dass das Potenzial des Österreichers zu schwindeln größer ist, aber die Möglichkeit des Österreichers, sich kalorisch zu verschätzen, ist wesentlich größer im Vergleich zu einem Franzosen oder Engländer. Deutsche dürften uns sehr ähnlich sein, weil das Nahrungsangebot und der Essstil doch sehr ähnlich sind. Wir haben eben sehr viele fette Fleischprodukte. Selbst jemand, der auf mageres Fleisch achtet, ist durchaus in der Lage, sich bei einer Extrawurst oder bei einer Wiener oder Polnischen, weil die so schön rosarot ausschaut, völlig zu verschätzen. Man denkt nicht daran, dass das Weiße da drinnen ja Fettstückerln sind und Fett ungefähr 20 % der Gesamtsubstanz ausmacht. Die Menschen realisieren das nicht – durchaus in dem Gefühl, ohnehin schon bewusst und gesund zu leben; wenn sie keine Beratung, keinen Hinweis darauf kriegen, welche Inhaltsstoffe in den einzelnen Lebensmitteln enthalten sind, können trotz gutem Willen viele Fehler passieren! Denken Sie an ein kleines Bonbon oder an eine Praline. Die liefern, je nach Größe, 30, 40, 50, 60 Kalorien. Ein kleiner Müsliriegel enthält 60, 70, 80 Kalorien, manche, welche auch Schokolade oder Nüsse enthalten, haben 100, 110 Kalorien. Das knabbert man zwischendurch. Das sind Tatsachen, über die die Menschen ganz einfach nicht informiert sind und sie daher nicht realisieren. Also, da glaube ich, liegt der Hase im Pfeffer.

Nölak: *Stichwort Müsli! Die Werbung macht uns doch bewusst: Wenn du diesen Riegel jetzt isst, nimmst du sogar noch ab! Ist das auch ein Grund, warum wir immer mehr in Richtung des Selbstbetruges, des „Gar-nicht-Wissens-und-auch-eigentlich-nicht-wissen-Wollens" gehen?*

Schmid: Wenn Sie Müsli, Müsliriegel ansprechen, dann ist es eine Tatsache, dass die Menschen eben nicht realisieren, dass genau die gleichen Kalorien auch in sogenannter gesunder Kost stecken, mitunter sind sogar noch mehr Kalorien drinnen. Auch wenn ich jetzt mit Fleisch in einer bewussten Ernährung zurückgehe, wenn da Getreidelaibchen gemacht werden, diese aber in viel Fett herausgebacken werden, die Gemüseplatte im Fett schwimmt oder die Aufläufe mit sehr viel Ei, Butter und Käse zubereitet werden, dann sind das auch sehr viele Kalorien! Natürlich braucht man diese Zutaten, aber wir modifizieren halt die Rezepte so, dass überall ein bisschen abgespeckt wird und deshalb das gesamte Gericht von der Kalorienmenge her tragbar ist. Aber das ist ganz einfach ein grundsätzlicher Zugang der Menschen: Wenn es Vollwert heißt, wenn es eine eher fleischreduzierte Kost ist, dann ist das gesund und dann denkt überhaupt keiner mehr an Kalorien. Aber die sind da natürlich auch drinnen, und, wie gesagt, oftmals sogar noch in höherer Menge. Was besonders wichtig ist, ist dieses Bewusstsein bereits im Kindesalter zu entwickeln. Leider werden auch die Eltern immer wieder von der Werbung in die Irre geführt. Und so kaufen sie vermeintlich „gesunde" Produkte für ihre Kinder, welche de facto keinen Gesundheitswert haben. Und was wir besonders bedauern, ist, dass das Produkte sind, die ja auch nicht gerade billig sind. Die Eltern realisieren nicht, dass sie um das gleiche Geld den Kindern auch wirklich ein Vollkorn-, Graham- oder ein Käseweckerl usw. kaufen könnten. Wir machen immer wieder Projekte mit Kindern z. B. in Kindergärten, in Volksschulen, in Hauptschulen. Das sind Projekte zur gesunden Schuljause, die wir auch in Zusammenarbeit mit Biobäuerinnen machen, die selbst gebackene Weckerl mit eigenen Aufstrichen oder Käse direkt in den Schulen anbieten. Aber natürlich kostet so ein Weckerl 60, 70 Cent und da sind wir häufig sehr hart an der Grenze, wo die Eltern dann sagen, das können oder wollen wir uns nicht leisten. Die Produkte, die der Handel anbietet, kosten auch viel Geld. Aber das realisiert niemand! Diese Schwelle des „Finanziell-nicht-leisten-Könnens" ist bei gesunden Produkten sehr niedrig, aber eigenartigerweise bei vielen anderen, oft unnötigen Produkten kein Thema.

NÖLAK: *Aber die umgekehrte Entwicklung dazu ist, dass für an und sich bisher simpelste Nahrungsmittel, sobald diese irgendeinen „Witz" dabeihaben, z. B. Brot mit Sonnenblumenkernen etc., kritiklos vom Konsumenten, auch um teures Geld, gekauft werden. Könnte man nicht hier ansetzen und Kampagnen starten, um das auch bei den Massenmärkten zu nützen?*

SCHMID: Ich weiß nicht, ob das gescheit ist. Natürlich haben Sie völlig Recht – gesunde Ernährung ist auch ein Statussymbol und wir haben nicht umsonst die gehobenen Schichten, die gesundheitsbewusster leben. Ich habe, gerade wenn es um Kinder geht und wenn es um die große Gruppe der Bevölkerung geht, immer wieder meine Vorbehalte, gesunde Ernährung als etwas grundsätzlich Teures zu verkaufen. Im Gegenteil, ich bin immer am Reden und am Erklären, dass gesunde Ernährung nicht teuer sein muss! Vielleicht ist es in dem Sinn, wie Sie es gemeint haben, kontraproduktiv … ich weiß schon, was Sie meinen.

NÖLAK: *… wenn man die Leute bei der Ehre packt, beim Status-Denken packt?*

SCHMID: Ich kann mich nur immer wieder wiederholen: Was mir so wichtig wäre, ist etwas, was sich alle leisten können, weil es geht um eine einfache Kost, man braucht nicht das Spezialbrot. Jetzt ist mir ein Spezialbrot untergekommen, das hätte, wenn man es hochrechnet, pro Kilo über € 7,00 gekostet. Also, ein Brot um diesen Preis zu verkaufen, ist ein starkes Stück. In dem Fall handelte es sich z. B. um ein Olivenbrot, das jetzt auch sehr beliebt ist. Ausländische Produkte, die dem Trend der Internationalität entsprechen, zu kaufen ist in und dann darf es halt auch mehr kosten. Aber wir hatten das auch schon so in den 1980er Jahren, als die Vollwertwelle gekommen ist und gesunde Ernährung an kaltgepresstem Öl und Rohzucker festgemacht wurde. Diese Produkte waren sehr teuer und die große Masse der Bevölkerung hat mit Recht gesagt, das kann ich mir nicht leisten. Schon seit damals sind wir immer am Relativieren: Bitte! Gesunde Ernährung muss nicht teuer sein! Wenn du mit dem Fleischverzehr runtergehst, was sehr empfohlen wird, dann isst du schon einmal viel billiger, weil Fleisch einen sehr hohen Anteil am Lebensmittelbudget ausmacht. Natürlich kostet Naturreis oder auch Vollkornteigwaren mehr als das herkömmliche Pendant dazu, das wird alles in kleinerer Charge produziert und hat daher einen etwas höheren Preis.

Immer wieder schauen Menschen in mein Einkaufswagerl, was ich so drinnenhabe, also man ist als Diätassistentin immer unter Beobachtung, aber ich schaue auch, was die Leute so einkaufen, und da muss ich sagen, haben Menschen, die mir z. B. in einer Beratung sagen, das Vollkornbrot ist mir zu teuer, Produkte ausgewählt, bei denen ich als Diätassistentin sage, das würde ich mir von der Relation her nicht leisten. Wenn die Menschen bei den Naschereien etwas einsparen würden, dann könnten sie sich alle diese Produkte, die „gesund" sind, ohne weiteres leisten.

NÖLAK: *Wir waren bei zwei Schönheitschirurginnen und die haben zu meinem Erstaunen gesagt, dass das Verhältnis Männer zu Frauen, die zu ihnen kommen, ca. 1 : 19 steht, dass heißt, ein Mann und 20 Frauen. Wie sehen Sie das, ist das Interesse für Diät ähnlich gelagert?*

SCHMID: Auf jeden Fall.

NÖLAK: *Was sehen Sie als Grund dahinter?*

SCHMID: Es ist ein Trend, mit dem wir ganz einfach leben, dass an unseren Vorträgen, Kursen usw. 19 Frauen und ein Mann teilnehmen. Also dieses Verhältnis kann ich wirklich bestätigen. Bei unserem Fach haben wir es so erklärt, dass die Frau ganz einfach diejenige ist, die in erster Linie noch immer für Ernährung, Ernährung der Familie zuständig ist, die also das Thema grundsätzlich mehr interessiert. Das ist die eine Schiene. Außerdem gibt es jetzt auch gute Studien, die zeigen, dass die Frau in jede Richtung wirklich gesundheitsbewusster denkt, das zieht sich durch von der Mamakarzinomvorsorge bis zur Osteoporosevorsorge und spiegelt sich eben auch in der gesunden Ernährung wider. Außerdem ist die Frau eher geneigt, Gewohnheiten zu verändern, es geht ja eben um Lebensstil, wenn ich jemanden bezüglich seiner Ernährung berate. Da ist die Frau eher bereit, sich zu verändern. Die Frau ist schon länger damit konfrontiert, dass Gesundheit ein wichtiges Thema ist. Der Mann war und ist das nicht so gewohnt. Aber jetzt ist Andromedizin, also die Männergesundheit, ja im Trend. Eine unserer Studentinnen hat z. B. im Vorjahr eine Diplomarbeit zum Thema: „Wie gesund lebt der Mann?" gemacht. Wie ist das männliche Gesundheitsverhalten, das Ernährungsverhalten? Da beginnt ein Interesse aufzubrechen und man kann auch den Mann motivieren, sich um seine Gesundheit zu kümmern. Man erwartet sich natürlich einen entsprechenden volksgesundheitlichen Effekt und Nutzen dank des verbesserten Gesundheitsbewusstseins des Mannes. Vielleicht wirkt sich das auch auf die Ernährung bzw. auf das Ehrnährungsbewusstsein aus. Ich meine, es gibt sehr sportliche Männer – die sind sehr ernährungsbewusst, weil sie genau beobachten, dass im sportlichen Bereich ein enger Zusammenhang zwischen Ernährungsqualität und Leistungsvermögen besteht. Leider übertreiben sie oftmals auch stark und tendieren dazu, eine ganze Menge an Spezialpräparaten einzunehmen. Ein Mann, der sich für richtige Ernährung interessiert, geht dann oftmals nicht den nahe liegenden, einfachen Weg, die Nahrungsmittelauswahl zu modifizieren, sondern er braucht einen spektakulären, extremen Weg.

NÖLAK: *Der geht eher in die Apotheke als zum Bäcker.*

SCHMID: Oder in Fitnessstudios, wo eine ganze Menge an Eiweißpräparaten, Spurenelementen und eine Reihe von Dingen verkauft werden, die man eigentlich nicht braucht, um gesund zu trainieren. Im Gegenteil, die großen Eiweißmengen belasten die Niere enorm und können sich sehr negativ auswirken, aber das liegt dem Mann näher. Es muss spektakulär sein, wenn er was macht, nicht normal.

NÖLAK: *Es gibt doch, ich sage es bewusst provozierend, so alle halben Jahre eine neue Diätempfehlung. Wie soll jemand, der nicht unbedingt wissenschaftlich ausgerichtet ist, mit Nachrichten über die „neue Wunderdiät, die in 8 Tagen schlank macht“, umgehen? Wie soll er das in seinen Lebensstil einbauen?*

SCHMID: Egal, welche Zeitung man aufschlägt, vor allem nach Weihnachten sind überall die neuen Diäten abgedruckt. Da kann ich Ihnen wirklich eine ganz einfache Regel mitgeben: Alles, was einen spektakulären Erfolg in kurzer Zeit verspricht, ist mit großer Skepsis zu betrachten und ad acta zu legen. Das kann man wirklich so sagen, weil nur zielführend ist – und das ist dann auch ein seriöses Konzept – wenn transportiert wird, dass es langsam geht, dass man von allen Nahrungsmittelgruppen etwas kriegt, also keine Extremdiät, es ist ganz einfach so. Wenn man das Ziel hat, grundsätzlich und langfristig etwas gegen sein Gewichtsproblem zu unternehmen, dann kann man sich nicht auf Extremdiäten, die raschen Erfolg in einer Woche versprechen, einlassen. Wenn hingegen jemand rasch zwei, drei Kilo abnehmen will und manches Mal passiert das auch, dass Frauen kommen und sagen, nächste Woche ist ein Ball und um in mein Kleid zu passen, möchte ich zwei Kilo abnehmen, dann kann man alles machen. Das ist dann egal, in dieser einen Woche kann man den Körper nicht so stark schädigen, dass es also irgendwelche Folgen hat, natürlich wird man auch Eiweiß abbauen usw., wie ich es eingangs gesagt habe, aber in dieser einen Woche gehen ein paar Kilo verloren, der Ball geht über die Bühne und es passt. Aber die Dame wird nachher wieder zunehmen, das ist auch klar. Also wirklich, ich bin fast 30 Jahre in dem Beruf tätig, ich kenne alles, was es diesbezüglich am Markt gibt. Ich habe genug Probandinnen erlebt, die schon viele Diäten durchexerziert haben, immer mit demselben Effekt, die Leute kommen dann völlig entnervt und an sich zweifelnd, weil sie sagen, ich habe schon alles gemacht und es funktioniert nicht. Am günstigsten ist ein individuelles Ernährungskonzept, das wirklich mit einer Diätassistentin erarbeitet wird. Das kann in der Form wirklich nur unsere Berufsgruppe, das muss ich auch sagen. Es wird eine ausführliche Anamnese erhoben, ebenso werden die Lebensumstände der Betroffenen erhoben und es wird darauf eingegangen, wie jemand aufgrund dieser Lebensumstände isst und wo man jetzt ansetzen muss. Man kann nicht alles auf einmal verändern, aber für jeden Menschen gibt es einen Punkt, an dem man den Hebel ansetzen kann, um eine wirksame Neuorientierung zu erzielen. Natürlich geht das nicht von heute auf morgen, man kann ja nicht damit rechnen, dass, wenn jemand einmal zu einer Diät- oder Ernährungsberatung geht, er ab dem nächsten Tag völlig anders isst und lebt. Das geht natürlich nicht. Es handelt sich um ein Trainingsprogramm, das sich in einer ersten Etappe auf jeden Fall über ein halbes Jahr erstreckt. Man hat jetzt gesehen, dass gerade der siebente Monat für Rückfälle sehr gefährlich ist, also günstigerweise sollte sich das Programm über ein Jahr erstrecken. Und dann brauchen diese Menschen laufend Begleitung, um immer wieder nachjustieren zu können. Um auf ihre Frage zurückzukommen: Alles, was extremen, raschen Erfolg verspricht, ist nicht von Dauer und macht den Menschen, die wirklich grundsätzlich an ihrem Problem arbeiten wollen, falsche Hoffnungen.

NÖLAK: *Das ist fast analog für eine Anlageform bei Geld zu sehen. Alles, was einem Zinsen von ich weiß nicht wie viel verspricht, ist mit Skepsis zu betrachten.*

SCHMID: Jetzt wissen wir, was Ernährung, was Diät mit Geldanlage zu tun hat.

NÖLAK: *Begriffe wie „Bio" sind ja heute, man kann es fast wörtlich sagen, in aller Munde. Wird da von der Nahrungsmittelindustrie sehr viel Schindluder getrieben?*

SCHMID: Also zu „Bio" grundsätzlich möchte ich sagen, dass ich den Trend gut finde. Es ist gut, dass die Lebensmittelproduzenten bewusst in eine Schiene gehen, wo wieder nach ökologisch ausgewogenen Grundsätzen produziert wird und dass das dem Konsumenten zugute kommt. Wir sagen den Menschen auch, es ist besser, weniger von einem hochwertigen Produkt zu nehmen als große Mengen von „Müll". Also, da stehe ich schon dazu.

NÖLAK: *Ich habe vor kurzem grinsen müssen, weil es gab plötzlich einen Bioapfel. Nun, wenn nicht der Apfel „Bio" ist, was dann? Warum muss ich das noch extra dazuschreiben?*

SCHMID: Na, wegen der Spritzmittel.

NÖLAK: *Nein, das waren ganz normale Äpfel, es war schlicht und einfach propagiert, der Apfel ist so gesund und drum heißt er jetzt „Bioapfel", aber waschen müssen sie ihn trotzdem.*

SCHMID: Das ist schwer zu sagen. Einerseits sind wir in Österreich in der Situation, dass die Bioszene gesetzlich gut geregelt ist, das heißt, der Konsument kann sich von den Produktgruppen her, wenn sie als Bio angeboten werden, heute schon wirklich hochprozentig verlassen, dass das auch ein sorgfältig und seriös gezogenes Produkt ist. Schwarze Schafe gibt es leider immer und überall.

Das Andere ist Functional Food, das heißt, Lebensmittel haben einen Zusatznutzen in irgendeiner Form. Sie kriegen eine Etikette aufgedrückt, etwas Besonderes zu enthalten, etwas, das die Gesundheit besonders fördert.

NÖLAK: *Es muss ja nicht einmal gut tun, sondern eine Funktion ist auch, dass ich plötzlich munter werde – also eine Funktion kann durchaus auch etwas sein, was eigentlich ungesund ist.*

SCHMID: Vielleicht kann ich es ganz allgemein sagen: Die Functional-Food-Schiene ist in Österreich gesetzlich noch gar nicht geregelt. Da ist wirklich der Innovation der Hersteller freier Lauf gelassen, und daher sollten die Menschen schon sehr genau hinschauen, ob das, was sie sich damit kaufen wollen, auch wirklich sinnvoll ist.

Ich sehe es heute so: Im Bio-Bereich haben wir eine wirklich lange Entwicklungszeit hinter uns, und in den Anfangsphasen war es oft sehr schwer nachvollziehbar, begründbar – da ist ja immer wieder, wie sie sagen, auch sehr viel Schindluder mit „Bio" getrieben worden. Das kann man natürlich heute auch nicht ausschließen, aber die Szene ist viel besser, viel seriöser und viel nachvollziehbarer geworden. Wir unterstützen das auch grundsätzlich vom Gesamtansatz her. Functional Food ist ein Trend, der aus Amerika und aus Japan kommt. In diesen beiden Ländern sind Functional-Food-Produkte gesetzlich sehr gut geregelt, in Europa und auch in Österreich noch nicht. Da ist man damit konfrontiert, dass alles, was gut klingt, angeboten wird, egal, ob das jetzt sinnvoll ist. Natürlich bezahlt man den Zusatznutzen auch.

NÖLAK: *Stichwort „vegane Ernährung". Ist das gut, ist das nicht gut?*

SCHMID: Es ist nicht gut. Vegan in der Interpretation des Wortes ist eine rein pflanzliche Ernährung, also der Vegetarismus in Reinkultur. Sich rein vegan zu ernähren ist also abzulehnen.

NÖLAK: *Keine Milch, keine Eier, kein Käse?*

SCHMID: Genau. Oftmals ist dieser Ansatz auch mit religiösen Ansätzen verbunden. Als Ernährungsform muss ich es wirklich eindeutig ablehnen. Wir kennen die unterschiedlichen Stufen des Vegetarismus. Was heute absolut zu empfehlen ist und auch durch viele, gut kontrollierte Studien belegt ist, ist die ovo-lacto-vegetable Ernährung. Eine Ernährung, die auf Ei-Milch-Milchprodukten und pflanzlichen Nahrungsmitteln aufgebaut ist. Dazu muss man ernährungsmedizinisch eindeutig stehen. Es hat sich gezeigt, dass Leute, die sich ovo-lacto-vegetarisch ernähren, weniger hohen Blutdruck haben, die Blutfettwerte niedriger sind usw. Wir empfehlen, die ovo-lakto-vegetable Ernährung sicherheitshalber um zwei bis drei Portionen Fleisch oder Fisch pro Woche zu je 15 Deka zu ergänzen. Ganz einfach, weil das Eisen, das im Fleisch oder im Fisch enthalten ist, wesentlich besser ins Blut aufgenommen wird als pflanzliches Eisen, das hat keine so gute Aufnahmefähigkeit. Wie gesagt es ist ein Sicherheitsfaktor. Studien zeigen, dass ovo-lacto-vegetarisch ernährte Menschen keinen oder selten Eisenmangel aufweisen. Auch der Vitamin B12-Bedarf kann in und durch diese Ernährungsform abgedeckt werden. Das heißt, aus Sicht der ernährungsmedizinischen Wissenschaft gibt es heute kein wirkliches Gegenargument gegen eine ovo-lacto-vegetable Ernährung, wenn jemand sich gut auskennt und seine Lebensmittelauswahl gut trifft.

NÖLAK: *Die Fleischergänzung, die sie empfehlen, muss aber nicht zwingend sein?*

SCHMID: Das ist unsere Sicherheitsempfehlung, muss aber nicht sein, nach dem, was die Studien sagen.

NÖLAK: *Zum Körpergewicht: Es gibt bei jedem Menschen ein gewisses Gewicht, bei dem er sich wohl fühlt. Ich habe immer wieder den Eindruck, dass wir in der Überflussgesellschaft diesen Wert sukzessive unterdrückt haben, diese innere Stimme, die gesagt hat: Danke, es genügt, du bist zu dick! Haben Sie auch die Erfahrung gemacht, dass die Leute diese innere Stimme in sich nicht mehr hören können, sie aber „rekultivierbar" ist?*

SCHMID: Ja. Das hat für mich zwei Aspekte. Ich gehe zuerst auf das Rekultivierbare und den Genussaspekt ein. Es hat unsere Zeit mit sich gebracht, dass die Menschen nicht mehr darauf achten, wie der Wert, der Geschmack, der Genuss mit oder durch eine Sache, durch eine Speise, durch ein Getränk, durch einen Wein, durch eine Mehlspeise ist, sondern es ist nur wichtig, dass es viel ist. Wenn man den Menschen zuhört, wenn sie Einladungen, Feste, Urlaube kommentieren, dann ist das ganz toll, weil das Buffet so groß war und das Schnitzel über den Teller gehangen ist und weiß der Kuckuck. Es muss viel sein und damit wird nicht mehr registriert, wie war es denn eigentlich, wie hat es denn eigentlich geschmeckt? Das würde ich glauben, ist ein Ausdruck unseres gesellschaftlichen Verhaltens, man muss alles haben, schnell und möglichst viel, und dann ist die Qualität nicht mehr so wichtig. Es ist etwas ganz, ganz Wichtiges, das ich immer versuche zu transportieren: Es ist nicht wichtig, dass man alle möglichen Sachen weglassen und streichen muss, wir können alles essen, aber wir sollen alles in kleinen Mengen genießen! Man soll sich also bewusst machen, was man isst, wie das schmeckt, dass man es genießt und sich daran erfreut. Ich bedaure auch immer sehr, wenn im Kaffeehaus oder beim Heurigen die Leute bei Sachertorten und Schmalzbroten sitzen, und man sie ständig sagen hört, dass sie das ja gar nicht essen dürften ... und sie essen es trotzdem, aber sicherlich und sichtlich mit schlechtem Gewissen. Ich meine halt, wenn die Menschen sich bewusst dazu bekennen würden, dass sie jetzt eine Sachertorte möchten, dann würden sie sich daran erfreuen können! „Essen Sie es mit Genuss, aber essen Sie es nicht gedankenlos jeden Tag." Das wäre meine Botschaft.

NÖLAK: *Wenn er oder sie es genießt, wird ja vermutlich der Bedarf, das Gefühl, es zu brauchen, für eine gewisse Zeit wieder gestillt sein?*

SCHMID: Ganz genau. Es ist in diesem Fall ja auch bewusst geworden, dass man etwas bekommen und genossen hat ohne schlechtes Gewissen. Im raschen Hineinschlingen und dem „Gleich-wieder-Verdrängen" aufgrund des schlechten Gewissens liegt, glaube ich, ein unheimlicher Knackpunkt in dem ganzen Gewichtsproblem. In meinen Beratungsgesprächen rede ich mit den Menschen über den Essstil und über dieses bewusste Genießen. Das ist ganz, ganz wichtig! Soviel zu dem „Wir-müssen-immer-mehr-haben"-Problem! Und auf der anderen Seite sehe ich, dass ganz einfach nicht realisiert wird, dass jeder Mensch, genauso wie Sie sagen, sein persönliches Wohlfühlgewicht hat. Darüber muss man reden. Ein akzeptables Körpergewicht zu haben bedeutet für die meisten Menschen nicht, dass sie spindeldürr sein sollten, sondern es gibt eine akzeptierte Bandbreite, innerhalb der sich jeder wiederfinden sollte. Es ist viel wichtiger, sein Körpergewicht positiv anzunehmen und sich damit wohl zu fühlen, als ständig jedes Kilo zu bekämpfen. Aber wenn das persönliche Gewicht eine Höhe erreicht hat, bei der man sagen muss: „Da können sich medizinische Probleme entwickeln, weil dieses Gewicht fördert Harnsäureerhöhung, Bluthochdruck und eine diabetische Stoffwechselsituation und was auch immer!", dann besteht Handlungsbedarf. Also die Sache ist nicht zu eng zu sehen, denn, und das ist mir in dem Zusammenhang auch ganz wichtig, wir haben ja heute auch das Problem der Untergewichtigkeit.

NÖLAK: *Ziehen wir uns Essstörungen heran?*

SCHMID: Sicherlich. Wenn wir die Leute ständig mit übertriebenen Forderungen neurotisieren und frustrieren.

NÖLAK: *Das wird vor allem Frauen betreffen, fast zur Gänze nur junge Frauen?*

SCHMID: Ja, das muss man auch sagen, dass es Menschen gibt, die eigentlich absolut normalgewichtig sind, vielleicht fünf Kilo mehr haben, aber sich nicht wohl fühlen, weil sie das Gefühl haben, sie würden irgendwelchen rechnerischen Standards nicht entsprechen.

NÖLAK: *Dieses Sich-nicht-wohl-Fühlen liegt dann im Psychischen und nicht im Physischen begründet, das hat eigentlich nichts mit den fünf Kilo zu tun.*

SCHMID: Sehr häufig haben Gewichtsprobleme im Zusammenhang mit Essstörungen eine psychische Ursache. Essen ist ein Grundbedürfnis und der Essstil eines Menschen resultiert aus seinem gesamten Lebensstil und Lebensgefühl. Ein freudvoller und konfliktfreier Umgang mit Essen und Trinken ist eine wesentliche Basis für Lebensfreude und Zufriedenheit.

„Herr Gott, Ganzheitsmedizin, was soll das, es gibt auch keine Halbheitsmedizin!"

Alois Stacher

Alois Stacher war Gesundheitsstadtrat von Wien, ist Professor und Präsident der Wiener Internationalen Akademie für Ganzheitsmedizin

NÖLAK: *Was können Sie den Menschen Richtung Ganzheitsmedizin empfehlen? Wie kann man sie in den persönlichen Lebensstil einbauen?*

STACHER: Wir verstehen unter Ganzheitsmedizin sowohl die so genannte Schulmedizin als auch die Erfahrungsheilkunde, die man von früher übernommen hat und die in Vergessenheit geraten ist. Diese habe ich noch als Student gelernt, weil die moderne Medizin noch nicht existent war. Das muss man einmal wissen zum Verständnis meiner Position. Und dann gibt es natürlich die psychosomatische Beeinflussung jeder Erkrankung. Das heißt, wir reden von einem ganzheitlichen Konzept im wahrsten Sinne des Wortes, was immer wieder auf Diskussionen stößt, weil unsere lieben Mediziner halt dann sagen: „Herr Gott, Ganzheitsmedizin, was soll das, es gibt auch keine Halbheitsmedizin!" Das sind die üblichen Scherze und Diskussionen, die sich aber jetzt langsam aufhören, weil in zunehmendem Maße die halbe Welt den Ausdruck Ganzheitsmedizin zu verwenden beginnt. Nun, was kann Ganzheitsmedizin prophylaktisch oder was kann sie im Lebensstil machen? Eigentlich alles, weil die Medizin, die wir derzeit lehren, ist vorwiegend konzentriert auf Therapie und Heilung schwieriger, schwerer, lebensbedrohlicher Erkrankungen und geht von der Situation aus, dass wir eine kausale Therapie durchführen müssen. Kausale Therapie, das ist die Behandlung der Ursache, der Erkrankung. Nun wissen wir alle, wenn wir ehrlich sind, dass wir im Wesentlichen die Ursachen der Erkrankungen nicht kennen oder bei dem einzelnen Patienten nicht erkennen. Damit hat diese Therapie ihre Grenzen. Die Komplementärmedizin oder Erfahrungsheilkunde hingegen ist immer davon ausgegangen, dass ich den Organismus aktiviere, damit er gegen die Erkrankung stärker wird und die Erkrankung selbst heilen kann. Das bedeutet, dass man Methoden einsetzt, die sicherlich nicht direkt auf die die Krankheit auslösende Ursache wirken, sondern den Körper wieder aktivieren, damit er damit fertig wird. Ganz einfach, ich kann eine Grippe, also einen grippalen Infekt, nicht die schwere Grippe, von der wollen wir gar nicht reden, behandeln, indem ich Antibiotika und was weiß ich gebe, das Fieber herunterdrücke usw. Dann werde ich halt wahrscheinlich eine Woche oder zehn Tage lang die Nachwirkungen spüren. Ich kann es aber auch so behandeln: Ich gebe Aspirin, lasse den Kranken schwitzen, womit die Temperatur noch mehr ansteigt, der Patient sich schneller wieder erholt, der Organismus mit dem Virus fertig wird und nach drei, vier Tagen fühlt er sich bereits wieder wohl. Oder im schlimmsten Fall dauert es genauso lang, wie wenn ich die anderen Medikamente dazunehme, allerdings ohne dass ich Nebenwirkungen riskiere. Das heißt, entweder kann ich die Abwehrkräfte aktivieren oder ich kann direkt die Ursache behandeln, wenn ich sie kenne. Nun zeigt sich also, dass die Schulmedizin oder die naturwissenschaftliche Medizin unerhörte Erfolge gehabt hat in den letzten 30, 40 Jahren, die wir uns überhaupt nicht vorstellen hätten können, z. B. bei Schwerstkranken, wo sie sensationelle Erfolge hat, wenn sie die Ursachen kennt. Die Schulmedizin hat aber bereits dort Schwierigkeiten, wo sie die Ursachen nicht kennt und dabei, dass viele Kleinigkeiten, die wir im Leben haben, eigentlich in ihren Ursachen relativ fraglich sind. Die Menschen werden älter, das ist erfreulich, aber es gibt immer mehr alte Leute, die chronische Schmerzzustände, die Schlafstörungen, die Befindlichkeitsstörungen haben und genau genommen weiß man eigentlich nicht, warum sie es haben. Und wenn ich die jetzt mit massiven Mitteln behandle, habe ich zwar einen Erfolg, keine Frage, aber das Risiko, dass die Nebenwirkungen dieser massiven Mittel zum Tragen kommen, ist natürlich groß. Wenn ich die mit komplementärmedizinischen Methoden – mit Lichttherapie oder mit der Kneippkur oder sonst etwas – behandle, so ist das einzige Risiko jenes, dass nicht die volle Wirkung eintritt, die ich mir wünsche, aber ich schädige damit den Patienten sicher nicht. Das ist die grundlegende, man könnte fast sagen, philosophische Differenz zwischen der Schulmedizin und der Ganzheitsmedizin. Persönlich bin ich der Überzeugung, dass beides in der Medizin notwendig ist, abhängig vom Wissen der Erkrankung, dem Zustand und der sozialen Umgebung des Patienten. Der alte Mensch, der dauernde Leiden hat, der braucht einen praktischen Arzt, der, wenn es überhaupt sehr arg ist, ihm für drei Tage ein Schlafmittel gibt und ihm erst danach eine Lichttherapie oder eine chronobiologische Therapie oder sonst etwas empfiehlt, das die gestörten Regulationsmechanismen wieder in Ordnung bringt. Das geht mit der Komplementärmedizin. Natürlich geht das auch in Form einer Prophylaxe, wenn ich dafür sorge, dass meine Abwehrorganismen besser werden, ob man nun probiotisches Zeug schluckt, homöopathische Tropfen nimmt oder ob man ganz einfach in die Kälte geht oder Sauna macht, alles was die körpereigene Abwehr antreibt, stärkt sie natürlich. Und das ist die beste Prophylaxe gegen z. B. eine Grippe. Das ist auch ein Teil der Ganzheitsmedizin, der bezogen auf den Lebensstil im Bereich der Prävention liegt. Daher gehen die ganzen alten Medizinformen, die ja die Ausgangsbasis waren, von der Ernährung auf der einen Seite und Bewegung auf der anderen Seite aus. Das ist eigentlich die Therapie der Inder und der Chinesen, die haben auch nichts anderes gehabt. Kräuter, Bewegung, Wasser und Ernährung. Hier treffen sich praktisch die ideologisch verschiedenen Gruppen. Für mich ist die einzige Diät, die einzige Ernährungsform, die ich anerkenne, die nach Ayurveda, aus dem einfachen Grund, weil diese Lehre drei Typen von Menschen definiert und für jeden Typ empfiehlt, gewisse Nahrungsmittel verstärkt zu essen oder eher zu meiden. Ich habe einmal einen Fachmann zu Gast in Wien gehabt und bin mit ihm Mittagessen gegangen, wir haben uns recht gut unterhalten und dann gibt er mir so einen Zettel und sagt: „Sie sind ein Pita-Typ, ich gebe Ihnen da einen Zettel und da haben Sie die drei Typen und was die alles essen sollen." Das habe ich sehr nett empfunden, mich artig bedankt, den Zettel mit nach Hause genommen, habe ihn auf den Schreibtisch gelegt und dort liegen lassen. Eines Tages war mir fad und ich habe den Zettel angeschaut – und sofort gesagt, also das ist endlich einmal die Ernährungskunde für mich. Alles, was mir gut schmeckt und was ich gerne esse, soll ich essen. Alles, was ich abgelehnt habe und was ich eigentlich nicht will, soll ich nicht essen. Das heißt für mich übersetzt, genau genommen weiß der Körper, was er braucht und was er essen soll. Ich bin auch nicht der Mensch, dem das völlig wurscht ist, wenn alle sagen, Tofu sei jetzt so gesund, trotzdem esse ich Tofu nicht, weil er mir nicht schmeckt. Dann komme ich drauf, dass die Inder sagen, ich soll sowieso keinen Tofu essen bei meinem Typ. Das ist doch die reine Freude, wenn man von anderer Seite die Bestätigung erhält.

NÖLAK: *Wenn unser Körper selbst sagt, was er gerne isst, warum sind wir so dick?*

STACHER: Weil wir zu viel essen. Bitte, das sind ja nicht nur wir Österreicher, es sind alle westlichen Länder, schauen sie sich einen Amerikaner an usw. Ich glaube, das ist schlicht und einfach unser modernes Leben mit der ganzen Werbung für Essen.

NÖLAK: *Wir hören also eigentlich uns selber nicht mehr zu?*

STACHER: Jawohl. Ich glaube, mit dem Rauchen ist es genau dasselbe. Wenn ich vorm Fernseher sitze und zuschaue und dann fängt jemand im Fernsehen zu rauchen an, greife ich automatisch zur Zigarette. Wenn der nicht raucht, greife ich nicht zur Zigarette, weil ich gar nicht daran denke. Das und die Tatsache, dass nun unser ganzer Lebensstil darauf aufgebaut ist, Genussfähigkeit in jeder Hinsicht zu haben und auszuleben – wir sind ein glückliches Volk, dass wir das zu einem gewissen Teil machen können, aber es ist schon klar, dass wir zu viel essen, zu viel Alkoholika usw. trinken. Mit diesen Vorbildern ist das so eine Sache. Ich z. B. habe überhaupt keinen Gusto auf Alkohol, trinke fast überhaupt nichts. Ich bin kein Anti-Alkoholiker, völlig lächerlich. Aber was glauben Sie, was es bedeutet hat, 16 Jahre Wiener Gesundheits-Stadtrat zu sein und bei Empfängen als Gastgeber anzustoßen. Drei Jahre haben wir gebraucht, bis sich alle daran gewöhnt haben, dann haben es alle gewusst in Wien, dann war Ruhe. Völliges Unverständnis, wenn ich erklärt habe, nein, ich bin kein Anti-Alkoholiker, mir ist das ganz wurscht, aber mir schmeckt das Zeug nicht, daher trinke ich es nicht. Ich habe einfach keinen Gusto darauf!

NÖLAK: *Ist der gesellschaftliche Druck bei Alkohol größer als beim Rauchen?*

STACHER: Ja. Keine Frage. Es gehört dazu, ich kann das nur von mir sagen, es gehört dazu, dass man als Gastgeber den Gästen einmal zuprostet. Wenn man das nicht macht und Wasser trinkt, ist das fast ein gesellschaftlicher Fauxpas. Du musst die Leute daran gewöhnen.

NÖLAK: *Und da geht es beim Rauchen leichter?*

STACHER: Das geht beim Rauchen leichter.

NÖLAK: *Rauchen ist keine soziale Tätigkeit, Trinken schon. Man raucht nicht unbedingt in Gesellschaft. Der klassische Raucher raucht durchaus allein. Trinken ist etwas, was eine gesellschaftliche Tätigkeit ist. Man trinkt gemeinsam ein Glaserl Wein.*

STACHER: Alkohol ist eine Sucht und, das habe ich vom Rudas gelernt, süchtiges Verhalten gibt es in jeder Gesellschaft, nur die Suchtmittel sind andere. Wir haben uns an den Alkohol als Suchtmittel mehr oder weniger gewöhnt und akzeptieren ihn. Die Chinesen haben halt das Opium und akzeptieren es. Gefährlich wird es nur dann, wenn man die Grenzen nicht mehr weiß. In Österreich sterben garantiert wesentlich mehr Leute an Alkoholismus oder an Alkohol als an allen anderen Suchtgiften, das muss man klar ausdrücken. Nur, er stirbt ja an der Leberzirrhose und es sagt kein Mensch, dass die durch Alkohol entstanden ist, oder er stirbt an Ulcus und es redet kein Mensch vom Alkohol usw.

NÖLAK: *Also die Werbung oder der Gruppendruck sind die Hauptverführer. Wie lernen wir wieder, auf uns zu hören? Es bedeutet ja Genussverzicht, wenn ich etwas aufgebe, was mir Vergnügen bereitet, also muss ich das ja dann irgendwie positiv „tarnen"?*

STACHER: Erstens einmal müssten wir lernen zu differenzieren, nachzudenken, was man persönlich als Genuss empfindet. Es wäre wichtig nachzudenken, ob das, was mir angeboten oder angepriesen wird, tatsächlich für mich ein Genuss ist. So fängt es an. Es sollte uns auch einen Gedanken wert sein, dass man nicht alles haben muss oder kann, dass man auch rechtzeitig Schluss machen kann mit dem Essen, dass man geringere Mengen zu sich nimmt, dass man durch langsames Essen beispielsweise mehr Genuss hat, als wenn man zwei Kilo in kurzer Zeit runterstopft – das ist natürlich eine Erziehungssache. Und das, was meiner Meinung nach in Österreich, aber nicht nur in Österreich, komplett auslässt, ist die Schulung.

NÖLAK: *Wann müsste die sein bzw. wer müsste schulen?*

STACHER: Ich glaube, es müsste zu einem Bündnis zwischen den Lehrern und den Eltern kommen. Zuerst müssten eigentlich die Eltern über Sucht im weitesten Sinne aufgeklärt werden und dann die Lehrer. Es geht nicht anders. Ich bin z. B. ein Feind dieser so genannten supertropen Aufklärung, weil da kläre ich über etwas Verbotenes auf, was doch jeden jungen Menschen reizt und er es dann doch einmal ausprobiert. Ich habe mich immer gegen solche Aufklärungskampagnen bei Kindern gewehrt – warum fangen so viele zu rauchen an? Doch nur, weil die Eltern ihnen das Rauchen verbieten. Oder der Freund sagt, das ist klasse, und dann wird halt die erste Zigarette geraucht, obwohl sie gar nicht schmeckt, aber man raucht weiter, weil es ist halt so klasse, wenn man raucht.

NÖLAK: *Ich habe nicht geraucht, weil mir das Rauchen von meinem Vater auf die Nerven gegangen ist, erstens hat es gestunken, zweitens saß er in seinem Bett und hat gehustet und das wollte ich alles nicht. Und so habe ich einfach noch nie in meinem Leben eine Zigarette geraucht.*

STACHER: Ich bin im 2. Weltkrieg zwei Jahre im Lazarett gelegen und schwer verwundet worden. Nach meiner Operation habe ich eineinhalb Jahre von den Amerikanern wöchentlich zwei Schachteln Camel – starke Zigaretten – bekommen. Das amerikanische Lazarett war in der Hinsicht großzügig. Dort habe ich eineinhalb Jahre die Zigaretten hergeschenkt. Ich war einer der beliebtesten Patienten dort und dann hat irgend so ein Trottel, mit Verlaub, gesagt: „Geh bitte, jetzt rauch dir auch einmal eine an." Jedenfalls im Rahmen so einer Diskussion habe ich halt eine Zigarette probiert. Es war eine sehr starke amerikanische Zigarette und ich habe einen richtigen Schwips darauf bekommen. Dieses Gefühl war ambivalent, so dass ich es noch einmal probieren wollte, dann habe ich es noch einmal probiert und dann hat mir das gefallen und dann habe ich langsam begonnen zu rauchen, ganz, ganz minimal, und ich will auch gar nicht sagen, dass es mir so übermäßig gut geschmeckt hat. Ich habe dann einen grundlegenden Fehler gemacht, ich habe das mit dem Rauchen meiner Mutter nach Wien geschrieben. Die hat den Missverstand einer Mutterliebe gehabt, 1947, 1948 hat sie in Wien alles an Zigaretten gesammelt, was damals zu sammeln war, in einem halben Jahr ist so ein Berg an Zigaretten zustande gekommen. Als Geschenk hat sie mir dann Zigaretten gegeben. Aus war es. Ich habe dann da eine geraucht, dann habe ich dort eine geraucht und mit der Zeit habe ich dann immer mehr geraucht. Meine Kollegen haben mir damals ganz schlechte Prognosen für meine Gesundheit gegeben und ich selbst habe mir nach dem damaligen als Student erlernten Wissen auch gedacht, die haben alle Recht, die Chance, dass ich viel älter werde, ist eh nicht da, da ist es eigentlich eh wurscht, ob ich jetzt rauche oder nicht. Und ich habe bis heute kein einziges Mal versucht, es mir abzugewöhnen. Das Leben, das ich noch habe, ist nicht mehr so lange, da rauche ich jetzt, wenn es mir schmeckt. Ich kann stundenlang nichts rauchen, und ich kann in fünf Stunden 30 Zigaretten wegrauchen, wenn es mir gerade schmeckt. Während der Stadtratszeit war ich 14 Tage in Südtirol auf Urlaub und habe im Schnitt damals ein, zwei Schachteln Zigaretten geraucht. Ich habe mir also für die 14 Tage die Zigaretten mitgenommen, zum Schluss, als ich gerade die Koffer gepackt habe, schau ich noch in den Koffer rein und wundere mich, dass noch so viele Zigaretten da sind. Ich habe also zu zählen begonnen und bin drauf gekommen, dass ich im Urlaub im Schnitt nur zwei bis drei Zigaretten maximal am Tag geraucht habe. Ich bin nach Wien zurückgekommen und da habe ich am ersten Nachmittag 40 geraucht. Damit liegt man durchaus im gesellschaftlich akzeptierten Bereich. Jetzt fangen sie in Amerika mit der Antiraucher-Kampagne an, mit der werden sie genauso schnell Schiffbruch erleiden wie mit der Alkohol-Prohibition. Das ist in Wirklichkeit nur die Suche nach irgendeiner faschistischen Methode, um die Leute zu unterdrücken. Sowohl die Prohibition als auch das Rauchverbot. Was soll es. Haben sie den Alkohol weggebracht? Nein. Sie werden das Rauchen auch nicht wegbringen.

NÖLAK: *Wenn Herr und Frau Österreicher sich bezüglich Ganzheitsmedizin umschauen wollen … was soll er oder sie tun, wenn er sich dafür interessiert und wenn er seine kleinen Leiden hat?*

STACHER: Ich glaube, wenn er sich bereits kundig gemacht und ein paar Vorinformationen darüber gesammelt hat, ist es natürlich besser, wenn er sich mit einem Arzt in Verbindung setzt. Das ist ja mein Bestreben, dass wir da versuchen, die Ausbildung der Ärzte zu machen. Das heißt, unser postgradualer Kurs ist eine Ausbildung über die Regulationsmechanismen des Menschen und ihre Beeinflussung durch komplementäre Methoden, aber in erster Linie ist es eine Information, welche Methoden es gibt. Denn es ist heute so, dass durch die Presse, durch die Zeitschriften, Patienten viel mehr darüber wissen als die Ärzte. Es kann einfach nicht sein, dass der Patient kommt und dem Doktor eine bestimmte Behandlungsmethode, z. B. die Homöopathie vorschlägt, und der Arzt weiß nicht einmal, was Homöopathie ist ... das gibt es ja leider.

Ich glaube, die komplementären Methoden wirken mehr oder weniger, aber das tun sie über die gleichen Regulationsmechanismen des Menschen. Es ist immer dieser ganze Komplex in der Summe betroffen. Nur mit anderen Auslösungsmechanismen. Und es gibt ganz klare Regulationsmechanismen des Menschen. Nicht nur bei Menschen, natürlich hat jedes Lebewesen seine Regulationsmechanismen und die Frage ist nur, womit hat der Arzt die persönlichsten und besten Erfahrungen, was hat er gelernt. Ich kann bei Herderkrankungen Akupunktur machen und ich kann Neuraltherapie machen. Ich kann die Akupunktur falsch machen – ich würde sie falsch machen, denn ich beherrsche die Methode nicht. Die Neuraltherapie, die würde ich eher richtig machen. Das kann aber auch umgekehrt sein. Es gibt x verschiedene Methoden für die körpereigenen Abwehr- und Regulationsmechanismen, da ist jetzt alles betroffen, Gefäße, Nerven, die molekularbiologischen Veränderungen im Bindegewebe im Besonderen, auf das wir besonders Wert legen, weil Prof. Dr. Alfred Pischinger das in Wien letzten Endes vor 50 Jahren entdeckt hat und von allen als Trottel angesehen wurde – in der Zwischenzeit kommen die Amerikaner drauf, unter dem Titel Matrix, dass es der wichtigste Teil der Organisation des menschlichen Regulationssystems ist. Wenn ich ein Phänomen sehe und ich kann es mir nicht erklären, dann kann ich nur sagen, ich kann es nicht erklären, aber das ist trotzdem da. Das ist die wesentliche Unterscheidung zwischen den dogmatischen Schulmedizinern und den aufgeschlossenen Komplementärmedizinern. Es gibt auch dogmatische Komplementärmediziner, die die Verabreichung von Zytostatika ablehnen, weil sie der Meinung sind, die eigene Abwehrkraft des Körpers so stärken zu können, dass der Krebs weggeht. Einen Schmarren geht er weg. Es ist daher meine Überzeugung, dass ich beides brauche, nur muss ich wissen, wann ich was einsetze. Heute ist die Brücke – und ich glaube, gerade unsere Wiener Internationale Akademie für Ganzheitsmedizin ist da sehr beteiligt daran – zwischen Komplementärmedizinern und Schulmedizinern in manchen Bereichen bereits geschlagen. Nicht in allen. Aber es findet überhaupt niemand mehr etwas daran, wenn man bei einem Karzinom Akupunktur macht, weil der Schulmediziner weiß, dass der Akupunkteur nie den Anspruch stellen würde, den Patienten heilen zu können, sondern ihm ja nur in der Regulation hilft, dass es dem Patienten besser geht. Der Akupunkteur stellt die schulmedizinische Therapie nicht in Frage.

NÖLAK: *Und Herr Hamer (Anm.: Dr. Ryke Geerd Hamer, auch schon tot), der Wunderheiler?*

STACHER: Der Hamer ist ein Narr. Den Hamer habe ich ja massiv angegriffen. Der ist eine Katastrophe, der ist ja kein Komplementärmediziner. Der hat nur eine fixe Idee. Ich war ja bei dem Konsilium dabei, das dann bei der Olivia den Beschluss gefasst hat, dass man sie zwangsbehandelt. Braucht man nicht mehr dazu sagen, das war nicht lustig.

NÖLAK: *Offenbar sind mehr denn je klare Regeln, auch von gesetzlicher Art und Weise, vonnöten.*

STACHER: Ja, es ist nichts dagegen einzuwenden, bei einem Krebspatienten Musiktherapie zu machen, um seine Lebensqualität zu erhöhen, wenn er die normale Therapie kriegt.

Das ist eben der wesentliche Unterschied – abgesehen jetzt von dem Grundsatz, den ich am Anfang gesagt habe, dass man Wissen lernen muss, wann man welche Methoden einsetzt und wann man sie gemeinsam einsetzt, und dass man darauf achtet, dass die Lebensqualität des Patienten erhalten bleibt. Gerade bei Schwer- und Schwerstkranken entstehen dann natürlich die Fragen, wie weit eine Lebenserhaltung um jeden Preis noch gerechtfertigt ist, wenn er sowieso die letzten 14 Tage nur mehr dahinvegetiert. Das ist auch in der Schulmedizin immer wieder eine Frage. Und jetzt kommt Gott sei Dank, gerade auch durch die komplementärmedizinischen Diskussionen, auf einmal die Lebensqualität ins Gespräch. Ich habe immer gesagt, man muss auch mit den Ärzten reden, die komplementärmedizinische Methoden machen. Ich bin dafür viel kritisiert und beschimpft worden. Eines Tages ist es mir zu blöd geworden, also habe ich vor Jahren einen ganzheitsmedizinischen Kongress organisiert, ganzheitliche Krebstherapie; ich bin also in den Vorstand der Hämatologengesellschaft gegangen und habe alle eingeladen, Vorträge zu halten und daneben auch im selben Kongress komplementärmedizinische Methoden kennen zu lernen. Ich habe denen quasi einen Nichtangriffspakt vorgeschlagen. Ich habe vor Augen geführt, dass sie sicherlich nicht in die Situation kommen wollen, allen Leuten erklären zu müssen, wieso der Gründer dieser Gesellschaft, also ich, schon vor drei Jahren als einzig lebendes Ehrenmitglied und langjähriger Präsident „so deppert ist, dass er so idiotische Methoden wie die Ganzheitsmedizin in einem Kongress vertritt". Ergebnis: Drei Tage Kongress, alles Liebe und Wonne und Freundschaft, die Kritiker haben zwar gemauschelt, über das oder das, aber sie haben sich einmal kennen gelernt und haben gesehen, dass die Komplementärmediziner nicht lauter Trotteln sind, sondern dass die auch Anliegen haben. Und da ist jetzt, glaube ich, einer der wesentlichen Unterschiede. Man kann diese Methoden der Komplementärmedizin zum großen Teil nicht mehr im Spital oder auf einer Klinik machen, weil, wenn man dort die Regulation des Organismus verändern oder umstimmen will, braucht man zumindest jede Woche einmal einen Stoß auf das Regulationssystem, das dauert. Wir haben nur eine Verweildauer von sieben bis neun Tagen in den Spitälern. Was soll der in dem Spital machen? Ich hätte das nie machen können. Bei uns sind die Patienten damals, das war 1953, 1954, 1955, sechs Wochen im Spital gelegen. Wir haben ja nur die Patienten behalten, die für Komplementärtherapie geeignet waren, und die haben wir gemacht. Das ist die Therapie, die ich als Schulmediziner gelernt habe, die in Vergessenheit geraten ist und die man halt jetzt wieder braucht. Ich brauche für die akuten Erkrankungen, deren Ursachen weitgehend bekannt sind, die Schulmedizin, auf die kann ich nicht verzichten. Ich brauche aber für die chronisch Kranken, die jahrelang leiden, auch ein gutes Verhältnis zwischen Patienten und Arzt und die gemeinsame Arbeit an ihren Störungen. Und da muss der Patient, wenn er Kreuzschmerzen hat, Bewegungsübungen machen, da muss ich aber wissen, wie viele Bewegungsübungen dafür gut sind. Und es ist noch etwas, ich habe Zeit. In der Akutmedizin hat man keine Zeit. Da muss man rasch handeln, da nützt alles nichts und da ist langes Diskutieren völlig unsinnig. Während bei chronischen Sachen kann man dem Patienten

Ratschläge geben und Vorschläge machen, die er nach Möglichkeit befolgen soll. So spielt bei der Komplementärmedizin und auch bei der Prophylaxe der Patient eine sehr große Rolle.

NÖLAK: *Gibt es da einen Trick, den Menschen zur Vernunft zu bewegen?*

STACHER: Ich glaube nicht. Ich glaube, da kann man nur reden. Schauen Sie mich an, ich wurde ja angegriffen als Stadtrat, dass ich geraucht habe. Auch heute noch, wenn ich wo hinkomme, ist die erste Frage immer, ob ich noch rauche. Das ist wahr, ich war ein Dauerbrenner, weil ich immer gesagt habe, ich denke nicht daran, es mir abzugewöhnen. Aber ich habe nie gesagt, dass es gesund ist. Ich habe beispielsweise eine Antiraucherkampagne gemacht und habe mich bei der Presse vorne hingesetzt und mir zuerst einmal eine Zigarette angezündet. Mich haben sie dann immer gefragt, wie ich den Patienten da überhaupt raten kann, dass sie das Rauchen aufgeben. Meine Antwort darauf war immer, dass ich überhaupt kein Problem darin sehe. Ich kenne von meinen Patienten keinen, der nicht zu rauchen aufgehört hat, wenn ich es ihm geraten habe. Ich habe immer gesagt: „Ich verstehe Sie völlig, ich weiß nicht, ob es mir gelingen würde, aber in der Situation, in der Sie sich jetzt befinden, würde selbst ich aufhören. Und das will was heißen." Und die haben also wirklich aufgehört. Im Gegenteil, die sind später zu mir gekommen und haben mir im Nachhinein Recht gegeben. In dem Augenblick, wo ich den überzeuge, dass es ihm doch besser tut, dass er weniger hustet in der Früh oder sonst irgendwas, na gut, dann hört er auf zu rauchen. Aber wenn er absolut darauf fixiert ist, nützt das alles einen Schmarren. Am schlimmsten ist es, wenn man jemandem etwas verbietet, das ist meine persönliche Meinung, zumindest meiner Mentalität entsprechend. Und das schau ich mir an, ob man jemandem was mit Gewalt verbieten kann. Wenn man etwas einsieht, ja. Aber wenn man es nicht einsieht …

NÖLAK: *Mein rauchender Großvater ist auch 92 geworden. Das sind so Argumente, die ich mit meinem Vater hin und her gewälzt habe.*

STACHER: Ja, aber das muss jeder mit sich selbst ausmachen.

NÖLAK: *Ist also der Trick, die Selbstverantwortung, das Selbstbewusstsein zu steigern?*

STACHER: Der Arzt muss für den Patienten glaubwürdig sein. Ich glaube, das ist entscheidend. Und den Ruf kriegt er ja oder er kriegt ihn nicht!

Siehe Bildtafel 20

„Die Krankenabteilungen der Klöster kannten sogar schon eine Vorform der Sonderklasse, Herrenpfründe genannt."

Wolfgang Rohrbach

Wolfgang Rohrbach ist Gesamtprokurist im UNIQA Versicherungskonzern

NÖLAK: *Wie sieht der historische Hintergrund des Themas „Versicherung" aus?*

ROHRBACH: Seit der Antike bilden Menschen Gefahrengemeinschaften, um gegen eine Reihe von Schicksalsschlägen, die für den Einzelnen Vernichtung seiner Existenz oder zumindest eine einschneidende Reduktion seines Lebensstils bedeutet hätten, entgegenzuwirken. Der älteste Versicherungsvorläufer Österreichs ist die christliche Kirche. Die Christengemeinde verstand sich auch als Gefahrengemeinschaft, d. h. jede(r) Gläubige erbrachte Spenden oder zahlte kleine Beiträge in eine gemeinsame Kasse ein, damit den in Not geratenen Brüdern und Schwestern der Christengemeinde Hilfe im Krankheitsfall, Alter oder nach Naturkatastrophen – Feuer, Hochwasser, Hagel etc. – zuteil wurde.

Krankheit oder altersbedingtes Siechtum wurde von der Kirche in der Weise bekämpft, dass jedes mittelalterliche Kloster ein so genanntes „hospitale pauperum", also eine Mischform zwischen Krankenhaus und Pflegeheim, besaß. Hier gewährten die Mönche jedem verunfallten, kranken oder durch Alter siech gewordenen Menschen Unterbringung und Verpflegung in Bettensälen. Die medizinische Versorgung erfolgte durch Mönche, die in der Zubereitung von Arzneien bzw. Durchführung von Operationen bewandert waren. Die Krankenabteilungen der Klöster kannten sogar schon eine Vorform der Sonderklasse, Herrenpfründe genannt.

NÖLAK: *Damals schon?*

ROHRBACH: Ja, gegen Übergabe eines Grundstückes und/oder Hauses bzw. Spende eines größeren Geldbetrages konnten sich Wohlhabende für den Fall des Alters oder krankheitsbedingten Siechtums ins Kloster „einpfründen". Sie erhielten eine besser ausgestattete Schlafstätte und auch bessere Verpflegung. Die Kirche sah in der Einrichtung der Herrenpfründe keinen Verstoß gegen das christliche Ethos. Denn die erwirtschafteten Überschüsse aus den Pfründen dienten zur Finanzierung des Betriebes im „hospitale pauperum". Durch den im Kloster praktizierten Lebensstil gesundeten die meisten dort gepflegten Menschen an Körper, Geist und Seele. Mit der Bevölkerungszunahme in Europa kam es zur Gründung eigener Spitalsorden, deren Hauptaufgabe der Dienst an Kranken wurde. Diese Vorformen der Kranken- bzw. Pflegeversicherung existieren bis heute in Österreich. Alljährlich führen die Barmherzigen Brüder bzw. der Malteser Hospitaldienst Sammlungen in der Bevölkerung, sozusagen der „Gefahrengemeinschaft", durch, um ärmeren oder mittellosen Menschen kostenlose Hilfe zuteil werden zu lassen.

NÖLAK: *Es hat sich also im Wesen nichts geändert?*

ROHRBACH: Der Unterschied zwischen Versicherungsvorläufer und klassischer Versicherung, wie sie seit über 200 Jahren in Österreich existiert, liegt darin, dass die versicherte Person heute einen Rechtsanspruch auf ganz bestimmte vertraglich vereinbarte Leistungen hat. Bei den Vorläufern war entweder der Rechtsanspruch nicht klar umrissen oder bestand überhaupt nicht. Übrigens sind die mittelalterlichen Klöster auch die Vorläufer der Lebens- sowie Rentenversicherungen.

NÖLAK: *Bitte um Erklärung.*

ROHRBACH: Als nämlich der Zustrom an Menschen, die sich für das Alter oder für den Fall der Krankheit im Kloster Unterkunft und Verpflegung sowie medizinische Versorgung lebenslänglich sichern wollten, zu groß wurde, kauften sich die Klöster durch Zahlung lebenslänglicher monatlicher Renten ca. seit dem 15./16. Jahrhundert von dieser Verpflichtung frei. Damit war die Leibrente bzw. Leibrentenversicherung geboren. Noch heute praktizieren eine Reihe geistlicher Spitäler, die in einer jahrzehntelangen Partnerschaft zur privaten Krankenversicherung stehen, einen Lebensstil, der neben medizinischer Versorgung des Kranken auch Kommunikation, Vermittlung von Lebensfreude und Trost beinhaltet. Die moderne private Krankenversicherung hat in ihre Dienstleistungspalette viele Jahrhunderte lang erprobte Gepflogenheiten der geistlichen Spitäler übernommen, die alle zusammen unter dem Begriff „Wohlbefinden für den kranken Gast" anstelle zweckmäßiger Versorgung des Pfleglings bezeichnet werden können.

NÖLAK: *Wie sieht das „Lebens-Rezept" eines Fachmannes im Umgang mit dem Thema Versicherung aus? Sind Sie der „versichertste Mensch", den man sich vorstellen kann?*

ROHRBACH: Ich habe für meine nächsten Angehörigen und mich aus Überzeugung eine Reihe von Versicherungen abgeschlossen, um nach bestimmten Schicksalsschlägen oder Notsituationen den gewohnten Lebensstil möglichst schnell wieder herstellen zu können. Der Lebensstil setzt sich naturgemäß aus dem geistigen, psychischen, aber auch materiellen Umfeld zusammen. Schon als Student, als ich meine Doktorarbeit über das nördliche Waldviertel schrieb, habe ich davon geträumt, dort ein Haus auf einem Hügel samt naturbelassener Wiese zu besitzen. Es dauerte etliche Jahre, bis ich die Geldmittel für den Kauf eines solchen Hauses angespart hatte. Der Lebensstil, den ich inmitten der dort vorhandenen herben Naturschönheiten praktizieren kann, trägt sehr stark zum Wohlbefinden meiner gesamten Familie bei. Aber schon ein einziges Feuerunglück könnte alles das, was in vielen Jahren geschaffen wurde, mit einem Schlag vernichten. Nur eine entsprechende Versicherung vermag den gewohnten Lebensstil im Hinblick auf die beschriebene Situation in kurzer Zeit wieder zu gewährleisten. Diese Feststellung gilt noch stärker, wenn nicht oder nicht allein der persönliche Besitz, sondern der eigene Körper oder die Gesundheit zu Schaden kommen. Ein einziger Unfall kann einen arbeitsamen lebensfrohen Menschen in eine Situation versetzen, dass er nicht nur das gewohnte Einkommen nicht mehr erwirtschaften kann, sondern darüber hinaus schwerste finanzielle und psychische Belastungen entstehen, weil er seine Wohnung oder sein Haus invalidengerecht umbauen muss, um etwa mit dem Rollstuhl in die verschiedenen Räumlichkeiten gelangen zu können. Zusätzlich kann eine kostspielige Diät-Ernährung notwendig werden. In solchen Fällen ist es sicher nicht mehr möglich, die alte Lebensqualität vollständig wieder herzustellen. Aber so seltsam es klingt, oft kommt es gar nicht auf die objektiven Qualitätskriterien an, sondern auf die persönliche Einstellung eines Menschen zu den Kriterien.

NÖLAK: *Bitte um ein Beispiel.*

ROHRBACH: Vor einigen Monaten wurde im Rahmen einer Fernsehreportage ein Unfallopfer interviewt, das nach mehr als eineinhalbjähriger Bettlägerigkeit – dank eines neuen technischen Systems – wieder das Gehen erlernte. Obwohl dem etwa 40-jährigen Mann das Gehen noch ziemliche Schwierigkeiten bereitete, stellte er mit leuchtenden Augen und voll Überzeugung fest: „Ich bin glücklich, dass ich wieder gehen kann." In hunderten anderen Fällen verdammen eitle Hobbysportler die „Ungerechtigkeit ihres Schicksals", nur weil sie wegen gewisser Abnützungserscheinungen des Bewegungsapparates statt eines Marathons nur mehr ein Drittel oder die Hälfte dieser Strecke laufen können. Entsprechende private Unfall- und/oder Krankenversicherungen können über die Grundleistung des Staates hinausgehend auch hier einen gewissen Lebensstil oder Lebensqualität sicherstellen. Der wegen Dauerinvalidität arbeitsunfähig Gewordene erhält Geldmittel, die verhindern, dass er aus Kostengründen seine attraktive Wohnung oder attraktives Eigenheim gegen eine bescheidenere Unterkunft austauschen muss. Oftmals kann aber durch entsprechend rasch durchgeführte Operationen verhindert werden, dass es überhaupt zur Arbeitsunfähigkeit oder starken körperlichen Beeinträchtigungen kommt. Die Geldmittel dafür könnte der Einzelne ohne Versicherung nur in den seltensten Fällen aufbringen. Schließlich ist auch die private Altersvorsorge als „Lebensrezept" zu erwähnen, die verhindern soll, dass gerade zu einem Zeitpunkt, ab dem man endlich Zeit hat, gewisse Annehmlichkeiten des Lebens zu genießen, diese aus finanziellen Gründen nicht umgesetzt werden können.

NÖLAK: *Eignen sich Ihre „Rezepte" auch für Herrn und Frau Österreicher?*

ROHRBACH: Ein allgemein gültiges Rezept hinsichtlich des Umganges mit dem Thema „Versicherung" kann meiner Meinung nach nur als Rahmenvorschlag oder Erklärung gegeben werden. Denn ebenso wie sich die Lebensstile der Österreicher unterscheiden, unterscheiden sich natürlich auch die diversen Versicherungsformen und -kombinationen. Für einen oberösterreichischen Landwirt wird z. B. eine Hagelversicherung gewiss wichtiger sein als für einen Wiener Beamten. Für einen Skifahrer wird eine Sportunfallversicherung ein größeres Erfordernis darstellen als für einen enthusiastischen Schachspieler. Aber über alle Personen- und Berufsgruppen hinweg lassen sich doch einige generelle Feststellungen treffen. Es gibt hinsichtlich ihrer finanziellen Auswirkungen kleine, mittlere und große Schäden. Jeder versicherbare große Schaden, der imstande ist, die Existenz einer Person, eines Betriebes etc. zu zerstören, sollte auf jeden Fall unter Versicherungsschutz gestellt werden. Hinsichtlich der mittleren oder mittelschweren Schäden sollte eher der Einkommensschwächere darauf achten, entsprechende Versicherungen abzuschließen. Zwar belastet die Prämienzahlung den Einkommensschwächeren mehr als den Wohlhabenden; doch kann der mittelschwere Schaden durchaus die Existenz des Einkommensschwächeren zerstören, während der finanziell Stärkere sie im Regelfall aus eigenen Rücklagen abdecken kann. Kleine oder so genannte Bagatellschäden sollten aus eigenen Mitteln gedeckt werden. Sie verteuern nämlich die Verwaltungskosten eines Versicherungsunternehmens sehr stark und damit natürlich auch die Versicherungsprämien. Erstens, weil ähnliche Aktivitäten wie bei einem Großschaden, nämlich Anlegen eines Schadensaktes, Schadenserhebung, Prüfung der Unterlagen etc., durchgeführt werden müssen. Zweitens ereignen sich aber Bagatellschäden viel häufiger als mittelschwere oder große Schäden. Wenn in einer Gefahrengemeinschaft viele von einem bestimmten Schaden bedroht, aber nur wenige tatsächlich getroffen werden, dann ist das klassische Versicherungsprinzip gegeben, dass man sich für eine relativ geringe Prämie auf eine um ein Vielfaches größere Summe versichern kann. Dort hingegen, wo die Anzahl der von einer Gefahr bedrohten Menschen nahezu ident ist mit der vom Unglück tatsächlich betroffenen, wird die Versicherung teuer und kann ad absurdum geführt werden. Das ist dann der Fall, wenn z. B. die jährlichen Beitrags- oder Prämienzahlungen in etwa genauso hoch sind wie die jährlichen Leistungen, die man aus einer Versicherung bezieht.

NÖLAK: *Wie und ganz besonders wann sollte man sich mit dem Thema „Versicherung" beschäftigen?*

ROHRBACH: Da wir das gesamte Leben hindurch Existenz bedrohenden Gefahren ausgesetzt sind, sollte die Beschäftigung mit Versicherung eigentlich in keiner Lebensphase fehlen. Allerdings ist das Ausmaß der Bedrohungen in den einzelnen Lebensabschnitten unterschiedlich groß. Die tückischsten Gefahren sind jene, die wir entweder überhaupt nicht bzw. nicht ausreichend wahrnehmen oder aber ihre Folgen unterschätzen. Wenn in diesem Zusammenhang noch eine Fehleinschätzung unserer eigenen Kräfte und Möglichkeiten hinsichtlich Risikominderung hinzutritt, dann ist größter Handlungsbedarf in Richtung Versicherungsschutz gegeben. Diesbezügliche Gefahrenzonen sind derzeit der dritte und vierte Lebensabschnitt, also Pension und Pflegefalldasein. Hier geht es nämlich nicht mehr – wie früher – um ein paar Jahre Lebensabend, sondern um eine Zeitspanne von durchschnittlich 25 bis 30 Jahren. Studien über die zukünftige demografische Entwicklung ist zu entnehmen, dass die durchschnittliche Lebenserwartung weiter zunehmen wird, und zwar pro Jahr etwa einen Monat. Weder die Wirtschaft noch der Großteil der Sozialeinrichtungen unseres Staates sind auf den Bedarf der immer mehr und älter werdenden Senioren entsprechend eingestellt. Eine der Ursachen liegt darin, dass wir zwar im Kindergarten auf den Schulbetrieb mit Fremdsprachen vorbereitet werden, in der Schule selbst auf viele Details des Berufslebens, aber niemand bereitet uns auf die Zeit nach der Pensionierung vor. Dieser Umstand führt dazu, dass viele Senioren erst nach der Pensionierung erkennen bzw. erkennen werden, welche Einkommenslücken ihnen durch Reformen des Sozialstaates im Gesundheitswesen und Altersversorgung entstanden sind oder entstehen, die sich negativ auf den gesamten Lebensstil auswirken.

NÖLAK: *Alt werden als Übel?*

ROHRBACH: Nein, wir müssen aus diesem Grund keineswegs negativ über den dritten Lebensabschnitt denken. Vielmehr ist es notwendig, dass sich jeder darüber im Klaren ist, dass der Übergang von der beruflichen in die nachberufliche Lebenszeit mit zahlreichen tief greifenden Veränderungen verbunden ist. Es wird von unserer gedanklichen Einstellung in Kombination mit den finanziellen Möglichkeiten abhängen, ob wir uns ein „Best-Age" oder ein „Golden-Age" aufbauen oder uns das Fehlen von Aufgaben und Zielen in Sinnkrisen bzw. in einen vorzeitigen „psychischen" Alterungsprozess hineinführt. Es ist heute vielfach wissenschaftlich bestätigt, dass das chronologische Alter allein nur ein aussageschwacher Indikator in Richtung körperlicher und geistiger Verfall ist. Ein trainierter, auf seinen Körper durch Ernährung, Bewegung, Prophylaxe und Rehabilitation achtender 65-jähriger Mensch kann unter Umständen bessere körperliche Leistungen erbringen als ein 45-jähriger. Eine 60-jährige Frau, die körperbewusst ist, kann wesentlich attraktiver sein als eine 40-jährige, die sich vernachlässigt. Der Aufbau einer neu strukturierten Alterskultur erfordert zusätzliche Geldmittel, die der Sozialstaat allein nicht erbringen kann. Das Umlageverfahren der Sozialversicherung, in welchem der Anteil an jüngeren Erwerbstätigen immer geringer wird, die mit ihren Beiträgen eine stetig zunehmende Zahl an Pensionsbeziehern versorgen müssen, ist für eine solche Gesellschaftsstruktur nicht geschaffen. Schon heute ist absehbar, dass die heutigen jüngeren Erwerbstätigen dreifach unter die „Räder" kommen. Sie werden länger arbeiten müssen, höhere Beiträge zu erbringen haben, und schließlich eine wesentlich geringere Pension erhalten. Daher ist parallel zur gesetzlichen Altersversorgung eine private Altersvorsorge künftig unumgänglich, um die heute vielfach gewünschte Lebensqualität im dritten und vierten Lebensabschnitt zu gewährleisten.

NÖLAK: *Aber damit haben doch Versicherungen weniger zu tun?*

ROHRBACH: Doch! Immer wieder wird die Frage gestellt, warum sich für eine private Zusatzpension oder Altersvorsorge die Lebensversicherung besser eignet als andere Sparformen. Dazu ist Folgendes festzuhalten: Bei der weiter steigenden Lebenserwartung bei den vielen angebotenen Anti-Aging-Maßnahmen, die uns schon bald eine geistige, körperliche und seelische Vitalität bis ins hundertste Lebensjahr bescheren werden, ist es vor allem wichtig, dass uns eine private Zweitpension bis zum Lebensende, auch wenn wir über 100 Jahre alt werden, in einer gewissen Höhe garantiert wird. Nur die private Lebensversicherung, deren Prämien und Renten nach wahrscheinlichkeitsmathematischen Grundsätzen kalkuliert sind, kann uns eine lebenslängliche Rente in fixer Höhe mit einem fixen Zinssatz garantieren. Dass es darüber hinaus eine flexible, sich nach den Marktgegebenheiten orientierende Gewinnbeteiligung in der Lebensversicherung gibt, ändert nichts an den vorher getroffenen Grundaussagen.

Weitere Vorteile der Lebensversicherung sind die Sicherheit hinsichtlich Veranlagung, d. h. dass die angesparte Zweitpension auch in Krisensituationen nur für die Befriedigung der Kundenansprüche und nicht zur Abdeckung von (Steuer-)Schulden oder andere Aufwendungen eines Unternehmens verwendet werden darf. Schließlich sind Erträge aus der Lebensversicherung auch KESt-befreit. Keine andere Vorsorgeform weist derartige Vorteile auf. Wer sein Geld etwa in mündelsichere Wertpapiere anlegt, wird zwar sein Kapital und auch gewisse Renditen absichern, muss aber dann entscheiden, in wie vielen Monats- oder Jahresraten seine „Zweitpension" ausbezahlt wird. Setzt er die Zeit zu kurz an, werden zwar die „Monatsrenten" größer sein, aber es kann dann eben passieren, dass im hohen Alter alle finanziellen Reserven aufgebraucht sind. Bemisst er hingegen die Länge seines restlichen Lebens zu hoch, dann muss er den „Kapitalkuchen auf zu viele Portionen aufschneiden" – mit anderen Worten wird das Monatseinkommen zu klein sein. Generell muss aber künftig Altersvorsorge mehr beinhalten als das bloße Vorhandensein oder Überwiesenwerden bestimmter Geldbeträge auf ein Konto. Da in unserer mobilen Arbeitswelt für die Unterstützung hilfsbedürftiger Senioren, die z.B. nicht mehr allein auf die Straße oder einkaufen gehen können, immer weniger eigene jüngere Familienmitglieder zur Verfügung stehen, müssen professionelle Betreuer an die Stelle der fehlenden Familienmitglieder treten. Diese ermöglichen den Senioren dann eine entsprechend höhere Lebensqualität. D. h. dem alten Menschen wird es ermöglicht, in Begleitung Urlaube, Spaziergänge, Kaffeehaus- und Theaterbesuche zu tätigen und darüber hinaus kann er wieder mit einem anderen Menschen kommunizieren, wodurch die Gefahr seiner Isolierung und Altersverwahrlosung gebannt wird.

Nölak: *Das klingt nach neuen Berufszweigen?*

Rohrbach: Eine „Seniorenindustrie" ist entstanden, die sich mit der Verbesserung der Lebensqualität alter Menschen in allen Lebenslagen beschäftigt. Die modernen Personenversicherer gehen Partnerschaften mit Dienstleistern der Informations- und medizinischen Technologie ein, die wichtige Wegbereiter für eine „Golden-Age-Ära" der Senioren sind und überdies zehntausenden Arbeitskräften ein leistungsorientiertes Einkommen zu bieten imstande sind. Da in Österreich in den nächsten Jahren geburtenstarke Jahrgänge in Pension gehen, die als die wohlhabendsten Senioren seit Existenz der Republik Österreich zu bezeichnen sind, wird es vor allem an der Verbreitung der Information liegen, wie man sich einen gehobenen Lebensstil im gereiften Lebensalter schafft. Zu den finanziell schwächer situierten Personenschichten zählen schon heute viel eher die vielen nur geringfügig Beschäftigten oder studierenden Jugendlichen.

„Man kann es auch vereinfacht sagen, wir leben in der Seitenblickezeit."

Hugo Portisch

Hugo Portisch ist Journalist, Historiker und Autor zahlreicher Sachbücher und Fernsehdokumentationen

NÖLAK: *Wie sehr werden wir von den Medien manipuliert? Wie steht es mit der Manipulierbarkeit der Medien bei einem Regierungswechsel? Wie objektiv sind in Österreich die Medien? Muss man sich eine Meinung über die Medien bilden, bevor man sich die Meinung überhaupt von den Medien bilden lässt?*

PORTISCH: Also ich glaube, im Großen und Ganzen weiß das Publikum schon Bescheid, wo die Medien angesiedelt sind, dass also „Die Presse" eher im konservativeren Milieu operiert, dass „Der Standard" eher im liberaleren operiert, das ist klar, dass die „Kronen-Zeitung" einen sehr eigenwilligen Weg geht, der, wie ich glaube, eigentlich auf Lesermaximierung aus ist. Ich würde das gar nicht zurechnen nach links, rechts, oben oder unten, sondern das ist Lesermaximierung, übrigens auf sehr geschickte Weise, das muss man schon sagen; da steckt hohes Können dahinter, „Macherkönnen", um eben auch hohe Quoten zu erzielen. Einschaltziffern sozusagen! Beim ORF, weil sie das angeschnitten haben, war es immer so, dass die Parteien ihren Einfluss ausüben wollen, seit es den Rundfunk gibt. Und das ist wahrscheinlich kaum irgendwo anders oder viel anders. Politische Parteien oder Gruppierungen versuchen immer, Einfluss zu nehmen auf die Haltung, also auf die Berichterstattung, auf die Kommentierung, auf die Darstellung. Das ist das tägliche Brot der Intendanten und der Direktoren und Generaldirektoren und Generalintendanten, dass sie dies abzuwehren haben. Früher einmal war es total einfach, weil da haben die Parteisekretariate das gesamte Personal bestellt, von A bis Z. Die Parteien haben sich auch die Posten ausgehandelt, wie wir wissen. Also wird das ein Roter, muss sein Stellvertreter ein Schwarzer sein, ist es ein Schwarzer, muss sein Stellvertreter ein Roter sein. Das haben wir mit dem Volksbegehren der parteiunabhängigen Zeitungen gebrochen. Kreisky hat dann das Volksbegehrungsgesetz geändert. Bevor es Kreisky geändert hat, war es nahezu unantastbar. Da konnte keiner reinfunken. Wir haben den Rundfunk nahezu wasserdicht abgeschirmt. Dann kam also die Kreiskyreform, da hat sich schon gezeigt, also – wenn der Bundeskanzler in der Lage ist, den nächsten Generalintendanten einzusetzen und das hat er gemacht mit dem Oberhammer *(Anm.: Otto Oberhammer, Generalintendant des ORF)* dann ist natürlich schon was geschehen. Aber wenn man schaut, was hat der Oberhammer zum damaligen Zeitpunkt tun können? Sie haben es nicht gewagt, sich total in einen Gegensatz zu setzen, zu dem, was im ORF schon etabliert war. Immerhin, sowohl Herr Kreuzer *(Anm.: Franz Kreuzer, Informationintendant des ORF)* als auch Herr Weis *(Anm.: Gerhard Weis, Generalintendant des ORF)* waren ja Leute, die mit Bacher *(Anm.: Gerd Bacher, Generalindendant des ORF)* den ORF aufgebaut haben, insbesondere natürlich der Helmut Zilk, den soll man nie übersehen. Helmut Zilk ist eigentlich der Mann des Fernsehens schlechthin gewesen – also wie man auf den Zilk verzichtet hat, hat man da schon eine große Enthauptung durchgeführt. Aber immerhin, Kreuzer und Weis waren natürlich vollkommen auf der Linie: „Wir müssen den ORF so unabhängig wie nur möglich halten!" Das haben sie auch durchgezogen. Sie haben sehr viele eigenwillige und eigenständige Sendungen gemacht. Club 2 war z.B. eine Sache, die wirklich jegliche Freiheit genossen hat. Und das ist so weitergegangen. Dann kam wieder Bacher. Es ist immer die Aufgabe der Generalintendanz, der Intendanten, Generaldirektorinnen und -direktoren gewesen, zu viel Einfluss abzuwehren. Dass ab und zu offensichtlich auch Personalwünsche erfüllt werden, das ist wieder eine eigene Frage. Also, mir gefällt das nicht, aber das heißt nicht unbedingt, dass dadurch Unabhängigkeit verloren geht oder dass Unabhängigkeit in der Berichterstattung verloren geht. Weil, wenn ich mir das anhöre, wenn ich mir die Journale im Hörfunk anhöre, die sind ganz schön tapfer nach allen Seiten. Und auch bei der „Zeit im Bild" muss ich sagen, die Kommentare zwicken nach allen Richtungen und sind meist objektiv. Die Leute im ORF und insbesondere in den Chefetagen mögen den politischen Druck verspüren, aber er schlägt nicht so oft durch wie manchmal behauptet wird.

NÖLAK: *Wenn ich mir als 08/15-Konsument zu einem Thema – z. B. Abfangjäger oder Pensionsreform – eine sachlich möglichst ausgewogene Meinung bilden will, bin ich dann „verpflichtet" ins Kaffeehaus zu gehen, um zehn Tageszeitungen zu lesen?*

PORTISCH: Das glaube ich nicht! Wenn ich zur „Kronen-Zeitung", die „Presse", den „Standard", den „Kurier", die „Salzburger Nachrichten", die „Kleine Zeitung" lese, also das sind auch schon wieder fünf Zeitungen, aber die müssen sie nicht alle lesen. Wenn sie, sagen wir, den „Kurier" lesen und sie meinen, sie möchten eine zweite Meinung hören und sie lesen dann eine andere Zeitung von den genannten dazu, glaube ich, dann weiß man schon, worum es geht. Ich habe schon den Eindruck, dass diese Zeitungen in der Berichterstattung sehr genau darlegen, worum es wirklich geht. Und in den Kolumnen haben sie Meinungen. Das ist ganz klar. Persönliche Meinung, wo sie sagen: „Das ist Nonsens" oder nicht. Aber ich glaube, im Prinzip kann man sich ein ganz gutes Bild machen. Und insbesondere, wenn man die Radio-Journale mithört. Österreich ist kein Land, wo man Informationsmangel haben muss!

NÖLAK: *Gerade in einer Zeit, wo der Präsident eines südlich benachbarten Landes fast jeden Tag einen Megaskandal liefert und noch dazu der größte Medienzar dieses Landes ist, stellt sich die Frage, sind wir noch eine Insel der Informationsseligen? In anderen Ländern gibt es doch sehr starke Dominanzen von einem bestimmten Medien-Konzern. Haben wir es da noch gut?*

PORTISCH: Also wir sind jedenfalls besser dran, wahrscheinlich, weil wir unwichtiger sind. Das ist auch ein großer Vorteil, unwichtig zu sein.

NÖLAK: *Nicht jede Dummheit kommt zu uns?*

PORTISCH: Bei uns sind einige Zeitungen in deutschem Besitz. Die „Kronen-Zeitung" zur Hälfte, auch der „Kurier", die „News"-Gruppe. Aber wir haben einen Vorteil. Die Leute, die hier finanziell eingegriffen haben und sich die Instrumente erkauft haben, haben zur Zeit, soweit ich das beurteilen kann, zumindest hauptsächlich nur das Interesse, Geld zu verdienen und nicht Politik zu machen. Sie lassen die österreichischen Chefredakteure und österreichischen Redakteure im Großen und Ganzen tun, was diese wollen und nicht, was die Besitzer für richtig halten. Das ist ein Glück. Früher, vor dem Krieg, war das nicht so. Jede finanzielle Beteiligung von irgendjemandem hat automatisch bedeutet, politischen Druck auszuüben, auf die Regierung, auf die Bevölkerung, auf alles Mögliche. Das österreichische Pressewesen vor 1938 war weitgehend aufgekauft, von den Tschechen, von den Deutschen, von den Nazis, von den Nicht-Nazis.

NÖLAK: *Ist das auch ein Glück, dass wir so lange nur einen Staatsrundfunk hatten?*

PORTISCH: Nein, das hängt mit einer anderen Sache zusammen. Das hängt damit zusammen, dass wir in Wirklichkeit die letzten 30 Jahre keine zwei Kanäle hatten. Der große deutschsprachige Bruder, der schickt via Kabel und Satellit schon seit vielen Jahren seine Programme herein. Tatsächlich können sie auf ihrem Apparat seit langem viele Kanäle sehen, und das ist der erste Umstand. Also, 20 Kanäle sind besetzt und einschaltbar. Der zweite Umstand ist: Österreich ist ein kleines Land mit 8 Millionen Einwohnern, davon gibt es ich weiß nicht wie viele Zahler für Fernsehen und Hörfunk – 1,5 Millionen oder so. Das ist der nächste Umstand, weshalb es sich nicht so bald einer leisten könnte, ein drittes, viertes Programm zu machen, weil der Werbekuchen kleiner, bedeutend kleiner ist. Selbst der ORF hat wenig Mittel, hat nicht die Mittel, die allein das Bayrische Fernsehen hat.

NÖLAK: *Tatsächlich?*

PORTISCH: Na sicher, Bayern ist ja größer, die haben mehr Zahler. Ich weiß zu wenig, wie die Gebühren in Deutschland zwischen ARD und ZDF aufgeteilt werden, aber das sind auch zwei Kanäle.

NÖLAK: *Die Dritten sind dort sehr stark.*

PORTISCH: Aber wie immer, Geldmangel hängt zusammen mit der Größenordnung. Ich glaube, wenn hier mehr zu holen gewesen wäre, wenn wir 40 Millionen wären oder 30 Millionen, dann hätte auch jede Abwehraktion des Gerd Bacher oder anderer nichts genutzt. In dem Moment, in dem ein großer Kuchen zu verteilen ist, wären ausländische Medien-Macher da gewesen. Und die wären mit viel Geld da gewesen und hätten es durchgesetzt.

NÖLAK: *Gerade das Fernsehen ist das Medium, das Herrn und Frau Österreicher inzwischen wirklich die ganze Zeit begleitet. Hat gerade das Fernsehen sehr viel an Kulturgut – Hausmusik, Kommunikation in der Familie, Sport – zerstört oder hat es eigentlich mehr Bereicherung gebracht? Wer hat „gewonnen"?*

PORTISCH: Ich glaube, die Antwort müsste man vielfältiger geben. Natürlich hat es Zeit genommen, Zeit für das Lesen, Zeit für Hausmusik, Zeit für Freunde-treffen. Es hat aber auch gegeben, es hat sehr viele Fenster geöffnet zu Bereichen, die man vorher kaum zur Kenntnis genommen hat. Ich glaube, das Fernsehen hat das Umweltbewusstsein wesentlich verstärkt, die Verbindung zwischen Mensch und Natur, die Internationalität, die globale Sichtweise. Nicht für alle – aber die, die es herausholen wollten, konnten es herausholen. Es gibt Leute, denen ist die globale Sichtweise „wurscht", es muss die Seifenoper sein. Aber im Prinzip hat es viele Möglichkeiten eröffnet. Es hat eine Einschränkung da, eine Bereicherung dort stattgefunden, und man kann natürlich sagen, die Einschränkung hätte es nicht geben sollen oder auf die Bereicherung hätte ich verzichten können. Das kann man natürlich, jeder kann sich das aussuchen. Aber im Prinzip ist es wahrscheinlich, wenn man es durchrechnet, kein Nullsummenspiel.

NÖLAK: *Das Fernsehen ist ja als Informationsmedium angeblich insofern sinnlos, da die meisten Rezipienten das heraushören, was sie hören wollen. Hat da das Fernsehen a) etwas gelernt und b) gibt es da noch Tricks für die Zukunft, dass es wirklich überzeugender in positive Richtungen, z. B. Umwelt, Globalisierung, wirken könnte?*

PORTISCH: Sie sprechen mit einem, der meint, eine eigene Erfahrung gemacht zu haben. Wir haben immerhin 43 Folgen von Österreich I und Österreich II gemacht. Das ist eine, nicht meine, Leistung, sondern das ist die Leistung des ORF, wie sie keine andere Station in Europa oder in der Welt erbracht hat. 43 mal 90 Minuten Aufarbeitung der eigenen Geschichte – einer schwierigen Geschichte und einer umstrittenen Geschichte, und ich glaube, wir haben es doch so hingekriegt, dass im Großen und Ganzen die Objektivität dieser Geschichte anerkannt worden ist. Und damit glaube ich, haben wir schon zumindest eine Orientierung geboten, vieles, was in den Schulen bis dahin nicht gelehrt worden ist. Also da hat das Fernsehen, glaube ich, eine Mission erfüllt. Und, noch einmal, bitte das von meiner Persönlichkeit abgesondert zu sehen, hätte das auch jemand anderer machen können, aber es zeigt, was Fernsehen zu leisten im Stande ist.

NÖLAK: *Das Geheimrezept bei so einer Sendung ist doch, eine anerkannte Persönlichkeit zu gewinnen. Das heißt, man kann den Leuten alles verkaufen, selbst wenn es scheinbar nüchterne, trockene, sehr kontroversielle Materie ist, wenn ich einen Publikumsliebling dafür gewinnen und vor die Kamera bringen kann. Die Leute merken gar nicht, dass sie sich was merken, ist das eines der Geheimrezepte?*

PORTISCH: Nein, nein, da gibt es eine klare Antwort darauf. Selbstverständlich sind in der ganzen Welt jene Leute, die im Fernsehen etwas rüberbringen, also den Zuschauern vertrauenswürdig erscheinen und denen der Zuschauer auch Autorität und Kenntnisse zubilligt, nicht sehr zahlreich gesät. Und gerade die müssen die Anstalten finden. Das ist im Radio viel leichter, weil man dort nicht mit der Körpersprache agieren muss. Andererseits, wenn ich mir vorstelle, wie viele gute Politiker wir in der Vergangenheit gehabt haben, die wahrscheinlich im Fernsehen nicht angekommen wären, ist es eine Tragik. Umgekehrt wiederum, wenn einer auf dem Gebiet Talent hat und es zu nutzen weiß für Demagogie, ist das auch eine Tragik.

NÖLAK: *Also ist es auch eine gewisse Gefahr, telegen zu sein?*

PORTISCH: Ja, selbstverständlich. Aber es ist halt auch die Verpflichtung der Anstalten, solche Leute nicht nur zu finden, sondern solche Leute heranzuziehen. Und da sehe ich immer wieder, dass man auf dem Gebiet Versäumnisse hat. Es liegt auf der Hand, dass einer, auch wenn er fast nicht geeignet ist, vor der Kamera zu agieren, Kenntnisse hat, wenn er mit der Autorität des Wissenden auftritt, mit der entsprechenden Objektivität auftritt und das alles vermitteln kann, es dann eigentlich „wurscht" ist, wie er ausschaut und es auch fast „wurscht" ist, wie er redet. Und wenn man ihn oft genug auf den Bildschirm lässt, dann gewöhnen sich die Leute sehr schnell an ihn. Wir haben einige Beispiele bei uns gehabt und man muss sagen, es war immer mutig, sehr mutig von Bacher und von Dalma *(Anm.: Alfons Dalma, ORF-Chefredakteur)*, dass sie das gepflegt haben. Wenn die Leute etwas können, wenn sie das nötige Wissen haben, wenn sie kenntnisreich sind, dann lasst sie ran und lasst sie oft ran und nicht nur einmal im Monat, weil so gewöhnt sich niemand an sie.

NÖLAK: *Wenn man bedenkt, dass wir in einer Zeit leben, wo Ministerposten mit Leuten, die vor allem als schön gelten, besetzt, und die fachliche Kompetenz nicht so von vornherein im Vordergrund steht – leben wir nicht in einer Gesellschaft, wo eben das Schön-, das Fernseh-attraktiv-Wirken immer mehr die Aussage, die Politik etc. wegschiebt, verdrängt?*

PORTISCH: Also das ist sicherlich zu bejahen. Wir leben in einer solchen Zeit. Man kann es auch vereinfacht sagen, wir leben in der „Seitenblicke"-Zeit. Ich weiß es nicht genau, muss mich aber fügen, denn die „Seitenblicke", glaube ich, die haben die zweithöchste Einschaltquote pro Tag, nach der „Zeit im Bild".

NÖLAK: *Kann man dem mündigen Fernseher eine Art Rezept mitgeben, dass er nicht ein „Opfer der Eventkultur" im Fernsehen wird?*

PORTISCH: Nein, das kann man sicher nicht. Man kann dem Zuschauer nicht sagen, was er darf und was er nicht darf. Das geht nicht, das wäre Zensur. Und umgekehrt darf man auch dem Fernsehen nicht sagen, was es darf, das kommt an Zensur heran, ist eine. Aber, jetzt sage ich etwas, was wahrscheinlich utopisch klingt. Es fehlt bei uns in den Schulen Medienerziehung. Medienpädagogik gehört in die Schulen. Und ich bin ganz sicher, dass es eines Tages kommen muss. Viele machen es ja in der Praxis schon, Lehrer gehen Zeitungen durch, besprechen auch

Fernsehen etc., aber es muss ein richtig gelerntes, auch von den Pädagogen her gelerntes Fach werden.

Wir lernen ja so viele Gegenstände, damit wir uns dort auskennen. Wir lernen eine Sprache, damit wir sie beherrschen und wir lernen Mathematik und Physik, damit wir damit umgehen können. Also infolgedessen müsste man ja auch mit so einer ganz wichtigen Sache, wie mit den Medien, lernen, wie man mit ihnen umzugehen hat.

NÖLAK: *Auf der anderen Seite ist Lesen eine Tätigkeit, die immer mehr ins Hintertreffen gerät – man lässt sich berieseln, egal ob jetzt durch das Radio oder das Fernsehen. Wohin geht diese Entwicklung? Werden die Zeitungen sterben?*

PORTISCH: Also, wenn ich das wüsste! Ich glaube, Sie selbst haben die Richtung in Ihrer Frage schon vorweggenommen. Ich meine, alles wird vielfältiger, es zerfranst sich, es ist nicht mehr konzentriert – wenn ich mir vorstelle, als wir nur einen Kanal hatten, das waren wirklich Straßenfeger. Heute noch ein Begriff: „Das Halstuch" *(Anm.: Krimi nach Francis Durbridge)*. Da war kein Mensch auf der Straße, alle saßen vor dem Schirm. Man musste es gesehen haben. Eine ganze Stadt hat auch davon gesprochen. Und ich habe etwas sehr Merkwürdiges erlebt, und das war für mich sehr positiv. Ich saß vor einigen Jahren am Abend bei der BBC und sehe einen Menschen, der in einem Hörsaal vor einer Tafel steht, er hat eine Kreide in der Hand und erzählt etwas über das Weltall und ich höre immer faszinierter zu. Er erzählt über die Black Holes, über die „schwarzen Löcher", das war damals ganz neu! Ich höre zu – faszinierend, unglaublich, eine völlig neue Erkenntnis! Und das im Hauptabendprogramm von BBC 1. Hauptabendprogramm BBC 1! Denke ich mir: „Also, die trauen sich was!" Um 8 Uhr abends so etwas zu senden! Am nächsten Tag steige ich in der Früh ins Taxi, fragt mich der Fahrer: „Black Hole, haben Sie das gesehen gestern Abend?" Den ganzen Tag, wo ich hingekommen bin, haben die Leute über die Black Holes gesprochen. Das heißt, die haben sich sehr wohl alle vor BBC 1 hingesetzt und haben es vollkommen akzeptiert, dass man sie mit einem schweren Thema befasst hat. Es war gut umgesetzt, es war ein einzelner „sprechender Kopf", sonst nichts.

NÖLAK: *Das BBC-Beispiel zeigt doch, dass es nach wie vor sehr stark auf die Persönlichkeiten, die den Inhalt vermitteln, ankommt?*

PORTISCH: Und natürlich auch auf die zuständigen Leitungen.

Da muss ich ein starkes Plädoyer halten zugunsten der Fernsehmacher und der Medien, also besonders der Fernsehmacher. Der Druck, der auf diese von den anderen Medien ausgeübt wird, ist enorm. Also wirklich enorm. Jede Woche wird verglichen, wie viele Zuschauer haben die gehabt, wo ist die Quote, der hat das nicht und die kann das nicht mehr und der muss ausgewechselt werden usw. Und alles mischt sich ein und behandelt dieses ganze Medium immer nur mit der einzigen Beurteilungslatte, der Quote. Und das ist, glaube ich, unzulässig. Es ist wirklich unzulässig. Man muss auch die Qualität mitbehandeln. Um die Quote sollten wir uns letztlich nicht kümmern müssen, wenn es um Qualität geht. Aber da gibt es schon Unruhe und das hängt natürlich wiederum damit zusammen, dass sie Angst haben, dass die Werbeeinschaltungen zurückgehen, wenn man die Quote nicht erbringt. Das ist eine Interaktion. Denn wer nicht die große Breite hat, der kriegt sozusagen weniger Inserate, sowohl in der Zeitung als auch im Fernsehen. Also muss man die Breite erzielen, damit man die Inserate kriegt, damit man wirtschaftlich leben kann. Und das ist in England besser gelöst, indem die BBC nur die Zuschauer- und Zuhörergebühren bekommt und keine Inserate. Aber gleichzeitig muss man auch klar sehen, die haben 50 Millionen Einwohner!

NÖLAK: *Wird irgendwann eine Sättigung, ja vielleicht ein Rückgang im Informationsbedarf entstehen, weil wir eben von Information überschwemmt werden?*

PORTISCH: Das ist eine Gefahr, denn wenn alles untergeht, ist es schon ganz „wurscht", was geschieht, alles bekommt Eventcharakter! Und dann ist ein Event so wie das andere, im Irak erschießen sie halt gerade fünf Leute, spielt auch keine Rolle. Also, wenn alles eingeebnet wird, dann ist alles von gleicher Wirkung. Und das ist natürlich eine große Gefahr. Wenn wir nicht mehr zu unterscheiden wissen, was essenziell, was wirklich ist, was geschehen muss.

NÖLAK: *Gibt es da eine Gegenstrategie? Oder sind wir wieder bei der Medienpädagogik?*

PORTISCH: Wir sind bestimmt bei der Medienpädagogik. Ich glaube nicht, dass es eine andere Strategie gibt. Eine Medienpädagogik, die sich vielleicht mit der Zeit dann auch auf die Macher auswirkt, denn eines Tages werden auch die Macher aus diesen pädagogischen Schulen kommen.

Der Dialog

„Wir sind nicht eine Firma, die schauen muss, dass sie viel Umsatz macht, wir sind nicht der Theaterdirektor, der hofft, dass die Vorstellungen ausverkauft sind. Wir leben vielmehr in einem Auftrag – im Auftrag Gottes."

Johann Weber

Johann Weber ist der Altbischof der Diözese Graz-Seckau

NÖLAK: *Sie werden in den Medien häufig der „Bischof der Herzen" genannt und daher folgende Frage an Sie: In den letzten Jahren war immer wieder zu lesen, dass die Kirche viele Austritte erlebt und diese Austritts-Wellen waren immer verquickt mit Negativ-Fällen, wie Groer, Krenn etc. Glauben Sie, dass viele Menschen auf Grund solcher „Fälle" austreten oder liegt das Übel woanders, liegt der Grund tiefer in den Menschen?*

WEBER: Natürlich freut man sich, wenn man „Erfolg" hat, wenn viele Leute kommen, wenn wir positiv beachtet werden. Es würde aber dem Wesen dessen, was ich als Kirche verstehe, nicht ganz gerecht werden. Wir sind nicht eine Firma, die schauen muss, dass sie viel Umsatz macht, wir sind nicht der Theaterdirektor, der hofft, dass die Vorstellungen ausverkauft sind. Wir leben vielmehr in einem Auftrag. Im Auftrag Gottes, das Evangelium den Menschen zu verkünden und dem lebendigen Gott Platz zu geben, mitten drin im konkreten Leben. Die ganze Kirche soll Zeugin seiner Weltlichkeit sein.

Natürlich ist diese Herausforderung immer, zu allen Jahrhunderten und Jahrtausenden ein Stück zu groß. Wir werden nie vollkommen sein. So werden wir auch Dinge tun – die ganze Geschichte ist voll davon – von denen man nachher sagt: Um Gottes Willen, hätten wir doch nicht. Zugleich aber gibt es das Leben der Menschen. Für mich ist es eine Art Lebensprogramm: Dieses Leben des Menschen von heute muss ernst genommen werden, ob es einem jetzt passt oder nicht, ob er viele Fragen hat oder nicht.

Hier ist immer wieder die Gefahr, dass kirchliches Bemühen und das reale Leben der Menschen auseinander laufen und da kann es geschehen, dass viele Menschen gar nichts gegen die Kirche haben, sie sind keine Gegner, aber sie kommt in ihrem Leben kaum oder gar nicht vor.

Das halte ich auch zugleich wieder für eine große Chance. Ich bin jetzt 55 Jahre Priester und da habe ich so einiges erlebt und nicht um mich selbst zu beruhigen, sondern aus dem Versuch, gläubig zu denken, sage ich: Jede Herausforderung, die oft sehr schmerzlich sein kann, ist auch wieder eine Chance, ein Auftrag. Ich möchte ganz schlicht fragen lernen: Was will Gott uns, mir, mit dieser Situation sagen? Man kommt nicht immer so schnell darauf, und so lebe ich auch mit

Sorgen, mit dem Gefühl des Ungenügens, aber gleichzeitig – ich versuche es zumindest – mit einer Gelassenheit, dass letzten Endes alles bei Gott gut aufgehoben ist.

NÖLAK: *Wie, glauben Sie, kann die Kirche jetzt diese Chance nützen, die Sie gerade definiert haben, was könnte da geschehen, was sollte Ihrer Meinung nach, bei aller Gelassenheit, im positiven jetzt, was sollte da in welche Richtung gehen?*

WEBER: Ich nenne zwei Erfahrungen: Ich bin in der Hitlerzeit aufgewachsen, wo uns ununterbrochen eingeimpft wurde, Religion, ach, das sind alles Märchen, bestenfalls Volkssagen. Wir hatten ja auch keinen Religionsunterricht mehr. Bald nach dem Krieg habe ich – damals Student einer anderen Fakultät – schon durch ein einziges Buch gemerkt: Da kann man sich ja auch wissenschaftlich auseinander setzen, das ist kein idyllisches Gerede! Da ist Geistesanstrengung durch Jahrtausende.

Zugleich und nicht im Gegensatz dazu gibt es in der Kirche eine ganze Welt der Gefühle. Das fängt an bei der Feier des Gottesdienstes, der eine gute, umsichtige, eine ehrfürchtige Art haben muss, ohne Frömmelei.

Wir verkaufen nicht Märchen, sondern das ist Realität. Und jeder weiß, dass es seit vielen Jahrhunderten und in der Gegenwart Auseinandersetzungen gibt, wie es denn mit dem Glauben sei, oft mit einer enormen Leidenschaft. Da muss doch etwas vom Herzblut des Menschen dabei sein, vielleicht sogar sehr viel.

Die zweite Erkenntnis ist mir zugekommen, als ich schon ein junger Priester war, aber sie hat mir sozusagen neuen Boden unter den Füßen gegeben. Ich kann es nicht besser sagen, als mit einem Satz aus dem Konzil: Freude und Hoffnung, Trauer und Angst der Menschen von heute sind Freude und Hoffnung, Trauer und Angst der Jünger Christi. Das Wichtigste in diesem Satz ist das Wörtchen „sind". Es heißt nicht: Interessiert euch, tut etwas Karitatives, sondern zunächst müsst ihr, wenn ihr mit Christus gehen möchtet, das Leben der Menschen teilen, mit seinen Freuden und Sorgen, es an euch heranlassen, zu euren eigenen Hoffnungen und Ängsten dazugeben. Ein kleines Beispiel: Auf meinem sehr frühen morgendlichen Weg in die Pfarre, in der ich mitarbeite, sehe ich immer wieder Frauen, die voll Eile mit einem Kinderwagen unterwegs sind. Kleines, alltägliches Problem oder vielleicht doch für die Betroffenen eine recht belastende Sache? Ich bin es ja nicht, aber berühren muss ich mich lassen, ohne kluge Sprüche.

Das ist die gültige „Währung" unseres ganzen Glaubens, wie Kirche wirklich Kirche sein kann. Denn der Schaltsatz unseres Glaubens, um den sich alles dreht, steht im Johannesevangelium: Gott ist in seiner restlosen Zuwendung „Fleisch" geworden, ein sichtbarer, berührbarer, spürbarer Mensch, dem man folgen und den man von ganzem Herzen lieben kann. Und er hat einen Namen: Jesus Christus.

Und das hat seinen Platz im Weltgeschehen und ebenso im tagtäglichen Leben, mit seiner Größe und seiner Jämmerlichkeit. Das geht alle an, ganz besonders auch dann, wenn man Pfarrer oder Bischof ist. Da müssen wir mitunter noch Eierschalen einer alten Zeit ablegen, wo vielleicht der Priester weit und breit der einzig höher Gebildete war und auch auf Grund seiner Weihe versucht war, über dieser scheinbaren Banalität zu schweben.

NÖLAK: *Abgehoben?*

WEBER: Abgehoben – das eben wollen wir nicht. Teilen müssen wir. Diese Grundlinien haben dann tausend Auffächerungen. Man kriegt manchmal als Bischof eine Art Etikett, einen Stempel. Ich bin öfter unter „liberal" eingeordnet worden, das hat mir nie recht gepasst. Was ich vielmehr möchte: mit meiner ganzen Existenz ein „aufmerksamer" Mensch sein, für unser Leben und für die Botschaft des Evangeliums.

NÖLAK: *Die Frage nach dem Krieg der Kulturen, dem Krieg der Religionen ist spätestens seit dem berühmt-berüchtigten 11. September aktueller denn je. Auch in Österreich nimmt die Anzahl vor allem islamischer Mitbürgerinnen und Mitbürger zu. Wie sollte sich die katholische Kirche da verhalten? Wie verhält man sich da am besten auf menschlicher Ebene, ohne nachzugeben, ohne allzu klein zu sein, ohne allzu groß zu sein, wie setzt man sich am besten damit auseinander?*

WEBER: Ich glaube, es gibt zwei Einstellungen, die niemandem helfen, weil sie der Wahrheit nicht gerecht werden.

Das eine heißt auf gut österreichisch „einen Glauben muss der Mensch haben, ist eh völlig egal welchen". Das gibt einen guten Anschein, aber berührt die Seele des Menschen nicht.

Das zweite wäre, den Menschen anderer Herkunft das Leben möglichst schwer zu machen – bei Asyl, an der Grenze, mit Spott, durch Beschränkungen. Dahinter steckt oft un(?)bewusst, weder vor sich und schon gar nicht vor anderen ausgesprochen, diese anderen seien ja eine untere Stufe des Menschseins, auf die man ruhig drauftreten kann. Dann wundert sich die sich erhaben dünkende „bessere" Welt, wenn eines Tages ein Gegenschlag kommt, der wiederum nicht zu entschuldigen ist und in seiner Rache – sozusagen als Blutrache im Großen – eine potenzierte Grausamkeit bringt. Das geschieht erschreckend oft im eigenen Bereich dieser „anderen", etwa in Diktaturen, Bürgerkriegen, Ausbeutungen. Ich denke, dass es verschiedene „Tugenden" – das Wort kommt von „taugen" – gibt, um die wir uns alle bemühen sollten.

Das eine ist – ich sage es noch einmal – die Anstrengung der denkerischen Auseinandersetzung, die wir uns nicht ersparen sollten. Es gibt so viele schnell und hastig in die Welt und in das Klima des Umgangs gesetzte Meinungen, die als Beruhigung geglaubt werden, um uns selbstzufrieden zurücklehnen zu können. Da wird geredet von den Moslems mit jeweils vier Frauen und den Afrikanern, die grundsätzlich alle mit Drogen handeln. Diese Mühe des Nachdenkens miteinander und im eigenen Inneren, die Sauberkeit des gesprochenen Wortes können zu einer wahren Tugend werden und zu einer demütigen Weisheit führen, die gar nicht immer Universitätsdiplome voraussetzt.

Eine intensive Rolle haben bekanntermaßen die Medien und ich denke, diese eben genannte Weisheit, die auch sehr unterhaltsam sein kann, könnte eine Art von Bestandsgarantie für das jeweilige Medium sein. Denn die „Leute" sind nicht so flach, wie es sich manchmal diese und jene wünschen, man brauche ihnen bloß nach dem Mund reden.

Unverdrossen glaube ich, dass wir voneinander lernen können, und das mit dem Anstand des Wohlwollens. Es geht ineinander – unsere eigene und der Fremden religiöse, kulturelle Lebensart, einschließlich der jeweiligen Geschichte mit ihrem langen Atem.

Hier scheint es mir wichtig, Freundschaften zu begründen. Sie wachsen nicht bloß bei Galaempfängen der Vornehmen, sie sind auch zu ebener Erde daheim. Unsere Diözese hat seit langem eine Partnerdiözese in Korea, wir haben dabei ein wenig geholfen, aber auch sehr viel gelernt. Ich werde nie ein Koreaner werden. Aber die Melodie des fremden Lebens klingt nach und öffnet neue Weiten des Suchens, des Fragens und auch des Glaubens an unseren Gott der ganzen Schöpfung.

Noch etwas ist mir ganz wichtig: Einander in die Augen schauen. Ich habe von Untersuchungen gehört, dass Leute, die etwa Moslems neben sich am Arbeitsplatz haben, viel weniger ausländerabweisend sind als die, die kaum einmal einem begegnet sind. Das sollte uns zu denken geben. Natürlich weiß ich, wie vielschichtig all das ist. Und ich bin fern von einer fröhlichen Harmlosigkeit. Aber die Entwicklung ist nicht umzukehren. Wir können und wollen keinen Eisernen Vorhang mehr. Und wenn sehr schnell „Wirtschaftsflüchtlinge" gesagt wird, dann sei doch auch daran erinnert, dass etwa in den letzten Jahrhunderten sehr viele Österreicher über den Ozean gefahren sind, um ein bisschen vom besseren Leben zu suchen. Auch oft genug, um sich erbarmungsloser Verfolgung zu entziehen. Diese scheinen ja weltweit nicht aufzuhören.

NÖLAK: *Sie haben gleich am Anfang das österreichische Übel genannt, der Mensch braucht einen Glauben, wurscht welchen … jetzt, etwas salopp formuliert, sind Sie aus dieser Überlegung ein Gegner der Forderung nach einem allgemeinen Ethik-Unterricht, wo es dann nicht mehr um konkrete Religionen ginge, sondern um ein allgemein, durchaus separat zu begrüßendes prinzipielles Menschenbild? Verstehe ich das richtig, dass Sie da eigentlich ein Gegner gegen so eine in diesem Sinn „Beliebigkeitsströmung" sind?*

WEBER: Da muss ich differenzieren. Ich möchte auf keinen Fall, dass der konfessionelle Religionsunterricht aufgelöst wird. Die Akzeptanz ist ja gar nicht so schlecht, ich nehme nur unser steirisches Beispiel: 97,2 % aller katholischen Schüler gehen in den Religionsunterricht. Die Diskussion über den allgemeinen Ethik-Unterricht löst in mir eine weitere Frage aus: Gibt es einen öffentlichen Mut, nach bleibenden und tragenden Werten zu fragen?

Ich weiß, das kann auch zu einem bloßen Schlagwort verkommen. Aber ich denke mir oft: Wie geht es eigentlich einem Politiker oder einem, der in der Wirtschaft entscheidet, ja auch einem Forscher? Wie geht es ihm mit der Spannung von erhofftem Erfolg und mit der Grenze, notfalls darauf zu verzichten? Ein öffentliches Bewusstsein zu stärken: Da hast du nicht mehr Wahlfreiheit, sondern da bist du dir selbst, deinem Land und wem immer etwas schuldig. Und der Preis des mutigen Verzichts kann recht spürbar hoch sein. Ohne zu beurteilen oder zu verurteilen – es ist einfach eine Erfahrung, dass solche Menschen, das in Begräbnisreden so gern genannte „ehrende Andenken" tatsächlich erlangt haben. Natürlich wäre ich für meine Person froh, wenn Gott über mein Leben auch so etwas sagt. Denn er weiß es schließlich und er lügt nicht. Und dasselbe wünsche ich möglichst allen.

Die Herrschaft des Nützlichen ist notwendig. Aber sie hat auch ihre dunkle Schattenseite. Gott sei Dank, wenn sich viele mühen, in diesem meinem Land den Wohlstand wachsen zu lassen. Gott sei Dank, wenn die Not gering wird.

Ich halte es für verantwortungslos, wenn jemand etwa predigt, den Leuten ginge es viel zu gut, und nur wenn es ihnen schlecht geht, werden sie wieder glauben – stimmt alles miteinander nicht. Es ist gut, dass es uns gut geht, aber welche Gewichte der Werte können wir auf die andere Waagschale legen? Das fängt an mit Menschenwürde und geht hin bis zum sozialen Denken. Darf Medizin alles machen, was sie kann? Wie viel zählt ungeborenes Leben, krankes, angeblich nutzloses Leben? Ich bilde mir nicht ein, überall Lösungen parat zu haben. Aber den Dialog will ich, in allen Schichten.

Ich habe in meinem Leben ganz einfache Leute erlebt, die urgescheit sind, obwohl sie keine höhere Schule absolviert haben, aber ein Gespür besitzen für das, was einfach gut ist, haltbar gut.

Ich halte das Wort „nachdenken" für eines der schönsten deutschen Wörter, vor allem wenn man es mit Bindestrich schreibt, nach-denken, was voraus-gedacht ist, und da glaube ich, dass Gott vorausgedacht hat, wie es etwa die Schöpfungsgeschichte in der Bibel voll Poesie beschreibt: So sind wir von ihm gewollt, mit der Freiheit unseres Willens und von ihm erwartet.

NÖLAK: *Sie haben auch gesagt, dass Sie gegen diese Haltung sind, dass manche der Ansicht sind, den Leuten soll es schlecht gehen, dann werden sie wieder brave Katholiken, weil nur in schlechten Zeiten gedeihe der Glaube. Was würden Sie einen Taufschein-Katholiken, Taufschein-Christen sagen, wie kann er – ohne zu frömmeln – „wieder katholisch" werden? Gibt es da „Rezepte", einen Ratschlag aus der Praxis?*

WEBER: Meine Mutter war das, was fromm genannt wird. Sonst war da eher weniger in unserer Familie. Dann bin ich sehr jung Soldat geworden. Ich habe das Sterben erlebt, die pausenlose Angst. Und auch, wozu man selbst fähig ist, an Rache, an Grausamkeit. In beidem habe ich Zugänge zum Beten gefunden, in der liebenden Geborgenheit bei meiner Mutter und in dem ganzen Elend und Schmutz des Krieges. Doch das Beten „erlernen" ist bei mir noch keineswegs abgeschlossen. Und ich lerne es leichter, wenn ich mir Mühe gebe, anderen einen vielleicht kleinen Zugang zum Beten zu öffnen.

Unser Glaube braucht Wissen, braucht eine bestimmte Art, das Leben mit Liebe zu führen, aber ganz zuerst ist er ein Du-Sagen zu Gott, der uns in Jesus Christus unüberbietbar nahe ist. So nenne ich das Beten, sei es in Fröhlichkeit oder Klage, ganz zuerst.

Sicher ist die Angst oft eine Wurzel des Betens. Angst beginnt damit, dass ich Grenzen meines Lebens, meines Könnens, meines Liebens erfahre. Daran kann ich zerbrechen, kann ich resignieren, kann ich in Anklage versinken, aber ich kann auch entdecken, dass hinter allen Grenzen der liebende Gott ist und mir entgegenschaut wie der Vater des verlorenen Sohnes im Evangelium.

Weiters versuche ich, mit einem solchen Menschen ins Evangelium hineinzuschauen und hineinzulesen. Das heißt, ihm und ebenso mir neu die Gestalt Jesu deutlich zu machen. Wir glauben nicht an eine Lehre, sondern an eine Person, von der die endgültige Heilung der Welt und meines Lebens kommt und die wir auch mit dem schönen alten Wort „Heiland" nennen. Schließlich der Mittelpunkt unseres Glaubens, sonst bleiben wir eine vielleicht verdienstvolle Kultur – und Sozialeinrichtung: Ich komme mitunter auf einen Grazer Friedhof. In unserem

Familiengrab sind meine Eltern und zwei meiner Brüder bestattet. Da kann ich gar nicht den fragenden Gedanken ausweichen, auch wenn ich es wollte: Ich habe mit euch gelebt, durch viele Jahre, ich kenne eure Stimmen, euer Gesicht, euer Schicksal und – wo seid ihr jetzt?

Vor Jahren war ein Lied von Wolfgang Biermann zu hören, wohl kein Katholik. Aber auch er konnte diese Frage nicht übergehen. Wenn ich mich recht erinnere hieß das Lied „Soll denn das alles gewesen sein?" Das, was wir Auferstehung nennen, kann und darf ich niemandem verschweigen, der sich für die Kirche mehr oder weniger interessiert. Auch und gerade deshalb, weil mein Glaube, trotz Priesterweihe und Bischofsamt durch viele Jahre, kein fest verschnürtes Paket ist, sondern mit dabei ist viel Hoffnung und die Bitte um Mut zum einfachen Vertrauen, dass es eben so ist mit Leben, Sterben und dem Nachher – da hab ich nie ausgelernt.

Sicher bin ich schon, dass es keine erfüllende Alternative gibt. Und damit bin ich sicher, dass alle Hochflüge und alle Wehmut des Lebens aufgefangen werden in der lichten Freude der Auferstehung.

Viel zu erklären, dass wir eine Kirche sind und dazuhalten sollen, das widerstrebt mir ein wenig. Hierzulande ist es ja keine Ausnahme, dass man getauft ist, ohne dass wir gefragt wurden. Dass wir Österreicher sind, das hat damit eine gewisse Ähnlichkeit. Und so denke ich, dass das beste Argument noch immer ein anderer Mensch ist, den man kennt, ein bisschen mag und der keinen Lärm damit macht, dass er katholisch ist und sich trotz zeitweiligem Ärger in dieser Kirche einfach daheim weiß.

Eine Vereinigung von lauter makellosen Menschen ohne Fehler gibt es sowieso nicht und außerdem wäre es dort vor lauter Wohlverhalten nur schwer auszuhalten. So glauben wir ohne viele Beteuerungen, dass diese bunte und auch mitunter schräge Kirche eben von Gott zusammengehalten wird. Dazu möchte ich niemanden überreden, gar manipulieren. Was nicht freiwillig geschieht, hält nicht.

NÖLAK: *„Was nicht freiwillig geschieht, hält nicht." Gerade bei der Zeremonie für Mutter Teresa waren ja sehr heftige Kritiken aus Indien zu hören, dass sie viel zu heftig missioniert hätte oder sogar noch tun. Ist Mission wirklich nur mehr ein Anbieten im positivsten Sinne, aber nicht ein – wie auch immer – Fordern?*

WEBER: „Anbieten" ist mir ein bisschen zu einfach, das tut jeder am Markt. Besser ist schon das alte, aber biblische Wort „Verkünden", ein „Mitteilen mit Überzeugung". Christus redet immer von „Nachfolge", also „geht mit mir!"

Aber für jeden muss es dabei den Raum der ernsthaften Freiheit geben, für den einzelnen Menschen und für die Gesellschaft.

Wird Religion ein Instrument des Staates, wird der Staat ein Instrument der Religion, so könnte das schlecht gehen und wird es auch, Beispiele aus der Vergangenheit und der Gegenwart gibt es genug. Es geht gegen die Schutzlosigkeit Jesu. Wir wollen zwischen Staat und Kirche keine kalte Trennung, sondern eine Partnerschaft, die einander aber Freiheit lässt, auch zur Kritik und dem Verlangen nach einem Lebensraum.

Das ist auch Nachfolge Jesu, Schutzlosigkeit und Ohnmacht auszuhalten und trotzdem ein Stück voraus zu sein. Wir sollen uns nicht schrecken, sondern freuen, wenn Kirchen da stehen, die Glocken läuten und der Religionsunterricht als Tätigkeit der Kirche ein großes Ansehen hat und vieles andere. Es gibt in jedem Land so wunderbare Menschen, die ihren Glauben nicht verstecken, aber nicht wie ein Plakat vor sich hertragen. Man spürt es trotzdem, was sie oft an liebendem Heldenmut aufbringen. Sie sollen nicht für dumm erklärt werden. Noch etwas zur Mutter Teresa: Ich kenne Indien nicht, aber man hat ihr offenbar mitunter einen subtilen Vorwurf gemacht: Du kümmerst dich um die Sterbenden, zahlt sich das eigentlich aus? Bau doch lieber Spitäler, wo Leute wieder gesund werden.

Aber: es gibt auch die Würde eines frischen Leintuchs. Für den, der nichts mehr hat. Auch keine Hoffnung. Für den, der in der Gosse liegt. Ich kenne das alles nur vom Hörensagen, aber es scheint mir für die westliche Welt wert zum Nachdenken. Auch dem Hoffnungslosen ein Stück zu geben, das sich „nicht lohnt".

NÖLAK: *Das ist nicht von Mutter Teresa, „die Würde eines frischen Leintuches"?*

WEBER: Nein. Das ist von Weber.

Siehe Bildtafel 21

Der Schutzengel

„Das größte Geschenk Gottes an den Menschen ist die Willensfreiheit. Das hat aber nichts mit Willkür zu tun."

Gerhard Tucek

Gerhard Tucek ist Leiter des Institutes für Ethnomusiktherapie

NÖLAK: *Die Frage nach dem Religionsbedürfnis …*

TUCEK: Es scheint, dass es im Menschen ein tief verwurzeltes Bedürfnis nach einer religiösen bzw. spirituellen Lebensgründung gibt. Dieses Bedürfnis hat nichts mit materiellen Dimensionen des Lebens zu tun, sondern mit innerpsychischer Dimension.

Im Verlauf der Menschheitsgeschichte sind zahlreiche Religionen entstanden, die bei all ihrer Unterschiedlichkeit im rituellen Ausdruck eines gemeinsam haben: Das Auftreten ähnlicher mythologischer Motive wie Feuerdiebstahl, Sintflut, Land der Toten, Jungfrauengeburt und auferstandene Helden.

NÖLAK: *Entlarvt sich damit nicht jeglicher religöser Fundamentalismus mit seinem Anspruch im „Besitz" immaterieller Wahrheiten zu sein als Perversion von Religion?*

TUCEK: Ja, so ist es.

NÖLAK: *Aber sind es nicht gerade die Religionen, die diesen Anpruch immer wieder stellen?*

TUCEK: Das stimmt oftmals dort, wo Religion konkret in gesellschaftspolitische Fragen eingreift. Im Bereich ihrer Ideenwelt herrscht jedoch große Vielfalt. Beispielsweise vereint der Islam so divergierende Positionen wie die des arabischen Philosophen, Theologen und Arztes Averroes und des persischen Philosophen und Theologen Al Ghazali im 12 Jh.

Für Averroes war die Tugend der Vernunft bedeutsamer als theologische Glaubensauslegung. Damit legte er einen wichtigen Grundstein zur Entwicklung des Toleranzgedankens. Darüber hinaus war er der Ansicht, dass jeder Gelehrte die Pflicht habe, die beste Religion seiner Zeit für sich zu wählen, auch dann, wenn ihm alle Religionen gleich wahr erschienen. Weiters sei davon auszugehen, dass auch die beste Religion einmal durch eine noch bessere abgelöst werde.

NÖLAK: *Dies sind wahrhaft kühne Aussagen.*

TUCEK: Ja überaus, zumal diese Ideen bereits vor 9 Jahrhunderten gedacht wurden. Mir ist dabei der Gedanke wichtig, dass es weder *das* Christentum oder *den* Islam gibt. Immer bestimmen erkenntnisleitende Interessen den Blickwinkel des Beobachters. Kein Mensch kann von sich behaupten, alle Merkmale seiner Religion in sich zu tragen. Daher vermag auch niemand „objektive" Strukturen über die eigene Religion wiederzugeben.

NÖLAK: *Wie meinen Sie das konkret?*

TUCEK: Nun, betrachten wir den Wandel von Bibel- oder Kor'anauslegungen über die Jahrhunderte hinweg. Niemand wird eine mittelalterliche Bibelexegese für das heutige Leben als verbindlich betrachten. Ähnliches gilt für den Wandel von Kor'anauslegung im Islam. Was in diesem Jahrhundert Gültigkeit hat, wird möglicherweise im nächsten Jahrhundert völlig anders gesehen. Dass sich Sufis – die Mystiker des Islam – der Relativität jeweiliger „Wahrheiten" durchaus bewusst waren, veranschaulicht folgende Geschichte:

Ein Wanderzirkus hatte seinen Elefanten in einem Stall in der Nähe einer Stadt untergebracht, in der man noch nie einen Elefanten gesehen hatte. Vier neugierige Bürger hörten von dem verborgenen Wunder und machten sich auf, um vielleicht im Voraus einen Blick darauf zu erhaschen. Als sie jedoch zu dem Stall kamen, fanden sie, dass es kein Licht darin gab. Sie mussten ihre Untersuchung also im Dunkeln vornehmen.

Der eine bekam den Rüssel des Elefanten zu fassen und meinte folglich, das Tier müsse einer Wasserpfeife ähneln; der zweite erfühlte ein Ohr und schloss, es sei eine Art Fächer; der dritte, der ein Bein anfasste, konnte es nur mit einer lebenden Säule vergleichen; und der vierte schließlich, der seine Hand auf den Rücken des Elefanten legte, war überzeugt, eine Art Thron vor sich zu haben. Keiner von ihnen konnte sich ein vollständiges Bild machen, und den Teil den ein jeder erfühlte, konnte er nur in Begriffen beschreiben, die ihm bekannte Dinge bezeichneten. Das Ergebnis der Expedition war Verwirrung. Jeder der vier war sicher, dass er Recht hatte; und keiner der anderen Bürger der Stadt konnte verstehen, was wirklich geschehen war, was die vier tatsächlich erfahren hatten …

NÖLAK: *Was heißt dies im Hinblick auf die Freiheit des Menschen?*

TUCEK: Nach islamischer Auffassung begründet sich die Freiheit des Menschen in seiner bewussten und freiwilligen Hinwendung zu Gott. Das ist es, was ihn von Pflanze, Tier oder Engel wesenhaft unterscheidet. Diese beten – ihrer Bestimmung gemäß – Gott an, und haben dabei keine eigene Entscheidungsfreiheit.

Das größte Geschenk Gottes an den Menschen ist die Willensfreiheit. Das hat aber nichts mit Willkür zu tun. Der Mythenforscher Joseph Campbell sagt: „Tu nichts, was nicht leicht ist, und es wird leicht sein, wenn du es ausschließlich aus dem Bedürfnis heraus tust, dem Leben – manche nennen es Gott – zu dienen. Wenn das die einzige Motivation ist, dann kann die Arbeit hart und anstrengend sein und trotzdem leicht".

Es gilt zu verstehen, dass sich Mystik zunächst nicht von einer dogmatischen Religionsauslegung im Sinne von „gute" Mystik/„böse" Konfession trennen lässt.

Es geht dem Mystiker nicht primär darum, seinen religiös-konfessionellen Rahmen zu kritisieren oder zu verlassen, sondern die Kernaussagen seiner Religion im Leben zu realisieren.

NÖLAK: *Sie sprechen damit die soziale Verantwortung an?*

TUCEK: Ja, unter anderem. Spirituelle Ideen müssen sich in sozialen Handlungen widerspiegeln. Alle Religionsstifter waren gleichermaßen soziale Revolutionäre, indem sie Solidarität konkret lebten. Eine Unzahl von Geschichten über Jesus Christus oder Mohammed belegen dies.

Religiöser Friede hängt unabänderlich mit sozialem Frieden, Ausgewogenheit und Wertschätzung zusammen. Ich vermisse einerseits innerhalb der heutigen islamischen Länder die Umsetzung dieses so zentralen Anliegens des Propheten Mohammed („*Wenn euer Nachbar hungrig zu Bette geht, ohne dass ihr dies wisst, gehört ihr nicht zu meiner Gemeinde“ ...)*

Andererseits erscheint mir die Globalisierung, solange sie nicht den sozialen Ausgleich im Sinn hat, als Unrechtsstruktur. Vermutlich wird die Menschheit in ihrer Gesamtheit keine wesentlichen Fortschritte erzielen, wenn wir nicht in der Lage sind, eine Form des Mitfühlens und der Solidarität zu empfinden und zu leben. Religion und Mystik die keine soziale Verantwortung übernehmen und kein soziales, gesellschaftliches Engagement kennen, verfehlen für mich einen ihrer wesentlichsten Aufträge aus den Augen.

NÖLAK: *Somit geht es letztlich also um eine Form von Selbsttranszendenz des einzelnen Individuums, was bedeutet, sich zum Ganzen hin zu öffnen.*

TUCEK: Ja. Wir Menschen sind als soziale Wesen angelegt. Martin Buber hat immer wieder betont, dass das „Ich“ erst durch sein Gegenüber – im „Du“ sichtbar wird. Wenn das Kleinere sich der Öffnung zum Größeren hin verweigert, stellt es sich gegen die von Ihnen angesprochene Selbsttranszendenz. Wir könnten auch „Liebe“ dazu sagen.

Rumi – der berühmte Mystiker auf den die „drehenden Derwische“ zurückgehen – ist hier sehr radikal. Es sagte: *„Bis Schule und Minarett nicht zerbröckeln, wird dies unser heiliges Werk nicht vollendet sein. Bis Glaube nicht zur Verwerfung und Verwerfung nicht zu Glauben wird, gibt es keinen wahren Muslim.“*

NÖLAK: *Klingt verstörend radikal. Wollte er damit seine eigene Religion abschaffen?*

TUCEK: Nein keineswegs. Er moniert lediglich die lebendige Erfahrung dessen, was das religiöse Bekenntnis verheißt. Er wollte einen Weg aus der Enge konfessioneller Sichtweisen aufzeigen. Das Wesen von Religion liegt nicht im Befolgen von Gesetzen, sondern in der Umsetzung dessen, was die Religionsstifter vermitteln wollten, nämlich dem Handeln aus einem neuen Bewußtseinsraum. Dieser schließt auch soziale Verantwortung mit ein. Vergessen wir nicht: Die Mehrzahl der Religionsstifter waren auch Sozialreformer. Die Urgemeinden teilten nicht nur geistige Ideale, sondern auch materielle Güter miteinander.

NÖLAK: *Dies scheint mir für die heutige Zeit ein sehr schwieriges Thema. Die jeweiligen Urgemeinden bestanden aus einer überschaubaren Mitgliederzahl. Wie realistisch ist es für die Weltreligionen Christentum und Islam, diesem ursprünglichen Anspruch heute gerecht zu werden? Karl Marx kritisierte – wohl zu Recht – den Missbrauch von Religion, die dafür missbraucht wurde, den einfachen Menschen im Elend zu halten. Mit dem christlichen oder vermutlich auch in anderen Religionen vertretenen „Motto: „Je schlechter es dir hier auf der Erde geht, desto besser geht es dir im Himmel", kann ich natürlich jede Gewalt, jede Unterdrückung an Menschen rechtfertigen. Und das hat eben Marx im Zusammenhang mit der Arbeiterschaft natürlich aus der konkreten Situation heraus gemeint, wenn er Religion als „Opium für das Volk" bezeichnet hat. Es war ein Beruhigungsmittel, ebenso wie Alkohol, und wenn ich meinen Arbeitern etwas gebe, damit sie vor sich hindämmern und nicht auf die Idee kommen, menschenwürdige Zustände zu verlangen, dann habe ich als Herrscher meine Ruhe. Und Religion hat sich dazu sehr gut geeignet und noch dazu, wie gesagt, aus dem Gedanken heraus, ich tu dir einen Gefallen, wenn ich dich hier haue und mies behandle, denn dann geht es dir umso besser drüben im Himmel.*

TUCEK: Ja, sie haben völlig Recht. Mit der Verheißung einer besseren Welt – ohne Leid und Schmerz – im Jenseits, verschoben die monotheistischen Religionen ein diesseitig zu lösendes Problem in ferne Zeiten.

Für die Sufis der Frühzeit hatten Paradiesversprechungen des Jenseits keine Relevanz. Sie erstrebten die Gotteserkenntnis bereits im Diesseits. Für sie war und ist die Erfahrung des Heiligen im Hier und Jetzt das Ziel. Ewigkeit verstehen sie nicht in irgendeiner späteren Zeit, die dann lange dauern wird. Ewigkeit hat nämlich nichts mit Zeit zu tun. Ewigkeit ist vielmehr jene Dimension des Hier und Jetzt, die alles Denken in Zeitbegriffen abschneidet.

Die Funktion des Lebens begründet sich darin, die Ewigkeit Hier und Jetzt, in allen Dingen – ob man sie nun für gut oder böse hält – zu erfahren. Dies ist auch die Kernaussage des Kor'anverses *„wo immer ihr euch hinwendet ist das Angesicht Gottes"*.

Daher ist es heute die Aufgabe der Religionen, die Gottessucher durch die jeweiligen Konfessionen hindurch in diesen gemeinsamen Erfahrungsraum zu führen. Es gibt nämlich keine konfessionsgebundene Gotteserfahrung. Vielmehr wird die jeweilige Erfahrung vor dem Hintergrund konfessioneller Strukturen gedeutet.

NÖLAK: *Wollen Sie damit andeuten, dass es letzlich gleichgültig ist, welcher Religionsgemeinschaft man angehört?*

TUCEK: Sie stellen mir da eine ganz schwierige Frage, vor deren Beantwortung ich fast zurückschrecke. Bitte verstehen Sie die folgenden Aussagen als sehr persönliches Statement: Der Jahrhunderte währende Streit zwischen Christen, Muslimen und Juden zeigt, dass die Vertreter dieser Religionen bislang nicht in der Lage waren, ihre religiösen Überzeugungen nicht nur auf die eigene Gemeinschaft anzuwenden, sondern auf das Leben als solches.

Meiner Überzeugung nach liegt aber genau hierin eines der wesentlichen kollektiven menschlichen Wachstumspotenziale in einer Welt, die mittlerweile geographische Horizonte nicht mehr kennt. Wir können heute nicht mehr ausschließlich jene Modelle und Weltbilder einer Zeit aufrechterhalten, in der die Erde für eine Scheibe gehalten wurde.

Was wir benötigen, ist ein Verständnis von Mythos, das den Einzelnen sich nicht mehr nur mit seiner angestammten Gemeinschaft identifizieren lässt, sondern mit den Menschen des gesamten Planeten bzw. darüber hinausgehend mit der gesamten Schöpfung.

Vielleicht liegt ein möglicher erster Schritt darin, die Idee zuzulassen, dass religiöse Symbole immer Metaphern sind, die den Menschen auf eine transzendente Wahrheit verweisen wollen. Verwechselt man die Metapher mit dem eigentlich Gemeinten, ist dies, als würden Sie in einem Restaurant die Speisekarte anstelle der darauf verzeichneten Speise verzehren.

NÖLAK: *Demnach wird der Begriff „Offenbarung" aus konfessioneller und mystischer Sicht unterschiedlich verstanden und gedeutet.*

TUCEK: Ja, genau. Aus sufischer Sicht bedeutet aber der Begriff „Offenbarung" seelisches, ganzheitliches Erfahren des Göttlichen. In einem religiös-konfessionellen Sinn wird hingegen das Nacherzählen einer von anderen überlieferten Heilserfahrung und -geschichte verstanden.

Aus der Sicht des Mystikers ist die wichtigste Form von Glaubensvollzug ganz Mensch zu sein, mit allen Möglichkeiten und Potenzen. Mythologische Bilder – gleich welcher Provenienz – dienen den Menschen dabei weniger der „*Sinnsuche*", denn „Sinn" ist das, worauf das Denken abzielt. Was aber ist der Sinn des Weltalls oder von Kunst? Begründet sich ihr Sinn nicht einfach nur in ihrem „Dasein"?

Vielmehr geht es in den Mythen um *Sinnerfahrung* um „Erfahrung des Lebens" und die Lust, lebendig zu sein. Glaubensvollzug meint hier also eine lebendige Durchdringung religiöser Symbole, denn diese mythologischen Bilder verweisen uns auf das, was im Inneren der Menschen liegt. Wenn aber das Denken im äußeren Bild haften bleibt, sodass nie der Bezug zu sich selbst hergestellt wird, wird das Bild missverstanden und muss gegen anders Denkende verteidigt werden. Die Konsequenz sind Fundamentalismen, Nationalismen und ähnliche „-ismen".

NÖLAK: *Aus dieser Sicht könnte interreligiöse Begegnung insoferne bereichernd sein, als wir das eigene transzendente Symbol im Spiegel des anderen wieder entdecken.*

TUCEK: Ja, das wäre sehr hilfreich, zumal die eigenen mythologischen Bilder in der Regel immer als absolute Tatsachen gedeutet werden. Indem wir aber die Ähnlichkeit der symbolischen Aussage einer anderen Metapher an uns heranlassen, vermag sich uns das Verborgene hinter dem Bild zu erschließen. Dessen waren sich die Sufis immer schon bewusst und darin begründet sich auch ihre gelebte Toleranz und Offenheit.

NÖLAK: *Mit anderen Worten: Mystiker hören die religiösen Texte „metaphorisch", während Vertreter der Orthodoxie sie „konkret" hören.*

Tucek: Ja. Ich fürchte ich wiederhole mich. Das Eigentliche liegt in der *Erfahrung* der göttlichen Wirklichkeit, aus der heraus die Interpretation der eigenen Religiosität und Lebensgestaltung kommt. Somit ist Gott nicht nur in einer bestimmten Religion, einer Moschee, Kirche oder Tempel zu finden, sondern allgegenwärtig. Die konkrete Gefahr in der allzu engen Interpretation monotheistischer Religionen liegt meines Erachtens nach darin, dass aus einem Eingott- ein Einziggottglaube uminterpretiert wird. Irgendwo habe ich einmal den Satz gelesen: „Die größte Gefahr geht vermutlich weniger von jenen aus, die sagen: *‚Es gibt keinen Gott'*, als vielmehr von denen die behaupten *‚Es gibt keinen Gott außer meinem'*. Ich denke das trifft das Problem ziemlich genau.

Nölak: *Mystiker sprechen immer wieder von der „Einheit": Was soll das heißen? Etwa das alle gleich denken?*

Tucek: Nach meinem Verständnis heißt dies, dass die lebendige Erfahrung des anderen als Eins mit mir den Tod des kleinen „Ich" – im Sinne der Überwindung von Egozentrismus – bedeutet. Dies führt zur Einheitserfahrung mit dem Anderen.

Nölak: *Können Sie diesen Gedanken konkreter beschreiben?*

Tucek: Versuchen Sie sich vorzustellen, was es bedeuten würde, wenn wir zu folgender ethischen Grundhaltung finden könnten: *„Deine Freude ist meine Freude, dein Leid ist mein Leid"*. Eine derartige – aus Erfahrung motivierte – Handlung wird anders ausfallen als jene, welche Nächstenliebe auf einem „du sollst" und „du mußt" begründet. Nur wenn das Leid, die Freude und das Leben des anderen als eigenes Leid, Freude und Leben empfunden werden, kann eine neue Form von Solidarität entstehen.

Nölak: *Wie soll eine derartige Haltung entstehen?*

Tucek: Ich habe darauf keine befriedigende Antwort. Mir fällt aber auf, dass Mystiker immer wieder versuchten, den Menschen die Angst vor einem „strafenden Gott" zu nehmen. Die heilige Rabia zog einst (11. Jh.) durch Bagdad. In der einen Hand hielt sie einem Kessel glühender Kohlen und in der anderen einem Eimer gefüllt mit Wasser. Als sie gefragt wurde, was dies bedeute, antwortete Rabia: *„Das Kohlebecken habe ich, um das Paradies in Brand zu setzen und das Wasser, um das Höllenfeuer zu löschen, damit die Menschen beginnen, Gott nur um seiner selbst willen zu lieben."* …

Ein weiterer Mystiker formulierte diesen Gedanken etwas anders, indem er sagte:

> Dort ist das Paradies, wo Liebende in der Hölle vereint sind.
> Wer im Paradies ohne Liebe lebt, darbt in der Hölle.

NÖLAK: *Noch eine letzte Frage: Die christliche Lehre hat in unserem Land heute vielfältige „Konkurrenz" bekommen. Speziell östliche Lehren und Lehrer bieten Suchenden ihre Hilfestellung an. Worauf sollte man dabei achten?*

TUCEK: Sie sprechen hier ein sehr komplexes Thema an. Meiner Erfahrung nach ist der Umgang östlicher Lehrer mit ihren europäischen Schülern zuweilen von bedrückender Unkenntnis der europäischen Geschichte geprägt. Konkret meine ich die Forderung nach „absolutem Gehorsam", der vom Schüler abverlangt wird. Speziell im deutschsprachigen Raum ist eine unhinterfragte Hingabe des Schülers an den Willen des Lehrers schwer einzulösen, da blinder Gehorsam im 20 Jh. zu einer der größten Tragödien der europäischen Zivilisationsgeschichte geführt hat. Über diesen Punkt mögen zwar viele orientalische Lehrer milde lächeln, doch leben und handeln wir niemals als geschichtslose Wesen. Die eigene Lebensgeschichte schwingt im geistigen Entfaltungsprozeß ebenso mit, wie die der Familie, des Volkes und der gesamten Kultur.

Hinzu kommt, dass auch auf konfessioneller Ebene ein und dasselbe Prinzip wirkt wie auf der Ebene individuellen Wachstums: Man kann nicht loslassen, was man nie besessen hat.

Damit meine ich, dass etwa im Rahmen der sufischen Schulung die (an sich richtige) Forderung nach Auflösung des begrenzten Ichs und der eigenen Individualität, dort scheitern muss, wo der Gottessucher noch gar nicht wirklich erfahren hat, dass er diese Individualität und dieses „Ich" besitzt.

Er wird zunächst seine eigene Inividualität erfahren und verstehen müssen, ehe er in der Lage ist, sie loszulassen. Der intellektuelle Glaube daran, „dass man sein Ich überwinden muss" bedeutet noch nicht, dass diese Erkenntnis auch das Herz erreicht. Der Schüler muss erst an sich selbst leidhaft erfahren, dass das Festhalten an dem Gefühl von Individualität nicht zu der ersehnten inneren Harmonie und Frieden führt. Erst dann wird für diese Person die obige Forderung Sinn machen und Resonanz hervorrufen.

Leider übersehen auch spirituelle Lehrer diesen Punkt und stellen die allgemeine und zutreffende Forderung in den Raum „das Ego zu überwinden". Die Schüler sind jedoch in ihrer gegenwärtigen und je unterschiedlichen seelischen Entfaltung (noch) nicht in der Lage, dieser Anforderung entsprechen zu können. Dies führt u. a. dazu, dass innerhalb vieler spiritueller Gruppierungen die Schattenanteile abgespalteter und verleugneter Egoismen ungehemmt und unerlöst wirken.

Ehe man es sich versieht wirken auf der Ebene mystischer Gottessuche dieselben Strukturen, die jenen gleichen, welche die Menschen veranlasst haben, sich auf den inneren Weg der mystischen Gottessuche zu machen.

Nicht selten bekommen diese Suchenden nach jahrelangen vergeblichen Bemühungen und vielen gegenseitigen Kränkungen vom Lehrer zu hören, dass sie eben nicht „bereit für die Wahrheit" seien und daher nichts verstanden hätten. Damit wird ihnen alle Verantwortung für das „Versagen" zugeschoben, und sie fühlen sich schuldig, verzweifelt und ausgebrannt.

Als etwa Prophet Mohammed sagte: „Sprich zu den Menschen so, dass sie dich verstehen" meinte er damit, dass es darum geht, den Suchenden individuell dort abzuholen, wo er gegenwärtig steht.

NÖLAK: *Demnach gilt es zwischen Lehre, Lehrer und Schüler in dem Sinne zu differenzieren, als auch eine dem Schüler adäquate Vermittlung des Lehrstoffs durch den Meister vonnöten ist.*

TUCEK: Ja, so ist es. Niemand käme auf die Idee einem 7-jährigen Volksschüler vorzuwerfen, dass er noch nicht Integralrechnen kann. Gleichermaßen kann der Schüler auch nicht sein „Ich" loslassen, wenn er noch nicht dessen Möglichkeiten und Grenzen erfahren hat.

Das eigene religiöse Modell kann ebensowenig absolut gesetzt werden wie ein bestimmter „eigener mystischer Pfad". In früheren Zeiten haben z. B. Sufimeister ihre Schüler auch zu jeweils anderen Lehrern gesandt, um dort Qualitäten entwickeln zu können, die er selbst nicht repräsentierte. Dies hat sich u. a. auch wegen heutiger Seminarstrukturen in der Lehre und dem damit zusammenhängenden ökonomischen Interessen weitgehend aufgehört.

Siehe Bildtafel 22

„Der erhöhte Bekanntheitsgrad der Volksanwaltschaft hat nicht nur zu einem Anstieg der Beschwerden geführt, sondern auch dazu, dass die Verwaltung anders reagiert."

Peter Kostelka

Peter Kostelka ist Volksanwalt

NÖLAK: *Die staatliche Verwaltung ist für den Bürger vielleicht das Schlimmste überhaupt, man geht in ein Amt, um sich sozusagen bestrafen zu lassen. Hat sich das Bild der Verwaltung bei den „Verwaltern" in den letzten zehn, zwanzig Jahren geändert?*

KOSTELKA: Die Volksanwaltschaft hat mit den „Montagsprodukten" der Verwaltung zu tun und diese gibt es leider auch in jedem Betrieb. Relativiert heißt das, dass es bei rund 6 Millionen Bescheiden der Sozialversicherung ungefähr 2.500 Beschwerden gibt. Das ist nicht wenig, aber das Vergleichsverhältnis zeigt, dass, so wie der Verwaltungsgerichtshofspräsident Dr. Clemens Jabloner es gesagt hat, jemand wie ich, der in der extremen Pathologie tätig ist, natürlich fürchterliche Fälle bekommt, aber man darf über den einzelnen Baum den Wald von Bescheiden nicht vergessen, die in Ordnung sind. Man muss natürlich hinzufügen, dass die Verwaltung in Österreich eine sehr, sehr große Tradition hat. Spätestens mit Maria Theresia beginnend – also das Berufsbeamtentum – welches ursprünglich eine Vertretung des „Kaisertums von Gottes Gnaden" bis in den letzten Ort hinein war. Es ist natürlich auch mit einer Mischung aus auf der einen Seite religiösem Fundament und auf der anderen Seite aus der Macht des Staates heraus aufgetreten. Diese Untertanenabhängigkeit, die hat mehrere Gründe gehabt. Die Verwaltung war der Hauptgrund, da es am leichtesten fällt zu administrieren. Die Verwaltung spricht sich heute selbst als Service an, was aber letztendlich schwierig durchzuhalten ist, denn in immer mehr Bereichen des Leistungsstaates hat die Verwaltung existenzbegründende, vernichtende oder zumindest massiv beeinflussende Entscheidungen zu treffen. Jemandem den Führerschein wegzunehmen, weil er nicht mehr für die Verkehrssicherheit tauglich ist, ist für den Betreffenden nicht nur ein Unwerturteil – vor allem ältere Personen betrachten das so –, sondern kann bedeuten, dass jemand seinen Job nicht mehr ausüben kann. Keine Baugenehmigung zu kriegen, nachdem man den Grund gekauft hat, ist existenziell für den Einzelnen.

In der österreichischen Verfassungsordnung wird der Verwaltung vorgeschrieben, was sie tut zu begründen und sich streng im Rahmen des Gesetzes zu halten. Es wird aber auch vom Bürger verlangt, um sein „Recht" zu kämpfen. Das heißt, wenn seiner Meinung nach ein Irrtum passiert ist, soll er zur übergeordneten Instanz gehen, um da aufrechten Hauptes z. B. dem Bürgermeister gegenüberzutreten. Und bei beiden hapert es halt in Österreich ein bisschen.

NÖLAK: *Hat sich das Klima in den letzten Jahren gebessert?*

KOSTELKA: Ja. Was aber lustigerweise nichts mit der demokratischen Reife, sondern mit der Macht der Medien zu tun hat. Wir haben rund 9.000 Beschwerden gehabt, als unsere Vorgänger das Geschäft noch betrieben haben. Mit der Installierung der neuen Volksanwaltschaft hat es relativ viele Zeitungsberichte gegeben, sodass vor Übernahme, als die Zeitungsberichte stattgefunden haben, die Beschwerdeziffern begonnen haben hinaufzugehen, und wir sind jetzt nach der Wiederetablierung der Fernsehsendung auf rund 15.000 Beschwerden. Wir haben fast mehr als die Hälfte, es stabilisiert sich jetzt auf hohem Niveau bei knapp zwei Drittel mehr an Beschwerden, als es unsere Vorgänger hatten. Der erhöhte Bekanntheitsgrad der Volksanwaltschaft hat nicht nur zu einem Anstieg der Beschwerden geführt, sondern er hat auch dazu geführt, dass die Verwaltung anders reagiert. In der Vergangenheit haben die Mitarbeiter in den Verwaltungen damit rechnen müssen, dass sie in einem Ausschuss des Landtages, des Nationalrates, des Bundesrates durch den Kakao gezogen werden und damit war die Geschichte erledigt, was unter Ausschluss der Öffentlichkeit geschah. Jetzt besteht bei jedem Fall die potenzielle Möglichkeit – obwohl es sich im ganzen Jahr vielleicht um 60, 80 Fälle, also eine verschwindende Minderheit der Gesamtfälle handelt – dass man vor den Vorhang der Öffentlichkeit – mit im Schnitt 500.000 Zusehern – gebeten wird, und das hat weder der Beamte noch der für ihn zuständige Politiker gerne.

Mein Musterbeispiel ist in diesem Zusammenhang ein Fall mit dem Sozialreferat der Stadt Salzburg, bei dem ich sechs Monate lang mit der Stadt Salzburg, aber auch mit der Landesregierung als Aufsichtsbehörde korrespondiert habe. Die haben mir Stein und Bein geschworen, dass alles in Ordnung ist. Dann machten wir diese Sache zum Gegenstand des ersten Fernsehfalles, mit dem Ergebnis, dass drei Tage vor der Aufzeichnung mir das Sozialreferat der Stadt Salzburg mitgeteilt hat, dass es soeben von der Aufsichtsbehörde die Weisung erhalten hat, sich voll inhaltlich der Rechtsansicht der Volksanwaltschaft anzuschließen. Und ich glaube, das wäre ohne diesen Start nicht so einfach gewesen, ohne der Rute im Fenster.

NÖLAK: *So eine Publizität trägt zu einer Demokratisierung insoweit bei, dass die Bürgerinnen und Bürger wieder mehr das Instrument „Volksanwaltschaft" kennen lernen. Steigt nicht auch die Zahl der „Querulantenbeschwerden"? Wird ein Instrument dann nicht auch ausgenützt?*

KOSTELKA: Querulanten gibt es überall, auch bei der Volksanwaltschaft. Aber insofern ist auch das Selbstverständnis der Volksanwaltschaft wichtig. Wir sind ein unabhängiges Kontrollorgan, das heißt, wenn hier der Beschwerdeführer, die Beschwerdeführerin, hinausgeht, dann hat er oder sie fürs erste einmal Recht beziehungsweise ist das, was er oder sie sagt, Grundlage unserer weiteren Tätigkeit. Der nächste Schritt ist es, das, was uns erzählt worden ist, vor dem Hintergrund der Verwaltungsakten zu prüfen und dann erweist sich meistens, dass wir fast nie angelogen worden sind. Aber auch, dass natürlich aus der Sicht des Gesetzesvollzuges nicht alles gesagt wurde, was zur Beurteilung dieses Falles notwendig ist, das kann sehr wohl vorkommen. Das Ergebnis dieser Prüfung erfährt sowohl die Behörde als auch der Betreffende, wobei für den

Betreffenden nicht nur die Mitteilung wichtig ist, sondern auch, wie geht es weiter. Da haben wir doch in vielen Fällen, nicht nur im Einzelfall, zur Änderung der Verwaltungspraxis beitragen können, was ein mühsamer, aber notwendiger Prozess ist.

NÖLAK: *Sind die Österreicherinnen und Österreicher bezüglich des Instanzenzuges genug geschult? Wissen die Bürgerinnen und Bürger genug über ihre Rechte und Möglichkeiten?*

KOSTELKA: Also das ist sehr unterschiedlich. Es gibt Leute, die, bevor sie zu uns kommen, sich eingehend mit dem beschäftigt haben, was die Behörde tun soll und mit dem, was sie getan hat – das sind natürlich die aussichtsreichsten Fälle. Und es gibt andere Fälle, die kommen und sagen: „Ich kriege zu wenig Pension!", aber sie wissen nicht einmal die Sozialversicherungsnummer. Dann wird es natürlich mühsam.

Aber auch das geht, wobei unsere Aufgabe aber die Überprüfung eines Missstandes ist, was bedeutet, dass derzeit zuerst einmal behauptet werden muss, also zumindest ein Indiz auftauchen muss, warum die Pension vermeintlich zu gering ist. Hier gibt es in zunehmendem Maße eine Bereitschaft bzw. auch eine kenntnisreichere Bürgerschaft, die entsprechend für ihr Recht auch kämpft.

NÖLAK: *Also, den mündigen Bürger haben wir schon fast erreicht?*

KOSTELKA: Zum Teil, weil es ist ja ein bisschen eine Generationenfrage, aber es gibt auch Vertreter der älteren Generation, die ganz genau wissen, was sie wollen und das auch entsprechend umsetzen.

NÖLAK: *Ist diesbezüglich ein Stadt-Land-Gefälle zu erkennen? Ist die ländliche Bevölkerung weniger aufgeklärt oder mehr?*

KOSTELKA: Also, ein Stand-Land-Gefälle gibt es bei der Art der Probleme. Nachbarschaftsstreitigkeiten haben am Land mehr Boden als in der Stadt, sonst gibt es am Land eher eine auffallende Scheu, sich mit den lokalen Autoritäten auseinander zu setzen. Da gibt es manche, die es als Herausforderung betrachten, sich mit dem Bürgermeister anzulegen, wieder andere, die das Gefühl haben, das kann ihnen auf Dauer nicht gut tun. Aber die Bereitschaft, sich mit der öffentlichen Hand auseinander zu setzen, nimmt zu. Wobei ich sagen muss, da wird ja nur eine der Funktionen der Volksanwaltschaft angesprochen. Die zweite ist, dass die Volksanwaltschaft mehr als Rechtsauskunftsinstrument verwendet wird. Die Volksanwaltschaft ist auch teilweise ein Instrument der Lebenshilfe. Es ist also eine Frage der administrativen Hygiene, dass es so eine Einrichtung wie die Volksanwaltschaft gibt.

NÖLAK: *Ist das eigentlich eine Pflicht der Volksanwaltschaft oder sind die Damen und Herren schlicht nur zu freundlich, um nicht zu sagen: „Damit haben wir eigentlich nichts zu tun, grüß Gott!" und den Hörer aufzulegen, wenn einer nur eine Auskunft begehrt?*

KOSTELKA: Die Auskunft ist uns zwar vom Gesetz nicht vorgeschrieben – unsere Aufgabe ist die Überprüfung von Missständen in der Verwaltung – aber Rechtsauskünfte werden selbstverständlich erteilt. Das wird dann aber ein bisschen zurückhaltender gemacht, überhaupt wenn es sehr komplex wird und wir die Unterlagen nicht haben. Abstrakte Fragen wie: „Wie komme ich zu meiner Pension?" sind leichter zu beantworten als „Frau Doktor oder Herr Doktor, habe ich Recht?" Auskünfte erteilen wir, weil das mit dem Servicecharakter dieser Einrichtung zusammenhängt. Die Beantworter-Zuständigkeit kommt nur relativ bald dann, wenn eine absolute Unzuständigkeit vorliegt, bei Gerichten aber auch bei Streitigkeiten zwischen Privaten, weil wir da nicht Hoffnungen erwecken wollen, die wir nicht befriedigen können.

NÖLAK: *Habe ich das richtig verstanden, dass manche Bürgerinnen und Bürger am liebsten den Bürgermeister übergehen würden und gleich von der Volksanwaltschaft sozusagen irgendein Recht zugesprochen bekommen wollen?*

KOSTELKA: Nein. Also in Wirklichkeit sind wir der Lohengrin, der an die Seite der Elsa von Brabant tritt und sie in glänzender Rüstung verteidigen soll. Wir sind im Grunde genommen Streitgenossen, die man um Hilfe und Unterstützung ersucht. Natürlich ist auch ein Teil der Funktion, die die Volksanwaltschaft zu erfüllen hat, dass sie sich an das jeweils höchste Verwaltungsorgan zu wenden hat. Das heißt, dass der Weg, wenn es eine Gemeindeangelegenheit ist, über den Landeshauptmann als Gemeindeaufsichtsbehörde dann an den Bürgermeister geht und weiter hinunter.

NÖLAK: *Was soll der Bürger, die Bürgerin berücksichtigen? Gibt es Tipps, Rezepte, wie verhält man sich, wenn man zu einer Behörde muss? Was sind die Kardinalsfehler?*

KOSTELKA: Also, erstens einmal würde ich meinen, dass man dieses Selbstverständnis, das alte österreichische Selbstverständnis: „Mit den Behörden und Gerichten will man nichts zu tun haben!" beiseite legt. Es geht nicht mehr ohne Behörden, man kann nicht Auto fahren, nicht bauen, nicht die Schule besuchen, was auch immer ... man hat Kontakt zur Behörde. Das heißt, die Verwaltung ist ein wesentlicher Bestandteil unseres Lebens. Scheu ist daher nicht angebracht. Punkt Nummer eins. Punkt Nummer zwei: Das Ganze ist ein Spiel mit verteilten Rollen. Der Beamte hat seine Aufgaben und hat seine Vorgaben, und der Betreffende hat seine persönlichen Interessen. Emotionen haben da nach Möglichkeit überhaupt nichts zu suchen. So wie man in den Wald hineinruft, so schallt es auch meistens zurück. Also, wenn jemand zu einer Behörde geht und nur Böses vermutet, dann werden sich die Emotionen aufschaukeln und dann wird eines wahrscheinlich nicht ganz so funktionieren, was in der Regel heute zumindest gang und gäbe sein sollte, nämlich, dass die Behörde nicht nur entscheidet, sondern auch hilft, und sagt, was möglich ist und was nicht. Das Dritte ist, dass man sich bewusst sein muss, dass es auch eine Argumentation mit der Behörde geben muss, vor allem, wenn es kompliziertere Entscheidungen sind. Da ist es natürlich für den Bürger von Vorteil, wenn er sich die Fibeln und Broschüren über ganz bestimmte Rechtsbereiche einmal durchschaut. Das heißt, man sollte sich so weit wie irgend möglich informieren: Und wenn dann so ein „Montagsprodukt" droht – und das ist jetzt mein vierter Rat – dann sollte man sich alles noch überlegen, aber sich nicht scheuen zu sagen: „Das lass ich mir nicht gefallen, ich gehe in die nächste Instanz!" und dann auch gegebenenfalls die Volksanwaltschaft zur Überprüfung verlangen.

NÖLAK: *Die Angst vor Rachegelüsten der Verwaltung, weil man sich beschwert hat, ist unberechtigt?*

KOSTELKA: Also, wenn ein Verwaltungsbeamter auch nur andeutungsweise sagt: „Warum sind Sie zur Volksanwaltschaft gegangen?" verstehen wir überhaupt keinen Spaß, weil es letztendlich das Recht jedes Bürgers ist.

NÖLAK: *Es gibt bekannterweise drei Volksanwälte: Hat jeder von Ihnen drei Bundesländer über oder wie ist das geteilt?*

KOSTELKA: Die Erfahrung zeigt, dass es nicht sehr sinnvoll ist, wenn Volksanwälte auseinander dividiert werden können, das heißt, wenn im Sozialbereich einmal ich, einmal die Frau Bauer und einmal der Herr Stadler auftauchen und es zwischen den dreien irgendwelche Auffassungsunterschiede gibt. Daher haben wir den Sachbereich geregelt, dass ist Soziales, Gesundheit, Bundeskanzleramt, Außenministerium, Verkehrsinfrastruktur und Ähnliches, Arbeitsrecht und das durch alle Gebietskörperschaften hindurch. Wobei, wenn jemand zu mir nach Wien kommt, dem sage ich gleich von vornherein, dass die Zuständigkeit für sein konkretes Problem nicht bei mir liegt und er zu einem der beiden Kollegen gehen soll. Wenn wir aber draußen vor Ort bei den Sprechtagen sind – was eine österreichische Spezialität ist – dann nehme ich mich natürlich jeder Frage an. Diese anderen Beschwerdefälle nehme ich auch und übergebe sie dann dem zuständigen Kollegen, wobei der Kontakt mit uns kein Problem sein sollte, schriftlich ist er möglich, mündlich ist er möglich, E-Mail ist möglich, und wir haben auch eine kostenfreie Nummer, das heißt, es kann uns aus dem gesamten Bundesgebiet jeder anrufen. Die Kosten des Telefonats zahlen wir und nicht der Betreffende – und das ist die Nummer 0800 233 233!

NÖLAK: *Die Angst steigt immer mehr vor dem „gläsernen Bürger". Wird das der Verwaltung der Zukunft die Allmacht bescheren und damit wieder zu einer Angst des Bürgers führen? In welche Richtung wird das gehen?*

KOSTELKA: Das ist ein sehr diffiziles Problem, weil nämlich beide Seiten zu betrachten sind. Auf der einen Seite hat der Bürger das Gefühl, er kann nicht einmal mehr aus seinem Haus gehen, ohne beobachtet zu werden. Auf der einen Seite ist es so, dass die Verwaltung natürlich vor allem durch die Verwendung von Computern eine unheimliche Menge von Daten hat, die ein ziemlich genaues Bild des Einzelnen ergeben. Und jetzt ist die Frage, was mit diesen Daten zu geschehen hat und ob es Nebenverwendungen geben kann oder darf. Da gibt es für beide Seiten Beispiele: Wenn beispielsweise jemand von einem Hubschrauber geborgen wird, weil er verletzt ist, und es ist dem Krankenhaus X bekannt, dass es ganz bestimmte Unverträglichkeiten gibt, dann wäre es ein Wahnsinn, wenn der Arzt, der nur Minuten, vielleicht Sekunden Zeit hat zu handeln, das nicht wissen darf. Auf der anderen Seite muss man sich natürlich im Klaren sein, dass nicht jemandem, der bei der Bezirkshauptmannschaft auftaucht, sofort mitgeteilt werden darf, dass er ein Pornographieverfahren hat, obwohl es bei seinem Erscheinen um Baurecht oder sonst irgendetwas geht. Hier sind letztendlich ganz genaue Regeln für die Datenweitergabe zu sehen, dass die Datenweitergabe und der Datenzugriff dort erfolgen soll, wo es im Interesse des Bürgers ist, dass aber eine Waffengleichheit zwischen dem Bürger und der Behörde auch bedingt, dass die Daten dort nicht weitergegeben werden, wo die Behörde das letztendlich nicht notwendig hat, also eine sehr hohe Differenzierung nötig ist!

Natürlich soll aber die Behörde die Möglichkeiten haben, auf Daten für die Überprüfung gewisser Tatsachen zugreifen zu dürfen. Es ist heute absolut unsinnig, dass jemand zu einer Behörde mit fünf Dokumenten kommt, obwohl die Behörde weiß, dass er Österreicher ist, welche Schulbildung er hat und ob er einen Führerschein hat. Auf der anderen Seite soll dort keine Datenweitergabe erfolgen, wo es um das höchstpersönliche Interesse des Einzelnen geht wie Gesundheitsdaten, religiöse Daten oder Ähnliches.

NÖLAK: *Nehmen da die Beschwerden zu?*

KOSTELKA: Ja, aber ich glaube nicht zuletzt vor allem deswegen, weil die Bewusstseinsbildung bezüglich der Grundrechte langsam zunimmt. Ich habe vor zwei Jahren in der Volksanwaltschaft einen Beschluss herbeigeführt, dass wir unserem jährlichen Bericht an den Nationalrat auch einen Teil über Grundrechtsbeschwerden anfügen. Warum ich das vorgeschlagen habe, ist leicht zu erklären: Weil es in Österreich nicht nur unter den Bürgern, sondern auch unter der Verwaltung ein sehr unterentwickeltes Grundrechtsverständnis gibt, was damit zu tun hat, dass bei uns die Grundrechte, zumindest im vorigen Jahrhundert, nie der große soziale, politische Konsens waren.

NÖLAK: *Welche Rolle soll oder kann überhaupt eine Verwaltung spielen? Es gibt auf der einen Seite das Modell des reinen Nachtwächterstaates, der also nur minimale Grenzen setzt. Das andere Extrem wird natürlich der Staat sein, dessen Motto ist: „Von der Wiege bis zur Bahre, ist der Staat das Wunderbare!" Wo liegen wir?*

KOSTELKA: Die Antwort ist relativ leicht gegeben: Wir leben in einem Leistungsstaat und Vorsorgestaat! Die Entscheidung ist nicht mehr zu treffen, sie ist längst getroffen. Umweltschutz ist heute nicht mehr möglich, indem jeder tut, was er kann, sondern dadurch, dass man auch kontrolliert, ob die Umwelt in ausreichendem Maße geschützt wird. Das heißt, die moderne Gesellschaft hat so viele Möglichkeiten und ist so arbeitsteilig, dass es letztendlich um Ausgleich der Interessen und Aufgaben geht. In der Sonntagsrede sagt man, das müsse die Gesellschaft regeln. In Wirklichkeit ist es der Beamte, der dann die Genehmigung erteilt oder nicht erteilt.

Wobei es natürlich, das muss man dazu sagen, Grenzen der Leistbarkeit gibt. Und das ist in meinen Augen der Grund für die Diskussion. Also immer mehr und mehr und mehr, das wird auf die Dauer nicht gehen, vor allem bedingt die hohe Spezialisierung des Einzelnen, dass es jemanden gibt, der auch die Koordination zwischen den verschiedenen Bereichen vornimmt.

NÖLAK: *Wie halten Sie es mit der Amtsverschwiegenheit? Warum z. B. haben Anrainer kein Recht darauf, die Emissionswerte einer Fabrik in ihrer Nachbarschaft zu erfahren?*

KOSTELKA: Weil das Verfassungsgesetz über die Amtsverschwiegenheit die Geheimhaltung dieser Daten erlaubt; auch dann, wenn ihre Veröffentlichung im Interesse der Bürger wäre.

NÖLAK: *Welche Informationen beziehungsweise Auskünfte können verschwiegen werden?*

KOSTELKA: Um der Amtsverschwiegenheit unterworfen zu werden genügt es schon, dass die Geheimhaltung eine Information „im wirtschaftlichen Interesse einer Körperschaft des öffentlichen Rechts ist". Unter diesen Begriff kann fast alles subsumiert werden, daher ist fast alles geheim. Auch Minister, die vom Parlament um Auskünfte über allfällige Missstände in ihrem Ressort gebeten werden, verschanzen sich gern hinter der Amtsverschwiegenheit, die ihnen leider keine Auskunfterteilung erlaube.

Ich bin der Meinung, dass Parlamente wie auch Bürger mehr Kontroll-Kompetenz erhalten müssen. Damit die Bürger diese Kontroll-Kompetenz ausüben können, ist es aber notwendig, dass die Bürger Informationen erhalten.

Siehe Bildtafel 23

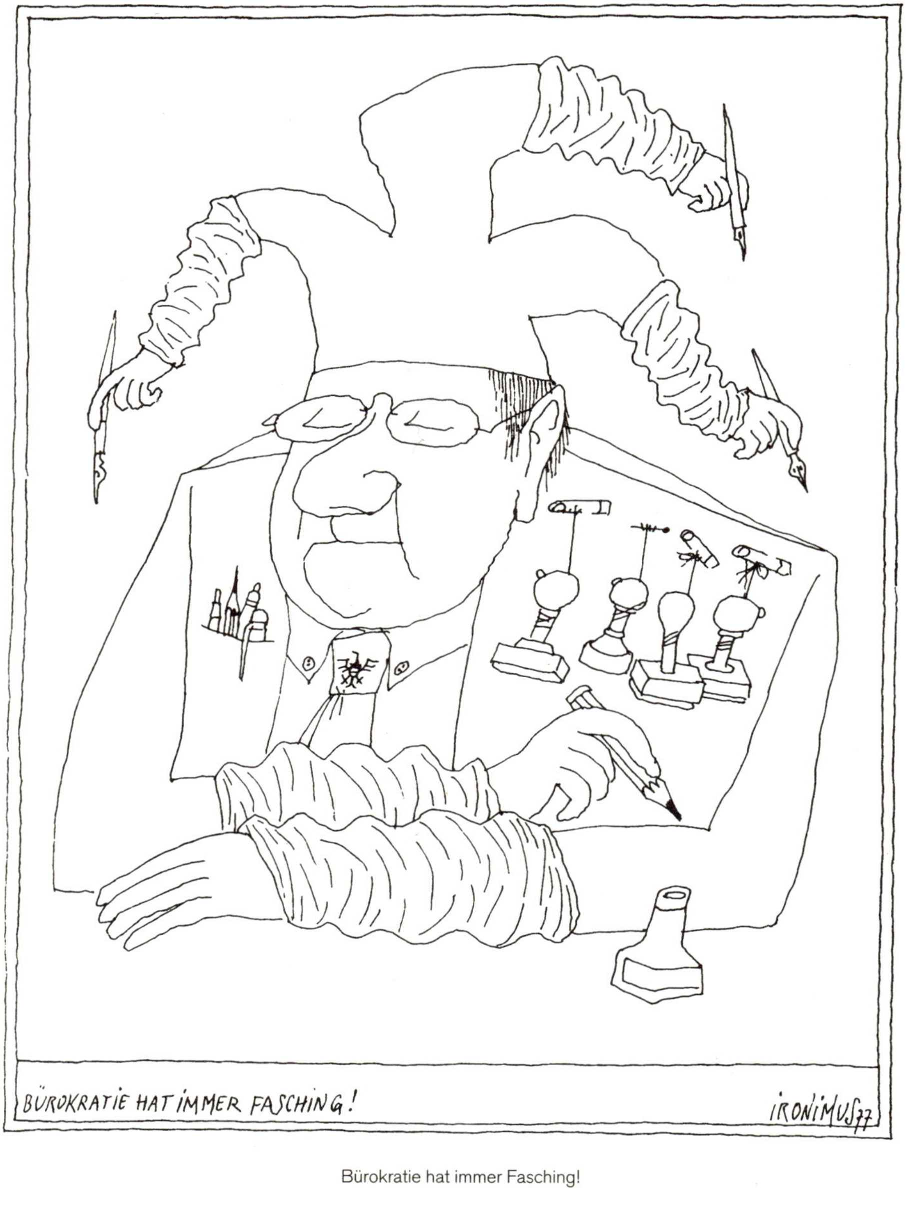

Bürokratie hat immer Fasching!

„Es gibt kein Lebensrezept für den Umgang mit dem Tod, vielmehr muss jeder für sich sein eigenes Rezept, sein eigenes Lebenskonzept basteln und leben und immer wieder modifizieren.“

Brigitte Riss

Brigitte Riss ist Vorsitzende des Landesverbandes Hospiz Niederösterreich

NÖLAK: *Heute ist das Thema Sterben noch viel mehr ein Tabu als Sex, Geld, Religion. Über alles kann man reden, aber beim Sterben ist peinliches Schweigen. Ist das eine Entwicklung der letzten Jahrzehnte?*

RISS: Das hängt mit unserer Lebenssituation zusammen. Im ländlichen Raum, wo das Leben in einer Großfamilie üblich ist, war das Leben und Sterben im Alltag integriert. Hier standen die Kinder bei der toten Großmutter, sahen wie die Eltern weinten oder wie die Angehörigen und Nachbarn kamen und beteten. Der Verstorbene war aufgebahrt. Das findet man am Land heute manchmal, in der Großstadt praktisch überhaupt nicht mehr.

Wir, die Hospizbewegung, unterstützen heute Angehörige bei dem Wunsch des Abschiednehmens zu Hause. Wir raten ihnen, sprechen sie mit der Bestattung, lassen sie den Arzt etwas später kommen. Es ist möglich, den Verstorbenen auch vom Spital noch nach Hause zu holen. Oft hilft es sehr viel, diesen Abschied in der Familie zu erleben oder zu feiern. Viele Menschen wissen und trauen sich das nicht und es braucht oft jemand, der sagt: „Traut euch, ich bin bei dir, ich bleibe da oder ich helfe dir, das zu organisieren.“ Denn in der Betroffenheitssituation schaffen Angehörige und Freunde das nicht. Wenn man in einem Tief steckt, wenn der Todesfall so frisch ist, überwiegen die Trauer und das Gelähmtsein. Doch später spürt man, dass es hilfreich war, wenn eine Verabschiedung, so ein Abschied noch ermöglicht wurde.

Für manche ist es „Not-wendig“ den Verstorbenen im wahrsten Sinne des Wortes zu begreifen, anzugreifen. Ich halte das für sehr wichtig und weiß aus vielen Erfahrungen, dass dadurch für die Betroffenen klar wurde, dass der Abschied nun endgültig ist.

Es gibt kein Lebensrezept für den Umgang mit dem Tod, vielmehr muss jeder für sich sein eigenes Rezept, sein eigenes Lebenskonzept basteln und leben und immer wieder modifizieren.

Wenn sie fernsehen, sehen Sie laufend Geschichten über Krieg, Tod und Sterben. Die Ärzteserien, in denen gestorben, gelitten, getrauert wird, dann die Kriegsszenen, die Schießereien, die Krimis etc.. Dazu ein Beispiel aus meiner Familie: Meine Tochter sitzt stundenlang vor „Emergency Room“, einer Ärzte-Serie. Sie hält das alles aus, findet es super, cool. Dann kam der Irak-Krieg mit den ersten Bildern von Verwundeten und Verstorbenen. Sie ging schreiend hinaus,

„ich halte das nicht aus". „Kind", sage ich, „diese Bilder sind nicht anders als die, die du dir tagtäglich anschaust." Sagt sie, „ja, aber das betrifft mich nicht, da kann ich abstrahieren, das ist gespielt. Und die anderen Bilder sind die Realität und die halte ich nicht aus."

Die Jugendlichen machen da also sehr wohl einen Unterschied.

NÖLAK: *Das ist aber ein sehr hoher Standard der Medienrezipienz, weil die meisten schaffen das nicht.*

RISS: Ich glaube, bei laufender Konfrontation mit dem Tod wird abgeblockt. Nach fünf Berichterstattungen kann man diese Bilder nicht mehr sehen, mauert und lässt das Geschehen nicht an sich heran. Und dann kommt der Gedanke, mich betrifft es ja ohnehin nicht. Es sind „die anderen".

Die Situation schaut ganz anders aus, wenn Krankheit, Tod und Sterben aus unmittelbarer Nähe miterlebt wird. Das merke ich auch im Umgang mit Politikern oder mit Verantwortlichen in der Gesellschaft, wenn ich um Unterstützung für die Hospizbewegung bitte. Wenn jemand in irgendeiner Weise persönlich betroffen war, das Erlebnis einer schweren Erkrankung in der Familie oder einen Todesfall hatte, dann sind, möchte ich sagen, diese Menschen viel offener für mein Anliegen.

NÖLAK: *Das ist ein sehr positives Statement, weil aus dem vorher Gesagten hätte ich angenommen, dass durch die zahllosen „Emergency Rooms" aller Art man dann eigentlich auch nicht mehr differenziert, sondern dass viele Leute dann eigentlich nach dem Motto „wo drücke ich denn auf die Fernbedienung" Leid und Tod auch aus ihrem Leben ausblenden. Offenbar reagieren die Leute dann schon noch persönlich sehr viel betroffener, da sind die Leute noch nicht so abgestumpft?*

RISS: Wenn man einen Partner oder einen Menschen verliert, der geschätzt und geliebt ist, dann ist persönliche Betroffenheit da. Dieses Erleben, dieses Miterleben lässt plötzlich auch die eigene Endlichkeit bewusst werden. Wenn der Tod vorher nie ein Thema in der Familie war oder diese Thematik vehement weggeschoben wurde, wird er nun präsent.

In so einer Situation ist es gut, andere Menschen an der Seite zu haben, die diese Betroffenheit aushalten, einen in dieser Zeit begleiten. Das alleine auszuhalten, ist für die meisten Menschen sehr schwierig.

NÖLAK: *Also, das berühmte „Geteiltes Leid ist halbes Leid" gilt?*

RISS: Als Begleiterin leide ich nicht mit – ich habe es nicht erlebt – aber ich fühle, trage, gehe mit. Das entlastet. Wenn der Betroffene vielleicht auch Handlungen setzt oder sich so verhält, dass ich selbst keinen Sinn drin sehe, dann versuche ich trotzdem „da" zu bleiben. Begleiten heißt ja sich zurückzunehmen und dem Betroffenen zur Seite zu stehen.

NÖLAK: *Das heißt, in Kulturen, in denen ein großes Tamtam um Begräbnisse gemacht wird – das ist was Gutes, weil all diese Rituale helfen ja dem Trauernden auch, das zu verarbeiten und halt sukzessive abzubauen, anders als in Kulturen, wo der tote Seemann über Bord geschmissen wird.*

RISS: Ich kann mich erinnern, als Kind, als meine Großmutter gestorben ist, habe ich es nicht verstanden, dass zuerst alle plärrend am Grab standen und dann zum Leichenschmaus gingen und in gelöster Stimmung gegessen und geplaudert haben. Doch je mehr ich mich mit dieser Thematik beschäftige, merke ich, wie wichtig das ist. Erstens ist dieses Zusammentreffen zum Mahl – ein Mahl hat immer auch kultische Bedeutung – ein Auffangen der Hinterbliebenen und zweitens zeigt das ganz deutlich, dass Leben und Sterben zusammen gehören. Ich kann das nicht trennen.

NÖLAK: *Wir leben in einer Gesellschaft der immer stärkeren Individualisierung, die Singlehaushalte nehmen zu, jetzt sind die Singles 20 bis 40, aber irgendwann sterben sie. Wie wird denn in 40, 50 Jahren das Sterben ausschauen? Wird es dann die Regel sein, dass um den Sarg wirklich nur mehr die Friedhofsmitarbeiter stehen werden?*

RISS: Wie würde sterben ausschauen? Also, ich möchte mir die Zeit vor dem Tod anschauen, für den Betroffenen oder für den, der alleine wohnt oder lebt. Das ist sicher ein Grund, warum ich dafür plädiere, die Hospizbewegung mehr zu fördern, zu unterstützen. Erfahrungsgemäß ist es so, dass 90 % der Menschen dort sterben wollen, wo sie heimisch geworden sind, also zu Hause, in ihren eigenen vier Wänden, auch wenn das zuletzt vielleicht das Zimmer im Pflegeheim war – dort, wo die letzte Heimat war.

Wenn jemand allein ist, dann ist unsere Gesellschaft aufgefordert, ein Betreuungsnetz zu bauen, damit dieser Wunsch, dieses Bedürfnis erfüllt werden kann. Und eine Antwort darauf wäre die Hospizbewegung mit vielen ehrenamtlichen Mitarbeitern, um diesem allein stehenden Menschen ein Sterben zu Hause zu ermöglichen. Es wird nicht immer gelingen. Aber dass man zumindest in Institutionen die Atmosphäre oder das Umfeld so schafft, dass der Sterbende dort auch sein Leben in Würde beenden kann.

NÖLAK: *Heutzutage gibt es eine derzeit bereits bestehende Form „sterbender Singles", nämlich manche Witwen, die eigentlich nur für den Mann gelebt haben. Die Kinder sind weggezogen und sie haben sich völlig abgeschottet. Wie sterben diese Leute?*

RISS: Ich kenne, sagen wir, vereinsamte ältere Herrschaften, die zwar eine Familie haben, die aber sagen, lasst mich in Ruhe, es hat alles keinen Sinn mehr, mein Leben ist gelebt, ich warte nur noch auf das Sterben. Die Familie kommt punktuell hin, ist da und schaut, dass gegessen wird, dass die Medikamente genommen werden etc. Wie diese Leute sterben? Es heißt: Jeder Mensch stirbt so wie er gelebt hat.

Da ich den Verein Hospiz Mödling aufgebaut habe, liegt meine Erfahrung in der Begleitung von HospizpatientInnen – das sind Patienten mit einer weit fortgeschrittenen Erkrankung, die nicht mehr geheilt werden kann und in absehbarer Zeit zum Tod führt – also das sind nicht hochbetagte Menschen, sondern zum großen Teil jüngere, meist Tumorpatienten. Da war ich sowohl in der medizinischen wie auch psychosozialen Betreuung involviert. Und jetzt sage ich, es ist ein Geschenk, am Bett eines Patienten sitzen und ihn begleiten zu dürfen. Es ist nicht selbstverständlich. Auch ich als Ärztin mit der medizinischen Kompetenz in die Betreuung eingebunden, möchte es so formulieren – es ist ein Geschenk, wenn dieser Patient oder diese Familie mir einen Einblick erlaubt in das ganz Persönliche, in sein Sterben. Und das bereichert. Die Erfahrung, diese letzte Wegstrecke mit einer Familie oder mit einem Patienten gehen zu dürfen, relativiert das eigene Leben. Alles was scheinbar wichtig ist, das rückt in den Hintergrund oder wird anders gesehen. Es klingt vielleicht übertrieben, aber Sterbende lehren uns, was wichtig ist. Sie öffnen uns den Blick für Sachen, die wir in der Hektik des Alltags nicht sehen. Und das ist schön und sehr bereichernd.

NÖLAK: *Wird die psychische Belastung für die Freiwilligen in der Hospizbewegung nicht zu groß, wenn Sie es über einen längeren Zeitraum machen?*

RISS: Das ist unterschiedlich. Das hängt von Mitarbeiter/in zu Mitarbeiter/in ab. Erfahrungsgemäß ist es so, dass BegleiterInnen schon immer wieder zwischendurch Pausen brauchen. Wenn eine Begleitung sehr intensiv war, kann es schon sein, dass man dann dem Mitarbeiter, der Mitarbeiterin rät, zwei, drei Monate oder auch länger einmal keine neue Betreuung zu übernehmen. Aber ich kenne auch einige HospizbegleiterInnen, die seit Beginn des Besuchsdienstes, seit 1987, im Verein Hospiz Mödling mit dabei sind. Durchgehend!

NÖLAK: *Lehnen Sie eigentlich Leute manchmal ab? Gibt es eine Art Auswahlverfahren?*

RISS: Niemand wird sozusagen auf die zu Betreuenden „losgelassen", nur weil er glaubt jetzt helfen zu müssen; aus welchen ihm bewussten oder unbewussten Gründen auch immer. Die ehrenamtlichen MitarbeiterInnen werden selbstverständlich geschult. Vom Dachverband Hospiz Österreich gibt es ausgearbeitete Standards, die Mindestschulung sind 70 theoretische Stunden. Ein Gespräch mit einem Hospizverein vor Ort und ein 40-Stunden-Praktikum sind verpflichtend. Es ist notwendig, den eigenen Umgang mit Sterben, Tod und Trauer zu reflektieren, die eigenen Ängste zu kennen. Bevor man denjenigen oder diejenige also wirklich zum Patienten schickt, wird noch einmal ein Gespräch geführt, einzeln oder auch im Team. Ich muss aus meiner Erfahrung sagen, das schwierigste ist, einem Teilnehmer zu sagen, „ich habe das Gefühl, du bist nicht geeignet dafür" oder „mach lieber etwas anderes". Das ist mir in meinem Leben zweimal passiert und sehr, sehr schwer gefallen.

NÖLAK: *Also, zweimal ist Gott sei Dank ja keine Häufigkeit, aber treten diese Fälle gehäufter auf, weil die Hospizbewegung immer bekannter wird?*

RISS: Es kommt schon immer wieder vor. Es hat sich bewährt, die Option anzubieten einmal eine Zeit lang am Vereinsleben, an den regelmäßigen Teambesprechungen, an der Supervision teilzunehmen. Es gibt sozusagen eine Probezeit. Meist merkt aber dann derjenige – manchmal sogar schon während des Kurses – eigentlich ist die Mitarbeit im Hospizteam nicht so, wie ich sie mir erwartet habe. Wenn jemand ein bisschen sensibel ist, spürt er, dass er fehl am Platz ist. Es gibt auch immer Leute, die missionieren wollen, weil sie selbst sehr gläubig sind. Doch das ist in der Hospizarbeit nicht gefragt. Wir orientieren uns an den Bedürfnissen der Patienten und Patientinnen.

NÖLAK: *Wie viele Hospizplätze sollten in Zukunft zur Verfügung stehen? Gibt es da Zahlen, auf die man hinarbeiten kann, die noch nicht erreicht sind, aber wo Sie jetzt schon aus den Erfahrungen der letzten 20 Jahre sagen können, die werden wir brauchen?*

RISS: Man weiß, dass zum Beispiel ein mobiler Hospizdienst für 37.000 Einwohner zur Verfügung stehen sollte. Es waren ja jetzt auch vom ÖBIG her 274 Hospizbetten bis 2005 vorgesehen. Vorher waren 400 geplant, das ist dann reduziert worden aus Kostengründen. Wenn wir das schaffen, denke ich, ist das ein Tropfen auf den heißen Stein.

Nur zur Information: Der Dachverband Hospiz Österreich arbeitet an einem Lobbyingpapier für die Politik. Aufbauend auf der parlamentarischen Enquete von 2001 und auf dem Entschließungsantrag werden Vorschläge gemacht, die nächsten Schritte zu unternehmen, um österreichweit einen Hospizplan zu entwickeln und umzusetzen. Die Entschließungen waren ja schön und gut, als ein Bekenntnis der Politik zur Hospiz- und Palliative Care-Versorgung, aber es ist seither praktisch nichts geschehen.

NÖLAK: *Ist nicht jedes Hospiz wesentlich billiger als die Situation, die wir derzeit haben? Weil de facto werden die Intensivstationen, diverse interne Stationen immer mehr zu Geriatrien, dort fährt man mit einem unwahrscheinlichen medizinischen Kostenaufwand. Es wird immer wieder gesagt, der Aufwand sei eigentlich unrealistisch in Relation zu dem, was noch zu erreichen ist. Ist das nicht ein Argument für Hospizbetten?*

RISS: Hospizbetten kosten schon auch viel, vor allem durch den Personalaufwand. Vom medizinischen Aufwand her sind sie sicher kostengünstiger, aber der Personalschlüssel ist wesentlich höher.

Palliative Betreuungsdienste, die man gezielt anfordern kann, sind kostengünstiger und ich denke, dass es eine Vision oder ein Wunsch für die Zukunft wäre, den Palliative Care-Gedanken, also diese umfassende Betreuung – medizinisch, pflegerisch, psychosozial, spirituell – jedem Menschen in der letzten Phase seines Lebens angedeihen zu lassen; jedem, der es braucht. Palliative Care muss überall im Spitalswesen und in den Heimen Einzug halten. Das wäre sehr leicht möglich, wenn ausreichend geschultes Personal da wäre. An dieser Stelle möchte ich wieder darauf hinweisen, wie wichtig es ist, Ärzte und Pflegepersonen in die interdisziplinären Palliative-Care-Lehrgänge zu schicken. Jeder leistet eine gute Arbeit, macht sie professionell, aber es ändert sich die Sichtweise durch das Erlebte und Erlernte in den Kursen schon sehr. Und das sollte das Fernziel sein. Wahrscheinlich wird es immer Hospizbetten geben müssen, wenn die

Pflege auf Grund des sozialen Umfeldes zu Hause nicht mehr möglich ist. Wir brauchen palliative Einheiten, um akute Situationen, seien es Schmerzzustände oder pflegerische Notlagen zu durchbrechen und zu beheben, aber auch als Lehrstätten, weil junge Kolleginnen und Kollegen den Umgang mit Schwerstkranken und Sterbenden und ihren Angehörigen einfach auch lernen müssen. Aber wahrscheinlich wird es auf längere Sicht so sein, dass es verstärkt palliative Support Teams geben wird, die die Hauskrankenpflege, den Hausarzt unterstützen, also eine gemeinsame interdisziplinäre Betreuung.

NÖLAK: *Wenn es ums Sterben geht, sind doch die Frauen die Allerärmsten, weil es meistens bei ihnen hängen bleibt, wenn der Schwiegervater oder die Schwiegermutter daheim stirbt.*

RISS: Ein erster Schritt der Entlastung ist mit der Familienhospizkarenz schon gesetzt worden. Es ist noch nicht alles, so wie wir es gerne hätten, aber es ist schon einmal ein erster Schritt und über den Härteausgleichsfonds können Betroffene, die finanziell ganz in der Luft hängen, um Unterstützung ansuchen.

NÖLAK: *Gibt es Rezepte, abgesehen von der Organisation bis hin zum Spital, was macht man, wenn sich das alles zu Hause abspielt? Gibt es da Regeln oder Ratschläge?*

RISS: Sich nicht scheuen Hilfe zu holen. Genau zu schauen, was sind die Bedürfnisse des Kranken, was sind meine Bedürfnisse als Angerhöriger. Diese zu definieren und auch auszusprechen. Fragen wie: Wer kann in das Betreuungsnetz eingebunden werden? Welche Pflegehilfsmittel braucht es? Ist die Schmerztherapie wirklich ausreichend? Manchmal braucht einfach der Angehörige ein Gespräch, weil ihm die Situation bis oben steht oder weil es ungelöste Probleme z. B mit der Mutter gibt, die lange zurückliegen, die sich aufgestaut haben. Bei manchen gibt es Ängste auf Grund der finanziellen Situation, weil die ganze Familie ohne Einkommen ist, wenn der Partner stirbt. Die Bedürfnisse kann man nicht verallgemeinern. Die sind so unterschiedlich, und es braucht geschulte Menschen, die die Situation erspüren und merken, wo Hilfe gebraucht wird. Und dort muss angesetzt werden.

NÖLAK: *Gibt es eine Telefonnummer, die sie so bekannt machen wollen, dass jeder, der im Lauf der nächsten Jahre mit einem Sterbenden in der Familie konfrontiert ist, sie sofort parat hat und dort anruft und dann weitergeleitet wird.*

RISS: Im Moment nicht. Es gibt alle Hospizbewegungen im Internet, auf der Homepage der Landesverbände zum Beispiel. Also www.hospiz-noe.at. für NÖ. Es wird für NÖ auch einen Folder geben, wo die Vereine vor Ort mit Ansprechpersonen und Telefonnummern angegeben sind. Bei der Hauskrankenpflege, den HausärztInnen, auf der Gemeinde, auf der Sozialstation müssen die wichtigen Hospiz-Telefonnummern aufliegen.
NÖLAK: *Ich weiß, das wäre jetzt brutal, aber so eine Art „Sterbehotline"?*

RISS: Nein, es soll auch der „Sterbebegleiter“ kein neuer Beruf werden. Es ist einfach ein Angebot, eine Begleitung, ein Dasein. Was wir alle lernen müssen, ist, sensibel zu sein. Ich wiederhole mich: die Bedürfnisse des anderen wahrzunehmen, egal in welchem Bereich, lernen, zu kommunizieren, zuzuhören und auszuhalten. Das richtige Maß zu finden zwischen helfender Nähe und heilender Distanz ist nicht immer leicht.

NÖLAK: *Ich will nicht dir auch meine Erfahrung aufzwängen, nach dem Motto: Das hat dir gut zu tun!*

RISS: Richtig. Diese Haltung kann ich auch üben in guten Zeiten. In der Beziehung Mutter-Kind, in der Partnerschaft, bei Freunden.

NÖLAK: *Gibt es in Europa ein „Vorbildland der Sterbekultur“?*

RISS: Das ist Großbritannien.

NÖLAK: *Was ist in England besser?*

RISS: Die Ausbildung ist anders, die Schulung ist eine andere, das Netz ist dichter.

NÖLAK: *Ist das so aus historischen Gründen?*

RISS: 1967 ist in London das erste stationäre Hospiz gegründet worden und Sie müssen an die zwei wichtigsten Damen der modernen Hospizbewegung denken, Cicely Saunders und Kübler-Ross, die jetzt zurückgezogen in Amerika lebt (Anm.: Kübler-Ross ist 2005 verstorben). Sie hat mit dem Buch „Interviews mit Sterbenden“ 1969 bahnbrechend angefangen, das Thema Tod salonfähig zu machen. Saunders war zuerst Sozialarbeiterin, hat dann Krankenpflege gelernt und als sie gemerkt hat, dass sie als Ärztin mehr beeinflussen kann, hat sie Medizin studiert und das St. Christopher Hospiz gegründet. Sie hat sich vehement für die Schmerztherapie eingesetzt. Ich würde sagen, die Wurzeln der modernen Schmerztherapie gehen auf sie zurück.

NÖLAK: *Von anderen Kulturen weiß ich das, z. B. der jüdischen, aber gibt es in Österreich einen „Sterbehumor“?*

RISS: Diese Wiener Lieder, das ist ja auch so ein Annähern.

Wobei – jetzt fällt mir „Indien“ ein. Eine gute Auseinandersetzung mit der Thematik des Sterbens. Ich meine den österreichischen Film namens „Indien“. Kein Galgenhumor, aber Humor im Sterben. Ein Beispiel einer geglückten Beziehung, ein Wahrnehmen der Bedürfnisse.

Siehe Bildtafel 24

AUSSEN-
DIENST